浙江省金融学会重点研究课题获奖报告 2014

浙江省金融学会　编

责任编辑：张智慧　赵晨子
责任校对：孙　蕊
责任印制：陈晓川

图书在版编目（CIP）数据

浙江省金融学会重点研究课题获奖报告2014（Zhejiangsheng Jinrong Xuehui Zhongdian Yanjiu Keti Huojiang Baogao 2014）/浙江省金融学会编. —北京：中国金融出版社，2015.7

ISBN 978-7-5049-7963-6

Ⅰ.①浙…　Ⅱ.①浙…　Ⅲ.①金融业—研究报告—浙江省—文集
Ⅳ.①F832.755-53

中国版本图书馆CIP数据核字（2015）第118681号

出版发行　中国金融出版社
社址　北京市丰台区益泽路2号
市场开发部　(010)63266347，63805472，63439533（传真）
网上书店　http://www.chinafph.com
　　　　　(010)63286832，63365686（传真）
读者服务部　(010)66070833，62568380
邮编　100071
经销　新华书店
印刷　保利达印务有限公司
装订　平阳装订厂
尺寸　169毫米×239毫米
印张　30.25
字数　552千
版次　2015年7月第1版
印次　2015年7月第1次印刷
定价　48.00元
ISBN 978-7-5049-7963-6/F.7523

序　言

2014年，在新常态下，我国经济由高速发展转向中高速发展，经济转型升级迫在眉睫。目前，经济进入调整期，从粗放经营转向科学发展；改革进入攻坚期，各利益方加速博弈、角力加剧；社会进入转型期，各种矛盾叠加显化。因此，认识新常态，适应新常态，引领新常态，把握新常态，迎接新挑战，实现新跨越，重塑新动力，是当前和今后一个时期我国经济发展的重点。

在此背景下，浙江经济发展的理念、模式和格局也正在发生一些重大变化，反映到金融层面，表现为资金配置、组织体系、经营模式和风险生成发生新变化，金融运行呈现出更多新特征。利率市场化推进加快，银证保跨界创新风起云涌，新型金融业态风生水起，互联网金融异军突起，但影子银行和民间金融发展也隐藏着新风险。浙江金融的转型必然带来新变化、新机遇和新挑战，如何抓住新机遇，引领浙江从金融大省实现金融强省的跨越？如何抓住区域金融改革新契机，引领浙江金融成功转型？如何抓住改革新动力，引领浙江经济金融良性互动？这一系列的问题都需要经济金融管理部门、专家学者及实务部门深入研究、共同思考、勇于探索和付诸实践。

作为浙江省从事金融科学研究的学术团体，浙江省金融学会的主要宗旨就是组织金融行业和社会各界金融研究力量开展经济、金融理论与实务研究，积极发挥好金融学术社团的思想库、智囊团作用。在当前形势下，浙江省金融学会应紧紧围绕经济新常态下区域金融改革与发展的重点、难点问题，不断探索并系统总结区域金融发展经验和模式，努力为全国金融改革发展提供经验和借鉴。

2014年度，浙江省金融学会重点研究课题共结项81项，内容涉及中央银行流动性管理、区域资本市场发展、金融风险预警、普惠金融、农地金融、小微金融、互联网金融等，课题研究的理论性、政策性、针对性、务实性进一步增强，对浙江金融业的改革与发展有一定的参考作用。经评审组评定，共评选出一等奖 10 项，二等奖 17 项，三等奖 21 项，优秀奖 33 项。我们将获得一等奖和二等奖的课题成果公开出版，鉴于篇幅所限，课题篇幅大多被适当压缩，但每一篇课题成果的完整性并未受到影响。

这些课题成果的取得是课题组成员团结合作、齐心协力、合力攻关的结果，凝聚着课题组每一位成员的辛勤、汗水和智慧。但由于经济金融领域的理论和实践处于不断地发展变化之中，所以相关研究不尽完善之处在所难免。我们期待大家的指正，以促进全省金融系统理论和政策研究工作的进一步深化和提升。

浙江省金融学会会长　张健华

二〇一五年三月

目　　录

一等奖

二等奖

一等奖

同业业务、流动性波动与中央银行流动性管理

中国人民银行杭州中心支行课题组*

一、引言

流动性是金融体系的基础概念。自 Bronfenbrenner（1945）、Lippman 和Mc－Call（1986）等将流动性这一概念纳入规范的经济金融学理论后，关于流动性的解释不断从货币、银行体系、金融市场等多种角度衍生。虽然目前对流动性的定义和理解极其丰富，但总体上我们可以从宏观和微观两个层面对其进行理解。从宏观层面来看，我们通常把流动性直接理解为实体经济中货币与信贷投放量与经济增长合理需求之间的比率；而从微观层面来看，更多地则体现为银行流动性资产状况和资产变现能力，进而对实体经济融资可得性和融资成本所产生的影响。

流动性管理是中央银行货币调控的关键环节，发达国家中央银行历来重视流动性管理，特别是国际金融危机爆发以来，各国中央银行对流动性管理的重视程度进一步上升，纷纷制定有关流动性的货币政策中介目标，不断创新流动性调控工具。从货币政策调控的理论和实践来看，流动性的传导机制应当是自上而下，并且具有同向性特征：宏观（货币）流动性是金融流动性和实体经济流动性的根源，中央银行根据货币政策目标有针对性地收放宏观流动性，从而改变金融机构微观流动性的松紧程度，金融机构通过自身的资产负债业务规模和结构的相应变化将流动性传递给实体经济，发挥着传导渠道的作用，进而对市场流动性和实体经济融资产生影响。

进入 21 世纪以来的绝大多数时间，由于国际收支顺差和外汇储备的大量积累，基础货币的被动投放使我国宏观流动性逐渐出现过剩，相应的微观银行体系流动性也相对充盈。2004—2010 年，中国 M_2 的年均增速为 19.18%，M_2/名义 GDP 平均高达 1.64，而同一时段，银行体系的超额准备金平均为 4.33%，货币市场利率持续在低水平徘徊，且波动幅度较小（如图 1 所示）。这个时期中国货币政策的主要任务和挑战，是应对流动性过剩、抑制货币信贷过度膨胀和随

---

* 课题主持人：张健华
课题组成员：王去非　贺　聪　易振华　项燕彪

之带来的通货膨胀压力。2011 年以来，这一现象发生了变化，流动性在宏观层面和微观层面开始逐渐背离。在宏观层面上，我国流动性总量仍然充裕，M_2 与名义 GDP 的比例逐年上升。但在微观层面上，一方面，银行体系的平均超额准备金下降为 2.63%，银行间市场利率呈现趋势性抬升，且波动幅度和频率都明显提高（如图 1 所示），钱荒事件时有发生，显示银行体系面临着比以前相对较紧的流动性约束；另一方面，在宏观经济下行压力较大，企业经营效益没有明显好转，资金有效需求有所萎缩的情况下，融资成本却依然高企，这种非金融危机时期的流动性在宏观和微观之间的背离现象在国际上并不多见。

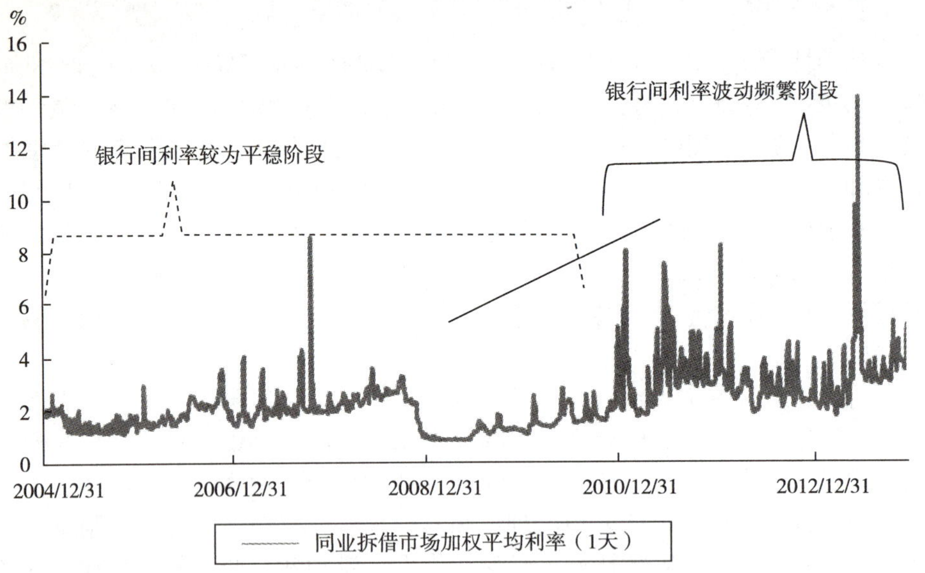

资料来源：Wind。

图 1　2004—2013 年银行间拆借市场资金价格波动情况

由于我国货币政策操作逐渐从以数量型调控为主向以价格型调控为主的公开市场操作体系转型，流动性管理在我国货币调控的地位日益突出。《金融业发展和改革“十二五”规划》提出：“健全货币政策操作体系，加强货币政策工具之间的协调配合，强化流动性管理”。强化流动性管理的一个重要前提就是流动性的传导渠道要通畅有效。而宏观层面和微观层面的流动性相互背离在一定程度上对央行实施宏观调控，有效引导和管理流动性形成困扰，深入探究其背后的微观因素、宏观因素和政策机制因素，比较分析和抽象出其中主要原因，思考切实有效的解决之策，显然具有重要的意义。我们观察到，在这种流动性背离现象产生和发展的同时，作为流动性传导的中介，商业银行体系在资产负债结构及其扩张机制方面均发生了较大变化，使得我国的流动性调控的工具操作和传导具有了更特殊和复杂的微观基础。在金融监管约束并未弱化、利率市场化不断推进、金融脱媒程度日益加深等众多因素作用下，我国商业银行依靠传统存贷利差的经营模式受到较大挑战，为增加盈利水平，商业银行开始通过增加在同业市场的主动负债来对接“类信贷”的同业资产扩张，使得银行同业业务快速增长。传统同业业务的功能定位以调剂资金“头寸”、熨平银行流动性波动为主，其流动性管理的意义往往大于盈利性，但随着合作层级不断提升，依托产品和方式创新，商业银行同业业务逐步衍生出负债与资产之间的期限转换功能、杠杆放大功能以及信用创造功能，其盈利性早已超过其流动性调节的意义。相较传统的资产负债业务，这些新型业务在负债端体现为更高的成本、更短的期限、更多的主动负债，同时在资产端相应地要求更长的期限、更高的回报和更大的风险偏好，最终创造了和以往不同的流动性传导方式和风险特征。有鉴于此，本文尝试将同业业务特征及其对银行资产负债行为的影响效应纳入流动性分析的理论框架，探索监管约束、同业业务、流动性之间的联动关系，进而通过构建基于银行间市场的动态系统模型，将同业业务纳入银行行为模型，模拟分析同业业务对于流动性波动的深刻影响，同时考察中央银行流动性管理方式的改进与创新对于平滑流动性波动的有效性。这对更深层次理解和认识我国流动性政策操作实践，丰富和完善我国流动性引导和管理的政策理论，增强央行宏观调控能力均具有一定的理论和现实意义。

全书共分为七个部分。除了“引言”外，第二部分“文献综述”，介绍了从不同角度研究宏观流动性与微观流动性问题的相关文献。第三部分“银行同业业务与流动性风险的理论分析”，从商业银行监管约束、同业业务扩张和流动性变化结合的角度分析同业业务规模变化的原因及其对流动性风险水平的影响效应。第四部分“银行同业业务与流动性风险的实证分析”，运用面板数据模型，利用银行微观数据样本，选取和计算相应的变量指标，对银行监管约束、银行同业业务规模、银行流动性风险水平之间的关系以及其他因素进行实证分析和检验。第五部分“流动性波动与中央银行流动性管理的动力系统模型”，构建了一个包含银行体系、货币市场、实体经济部门以及中央银行的动力系统模型，将监管约束下同业业务规模变化所引起的银行间市场流动性波动效应纳入其中，同时考察中央银行流动性管理对平滑流动性波动的有效性。第六部分“基于动力系统模型的非均衡分析”，通过仿真模拟，讨论了银行同业业务对银行间货币市场流动性波动的影响，并着重分析了中央银行流动性管理方式的改进与创新对于抚平流动性波动的有效性。最后是“主要结论及启示”。

二、文献综述

从对现有文献的梳理来看，国外关于宏观流动性与微观流动性背离的研究更多的是基于金融危机的视角。Heider，Hoerova & Holthausen（2009）指出，在金融动荡期，虽然中央银行会大规模注入流动性，但较高的风险水平可能会引发逆向选择，持有多余流动性的银行会采取信贷配给策略，甚至会退出资金市场，导致银行间市场利率上升且交易量剧减，极端情况下整个市场出现停滞。Gale & Yorulmazer（2011）总结了预防性流动囤积以及投机性流动囤积，前者是在银行面临总量流动性冲击（Allen，Carletti & Gale，2009）或异质性流动性冲击时，为避免自身陷入支付危机或避免过高的融资成本而进行流动性囤积；Gale &Yorulmazer（2011），Diamond & Rajan（2009）还指出，资产市场现金定价（Cash－in－the－market Pricing）可能导致非流动性资产价值严重低估，持有流动性资产的收益将高于非流动性资产，银行会进行投机性囤积。此外，Acharya，Gromb & Yorulmazer（2008）还提及银行的战略性行为，认为在危机期间拥有充足流动性的银行对于流动性紧缺的银行而言具有讨价还价能力，可能会趁火打劫，通过“挤压”的方式，在战略上对困难银行袖手旁观，主动减少提供流动性以迫使后者贱卖资产，既能在未来以低价收购资产，又可以打击竞争对手。

国内学者对流动性的关注更多的是集中于流动性过剩的问题。近两年来，随着我国银行业经营环境、业务模式、资金来源的变化，部分商业银行出现资金来源稳定性下降、资产流动性降低、流动性风险隐患增加等问题，特别是“钱荒”事件的出现，使得国内的学者开始关注我国的宏观流动性与微观流动性背离现象。袁增霆（2013）认为，流动性恐慌由部分商业银行的流动性紧张引起，短期内造成了货币市场利率急剧上升，并引发银行同业交易阻滞、信贷收紧、货币市场基金挤兑等混乱状况，银行业对非标债权类金融资产的运用及同业交易，正是此次恐慌的风险源。张晓玫、弋琳（2013）通过因素模型，结合相关经济数据，分析了我国银行间市场流动性的影响因素，得出货币空转是此次“钱荒”事件的重要原因。王晓晗、杨朝军（2013）通过对我国银行业数据的实证分析，发现银行的资产配置行为与流动性冲击有显著的相关关系，流动性宽松时期，不断提升的市场流动性和融资流动性，使银行风险资产过度膨胀，为流动性危机埋下隐患。朱孟楠、候哲（2014）以 2013 年 6 月“钱荒”为背景，在商业银行资金错配缺口估算的基础上，通过主成分分析法和面板模型的研究，认为商业银行资金错配引发“钱荒”的观点并不成立，商业银行交叉持有理财产品或其他形式资产，以及普遍存在的商业银行惜贷现象，导致资金“空转”没有流向实体经济。

在对现有文献归纳和分析的基础上，本课题遵循从实践分析—理论归纳与推导—实证研究的基本思路，拟采取规范分析与实证分析相结合的研究方法。首先，尝试将同业业务特征及其对银行资产负债行为的影响效应纳入流动性分析的理论框架，探索监管约束、同业业务、流动性之间的联动关系，进而利用银行微观数据样本，选取和计算相应的变量指标，从实证的角度对银行监管约束、银行同业业务规模、银行流动性风险水平之间的关系以及其他因素进行分析和检验。其次，通过构建基于银行间市场的动态系统模型，将同业业务纳入银行行为模型，并将中央银行流动性管理工具纳入系统模型，分析流动性冲击下，银行间市场的表现，以及中央银行流动性管理的应对效果。最后，详细分析主要结论，并提出相关政策建议。

三、银行同业业务与流动性风险的理论分析

在宏观经济层面上，流动性的有效管理主要体现在根据经济发展和货币政策目标，通过综合运用数量、价格等多种货币政策工具组合，保持宏观适度流动性，实现货币信贷和社会融资规模合理增长。而在微观层面上主要体现为能够有效引导商业银行合理安排资产负债总量和期限结构，根据经济景气波动、货币政策变化及时调整自身流动性水平，从而更有针对性地支持实体经济发展。其中商业银行的资产负债结构和扩张机制是影响流动性微观传导的重要方面，而这种结构和扩张机制在最近几年发生了较大的变化，这种变化的原因、方式及其对流动性演变的影响目前还是被传统的货币政策分析框架所忽略。

银行资产负债表的变化主要体现在银行创新业务的发展，特别是随着利率市场化的推进、金融脱媒程度的日益加深，我国商业银行依靠传统存贷利差的经营模式受到较大挑战，为增加盈利水平，商业银行在监管约束之外开始通过增加在同业市场的主动负债来对接“类信贷”的同业资产扩张，使得银行同业业务快速增长①。随着其规模的扩张，同业业务逐步衍生出期限匹配、信用转换、杠杆放大等特征，这些特征扭曲了银行资产负债总量和期限结构配置，最终创造了和以往不同的流动性传导方式和风险特征。本文通过构建理论分析模型，提出理论分析命题，并进行相应的实证检验，从商业银行监管约束、同业业务扩张和流动性变化结合的角度分析同业业务规模变化的原因及其对流动性风险水平的影响效应。

---

① 2009 年初至 2013 年末，银行业金融机构纳入存放同业、拆出资金和买入返售金融资产项下核算的同业资产从 6.21 万亿元增加到 21.47 万亿元，增长 246%，是同期总资产和贷款增幅的 1.79 倍和 1.73 倍；纳入同业存放、拆入资金和卖出回购金融资产项下核算的同业负债从 5.32 万亿元增加到 17.87 万亿元，增长 236%，是同期总负债和存款增幅的 1.74 倍和 1.87 倍。

（一）基础模型：居民部门与银行部门

参照 Diamond and dybving （1983）①、Qi （1994）② 和 Martin et al.(2014)③，我们分析的基础模型在时间设置上为世代交叠（overlapping - generation）。为了分析方便，模型引入两个代表性个体，分别是银行部门 $Bank(B)$，居民（包括企业）$household(H)$ 。在经济发展的无限时期内（$t \in Z$），每户居民的投资生命周期包含三期（t，$t+1$，$t+2$），其初始（$t=1$）财富为 $W=1$。居民分为两类：耐心居民（patient）和非耐心居民（impatient），其所占的比例和效用函数分别为：

$$V(H_i) = \begin{cases} U(C_{t+1}) \text{ 非耐心居民（占比为 } \pi \text{）} \\ U(C_{t+2}) \text{ 耐心居民（占比为 } 1-\pi \text{）} \end{cases}$$

银行部门为代际存续（intergenerational banking），在 t 期，银行部门从居民部门吸收存款 D_t，存款期限分为两种：短期存款与长期存款，对于在 t 期存入的存款 D_t 而言，短期存款合同允许居民在 $t+1$ 期取出本息 r_1D_1，而长期存款合同只允许居民在 $t+2$ 期时取出，本息为 r_2D_t。在 t 期，经济中有两种资产可供银行部门选择，短期资产和长期资产，短期资产为储备资产，其每期期限为 1 期，回报率为0；长期资产为信贷资产（非流动性资产），其每期期限为两期，回报率为 $\tilde{R}, \tilde{R} \in [\underline{R}, \overline{R}], E[\tilde{R}] = R$，$R>1$。在稳定状态下，银行部门 t 期的资金约束为：

$$\pi r_1 D_{t-1} + (1-\pi) r_2 D_{t-2} + S_t + I_t \leqslant RI_{t-2} + S_{t-1} + D_t \quad (1)$$

左式为银行部门在 t 期的资金流出，包括 $t-1$ 期时非耐心居民的存款 πD_{t-1} 在 t 期到期还本付息，$t-2$ 期时耐心居民的存款（$1-\pi$）D_{t-2}在 t 期到期还本付息，银行部门在 t 期的储备资产配置 S_t 和信贷资产配置 I_t。右式为银行部门在 t 期的资金流入，包括 $t-2$ 期的信贷资产到期回收本息 RI_{t-2}，$t-1$ 期的储备资产配置到期回收本金 S_{t-1}，以及 t 期的居民存款 D_t。由于银行部门为完全竞争市场，参照 Qi（1994）和 Martin 等（2014），银行利润最大化的结果是使得社会福利最大化：

$$\max_{r_1, r_2} \pi U(r_1 D_{t-1}) + (1-\pi) U(r_2 D_{t-2}) \quad (2)$$

约束条件为：$\pi r_1 D_{t-1} + (1-\pi) r_2 D_{t-2} + S_t + I_t \leqslant RI_{t-2} + S_{t-1} + D_t$

---

① Diamond, Douglas W. and Philip H. Dybvig (1983). "Bank Runs, Deposit Insurance, and Liquidity". Journal of Political Economy 91, 401 - 419.

② Qi, Jianping (1994). "Bank Liquidity and Stability in an Overlapping Generations Model". Review of Financial Studies 7, 389 - 417.

③ Martin, Antoine, David Skeie, and Ernst - Ludwig von Thadden (2014). "Repo Runs". Review of Financial Studies 27, 957 - 989.

$$(1+r_1)^2 \leqslant 1+r_2 \tag{3}$$

本文假设代际存续的银行部门能够吸收每一期居民的初始财富，即 $D_t = W_t = 1$。由式（1）～（3）可推得，在均衡状态下，短期存款的回报率 r_1 和长期存款的回报率 r_2 分别为：

$$r_1^* = \frac{\sqrt{\pi^2 + 4(1-\pi)R} - \pi}{2(1-\pi)} \tag{4}$$

$$r_2^* = (r_1^*)^2 \tag{5}$$

（二）监管约束与影子银行

本文接下来首先引入银行监管因素，进一步扩展模型分析。我们假设银行一般居民存款由隐性存款保险制度进行保护，由于有货币当局的“最后贷款人”救助承诺，银行经营一般存贷业务即使遇到流动性困难，也不会发生居民存款挤提事件引起的流动性风险。同时，为了防止银行部门在隐性存款保险保护下的道德风险，即银行在商业盈利驱动下对资产负债表的过度扩张，从而引发单个或整体金融系统风险，银行部门在经营一般存贷业务时需要受到金融管理部门一定的监管约束，目前在我国主要包括信贷规模、存贷比、资本充足率等监管约束，而这些约束最终转化成银行部门的监管成本，我们以资本约束为例对此逻辑进行说明。

t 期银行的权益资本数量为 E_t，风险加权资产数量为 I_t，金融管理部门的资本约束要求为（E_t/I_t）$\geqslant \theta_t$，θ_t 为最低资本充足率要求。为了使资本收益最大化，我们假设银行部门都用足资本，即 $E_t = \theta_t I_t$。假设在 $t+1$ 期，$\theta_{t+1} > \theta_t$，资本约束增强，或者 $I_{t+1} > I_t$，即银行资产的扩张，那么 $E_{t+1} = \theta_{t+1} I_{t+1} > \theta_t I_t = E_t$，即银行权益资本必须相应提高。假设银行权益资本的供给和补充需要相应的成本 $C(E)$，$C(E)$ 为 E 的增函数，分摊到银行生息资产 I 的单位成本为 $\gamma = C(E)/I$，γ 即为银行部门每单位资产配置需要付出的监管成本。在考虑银行监管成本之后，银行一般信贷资产的回报率下降为 $R-\gamma$。由于银行一般存贷业务监管约束的存在，根据式（4）～（5），银行将短期存款的回报率 r_1^* 和长期存款的回报率 r_2^* 分别调整为：

$$r_{1,b}^* = \frac{\sqrt{\pi^2 + 4(1-\pi)(R-\gamma)} - \pi}{2(1-\pi)} \tag{6}$$

$$r_{2,b}^* = \frac{2\pi^2 + 4(1-\pi)(R-\gamma) - 2\pi\sqrt{\pi^2 + 4(1-\pi)(R-\gamma)}}{4(1-\pi)^2} \tag{7}$$

我们接下来引入银行同业业务因素。银行同业业务最初限于商业银行之间的拆借，以解决短期流动性问题。近年来，银行同业业务快速发展，逐渐发展商业银行之间及与其他金融机构之间的资金融通业务（同业业务中涉及的交易对手方主要包括：银行、信托、证券、基金、租赁等金融机构），主要业务类型包括：同业拆借、同业存款、同业借款、同业代付、买入返售（卖出回购）等同业融资业务和同业投资业务。虽然同业业务不断发展变化，幻化出各种各样的交易科目，运作模式也日益复杂，但其业务本质总体可以归纳为在负债端通过同业融资业务募集短期资金，进而在资产端通过同业投资向企业实施类信贷融资，从而使银行长期信贷类资产得到扩张（如图 2 所示）。同业业务的一个重要特征是可以在一定程度上规避和削弱信贷规模、存贷比以及资本充足率等监管约束，因此同业业务收益不受监管成本 γ 的影响①。

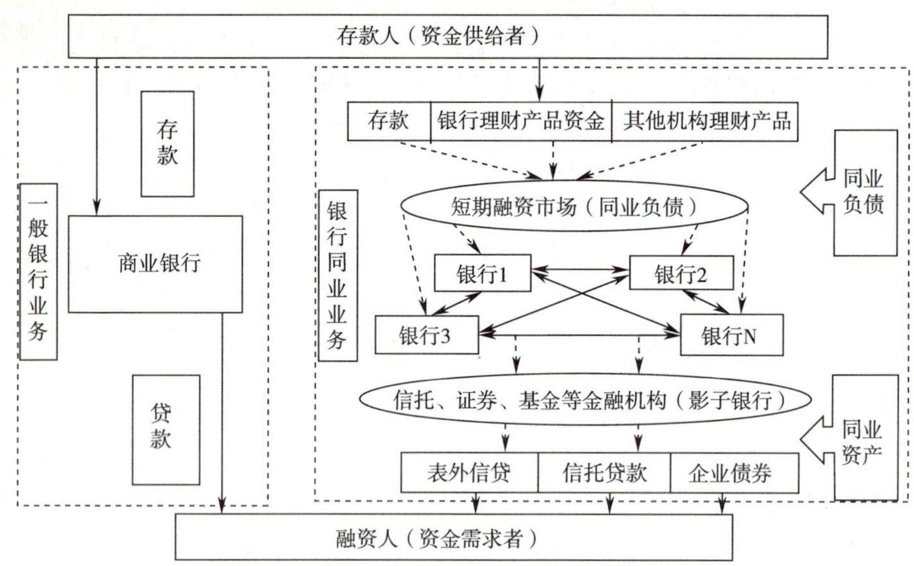

图 2　一般银行存贷业务与银行同业业务结构图

我们假设 t 期时银行同业融资的期限分为短期（$t+1$ 期时到期）和长期($t+2$ 期时到期)，比例分别为 π 与 $1-\pi$，银行长短期同业融资利率分别为 $r_{1,s}^{*}-1$，$r_{2,s}^{*}-1$。在资产端，同业投资配置长期类信贷资产，同信贷资产一样，收益率为 R（$t+2$ 期时到期）。由于同业业务运作复杂，交易对手多，存在一定过桥费用和利润分成，我们将其产生的费用统称为同业业务成本 $C(I_S)$，每单位类信贷资产 I_S 所承担的同业业务成本为 $\rho = C(I_S)/I_S$。由式（4）～（5）可知：

① 商业银行信贷增长受到资本充足率的制约、存贷比、行业调控的限制。与贷款业务相比，同业业务所受监管相对宽松，比如对同业资产的风险资产权重系数为 25%（意味着同业业务的资本金消耗更低），同业业务（即使资金的实质用途与贷款相同）不受存贷比、信贷规模约束，无须缴纳存款准备金，对同业资产也不必计提拨备。

$$r_{1,s}^{*} = \frac{\sqrt{\pi^{2} + 4(1 - \pi)(R - \rho)} - \pi}{2(1 - \pi)} \tag{8}$$

银行将居民存款（包括理财产品资金）转换为同业融资，需要产生一定的费用$s_i(s_i \geqslant 0)$，i代表不同银行，s_i随银行i不同而不同。我们假设s_i相互独立，其分布函数为G。银行使用居民存款的成本是$C_b = \pi r_{1,b}^{*} + (1 - \pi)(r_{1,b}^{*})^{2}$，而同业融资的收益是$R_s = \pi r_{1,s}^{*} + (1 - \pi)(r_{1,s}^{*})^{2}$。当同业业务收益超过同业业务成本时，即$R_s - s_i \geqslant C_b$（设$s^{*} = R_s - C_b$，$R_s - s_i \geqslant C_b$等价于$s_i \leqslant s^{*}$）时，银行的一般存贷业务才会被转换为同业融资业务。因此$G(s^{*}) = P(s_i \leqslant s^{*})$（$G(s^{*})$为$s^{*}$的增函数）为一般存贷业务被转换为同业融资的概率，即银行同业业务占所有业务的比例，相应的$1 - G(s^{*})$为银行一般存贷业务占所有业务的比例。由$s^{*} = R_s - C_b$及式（6）、式（8）可推得：

$$s^{*} = (r_{1,s}^{*} - r_{1,b}^{*})(\pi + (1 - \pi)(r_{1,s}^{*} + r_{1,b}^{*})) \tag{9}$$

上式分别对γ和ρ分别求导可得：

$$\frac{\partial s^{*}}{\partial \gamma} = -\pi \frac{\partial r_{1,b}^{*}}{\partial \gamma} - (1 - \pi)2r_{1,b}^{*} \frac{\partial r_{1,b}^{*}}{\partial \gamma} \tag{10}$$

$$\frac{\partial s^{*}}{\partial \rho} = \pi \frac{\partial r_{1,s}^{*}}{\partial \rho} + 2(1 - \pi)r_{1,s}^{*} \frac{\partial r_{1,s}^{*}}{\partial \rho} \tag{11}$$

由式（6）可知$\partial r_{1,b}^{*}/\partial \gamma < 0$，由式（8）可知$\partial r_{1,s}^{*}/\partial \rho < 0$。因此$\partial s^{*}/\partial \gamma > 0$，$\partial s^{*}/\partial \rho < 0$。由于$G(s^{*})$为$s^{*}$的增函数，即$\partial G(s^{*})/\partial s^{*} > 0$，所以有：$\partial G(s^{*})/\partial \gamma = (\partial G(s^{*})/\partial s^{*})(\partial s^{*}/\partial \gamma) > 0$，$\partial G(s^{*})/\partial \rho = (\partial G(s^{*})/\partial s^{*})(\partial s^{*}/\partial \rho) < 0$。因此$G(s^{*})$为$\gamma$的增函数，$\rho$的减函数。因此银行同业业务规模的占比受到一般信贷业务监管约束单位成本γ和同业业务单位成本ρ的双重影响。我们设定$\rho = \rho_0$，即同业业务单位成本是固定的。当$\gamma < \gamma_0 = \rho_0$时，由式（6）~（9）可知$G(s^{*}) = 0$，即银行经营同业业务的收益小于其成本，因此银行同业业务的规模占比为0。当$\gamma = \gamma_1 > \rho_0$时，由式（6）~（9）可知$s_1^{*} > 0$，$G(s_1^{*}) > 0$，即银行经营同业业务的收益大于其成本，银行开始经营同业业务，其规模占比为$G(_1^{*})$（$G(s_1^{*})$大小为四边形$\gamma_0\gamma_1 o_1 o_0$的面积，如图3所示）。随着一般信贷业务的监管约束强度γ由γ_1增加到γ_2，$G(s_1^{*})$也相应增加到$G(s_2^{*})$（$G(s_2^{*})$大小为四边形$\gamma_0\gamma_2 o_2 o_0$的面积，如图3所示），银行经营同业业务的比重进一步上升。综上分析，当$0 < \gamma < \rho_0$时，$G(s^{*}) = 0$，当$\gamma > \rho_0$，银行同业业务规模比重$G(s_1^{*})$随着一般信贷业务监管约束γ的增强而增加（如图4所示）。

命题1：同业业务的规模与监管部门对一般信贷业务的监管约束强度有关，同时也受到同业业务自身操作成本的影响。在同业业务操作成本固定的情况下，一般信贷业务受到的监管约束越强，同业业务发展的规模也相应越大。

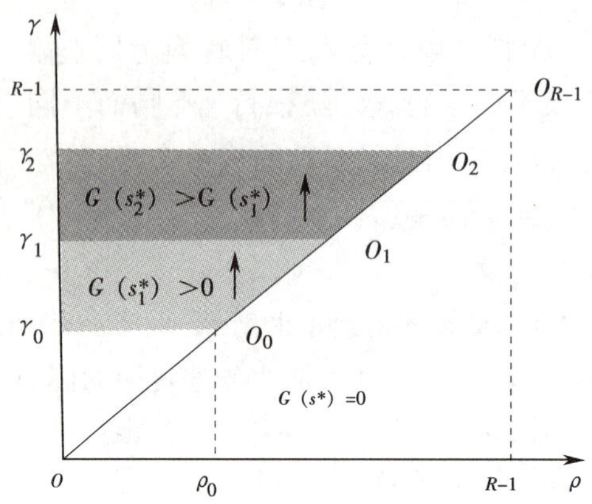

图 3　监管约束、同业业务成本与同业业务规模

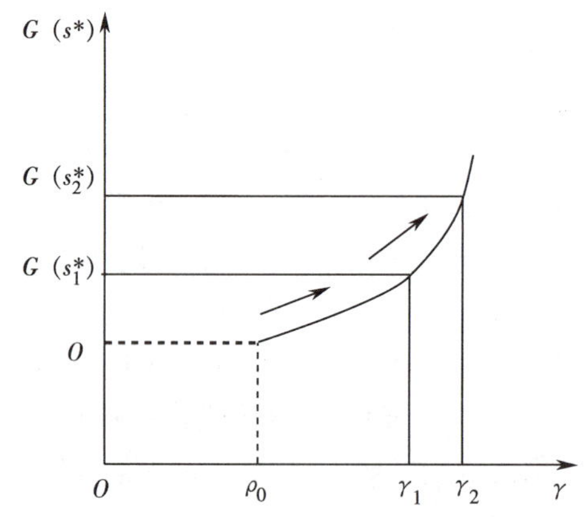

图 4　监管约束强度与同业业务规模

（三）同业业务规模与流动性风险水平

由于银行部门的一般存款业务受到隐性存款保险的保护，而同业存款不受保护。因此在发生暂时性的流动性冲击时，同业存款一般首先受到冲击。假设 t 期，由于外部暂时性风险事件，银行 i 发生流动性冲击，即前期同业融资被交易对手银行赎回，同时没有新的同业融资提供给银行。那么此时流出银行 i 的资金包括：$t-1$ 期时短期同业融资在 t 期需要还本付息 $G(s^*)\pi r_{1,s}^*$，$t-2$ 期时长期同业融资在 t 期需要还本付息 $G(s^*)(1-\pi)(r_{1,s}^*)^2$，$t-1$ 期时长期同业融资在 t 期被提前取出本息 $G(s^*)(1-\pi)(r_{1,s}^*)$。而此时银行 i 可使用的流动性资金只有 $t-2$ 期时银行 i 同业投资的类信贷资产在 t 期到期回收本息 $G(s^*)(R-\rho)$。因

此银行 i 由于暂时性的流动性冲击而产生的流动性缺口为：

$$G(s^*)(r_{1,s}^* + (1-\pi)(r_{1,s}^*)^2 - (R-\rho)) \tag{12}$$

为了弥补流动性缺口，银行 i 可以选择在资金拆借市场拆入资金，或者是对其在 $t-1$ 期时同业投资配置的长期类信贷资产 $I_{t-1} = G(s^*)$（在 $t+1$ 到期，本息为 $(R-\rho)\ G(s^*)$）进行清算（liquidation），清算后可回收流动性资金 $\varrho G(s^*)$。不失一般性，$\varrho G(s^*) < (1/2)G(s^*)[\sqrt{\pi^2+4(1-\pi)(R-\rho)} - \pi]$，即银行 i 对同业类信贷资产清算后，回收的流行性不能弥补同业业务产生的流动性缺口。银行 i 在同业融资市场能够拆入的资金数量取决于其获得的授信总额，设 A_i 为银行 i 获得的授信总额，该授信总额一般取决于银行 i 的资产状况、盈利情况，宏观流动性对其影响也较大，为了分析方便，我们将 A_i 视为外生变量。R_A 为银行 i 拆入的资金价格，R_A 在一定程度上代表了银行 i 的流动性风险水平，在其他变量稳定的情况下，R_A 越高，即银行 i 愿意以更高的价格拆入资金，反映其流动性越紧张，流动性风险水平越高。由式（8）可知：

$$\pi r_{1,s}^* + (1-\pi)(r_{1,s}^*)^2 = R-\rho \tag{13}$$

将式（13）代入式（12）可得流动性缺口为：

$$\frac{\sqrt{\pi^2+4(1-\pi)(R-\rho)}-\pi}{2}G(s^*) \tag{14}$$

当银行同业业务规模 $G(s^*) \leqslant A/(1/2)[\sqrt{\pi^2+4(1-\pi)(R-\rho)}-\pi]$ 时，即 $A_i \geqslant (1/2)[\sqrt{\pi^2+4(1-\pi)(R-\rho)}-\pi]G(s^*)$，表明银行 i 能在同业融资市场拆入的资金超过其流动性缺口，此时银行 i 拆入的资金价格为 $R_A = R-\rho$，即银行拆入的资金价格等于其同业类信贷资产的收益率。拆入的资金总量为 $(1/2)[\sqrt{\pi^2+4(1-\pi)(R-\rho)}-\pi]G(s^*)$。由于银行 i 能够拆入足够资金，所以其暂时性的流动性缺口能够得到弥补，从而维持流动性平衡，消除流动性风险。当银行同业业务规模 $A/\varrho \geqslant G(s^*) > A/(1/2)[\sqrt{\pi^2+4(1-\pi)(R-\rho)}-\rho]$ 时，即 $A_i < (1/2)[\sqrt{\pi^2+4(1-\pi)(R-\rho)}-\pi]G(s^*)$，表明银行 i 在同业融资市场拆入的资金少于其流动性缺口，此时银行 i 拆入的资金总量仅为 A_i，由于银行 i 的融资需求大于融资供给，所以拆借的资金价格会相应上升，价格调整的均衡点为银行拆入的资金成本等于银行 i 同业类信贷资产的收益，即 $R_A A = G(s^*)(R-\rho)$，所以此时银行 i 拆入的资金价格为 $R_A = G(s^*)(R-\rho)/A$。由于银行 i 无法完全偿付应付的流动性债务，暂时性的流动性缺口无法得到弥补，流动性平衡不能维持，从而产生流动性风险，R_A 随着 $G(s^*)$ 的增加而增加，反映银行 i 的流动性风险水平随着同业业务规模的增加而增加。当 $G(s^*) > A/\varrho$ 时，即 $A \leqslant \varrho G(s^*)$，表明银行 i 在同业融资市场拆入的资金少于其对同业类信贷资产清算后回笼的资金，此时银行便不会在同业融资市场进行融资，直接选择对同业类信贷资产清算，因此拆借的资金价格在 $A = \varrho G(s^*)$ 时便不会上升，可推得均衡的拆借资金价格 $R_A = (R-\rho)/\varrho$。此时，银行 i 的流动性风险水平达到最高，即一旦发生外部流动性冲击，银行只能对其同业类信贷资产清算，从而产生银行自身危机。同业业务规模与流动性风险水平（拆入资金价格）的关系如下：

$$R_A = \begin{cases} R-\rho & \text{当 } G(s^*) \leqslant \varepsilon \\ G(s^*)(R-\rho)/A & \text{当 } G(s^*) \in (\varepsilon, A/\varrho) \\ (R-\rho)/\varrho & \text{当 } G(s^*) > A/\varrho \end{cases} \tag{15}$$

其中，$\zeta = A/(1/2)[\sqrt{\pi^2 + 4(1-\pi)(R-\rho)} - \pi]$。综上分析，如图 5 所示，当银行同业业务规模占比较小时（$G(s^*) \leqslant \zeta$），由于其能够在同业融资市场以合理的价格 $R_A = R-\rho$ 拆入资金，从而能够维持其流动性平衡，因此不存在流动性风险。当银行同业业务规模占比超出一定规模（$G(s^*) > \zeta$），随着银行同业业务规模占比 $G(s^*)$ 的增加，其流动性缺口相应增加，在同业融资市场上拆入资金的价格也逐渐升高，银行流动性平衡难以维持，其流动性风险水平随之增加。当同业业务规模足够大时（$G(s^*) > A/\varrho$），银行不能在同业融资市场上拆入资金，只能依靠对其同业类信贷资产清算回收流动性，此时流动性风险达到最大值，进而转化为银行危机。

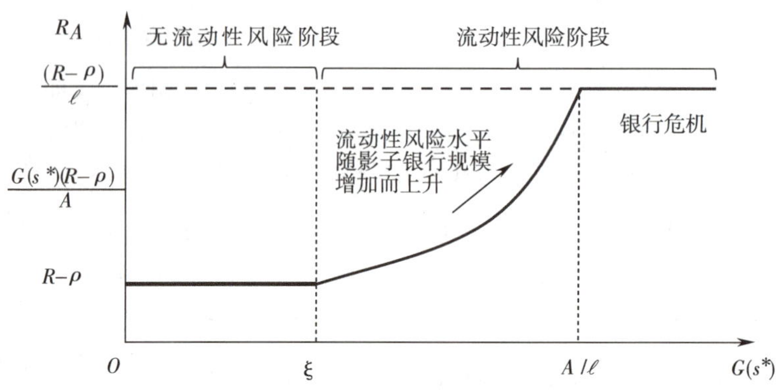

图 5　同业业务规模与流动性风险水平

命题 2：银行体系流动性风险水平受到同业业务规模占比的影响，当银行同业业务规模占比较小时，一般不会产生流动性风险。当银行同业业务规模占比超过一定程度，随着同业业务规模比重的增加，银行流动性风险水平也相应提高，直至产生银行流动性危机。

四、银行同业业务与流动性风险的实证分析

上文定性分析了监管约束强度、银行同业业务规模与流动性风险之间的关

系，本文接下来通过构建计量模型，对上文理论分析提出的命题进行实证检验。本文的实证研究思路为以下三个步骤：第一，选取和计算衡量银行流动性风险的指标；第二，实证并检验银行流动性风险和银行同业业务规模之间的关系，以及影响银行流动性风险的其他因素；第三，实证并检验银行同业业务规模和银行监管约束之间的关系，以及影响银行同业业务规模的其他因素。

（一）流动性风险指标选择与构造

为了识别流动性风险及其影响因素，需要对流动性缺口进行测算。如果将银行的资产分为流动性和非流动性两种，那么流动性供给则来自流动性资产。而银行负债同样分为流动性和非流动性两种，从长期来看，流动性负债有一个稳定的存量，形成实质上的长期资金供给，因而，商业银行运用期限错配的方法并不一定会导致流动性风险，关键在于其流动性负债的稳定部分是否能够弥补非流动性资产与非流动性负债之间的资金缺口。基于此，本文将衡量银行流动性风险的流动性缺口率定义如下：

$$\text{银行流动性缺口率} = \frac{\text{长期资金使用} - (\text{长期资金来源} + \text{短期资金稳定来源值})}{\text{短期资金稳定来源值}}$$

为了尽可能全面估算我国银行流动性的缺口，遵循“真实、全面、详细”的原则，本文选取以下财务指标作为研究变量，如表1所示。

表1　商业银行流动性缺口估算的变量选择

长期资金使用	中长期贷款、长期股权投资、衍生金融资产、买入返售金融资产、投资性房产
长期资金来源	公司或企业定期存款、个人或储蓄定期存款、持有到期投资
短期资金来源稳定部分	（公司或企业活期存款+个人或储蓄活期存款）稳定部分下限

对于短期资金稳定来源部分，本文采用H－P滤波方法将短期存款总额分解成长期趋势成分和短期波动成分。根据短期波动成分服从的分布求出其在一定置信水平下（本文选取99%）的波动下限，并将其与长期趋势合并得出银行短期资金稳定来源最低下限。具体估算过程如下：若由H－P滤波求得的短期波动部分f满足正态分布$N(0,\sigma^2)$，取短期存款总额在稳定存款之上的概率水平即置信水平为$(1-\alpha)(0<\alpha<1)$，在该置信水平下短期波动成分的波动区间为$(-C,C)$。令c_i的分布函数为$F(x)$，则有$F(C)=\phi(C/\sigma)=1-\alpha/2$。H－P滤波求得的稳定部分向下平移C单位即得到一定置信水平下短期存款稳定部分。

（二）实证模型设定和变量选取

根据上一部分提出的研究假设，我们采用面板回归模型识别银行流动性风险水平的主要影响因素和银行同业规模的影响因素，建立如下面板回归模型：

$$LD_{it} = \alpha_0 + \alpha_1 TY_{it} + \sum_{j=2}^{J} \alpha_j \prod\nolimits_{jit-1}^{1} + \varepsilon_{it} \qquad (16)$$

$$TY_{it} = \beta_0 + \beta_1 JG_{it} + \sum_{k=2}^{K} \beta_j \prod{}^{2}_{kit-1} + \eta_{it} \tag{17}$$

式（16）为考察商业银行流动性风险影响因素的面板回归模型，式（17）为考察商业银行同业业务规模影响因素的面板回归模型。其中，i 表示银行个体，t 表示观察年份。被解释变量 LD_{it} 表示商业银行出现的流动性缺口率（按上文方法计算得出），TY_{it} 表示银行同业业务规模占比（由银行 i 在 t 期的同业资产与同业负债平均占比计算得出），JG_{it} 为商业银行面临的监管约束（包括资本充足率、存贷比、信贷规模等监管约束）。$\prod^1$，$\prod^2$ 为流动性缺口方程和同业业务规模方程中的控制变量。根据数据的完整性和全面性，本文选取我国 16 家商业银行作为研究样本①。样本数据跨度为 2007 年半年度至 2013 年共 14 个半年度数据，总样本量为 224。

对于控制变量，本文借鉴曾刚（2013）、彭建刚（2014）等人的研究，选取以下三类影响银行流动性和同业业务规模的因素。一是商业银行内部因素，具体包括成长性，以银行期末总资产的同比增长率 GA_{it} 表示；盈利能力，以银行当期资产利润率 ROA_{it} 表示，信贷风险，以银行当期不良贷款率 NPL_{it} 表示。二是外部宏观经济因素，具体包括通货膨胀水平，以消费者价格指数（CPI_t）表示；实体经济增长情况，以固定资产投资增速（FAG_t）表示。三是货币政策因素，具体包括利率水平，以当期活期存款利率（RD_t）表示；货币增长速度，以基础货币同比增长（MO_{it}）表示。

（三）银行流动性风险影响因素的实证结果和分析

因为本文式（16）主要考察的是银行的流动性缺口与其同业业务规模占比之间关系，所以首先对 LD_{it} 与 TY_{it} 进行回归，然后加入银行其他内部特征变量：总资产的同比增长率 GA_{it} 和银行资产利润率 ROA_{it} 进行回归，最后加入宏观经济层面的时间序列数据 CPI_t、FAG_t 和货币政策层面的时间序列数据 RD_t、MO_{it}。

第一步回归时，Hausman 检验值 $H_1 = 0.168 < \chi^2_{0.05(1)} = 3.841$，所以模型存在个体随机效应，应建立个体随机效应回归模型；第二步回归时，$H_2 = 15.965 > \chi^2_{0.05(3)} = 7.815$，所以模型应建立个体效应回归模型；第三步回归时，$H_3 = 21.071 > \chi^2_{0.05(5)} = 11.071$，所以模型应建立个体效应回归模型；第四步回归时，$H_4 = 29.105 > \chi^2_{0.05(7)} = 14.067$，模型同样应建立个体效应回归模型。回归结果见表 2。

回归结果 1，2，3，4 均支持本文的主要结论，TY_{it} 对 LD_{it} 的解释系数均为正

---

① 根据中国银监会统计数据，2013 年，所有商业银行总资产合计为 126.06 万亿元；这 16 家样本银行总资产为 95.09 万亿元；16 家样本银行的总资产规模占国内所有商业银行总资产规模的 75.43%。因此，样本银行的数据基本上可以反映银行业面上的情况。

数（0.1591 到0.1787 之间），即银行的同业业务规模占比 TY_{it} 越高时，LD_{it} 越大，说明随着银行同业业务占比的提高，银行流动性缺口率呈现扩大趋势。命题2得到了实证检验的支持。

回归结果2~4进一步强化了回归结果1。回归结果2显示，在银行内部因素中，资产增长率 GA_{it} 和利润率 ROA_{it} 等对银行流动性缺口率产生了显著的影响，具体来看，商业银行资产增速越快，盈利能力越高，同业业务占比越高，相应地，银行流动性越差。回归结果3显示，在选取的反映宏观经济运行情况的两个指标中，固定资产投资增速（FAG_t）对银行流动性缺口具有显著的正向影响，说明固定资产投资增速越高，银行流动性状况越差；而通胀水平 CPI_t 对银行流动性的影响并不明显。回归结果4显示，在货币政策因素中，基础货币增长速度 MO_{it} 对流动性缺口具有显著的正向影响，基础货币增长速度越快，银行流动性越差，而存款利率水平 RD_t 对银行流动性的影响则不明显。

表2　　　　计量方法与检验结果

解释变量	回归结果1	回归结果2	回归结果3	回归结果4
C	0.2374 (5.8883***)	0.1893 (9.5667***)	0.1726 (4.2065***)	0.1449 (3.3033***)
TY	0.1729 (1.2701***)	0.1787 (2.3472***)	0.1591 (2.2778***)	0.1703 (1.9452**)
GA		0.0975 (1.8454**)	0.0168 (1.6490**)	0.0242 (1.9120**)
ROA		0.1154 (1.2591**)	0.1108 (2.177***)	0.1178 (2.2487***)
CPI			-0.0013 (-0.1167)	-0.0325 (-0.2058)
FAG			0.0638 (1.3006*)	0.0571 (1.5631*)
RD				0.0592 (0.0960)
MO				0.0576 (1.9538**)
Adjust R - Squared	0.8923	0.8180	0.8182	0.8205
Hausman test	0.168	15.965	21.071	29.105
观测值	224	224	224	224
方法	个体随机效应	个体固定效应	个体固定效应	个体固定效应

注：() 内为t统计量符号；***、**和*分别表示参数通过1%、5%和10%以上的显著检验。

（四）银行流动性风险影响因素的实证结果和分析

因为本文式（17）主要考察的是银行的同业业务规模占比与银行受到的监管约束之间关系，所以我们分别对 TY_{it} 与 CAR_{it}（资本充足率）、TY_{it} 与 LTD_{it}（存贷比）、TY_{it} 与 RL_{it}（贷款增速）进行回归，同时加入银行其他内部特征变量：总资产的同比增长率 GA_{it} 和银行不良贷款率 NPL_{it}，宏观经济层面的时间序列数据：CPI_t、FAG_t 和货币政策层面的时间序列数据：RD_t、MO_{it}。

第一步回归时，Hausman 检验值 $H_1 = 0.9150 < \chi^2_{0.05(7)} = 14.067$，应建立个体随机效应回归模型；第二步回归时，$H_2 = 1.2915 < \chi^2_{0.05(7)} = 14.067$，所以模型应建立个体效应回归模型；第三步回归时，$H_3 = 1.7923 < \chi^2_{0.05(7)} = 14.067$，所以模型应建立个体效应回归模型；第四步回归时，$H_4 = 1.9105 < \chi^2_{0.05(9)} = 16.919$，模型同样应建立个体效应回归模型。回归结果见表 3。

回归结果 1 ~3 从银行面临监管约束的不同角度印证了本文的主要结论。回归结果 1 显示，CAR_{it} 对 TY_{it} 的解释系数为正数（ -0.5085），即银行的资本充足率越低，其同业业务规模占比越高；而银行的资本充足率越低，越接近监管的最低资本要求，表明其受到的资本监管约束越强，从而反映出银行资本监管约束强度与银行同业业务规模占比之间的正向相关关系。回归结果 2 显示，LTD_{it} 对 TY_{it} 的解释系数为正数（0.3090），即银行的贷存比越高，其同业业务规模占比越高；而银行的贷存比越高，越接近监管的最高贷存比要求，表明其受到的贷存比监管约束越强，从而反映出银行贷存比监管约束强度与银行同业业务规模占比之间的正向相关关系。回归结果 3 显示，RL_{it} 对 TY_{it} 的解释系数为负数（ -0.3090），即银行的贷款增速相对越低，其同业业务规模占比越高；而银行的贷款增速越低时，表明其受到一定的贷款规模控制，从而反映出银行贷款规模约束强度与银行同业业务规模占比之间的正向关系。回归结果 4 进一步强化了回归结果 1 ~3，反映了银行受到的监管约束越强时，其发展同业业务的动机越强，推论 1 得到了实证数据的证明。

同时，回归结果 1 ~4 显示，银行内部因素中，资产增长率 GA_{it} 和不良贷款率 NPL_{it} 对银行同业业务占比产生了显著的正向影响，具体来看，商业银行资产增速越快，同业业务占比越高，反映出同业业务逐渐成为银行资产负债扩张的重要途径；银行不良贷款率越高，同业业务占比也相应越高，这在一定程度上反映了随着信贷风险水平的提高，银行倾向于相对收缩信贷业务，扩大被认为风险相对较小的银行同业业务，从而相对提高资本边际收益。从宏观经济和货币政策影响来看，固定资产投资增速 FAG_t 对银行同业业务规模具有显著的正向影响，而通胀水平 CPI_t、基础货币增长速度 MO_{it} 以及存款基准利率水平 RD_t 对同业业务规模的影响不显著。

表 3 计量方法与检验结果

解释变量	回归结果 1	回归结果 2	回归结果 3	回归结果 4
C	0. 3586 (9. 3827 ***)	0. 2872 (4. 2566 ***)	0. 2806 (7. 7018 ***)	0. 2876 (3. 8995 ***)
CAR	-0. 5085 (-3. 4399 ***)			-0. 4940 (-3. 3677 ***)
LTD		0. 3090 (3. 3594 ***)		0. 0680 (0. 7316 *)
RL			-0. 1508 (-2. 9890 ***)	-0. 1618 (-3. 1777 ***)
GA	0. 0015 (4. 9175 ***)	0. 0016 (5. 3468 ***)	0. 0021 (6. 2277 ***)	0. 0020 (5. 8545 ***)
NPL	0. 0867 (1. 5170 **)	0. 06889 (1. 1423 *)	0. 077 (1. 3346 *)	0. 0801 (1. 4083 *)
CPI	0. 0063 (0. 6208)	0. 0055 (0. 7183)	0. 0047 (0. 4965)	0. 0054 (0. 7937)
FAG	0. 5385 (4. 6687 ***)	0. 5682 (4. 6315 ***)	0. 3235 (2. 3016 **)	0. 3058 (2. 2563 **)
RD	0. 0037 (0. 5694)	0. 0002 (0. 0252)	0. 0003 (0. 0510)	0. 0031 (0. 4820)
MO	-0. 1791 (-0. 26620)	-0. 1696 (-0. 34222 *)	-0. 2169 (-0. 21153)	-0. 2242 (-0. 33426 *)
AdjustR - Squared	0. 7956	0. 7548	0. 7861	0. 8322
Hausman test	0. 9150	1. 2915	1. 7923	1. 9105
观测值	224	224	224	224
方法	个体随机效应	个体随机效应	个体随机效应	个体随机效应

注：() 内为 t 统计量符号；***、**和 * 分别表示参数通过 1%、5% 和 10% 以上的显著检验。

五、流动性波动与中央银行流动性管理的动力系统模型

当前，我国经济金融运行的结构性因素日益突出，货币与金融层面的流动性管理将上升到非常重要的位置。在流动性总量充裕的大背景下，如何通过价格引导，以及创新流动性管理工具来优化流动性结构、平滑流动性波动，成为

中央银行流动性管理面临的重要问题。在上两部分中，我们主要从微观银行的角度分析同业业务与流动性风险水平的关系问题，缺乏对中央银行流动性管理、货币市场流动性以及银行资产负债行为（同业业务）之间从宏观效应到微观影响的深入描述。本文接下来将上文分析的监管约束下同业业务规模变化所引起的流动性风险波动效应纳入一个包含银行体系、货币市场、实体经济部门以及中央银行的动力系统模型中，在进一步考察银行同业业务对其资产结构、银行间货币市场流动性影响基础上，着重分析中央银行流动性管理对于抚平流动性波动的有效性。

本文在Akerlof（2009）、Chiarella等（2014）研究的基础上，采取一个由简单到复杂、循序渐进的建模过程。首先给出一个包含银行体系和实体经济部门的简单动力系统模型；其次，引入银行间货币市场和中央银行，重点考察同业拆借对于银行经营行为的影响；最后，将银行的同业投资行为纳入模型中，进一步考察其对银行资产结构，以及银行间货币市场流动性的影响，同时分析中央银行流动性管理对于抚平流动性波动的有效性。

（一）基础模型

在基础模型中，假设银行间不存在同业拆借，且银行的资产负债表具有以下简单的结构（见表4），我们首先建立一个包含银行体系和实体经济部门的动力系统模型。

表4 基础模型中银行的资产负债表

资产	负债
法定存款准备金（R_0）	存款（D）
超额存款准备金（R）	
贷款（L）	股东权益（E）

给出以下基本假设：

（1）银行体系中有$2N$家银行，每家银行有相同规模的存款D和股东权益E，记$S=D+E$，变量D和E都是外生变量；同时，假设法定存款准备金率为θ，则银行可用资金为（$1-\theta$）S，有（$1-\theta$）$S=R+L$。

（2）在存款D及股东权益E给定的情况下，资本充足率、存贷比等监管要求会对银行的放贷规模形成约束，即有$L \leqslant L_0$；同时，假设银行内部存在一个衡量经营风险的指标，该指标定义为$\lambda = L/R$，银行体系对于λ的上限有一个较为一致的认识，认为当$\lambda \leqslant \lambda_0$时，银行的经营是可持续的。

（3）假设不存在同业拆借，由条件$(1-\theta)S = R+L$和$\lambda \leqslant \lambda_0$，可以得到银行放贷规模的另一个约束条件，即$L \leqslant \lambda_0(1-\theta)S/(1+\lambda_0)$；假设有$\lambda_0(1-\theta)S/(1+\lambda_0) \leqslant L_0$，即在缺少银行间资金调剂的情况下，银行自我风险控制对

贷款规模形成的约束相较于监管约束，是一个更紧的约束。

（4）银行分为两个类型，即激进的银行和保守的银行，相对来讲，激进的银行更具有放贷冲动，设其风险指标为 λ_+，而保守银行的风险指标为 λ_-，有 $\lambda_+ > \lambda_-$。记激进的银行数量为 n_+，而保守的银行数量为 n_-，则有 $n_+ + n_- = 2N$。定义 $x = (n_+ - n_-)/2N$，用来反映整个银行体系的经营态度，当 $x = 0$ 时，认为整个银行体系的经营行为是中性的，当 $x > 0$，认为整个银行体系的经营行为是激进的，而当 $x < 0$ 时，认为经营行为是保守的。

记 $L_+ = \lambda_+ R_+$，$L_- = \lambda_- R_-$，其中 L_+ 和 L_- 分别为激进银行和保守银行的贷款规模，R_+ 和 R_- 分别为激进银行和保守银行的超额存款准备金，由假设（1），可以得到整个银行体系的放贷规模 L_c 为

$$L_c = n_+ L_+ + n_- L_- = n_+ \frac{\lambda_+}{\lambda_+ + 1}(1 - \theta)S + n_- \frac{\lambda_-}{\lambda_- + 1}(1 - \theta)S$$

假设实体经济（产出 y）是需求驱动型的，即

$$\dot{y} = \sigma(y^d - y)$$

其中，$\dot{y}$ 代表产出增量，y^d 代表总需求，参数 σ 表示产出缺口对产出的调整系数。进一步假设总需求 y^d 与实体经济可获得的信贷总量 Lc 相关，即

$$y^d = y_0^d + \kappa L_c$$

其中，y_0^d 是固定参数，认为是总需求的基数部分。则有

$$\dot{y} = \sigma(y_0^d + \kappa L_c - y)$$

在此基础上，假设银行在贷款业务上经营行为的变化，取决于整个银行体系的经营态度 x、产出增量 $\dot{y}$，以及银行当前表现与长期趋势的偏离，具体有：

$$\dot{\lambda}_+ = \gamma_1(x + g(x)) + \gamma_2 \dot{y} + \gamma_3(\tilde{\lambda}_+ - \lambda_+)$$

$$\dot{\lambda}_- = \gamma_1(x - g(x)) + \gamma_2 \dot{y} + \gamma_3(\tilde{\lambda}_- - \lambda_-)$$

其中，$g(x) = \varepsilon_0 \exp(-\varepsilon_1 x^2)$ 反映的是 x 对 λ 影响的非线性部分；$\tilde{\lambda}_+$、$\tilde{\lambda}_-$ 为固定参数，分别用来刻画激进银行和保守银行在贷款业务上的长期趋势性表现；而 $\tilde{\lambda}_+ - \lambda_+$ 和 $\tilde{\lambda}_- - \lambda_-$ 则反映了银行当前表现与长期趋势的偏离。

最后，对银行体系经营态度 x 的变化进行建模分析。定义 $p_\pm$ 为保守的银行转变为激进的银行的概率，$p_\mp$ 为激进的银行转变为保守的银行的概率，则整个银行体系经营态度的变化 $\dot{x}$ 可以表示为

$$\dot{x} = \frac{n_- p_\pm - n_+ p_\mp}{2N} = \frac{1}{2}[(1 - x)p_\pm - (1 + x)p_\mp]$$

同时，假设转化概率 $p_\pm$ 和 $p_\mp$ 满足

$$p_\pm = F(s), p_\mp = F(-s)$$

$$F(s) = \begin{cases} 1 - \frac{1}{2}\exp(-\upsilon s) & s \geqslant 0 \\ \frac{1}{2}\exp(\upsilon s) & s < 0 \end{cases}$$

其中，s 为转化因子，假设其与整个银行的经营态度 x、银行在贷款业务上的表现 λ_+ 和 λ_-，以及金融环境（参数 d_0）相关，即

$$s = a_1 x + a_{21}\lambda_+ + a_{22}\lambda_- + d_0$$

值得注意的是，参数 a_1 反映了银行体系经营态度的变化受当前经营氛围的影响程度，该值越大，意味着“羊群效应”越显著，即在银行体系整体处于乐观态势时，会有更多的银行表现出乐观情绪，在贷款业务上更为激进；而在银行体系整体处于悲观态势时，会有更多的银行表现出悲观情绪，在贷款业务上更为保守。将“羊群效应”纳入宏观经济金融模型中，考察其对金融顺周期性，以及实体经济波动的放大效应，是近年来学者比较关注的热点。综上所述，我们得到一个简单的动力系统模型：

$$y = \sigma(y_0^d + \kappa L_c - y)$$

$$\lambda_+ = \gamma_1(x + g(x)) + \gamma_2 y + \gamma_3(\widetilde{\lambda}_+ - \lambda_+)$$

$$\dot{\lambda}_- = \gamma_1(x - g(x)) + \gamma_2 y + \gamma_3(\widetilde{\lambda}_- - \lambda_-)$$

$$x = \frac{n_- p_\pm - n_+ p_\mp}{2N} = \frac{1}{2}[(1 - x)p_\pm - (1 + x)p_\mp]$$

其中：

$$L_c = n_+ L_+ + n_- L_- = n_+ \frac{\lambda_+}{\lambda_+ + 1}(1 - \theta)S + n_- \frac{\lambda_-}{\lambda_- + 1}(1 - \theta)S$$

$$g(x) = \varepsilon_0 \exp(-\varepsilon_1 x^2)$$

$$p_\pm = F(s), p_\mp = F(-s)$$

$$F(s) = \begin{cases} 1 - \frac{1}{2}\exp(-\upsilon s) & s \geqslant 0 \\ \frac{1}{2}\exp(\upsilon s) & s < 0 \end{cases}$$

$$s = a_1 x + a_{21}\lambda_+ + a_{22}\lambda_- + d_0$$

$$n_- = N(1 - x), n_+ = N(1 + x)$$

$$\lambda_- < \lambda_+ \leqslant \lambda_0$$

$$\lambda_0(1 - \theta)S/(1 + \lambda_0) \leqslant L_0$$

（二）扩展模型Ⅰ——纳入银行间货币市场和中央银行

进一步将银行间货币市场及中央银行纳入基础模型中，假设银行之间可以通过同业拆借来调剂超额存款准备金R，同时中央银行能够通过流动性管理工具

为银行间货币市场提供资金。此时，银行的资产负债表具有如下结构（见表5）：

表 5　扩展模型 I 中银行的资产负债表

资产	负债
法定存款准备金（R_0）	存款（D）
超额存款准备金（R）	同业拆入（BR^d）
贷款（L）	中央银行借款（Q）
同业拆出（BR^s）	股东权益（E）

基础模型中的假设（1）、（2）、（4）保持不变，对假设（3）做如下改进：

（3'）银行之间可以通过银行间货币市场进行同业拆借，以调剂超额存款准备金，来满足银行可持续经营的需要，即得 $\lambda \leqslant \lambda_0$ 。

与基础模型不同，在假设（3'）成立的情况下，原假设（3）中关于银行贷款规模的约束条件 $L \leqslant \lambda_0(1-\theta)S/(1+\lambda_0)$ 被放宽，激进的银行可以通过同业拆入资金来补充超额存款准备金，以满足风险指标 $\lambda \leqslant \lambda_0$ ；而保守的银行在满足自身可持续经营的前提下，能够为银行间货币市场提供部分拆出资金。此时，监管约束 $L \leqslant L_0$ 成为紧约束条件。根据上述分析，我们有：

$$\lambda_0 = \frac{n_+ L_+}{n_+ R_+ + BR^d} = \frac{n_- L_-}{n_- R_- - BR^s}$$

$$\lambda_- < \lambda_0 < \lambda_+$$

由此可以得到银行间货币市场的同业拆入资金需求为 BR^d 和同业拆出资金供给 BR^s 分别为：

$$BR^d = n_+ L_+ \left(\frac{1}{\lambda_0} - \frac{1}{\lambda_+}\right) = n_+ \frac{\lambda_+}{\lambda_+ + 1}(1-\theta)S\left(\frac{1}{\lambda_0} - \frac{1}{\lambda_+}\right)$$

$$BR^s = n_- L_- \left(\frac{1}{\lambda_-} - \frac{1}{\lambda_0}\right) = n_- \frac{\lambda_-}{\lambda_- + 1}(1-\theta)S\left(\frac{1}{\lambda_-} - \frac{1}{\lambda_0}\right)$$

进一步可以得到银行间货币市场同业拆借的资金缺口 ER^d 为

$$ER^d = BR^d - BR^s = n_+ \frac{\lambda_+}{\lambda_+ + 1}(1-\theta)S\left(\frac{1}{\lambda_0} - \frac{1}{\lambda_+}\right) - n_- \frac{\lambda_-}{\lambda_- + 1}(1-\theta)S\left(\frac{1}{\lambda_-} - \frac{1}{\lambda_0}\right)$$

在此基础上，我们引入银行间同业拆借利率 r，并假设其波动与银行间同业拆借资金缺口以及中央银行的流动性管理（外生变量 P）相关，即有：

$$r = \beta_1(ER^d) + \beta_2 P = \beta_1(BR^d - BR^s) + \beta_2 P$$

其中，参数 β_2 反映了市场流动性波动对中央银行流动性管理的敏感程度，从另一个角度来看，也可以用来刻画中央银行流动性管理的效力。将上式纳入基础模型中，可以得到以下包含银行体系、银行间货币市场、实体经济部门和中央银行的动力系统模型：

$$y = \sigma(y_0^d + \kappa L_c - y)$$

$$\dot{\lambda}_{+} = \gamma_1(x + g(x)) + \gamma_2 y + \gamma_3(\tilde{\lambda}_{+} - \lambda_{+})$$

$$\dot{\lambda}_{-} = \gamma_1(x - g(x)) + \gamma_2 y + \gamma_3(\tilde{\lambda}_{-} - \lambda_{-})$$

$$x = \frac{n_{-}p_{\pm} - n_{+}p_{\mp}}{2N} = \frac{1}{2}[(1 - x)p_{\pm} - (1 + x)p_{\mp}]$$

$$r = \beta_1(ER^d) + \beta_2 P = \beta_1(BR^d - BR^s) + \beta_2 P$$

其中：

$$L_c = n_{+}L_{+} + n_{-}L_{-} = n_{+}\frac{\lambda_{+}}{\lambda_{+}+1}(1-\theta)S + n_{-}\frac{\lambda_{-}}{\lambda_{-}+1}(1-\theta)S$$

$$g(x) = \varepsilon_0 \exp(-\varepsilon_1 x^2)$$

$$p_{\pm} = F(s),\ p_{\mp} = F(-s)$$

$$F(s) = \begin{cases} 1 - \frac{1}{2}\exp(-\upsilon s) & s \geq 0 \\ \frac{1}{2}\exp(\upsilon s) & s < 0 \end{cases}$$

$$s = a_1 x + a_{21}\lambda_{+} + a_{22}\lambda_{-} + a_3 P + d_0$$

$$BR^d - BR^s = n_{+}\frac{\lambda_{+}}{\lambda_{+}+1}(1-\theta)S\left(\frac{1}{\lambda_0} - \frac{1}{\lambda_{+}}\right) - n_{-}\frac{\lambda_{-}}{\lambda_{-}+1}(1-\theta)S\left(\frac{1}{\lambda_{-}} - \frac{1}{\lambda_0}\right)$$

$$n_{-} = N(1 - x),\ n_{+} = N(1 + x)$$

$$\lambda_{-} < \lambda_0 < \lambda_{+}$$

$$L_{-} < L_{+} \leq L_0$$

（三）扩展模型Ⅱ——纳入同业投资行为

在扩展模型I的基础上，进一步考察同业投资业务对银行资产结构的影响，以及对银行体系流动性波动的影响；同时，考察中央银行的流动性管理对于抚平流动性波动的效果。同业投资业务可以看成是类贷款业务，本质上是银行通过同业投资业务变相地发放贷款，因此从建模的角度来看，其对于扩展模型I的直接影响主要体现在两个方面：一是增加了实体经济部门可获得的贷款总量 L_c；二是改变了银行的资产结构（见表6），使得整个银行体系的超额存款准备金减少。

表 6　　扩展模型Ⅱ中银行的资产负债表

资产	负债
法定存款准备金（R_0）	存款（D）
超额存款准备金（R）	
贷款（L）	同业拆入（BR^d）
同业投资（类贷款 L^s）	中央银行借款（Q）
同业拆出（BR^s）	股东权益（E）

在扩展模型Ⅰ的假设条件基础上，我们进一步给定如下假设：

在激进的银行中，有部分银行（占比为η）为了绕开监管约束，在贷款规模达到监管要求L_0的情况下，通过开展同业投资变相地发放贷款L^s，记$\rho_+ = L^s/R_{++}$，其中R_{++}为这一类银行的自有超额存款准备金。进一步假设$\eta = F(q)$

$$F(q) = \begin{cases} 1 - \frac{1}{2}\exp(-\upsilon q) & q \geq 0 \\ \frac{1}{2}\exp(\upsilon q) & q < 0 \end{cases}$$

其中，q的变化与整个银行的经营态度x、当前同业投资的整体表现ρ_+、货币政策p以及金融环境d_1相关，即

$$q = c_1 x + c_2 \rho_+ + c_3 P + d_1$$

同时，假设激进银行在同业投资业务上经营行为的变化，取决于整个银行体系的经营态度x、产出增量y，以及银行当前表现与长期趋势的偏离，即

$$\rho_+ = \omega_1(x + g(x)) + \omega_2 y + \omega_3(\tilde{\rho}_+ - \rho_+)$$

其中，$\tilde{\rho}_+$用来刻画激进银行在同业投资业务上的长期趋势性表现。此时，实体经济部门获得的贷款规模总量为

$$\begin{aligned} L_c &= (1-\eta)n_+ L_+ + \eta n_+ L_0 + \eta n_+ L^s + n_- L_- \\ &= (1-\eta)n_+ \frac{\lambda_+}{\lambda_+ + 1}(1-\theta)S + \eta n_+ L_0 \\ &\quad + \eta n_+ \frac{\rho_+}{\rho_+ + 1}[(1-\theta)S - L_0] + n_- \frac{\lambda_-}{\lambda_- + 1}(1-\theta)S \end{aligned}$$

为实现可持续经营，激进的银行（无论是否开展同业投资）需要从银行间货币市场拆入资金，以满足风险指标要求；保守的银行则能够向银行间货币市场提供富余的拆出资金，即有

$$\lambda_0 = \frac{\eta n_+ (L_0 + L^s)}{\eta n_+ R_{++} + BR^{d1}} = \frac{(1-\eta)n_+ L_+}{(1-\eta)n_+ R_+ + BR^{d2}} = \frac{n_- L_-}{n_- R_- - BR^s}$$

其中，BR^{d1}和BR^{d2}分别表示开展同业投资和未开展同业投资的激进银行需要拆入的资金总量。则有

$$BR^{d1} = \eta n_+ \left[\frac{(1-\theta)S}{\lambda_0} - \left(1 + \frac{1}{\lambda_0}\right)\frac{(1-\theta)S - L_0}{1 + \rho_+}\right]$$

$$BR^{d2} = (1-\eta)n_+ \frac{\lambda_+}{\lambda_+ + 1}(1-\theta)S\left(\frac{1}{\lambda_0} - \frac{1}{\lambda_+}\right)$$

$$BR^s = n_- \frac{\lambda_-}{\lambda_- + 1}(1-\theta)S\left(\frac{1}{\lambda_-} - \frac{1}{\lambda_0}\right)$$

于是，银行间货币市场同业拆借的资金缺口 ER^d 可以表示为

$$ER^d = BR^{d1} + BR^{d2} - BR^s$$

将上述变化纳入扩展模型Ⅰ中，即可得到如下改进后的动力系统模型（扩展模型Ⅱ）：

$$\dot{y} = \sigma(y_0^d + \kappa L_c - y)$$

$$\dot{\lambda}_+ = \gamma_1(x + g(x)) + \gamma_2 y + \gamma_3(\tilde{\lambda}_+ - \lambda_+)$$

$$\dot{\lambda}_- = \gamma_1(x - g(x)) + \gamma_2 y + \gamma_3(\tilde{\lambda}_- - \lambda_-)$$

$$\dot{\rho}_+ = \omega_1(x + g(x)) + \omega_2 y + \omega_3(\tilde{\rho}_+ - \rho_+)$$

$$\dot{x} = \frac{n_- p_\pm - n_+ p_\mp}{2N} = \frac{1}{2}[(1 - x)p_\pm - (1 + x)p_\mp]$$

$$r = \beta_1(ER^d) + \beta_2 P = \beta_1(BR^{d1} + BR^{d2} - BR^s) + \beta_2 P$$

其中：

$$\eta = F(q)$$

$$F(q) = \begin{cases} 1 - \frac{1}{2}\exp(-\upsilon q) & q \geqslant 0 \\ \frac{1}{2}\exp(\upsilon q) & q < 0 \end{cases}$$

$$q = c_1 x + c_2 \rho_+ + c_3 P + d_1$$

$$L_c = (1 - \eta)n_+ \frac{\lambda_+}{\lambda_+ + 1}(1 - \theta)S + \eta n_+ L_0 + \eta n_+ \frac{\rho_+}{\rho_+ + 1}$$

$$[(1 - \theta)S - L_0] + n_- \frac{\lambda_-}{\lambda_- + 1}(1 - \theta)S$$

$$g(x) = \varepsilon_0 \exp(-\varepsilon_1 x^2)$$

$$p_\pm = F(s),\ p_\mp = F(-s)$$

$$F(s) = \begin{cases} 1 - \frac{1}{2}\exp(-\upsilon s) & s \geqslant 0 \\ \frac{1}{2}\exp(\upsilon s) & s < 0 \end{cases}$$

$$s = a_1 x + a_{21}\lambda_+ + a_{22}\lambda_- + a_3 P + d_0$$

$$BR^{d1} = \eta n_+ \left[\frac{(1 - \theta)S}{\lambda_0} - \left(1 + \frac{1}{\lambda_0}\right)\frac{(1 - \theta)S - L_0}{1 + \rho_+}\right]$$

$$BR^{d2} = (1 - \eta)n_+ \frac{\lambda_+}{\lambda_+ + 1}(1 - \theta)S\left(\frac{1}{\lambda_0} - \frac{1}{\lambda_+}\right)$$

$$BR^s = n_- \frac{\lambda_-}{\lambda_- + 1}(1 - \theta)S\left(\frac{1}{\lambda_-} - \frac{1}{\lambda_0}\right)$$

$$n_- = N(1-x),\ n_+ = N(1+x)$$

$$\lambda_- < \lambda_0 < \lambda_+$$

$$L_- < L_+ \leqslant L_0$$

$$L^s \leqslant (1-\theta)S - L_0$$

进一步考察中央银行流动性管理对抚平货币市场流动性波动的有效性。从目前来看，在“不宜大幅扩张总量”的总基调下，我国中央银行在流动性管理的过程中，将更加突出利率“引导”的重要作用，同时运用公开市场短期流动性调节工具（SLO）、常设借贷便利（SLF）、中期借贷便利（MLF）、抵押补充贷款（PSL）等非常规政策工具，定向注入流动性，以优化流动性结构。基于此，本文分两种情形，对上述扩展模型Ⅱ中的中央银行流动性管理（变量 P）展开讨论：

情形1：存在目标利率 r^*，中央银行通过价格型调控方式，引导利率走势，使银行间拆借利率接近于目标利率。即

$$r = \beta_1(BR^{d1} + BR^{d2} - BR^s) + \beta_2(r^* - r)$$

情形2：中央银行在进行价格“引导”的同时，结合市场预期的变化，运用非常规的流动性管理工具，适时注入流动性。即

$$r = \beta_1(BR^{d1} + BR^{d2} - BR^s) + \beta_2(r^* - r) - Q$$

其中 Q 满足

$$Q = \frac{\alpha_1}{1+\exp(\alpha_2 x)} + \alpha_3 Q$$

六、基于动力系统模型的非均衡分析

有关动力系统模型的模拟分析，一般可以分为两类：一类是稳定性分析，主要围绕模型的均衡解，考察不同类型的冲击对于模型各变量波动及其稳定性的影响；另一类则是非均衡分析，主要考察动力系统在非均衡的状态下，各变量之间的互动与反馈机制，以及系统参数扰动对于模型均衡性及模型中各变量波动的影响。本文构建的动力系统模型，包含了宏观经济部门、银行体系、银行间货币市场等主体，这些主体行为存在周期性与波动性，且相互之间有一定的联动效应，因此，在这里我们主要采用非均衡分析，通过仿真模拟，旨在考察银行同业投资行为对于货币市场流动性波动的影响，以及中央银行合理的流动性管理对于抚平货币市场流动性波动的有效性。

对上述动力系统模型进行参数设置。理论上，参数设置直接影响着动力系统模型解的周期性与稳定性，而对于高维动力系统模型，很难通过定量分析来获得模型稳定性的参数条件。Chiarella 等（2013）运用动力系统的建模方法，将银行间市场纳入到宏观经济模型中，模拟分析了银行信贷的顺周期性以及由

此引致的流动性短缺问题。这里，我们参考 Chiarella 等（2013）中的参数设置，对本文模型的初始参数设置如下（见表7）。

表7 动力系统模型参数设置

参数	赋值	参数	赋值	参数	赋值
c_1	1.1	c_2	-0.4	c_3	-1.5
d_1	3.0	υ	0.5	$N(1-\theta)S$	1.0
NL_0	0.8	σ	0.5	y_0^d	12
κ	0.1	ε_0	0.5	ε_1	3.0
γ_1	0.3	γ_2	0.01	γ_3	0.07
$\tilde{\lambda}_+$	4.0	$\tilde{\lambda}_-$	2.0	ω_1	0.15
ω_2	0.005	ω_3	0.035	$\tilde{\rho}_+$	1.0
a_1	3.4	a_{21}	-0.3	a_{22}	-0.5
a_3	-2.1	d_0	3.0	r^*	0.05
λ_0	3.0	β_1	0.5	β_2	0.8
α_1	0.04	α_2	6.2	α_3	-0.11

（一）同业投资行为对货币市场流动性波动影响的模拟分析

作为对比，我们首先考察银行体系不存在同业投资行为的情形（即扩展模型Ⅰ），其中中央银行的流动性管理（变量P）采取情形1的方式。此时，银行的贷款规模严格受限于监管要求，货币市场的流动性波动在很大程度上源自于银行体系经营行为的顺周期性。图6（左）展示了产出y与银行体系贷款业务表现（以变量λ_+为代表）之间的关联性。可以看出，银行体系的放贷行为具有一定的顺周期性，随着实体经济逐步上行，银行贷款规模不断扩大，风险指标λ_+呈上升趋势，其峰值滞后于产出y；在实体经济进入下行通道时，银行体系的贷款规模也相应地紧缩，风险指标λ_+呈下降趋势。随着贷款业务的顺周期变化，货币市场的同业拆借资金缺口也呈现出相应地周期性波动。进一步考察银行体系的"羊群效应"对于货币市场流动性波动的影响。在模型构建中，参数a_1刻画了银行体系"羊群效应"的强度，对参数a_1的初始值进行微调（考察$a_1 = 3.39$），在其他参数不变的条件下，模拟分析货币市场流动性波动的变化，结果如图6（右）所示：r_1和r_2分别反映了参数a_1取值3.40和3.39的条件下货币市场流动性的波动情况，可以看出，随着a_1增大（即"羊群效应"增强），货币市场流动性的波动幅度进一步增加，加剧了银行间货币市场的不稳定性。

以下考察同业投资行为对于货币市场流动性波动的影响。一方面，由于同业投资渠道的存在，银行可以通过同业投资的方式，绕开监管约束，变相地发放贷款，从而扩大了整个银行体系的贷款投放规模，也放大了信贷投放的顺周

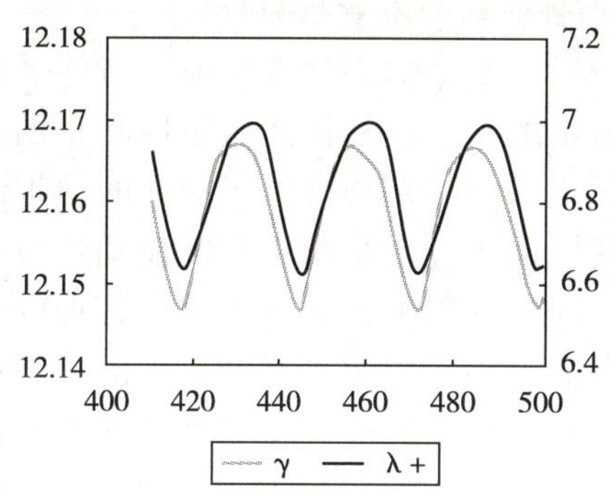

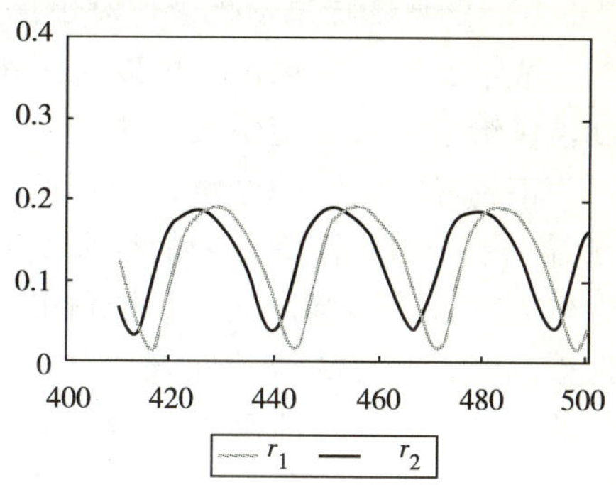

图6　银行体系顺周期性与“羊群效应”的模拟结果

期性；另一方面，同业投资业务导致银行资产与负债端的期限结构发生改变，期限错配加剧。这些影响都通过银行间货币市场，反映在资金价格的波动上。图7（左）展示了在初始参数值条件下扩展模型Ⅱ中货币市场流动性（记为 r_base）的模拟结果，可以看出，与不存在同业投资行为的情形（r_1）相比，r_base 的波动性更大，可以说明银行业的同业投资行为确实在一定程度上加剧了货币市场的流动性波动。进一步，从模型构建来看，参数 d_1 刻画了激进的银行中参与同业投资的占比 η 的固定部分，因此通过对参数 d_1 进行调节，可以考察银行参与同业投资的普遍性（η 越大，表明银行开展同业投资的现象越普遍）对于货币市场流动性波动的影响。图7（右）中的 r_3 描述了参数 $d_1=0$ 的情形下货币市场的流动性波动状况，比较发现，在其他参数不变的条件下，随着 d_1 增大（即银行参与同业投资的行为更加普遍），货币市场的流动性波动也进一步加剧。这一结论再次验证了银行业的同业投资行为对于加剧货币市场流动性波动的客观事实。

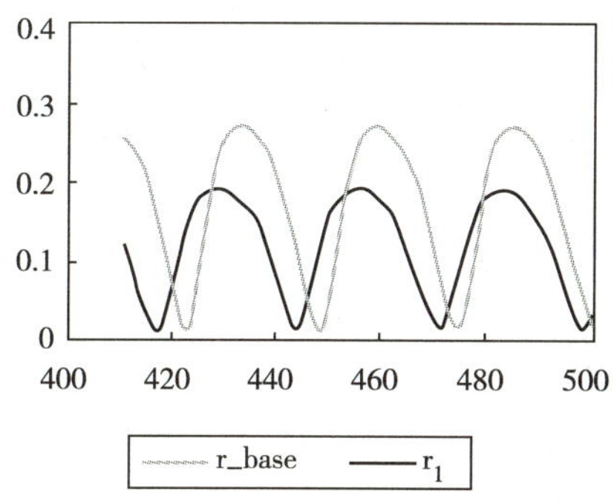

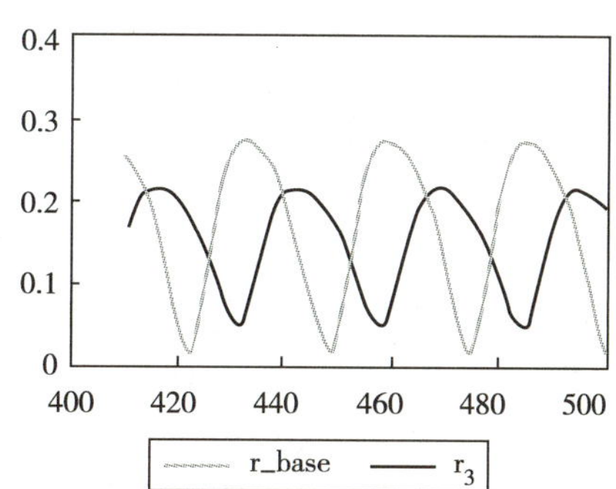

图7　同业投资与货币市场流动性波动的模拟分析

（二）中央银行流动性管理对于抚平流动性波动的有效性分析

一般情况下，中央银行可以通过运用公开市场操作工具来平衡银行体系的流动性供给与需求，使得其处于一个合理适度的水平，从而降低短期利率的波动，为市场经济主体的经济行为创造一个稳定的金融环境。基于前文的模拟结果来看，银行同业投资行为的存在及其普遍性确实会对货币市场的流动性波动产生较为显著的影响，从另一个角度来讲，这也说明中央银行流动性管理的有效性被削弱，原有的流动性管理方式需要有所调整，以起到对冲、平滑流动性波动的效果。在我国流动性总量宽裕的大背景下，中央银行在流动性管理的过程中，需要更加突出利率“引导”，因此，我们考察情形 1，即中央银行采取价格型调控的方式，引导短期利率接近于目标利率。在此基础上，调节参数 β_2，观察流动性管理效力的变化对流动性波动平滑效果的影响。图 8（左）分别展示了参数 $\beta_2=0.8$（对应 r_ base）和 $\beta_2=1.0$（对应 r_1）条件下货币市场的流动性波动状况，可以看出，r_1 的波动幅度相对较小，反映出货币市场的流动性更为稳定。进一步，在其他参数保持不变的条件下，对 β_2 在区间［0.75，0.85］内进行微调［如图 8（右）所示］，结果显示，随着 β_2 的增大（意味着流动性管理效力的提升），货币市场流动性波动的幅度不断收窄。上述模拟结果表明，在利率引导为主的流动性管理模式下，中央银行需要进一步完善利率传导机制，通过提升价格型调控的有效性，来削弱和平滑货币市场的流动性波动。

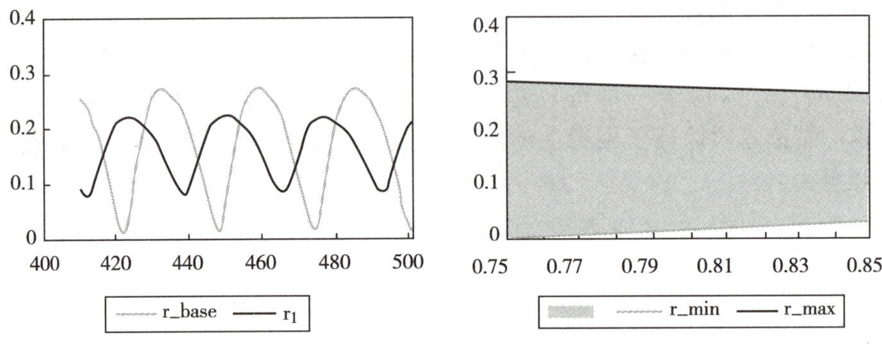

图 8　价格“引导”对于抚平流动性波动的模拟分析

从近期的实践来看，我国中央银行在注重利率“引导”的流动性管理方式的同时，不断创新流动性管理工具，包括引入 SLO、SLF、MLF、PSL 等，定向注入流动性。例如，2014 年 9 月和 10 月，中央银行连续两个月打出了下调正回购利率和 SLF 的组合拳，调节市场流动性。对此，我们模拟情形 2，即中央银行在进行利率引导的同时，结合市场预期波动，运用非常规的政策工具，适时注入流动性，考察这一组合型的流动性管理方式对于平滑货币市场流动性波动的有效性。图9（左）的结果显示，在其他参数不变的条件下，引入非常规的政策工具（变量Q），货币市场流动性的波动幅度（r_ Q）有所减弱，稳定性得到改善。进一步，在纳入非常规政策工具前后，对利率引导的有效性进行比较分析，结果如图9（右）所示。在其他参数不变的条件下，对参数β_2进行微调，情形2对应的流动性波动幅度（图9（右）中r_ min1和r_ max1合围的区域）收敛得更快，表明此时价格型调控的效果更佳。上述模拟结果表明，在“不宜大幅扩张总量”的总基调下，我国中央银行采取的以利率引导为主、非常规政策工具为辅的组合型流动性管理方式，对于平滑市场流动性波动是行之有效的；通过创新非常规政策工具，适时、定向地注入流动性，能够进一步强化利率“引导”的有效性，使中央银行的流动性管理达到事半功倍的效果。

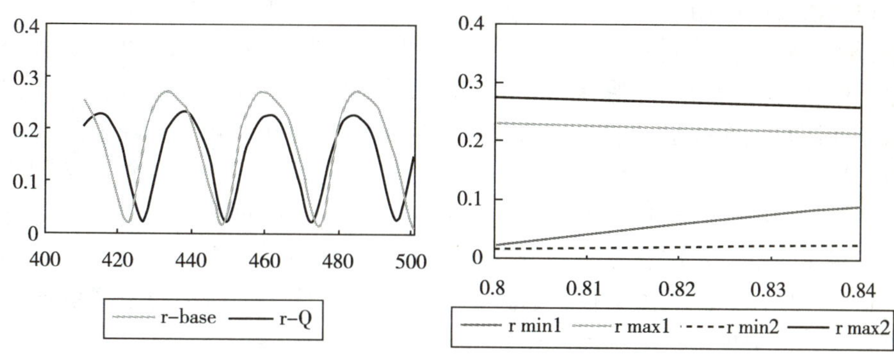

图9　非常规流动性管理工具对于平滑流动性波动的模拟分析

七、主要结论及启示

本文将同业业务特征及其对银行资产负债行为的影响效应纳入流动性分析的理论框架，结合面板数据的实证分析，深入探讨了监管约束、同业业务、流动性之间的联动关系；在此基础上，通过构建基于银行间市场的动态系统模型，将同业业务纳入银行行为模型，通过仿真模拟，讨论了银行同业业务对银行间货币市场流动性波动的影响，并着重分析了中央银行流动性管理方式的改进与创新对于抚平流动性波动的有效性。本文的主要结论与启示包括以下几个方面：

第一，同业业务的规模与监管部门对一般信贷业务的监管约束强度有关，同时也受到同业业务自身的操作成本的影响。在同业业务操作成本固定的情况下，一般信贷业务受到的监管约束越强，同业业务发展的规模也相应越大。

第二，银行体系流动性风险水平受到同业业务规模占比的影响，当银行同业业务规模占比较小时，一般不会产生流动性风险。当银行同业业务规模占比超过一定程度，随着同业业务规模比重的增加，银行流动性风险水平也相应提高，直至产生银行危机。

第三，同业业务的开展加剧了银行间货币市场流动性的波动，弱化了中央银行原有流动性管理工具的执行效果，流动性管理方式需要有所调整，以平滑流动性波动，为市场经济主体的经济行为创造一个稳定的金融环境。

第四，在“不宜大幅扩张总量”的总基调下，面对同业投资引致的货币市场流动性波动，中央银行采取以利率引导为主、非常规政策工具为辅的组合型流动性管理方式，对于平滑市场流动性波动是行之有效的；非常规流动性管理工具的运用有助于提高利率“引导”的有效性。

本文理论与实证分析结果对中央银行流动性管理具有一定的参考意义。受金融脱媒以及监管约束增强等诸多因素的影响，商业银行表现出较强的风险偏好，通过银行间市场主动负债以实现资产端的扩张，在一定程度上扭曲了商业银行行为，资产和负债之间的期限错配逐步累积了银行体系的流动性风险水平，加剧了微观层面的流动性紧张程度，使得流动性管理效益逐渐弱化。因此，中央银行在调整流动性引导和管理政策时，应考虑银行同业业务规模的扩大对宏观流动性效果的影响，从而提高政策的针对性和有效性，并加强数量型和价格型工具的协调配合。在流动性总量充裕的大环境下，中央银行需进一步完善利率传导机制，提升短期利率“引导”的有效性，同时，加强非常规政策工具创新，适时、定向地注入流动性；通过定向宽松流动性，以强化利率“引导”的政策效果，使中央银行的流动性管理达到事半功倍的效果。

同时，应健全金融监管协调机制，建立金融监管信息共享和金融业综合统计、加强金融机构同业业务监管，有效控制银行同业业务无序扩张对微观流动性风险水平和宏观流动性管理产生的不利影响。另外，在对银行同业业务规模和流动性风险水平关系的分析时，我们发现，适当的银行同业业务规模一般不会产生流动性风险，由于包括同业业务在内的影子银行业务发展具有一定的合理性和必然性，因此在逐步规范商业银行同业业务的同时，应积极支持金融机构加快推进资产证券化业务发展，稳步推进银行间同业存单业务试点，从而缓解银行资产负债的期限错配深度，丰富银行流动性管理工具。

参考文献

[1] 高宏霞、何桐华：《我国上市商业银行流动性风险分析——基于同业业务视角》，载《财会研究》，2014（3）。

[2] 林志华：《商业银行同业业务可持续发展策略研究》，载《金融经济》，2013（16）。

[3] 彭建刚、王佳、邹克：《宏观审慎视角下存贷期限错配流动性风险的识别与控制》，载《财经理论与实践》，2014（4）。

[4] 王立平、申建文：《基于流动性管理视角的货币政策有效性评估与路径选择》，载《金融理论与实践》，2014（5）。

[5] 伍戈、何伟：《商业银行资产负债结构与货币政策调控方式——基于同业业务的分析》，载《金融监管研究》，2014（7）。

[6] 徐寒飞、李清、杨坤：《银行的同业和理财业务对流动性的影响》，载《债券》，2013（9）。

[7] 杨志荣：《流动性管理难题如何化解》，载《新产经》，2013（7）。

[8] 袁增霆：《流动性恐慌的现象与根源》，载《中国金融》，2013（14）。

[9] 曾刚、李广子：《商业银行流动性影响因素研究》，载《金融监管研究》，2013（10）。

[10] 张鹏：《影子银行影响货币市场流动性的机制研究》，载《金融监管研究》，2014（1）。

[11] 中国人民银行南京分行货币信贷管理处课题组：《结构性流动性缺口背景下中央银行货币政策操作工具选择》，载《金融纵横》，2014（3）。

[12] Akerlof, G., and R. Shiller, 2009, Animal Spirits: How Human Psychology Drives the Economy, and Why it Atters for Global Capitalism, Princeton University Press.

[13] Bronfenbrenner, 1945, Some Fundamentals in Liquidity Theory, *The Quarterly Journal of Economics*, Vol. 59.

[14] Chiarella, C., DiGuilmi, C. and T. Zhi, 2014, Modelling the "Animal Spirits" of Bank's Lending Behaviour, EDG Working Paper Series.

[15] Diamond, W., and P. Dybvig, 1983, Bank Runs, Deposit Insurance, and Liquidity, *Journal of Political Economy*, Vol. 91.

[16] Diamond, W. and R. Rajan, 2009, Fear of Fire Sales and the Credit Freeze, NBER Working Papers 14925.

[17] Franklin, A., Carletti, E. and D. Gale, 2009, Interbank Market Liquidity and Central Bank Intervention, Economics Working Paper ECO, European University Institue.

[18] Gale, D. and Y. Tanju, 2011, Liquidity Hoarding, Federal Reserve Bank of New York, Staff Reports, No. 488.

[19] Guillaume, P., 2015, Shadow Banking and Bank Capital Regulation, *The Review of Financial Studies*.

[20] Herider, F., Marie, H. and H. Cornelia, Liquidity Hoarding and Interbank Market Spreads, European Central Bank Working Paper No. 1126.

[21] Huang, J., 2014, Banking and Shadow Banking, Princeton University.

[22] Lippman. S. and Mc Call, An Operational Measure of Liquidity, *The American Economic Review*, Vol. 76.

[23] Martin, A., Skeie, D. and E. Von Thadden, 2014, Repo Runs, *Review of Financial Studies*, Vol. 27.

[24] Poole, W., 1970, Optimal Choice of Monetary Policy Instruments in a Simple Stochastic Macro Model, *Quarterly Journal of Economics*.

[25] Qi, Jianping, 1994, Bank Liquidity and Stability in an Overlapping Generations Model, *Review of Financial Studies*, Vol. 7.

金融发展、地方金融组织发育和分层金融监管催生研究

中国人民银行杭州中心支行课题组*

一、导言

雷蒙德·W. 戈德史密斯在《金融结构与金融发展》一书中指出，金融发展的实质是金融结构的变化，随着金融发展水平的提升，金融工具与金融机构的存在形式、性质以及相对规模都会发生显著的变化。从美国近半个世纪以来的金融发展历程来看，在金融资产总额从1945年的1.11万亿美元扩大到2013年的193.9万亿美元的过程中，美国也发展形成了世界上种类最多、最复杂的金融组织体系和层次最多、最发达的金融市场体系。我国现代金融发展虽然起步较晚，但改革开放三十多年以来，金融组织结构、金融市场结构、金融监管结构等内容也都发生了巨大的变化。金融机构由最初的人民银行大一统逐渐发展形成多元化金融组织体系，特别是城商行、农村合作金融、新型农村金融机构等各类地方金融组织不断发育壮大，组织形式日趋丰富多样。金融市场也从无到有，从全国统一推进到区域、地方培育，层次结构日益丰富，功能不断深化。毋庸置疑，未来随着我国金融改革创新的不断深化，地方金融组织在加大地方金融要素供给、提供多元化金融服务、缓解小微企业和“三农”融资难问题、促进地方经济结构调整和经济发展方式转型等方面将发挥越来越重要的作用。

然而，金融监管改革相对于金融组织创新和金融市场培育总要慢一拍。一方面，当前我国虽已构建起了“一行三会”分业并中央垂直的监管体系，但对于一个疆域面积广大而内部地区间差异明显的大国而言，通过统一的监管政策来规范各地的金融发展往往无法适应地方金融差异性发展的实际需要，部分地理区域、部分金融组织、部分金融业务领域等监管缺位、监管空白问题逐渐显现。另一方面，随着经济和金融活动的发展，一些不持有金融牌照但从事金融活动的机构不断增多，业务也日益扩大，需要适度监管。比如小贷公司、融资性租赁、担保机构、区域性股权交易中心、私募资本市场活动等。特别是近年

---

* 课题主持人：刘仁伍
课题组成员：盛文军　洪　昊　王紫薇　孙　巍

来一些地方频频发生金融风险事件，如温州爆发严重的民间借贷风波，四川省数十家融资性担保公司陷入破产深渊等，恰好映射出现行监管体系的脆弱。从这些情况看，建立中央和地方分层金融监管体系已势所必然。

2002 年上海金融办的设立，标志着我国开启了地方金融管理的探索之路，随着各地地方金融办纷纷设立并逐渐成形，地方金融管理体系也初具雏形，与中央金融管理体系相辅相成共同形成双层金融监管体制。自“十二五”规划首次提出“完善地方金融管理体制”以来，党的十八届三中全会又重申“深化金融体制改革，完善监管协调机制，界定中央和地方金融监管职责和风险处置责任”，我国分层金融监管体系的构建完善正加快提上日程。如何明确中央和地方金融监管权限和边界，如何建立中央和地方金融监管的协调机制，如何保障地方金融管理职能，这些问题的解答和探索都是我国未来金融改革发展不可回避的重要内容和挑战，事关整个国民经济结构调整、转型升级的金融资源分配和金融支持效率，本课题就此展开深入研究。

二、相关文献综述

（一）金融发展与金融结构的相关理论综述

在现代金融体系下，学者对“金融发展”一词的解释较为模糊，其所包含的要素也较为纷繁复杂。1969 年，雷蒙德·W. 戈德史密斯在《金融结构与金融发展》一书中首次明确指出，金融发展的实质是金融结构的变化，随着金融发展水平的提升，金融工具与金融机构的存在形式、性质以及相对规模都会发生显著的变化。之后的麦金农（1973）和肖（1979）等人也从理论层面纷纷阐述了金融发展、金融深化与金融结构调整之间的密切关系。

国内学者在进行金融发展与金融结构之间的关系研究时，金融结构的内涵就比较丰富了。文豪（2013）以现代金融体系下的五要素为基础，指出金融发展共包含五个方面的内容，其中一个方面就是金融机构（包括银行和非银行金融机构）数量和种类的增多，以及彼此之间交互关系的发育，或者说充当信用中介、媒介以及从事各种金融服务组织的量的增加和质的提升。丁俊峰（2011）指出，金融发展在实践层面的一大体现是金融机构体系纵深层次的构造和资本市场的发展，以金融机构多元化、金融工具创新、货币市场和资本市场运行机制确立为标志，该表述下的金融结构范围就更大了。彭建刚（2006）则从我国二元经济结构角度研究金融发展问题，认为中国金融发展对二元经济结构转换有显著影响，这也与本课题的研究维度基本一致，即分地域维度考察金融发展与金融结构间的关系，认为金融发展伴随着中央和地方两个层次的金融组织结构分化，换言之，就是在全国性金融机构发展壮大之余地方性金融组织也将伴随着我国金融的快速发展而不断发育、成长，进而引出本课题研究的核心内容：

中央和地方金融组织结构的分化同时催生了分层金融监管需求，乃至我国分层金融监管制度的建立完善已迫在眉睫。

（二）发展地方金融组织相关理论综述

区域金融理论认为，一个国家的不同地区适合不同的金融制度与组织体系，区域金融的发展与当地的实体经济相互影响。地域辽阔、经济发展层次不一的国家均存在区域金融发展的空间，我国也不例外。张杰（1995）将“威廉姆森倒U假说”运用于我国经济环境，发现我国区域经济的发展同样存在“倒U”趋势。在我国，地方金融组织的发展空间是客观存在的，不同地域金融发展的差异会先变大后趋同。

第一，构建地方金融组织体系可以优化资源配置，提高金融效率。曾五一、赵楠（2007）基于全国各省区面板数据进行研究，指出我国各区域资本配置效率不同，不同地区金融资源的配置、金融组织体系的建立应因地制宜。董敏、袁云峰（2012）从金融效率角度出发，利用浙江不同地区的面板数据进行研究，发现浙江金融资源配置的市场化程度不高，现有的金融结构不利于浙江经济效率的提升。因此浙江地区建设地方金融组织体系有助于提高浙江地区的金融效率。

第二，地方金融机构具有独特优势，适应于当前金融环境。Hauswald 和 Marquez（2002）通过构建理论模型，论证了贷款成本与信息距离和物理距离相关。地方金融机构与中小借款人距离更为贴近，从而具有成本优势。Berger、Allen、Udell（2002）提出，地方金融机构具有集约式的管理结构，在处理委托代理问题时具有独特优势，这是大型商业银行难以做到的。Robertson（2001）基于马尔科夫链模型，证明地方性金融机构在地方市场的固有特异性是其生存基础。

第三，地方金融组织发展受到挑战，很难形成与其他金融机构的错位竞争。地方金融组织主要由地方金融机构构成，地方金融机构在发展中存在特殊的困难，制约了地方金融组织的发展和完善。周民源（2014）通过研究发现，地方金融组织的发展基于“金融自由化”的趋势、经济环境的需求和提升银行业效率的要求。地方金融组织虽然可以推动银行业组织体系的完善，促进金融配置效率的提升，但是地方金融机构容易存在过度竞争、公司治理缺位、退出机制缺失等问题。熊继洲、罗得志（2003）的观点是：发展地方金融组织体系必然会形成二元金融结构，该结构下的监管模式通常具有不稳定性。并且，地方性金融机构存在发展滞后、发展成本高、治理结构官僚化等问题，阻碍了地方金融体系的形成与完善。云青（2006）以台湾民营银行为例，指出地方金融机构在业务层面的问题，主要包括业务创新能力不足、核心竞争力提升慢且不均衡等。但是，仍有学者坚信地方金融机构能够走出困境，在金融环境的变化中得以生存，地方金融组织具有优化的自生能力。DeYoung、Hunter 和 Udell（2002，2004）指出，美国金融管制方式的变化会对地方金融机构的发展产生一定侵蚀，但是地方金融机构在中小企业贷款的独特竞争优势能够保证其继续存活。地方金融机构在整个金融体系中的比较优势能够使地方金融组织体系在金融环境恶化的情形下实现自我适应与调整。

（三）构建分层金融监管体系相关理论综述

从当前地方金融和小微金融发展诉求看，建立和发展分层金融监管模式有其必要性。崔凯（2011）提出，强化地方金融管理既是现实需要，又有长远意义。首先，以"一行三会"为主导的监管模式对地方金融整体规划考量不足，影响金融监管的有效性；其次，地方政府具有主导金融资源配置的强烈动机和天然优势。因此，大力发展地方金融监管，实行分层化金融监管体系，有助于防范和化解系统性金融风险。白光昭（2014）指出，金融办的设立是地方出于转方式调结构、应对国际金融危机、维护金融稳定和发展地方金融的需要。张迎春、张璐（2012）从银行监管理论、监管成本收益、银行利润最大化等角度对小微金融实行差别化监管给出合理解释，并提出分层金融监管有利于实现村镇银行的可持续发展的观点。姚凤阁、张萍（2013）研究发现，集中统一化的监管体制制约新型小微金融的发展，因此有必要构建完善的分层金融监管体制。

从当前我国金融监管的整体现状看，中央和地方分层金融监管制度尚存不足。杨子强（2014）指出目前我国地方金融监管存在掣肘，分层金融监管模式应有效厘清地方政府和市场的边界，建立权责对称的金融监管体制。董世坤（2014）通过对中央与地方金融权力变迁的历史梳理，指出我国中央与地方的金融权力分割依赖政策路径，存在稳定性较差、正当性较弱等痼疾，导致中央与地方金融权力关系变化随意性较为明显，法治化程度较弱，科学性与民主性也因此大打折扣。李凌（2014）从小微金融发展角度出发，指出当前我国虽然已对小微金融实行初步化的分层金融监管，但该体制存在统一化的准入条件和监管标准，重安全、轻效率的监管价值取向，不对称的监管权责，分散化的监管职能等一系列问题，制约了小微金融的进一步发展。监管部门应从法律、职权、协调、组织等角度完善双层金融监管体制，跟上小微企业的发展脚步。

单从地方金融办自身发展看，地方金融办清晰定位、职能强化与分层金融监管模式完善密不可分。潘宏晶、吕庆明（2014）指出，地方金融办在职能定位上存在问题，具体包括职能边界模糊，自身能力不足，角色职能矛盾等。因此，划清地方金融办的职能边界是完善分层金融监管模式的重点，可采取剥离融资和监管职能，完善相应立法等方式，实现地方金融办的准确定位。崔凯（2011）提出，地方金融办面临的监管问题主要有：多头管理、职能交叉，地方投资冲动博弈金融宏观调控，职责界定不合理，职能错位等。分层金融监管体制应以“一行三会垂直线性监管为主、地方政府块状管理为辅”。地方金融监管需坚持“重服务、轻管理、维护稳定”三原则。完善地方金融办金融监管功能应从权责明晰入手，明确权责是金融监管改革的重中之重，很大程度上决定了地方金融管理的效果。马向荣（2014）指出，金融办职能改进方案应包括：加强中央对金融业的统一管理，调整规范地方金融办职能，统一地方金融办机构设置模式，建立分层次金融监管体制等。尤其在建设分层次的金融监管体制方面，提出参考公安部门双重管理体制，以地方政府管理为主，上级部门管理为辅，下级政府金融办领导任命由该级政府决定，但须征求上级金融办意见的新模式设想。

综上所述，现有的文献成果对我国地方金融组织发展和分层金融监管体系建设分别进行了一些理论和实践的研究探索，但是能融合两大主题内容并系统构建中央和地方多层金融组织监管体系及配套制度、提出操作性强、实践性高的政策建议的研究还比较少，本课题将对此进行深入探索和研究。

三、我国地方金融组织发育和分层金融监管催生

从微观层面看，分层金融监管体制是我国地方金融组织有序培育并持续健康发展的内在需求。从宏观层面看，中央和地方金融管理体制的演变，也和我国整个经济体制和金融体制改革过程密切相关，随着从高度集中的计划经济体制向社会主义市场经济体制的转变，金融资源高度国有化向私有化、民营化转变，金融管理体制也从中央集中管理逐步演变为以中央集中管理为主、地方参与管理为辅的双层管理格局。

（一）我国地方金融组织发展概述

1. 地方金融服务主体基本确立。在当前我国以间接融资为主的金融发展模式下，银行业金融机构必然成为地方法人金融服务机构的主体，且基本形成了市一级以城市商业银行为核心、县一级以农村合作金融为核心的金融服务格局。截至2014年9月，全国城市商业银行共135家，总资产和总负债规模分别达17.1亿元和15.9亿元，均占银行业金融机构总额的10.2%，其中，北京银行、宁波银行和南京银行已经上市；组建以县（市）为单位的统一法人农村信用社1 574家，各项贷款余额10.4万亿元，占全部金融机构各项贷款的比例为13.0%，还有农村商业银行574家，农村合作银行106家，农村金融机构（农村商业银行、农村合作银行、农村信用社和新型农村金融机构）总资产和总负债分别达21.49亿元和19.95亿元，均占银行业金融机构的12.8%。相对而言，地方法人的保险、证券、期货期权机构队伍就比较薄弱了。

2. 地方金融组织创新活跃，发展迅速。近年来，地方上除了正规金融机构的发展壮大以外，小额贷款公司、村镇银行、典当行、融资性担保公司、融资

租赁公司、商业保理机构、股权投资企业、私募证券投资基金等一批从事金融业务的地方金融组织也获得了迅速发展。截至 2013 年末，全国共有小额贷款公司 7 839 家，贷款余额 8 191 亿元，融资性担保公司 8 185 家，在保余额 2. 57 万亿元，各类融资租赁公司约 1 026 家，融资租赁合同余额约为 2. 1 亿元，注册商业保理企业 284 家，业务总量超过 200 亿元。

3. 地方金融组织体系发展步伐与金融发达程度基本一致。因经济发展速度和金融发展深度不同，不同地方金融组织体系发育的布局、节奏和质量都会呈现出不同的发展态势，但基本是与当地的金融发达程度一致。整体来看，西部、东北地区的金融机构无论是资本实力还是业务规模上都相对略逊一筹。以城商行和小贷公司发展情况为例，2013 年以资产计的中国城商行前十排行榜上，除了盛京银行 1 家来自东北地区，其余 9 家都是来自北京、上海、天津三个直辖市以及沿海发达地区。再看小贷公司，虽然小贷公司数量最多的前 5 个地区是江苏省、辽宁省、内蒙古自治区、安徽省和河北省，但是贷款余额最大的前 5 个地区却是江苏省、浙江省、四川省、重庆市和广东省，从小贷公司的平均贷款规模考察，东部地区（图 1 的最左边区域，平均贷款规模 1. 66 亿元）普遍高于其他区域，而相对的东北地区（图 1 的最右边区域，平均贷款规模 0. 4 亿元）最低。

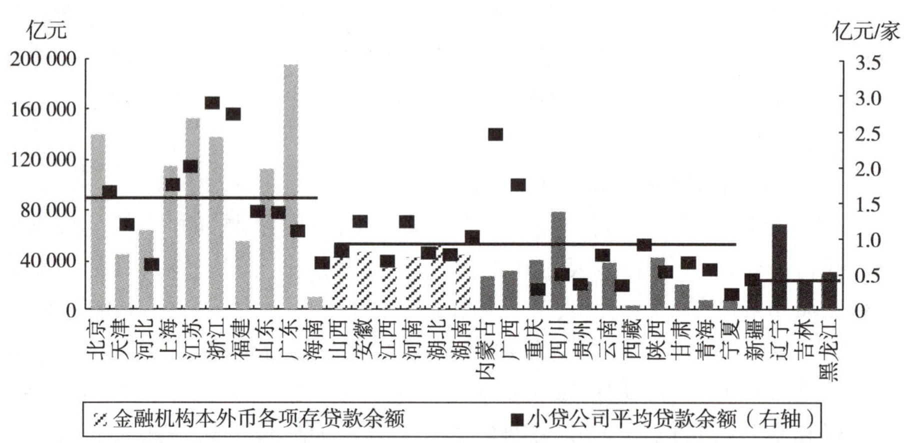

注：从左到右四种填充效果分别表示我国东部、中部、西部和东北四个区域。

图 1　2013 年全国各省各项存贷款余额与小贷公司平均贷款规模

4. 地方性产权交易市场培育力度不断加大。自 2003 年国务院办公厅转发《关于规范国有企业改制工作的意见》、国务院和财政部联合下发《企业国有产权转让管理暂行办法》以后，全国范围内兴起了产权交易市场的建设热潮，根据《中国产权市场发展报告（2010—2011）》统计显示，我国地方性产权交易所总共已达300多家，形成了省市县三级市场体系，特别是上海、天津、北京、重庆、深圳、浙江等还专门成立了金融资产交易中心或金融资产交易所，从2003年8月至2010年12月，在产权市场上交易的各类金融资产累积已达4 625亿元，在拓宽地方融资渠道、增强地方金融资产流动性等方面发挥着越来越重要的作用。

（二）我国分层金融监管体系框架

1. 分层金融监管体系的形成。自20世纪90年代开始，我国金融监管制度逐渐由“大一统”走向“分业监管”。中国银监会、中国证监会和中国保监会的相继成立，标志着我国“一行三会”的分业监管框架基本形成。金融监管制度改革，实现了货币政策与银行监管职能的分离，分工明确、互相协调的分业监管体系提高了监管的专业化和有效性，确保了金融安全与稳定。随着我国金融业的发展和垂直金融管理体制的演进变革，原有的地方政府对金融业的直接干预模式受到了制约，导致其对地方金融资源配置的影响力明显下降。但地方政府在推动地方金融发展、增强地方金融服务供给和保障金融服务支持地方经济发展方面的意识和责任并没有相应减弱，于是催生了地方政府通过各种方式加强地方金融管理的需求。

2002年9月，上海市金融服务办公室宣告成立，成为全国最早探索地方政府专设金融管理部门、具有开创性意义的一项举措，在此之后，地方金融办如雨后春笋般迅速在国内崛起。截至2013年末，全国已有344个地市级以上政府成立了地方金融管理机构（含32个省级政府金融管理机构）。多数机构名称为金融工作办公室，部分称金融工作局、金融管理局或金融服务办公室。金融办的设立，标志着地方金融管理有了实体部门和有力抓手，并随着政府机构改革的推进而在地方金融管理中日渐强势，分层金融管理框架初见雏形。

2004年以后，中央开始将部分金融管理权下放，通过发文明确部分地方金融机构的监管权限交由地方政府，如《国务院关于印发深化农村信用社改革试点方案的通知》（国发〔2003〕15号）将农信社的管理交由省级政府负责，并承担起风险防范和处置责任，《国务院办公厅转发银监会人民银行关于明确对农村信用社监督管理职责分工指导意见的通知》（国办发〔2004〕48号）明确省级政府对辖内农信社的基本监管职责；《关于小额贷款公司试点的指导意见》（银监发〔2008〕23号）确定省级政府明确主管部门（金融办或相关机构）负责对小额贷款公司的监督管理，《融资性担保公司管理暂行办法》（中国银行业监督管理委员会令2010年第3号）规定融资性担保公司由省级政府实施属地管理；《中共中央、国务院关于全面深化农村改革加快推进农业现代化的若干意见》（中发〔2014〕1号）明确地方政府对新型农村合作金融监管职责。与此同时，近年来伴随着各种地方新型金融机构及准金融机构的快速发展，地方各类针对从事金融业务的其他机构的管理办法集中出台，金融办或相关职能部门的管理范畴得以进一步扩展。至此，分层金融监管体系基本确立并不断巩固。

2. 分层金融监管框架和职责分工。中央金融监管层面，“一行三会”对银行业机构、证券期货公司、基金公司、保险公司等正规金融机构，以及信贷市场、货币市场、资本市场、保险市场进行监管。2013 年 8 月，《国务院关于同意建立金融监管协调部际联席会议制度的批复》（国函〔2013〕91 号）发布，同意建立由中国人民银行牵头，银监会、证监会、保监会和外汇局参加的金融监管协调部际联席会议制度，标志着我国金融监管协调工作也开始走向制度化、规范化、日常化。

在地方金融监管层面，地方金融管理基本形成了以省级政府为领导，省级金融办为主，省级商务部门、经信部门、发改委等地方政府相关部门为辅，省级以下金融办，商务、经信、发改部门参与的组织架构，在中央金融管理部门的统一指导下，一是具体管理负责小额贷款公司、典当行、融资性担保公司、融资租赁公司、商业保理机构、农村信用合作组织、股权投资企业、私募证券投资基金等在内的从事金融业务的其他机构，这类机构的管理一般通过部门规章加以明确，大部分由中央相关部委或部际联席会议进行“条条”管理，但管理的落脚点还是以地方为主。特别是在中小金融机构活跃但中央金融监管力量薄弱的县级及乡镇，地方政府能有利于补充金融监管空白。二是牵头对各类金融风险进行处置，强化落实地方政府维护金融稳定的责任。如 1996 年，国务院将化解农村合作基金会债务风险的责任交给地方政府。2003 年，《国务院关于印发深化农村信用社改革试点方案的通知》又将农村信用社管理和风险处置交由地方政府负责。三是管理作为多层次资本市场有机组成部分的区域性股权交易市场以及其他各类地方性交易场所。四是地方政府也牵头处置非法集资，但对一般民间借贷国内尚没有统一、规范的文件，在中央和地方尚未有明确的管理部门（见图 2）。

（三）当前分层金融监管体系存在的弊病与不足

地方金融办自首创距今毕竟才 12 年之余，地方政府在金融方面的管理权限、职能定位等方面还没有严格界定、规范，这使得当前的分层金融监管体系不可避免地存在种种问题：

第一，中央与地方金融监管的目标侧重不同，容易造成地方与中央的政策博弈，加大金融风险隐患。囿于自身职责定位不同，中央与地方在金融管理方面的出发点与侧重点有所不同。中央监管部门更加关注的是全局性金融市场稳定和系统性风险防范，这是全球宏观金融管理部门的共性，而极具中国特色的是我国地方政府对金融业也是相当重视，地方分管金融的领导一般都是常务副省长或是常务副市长，并在现有的财政体制和考核机制下，其金融管理重点是

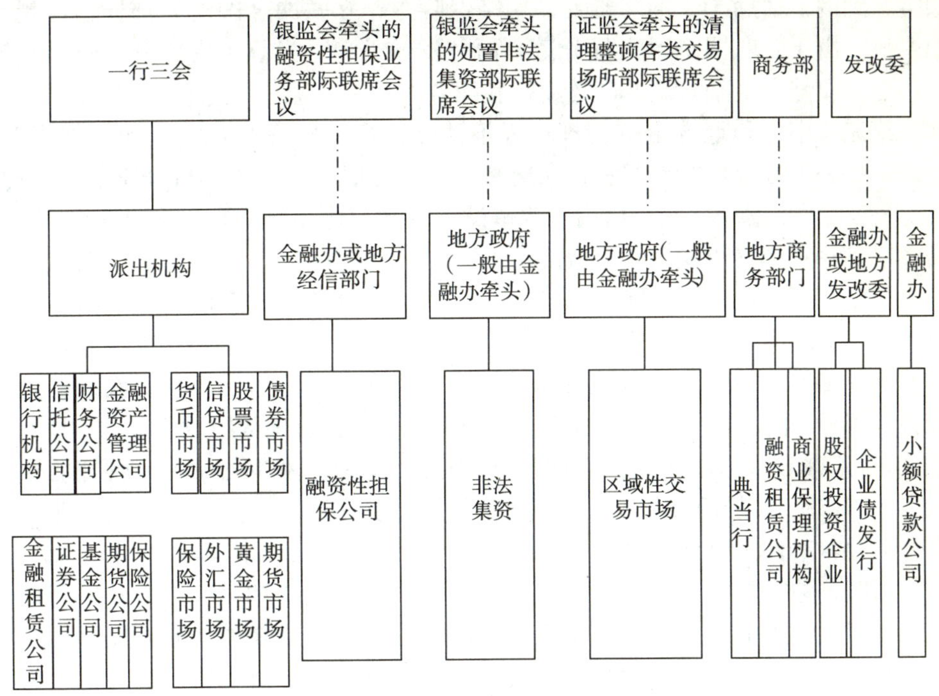

图 2 我国分层金融监管框架

如何突破中央统一的金融约束，通过强化地方金融功能、加快金融机构集聚，尽可能拉动当地经济增长。因此，在金融管理方面存在地方与中央的政策博弈，主要表现为地方对中央政策的“选择性配合”，即对积极金融政策的配合度远高于收缩性的调控政策。举个例子来说，当货币流动性过于宽松而进入物价上行期时，中央政策的方向是收紧流动性，实施紧缩性的信贷政策，但是到了下面金融机构具体执行时，由于地方经济发展的融资需求仍然大量存在，且资金投放具有延续性和刚性，因此收紧信贷很可能受到地方政府的隐性阻力，中央政策最终的落实效应也将大打折扣。长此以往，地方与中央的政策博弈将弱化中央金融政策的落实和执行效果，并加大经济金融运行的波动风险。

第二，大一统的金融管理体制难以跟上金融创新的步伐。当前，小贷公司、融资性担保公司、民间资本管理公司等新型金融组织虽未获得金融牌照，但从事的是事实上的金融业务，这些新型金融组织游离于中央金融监管之外，也未被明确授权给地方政府管理。特别近来随着互联网金融的发展，金融创新的速度日新月异。以支付宝为例，2005 年成立，直到 2011 年底，央行才给支付宝发了第三方支付的牌照。而同样是阿里金融旗下的余额宝仅仅用了 9 个月的时间就募集资金 5 000 多亿元，这种规模和速度不可小视。从支付到中间业务，到余额宝，到网上信用卡、网络透支，网络保险等，互联网金融的外部性已经越来越明显，由于互联网金融大量分散，而且发展迅速，光靠中央金融监管是不够的，也需要地方金融管理部门的支持和配合。

第三，中央和地方金融管理边界不清晰，容易出现监管空白和监管重叠。一是中央和地方金融管理职责存在交叉、冲突的情况。对于农村合作金融机构，《国务院关于印发深化农村信用社改革试点方案的通知》（国发〔2003〕15 号）明确“信用社的管理交由地方政府负责”，但“银监会作为国家银行监管机构承担对信用社的金融监管职能”。这就导致中央金融管理部门及其派出机构与省、市、县各级政府的管理职责存在一定交叉，容易造成地方金融管理与监管政策的冲突。二是在某些涉及资金融通的领域又存在着管理盲区。如对农村资金互助会、P2P 等信用合作组织从事金融业务，中央金融管理部门没有审批，地方政府又未将其纳入地方金融管理范畴，管理力量薄弱，基本处于无人管理的真空状态。2012 年下半年以来，江苏等地已陆续爆发农民资金互助组织涉嫌非法吸收公众存款案件。

第四，地方政府“办金融”与“管金融”存在利益冲突，地方政府管理金融的职能需要规范。金融资源作为地区经济发展不可或缺的要素，地方政府内在具有主导金融资源配置的强烈动机但对可能出现的金融风险很少考虑。为了实现自身的目标函数，地方政府必然要对当地金融业进行干预。与以往相比，地方政府对具体的金融业务的直接行政干预明显减少，但隐性干预现象仍然存在。首先，一些地方政府通过出台奖励办法，对包括全国性商业银行在内的金融机构贷款业务量和创新情况进行考核、奖励，当地方政府的目标函数与国家统一的金融宏观调控措施存在较大差异时，“一行三会”履行金融监管、金融稳定的职责将面临一些挑战。其次，对于部分金融机构高管人员的任免，也彰显了地方政府对于金融机构的管理强化。地方党委可以通过组织关系任免来影响地方法人金融机构的公司治理，继而对地方金融机构的日常经营施加影响。最后，地方政府往往通过其行政权力和政治影响，利用手中掌握的资源，如财政性存款、重大项目金融服务、财政性资金补贴、税收优惠等，对金融机构进行“诱导性”干预，间接影响了金融机构的经营方向。这种隐性干预一定程度上削弱了国家金融宏观措施的调控作用，也容易积累金融风险。

第五，地方金融管理部门架构不健全及经验较为欠缺，管理能力仍有待提高。一是地方金融管理职能分散、金融办约束力不强。全国多数地区金融办虽负责管理地方金融，但多数情况下主要起牵头协调作用，没有实际职权。在上下政策传导上，地方金融办由于在中央层面没有相对应的对口部门，容易缺乏大局视野。而省级以下金融办隶属于当地政府，受地方政府的影响较大，省级金融办对地市金融办的指导、约束力不够强，难以实现政令畅通。二是管理经验较为欠缺。相对于地方政府其他管理职能而言，金融管理职能对工作人员的专业素养要求较高。由于以往地方政府主要提供综合性服务，较少涉及金融领域的管理职能，管理人员相对缺乏从事金融管理工作经验和知识储备，在制订地方金融产业发展规划、优化金融生态环境等方面均有较大困难。

四、美国分层金融监管经验借鉴

（一）美国二元金融体系发展——以银行业为例

直至20世纪早期，美国银行业总体处于混业发展、自由竞争的状态，美国各州纷纷奉行自由银行法律，州银行，即根据各州银行立法注册成立、业务范围限制在州内的银行大量兴起。其间的1791年和1816年，第一批全国性金融机构——第一合众国银行和第二合众国银行相继成立，后皆因牌照到期而被关闭，分别只存在了20年。直到1863年《国民银行法》颁布以后，国民银行，即获联邦政府许可注册成立，机构规模相对较大、资金实力雄厚、可跨州开展业务的银行才开始快速发展。至此，美国二元银行结构基本成形。银行机构可以任意选择在联邦政府或州政府注册，其中联邦银行由联邦政府监管，州银行则由州政府监管。

近30年来，美国银行体系竞争加剧、洗盘不断，银行机构数量总体呈现下降趋势。据FDIC的统计，截至2014年6月，美国商业银行和储蓄机构总数为6 656家，比2007年减少1 878家，其中，州银行和国民银行分别为5 077家和1 579家。在资产规模上，国民银行无论是总资产还是平均资产规模都远高于州立银行（见图3）。

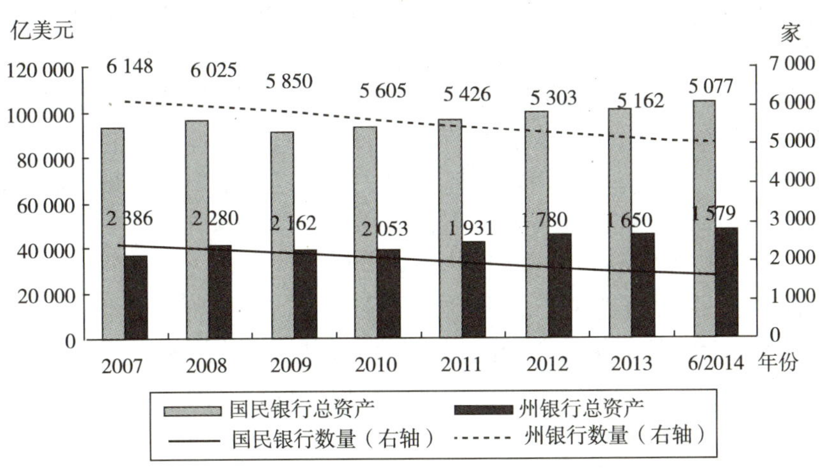

数据来源：美国联邦存款保险公司（FDIC）。

图3 2007—2014年6月美国国民银行和州银行数量及总资产

（二）美国分层金融监管体系

美国现代金融监管体系的正式形成是以 1933 年的《格拉斯—斯蒂格尔法案》的颁布为标志，奠定了银行、证券、保险分业经营的基调。1999 年通过的《金融服务现代化法案》是美国金融监管制度的重大变革，允许银行、证券公司和保险公司以金融控股公司的方式相互渗透，实现混业经营。由此形成了当今世界上最为复杂的分层多头金融监管模式（见表 1）。在纵向结构上，美国联邦政府与各个州政府实行分权监管，即所谓的分层监管体系；在横向结构上，各个监管机构又实行分业管理，而美国的这种分业管理，既不是单纯的机构性监管，也并非单纯的功能性监管，属于两者的结合，因此也存在多头监管的特征。

表 1　　美国银行业监管体系一览

机构	职责
美联储	监管金融控股公司、储蓄贷款机构控股公司、州立会员银行、外资银行、大型复杂的非银行金融机构和投资银行
货币监理署	监管全国性商业银行、所有储蓄贷款机构、外资银行分支机构
联邦存款保险公司	负责存款保险及监管投保银行
全国信用合作社监管局	负责信用合作社的监管和存款保险，管理和经营全国信贷联合会股份保险基金
消费者金融保护局	金融消费者权益保护
州金融监管部门	监管在州政府注册的金融机构

一是银行业机构联邦与州两个层面的监管并存。在联邦政府层面，银行业的监管机构有美联储（FED）、货币监理署（OCC）、联邦存款保险公司（FDIC）、储蓄机构管理局（OTS）、信用合作社监管局（NCUA）、证券交易委员会（SEC）、商品期货交易委员会（CFTC）；在州政府层面，有州银行监管机构和各州保险监管署（SIC）。其中，联邦储备银行着重监管信用，货币监理署着重监管业务，存款保险公司着重监管资产的流动性情况。在州政府层面，金融管理权力并非由联邦政府授予，而是由州议会、州政府自身立法赋予。在联邦和州金融管理权力分配中，联邦监管者并没有优于州监管者的特权。多数州政府根据"谁批准、谁监管"的原则，专设了"金融机构部"，监管州银行是否恪守了本州制定的各项相关金融法规。州政府以纽约州为例，根据《纽约州银行法》规定，纽约州金融服务局负责对所有商业银行、储蓄银行、储蓄和贷款协会、信用社、投资公司以及外州银行在纽约州设立并运营的分支机构等银行业金融机构进行监管。

州政府监管部门职能广泛，权力较大，独立性较强，以改革地方金融服务与监管，推动金融业快速发展，维护金融体系安全稳健，保护金融消费者和金融市场为主要政策目标。为更好地监督管理金融产品和金融服务，包括符合银行法案各项条款的要求，州监管部门在需要时可采取以下措施：其一是通过正确而审慎的监管措施，培育金融行业发展，刺激州经济增长；其二是确保持续偿付能力、金融安全，良好、审慎地引导金融机构提供金融产品和金融服务；其三是确保金融机构能公平、及时、公正地履行金融义务；其四是有序处置问题机构，防止机构破产、倒闭对金融稳定的影响；其五是鼓励高标准、诚信、透明、公平的商业行为和公共责任；其六是排除金融欺诈或其他犯罪及不道德行为；其七是教育和保护金融消费者，确保消费者得到及时的、容易理解的信息。

二是多头监管不可避免。多头监管主要体现在对已保险的存款机构和金融控股公司的监管上面（见表2）。在存款机构中，如国民银行，需要同时接受美联储、货币监理署、联邦存款保险公司、消费者金融保护局的不同内容和重心的监管；再如联储成员的州银行，也需要同时接受美联储、联邦存款保险公司和州银行监管局的监管。对于交叉领域，联邦和州金融监管者如果意见不一致，则依靠相互协商、相互妥协来解决。在金融控股公司中，如对于拥有跨行业子公司的银行控股公司，除了接受美联储和消费者金融保护局的监管外，相关的行业监管者也可以作为联合监管者实施监管。

表2　　美国银行业机构监管分工

监管内容	全国性银行机构	州成员银行机构	银行控股公司
安全性及稳健性			
（1）监管及检查	OCC	FED、FDIC、州银行监管局	FED
（2）存款保险	FDIC	FDIC	
（3）许可及发照	OCC	州银行监管局	FED、州银行监管局
效率性及竞争性			
（1）分支机构设立	OCC	FED、FDIC、州银行监管局	FED、州银行监管局
（2）合并及收购	OCC	FED、FDIC、州银行监管局	FED、州银行监管局
（3）新产品定价	FED、州银行监管局	FED、州银行监管局	
（4）消费者保护	CFPB（资产100亿美元以上）、OCC	CFPB（资产100亿美元以上）、FDIC、州银行监管局	CFPB（资产100亿美元以上）

三是美国保险业的双重管理模式。美国保险业监管体制历经140多年，由

最初的分州监管逐渐过渡到目前的州政府和联邦政府双重监管体制，但主要职责仍在州政府一级。在监管分工上，各州政府负责保险立法及大部分日常性监管工作，而联邦政府则负责系统性风险监测、监管体制改革和国际谈判等。

在联邦宪法范围内，各州保险立法由州议会负责。1892 年，纽约州颁布了美国第一部保险法，制定了管理保险行政机构的总标准。随着保险监管的不断演进，各州逐渐形成了由州议会颁布的保险法律、监督官颁布的保险法规以及判例法组成的立法体系。从目前全美各州的保险法构成看，对保险业的约束总体分为四部分：其一是保险合同，重点规范合同要素、订立的法律程序和双方权利义务等。其二是机构，主要是针对保险公司设立、并购、市场退出和公司治理等的要求。其三是经营规则，分为寿险和非寿险两大类，涵盖保险公司保费收取、保单签发、责任范围、经营各险种应申报的内容等。其四是财务状况，包括固定资本要求、风险性资本要求、财务可持续性要求以及发生支付危机时的补救措施等。

保险业的日常监管主要通过州保险监管局实施，美国各州均在州政府内部设立了保险监管局，作为政府授权的监管机构，对各州内的保险公司、代理机构和经纪人进行监管，监管目标主要分为四个方面：其一是持续跟踪、监督保险公司偿付能力，要求机构保持必要的净资产和流动性，确保财务稳健性。其二是保护消费者权益，通过对保单制定、保险营销、损失理赔等保险经营过程的监管确保消费者利益不受损害。其三是维护公平、合理的市场费率，既要避免费率过低影响保险公司经营状况，又要避免费率过高损害消费者利益。其四是保障保险产品供给，通过对保险公司数量、规模以及保险产品等的引导和监管，确保行业发展适应经济发展和公众需要。

在全国统一层面，美国各州首席监督官还组成了非营利性协会——全美保险监督官协会（NAIC），致力于完善保险公司财务监管，促进各州监管的一致性和协调性。全美所有的保险公司除需要接受州保险监管局的监管外，还需定期向 NAIC 提交财务报告，NAIC 利用这些财务信息建立财务数据库。NAIC 的主要监管职能之一就是制定全美保险业监管的示范性法规、统一各州保险监管原则，各州再结合实际情况出台具体的监管法规。2008 年金融危机以后，《多德—弗兰克法案》又提出在财政部下设联邦保险办公室（FIO），负责收集信息并识别可能引发危机的监管问题和监管真空，向美联储提交应作为一级金融控股公司监管的保险公司名单，赋予了美联储监管一级金融控股公司的权限，意味着一些具有系统重要性的大型保险公司也将由美联储负责监管，未来联邦政府对保险公司的监管权将进一步强化。

四是伞形监管和功能监管相结合。从监管机构的监管层级看，美国的金融监管体系又具有伞形监管和功能监管相结合的特点。1956 年《银行控股公司法》指定美联储负责银行控股公司一级法人的监管，控股公司下属子公司和业务实行分业监管。2010 年《多德—弗兰克法案》的颁布进一步强化了美联储对金融控股公司的伞形监管权，美联储负责控股公司的综合监管，有权从各监管机构处获取监管信息，对集团子公司进行监督检查。此外，除银行、证券、保险等主要金融机构外，美国还存在数量众多的资产管理机构和从事其他融资借贷服务的金融机构，这类机构没有专门的主管部门，主要受法律法规体系制约，所从事的业务则按照业务性质和功能接受各审慎监管机构的监管。

（三）经验启示

一是区域层面采取差异化的金融政策。如银行业，美国依据地区差异和银行规模的大小制定差异化的金融政策，在资本金、法定准备金率、备付金、库存现金以及库存现金与存款的比率方面都做了不同的规定。总的精神是对大银行在资本金、法定准备金率、库存现金等方面要求比较高，而对州银行、社区银行等的要求则比较低，以此来保护其发展。即使在同一层面上，各个州之间的具体金融监管法规也会有所差异，如对外资银行的业务经营范围设置上，相对发达的纽约州就比其他州更加开放、更加宽容。

二是不同监管主体层面注重加强监管标准的一致性。由于监管体系复杂，为减少金融机构监管压力，美国政府要求各监管机构加强协调，注重监管标准的统一。在银行业监管方面，美联储、存款保险公司、货币监理署等部门经过多年的监管实践与协作，形成了以 CAMELS 评级和风险导向检查为核心的监管过程，最大限度地促进监管标准的一致性和可比性。在保险业方面，各州首席监督官自发组建成立美国保险业监督官协会，出台示范性法规和财务标准，促进各州监管的协调。

三是州立存款类金融机构有统一的制度保障。美国各州政府的金融监管内容和要求虽然各有差异，但存款类金融机构都有统一的制度保障。以州立商业银行和储蓄银行为例，都可加入存款保险公司，当州政府管理的银行出现问题时，中小存款人能够得到有效保护，因而不会影响当地的金融稳定。又如信用合作社，美国国家信用合作社保障基金对所有联邦信用合作社和大部分州立信用合作社的储蓄存款都能予以保护。

四是不断改进监管技术。第一，推广非现场监管。为了确定检测目标，限定现场检查的负担成本，美联储也越来越依赖自动化的非现场检测工具。美联储致力于建立一个目标检测系统，目的是识别入保存款类机构的母公司或非银行类机构中对其有负面影响的因素。利用统计模型来检测州银行的状况，快速解决两次常规预定的现场检测之间出现的任何问题。由于这些努力，监管部门能执行更多的非现场监管活动，这有助于减少对像社区银行这样的机构进行现场检查所伴随的负担成本。第二，多部门联合监管评估，减轻中小金融机构应付重复监管的负担。通过联合评估，可以简化检测程序和管制要求，允许监管者扩大两次现场检查之间的时间间隔。对经营良好、资本充足、资产达到5亿美元的银行，两次现场检查之间的间隔可以达到18个月。

五、我国地方金融监管创新实践

（一）温州金融综合改革中的地方金融组织发育和监管创新

1. 温州地方金融组织创新发育。改革开放以来，温州一直站在中国市场经济改革的潮头，为社会主义市场经济在中国的实践与发展积累了丰富的经验，形成了民营经济主导、市场经济活跃的“温州模式”。2012年3月28日，国务院召开常务会议，批准实施《浙江省温州市金融综合改革试验区总体方案》，提出十二项主要改革任务，在此背景下，温州地区掀起了一股金融创新的热潮，其中尤以地方金融组织机构创新最为活跃。

一是正规金融机构的社区银行体系取得较大进展。重点推动“金融服务进村入社区”，规划61家农村中小金融机构社区有人值守自助银行，确定50余个社区银行指标，并在2014年下半年全面铺开。其中，温州银行2014年已完成社区支行网点规划设计，3家社区支行已开始试运行。

二是民营资本参与组建金融机构的步伐加快。2014年7月25日，以正泰、华峰为主发起人的温州民商银行已获中国银监会批筹，成为全国三家首批获批筹建的民营银行之一；正泰集团发起设立财务公司的报告已上报中国银监会；温州保险公司筹建方案正根据浙江保监局的意见建议进行修改完善；温州首家瑞安兴民农村保险互助社方案已提交浙江保监局审核；29家农村资金互助组织有序筹建，截至2014年7月末，共有会员1.7万人，年累计投放互助金2 623笔，金额5.2亿元。

三是多载体探索民间融资规范化发展。第一，首创民间借贷服务中心模式，并从温州逐步走向了全国，全国30个城市的民间借贷服务中心实现联网，作为温州指数的一部分。截至2013年末，温州全市7个民间借贷服务中心累计成交达到10.08亿元。第二，组建民间资本管理公司，集聚金融要素，实现线上线下互动，通过与国内知名资产管理公司开展专业化合作，开展定向集合资金募集。截至2014年7月末，已登记4.35亿元，完成募集2.6亿元。

四是金融资产交易平台获批设立。浙江省政府批复同意温州组建温州金融资产交易中心，由浙江中大期货、北京灿焜炻经贸有限公司、温州市金融投资集团联合发起设立。2014年10月，温州银行与温州开发投资公司合作，在中心签署了第一单不良资产挂牌转让协议。

2. 温州地方金融管理体制改革。探索地方金融管理体制改革是温州金融综合改革的重头戏之一，温州在探索完善地方金融监管职能、加强中央和地方金融监管协调等方面作了积极的探索，并取得了初步的经验。

一是完善地方金融监管机构。成立全国首个地方金融管理局，配置了人员，建立了工作流程，制订了工作制度，也确立了一些监管范围，主要承担地方新型金融组织和各类资本运作市场主体的管理、监督和检查工作，基本上跟中央的金融监管形成互补，并领导、协调各个金改小组开展金融综合改革。建立金融仲裁院、金融犯罪侦查支队和金融法庭，加强地方金融监管协调及其司法保障，并设立金融监管与金融审判联席会议制度。

二是出台《温州民间融资管理条例》。《温州民间融资管理条例》于2014年3月1日正式实施，成为全国首部金融地方性法规和首部专门规范民间金融的法规，该条例对防范化解民间金融风险，维护民间融资市场秩序，促进温州民间金融不断规范以及推动中央层面的民间融资管理立法都有重要的意义。根据条例要求，温州市11个县市区已设立了12家涉案备案中心，到9月25日登记中心所有登记的已经超过70亿元。

三是利用多元化手段化解地方金融风险。开展风险企业帮扶活动，推进银行不良贷款处置。排查分类风险企业，梳理了744家重点扶持工业企业，引导银行业金融机构加大扶持力度，深入推进银行不良贷款“控新化旧”。探索建立各类应急处置基金：政府应急转贷资金，用于支付企业银行贷款利息，鼓励民间资金进入应急转贷领域；金融服务基金，专项收购不良资产；破产重整基金，促进银行业金融机构开展破产重整相应融资业务；风险投资基金，推动国有资本参股资产管理公司和担保公司。开展重大担保圈化解试点。温州市金融办牵头拟定重点企业担保圈化解试点工作方案，协调各部门贯彻落实；温州市金投集团依照市场化原则为符合条件的企业提供担保；各银行金融机构由最大债权银行成立债权人委员会，负责统一协调债权、债务工作，配合做好企业担保圈化解工作。严厉打击企业逃废债。落实对失信人的限制措施，由债权人申请，经属地处置办审查后，出具书面意见，提请有关部门对企业法人、股东擅自出境和房产、股权资产擅自转让行为落实限制措施。推进民间金融风险防控机制建设，强化大案督办机制、“治赖”追逃机制、风险预警机制的建设完善。

四是不断优化金融生态环境。成立全国地市级首家征信分中心，并探索征信中心温州分中心履职新模式；温州市企业信用信息辅助系统投入使用；截至2014年11月末，应收账款融资服务平台有374家机构注册，264家成功，累计成交62笔，金额8.5亿元。温州金融业综合统计工作取得突破性成果，统计对象涵盖了银行、证券、保险、小贷公司、融资性担保公司和典当行六类217家机构，在全国首个实现银、证、保及民间金融组织单家直接数据采集，完成全国首份金融业综合统计报表和分析报告。不断完善地方金融监管方式方法，出台小额贷款公司逾期处置方案，开展地方金融市场主体现场检查，深化非现场监管系统应用，推动企业公共信用信息平台和第三方信用服务机构建设等。

（二）泉州民间融资管理规范改革实践

当前，我国正处于民间金融功过参半的时期。一方面，历经数千年的民间金融具有其存在的合理性，民间金融与民营经济相伴相生、互为因果，活跃的民间金融是我国民营经济得以快速发展的金融基础，蓬勃发展的民营经济又是民间金融活跃的经济基础。另一方面，民间金融也是把“双刃剑”，如果不加以规范引导，也会带来不容忽视的风险甚至是巨大的灾难。因此，近年来从温州金改到泉州金改，地方政府都离不开探索民间金融组织规范发展的主题。2012年12月，国家批准实施《福建省泉州市金融服务实体经济综合改革试验区总体方案》，泉州市成为继浙江温州金融综合改革试验区、广东珠江三角洲金融改革创新综合试验区之后，第三个国家级金融综合改革试验区。改革两年以来，泉州市地方政府在规范发展民间金融组织方面也摸索出了一些自己的经验。

1. 明确金改目标：围绕一条主线，打通两个通道。基于泉州实体经济的内在特点，泉州金改立足于服务实体经济的本质要求，致力于打通金融资本进入实体经济、民间资本进入金融领域两个通道，构建与泉州经济社会发展相适应、相匹配的金融组织、金融市场、金融产品创新“三个体系”。

2. 巩固基础设施：政策体系和司法保障。完善相关政策体系，完善司法保障，由此来为规范民间金融提供良好的金融环境。在政策体系方面，出台《泉州市民间融资管理暂行规定》，并出台一系列的指导意见，如制定合法自有资金、利率符合限制、不得暴力追债等条款，从而规范民间金融，包括小贷、典当、投资担保公司各个准金融机构。在司法保障方面，设立中级法院金融案件诉调中心，在立案庭开辟了快速通道从而加快金融案件的办理速度，对于金融案件可以快立、快审、快结，从以前的平均两到三个月的时间缩短到两到三天，为民间金融提供了比较好的司法保障。另外，也在一些试点县市区的民间借贷登记服务中心设立巡回法庭，加强办案的速度和协调的便捷性。

3. 搭建三个平台。为民间资金进入金融领域提供技术支持，泉州市搭建了三个相互联系的服务平台：民间融资服务管理平台、信用信息交换共享平台和民间融资监管预警平台。

一是民间融资服务管理平台，包括民间借贷登记和民间借贷服务平台两个部分。一方面，在一些试点县市区推进民间借贷登记公司，一开始是自愿登记，对于一定金额以上的是强制性的，通过一些机制设计，引导和鼓励民间金融能够主动地到民间借贷登记中心登记。民间借贷登记中心还提供撮合功能，提供信息平台，帮助双方对接，一旦对接了，交易数据就会记录下来。另一方面，在民间借贷登记中心还建立了一个法庭，一旦发生诉讼就必须到登记中心登记，才能够到法庭进行调解或立案审查。

二是信用信息交换共享平台，按照“统一规划、分步实施、先易后难、急用先行”原则，推动工商局、质监局、国税局等12个部门单位相关信息的采集和共享，建成中小微企业信用信息交换与共享平台，推进信用评级评定。目前，平台已有132 944家中小微企业、近500万条基础信息数据导入。

三是民间融资监管预警平台，建立准金融机构监管信息系统，收集、统计民间融资信息；建立民间融资信用档案，跟踪分析民间融资的资金使用和履约情况；建立舆情监测系统，对民间融资进行风险监测、评估；筹建民间借贷利率监测系统，发布民间融资综合利率指数等相关信息。

除此之外，为保障地方平台的稳健运行，泉州市还设计了三大机制：阳光化机制，引导民间资本以股权投资进入金融领域，积极稳妥发展各类准金融机构，积极鼓励各类民间资本投入实体经济领域。风险隔离机制，建立准金融机构监管工作联席会议制度，防范民间借贷风险向金融体系传导。打非长效机制，自查与抽查结合、日常检查与突击检查结合，定期专项行动，实行“一把手”负责制，广告清理与宣传活动结合。

六、我国分层金融监管体系建设的相关政策建议

《中华人民共和国国民经济和社会发展第十二个五年规划纲要》第一次提出完善地方政府金融管理体制，强化地方政府对地方中小机构的风险处置责任。党的十八届三中全会审议通过的《中共中央关于全面深化改革若干重大问题的决定》中提出，“落实金融监管改革措施和稳健标准，完善监管协调机制，界定中央和地方金融监管职责和风险处置责任”，这是中央首次以文件的形式明确要求界定在金融监管和风险处置领域中央和地方的职责。由此可见，完善地方金融管理体制已成为中国金融改革的重要内容。2014年，国务院向各省级金融办下发了《关于完善中央与地方金融管理体制的意见》，进一步明确了地方金融办的职能定位和监管责任，为我国分层金融监管体系建设指明了基本方向。

下一步，构建完善我国分层金融监管体系，总体思路应坚持“中央管大中，地方管小微；中央管全国，地方管区域；中央管公众类，地方管非公众类；对地方管理的部分，由中央负责制定方针政策，指导监督地方执行，地方负责制定实施细则和操作办法，具体组织实施”，以现行“一行三会”金融监管体系为基础，调动、统筹中央和地方两个积极性，通过合理调整、划分中央和地方的金融监管职责权限，适当增加和扩大地方金融监管责权，构建“统一领导、分工明晰、责权一致、协调配合、运行高效”的分层分级金融监管体制。

（一）分层金融监管体系整体框架的设计

基于当前我国分层金融监管体系的建设现状，我们结合未来金融发展的可能趋势进一步提出完善方案，系统形成中央、地方金融监管体系的完整架构

（见图 4）。

第一层：在中央层面，重点在于加强“一行三会”的监管协调，进一步强化金融监管协调部际联席会议制度，促进货币政策与金融监管政策间、金融监管与法律法规间、不同金融监管主体间、维护金融稳定与防范化解系统性、区域性金融风险间、交叉性金融产品和跨市场金融创新、金融信息共享和金融业综合统计体系的沟通协调。除此之外，“一行三会”也可以通过金融监管协调部际联席会议研究出台全国性的针对地方金融的示范性法规和指导意见、统一各省监管原则，各省再结合实际情况出台监管的实施细则和操作法规。

第二层：在省级层面，一要理顺省金融办和市县金融办的上下关系，改变当前各级政府自己设立金融办的情形，逐步实现省级金融办对市县金融办的垂直管理，要上收、统一地方金融监管权限，加强对市县金融办开展金融监管的业务指导。

二要在地方探索建立由“一行三局”和金融办、商务部门、发改委共同组成的地方金融监管协调部际联席会议，谨遵“上面四根线，下面一根针”原则，统筹对应中央现有的金融监管协调部际联席会议、融资性担保业务部际联席会议、处置非法集资部际联席会议、清理整顿各类交易场所部际联席会议等，建立完善中央与地方政府之间的金融监管信息共享、风险处置、业务发展、金融消费者权益保护、信用体系建设等方面的日常协作机制，明确各方责任义务，加强沟通协调。

三要推进地方金融监管立法。美国州政府金融监管职能的一大保障和体现就是拥有立法权，浙江温州在金融综合改革中也探索出台了全国首部金融地方性法规和首部专门规范民间金融的法规，具有一定的示范意义，可以在全国各省推广。另外，省级金融办还要牵头制订地方金融组织的管理办法与操作规则。

第三层：在市县级层面，赋予地方金融监管部门对农信社、新型农村金融机构、小额贷款公司、融资性担保机构等各类民间融资管理和服务机构以及其他地方性金融创新组织的日常监管职责，对以上地方金融组织实施合规性、真实性的检查，加强对其资金流、借贷利率的监测，及时预警风险隐患，并严厉打击非法集资、高利贷、暴力收款等违法违规行为。但是，也要杜绝市县金融办为支持地方发展而承担融资职责和出资人职责。

（二）分层金融监管体系的制度配套设想

1. 存款保险制度。存款保险制度对缓解银行经营风险、弥补监管力量不足具有重要作用。这次国际金融危机中美国共有 400 多家中小银行倒闭，但得益于存款保险公司的及时赔付而没有出现挤兑风险。可见，存款保险制度作为维护金融稳定的三大基石之一，具有很好的金融安全网作用。我国是金融稳定理事会（FSB）24 个成员国中仍未建立存款保险制度的 3 个国家之一，所幸当前

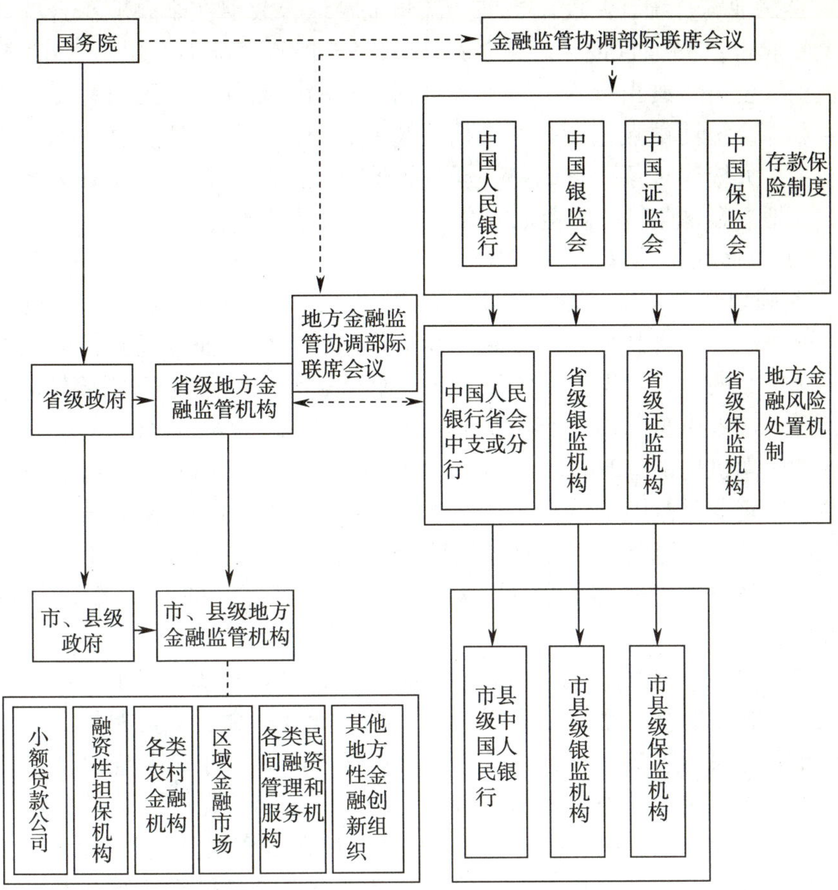

注：实线箭头表示上一个部门对下一个部门有行政隶属关系，虚线箭头表示部门间具有业务指导关系，虚线双箭头表示部门间具有业务合作、协调关系，虚直线表示上一部门是下一部门的监管主体。

图 4　我国分层金融监管体系框架设计

已在紧锣密鼓地推进过程中。我国应该借鉴美国、德国等经验，建立一套覆盖所有存款类金融机构的存款保险体系，特别是囊括地方金融中的各类农村金融机构和村镇银行，并根据各个存款类金融机构的资本结构、收入结构、风险结构等综合评估结果实行差别费率机制。

2. 地方金融风险处置机制。鉴于存款保险制度只能涵盖存款类金融机构，很多地方金融组织尚不能纳入其中，因此各省可自主构建地方金融风险处置基金，由各级政府、地方金融组织、行业协会等共同出资，出资总规模及构成比例由各省依照实际情况自主设定，并出台地方金融风险补偿、分担和救助的具体指导意见。各县市金融管理机构作为地方金融风险防范和处置的第一责任人，切实履行风险管理和处置职责。

3. 金融业综合统计制度。当前，温州金融综合改革在金融业综合统计试点工作上已取得了突破性成果，统计对象涵盖了银行、证券、保险、小贷公司、融资性担保公司和典当行六类217家机构。除温州以外，人民银行正在积极扩大金融业综合统计试点范围，努力构建统一、全面、共享的金融业综合统计体系，初步扩大统计对象，将成熟、规范的地方金融组织也纳入统计体系下，这对于加强地方金融监管、防范地方金融风险具有重要的意义。

（三）具体政策建议

1. 明确划分中央与地方金融监管边界。除了图4所示、已明确监管职责的地方金融组织，还有其他一些金融创新类组织，特别是业务经营扩散至多个省份、多个区域的金融组织，如各种P2P、网络信贷平台等，仍然需要针对其业务受众面和外部效应覆盖面进行中央和地方金融监管边界的划分：对吸收众多客户资金的金融机构的管理职责，继续由中央金融管理部门承担。将吸收少数客户资金、限定业务范围的从事金融业务机构的管理职责和风险处置责任明确交由省级政府承担，监管重点是严禁吸收公众资金。中央金融管理部门负责制定统一的业务经营规制和监管规则，对省级金融监管部门的监管工作进行指导、协调和监督。

2. 明确统一的地方金融监管机构，整合地方管理资源。目前，小额贷款公司、农村资金互助社、融资性担保公司、股权投资基金、融资租赁公司、典当行、中小企业票据服务公司、小微企业再担保中心和中小企业应急转贷中心等新型金融机构或金融业态的监管权分散在地方政府各个部门。因此，地方金融监管既难以受到各行业主管部门的真正重视，也无法实现金融监管专业化要求，还与一体化统一监管的趋势不符。建议金融办对地方金融实施统一监管，在省级由金融办加强对商务、经信委、发改委等部门的沟通协调，而且省金融办对市县金融办实施垂直管理。把分散在地方政府各行业主管部门的金融监管资源整合到统一的地方金融监管机构，提高地方金融监管的专业化水平，这对高效协调地方金融的监管事务，将是一个有力的推动，也有利于解决目前我国地方金融监管存在的监管主体职能定位不清，监管目标异化，监管资源分散和政出多门等诸多问题。

3. 加强地方金融管理体制建设，实现地方金融管理权责对等。推进立法，确保地方金融管理具备合法基础。目前，地方金融管理部门履职依据基本是中央文件或省级政府规定，法律效力层级不高。应积极推进相关立法，通过立法保障制度成果。首先，应明确《立法法》中关于只能由法律制定的“金融基本制度”的范围，为其他层级立法特别是金融改革试验地区的金融立法提供依据；其次，地方金融管理体制立法应设定地方政府金融管理责任，赋予地方金融管理部门一定的管理职责和权限；最后，条件成熟时，将部分从事金融业务的其他机构管理法规从部门规章上升至法律法规，提升管理效力。

4. 明确界定中央与地方金融风险处置责任。由银监会、证监会和保监会分别防范所监管行业的金融风险。由人民银行负责防范和化解系统性整体性金融风险，负责交叉性金融产品、跨市场金融创新的协调，维护金融稳定。由地方政府主要负责防范和化解地方金融风险，加强对地方金融风险的监测、评估、预警和处置。探索建立由地方政府、金融机构、行业协会共同参与的地方金融风险处置基金，完善风险补偿机制、分担机制以及风险救助机制。此外，在地方金融生态环境建设方面，可以更多发挥地方政府的资源优势，如统筹各部门的企业信息，建立完善企业信用信息系统等。

5. 坚持市场化改革方向，不断提升地方金融监管履职能力。首先，要处理好政府和市场的关系，坚持市场化改革，避免对地方金融机构采取财政性存款或补贴等“诱导性”干预以及滥用行政权力的直接干预。其次，要进一步理顺与金融机构的投资关系。当前，我国大多数金融机构由财政部门直接投入资金，属于国有或国有控股性质。各级财政部门可以借鉴国外经验，以主要投资者的身份，向国有及国有控股金融机构派出股东代表或董事，参与金融企业的管理，在股东大会或董事会等公司治理机构中充分发挥作用。通过按照现代企业公司治理结构的要求，适时适度参与国有及国有控股金融机构的管理，以维护金融国有资产的安全和完整，实现金融国有资产的保值增值。再次，要积极转变金融监管理念，改变“重事前审批、轻日常管理”的监管理念，将事前审批、日常监管与风险处置并重。进一步地，探索在加强管理、提高信用的前提下，将社会审计力量分阶段、有步骤地引入金融审计领域，把社会审计机构的参与作为加强对金融监管的有益补充，提高监管效率。最后，加强人才管理，积极引进高素质金融管理人才，并采取挂职交流等多种方式加强人才培养，提升管理人员综合素质。

参考文献

［1］白光昭：《地方政府金融办的职能定位》，载《中国金融》，2010（18）。

［2］崔冬初：《美国保险监管制度研究》，吉林大学博士学位论文，2010。

［3］崔凯：《权责明确是地方金融管理的关键》，载《中国金融》，2011（18）。

［4］黄文俊：《亟待理顺中央地方金融管理权责》，载《中国证券报》，2013（12）。

［5］蓝虹、穆争社：《论地方金融风险处置基金的建立与完善》，载《上海金融》，2013（6）。

[6] 蓝虹、穆争社：《论完善地方金融管理的边界、组织架构及权责制衡机制》，载《上海金融》，2014（2）。

[7] 雷蒙德·W. 戈德史密斯著、周朔译：《金融结构与金融发展》，上海人民出版社，1990。

[8] 马向荣：《地方“金融办”职能定位与金融分层监管体系催生》，载《改革》，2014（2）。

[9] 祁斌：《美国金融监管改革法案：历程、内容、影响和借鉴》，载《金融发展评论》，2010（9）。

[10] 钱水土：《进一步完善地方政府金融管理体制的探讨》，载《清华金融评论》，2014（7）。

[11] 思今：《地方金融管理的国际经验及启示》，载《中国财政》，2010（19）。

[12] 宋立：《当前地方金融管理面临的几个问题》，载《宏观经济管理》，2002（11）。

[13] 宋立：《对当前地方金融管理的再思考》，载《中国经济时报》，2003-02-11。

[14] 吴国培、翁剑华：《完善地方金融管理体制问题的思考》，载《金融时报》，2014-08-25。

[15] 熊继洲、罗得志：《民营银行：台湾的经验与教训》，载《金融研究》，2003（2）。

[16] 徐雯：《关于完善我国地方金融管理体制的文献综述》，载《东方企业文化》，2011（6）。

[17] 杨洋：《现行体制存弊端中央地方监管职责边界待明确》，载《金融时报》，2013-11-30。

[18] 杨子强：《完善地方金融监管体制》，载《中国金融》，2014（5）。

[19] 张健华：《关于完善地方金融管理体制的若干思考》，载《清华金融评论》，2014（4）。

[20] 张健华：《深化地方金融管理体制改革》，中国金融四十人论坛，2013。

[21] 张迎春、张璐：《农村中小金融机构差别监管的内在机理：由村镇银行生发》，载《改革》，2012（5）。

[22] 中国人民银行杭州中心支行课题组：《美国金融制度》，2014。

[23] 中国人民银行九江市中心支行课题组：《立法规范地方政府金融管理职责的思考》，载《武汉金融》，2013（4）。

[24] 中国人民银行温州市中心支行：《温州金融运行现状及金融风险处

置》，载《浙江金融研究专报》，2014（108）。

［25］中国人民银行研究局课题组：《加快转变政府职能完善中央地方金融管理体制》，载《第一财经日报》，2014（1）。

［26］钟海英：《我国地方金融管理体制改革研究》，载《金融管理》，2013（2）。

［27］周民源：《地区民营银行的发展路径及对内地的启示》，载《金融监管研究》，2014（1）。

［28］子腾：《明确地方金融管理职责：定位小机构专注于监管》，载《国际金融》，2014（8）。

［29］Bangko Sentral Pilipinas，2008，Manual of Regulations for Non－Bank Financial Institutions.

［30］Berger，A.，KlapperLeora，F. and G. Udell，2002，Small Business Credit Availalbility and Relationship Lending：The Importance of Bank Organizational Structure，Forthcoming，*Journal of Banking and Finance*，Vol. 25：1－47.

［31］FDIC，2014，Quarterly Banking Profile：Third Quarter 2014 and Community Bank Performance.

［32］Hauswald，R. and R. Marquez，2002，Relationship Banking，Loan Specializational Competition，Working Paper，CSEF.

［33］Raymond and Goldsmith，1969，Financial Structure and Development，New Harven：Yale University Press.

基于土地承包经营权的农地金融创新研究

中国人民银行杭州中心支行课题组*

一、引言

近期以来，中央关于农村土地问题的政策密集出台。2013 年 11 月，《中共中央关于全面深化改革若干重大问题的决定》指出："稳定农村土地关系并保持长久不变，在坚持和完善最严格的耕地保护制度前提下，赋予农民对承包地占有、使用、收益、流转及承包经营权抵押、担保权能。"2014 年 1 月，中央一号文件进一步指出，"在落实农村土地集体所有权的基础上，稳定农户承包权、放活土地经营权，允许承包土地的经营权向金融机构抵押融资"。这是中央文件第一次将农村集体土地的所有权、农户承包权和土地经营权"三权"分离，这就绕开了《物权法》关于"耕地、宅基地、自留地、自留山等集体所有的土地使用权不得抵押"① 的法律限制，使"承包土地的经营权"在政策上成为金融机构可以接受的抵押资产，为中国长期滞后的农地金融创新打开了一片广阔天地。

此外，随着农地确权和农地流转工作的不断推进，原来阻碍农地抵押的一些制度性问题有望得到根本解决。2014 年我国土地承包经营权确权登记颁证试点工作已在山东、四川、安徽三省内的所有地区展开，加上其他各省整县试点，目前试点覆盖面积已达 3.3 亿亩，预计 2015 年试点覆盖面积达到 5 亿亩左右。相对于农地确权，农地流转则更早一步。早在 20 世纪 80 年代家庭联产承包责任制确立后，农地流转就在小范围零星开展。之后，随着农地承包经营权权能完善和机制创新，农地流转加速发展。以浙江为例，截至 2013 年末，全省农地流转面积达 865 万亩，占总承包耕地面积的 45.3%。2014 年 11 月，中共中央办公厅和国务院办公厅联合印发《关于引导农村土地经营权有序流转发展农业适度规模经营的意见》，将"引导土地经营权有序流转"提到"实现农业适度规模经营和发展现代农业"的高度，这将极大推动农地流转市场的发展。

与当前农地确权和农地流转如火如荼开展形成巨大反差的是，目前农地抵

---

* 课题主持人：郭安娜

课题组成员：王去非　贺　聪　芦华征　宋　玮　朱培金

① 详见《物权法》第一百八十四条。

押发展的严重滞后。仍以浙江为例，据浙江银监局统计，截至2013年末，全省土地承包经营权贷款余额仅1.2亿元且85%集中于嘉兴。但即便是嘉兴，相对于农地流转规模，农地承包经营权抵押开展仍显滞后。据测算，目前嘉兴地区的农地抵押贷款的抵押率（贷款余额/抵押资产价值）不足0.3%①。当前土地承包经营权抵押的现实障碍是什么，如何有效破解，这是本课题希望回答的中心问题。本课题拟分为四个部分。除了第一部分引言外，第二部分是“土地承包经营权抵押的理论研究”，该部分从厘清农地所有权、承包权、经营权的概念出发，从产权理论角度，研究农地抵押需要满足的基础性条件，同时指出当前农地抵押存在的主要问题。第三部分是“国内农地金融创新借鉴”。该部分系统地对全国主要地区开展的农地抵押实践进行经验总结，深入比较各地差异，进而为浙江进一步开展农地抵押提供借鉴。第四部分是“政策建议”。

二、土地承包经营权抵押②的理论研究

（一）农地所有权、承包权和经营权的概念辨析

毋庸置疑，土地承包经营权是一种财产权利。根据西方制度经济学理论，财产权利即产权，是国家或一定社会以法律或传统习惯所确定与认可的人们对某种财产或资产所拥有的所有权，即占有权、使用权、收益权、处分权和其他派生权利（如发展权）等各种权利的总和，并以客观存在的财产或资产为媒介，发生在人们之间的财产的分割、让渡与使用的权利关系。它具有以下几个性质：第一，产权必须明确，具有排他性。特定的产权主体只能有一个，不能同时有两个以上同等的相互独立的权利主体。第二，产权可以分割，既可以横向分解为使用权、收益权、处置权和让渡权，也可以纵向分解为所有权、经营权和管理权。第三，产权能够流动或让渡，产权主体可以按照自己的意愿，采取不同方式如转包、出租、互换、转让、股份合作等形式来转让自己的产权。第四，产权必须是有边界、可计量的，从而使它在交易过程中具有实际可操作性。

具体对农村土地而言，《中华人民共和国宪法》明文规定，农村和城市郊区的土地，除由法律规定属于国家所有的以外，属于集体所有；宅基地和自留地、自留山，也属于集体所有。任何组织或者个人不得侵占、买卖或者以其他形式非法转让土地。由于农村土地属于农民集体所有，因此，单个农户所占有的土地，不可能享有土地所有权的完整权能。作为农村土地所有权的一部分，农村

---

① 截至2014年4月末，嘉兴土地流转面积101.18万亩，按照农村土地30年承包期和目前1 000元/亩·年的流转价格保守估计，嘉兴流转土地价值在300亿元以上。

② 本文之所以使用土地承包经营权“抵押”而非“质押”的原因是，土地承包经营权的核心价值在于集体土地的使用权，我国《担保法》、《物权法》对我国土地使用权的担保方式规定的都是抵押方式，因此作为同质的家庭承包方式取得的农村土地承包经营权担保方式应为抵押，而非质押。

土地承包经营权在2007年的《物权法》中被明确界定为用益物权，规定“土地承包经营权人依法对其承包的耕地、林地、草地等享有占有、使用和收益的权利”。很明显，农户并不享有其占有的集体土地的处分权，而处分权在所有四项权能（占有权、使用权、收益权、处分权）中处于核心地位。农户如果享有了对其占有土地的处分权，那就成为事实上的土地所有制，那么农村土地集体所有制就不复存在了。

党的十八届三中全会《决定》中提出“赋予农民对土地承包经营权抵押、担保的权能”，看似突破了《物权法》有关“耕地、宅基地、自留地、自留山等集体所有的土地使用权不得抵押”的法律限制，其实不然。其中的关键在于，需要厘清农地抵押的究竟是什么权能？农村改革首先实行的是土地所有权与承包经营权的分离，因此才有了家庭承包经营为基础的农业经营体制；进而在农村劳动力大规模流动的背景下，农户承包的土地开始发生流转，而流转的往往只是承包土地的经营权，因为向本集体组织承包土地的主体（承包人）并没有改变，由此出现了农村土地所有权、承包权和经营权的“三权分离”。在“三权分离”的背景下，农地抵押的只能是土地的经营权。这是因为，首先，我国《农村土地承包法》中明确规定，土地承包人只能是集体经济组织成员，换言之，农村土地承包权是一种保障农民有饭吃（生存保障）、有活干（失业保障）、老有所养（养老保障）、幼有所教（教育保障）的身份权利。这种依附于农户人身关系的身份权利当然不能用于抵押，允许抵押的只能是承包土地的经营权。其次，《决定》提出“赋予农民对土地承包经营权抵押、担保的权能”时，首先强调了“稳定农村土地承包关系并保持长久不变”，而保持长久不变的土地承包权当然不能用于抵押。再次，现实中的农地流转实际上也是土地经营权的流转。土地经营权的抵押，实际上抵押的是土地未来的预期收益，是现金流而不是不动产，类似于订单抵押的性质。土地经营权的抵押规避了因抵押而可能使农户失去土地承包权的风险，从而避免了农村土地集体所有制可能受到的冲击。

（二）土地承包经营权抵押的基础性条件

由于农地最终抵押的是流转以后的农地经营权，这样涉及的其实是农地流入方与金融机构之间的利益关系。市场经济条件下，金融机构接受权利抵押还依赖于两个基本条件：一是权属清晰，保证金融机构能够向明确的权利人有效追索违约贷款。二是具有流动性，保证金融机构在追索违约贷款时，能够尽可能减少权利处置时的变现损失。从目前来看，这两个条件均未完全实现。第一，虽然政策上对承包权和经营权进行了分离，但对于什么是“农地经营权”并未作出明确界定。从逻辑上演绎，我们认为农村土地经营权是农地经营户在向承包户支付对价后，享有对土地占有、使用、收益和一定处分的权利。但从浙江实地调研的情况看，在实际操作过程中，农地流转价款不是根据合同约定的期限一次付清，而是采取租金的形式一年一付。由于流转价款未付清，经营户并未取得流转土地未来的收益权，就不能将土地的未来收益进行抵押。这就是为什么目前实践中农地承包经营权抵押仅限于当期租金和土地附着物。第二，从浙江实地调研的情况看，目前全省各地的农地流转服务机构仍处于挂牌（信息发布）状态，农地承包经营权流转主要集中在村一级，流转方式也以双方自行协商为主，统一的、具有交易撮合功能的农地流转市场还有待建立。客观上，由于农业生产设施的资产专用性较强，农地流转范围限定于同类农业企业或规模种养户，流转范围比较小，流动性比较差，银行将农地承包经营权作为抵押品的变现、处置难度也比较大。

（三）浙江土地承包经营权抵押的现状

2008 年以来，浙江省嘉兴、湖州、金华、台州、丽水等地先后探索农地经营权抵押贷款。为确保该类业务顺利开展，大部分试点地区出台了农村土地流转经营权抵押贷款实施办法，对贷款发放条件、抵押登记、价值评估、抵押物处置等方面予以明确规定。

1. 明确土地承包经营权抵押条件和程序。土地承包经营权抵押条件一般有四项：农地经营权必须是合法取得，并拥有具备法律效力的权属证明材料；经营权合同和手续符合国家法规政策；产权关系清晰；经营土地没有改变农业用途。土地承包经营权抵押程序各地并不完全一致，但总体上的流程是：贷款申请（申请人提供农村土地流转经营权证或收益等有关证明资料）→贷款调查（对经营土地及其上的基础设施、预期收益等开展调查）→贷款审查、审批→签订抵押借款合同→办理抵押登记手续→贷款发放→贷后检查→贷款归还。

2. 建立土地承包经营权（抵押权）登记制度。试点地区都建立了相关登记制度，明确了登记条件、登记范围、登记程序、登记效率等内容。将土地承包权和经营权分离，创新推出农村土地流转经营权证（由农业部门管理并以地方政府名义发放），赋予了流转土地经营主体相对独立、完整的财产权利，为贷款抵押提供了条件。借款人凭土地流转经营权证办理贷款抵押登记手续，一般由农业行政主管部门登记办理，或委托乡镇农地流转服务中心登记管理。

3. 探索土地承包经营权抵押价值评估机制。在专业价值评估机构尚未建立的情况下，目前各地对土地承包经营权价值认定分两类：一是以投入为基础进行测算，包括已支付的土地租金、已建设的农业设施及其他农业投入品；二是以农业预期收益为基础测算，包括土地流转剩余期限等。实践中往往将两种方法混用。

4. 土地流转经营权抵押贷款风险防范和政策保障。一是把握贷款对象。主要是具备一定生产规模的、信用较好的农业经营主体。二是限制贷款用途。贷款必须用于农业生产、农业开发。三是推行政策性保险。如嘉兴平湖规定对符合农业政策性保险的产业，必须参加农业保险，才能办理农地流转经营权抵押贷款。四是限定贷款金额与期限。如嘉兴平湖规定农地流转经营权抵押贷款金额不超过其评估价值的70%，温岭市贷款额度原则上控制在土地经营权人当年所需资金的30%以内。贷款期限由借贷双方协商确定，原则上不超过一年，根据实际生产经营需要，需延长期限的最长不超过两年。五是加大政策保障。地方政府对农地流转经营权抵押贷款出台财政贴息、风险补偿和工作奖励等政策。如丽水规定各级财政对符合条件的农地流转经营权抵押贷款按基准利率给予不低于50%贴息，并按上年度农地流转经营权抵押贷款余额5‰的比例逐年提取风险补偿资金，用于补偿贷款风险。

5. 借款人未履行时的抵押物处置。借款人未履行还款义务的，对抵押的流转土地经营权及附着物采用转让、变更、变现和诉讼等方式进行处置。但从现实来看，处置效率较低。如某农业龙头企业出险，企业主逃跑后，当地农信社对其200万元农地经营权抵押贷款进行处置。但作为农地发包方的当地村委会因多种原因不同意对农地进行再流转，处置受阻。如采用法院诉讼途径，处置周期较长，而农地地上附着物（如各种农产品）需要时刻照料，因此给银行带来潜在损失。

（四）当前土地承包经营权抵押存在的主要问题

无论是全国还是浙江省，开展农村土地承包经营权抵押存在的问题都十分类似。主要表现为：土地承包经营权制度设计有缺陷，存在概念界定不清、设立方式不科学、权利流转方式不合理等问题；土地承包经营权抵押规模不大，金融机构对农地承包经营权抵押贷款的发放热情不高；农村土地承包经营权抵押率普遍不高，农地承包经营权价值评估难；农地金融的参与机构单一，主要以信用社为主体，大型商业银行较少涉足；农地金融配套措施不完善等。

究其原因，包括以下几方面：

1. 法律支撑不足。虽然中央政策已经放开土地经营权，相关部门、地方政府也为推动土地经营权抵押出台了规章办法。但我国现行的《担保法》、《土地管理法》和《物权法》均没有为农村土地承包经营权抵押提供法律依据。相比而言，政策、规章的立法层次低、法律效力不高，土地承包经营权抵押的法律支撑不足。

2. 缺乏适合农村土地承包经营权的价值评估方式和技术。农村土地承包经营权抵押贷款的金额确定、清偿、抵押品处置等环节的开展都是基于抵押物价值的大小。农村土地承包经营权价值评估准确与否不但关系农户的切身利益，而且当出现贷款违约需要在市场上实现农村土地承包经营权这一抵押物的价值时，评估价值和市场实际价值的符合程度还会影响到金融机构的利益。法律上存在的处置障碍、变现困难、流转程序复杂以及农业特有的收益不确定性等因素都会导致价值评估难以确定。

3. 流转市场不健全，抵押土地难变现。农村土地承包经营权是实现农村资金融通的手段，是利用土地的价值作为信用担保而进行的贷款。但据调查，土地经营权处置难是目前涉农银行业机构不愿开办土地经营权抵押贷款业务的主因。土地经营权可流转之后，不能改变所有权性质和用途；同时，由于目前流转市场发育缓慢，缺少权威的流转中介，土地经营权流转主要采取自行协商的方式，流转信息不畅。一旦经营户出现贷款违约，银行难以处置抵押的土地经营权，土地经营权难以变现。农村土地承包经营权变现能力差，很大程度上制约了金融机构开展农村土地承包经营权抵押贷款的积极性。

4. 风险保障机制不完善，市场风险难把握。由于农村土地承包经营权的特殊性以及农产品易受地质、气候、温度等自然因素的影响，致使农业成为弱势产业，农业抵御自然灾害或者市场风险的能力较弱，存在很多不可知的风险，若承包经营户遇到自然灾害，造成土地附着物重大损失，从而导致以土地经营权作为融资方式的创新存在一定的高风险性。而承包经营户和贷款人对这些不可预知的风险都难以掌控，这些风险会直接影响土地流转价值。由于目前农业保险产品少，产品的针对性差，保障程度低，限制条件多，很难调动农户参加保险的积极性，导致风险转移能力差。

5. 并未有效拓宽农村金融资金来源。开展农村土地承包经营权抵押贷款的金融机构仍然以农村信用社为主，而农村信用社作为支农主力军，原本就是在农村金融体系中担当重要职责。农村土地经营权抵押贷款虽然为农村信用社提供了有保障的抵押物，但由于无法通过以土地贷款证券化的形式向社会募集更多的资金，从而并没有更大程度上扩大支农资金的来源。不可否认的是，农村信用社作为营利性的金融机构，有盈利的驱动，会把资金尽量投入到回报高的行业和领域，而农业贷款相对回报低和风险高的特性客观上降低了信用社支农贷款。

三、国内农地金融创新借鉴

按照模式分类，目前全国 19 个省区开展的农地金融创新，总的可以分为农地抵押、农地入股和土地信托三大类。

（一）农地抵押

所谓农地抵押是指，农地经营户直接向银行抵押农地承包经营权进行融资的行为，是一种间接融资创新，以成都模式为代表。此外，虽然浙江丽水的林权抵押贷款与成都模式较为接近，但其在整体制度设计上更为完备，对于土地承包经营权抵押贷款具有较大的参考价值。

1. 农地抵押的成都模式。早在 2008 年，成都在全域积极推进农村集体土地的确权、登记和颁证工作，目前基本实现农村集体土地权属彻底明晰。在此基础上，为进一步推动农村土地规模化流转，政府出台文件，明确土地承包经营权的流转权能，规定了流转的具体形式，建立了流转登记制度，并在全国率先设立了农村产权交易平台。

在推进农村产权改革的同时，成都启动了农村土地承包经营权直接抵押融资试点。具体模式如下：一是明确农村土地承包经营权办理条件。农村土地承包经营权抵押不得改变土地所有权性质、不转移土地占有、不改变土地用途，同时还须取得所在集体经济组织同意抵押的书面证明及承包方农户同意抵押的书面证明。二是建立农村承包经营权抵押登记制度。明确农委为农村土地承包经营权抵押登记的主管部门，并制订了农村土地承包经营权抵押登记管理办法及全市统一的抵押登记制度。三是规范农村土地承包经营权评估。抵押农村土地承包经营权价值由抵押当事人协商确定，也可由当事人认可的具有评估资质的中介机构评估确定，但评估价值不得低于政府公布的同期、同地区、同类型基准价格和最低保护价格。四是建立农村土地承包经营权保障机制。首先是市场化机制。借款人无法偿还债务的，抵押的农村土地承包经营权可以拍卖、变卖或者进行再流转，也可以由所在集体经济组织、集体所有权收购。其次是风险补偿机制。政府建立了农村产权抵押融资风险基金，对农村房屋和土地承包经营权抵押融资债务到期 3 个月后仍未清偿、也未能通过市场方式有效处置抵押物的，由风险基金收购处置，处置后出现的损失，风险基金承担 80%，贷款银行承担 20%。

总体来看，成都模式主要探索解决的是农地经营权抵押的“流动性”问题，重点完善金融机构的退出机制，主要缺陷在于对农地经营权抵押“权属不清”问题则没有太多的制度创新，在农地经营权界定不清晰的情况下，土地流转租金多按年支付，使得成都土地经营权的抵押贷款业务发展相对缓慢。成都模式存在的问题是目前我国农地抵押中存在的一个普遍问题，目前浙江省农地抵押开展较好的嘉兴海盐地区也存在类似问题。

2. 浙江丽水林权抵押贷款。浙江丽水林权抵押贷款的最大特点在于确权发证、评估和交易中心的组建运作，以及收储管理等一整套制度机制设计的完备性上。丽水林权抵押贷款快速发展，截至 2013 年末，全市累计发放林权抵押贷款 89.7 亿元。

丽水林权抵押贷款的成功得益于多方面改革创新的成果，主要做法如下：

一是深化集体林权制度改革。按照浙江省委省政府的统一部署，丽水市政府坚持“均山到户、权利平等”的原则，完善以家庭承包经营为主体、多种经营形式并存的经济体制改革，由各县（市）林业局为以林农为主的林权所有者颁发了林权证，同时，对承包到户的责任山承包期再延长 50 年，充分保护了农民的合法权益。

二是制定出台多个政策性文件。包括《丽水市国有和集体森林林木林地流转招标拍卖挂牌办法（试行）》、《关于推进森林资源流转工作的意见》、《丽水市森林资源资产收储管理办法》、《关于推进森林资源资产抵押贷款业务发展的意见》、《丽水市森林资源抵押管理暂行办法》等，这些政策性文件为林权抵押贷款的深入开展提供了政策制度保障。

三是建立林权流转配套服务平台。丽水市结合林权抵押贷款的特点，分别在市县两级设立了四类机构，即“三中心一机构”的森林资源流转服务机构。其中林权管理中心负责林权的确认、登记、抵押备案；森林资源资产收储中心负责非竞争性收购依法流转的林权；林权交易中心负责组织森林、林木和林地的流转招标拍卖挂牌等交易；森林资源资产调查评估机构负责对林权证载明的林权进行实地调查和价值评估。

四是开发符合市场需求的贷款模式。针对辖区林权管理实际和农村信贷需求特点，丽水市创新了多种林权抵押贷款模式，其中包括林农小额循环贷款、林权直接抵押贷款、森林资源资产收储中心担保贷款。此外，还落实了林权抵押贷款的相关优惠政策，如财政贴息、减免评估登记、担保等环节的税费、构建政策性保险和商业性保险相结合的林业保险体系，有效防范林权抵押贷款风险。

丽水模式的成功经验揭示出农地抵押创新是一个系统工程，市场体制机制的搭建是成功的关键。而其中政府的作用主要体现在市场平台的搭建，以及公平游戏规则的制定上，从而使各方在参与农地抵押过程中都受益。但是丽水模式复制推广到土地承包经营权抵押也存在一定困难。一个主要问题在于，林权与土地承包经营权存在较大差异，林权是实物资产，具有确定性，比较容易估值，而土地承包经营权是未来收益权，具有不确定性，较难估值。

（二）农地入股

农地入股以宁夏同心县的同心模式为代表。同心模式的主要特点是农地承包经营权入股土地协会和协会对抵押贷款进行反担保。自 2006 年起开展农村土地承包经营权反担保贷款的金融服务以来，截至目前，累计向 4 万多农户发放贷款 7.78 亿元，尚无一笔不良贷款，也未发生农户承包经营权因违约转让。具体做法如下：

第一，成立协会。行政村举行全体村民或村民代表大会，成立农户土地协会，选举产生会长和副会长各一名，并按照村民人数 10:1 的比例选举出常务会员若干名。常务会员的组成基本上覆盖了当地的每个家族和每一组村民，让村民能够公平地享有贷款权利。

第二，农户入会。农户加入协会成为会员必须提出书面申请，有土地承包经营权证的农户以自家承包土地总亩数的五分之二的土地承包经营权入股，每亩地入股作价原则上按不高于 3 000 元（当地土地承包经营权转让的平均市场价格）的标准。全体常务会员对申请入会的农户进行审查并一致同意，农户即可成为农户土地协会会员，农户成为会员后就可用土地承包经营权抵押向信用社申请贷款。

第三，签订承包经营权抵押协议。会员向农村信用社申请贷款时，首先选择三名会员、一名常务会员作为贷款担保人。同时与协会和担保人签订土地承包经营权抵押协议，协议规定如果贷款到期不能偿还，将所抵押土地承包经营权转让给其他代为偿还的担保人或由协会进行转让处置，直到贷款本息还清之后，才可赎回土地承包经营权，并取消其会员资格。

第四，协会为会员申请贷款提供担保。贷款的会员在完善了抵押和担保手续后，向信用社提出贷款申请时，由协会再与农村信用社签订总的担保协议。

第五，发放贷款。信用社在审查完各项担保协议后，与贷款的会员签订贷款借据并发放贷款。

第六，转让经营权。当贷款的会员无法归还贷款时，由三户联保的会员、常务会员或协会代其归还贷款。此时，贷款的会员与协会及担保的会员签订土地承包经营权转让协议，将其入股的土地承包经营权转让给为其担保并进行清偿的会员或由协会指定的其他会员。

总体来看，同心模式主要探索解决的是农地经营权抵押“权属不清”问题，由于将农户的农地经营权置换为股权，使得农地经营权这个原来模糊不清的概念变得生动具体。农地经营权本质上是一种未来收益权，对于承包户而言，这种未来收益权是天生就有的，但是对于非承包户而言，要取得这种未来收益权必须支付一定的对价。这其中牵扯太多讨价还价因素，使得农地流转费一次付清成为几乎不可能完成的任务。在农地流转费不是一次付清的情况下，农地经营权的归属就不可能清晰。但是如果将承包户的农地经营权入股，承包户原来享有的农地经营权就变为承包户持有的协会股权，承包地的未来收益变为协会股权的股息收入，这个问题就顺理成章地解决了。但同心模式也有缺陷，协会将农户分散的农地集中后，并没有进一步流转、统一经营，而只是为会员分散的农地抵押提供反担保，这样就失去了农地抵押支持农地流转和农业规模化经营的意义。

（三）土地信托

所谓土地信托是指，委托人（承包户）基于对受托人（土地信托公司）的信任，在坚持土地所有权及承包权不变的前提下，将一定期限的土地承包经营权委托给作为受托人的信托公司，由其按照委托人的意愿为其利益或特定利益目的，在不改变土地用途的情况下对土地承包经营权进行管理。根据受托人的不同，土地信托又分为政府性土地信托和商业性土地信托。前者是地方政府设立土地信托公司或土地信托服务机构，以益阳模式为代表；后者是专业信托机构作为受托人，按照市场原则将土地和农民引进市场，以宿州模式为代表。

1. 湖南益阳模式——政府性土地信托

2009 年，为了有效解决土地抛荒、促进农业适度规模经营，湖南益阳开始探索土地信托模式，目前已在益阳市各乡镇全面推行。益阳土地流转遵循“三不变”，即农村的土地集体所有制性质不变，农民的家庭承包经营权不变，农用地的性质不变。具体操作步骤如下：

第一，政府设立土地信托流转服务中心，设立土地信托基金，建立政府出资的土地信托投资公司。

第二，农民向信托公司提出出让土地经营权的申请，签订意向协议，待村集体 90% 以上的村民同意流转后，土地信托公司与农民签订信托流转合同，支付土地年信托基本收益（土地使用权转让费），从委托方（农户）手中获得较长期限的土地经营权。

第三，土地信托公司利用国家涉农项目资金，将信托拥有经营权的土地调整成片，进行适当整理开发，提升地力。

第四，土地信托公司通过招标、竞拍等方式确定土地经营者，即承租方（农业大户或者农业经营公司），双方签订租赁合同，获得土地直接收益。

第五，土地信托公司将获得的土地直接收益的一部分返还给土地流转信托基金，用于滚动使用。

第六，土地信托公司依托信托平台进行重大项目投融资，并将土地信托增值收益进行分配，主要用于农民分红、农民社会保障及农村公共服务设施建设。

由于信托契约比其他委托、代理契约具有更高的稳定性，同时政府出资的土地信托机构增强了土地流转的安全性，有效提高了益阳土地流转率。目前，益阳农地信托覆盖全市 12 个乡镇，1/6 的土地流转通过信托平台。但是由于政府设立的信托机构没有金融牌照，也无法充分对接金融资源，缺少市场化机制设计，未充分实现信托平台的融资造血功能，限制了土地信托进一步的发展空间。

2. 安徽宿州模式——商业化土地信托

目前，商业化的土地信托处于创新摸索初期，尚未规模化的展开，难以找到标准模式。现以其中有一定代表性的安徽宿州模式为例简单介绍。

2013 年 10 月，中信信托推出国内首只基于农村土地承包经营权流转的信托产品，信托期限 12 年。其主要操作模式如下：

一是农户与村委会签订《农村土地承包经营权委托转包合同》、村委会与所在镇政府、镇政府与所在埇桥区政府相继签订《委托管理协议》。通过“反租倒包”形式，区政府集中了5 400亩土地。

二是埇桥区政府（委托人）与中信信托（受托人）签订为期12年的信托合同，并向埇桥区农村土地流通部门办理信托登记备案。受托人发行5 400万份信托单位，农户持有的每亩土地承包经营权对应1万份信托单位，每年按信托单位份额获得信托收益。信托收益包括基础部分的土地租金以及土地改造后部分增值收益。

三是受托人根据投资需求发行适当规模信托产品，所筹集资金用于对土地的重新归集整理与开发，以提升土地产值。此外，受托人有权发行补充性的信托产品，解决土地开发业务阶段可能出现的短期流动性不足。

四是受托人将5 400亩土地的12年经营权出租给承租人，签订租赁合同。受托人以掌握的土地信托资产为基础发行补充性的信托产品为承租人融资，用于支付土地流转租金、项目建设等开支。受托人获得信托融资收益并参与承租人的经营收益分成。

五是埇桥区政府为信托项目提供一定保障支持，如为承租人提供农业贷款贴息，提供包括水利工程建设投资奖励资金等多项财政补贴等。此外，当地政府可能拨出部分机动预留地，以解决土地纠纷以保证信托财产的完整性，或者为农户退出提供同等条件和规模的土地置换。

宿州模式目前还在运行中，其效果究竟如何尚需得到实践的进一步检验。从其模式设计来看，相较于政府性土地信托，商业性土地信托多重信托（财产权信托与资金信托的叠加）的安排，更能实现土地“纸上确权”及高效利用，发挥平台造血融资作用，从而将更多的金融资源引入农业生产。

总体来看，无论是政府性土地信托抑或商业性土地信托，主要解决的是土地经营权“权属不清”的问题。土地经营权一旦成为信托资产，在合同期内就成为一种独立于信托各方当事人（委托人、受托人、受益人）的独立资产，这种资产的独立性是受法律保护的，这就相当于在承包权（委托人）与经营权（受托人）之间做了隔离，在法律上保证了承包权与经营权的分离，解决了金融机构的后顾之忧。这一点与土地经营权入股有异曲同工之妙，所不同的是两者法律关系不同。

（四）农地抵押、农地入股与土地信托的比较

由于农地抵押的两个基本条件（权属清晰和具有流动性）尚不完全具备，使得农地直接抵押在具体操作上的难度比较大，从各地实践经验看，农地入股与土地信托是两个具有前景的发展方向。农地入股和土地信托使土地承包经营权金融凭证化和资本化，为进一步的农地金融创新创造了条件。

首先，有利于土地“纸上确权”。目前我国正大力推进农村土地承包经营权确权工作，但囿于现实原因，土地“确权确地”进展较慢。农地通过入股集体

经济组织或者通过合同的方式将土地委托给信托公司代为经营管理，其核心在于确权对象不是具体的哪一块土地，而是创设了基于农地的受益凭证。因此，农地入股和土地信托可以实现土地“确权不确地”。

其次，有利于实现农民土地的财产权，并实现土地增值。农地入股和土地信托通过土地权益的金融凭证化、资本化，增强了土地的财产属性和流动性。相较于土地出租、转包等方式而言，农民不再是只获得一次性土地转让收入或地租收入，而是获得有价的受益凭证，有增值预期和能分红的凭证，避免了农民的“失地”风险。

最后，有利于引入更多的金融资源支持“三农”发展。对农民而言，农地入股和土地信托使得农民能以股权或信托凭证作抵押获得金融机构支持。对规模经营主体而言，可以通过增资扩股或发行信托产品等方式，扩大农业经营规模。

当然，农地入股和土地信托也存在一些问题：首先，农业经营相对高的风险与农民要求持续稳定的收益间存在一定矛盾。当前，农业经营仍面临较大自然风险和市场风险，如何运用农地入股和土地信托既能保证农民稳定收益又能避免土地挪作他用，是决定农地入股和土地信托能否成功的关键。其次，农地入股对集体经济组织的经营管理能力要求较高；而土地信托则对信托公司的业务能力要求较高。如何对开展农地入股的村集体经济组织和开展土地信托的信托公司进行有效监管，以保障农民土地流转的根本利益也是需要关注的重要问题。

四、政策建议

农地金融创新是一项系统性工程，它涉及前端的确权赋权、流转、评估、交易，后端的收储、处置等，需要全方位、系统性的政策保障。

（一）国家层面：适时修订相应的法律法规

尽管国家现行立法禁止土地承包经营权抵押，但土地承包经营权抵押的实践探索一直没有停止过。近期中央政策已允许和鼓励土地适度流转，允许承包土地的经营权向金融机构抵押融资。法律作为政策的上位法，具有优先权，一旦土地经营权抵押出现违约风险，如何合理、圆满处理不仅关系到政策与法律之间的权衡问题，还涉及社会稳定。既然国家政策和实践已经优先试点土地经营权抵押，相应法律法规就应该适时修订，做到法律和政策相一致，避免带来不必要的法律风险。一方面，通过专门立法或修改相关法律形式，完善土地承包经营权流转法律制度，建立健全土地承包经营权流转法律机制，为土地承包经营权规范有序依法流转提供法律保障。另一方面，适时修订法律法规，制定和完善土地承包经营权抵押相关规定，建议修改《担保法》第三十七条，《农村土地承包法》第四十九条,《物权法》第一百八十四条对农村土地承包经营权抵押的限制,同时也建议修改相关法律法规,以合理处置土地承包经营权抵押纠纷问题,比如《最高人民法院关于审理涉及农村土地承包纠纷案件使用法律问题的解释》中的第十五条,"承包方以其土地承包经营权进行抵押或者抵偿债务的,应当认定无效"的规定。

（二）省级层面：大力发展农地入股与土地信托

以浙江省土地资源少、市场化程度相对较高的具体实际而言,建议应以金融凭证化和资本化为特征的农地入股与土地信托为重点,从完善土地确权赋权、土地估价体系、财政配套政策、农业保障机制、配套平台建设等方面着手,推动浙江省农地金融创新。

1. 以确权、赋权改革为基础,明确农民土地权利

加快完成农村土地的确权、赋权、登记和颁证工作,根据具体情况把土地产权明确到户,奠定农地金融业务创新的产权基础,推进以"三权到人（户）、权跟人（户）走"为主要内容的农村确权赋权改革。要分步完成土地承包经营权登记制度全覆盖、农村集体资产股份合作制改造、宅基地确权登记颁证工作,全力推进农村确权赋权改革,加快赋予农民更多财产权利。实现农民财产的完整价值,分类赋予"三权"流转、入股、置换、有偿退出的权能,切实发挥政府引导服务功能,创新相应服务平台和权能实现机制。结合浙江省目前推进的土地确权赋权工作,下一步的工作重点包括:一是突出确权确股,全力保障农民权利。在坚持集体所有权基础上,从保障农民承包经营权入手,依法完善二轮土地承包关系,力争实现农村土地承包经营权登记制度全省覆盖。二是突出权能赋能,不断激活农村市场。要扩大流转土地经营权登记发证,指导有条件的地方开展赋予土地承包经营权抵押担保权能试点,制订土地承包经营权抵押担保实施办法,建立配套的抵押担保登记办法、抵押担保资产处置机制。三是突出"三资"监管,切实维护农民权益。在确权赋权的基础上,要建立健全农村集体"三资"（农村集体的资金、资产和资源）管理体系,组织开展以组织网络化、产权明晰化、管理制度化、运行阳光化、监督立体化"五化"为内容的"三资"规范化建设,组织开展立法调研,加快立法进程,为股份合作制改革提供政策法律保障。

2. 建立有效的农村土地估价体系

土地承包经营权价值评估难是阻碍土地承包经营权抵押贷款推广的重要原因之一。定价是资产交易的核心问题,科学的定价体系能够促进资产在更大范围、更大规模、更高效率地进行交易,因此完善农村土地价值评估不仅仅是个技术层面的问题。建议相关部门从制度、机构、人员、系统等方面着手,加快建立科学有效的农地价值评估体系。出台办法,制定规范统一的农村土地承包

经营权评估程序，在借鉴现有的收益现值法、市场定价法、重置成本法等土地评估方法基础上，综合考量土地等级、产量、收益等因素，确定统一的评估标准和评估方式；设定统一的机构准入标准和人员资质标准，发挥政府和市场的力量，积极培育专业的农地价值评估机构和专业评估人员；建立统一的农地价值评估登记系统，发挥市场在农地定价中的基础性作用，同时根据不同地区情况，制定并公布本区域内农村土地流转指导价格、指导租金，设置一定的价格浮动上下限制，为土地流转和抵押融资提供合理可靠的依据。

3. 建立财政配套政策体系

有效的农地金融体系还需要有健全的外部支撑保证，地方政府是其重要因素。合理定位地方政府在农村土地流转金融支持中的角色，充分发挥地方政府在土地流转金融支持中的引导、扶持和规范等作用。一方面是鼓励土地流转，推动开展转包、租赁、转让等多样化的土地承包经营权流转，政府可以通过财政直接补贴给土地流出方或者对土地流入的规模经营户购置现代化农业机具设备等提供财政补贴。此外，为鼓励农村土地流转，通过财政补贴形式为被征地居民提供职业培训，增加社会工作能力。另一方面是鼓励农村土地经营权抵押融资，通过设立利息补贴、税收优惠等措施加大对农地金融的支持，促进涉农信贷投放。建议建立专门的贷款损失保障或补偿机制，在贷款发生违约或金融机构处置抵押权出现困难时，实施抵押物收购或进行贷款风险补偿，发挥财政资金的引导性作用，充分调动金融机构开展农业土地产权抵押贷款的积极性。

4. 健全农业保障机制

农业经营高风险是制约土地承包经营权抵押发展的重要原因之一。自然灾害的不可抗性使农业保险具有高风险、低收益特征，造成我国农业保险发展滞后、农业保险品种不足、保险覆盖率较低。随着土地流转后农业经营规模化将导致农业经营的“一揽子”风险增大，建议以商业保险和政策性保险并举的发展模式，降低农业经营风险。首先，要进一步完善政策性农业保险制度，发挥“共保经营 + 互助合作”经营方式中政府主导、市场运作的优势，严格遵守“政府推动 + 市场运作 + 农民自愿”的运作机制，构建广覆盖、多层次、可持续的政策性农业保险体系。一是要健全共保经营制度，建议由浙江保监局牵头监督指导共保经营制度，允许有资质的保险公司加入，适度调整共保体成员参与比例。二是完善保险责任和费率设置，稳步扩大责任范围，应囊括浙江常有的主要大灾，如台风、暴雨、洪水、冻害等。三是要增加保险品种、扩大参保对象，重点推进全省普适性保险品种，鼓励开办特色保险品种，参保对象兼顾部分散户。四是加大政策性农业保险支持力度，可以考虑建立专项资金加大保费补贴力度。五是建立农业保险巨灾风险金制度，向国内外再保险市场购买再保险，构建“以险养险”的补偿机制，分散经营风险，提高抗风险能力。六是要进一步完善基层服务网点设置，推进农村保险服务站和基层代办员制度建设，鼓励农业保险与农村信贷、林权制度改革有机结合的银保互动机制，引导金融资本投资农业。其次，要完善建立多层次的农地金融担保体系。农业天然的高风险影响金融机构提供贷款的积极性，为此，在国家推动政策性担保体系建设的背景下，建议浙江省以政策性担保为主、商业性和合作性担保为辅，加快建立农业信贷担保机构，降低土地承包经营权抵押的信贷风险。此外，积极引导涉农金融机构探索多种担保方式，创新开展银保合作等信贷产品，进一步提高防范信贷风险能力。

5. 搭建配套平台建设

进一步培育和发展农村土地市场，可着重建立两类平台体系。一是建立村、乡、县三级流转服务平台，提供流转信息发布、政策咨询、合同签订、价格评估等流转服务，降低农村产权流转和抵押处理的成本。这一平台以服务为主，建议借鉴丽水农村金改经验，由省政府和人民银行牵头，联合开发“农村信用信息数据系统”，将更多农户信息纳入数据库管理，实现全省农户信用信息共享，在确保信息安全和规范信息权限管理前提下，将服务端口延伸到村、乡、县流转服务平台。借鉴浙江绍兴经验，建议由政府在村、镇、县三级行政单位设立的土地信托服务机构并入流转平台上，为受托人提供登记和发布土地供求信息、推介土地开发项目、协调供求双方、指导鉴证、跟踪服务和调解纠纷等综合化服务。在信托公司成为收益人、政府直接参与者身份淡化后，政府在对收益确定依据、税费制度、产权的流转补偿与变更登记等方面的职责也可以并入流转平台。

二是鼓励和支持以农村产权交易中心、农村产权收储中心等中介服务为一体的交易平台建设，建议以省为单位成立地方性农村产权交易所，目前全国已有北京、上海、天津、广州、成都、武汉、杭州等地成立农村产权交易所，引入市场机制，完善农地价值评估、流转、收储、招拍挂体系，规范流转程序。此平台更具市场化特性，主要为交易提供场所，将农村的土地、资金、技术等要素进行市场化重组。为完善土地信托受托人的退出机制，允许信托机构颁发的信托凭证进行流转、提供担保，交易平台可以提供实现资产证券化的场所。在此基础上，延伸发展农地价值评估公司、农业担保公司等中介服务机构，优化流转抵押的外部环境。建议流转平台服务体系覆盖全省，促进统一、具有交易撮合功能的土地流转市场形成，鼓励更多的市场主体参与在更大的范围内实行农村土地流转。

参考文献

[1] 陈军、曹远征：《农村金融深化与发展评析》，中国人民大学出版

社，2008。

[2] 刁其怀：《城乡统筹背景下的农房抵押——以四川省成都市为例》，载《农村经济》，2010（12）。

[3] 丁关良：《土地承包经营权流转法律制度研究》，中国人民大学出版社，2011。

[4] 方帅、何叶彩：《对农房抵押贷款法律问题的思考》，载《金融与经济》，2010（5）。

[5] 冯玉华、张文方：《土地金融与农村经济发展》，载《农业经济问题》，1996（5）。

[6] 黄庆河：《农村土地承包经营权抵押贷款业务调查》，载《甘肃金融》，2010（7）。

[7] 姜新旺：《农地金融制度应该缓行——对构建我国农地金融制度的思考》，载《农业经济问题》，2007（6）。

[8] 李爱喜：《农地金融制度构建与农村信用社业务拓展——我国农地金融业务承担主体的可行解研究》，载《农业经济问题》，2005（5）。

[9] 李伟伟、张云华：《土地承保经营权抵押标的及其贷款操作：11 省（区、市）个案》，载《改革》，2011（12）。

[10] 刘加亮、谢宗藩、苏鹏：《关于我国构建农地金融制度的思考》，载《大众商务》，2009（12）。

[11] 刘彦：《温州“农房贷”》，载《新理财》，2009（5）。

[12] 刘永、刘艳菊、乔海韬：《关于构建我国农地金融制度的思考》，载《农场经济管理》，2007（6）。

[13] 罗剑朝：《构建新型农地金融制度》，载《中国农村信用合作》，2007（9）。

[14] 阮建明、祝麟：《对探索建立农民住房抵押贷款机制的几点思考》，载《浙江金融》，2008（10）。

[15] 史卫民：《我国农地金融制度的现实困境与创新路径》，载《南方金融》，2010（12）。

[16] 田立、雷国平：《农地使用权证券化、资本化与农地金融》，载《经济研究导刊》，2007（4）。

[17] 王定祥：《农村金融市场成长论》，科学出版社，2011。

[18] 王金堂：《土地承包经营权制度的困局与解破》，法律出版社，2013。

[19] 王少国：《我国农村土地金融发展研究》，西南财经大学博士论文，2011。

[20] 王选庆：《中国农地金融制度研究》，西北农林科技大学博士论

文，2005。

[21] 温涛：《农村金融风险控制与战略重组研究——基于中国新农村建设的现实背景》，西南师范大学出版社，2008。

[22] 徐剑波、朱敢：《对农村承包土地和宅基地抵押贷款情况的调查思考——以福建省为例》，载《福建金融》，2010（12）。

[23] 杨小玲：《中国金融改革的制度变迁》，中国金融出版社，2011。

[24] 中国人民银行哈尔滨中心支行课题组：《福建省宅基地抵押贷款经验借鉴及我省开展宅基地抵押贷款业务的思路设计》，载《黑龙江金融》，2011（7）。

[25] 周小全：《统筹城乡发展中的农地金融问题探析》，载《金融理论与实践》，2012（5）。

普惠与包容：金融服务均衡化研究

——以浙江与江苏两省为例

中国工商银行浙江省分行课题组*

金融服务均衡事关社会均衡发展大局。由于我国长期以来的城乡二元结构以及“剪刀差”的存在，导致城乡差别一直较大。这种差别不仅体现在城乡居民收入上，也体现在各自的生存环境和所享受的公共资源与服务等方面。其中，兼具资源配置和公共服务双重职能的金融服务非均衡化，既是城乡差别的突出表现，又是影响城乡统筹发展的重要因素。因此，研究和破解城乡金融服务非均衡化这一矛盾，对于推动城乡发展一体化，促进社会均衡发展具有十分重要的理论意义和现实意义。本文首次提出了金融均衡的内涵与特征，尝试构建了金融均衡化的衡量体系，同时通过“解剖”国外金融服务均衡发展的典型模式，从中总结经验、得出启示，并系统评估了浙江省金融服务均衡化程度，进而提出推进浙江金融服务均衡化的制度安排与实施路径。

一、研究设计：金融服务均衡的内涵、特征及衡量指标体系

（一）金融服务均衡的内涵与特征

纵观国内外相关文献，金融服务均衡方面的研究主要围绕微型金融（李振江、张海峰，2008；孙颖，2010；胡雪琴，2010）、农村金融（陶珍生、邓亚平、高文丽，2013；蒋难，2009；Boucher S.，2008）、合作金融（贺力平，2002）和金融民主化（洪利、梁礼广，2012）等角度展开，而对于金融服务均衡这一概念本身，学界尚无明确定义（黎和贵，2009；张峰，2013）。但2005年联合国推出了“普惠金融”（Inclusive Financial System）的理念（中国银监会合作部课题组，2014），并在全球大力推行，国内也有专家学者称为“包容性金融”（周小川，2013）。应该说，其中均隐含了金融服务均衡化的思想。

那么，何为金融服务均衡呢？笔者以为，金融服务均衡就是在公平思想与平等原则的支配下，在金融机构和受众群体之间，通过相应的制度安排，平等地分配金融资源，平等地分享金融服务，进而达到金融需求与供给的相对均衡。

---

* 课题主持人：沈荣勤
课题组成员：孟苇舲　俞　栋　王晓曦

换而言之，金融均衡化也是金融的“民主”与“公平”问题。如从受众来看，金融均衡指接受金融服务的权利和机会均等；从金融来看，金融均衡指区域间、城乡间、金融类别间以及金融机构间各类资源配置是否均衡；从社会来看，金融均衡指在金融总量和结构上，是否与区域经济社会的发展需求达到相对的均衡。总之，金融均衡的核心是追求金融公平，其也是公民的基本权利保障和金融政策价值取向演变的必然趋势。

金融服务均衡具有“四个特征”：其一，人本性。以满足人们生产生活中的金融需求为根本，努力为其创造相对均衡的金融服务机会，力求使社会每一个群体及其个体都能均等地获得自身生存与发展所需的金融资源与金融服务。其二，普惠性。以公平的制度和规则为保障，均衡配置金融资源，并有针对性地开展金融创新，让人人有机会、有条件、有尊严、低成本地享受平等、多元、优质的金融服务。其三，义利性。既要求政府在资源配置、政策制定以及宏观调控等行政决策中，充分体现金融服务均衡发展的思想，又引导金融机构正确处理商业与公益、当前与长远的关系，自觉履行社会责任。其四，动态性。金融服务均衡是一个长期的、动态的、辩证的历史发展过程，且由于社会经济发展等多方面因素的影响，每一时期金融服务均衡有着不同的表现，是一个由“均衡→不均衡→均衡”，不断地螺旋式上升、循环发展的动态过程。

（二）金融服务均衡化衡量指标体系

当前，国际上尚无一套系统的、公认的衡量金融服务均衡程度的指标体系。从掌握的资料来看，国外学者更多是借助二元经济理论、二元金融结构理论①和两部门金融发展模型②等理论，研究和计量了农村地区正规金融与非正规金融、现代部门与传统部门等部分变量之间的关系及其相互间影响，并据此进行评估与判断（施兵超，1989；Daniel，B. C.，Kim，H. B.，1996；Spiegel，U. et al.，2010）。但由于其是基于自身国情制度、经济基础和发展阶段而提出相关的制度与指标设计，故难以适应中国国情。而国内学者多是将金融服务均衡作为城乡经济一体化的变量之一进行研究，缺乏对金融服务均衡本身的全面、系统测度，且着眼点也大多局限于城乡收入、消费、房价等差异。

为此，我们在参考国内外学者研究成果，并在充分考虑国情、省情，以及研究数据的可获得性和评价的客观性、公允性前提下，设计并提出了金融均衡

---

① 二元金融结构是指一国经济中现代化金融机构与传统金融机构并存的金融状态。发展中国家这种二元金融体系结构主要是由其二元经济结构和二元社会结构决定的。

② 两部门金融发展模型由西班牙经济学家加尔比斯（Galbis，1977）建立，其通过金融部门如何在现代部门和落后部门之间发挥中介作用，解释了金融抑制对经济增长的影响。他认为，在社会资源一定的条件下，改进金融中介储蓄和投资的配置机制，使社会资源由生产效率低的部门转向生产效率高的部门，可以加速整个经济的增长和发展。

化发展的评价指标体系。该指标体系意在以金融一体化为终极目标，反映城乡金融发展程度与水平差异。其由“关联”、“基础”与“核心”三大类指标组成，包括“城镇化率”、“居民收入”和“政策”、“产品”、“网络”及“规模”、“结构”、“效率”、“经济货币化程度”9个分指标（见表1）。

表1　金融服务均衡化评价指标体系

维度		度量指标	计算方法
Ⅰ. 关联指标	1. 城镇化率	城镇化率	城镇化率 = 城镇人口/总人口
	2. 居民收入	城镇居民人均可支配收入、农村居民人均纯收入	分别计算城乡居民收入的绝对差和相对差
Ⅱ. 基础指标	1. 政策	城乡金融政策差异	定性分析
	2. 产品	金融产品覆盖率	比较城乡金融产品类别的差异
	3. 网络	金融机构服务网点	比较城乡金融机构网点数量的差异
Ⅲ. 核心指标	1. 规模	城区贷款规模、县域贷款规模；城区存款规模、县域存款规模	比较城乡贷款规模的绝对差和相对差
	2. 结构	存贷款资产占比、股票融资占比、保险保费占比	存贷款总量占金融资产比重、农业类股票融资占金融资产比重、农业保险保费占金融资产比重
	3. 效率	城区金融转化率、县域金融转化率、全省金融转化率；城区贷款产出率、县域贷款产出率、全省贷款产出率	金融转化率 = 贷款/存款，反映间接融资渠道下城区或农村存款的投资转化效率；贷款产出率 = GDP/贷款，反映区域贷款促进整体经济发展的效率
	4. 经济货币化程度	金融相关率①（FIR）	城区金融相关率 =（城区存款 + 城区贷款）/城区 GDP；县域金融相关率 =（县域存款 + 县域贷款）/县域 GDP

二、国际经验：国外金融服务均衡化主流模式及其启示

（一）国外金融服务均衡化的主要模式

纵观全球城乡发展差距较小的国家和地区，其无不在农村金融体系构建上有独到之处，且其正是通过金融服务均衡化的实践与努力，才逐步缩小了城乡差距，实现了城乡统筹发展。目前，国际上主要有以下四大模式（见表2）。

① 考虑到当前浙江省城区和县域的金融资产仍主要体现为存款和贷款，约占98%以上，且无法准确获得农业类股票融资数额和农业保费收入数据，故本文以存、贷款总额表示金融资产。

表2　　国外金融服务均衡发展的四大模式

模式	代表	农村金融组织体系	农村金融法律体系	农村金融政策机制	主要特点
美洲模式（大金融模式）	美国	以政策性金融机构和农村信用合作系统为主体，以商业银行等支农私营金融机构为辅助，以农业性保险机构为保障	从20世纪初开始，相继建立《联邦农业信贷法案》、《农业信用法案》、《联邦农作物保险法》和《农场信贷法》等法律	采取联邦制，农业信贷政策由联邦农业信贷委员会制定，各区结合实际制定具体政策；除商业金融机构外，其他机构均要接受农业信贷管理局的监督和管理	一是按需设计分工合理的支农惠农金融服务体系；二是政府为农村信用合作机构提供持续的正向激励；三是建立多层次的农业保险体系，提供完备的农作物保险业务
欧洲模式（国有主导模式）	法国	核心是农业信贷银行，且主要是4家国有控股或政府直管银行，即法国农业信贷银行[①]、互助信贷联合银行、大众银行和法国土地信贷银行，并由其开展农村金融信贷业务	从19世纪开始，相继建立《土地银行法》、《农业互助保险法》和《农业保险法》等一系列农村金融法律法规，夯实农村金融发展的法律基础	亮点是农业财政资金投入政策。一是农业投资政策，通过投资加强农业基础设施建设和农村社区发展，促进土地集中化、规模化和专业化经营；二是财政农业补贴政策，包括贴息贷款和税收减免等；三是农业转移支付政策，如补助和退税等	一是属于典型的政府主导模式；二是最大的农村金融机构（法国农业信贷银行）采取“上官下民”的方式来构建；三是政府对农业保险进行必要干预并加大科研投入力度

① 法国农业信贷银行是法国最大银行，由省农业互助信贷银行和法国农业信贷银行联合组建而成，是一个上官下民复合组成的全国性农村信贷银行。其基层机构是地方金库，也叫地方农业互助信贷合作社；中层是省农业互助信贷银行，这两层属于私人性质；最高层是总部，也即法国农业信贷银行，是政府机构，属于国家银行性质。

续表

模式	代表	农村金融组织体系	农村金融法律体系	农村金融政策机制	主要特点
东亚模式（合作金融模式）	日本	典型的合作金融模式，主要由合作金融和政策金融组成。其中，合作金融指日本农协，是日本最重要的农村金融力量[①]；政策性金融机构主要是日本农林渔业金融公库	第二次世界大战后，日本相继颁发了《农林渔业金融公库法》、《农协法》《复兴金融公库法》、《国民金融公库法》等重要法律法规	日本建立了稳固、持久和广覆盖面的农业保险制度，对具有一定生产规模的农户实施强制保险，并根据情况实行补贴。同时，主要通过合作金融系统的信贷杠杆来贯彻国家农业政策	一是政策性金融机构（农林渔业金融公库）依托合作金融办理支农贷款；二是合作金融系统的惠农政策切实有效，其信贷业务以会员为对象，不以盈利为目的，不要担保；三是政府对自愿与强制相结合的农业保险提供一定比例的保费补贴
南亚模式（领头银行模式）	印度	由印度储备银行、印度商业银行、农业信贷协会、地区农村银行、土地发展银行、国家农业农村开发银行、存款保险和信贷保险公司等组成	包括《印度储备银行法案》、《银行国有化法案》、《地区农村银行法案》等有关法律，如印度对金融机构在农村地区的机构网点数量提出了明确要求	推行“领头银行”制度，就是在一个地区，强制性规定必须有一家领头银行负责该地区的农业发展和区域开发工作，该银行必须向农业提供必要的金融支持	一是用独具特色的“领头银行”制度确保金融对农村地区的支持；二是用法律的形式确保农村金融覆盖率；三是用中央银行的特殊职能确保商业银行贷款的18%必须投向农业及相关产业；四是自愿与强制结合的农业保险制度，较好地分散了农业经营中的风险

资料来源：黎和贵（2009），经笔者整理而成。

① 目前，全日本基层农协有4 500多个，支店11 000多个，办事处2 200个，事务所4 800个。

（二）借鉴与启示

如上所述，目前国际上较为成熟和典型的金融服务均衡模式各具特色、各有优势，其中不乏值得我们学习与借鉴之处。

1. 法规先行。无论是经济发达的美国、法国、日本，还是同处发展中国家行列的印度，均采用立法手段，出台了一系列专项法律法规，敦促金融机构对农业发展承担起应尽的责任和义务，保障农村金融发展。如法国早在19世纪就颁发了《土地银行法》，并建立了农业信贷体系，促进农业和农村发展，缩小城乡差距；美国颁布了《联邦农业信贷法》，并据此构建起分工合理、配合协同的涉农金融服务体系；日本建立了《农林渔业金融公库法》，以保障农林渔业等可以获得低利率的信贷供给，带动农业发展；而印度施行的《储备银行法》则更为具体，其明确规定商业银行在城市地区开设一家机构，须同时在边远地区开设两至三家机构，且其贷款的18%必须投向农业及其相关产业。

2. 政府引导。加大对金融机构的持续、正向激励是保证农村地区获得健康发展所需金融支持的必要之举。譬如，美国和法国政府对支农金融机构都给予较大力度的税收优惠和利率补贴政策，后者在享受政策后，又转而将政策“红利”惠及农村领域，最典型的如美国商品信贷公司为支持农产品价格提供无追索权的贷款和补贴补偿。又如，日本政府采取注资方式，向农协组织增拨财政资金，其农协系统则不以盈利为目的，对农户贷款不要求担保。再如，印度政府也对支农金融机构采取贴息政策，规定对农业实施差别利率，并以立法的形式规定地区农村银行的经营目标是满足农村“弱势群体”的金融需求。

3. 因地制宜。上述四大模式之所以成功，皆源于其构建了契合自身国情与特点的金融均衡服务体系与模式。如美国利用金融市场发达、金融体系健全、金融制度先进的优势，设计了包含合作金融、政策金融、商业金融和农业保险在内、体系健全的金融服务系统；欧盟最大的农业生产国法国根据自身土地肥沃、人口稀少、经济发达的特点，设计了以四家国有农业信贷银行为主体，以强大的农业财政投入为支撑的金融体系；日本根据各类自然灾害频发的特点，设计了发挥集体力量，并以农业保险为保障的金融服务模式；印度根据地寡人多、经济落后的国情，设计了“领头银行”模式。

4. 保险跟上。农业属于高投入、高风险、低收益行业。因此，为降低县域尤其是农业经营主体的市场风险，国际上通行的做法都是建立系统、高效的农业保险体系。无论是美洲模式、欧洲模式，还是东亚模式和南亚模式，其最大的共性就是农业保险。这些国家和地区均建立了强制与自愿相结合的农业保险制度，有效分散了农业经营风险，为农村金融提供了坚实保障。而这正是目前国内支农金融体系中最为薄弱的环节。

5. 产品配套。法规、政策与组织固然重要，但实现金融服务均衡更需要与之配套的金融产品。比如，美国花旗银行专门针对农村金融和小微企业先后发行了信用增强型投资级债券和结构性债券等创新产品，并推出了全球第一只AAA－评级的小额信贷应收账款证券化产品，总额高达1.8亿美元，惠及120万农户。又如，法国农业信贷银行专门向农民提供家庭建房贷款、农业救灾贷款和农业生产现代化贷款等，形成了特色鲜明的“农字号”金融产品系列。再如，日本的金融机构支农扶农手段更为多元，除各种涉农贷款以外，还建立了农林渔业增长产业化基金，构筑了“家乡投资”（专门用于增强地区活力的小额投资）平台等。就连印度也运用现代交通工具和通讯技术设立了一大批“移动”支行，为与世隔绝的边远地区提供金融服务。

三、样本透析：江浙两省金融服务均衡化程度比较与评估

基于上述指标体系，本文采取纵向分析和横向比较相结合，纵向主要看历史变化，而横向则以可比性较强的江苏为比照，多视角、多维度、多层次地来分析和评估浙江省金融服务均衡化程度。

（一）关联类指标比较

1. 城镇化率。随着新型城镇化战略的推进，我国城镇化率水平不断提高，尤其是江浙地区。2013年浙江省城镇化率为64%，江苏为64.1%，难分伯仲，均高于全国10个百分点以上（同期全国为53.7%），迈入“成熟的城镇化社会阶段”①。

2. 居民收入。金融二元化的根源是经济不平等，而经济不平等又突出表现为收入不平等。从历年统计数据看，浙江省城乡居民人均收入稳定增长，但两者差距明显，且有扩大之势。纵向来看，城镇居民收入由1985年的904元升至2013年的37 851元，增长了40.87倍；农民收入则从549元增至16 106元，增长了28.34倍，慢于前者；两者绝对差由355元升至21 745元，增长了60.25倍。横向比较，2013年浙江省城乡居民收入相对差为2.35，略低于江苏，明显低于全国平均水平；而绝对差为21 745元，高于江苏212元，也高于全国1 094元（见表3）。

① 根据城镇化三阶段论，超过60%的城镇化率，即认为该地区已整体上步入了成熟的城镇化社会阶段。

表 3　浙江城乡居民收入水平比较　单位：元

年份	城镇居民人均可支配收入	农村居民人均纯收入	城乡居民收入绝对差	城乡居民收入相对差
1985	904	549	355	1.65
1990	1 932	1 099	833	1.76
1995	6 221	2 966	3 255	2.10
2000	9 279	4 254	5 025	2.18
2001	10 465	4 582	5 883	2.28
2002	11 716	4 940	6 776	2.37
2003	13 180	5 431	7 749	2.43
2004	14 546	6 096	8 450	2.39
2005	16 294	6 660	9 634	2.45
2006	18 265	7 335	10 930	2.49
2007	20 574	8 265	12 309	2.49
2008	22 727	9 258	13 469	2.45
2009	24 611	10 007	14 604	2.46
2010	27 359	11 303	16 056	2.42
2011	30 971	13 071	17 900	2.37
2012	34 550	14 552	19 998	2.37
2013	37 851	16 106	21 745	2.35
2013 江苏	32 538	13 598	21 533	2.39
2013 全国	29 547	8 896	20 651	3.32

数据来源：根据历年《浙江统计年鉴》、《浙江统计公报》、《江苏统计公报》和国家统计局相关资料整理。

（二）基础类指标比较

1. 政策差异。由于城乡二元结构的长期存在，导致城乡公共资源配置不平衡、基本公共服务不均等，进而使城乡金融体系几乎被分置于两个截然不同的政策框架体系下①。与城市相比，农村存在明显的“政策劣势”：首先，支农法律法规缺失。目前国内仅有《农村信用合作社管理规定》、《村镇银行管理暂行规定》等为数不多的行业规章，且层级较低，效力有限。如涉农保险大多采用自愿原则，而非国际通行的强制原则，以致参保率低下，风险转移机制欠缺。

① 政府采取强制性金融干预，通过严格的利率管制和市场准入管制，使农村成为城市优先发展的资金供给者和“净存款人”，而政府则以“直接贷款人”的身份获取金融资源，并用来支持主要集中于城市的国有企业和城市经济部门。

其次，产权制度缺乏包容性。目前农村的土地、林地、宅基地等资源仍属集体产权，难以成为通行的抵（质）押物。再次，政策支持力度不足。对金融机构参与农村金融市场、支持农业发展的利率补贴或税收优惠力度仍显不足，且在呆账核销、存贷比考核、存款准备金等方面的政策差异性还不够。最后，信用建设相对迟缓。当前农村市场信用体系不健全，加之信用评估与担保机制不完善，影响金融机构积极性。

再进一步分析，可以发现，浙江主要采取“专项奖补 + 改革试点”政策。一方面，省财政和省地税部门专门就农业保险、小额贷款公司、农村金融机构网点增设和涉农贷款、小微企业贷款、弱势群体创业贷款等出台了相应的贴补政策①；另一方面，还系统规划设计推出了温州金融综合改革、丽水农村金融改革和台州小微金融改革等。截至 2013 年末，浙江涉农贷款余额 1. 07 万亿元，突破 1 万亿元。而江苏主要采取财政激励政策。其相继出台了促进农村金融改革发展的五大类 16 项财政奖补政策②。如 2009—2011 年江苏省级财政安排了 20. 14 亿元农村金融奖补资金，有效促进了农村金融的快速发展③，2014 年首季末其涉农贷款余额达 2. 3 万亿元。

2. 产品差异。从“大金融”的视角来看，农村金融尚局限于银行、保险两大类；而城区金融则“云集”了银行、证券、保险、信托、基金、租赁、期货、PE、VC，以及网络金融等各种类别。即使从银行来看，也存在着巨大的不平衡性，即农村的金融消费仍大致停留在“存、贷、汇”这“老三样”上；而城市居民享受到的银行服务与产品则更为丰富，包括信用卡、住房按揭、消费贷款、代收代付、个人理财、移动支付、电子银行、现金管理、私人银行、资产托管等，不胜枚举。这从城乡居民的储蓄率差异就可见一斑。如 2012 年末，浙江省城区储蓄率为 33. 6%，而县域储蓄率则高达 51. 35%，高于前者 17. 75 个百分点④，这也表明县域居民尤其是农村居民的金融消费产品仍集中在储蓄上，可选

---

① 见浙江省财政厅、浙江省地方税务局下发的《关于扶持金融业发展有关财税政策的通知》（浙财金〔2012〕45 号）。

② 包括：《省政府办公厅转发省财政厅关于促进农村金融改革发展若干政策意见的通知》（苏政办发〔2009〕32 号）、《江苏省财政厅关于印发财政促进农村金融改革发展若干政策意见实施细则的通知》（苏财外金〔2009〕38 号）、《江苏省银行贷款增长风险补偿奖励资金管理办法》（苏财外金〔2009〕7 号）、《省政府办公厅关于开展农村小额贷款组织试点工作的指导意见》（苏政办发〔2007〕142 号）、《江苏省农村小额贷款公司财务制度》和《江苏省农村小额贷款公司会计核算办法》（苏财规〔2009〕1 号）等。

③ 2011 年末，其涉农贷款余额为 1. 8 万亿元，共组建农村小额贷款公司 389 家、村镇银行 42 家，小贷公司贷款余额超过 850 亿元，位列全国第一；全省农业保险保费收入 18. 63 亿元，也居全国之首。

④ 2012 年，浙江省城区存款为 41 338 亿元，其中储蓄存款为 13 889 亿元；县域存款为 25 341 亿元，其中储蓄存款为 13 013 亿元。

择产品有限。

3. 网络差异。江浙两省均系金融大省，都拥有较为完整的城乡金融服务网络体系。两省农村金融市场除四大行以外，还有政策性银行和邮储银行、农村商业银行、合作金融组织、村镇银行及小贷公司等，可谓不相上下。据人民银行公布的统计数据显示，2013 年末江浙两省的小贷公司数量分别为 573 家和 314 家，从业人数分别为 5 658 人和 3 867 人，贷款余额分别为 1 142.90 亿元和 899.85 亿元，分居全国第一、第二。

当然，浙江省城乡金融服务网络覆盖率还存在一定差异。先从银行网点来看①，截至 2013 年末四大行在浙江省城区共设有网点 1 327 家，每十万人拥有四大行网点 10.22 家；城区四大行从业人员共 41 351 人，每万人拥有从业人员 31.84 人。县域共有网点 1 726 家，每十万人拥有 4.79 家，不足城区一半；县域从业人员为 35 073 人，每万人拥有从业人员 9.74 人，不足城区三分之一（见表 4）。

表 4　　2013 年末在浙江四大行城乡网点及人员情况比较　　单位：家，人

银行	城区				县域				城乡差距	
	网点	每十万人网点数	人员	每万人银行从业人员	网点	每十万人网点数	人员	每万人银行从业人员	网点	人员
工行	378	2.91	12 340	9.50	429	1.19	8 504	2.36	1.72	7.14
农行	380	2.93	11 458	8.82	553	1.54	11 764	3.27	1.39	5.56
中行	238	1.83	7 738	5.96	344	0.96	6 820	1.89	0.88	4.07
建行	331	2.55	9 815	7.56	400	1.11	7 985	2.22	1.44	5.34
小计	1 327	10.22	41 351	31.84	1 726	4.79	35 073	9.74	5.43	22.10

数据来源：根据浙江省四大商业银行交流数据整理而成。

再从证券营业网点来看，城“多”县“寡”的特征更加明显。2013 年末，中信、国泰、海通、广发、华泰、银河、申万、招商、国信和光大证券等国内排名前十的证券公司在浙江设有 160 家营业网点。其中，城区 98 家，占总数的 61.25%；县域 62 家（且基本在县城），占 38.75%。且在洞头、安吉、宁海、武义、江山、岱山、玉环、云和、缙云等 17 个县未设一个网点（见表 5）。而信托、期货、租赁、资管等其他类别的金融机构或网点则几乎一片空白。

① 由于无法获得全省银行业城区及县域网点和人员情况，故本文择取最具代表性的四大国有银行进行比较。

表5　2013年末在浙江十大证券公司城乡网点情况比较　单位：个,%

序号	机构	城区	县域	城乡差额	合计
1	中信证券	28	28	0	56
2	国泰君安	7	5	2	12
3	海通证券	3	1	2	4
4	广发证券	7	0	7	7
5	华泰证券	5	1	4	6
6	银河证券	20	14	6	34
7	申银万国	7	5	2	12
8	招商证券	3	0	3	3
9	国信证券	5	2	3	7
10	光大证券	13	6	7	19
	小计	98	62	36	160
	占比	61.25	38.75	22.5	100

数据来源：上表十家证券公司官方网站，经整理归类而成。

（三）核心类指标比较

1. 规模差异。城乡金融的规模差异主要体现在存、贷款规模上。其中，贷款规模差异突出反映了信贷可得性差异，这也是引发城乡金融服务差异的主因。

（1）贷款规模。据《2013年浙江统计年鉴》（以下简称年鉴）显示，浙江省城乡贷款规模差距呈扩大之势。2008年末，浙江省城乡贷款规模差距为6 537.3亿元，至2012年末扩大至15 480.12元。与江苏相比，浙江省城乡贷款规模绝对差小于江苏，后者城乡差距接近2万亿元。同时，浙江省相对差也小于江苏和全国（见表6）。

表6　2008—2012年浙江、江苏及全国城乡贷款规模差异　单位：亿元

年份	全省贷款	城区贷款	县域贷款	绝对差	相对差
2008	29 649.22	18 093.26	11 555.96	6 537.3	1.57
2009	39 223.91	26 055.59	13 168.32	12 887.27	1.98
2010	46 938.54	29 744	17 194.54	12 549.46	1.73
2011	53 239.34	33 980	19 259.34	14 720.66	1.76
2012	59 509.12	37 494.62	22 014.5	15 480.12	1.70
2012 江苏	54 412.3	37 123.87	17 288.43	19 835.44	2.15
2012 全国①	629 910	484 910	145 000	339 910	3.34

数据来源：历年《浙江统计年鉴》、《江苏统计年鉴（2013）》、《中国统计年鉴（2013）》、《中国金融年鉴（2013）》、《中国农村金融服务报告（2012）》。

① 由于无法获得全国县域贷款数据，故此处以全国农村贷款，按金融机构农业贷款与乡镇企业贷款之和计算，金融机构包括人民银行、政策性银行、国有商业银行、邮政储蓄银行、其他商业银行、城市合作银行、农村信用社、城市信用社、外资银行、信托投资公司、租赁公司等。

（2）存款规模。与贷款类似，城乡存款规模差距也有所扩大。2008 年末浙江省城乡存款规模差距为 6 234. 76 亿元，至 2012 年末则扩大至 15 997. 18 亿元。横向比较可知，浙江省城乡存款规模绝对差小于江苏，后者城乡差距高达 2. 6 万亿元。同时，浙江省相对差也小于江苏，更小于全国（见表 7）。从储蓄存款来看，也是如此，除 2008 年以外其余年份浙江省储蓄存款均为"城高县低"①。

表 7　　2008—2012 年浙江城乡存款规模差异　　单位：亿元

年份	全省存款	城区存款	县域存款	绝对差	相对差
2008	35 481. 2	20 857. 98	14 623. 22	6 234. 76	1. 43
2009	45 112. 01	28 940. 89	16 171. 12	12 769. 77	1. 79
2010	54 482. 29	34 603. 16	19 879. 13	14 724. 03	1. 74
2011	60 893. 14	37793. 43	23 099. 71	14 693. 72	1. 64
2012	66 679. 08	41 338. 13	25 340. 95	15 997. 18	1. 63
2012 江苏	75 481. 51	50 596. 68	24 884. 83	25 711. 85	2. 03
2012 全国②	917 555	820 826	96 729	724 097	8. 49

数据来源：历年《浙江统计年鉴》、《江苏统计年鉴（2013）》、《中国统计年鉴（2013）》、《中国金融年鉴（2013）》。

2. 结构差异。鉴于数据的可获得性，此处主要讨论全国情况，但其所反映的问题江浙也同样存在。从整体来看，2012 年末全国农村金融资产中，存贷款占 99. 8%，股票和保险资产仅占 0. 22%；城镇金融资产中，存贷款占 98. 6%，股票与保险资产占 1. 36%③。分项目看，城乡金融结构的非均衡化更为明显。2012 年农村存款、贷款、农业类股票筹资额和农业保险保费分别占城乡总额的 10. 54%、8. 14%、0. 86%和 1. 55%，可见城乡差距悬殊（见表 8）。

---

① 2009—2012 年，浙江省城区储蓄存款分别比县域储蓄存款高 1 406. 99 亿元、1 375. 2 亿元、1 331. 39亿元、875. 64 亿元。

② 全国农村存款按金融机构农业存款与农户储蓄之和计算，金融机构包括构：人民银行、政策性银行、国有商业银行、邮政储蓄机构、其他商业银行、城市合作银行、农村信用社、城市信用社、外资银行、信托投资公司、租赁公司、财务公司等。

③ 农村金融资产合计 14. 83 万亿元，其中存款、贷款、农业类股票筹资额和农业保险保费分别为 9. 7 万亿元、5. 1 万亿元、35. 67 亿元和 298. 8 亿元；城镇金融资产合计 141. 87 万亿元，其中存款、贷款、非农股票筹资额和非农保险保费分别为 82. 1 万亿元、57. 9 万亿元、4 098. 73 亿元和 1. 52 万亿元。

表 8　　2008—2012 年全国城乡金融资产结构表　　单位：亿元,%

年份	存款				贷款				股票筹资额				保险保费			
	农村	占比	城镇	占比	农村	占比	城镇	占比	农村	占比	城镇	占比	农村	占比	城镇	占比
2008	51 954	11.14	414 249	88.86	25 083	8.27	278 385	91.73	2.86	0.07	3 849.4	99.93	133.9	1.37	9 650.1	98.63
2009	63 846	10.68	533 895	89.32	30 652	7.67	369 033	92.33	14.38	0.23	6 110.3	99.77	110.7	0.99	11 026	99.01
2010	75 738	10.54	642 500	89.46	36 221	7.56	442 975	92.44	17.45	0.15	11 954	99.85	135.9	0.94	14 392	99.06
2011	84 217	10.41	725 151	89.59	43 788	7.99	504 159	92.01	33.87	0.58	5 780.3	99.42	167.3	1.17	14 172	98.83
2012	96 729	10.54	820 826	89.46	51 264	8.14	578 646	91.86	35.67	0.86	4 098.7	99.14	240.1	1.55	15 248	98.45

数据来源：根据历年《中国统计年鉴》、《中国金融年鉴》、《中国经济年鉴》等整理。

3. 效率差异。一是贷款产出率。浙江省县域贷款产出率始终高于城区。2012 年浙江省城区贷款产出率为 43.95%，县域为 82.61%，约为前者两倍。而江苏城区、县域的贷款产出率分别为 72.32% 和 157.4%，后者为前者两倍之多。二是金融转化率。2012 年浙江省城区金融转化率为 90.7%，县域为 86.87%，低于前者 3.83 个百分点。横向比较来看，浙江省城区和县域金融转化率分别高于江苏 17.33 个和 17.4 个百分点，且浙江省城乡差距也小于江苏，更小于全国（见表 9）。

表 9　　2008—2012 年浙江城乡金融效率差异　　单位:%

年份	城区		县域		城乡差异	
	贷款产出率	金融转化率	贷款产出率	金融转化率	贷款产出率	金融转化率
2008	56.01	86.75	98.03	79.02	-42.01	7.73
2009	40.25	90.03	94.94	81.43	-54.69	8.6
2010	43.22	85.96	86.47	86.5	-43.25	-0.54
2011	44.39	89.91	89.48	83.37	-45.09	6.54
2012	43.95	90.7	82.61	86.87	-38.66	3.83
2012 江苏	72.32	73.37	157.40	69.47	-85.08	3.9
2012 全国	—	70.49	—	52.99	—	17.49

数据来源：历年《浙江统计年鉴》、《江苏统计年鉴（2013）》、《中国统计年鉴（2013）》、《中国金融年鉴（2013）》。

4. 经济货币化程度差异。近年来，浙江省城乡经济货币化程度显著提高。城区金融相关率由 2008 年的 384.33% 升至 2012 年的 478.36%，四年间提高了 94.03 个百分点；县域则由 231.1% 升至 260.4%，仅提高 29.3 个百分点。可见，城区高于县域。横向比较，浙江省城乡经济货币化程度高于江苏，但城乡差距也大于江苏（见表 10）。

表 10 2008—2012 年浙江城乡金融发展水平差异 单位：亿元，%

年份	城区					县域					城乡差距
	存款	贷款	金融资产	GDP	金融相关率	存款	贷款	金融资产	GDP	金融相关率	
2008	20 857.98	18 093.26	38 951.24	10 134.73	384.33	14 623.22	11 555.96	26 179.18	11 327.96	231.10	153.23
2009	28 940.89	26 055.59	54 996.48	10 487.98	524.38	16 171.12	13 168.32	29 339.44	12 502.37	234.67	289.71
2010	34 603.16	29 744	64 347.16	12 854.27	500.59	19 879.13	17 194.54	37 073.67	14 868.04	249.35	251.24
2011	37 793.43	33 980	71 773.43	15 084.91	475.80	23 099.71	19 259.34	42 359.05	17 233.94	245.79	230.01
2012	41 338.13	37 494.62	78 832.75	16 479.67	478.36	25 340.95	22 014.5	47 355.45	18 185.66	260.40	217.96
2012 江苏	50 596.68	37 123.87	87 720.55	26 846.67	326.75	24 884.83	17 288.43	42 173.26	27 211.55	154.98	171.76

数据来源：历年《浙江统计年鉴》、《江苏统计年鉴（2013）》。

综上所述，浙江省城乡金融服务均衡化程度与江苏相比，各有所长，互有优劣，但总体优于全国水平，这为进一步推进城乡金融服务均衡化奠定了坚实基础。

四、制度安排：推进浙江省金融服务均衡化的若干建议

它山之石，可以攻玉。我们应借鉴国外成功经验，取长补短，扬长避短，在法规、政策、服务、技术、保障、人才等各个层面作出全面、系统安排，不断提升浙江省金融服务均衡化程度。

（一）法规层面：建立健全农村金融服务法律体系

市场经济是法治经济，任何经济活动都需要法律的保护和规范，金融机构的运作也不例外。如上所述，美国、法国、日本和印度等都已建立了完备的法律体系来规范和指引农村金融机构运作，使其在支农活动中有法可依、有章可循。尤其是印度，甚至对金融机构在边远地区的网点数量和支农贷款比例都作出了明确规定，这使得今天印度平均每 2 万个农户就有 1 家金融机构为之服务，其农村金融覆盖率居世界前列。我们可以借鉴其发展经验，从顶层设计入手，进一步加快农村金融立法进程，建立规范、有力的法律体系，如抓紧出台《农村金融发展促进法》、《农村金融服务与创新法则》及其配套制度与措施（如《农村金融服务管理条例》），以法律法规形式从根本上维护农村及农村金融的合法权益及其发展的稳定性与平衡性，同时切实解决农村抵押担保难（与巨大融资需求相比，农村合格的抵押物十分匮乏）、农村资金外流、农村金融消费者保护等问题，构建起农村金融服务的基本制度体系。此外，要建立和完善农户诚信档案，依法规范不良行为记录，逐步建立农村信用体系，为普惠金融提供基础条件。

（二）政策层面：鼓励各类金融机构下乡入镇

其一，机构准入要便捷化。对支农惠农金融机构，在控制风险的前提下，监管部门应优先批准其新设分支机构或机构升格，以及开办新业务的申请，缩小城乡金融渠道差距。尤其要鼓励大型商业银行、股份制商业银行和证券公司、商业性保险机构等到农村增设网点（或与农村金融机构建立战略联盟），延伸服务触角，稳定和发展农村服务网络。对增设县以下地区分支机构或营业网点的应给予补助，补助标准可视地区而定，越边远越艰苦的地区补助标准越高。或者采用配比模式增设机构，即规定：各类金融机构在城区增设1家网点，必须同步在县域以下增设1~2家网点。若进一步打开视野，甚至可以通过打造类似美国格林尼治小镇这样全球闻名的“基金小镇”，吸引全球金融组织和机构进驻。其二，存款准备金率和利率要差异化。可借鉴美、英、日等国经验，对不同金融机构，执行不同的存款准备金率。对支农力度大的县域法人机构，其存款准备金率可低于同类金融机构，引导商业银行资金流向“三农”。其三，政策驱动要内生化。通过提供税收优惠、利息补贴，以及提升风险容忍度等利益和政策引导，激发商业金融、合作金融等支持“三农”、小微企业的内生动力，并将金融支持的重点投向“五水共治”、环境保护和科研开发等领域。其四，新设机构要混合化。可以借鉴美国的做法，政府在合作金融机构、保险机构等建立初期，通过入股为其提供初始发展资金，扶持其发展，待其壮大以后，不断转让政府股金，减少政府干预，最终实现合作金融组织的自主经营、自主管理。或加快推动社区性农村资金互助组织发展，鼓励县域或乡镇小企业、村民等自愿入股组成农村资金互助社。

（三）服务层面：打造普惠金融服务体系

首先，建立普惠金融服务网络。凡城市居民已享受到的金融消费服务，都应积极创造条件实现“国民待遇”，一视同仁，让县域和农村居民应享尽享。一方面，对县域和集镇中消费能级高的客户，要通过增设商业银行财富管理中心、理财工作室和证券公司营业部、保险公司营业网点，乃至引入PE、VC、期货、信托、租赁等金融机构，拓宽各种投融资渠道，如扩大国债、基金、证券、企业债券和理财产品等在县域市场和农村市场的发行量，为其提供不亚于城市居民的金融消费产品与服务。另一方面，树立互联网思维，利用大数据、云计算及现代网络技术，积极开发低门槛甚至零门槛的投资理财产品，为更多收入不丰的农村居民、外来务工人员提供普惠金融服务。与此同时，为农村小企业和小微企业量身定做更多更好的金融服务品类，如提供投标保函、履约保证、预付款保函等以及其他的中间业务新品种。

其次，拓宽普惠金融服务领域。按照新型城镇化发展要求，积极参与县域和农村基础设施建设，运用各种融资工具和手段，支持农村农田水利、电力、道路、小城镇建设等；顺应新农村建设和农村住房建设需求，在控制风险的前提下，为农民建房或农村居民进城购房等提供金融支持；整合银行、保险等不同金融机构优势，针对农业产业化特点，支持现代农业，如推出农副产品收购买方信贷等新产品和新服务；抓住县域专业市场转型升级和农村个体经济迅猛发展的机遇，为经营户和农民提供经营性贷款、创业性贷款和用于加工、运输等方面的小额贷款；根据“美丽乡村建设行动计划”，对“农家乐”、旅游观光等提供有效的金融支持；探索开展权属清晰、风险可控的大型农用生产设备、林权、荒地使用权等抵押贷款和应收账款、仓单、可转让股权、专利权、注册商标专用权等权利质押贷款。为鼓励金融机构开展金融创新，可建立农村金融产品和服务创新奖励政策，如按各金融机构涉农存贷款余额、保费收入、证券交易手续费的一定比例予以奖励。

再次，建立普惠金融直融体系。一是支持符合条件的涉农企业在多层次资本市场上进行融资，鼓励发行企业债、公司债和中小企业私募债；逐步扩大涉农企业发行中小企业集合票据、短期融资券等非金融企业债务融资工具的规模；支持符合条件的农村金融机构发行优先股和二级资本工具。二是由大型商业银行或其他金融机构主导发起，设立农业产业投资基金、农业私募股权基金、农业科技创投基金、农产品期货、农机金融租赁等新型农村金融服务主体，逐步形成多层次的农村资本市场，建立普惠金融直融体系，不断拓宽普通农户和小微企业等融资渠道。

（四）技术层面：大力推广和普及互联网金融

基于成本效益的考量，非农金融机构尤其是大型商业银行和证券公司、保险公司等在乡镇大规模“铺摊设点”不太现实。但随着互联网交易的崛起和大数据时代的到来，互联网与传统金融的融合催生了互联网金融，如商业银行纷纷建立自己的电子商务平台，基金公司推出移动互联网销售渠道等，从而使金融服务的广度和深度得到极大拓展。因此，要鼓励金融机构积极运用现代科技手段，创新金融服务模式和方式。一方面，利用网络银行、手机银行等新型支付工具和手段，突破地域限制和空间束缚，为农村客户提供更加便捷、高效、优质的现代金融服务，使“人人理财”成为现实。另一方面，利用互联网把城市资源与农村需求对接起来，如通过网络融资等将小额信贷与农村需求很好地结合起来，既能为城市个体闲置资金寻找到投资增值的渠道，又能满足农户、小微企业、个体创业者的小额融资需求，促进城乡金融资源流动与互补。

（五）保障层面：建设完善的农村金融保险制度

一是设立盈利性存款保险公司。在政府的组织引导和中央银行的参与下，农村金融机构可以共同入股组成相对独立的盈利性存款保险公司，使其成为用于专项经营存款保险业务的金融机构。除对出现信用危机的农村金融机构给予紧急贷款或者有偿（无偿）援助，保证存款人利益外，当遇自然灾害导致农业生产者无力还贷时，也可以给予适当补贴，消除金融机构支持“三农”的后顾之忧。二是设立农业政策性保险公司。在地方财政兜底的情况下，设立政策性保险公司。三是设立农业再保险机构。采取财政补贴、税收优惠等措施，为农业保险提供再保险支持，建立有效的巨灾风险分散机制。四是发展多元化的担保机构。根据县域及农村经济社会发展的实际，通过优惠政策和管理办法等，建立农村政策性担保机构、商业性民营担保公司等，为商业性金融参与项目融资提供贷款担保。五是建立农业贷款担保基金。以政府少量财政资金撬动和引导民间资金建立农业贷款担保基金，对“公司＋农户”、“公司＋合作社＋农户”和“公司＋基地＋农户”等发展模式的贷款提供担保。

（六）人才方面：加大农村金融人才建设力度

事在人为。金融服务均衡化离不开金融人才均衡化。一方面，要完善派遣农村金融指导员工作制度。由当地组织部、农办牵头，各金融机构参与，选配综合素质高、热爱农村金融事业的业务骨干或从领导岗位上退居二线的管理者担任农村金融指导员，进“乡”入“村”，蹲点服务，深入了解农村和农户的金融需求，宣传金融法规与金融知识，提升农民信用意识、金融意识，推广涉农金融产品，带动农业增效、农村发展、农民增收。对贡献突出的农村金融指导员，应给予表彰和奖励。另一方面，可定向招募优秀的大学生村官。鼓励各金融机构从聘用期满的大学生村官中选拔优秀人才，发挥其具有农村工作经验的优势，充实到基层营业网点，从事信贷、理财、保险等金融服务工作，加强基层人才队伍建设。

参考文献

[1] 贺力平：《合作金融发展的国际经验及对中国的借鉴意义》，载《管理世界》，2002（1）。

[2] 洪利、梁礼广：《金融民主化视角下我国城乡金融差异及包容性发展对策分析》，载《上海金融》，2012（8）。

[3] 胡雪琴：《微型企业金融服务的国际经验借鉴及启示》，载《中国物价》，2010（7）。

[4] 蒋难：《国外农村金融体系的制度安排及中国的路径选择》，载《中国金融》，2009（7）。

[5] 黎和贵：《国外农村金融体系的制度安排及经验借鉴》，载《国际金融研究》，2009（1）。

[6] 李振江、张海峰：《微型金融业务的四种模式》，载《农村金融研究》，2008（12）。

[7] 施兵超：《加尔比斯的两部门金融中介模型》，载《 财经研究》，1989 (2)。

[8] 孙颖：《微型金融理论基础及相关研究综述》，载《华北金融》，2010 (3)。

[9] 陶珍生、邓亚平、高文丽：《国外农村金融发展理论与实证研究综述》，载《武汉金融》，2013 (11)。

[10] 张峰：《基于城乡一体化的农村金融体系构建研究》，载《 商业研究》，2013 (2)。

[11] 中国银监会合作部课题组：《普惠金融发展的国际经验及借鉴》，载《国际金融》，2014 (3)。

[12] 周小川：《践行党的群众路线 推进包容性金融发展》，载《求是》，2013 (18)。

[13] Boucher S., 2008. Risk Rationing and Wealth Effects in Credit Markets: Theory and Implications for Agricultural Development, *American Journal of Agricultural Economics*, (2): 409 - 423.

[14] Daniel, B. C., Kim, H. B., 1996, Financial Dualism in a Cash - in - advance Economy, *Journal of Macroeconomics*, 18 (2): 213 - 234.

[15] Spiegel, U., Tavor, T., Templeman, J., 2010, The Effects of Rumours on Financial Market Efficiency. *Applied Economics Letters*, 17 (15): 1461 - 1464.

互联网金融发展对央行宏观调控的影响及对策研究

宁波市金融学会课题组*

一、导论

（一）选题意义

伴随信息化技术的快速发展，互联网金融迅速在现代金融市场中崭露头角，有关互联网金融的发展、监管、规范等话题备受关注。诚然，互联网金融为传统金融业发展带来了机遇，但同时也需要看到它的风险，尤其是对调控手段和监管体系的挑战。基于此，探索互联网金融发展对央行宏观调控的影响，以及如何应对这些影响，对提升央行宏观调控有效性及促进互联网金融规范发展具有现实意义。

（二）概念内涵

由于互联网金融的特殊性，其概念尚未有明确统一的界定。有鉴于此，本文认为对互联网金融的概念界定较易产生偏颇，但从内涵来看应包括四个方面：一是互联网金融作为一种新兴业态存在，不同于既有传统金融业的直接融资模式或间接融资模式；二是互联网金融的核心是信息技术，本质是实现资金融通的一种金融创新；三是互联网金融不是信息技术与传统金融业的简单加总，而是有其相对独立的业务形态、运行结构及发展空间；四是互联网金融对人类金融模式产生了巨大影响，在未来，其与传统金融业会呈现“竞争＋合作”的态势。

（三）文献综述

现代网络技术和电子商务平台的快速发展，促成了互联网与传统金融业的融合发展，也引发了国内外学者对互联网金融的广泛关注。国外方面，Allen（2002）指出互联网技术能够解决信息不对称问题，是实现金融服务和交易的创新方式。Cebul（2008）指出互联网对保险销售影响较小，这取决于保险异质性及网络搜寻保险成本与收益比较。Shahrokhi（2008）认为互联

---

* 课题主持人：宋汉光
课题组成员：周伟军　周　豪　赵玲芳　何振亚　余霞民　陈　科　俞佳佳

网金融在降低交易成本、提升服务质量及金融服务可得性等方面作用较为明显。Friedman（2000）认为互联网金融会导致中央银行货币政策与实际经济活动不匹配，甚至产生脱节的情况。国内方面，谢平、邹传伟（2012）首次提出了互联网金融模式的概念，并从支付方式、信息处理、资源配置三个角度进行了分析。曾刚（2012）认为互联网金融在多数金融功能发挥上较传统金融更有效率，交易成本和风险成本可能会更低。张芬、吴江（2013）梳理了第三方网络支付、网络信贷、众筹平台、互联网理财、比特币等国际监管经验，引发对我国互联网金融监管的思考。姚征（2014）从基础货币、货币乘数、货币流通速度及信贷总量等方面评价互联网金融对金融宏观调控的影响。

（四）本文创新

立足于既有研究，本文以互联网金融发展中的若干事实为依据，描述当前我国互联网金融主要模式及发展现状，重点分析互联网金融对货币政策、金融监管的影响机理，并运用计量模型和博弈论进行量化，在此基础上，提出若干对策建议。本课题的创新之处在于：一是将互联网金融发展对央行宏观调控的影响从定性分析延伸到定量分析，运用计量模型、博弈论等进行测度，实现了研究方法和思路的转变。二是通过理论分析及实证模型，较为准确地揭示互联网金融发展对央行宏观调控的影响，为央行宏观调控有效实施提供理论参考。

二、互联网金融的主要模式及发展状况

按照业务功能划分，当前我国互联网金融模式主要包括：支付型互联网金融模式、融资型互联网金融模式、理财型互联网金融模式、其他类互联网金融模式。

1. 支付型互联网金融模式

支付型互联网金融模式是指借助互联网信息安全技术，建立用户与银行支付结算系统之间联系的电子支付模式，如第三方支付。2010 年《非金融机构支付服务管理办法》颁布后，第三方支付企业正式被纳入监管体系之下。据艾瑞咨询统计，截至 2014 年 9 月末，我国第三方互联网支付市场规模达到20 154. 3 亿元，同比增长 41. 9%（见图 1）。

在市场规模不断提升的同时，我国第三方互联网支付市场结构呈现出“局部集中，总体稳定”的特征。其中，网络购物仍占据主体地位，2013 年末其占比为 35. 20%（见表 1）。

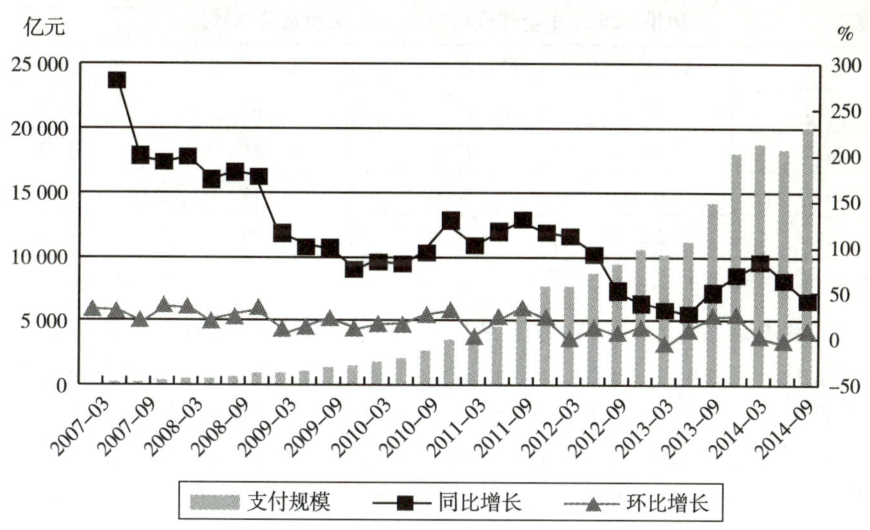

数据来源：Wind 资讯、艾瑞咨询。

图 1　我国第三方互联网支付市场规模（2007—2014 年）

表 1　　我国第三方互联网支付市场结构（2005—2013 年）　　单位:%

年份	网络购物	航空旅行	电信缴费	电商 B2B	网络游戏	基金申购	其他
2005	45.00	2.90	10.50	9.40	16.40	—	15.80
2006	43.80	2.30	11.90	8.00	15.00	—	19.00
2007	46.50	9.70	11.70	7.10	14.30	—	10.70
2008	42.70	16.20	9.90	4.90	8.80	—	17.50
2009	48.00	14.80	9.30	3.00	6.10	—	18.90
2010	47.00	13.30	8.00	3.50	4.60	—	23.60
2011	40.80	17.20	5.90	4.60	3.30	—	28.10
2012	41.50	15.30	6.20	3.90	3.00	—	30.20
2013	35.20	13.20	5.20	3.70	3.00	10.5	29.20

数据来源：Wind 资讯。

2. 融资型互联网金融模式。融资型互联网金融模式是指网络融资平台充当中介作用，为企业或个人提供融资服务的平台模式。

（1）众筹类融资平台。众筹是指利用互联网和 SNS，让小企业、艺术家或个人向公众展示他们的创意，引起公众的关注和支持，进而获得所需的资金援助，如 Kickstarter、点名时间、天使汇等（见表 2）。

表 2 2010—2013 年全球众筹融资交易规模及公司数量

年份	交易规模（亿元）	同比增长（%）	公司数量（家）	同比增长（%）
2010	52.10	62.10	283	47.40
2011	92.40	77.40	435	53.70
2012	169.00	82.90	614	41.10
2013	315.70	86.80	889	44.80

数据来源：Wind 资讯。

（2）P2P 融资平台。P2P 贷款是指个人或者法人通过独立的第三方网络平台相互借贷。P2P 网贷平台承担中介机构职能，负责对借款方经济效益、管理水平、发展前景、资信状况等进行审核。2007 年 8 月，我国首家 P2P 网贷平台（拍拍贷）成立。至 2013 年我国 P2P 网贷公司数量达到 346 家，同比增长 16.10%；交易规模达到 680.30 亿元，同比增长 197.60%（见表 3）。

表 3 2010—2013 年我国 P2P 贷款交易规模及公司数量

年份	交易规模（亿元）	同比增长（%）	公司数量（家）	同比增长（%）
2010	13.70	912.80	143	57.10
2011	84.20	614.70	214	49.70
2012	228.60	271.40	298	39.30
2013	680.30	197.60	346	16.10

数据来源：Wind 资讯。

（3）网络小贷融资服务。阿里小贷是网络小贷融资服务的典型代表，借由“电商平台数据 + 小贷”来实现企业或个人的融资需求。它是一款纯信用贷款产品，无须抵押物和担保物。截至 2014 年 6 月，“阿里小贷”累计投放贷款超过 2 100亿元，服务小微企业逾 80 万家，户均贷款余额不超过 4 万元。

3. 理财型互联网金融模式。理财型互联网金融模式是指金融机构或者非金融机构通过互联网向投资者提供金融产品和服务，包括保险、理财产品等。一是保险方面，国内的“众安在线”通过互联网进行销售和理赔，实现保险业在互联网金融创新上的一次突破。同时，人保、平安等 30 家保险企业均已接入“快钱”推出的保险行业解决方案项目。二是理财产品方面，借助于支付宝平台庞大的用户群体，通过与专业第三方理财机构（天弘基金）的合作，余额宝迅速在众多理财产品中脱颖而出，跃居国内理财型互联网金融产品前列（见图2）。

4. 其他类互联网金融模式。一是服务型平台模式。国内典型的服务型互联网平台是“融 360”，它是一个智能搜索平台，主要提供搜索和比价服务，能够为小微企业和个人消费者提供专业贷款、信用卡及理财在线搜索和申请等服务。二是虚拟电子货币模式。虚拟电子货币是由计算机运算产生或网络社区发行管

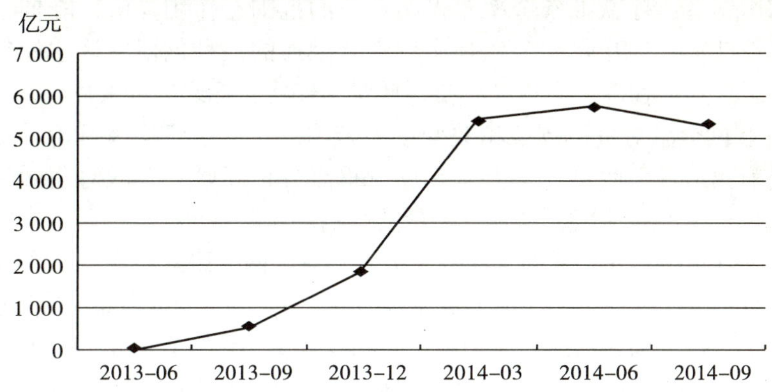

数据来源：Wind 资讯。

图 2　2013 年以来余额宝业务发展情况

理的网络虚拟货币，可以用于购买实体或虚拟物品，如比特币、亚马逊币、Facebook 币、Q 币等。

三、互联网金融对宏观调控的影响：货币政策视角

信息技术及互联网的兴起，奠定了互联网金融发展基础和不可逆转趋势。低成本、信息对称、便捷高效的优势，引发了基于互联网金融的渗透、竞争与合作，现行的金融模式和运行规则将面临一次变革。

（一）互联网金融对货币政策的作用机理

1. 互联网金融对货币政策目标的影响。互联网金融对货币政策目标的影响主要体现在货币政策实施效果、政策中介目标的"三性"变化等方面。

（1）互联网金融影响货币政策实施效果。一是互联网金融对货币政策中介目标及政策工具产生影响，而中介目标与政策工具的变化将会直接或间接影响到央行宏观调控，进而影响到货币政策最终目标的实现。二是互联网金融能够通过市场交易实现信用创造，而这种创造不同于银行信用创造，它更加依赖于私人信用支持的杠杆和融资规模。游离于体系之外的互联网金融信用创造，势必会对货币政策最终实施效果产生影响。三是互联网金融尚属新兴事物，与之匹配的监管体系和制度尚未建立，这对传统数量型调控方式形成较大挑战，调控手段实施和政策效果实现都有待商榷。

（2）互联网金融降低中介目标的"三性"。目前，我国货币政策中介目标是货币供应量，互联网金融发展让货币供应量的"三性"发生偏离：一是互联网金融发展，让现金与储蓄、活期与定期之间的转变更加便捷、迅速，使针对货币层次与结构的划分更加模糊，货币中介目标可测性降低；二是互联网金融的

体系外信用创造让存款准备金率、再贴现率的范围与作用受限，降低了货币供应量的可控性；三是互联网金融是实现资金融通的一种创新，且这种创新处于半游离状态，一定程度上会影响到货币政策与经济目标之间的关联性。

2. 互联网金融对货币政策相关变量的影响。立足一般均衡理论、货币供需理论及当前我国货币政策实施要求，以下重点分析互联网金融对货币乘数、货币供应量、货币流通速度、利率等变量的影响。

（1）货币乘数。本文选择以 m_2 为例分析互联网金融对货币乘数的影响机制（对 m_1 的分析方法类似，文中不再赘述）。其中，m_1 、m_2 分别为对应货币层次的乘数，k、t、r_d 、r_e 分别表示现金漏损率、定期存款率、法定存款准备金率、超额存款准备金率。分别对 k、t、r_d 、r_e 求偏导数，并记 $\theta = (r_d + r_e)(1 + t) + k$ ，则有：

$$\frac{\partial m_2}{\partial k} = \frac{(r_d + r_e - 1)(1 + t)}{\theta^2} \tag{1}$$

$$\frac{\partial m_2}{\partial t} = \frac{[1 - (r_d + r_e)] \times k}{\theta^2} \tag{2}$$

$$\frac{\partial m_2}{\partial r_d} = \frac{\partial m_2}{\partial r_e} - \frac{(1 + k + t)(1 + t)}{\theta^2} \tag{3}$$

由于 $r_d + r_e < 1$ ，故 $\frac{\partial m_2}{\partial k} < 0$ 、$\frac{\partial m_2}{\partial t} > 0$ 、$\frac{\partial m_2}{\partial r_d} < 0$ 、$\frac{\partial m_2}{\partial r_e} < 0$ ，即货币乘数与现金漏损率、法定存款准备金率、超额存款准备金率呈反方向变化，与定期存款率呈正向变化。立足于此，依次分析互联网金融模式通过改变 k、t、r_e 等对货币乘数产生影响的机理（由于法定存款准备金的特殊性，此处暂不对其进行分析）。

一是现金漏损率（k）。比如，对支付型互联网金融模式来说，以第三方支付为代表的电子货币的便捷性和高收益性，增加公众持有现金的机会成本，从而降低公众持有现金的意愿。同时，以余额宝为代表的理财型互联网金融工具的低门槛、流转快、收益高也会降低公众持有现金的欲望，由此，现金漏损率会下降，货币乘数增加。

二是定期存款率（t）。以 P2P、众筹为代表的融资型互联网金融模式，增加了公众的投融资渠道；以余额宝、财付通为代表的理财型互联网金融模式，增加了理财途径。二者一定程度上都对商业银行的存款进行了分流，尤其是对收益较低的活期存款的分流程度更高，相对而言，定期存款率将会得到提升，货币乘数随之扩大。

三是超额存款准备金率（ r_e ）。互联网金融模式的兴起，带动银行头寸的高流动性，商业银行能够在货币市场进行便捷的头寸融资，一定程度上会降低商业银行缴纳超额存款准备金的比例，货币乘数会相应增加。

（2）货币供给量。依据货币供需理论，货币供给量由货币乘数与基础货币共同决定，其中，基础货币为存款准备金与流通中的现金之和。这表明，货币供应量与基础货币、货币乘数为正向关系。实际中，互联网金融通过对基础货币、各层次货币供应量的货币乘数产生影响，进而影响货币供应量。

从货币乘数来看，现金漏损率、定期存款率、超额存款准备金率会因互联网金融发展产生相应的变化，引致货币乘数变化。从基础货币来看，互联网金融会对流通中现金与存款准备金分别产生影响。一是支付型互联网金融模式以及电子货币等会对流通中的现金产生替代，在存款准备金不变的情况下，基础货币将会减少；二是互联网金融体系外的信用创造渠道尚未进入监管范围，造成存款准备金覆盖面的下降，在流通中现货不变的情况下，基础货币也将会减少。

上述分析显示，互联网金融将会导致货币乘数的增加，在基础货币不变的情况下，将会导致货币供应量的增加；互联网金融会使基础货币减少，在货币乘数不变的情况下，货币供应量将会随之减少。尽管影响货币供应量的两个因素走势并不一致，但这种不一致性将会增强货币供应量的不稳定性，并最终影响到货币政策实施效果。

（3）货币流通速度。互联网金融发展增强了金融资产的流动性。一是支付型互联网金融模式采取电子化方式，资金划转支付即时到账，改变传统货币流转方式，提升了货币流通速度；二是融资型、理财型互联网金融模式方便快捷、高收益等特征，影响公众的投资习惯、现金持有需求等，推动货币流通速度的提升；三是互联网金融通过创造具有较高流动性和现金替代性的其他虚拟电子货币（如比特币、Q 币等），也会对货币流通速度产生正向影响。

（4）利率。互联网的兴起及发展，为利率市场化提供一个契机。一是互联网金融通过渠道创新，降低信息不对称，增加了公众对投融资产品的比较和筛选，而收益率将成为公众比较的关键，反向倒逼利率市场化改革。二是互联网金融引发的产品创新、渠道创新以及服务创新对商业银行的金融产品和服务进行分流，尽管互联网金融的资金最终仍有部分会进入银行体系，但是无疑增加了银行自身的竞争意识与危机感，有利于利率市场化改革的推进。三是互联网金融发展提升了资产的流动性，长远来看将会对债券、股票市场产生影响，有利于非货币金融资产定价市场化机制的形成，推动利率市场化改革进程。

3. 互联网金融对政策传导机制的影响。一般来看，货币政策主要通过利率、信贷、非货币金融资产价格、汇率四个渠道影响经济总产出。互联网金融的产生与发展，将对货币政策传导机制产生影响：一是四种传导途径都以货币供应量为政策实施起点，强调通过货币供应量对利率、贷款供给等变量的影响，进而对经济产出产生作用，而上文分析表明，货币供应量在互联网金融的作用下将变得相对不稳定。二是在开放经济条件下，互联网金融与传统金融业并行，公众投融资渠道拓宽，作为传导途径的中间指标，信贷、利率、非金融资产价格、汇率等更加敏感，传导机制可控性下降，政策效应发挥将会受到影响。

（二）互联网金融对货币政策影响的测度

上文分析显示，互联网金融对货币政策目标、货币传导机制、重要政策变量等产生影响，而这些影响集中体现在货币供应量、利率等方面。同时，我国互联网金融尚处于探索阶段。基于此，选取支付型互联网金融模式、理财型互联网金融模式为代表，测算互联网金融对货币供应量、利率的影响。

1. 指标说明及数据来源。依据文章分析重点及数据可得性要求，对互联网金融模式、货币政策指标进行如下设定：

（1）指标说明。一是互联网金融模式。选取"第三方网络支付"作为衡量支付型互联网金融模式的指标，记为 SFZF。二是货币供应量。设定以 M_2 来衡量货币供应量，记为 HBGY。三是利率及其他。选取"全国银行间同业拆借平均利率"来衡量货币市场利率的变化，记为 CJLL。同时，选取"储蓄存款增速"作为中间变量，通过其衡量互联网金融对利率的影响，记为 CXCK。

（2）数据说明。文章涉及指标数据来源于 Wind 数据库、中国人民银行网站、全国银行间同业拆借中心网站等。其中，互联网金融、货币供应量等数据来源于 Wind 数据库，时段为 2007 年第一季度到 2014 年第三季度；储蓄存款数据来源于 Wind 数据库，时段为 2008 年 1 月到 2014 年 9 月；全国银行间同业拆借平均利率来源于中国人民银行和全国银行间同业拆借中心网站，时段为 2008 年 1 月到 2014 年 9 月。

2. 模型构建及实证结果。分别构建互联网金融与货币供应量、利率的计量模型，以此来测度互联网金融对货币政策的影响。

（1）单位根检验。利用 Eviews6.0 软件对各变量进行单位根检验，结果显示：SFZF、HBGY 为非平稳序列，经差分处理后变量平稳；CJLL、CXCK 为平稳序列（见表 4）。

表 4　　各变量的单位根检验结果

类别	变量名称	检验形式（C，T，L）	ADF 统计量	显著水平（临界值）（%）	结论
季度变量	SFZF	（C，T，6）	0.990172	10（-3.243079）	不平稳
	ΔSFZF*	（C，T，5）	-3.921695	5（-3.612199）	平稳
	HBGY	（C，T，6）	-1.346483	10（-3.243079）	不平稳
	ΔHBGY*	（C，T，5）	-3.777263	5（-3.612199）	平稳
月度变量	CJLL*	（C，T，0）	-3.951159	5（-3.466966）	平稳
	CXCK*	（C，T，3）	-3.575256	5（-3.469235）	平稳

注：（1）检验类型中的 C、T 和 L 表示检验平稳性时估计方程的常数项、时间趋势项和滞后阶数；（2）*表示在 5% 的显著水平上拒绝变量非平稳的原假设；（3）"Δ"表示一阶差分。

（2）协整检验。经单位根检验可知，SFZF 与 HBGY 为一阶单整变量，因此，可利用 Johansen 检验判断它们之间是否存在协整关系。据 SC 和 AIC 等五项准则判定二者 Johansen 检验的最优滞后期为 1（见表 5）。从表 5 中可以看出：在 5% 的显著水平下，第三方网络支付与货币供应量存在长期稳定关系，且二者的标准协整向量为（1，－25.01769），这表明，第三方网络支付对货币供应量具有正向影响。

表 5　　第三方网络支付与货币供应量协整检验结果

零假设：协整向量数目	特征值	迹统计量	5% 显著水平	对应 P 值
0 *	0.415853	15.59047	14.26460	0.0307
至多 1 个	0.019998	0.585816	3.841466	0.4440

同理，对 CXCK 与 CJLL 进行 Johansen 检验，可以得出：在 5% 的显著水平下，储蓄存款与同业拆借利率存在长期稳定关系（见表 6），且二者的标准协整向量为（1，0.134535），这表明，储蓄存款对同业拆借利率具有负向影响。

表 6　　储蓄存款与同业拆借利率协整检验结果

零假设：协整向量数目	特征值	迹统计量	5% 显著水平	对应 P 值
0 *	0.172826	14.98948	14.26460	0.0383
至多 1 个	0.024636	1.970602	3.841466	0.1604

（3）回归分析。立足单位根检验与协整检验结果，分别建立 SFZF 与 HBGY、CXCK 与 CJLL 的回归模型，经由自相关性、异方差性检验并修正后形成回归结果如下：

$$HBGY = 502\,024.4 + 40.18428SFZF \tag{4}$$

$$t = (22.59736)\ (15.78763)$$

$$CJLL = 4.212763 - 0.100670CXCK \tag{5}$$

$$t = (14.44959)\ (-5.969765)$$

从回归模型来看，第三方网络支付对货币供应量具有正向影响，1 单位第三方网络支付的增加会带来约 40 单位的货币供应量的增加；储蓄存款对同业拆借利率具有负向影响，1 单位储蓄存款的增加会带来约 0.1 个单位同业拆借利率的减少。

3. 主要结论及简要分析。基于互联网金融对货币政策的影响机制，以及实证分析，可形成如下结论：

（1）互联网金融对货币政策存在影响，表现在其对货币供应量、利率的不同影响程度。具体来看，第三方网络支付对货币供应量具有正向影响，1 单位第三方网络支付的增加会带来约 40 单位的货币供应量的增加；储蓄存款对同业拆借利率具有负向影响，1 单位储蓄存款的增加会带来约 0.1 个单位同业拆借利率的减少。

（2）从货币供应量来看，第三方网络支付对传统货币具有替代效应，能够改变货币乘数变动趋势，带动货币供应量的增长。一方面，支付型互联网金融模式的发展会通过现金漏损率、定期存款率、存款准备金率影响货币乘数，进而对货币供应量产生作用。另一方面，互联网金融能够直接对货币供应量产生作用。具体来看，若将互联网金融纳入 M_2，则有：

$$M_2 = C + D + T + NF \tag{6}$$

其中，C、D、T、NF 分别为现金、活期存款、定期存款和互联网金融工具，两边取微分，则有：

$$dM_2 = dC + dD + dT + dNF \tag{7}$$

假定库存现金增量可用于扩张活期存款 D、定期存款 T、互联网金融工具 NF，且库存现金增量与流通中现金增量 C 相等、流通中的现金能够完全转化为互联网金融，则有：

$$-dC = r_d(dD + dT) + r_{NF}dNF = dNF \tag{8}$$

r_d、r_{NF} 分别为活期（定期）、互联网金融的存款准备金率，将式（8）代入式（7），整理可得

$$dM_2 = \frac{1 - r_{NF}}{r_d}dNF \tag{9}$$

（3）从利率水平来看，储蓄存款增速的变化与利率水平呈现反向变化的关系。以余额宝为代表的理财型互联网金融模式的发展，本质上实现了活期存款利率市场化，这是因为其在对商业银行储蓄存款分流中扮演着重要角色。比较 2008 年 1 月以来我国储蓄存款及其增速，不难发现，储蓄存款增速从 2013 年 6 月 14.52% 下降到 2014 年 9 月的 8.53%，这表明，以余额宝为代表的理财型互联网金融模式对商业银行储蓄存款有着较为明显的分流作用（见图 3）。

互联网金融对商业银行储蓄存款的分流意味着，储蓄存款增速的下降，而这将会直接拉升货币市场的利率，反之亦然。显然，互联网金融的发展触动商业银行储蓄存款的“神经”，当然这根“神经”可能不仅是储蓄存款，但无论是哪种情况，无疑都会迫使商业银行自动或被动地推进利率市场化进程。与此同时，在互联网金融的介入下，市场利率水平将会更加敏感，市场因素的作用也会日益明显。

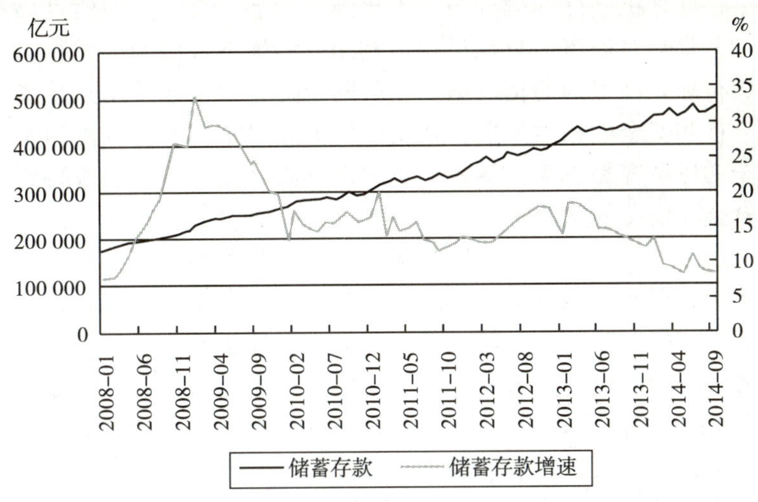

图3　我国储蓄存款的规模和增速走势（2008.01—2014.09）

四、互联网金融对宏观调控的影响：金融监管视角

（一）当前我国互联网金融主要风险分析

1. 互联网金融主要风险。互联网金融本质上仍然是金融，具备与传统金融业同样的风险，同时，由于互联网金融对信息技术的依赖程度高，使得其在某类或几类风险上表现得尤为突出。

（1）系统性风险。系统性风险是指由单个事件在多个机构和市场构成的系统中引发连续损失或系统崩溃的可能性。互联网金融的信息技术基因使得互联网金融系统性风险具有全局性、传染性、负外部性、快速性等特点。一是横向维度视角，互联网金融系统的强联系性使得特定的冲击在信息网络中传播极快，引发系统性风险的可能性增加。金融全球化背景下，信息技术的飞速发展和广泛应用，促使跨区域、跨时期交易等金融行为变得异常容易，金融机构之间的交易在互联网中更加频繁、复杂，一旦有触发系统性风险的事件发生，互联网金融这个巨大网络将迅速实现风险传播，增加系统性风险发生的可能性。二是纵向维度视角。系统性风险的纵向维度属性与经济周期密切相关，以逆周期监管为主的宏观审慎管理能够给予金融体系与经济周期波动负反馈机制，一定程度上能够对互联网金融引发的系统性风险进行防范和控制。

（2）技术性风险。技术性风险在互联网金融中表现得尤为明显。一是计算机系统或软件本身的缺陷，容易受到病毒侵害和攻击，并通过互联网快速扩散和传染。此外，在缺乏有效防护措施和安保设施的条件下，互联网还容易被黑客等人为因素损害，对客户资料进行盗取、篡改和损坏。二是与互联网金融发展相伴的就是计算机硬件与软件技术的更新与发展，合法用户信息仍然存在被盗的风险，并且会对被盗信息加以伪造利用，实施不合法的金融行为。三是不同于商业银行独立性强的通信网络，互联网金融企业多数采用开放式网络通信系统，独立性和安全性相对较弱，在安全保护和保密技术等方面尚不完善，致使互联网金融体系容易遭受计算机病毒攻击和黑客侵入，直接威胁到互联网金融账户、资金、信息的安全。

（3）操作性风险。一是互联网金融企业自身业务操作和系统管理上存在不足，造成多头管理和管理真空并存的局面，容易产生操作风险。此外，互联网金融企业经营上的短视行为，使得其过分关注业务拓展方面，而忽视了因内控制度不完善引发的风险防控相对滞后的问题。二是互联网金融业务的实际参与者（客户）由于操作不够熟悉、保密意识不足等问题，容易给不法分子留下可乘之机，造成信息泄露、资金损失等。同时，各类新型网络诈骗手段不断，也对客户业务操作形成影响且容易造成资金损失。

（4）法律性风险。一是互联网金融在我国起步相对较晚，整体的法律制度和框架并不完善，存在法律空白和监管真空地带，业务边界较为模糊，实际操作中不乏违规经营的案例。二是在法律环境有待改进的背景下，互联网金融业务也会产生相应的法律风险。如 P2P 网贷存在非法集资的风险、公开证券发行的风险、非法经营的风险；电子货币交易的争议和纠纷。三是互联网金融业务的发展也为经济犯罪提供了平台和土壤，如利用第三方支付平台、P2P 网贷平台、电子货币等进行洗钱犯罪；利用 P2P 网贷平台进行非法集资、非法证券犯罪等。

（5）信用性风险。一是信息真实性问题。互联网金融企业获取信息渠道主要是由客户提供为主，如借款人的身份证明、家庭信息、财产证明、交易记录等可用于信息分析和信用评价的数据，但这些均是单方面提供且没有原始凭证，真实性难以保证，容易产生信用风险。二是信息安全性问题。互联网金融企业利用大数据平台对客户进行数据分析和信用评级，一旦对这些信息的管理失当，会造成个人信用信息数据的泄露和盗用，进而给客户带来损失。此外，互联网企业自身也会存在道德风险。三是信息共享性问题。目前，互联网金融尚未像商业银行一样，纳入央行征信系统，也无法对客户信用信息查询、共享等，实际交易中往往难以对客户的真实负债和信用状况进行有效评估，对风险的防范能力相对不足。

2. 互联网金融风险特征。互联网金融风险与传统金融业风险有相似之处，但由于其信息技术基因特征，使得互联网金融风险显现出有别于传统金融业的风险特征。

（1）风险扩散速度快。从互联网金融四种模式看，第三方支付、P2P 网贷、虚拟电子货币等依托信息网络和高新科技突破时空限制，实现了业务快速化、便捷化。与之相对地，信息网络和高新科技这一媒介也加快了互联网金融风险的扩散速度。不同于传统“纸质化”与“现金化”交易模式，互联网金融电子化交易的实时性更强、数字化信息特征更明显，一旦发生人为操作失误或其他差错很难有纠错的机会，对短期爆发风险的预防和化解难度较大。

（2）风险传染能力强。分业经营、准入屏障设置、特许经营权限等传统金融监管方式能够对金融风险进行相对有效的阻隔，而在互联网金融中这种阻隔的有效性将会降低。一是互联网金融没有实体的物理隔离，交易都是在虚拟网络环境中实现，加上互联网本身存在的缺陷（硬件与软件的弊端、易受病毒和黑客的攻击等），对风险的防控能力相对较弱。二是互联网金融实现了多种业务交叉渗透，各种业务、机构间的关联程度加强，跨业务经营和跨区域经营趋势日益明显，因此，突发风险事件引起交叉感染的可能性增强。

（3）风险影响面积广。无论是在互联网金融的信息技术特征，还是互联网金融的多模式发展路径，都显现出互联网金融的快捷便利实现、涉及范围广泛。这表明，互联网金融风险不仅具有扩散速度快、交叉感染性强的特征，在风险事情发生之后，还会对广大的机构、业务形成影响。如一家 P2P 网贷平台爆发风险，引发的可能不仅是本地区的 P2P 行业的风险，还有可能引发同地区其他行业的风险或不同地区 P2P 行业的风险。需要说明的是，互联网金融风险的影响面积广与其业务交叉性具有直接的联系。

（4）风险监管难度大。目前，互联网金融监管体系尚未建立健全，风险防控能力和金融监管水平相对滞后，这也从侧面反映出针对互联网金融风险的监管难度相对较大。此外，由于互联网金融的交易基本都是在互联网或移动互联网上完成，交易虚拟化特征明显，使得交易对象、过程都不够清晰，金融风险更加多样复杂，进一步增加了监管者的监管成本和监管难度。

（二）互联网金融对金融监管的冲击分析

互联网金融的独特技术环境和风险特征增强了金融系统内各个个体的联动性和风险性，对宏观审慎管理（系统性风险）和金融监管要求及行为形成影响和冲击。

1. 互联网金融对宏观审慎管理的冲击分析。互联网金融作为一种新兴业态，与传统金融业一样也会受到来自系统外部共同冲击（经济周期波动的影响）和内部传染影响（单一机构自身风险引起的风险扩散），进而形成系统性风险，对宏观审慎管理形成冲击。

（1）互联网金融系统性风险测度。基于系统性风险的时间和截面二维属性，可以初步设定诱发系统性风险的因素主要有两类：一是来自体系外部的冲击引起的系统波动与损失，如经济周期波动的影响；二是来自体系内部机构自身引发的风险扩散，如单一机构自身风险爆发的影响。基于此，借鉴贾彦东（2011）对金融网络系统性风险的分析思路，可以初步设定互联网金融的系统性风险模型为：

$$R_t = R(WS_t, NS_t, X_t) \tag{10}$$

其中，R_t 为 t 时刻互联网金融的系统性风险，WS_t 、NS_t 、X_t 分别表示外部冲击效应、内部传染效应、其他影响因素。在不考虑外部冲击效应及其他影响因素的情况下，则 R_t 将由 NS_t 唯一决定。需要说明的是，引起内部传染的效应主要取决于单一机构的流动性状况，因此，R_t 将由机构的现金向量 $\vec{c}$（资金存量状况）、支付向量 $\vec{p}$（资金净流出状况）、机构数 n、时间 t 等因素共同决定。

$$R_t = R(\overline{WS}_t, NS_t, \overline{X}_t) = F(NS_t) = f(\vec{c}, \vec{p}, n, t, \cdots) \tag{11}$$

为进一步考察单一互联网金融机构在系统性风险中的贡献率，采用合作博弈 Shapley Value 的成本与收益分配方法进行测度，则有单一机构 i 在 t 时刻对系统性风险的贡献为：

$$\text{风险直接贡献：} DC_i^t = \frac{\sum_{i,j=1}^{n} L_{ij}^t}{\sum_{i,j=1}^{n} p_{ij}^t} \tag{12}$$

$$\text{风险间接贡献：} IC_i^t = \sum_{\substack{i \in S \\ S \subseteq N}} W^t(S)\{f_t(S) - f_t(S - i)\} \tag{13}$$

$$W^t(S) = \frac{(S-1)!(n-S)!}{n!}$$

$$\text{风险总贡献：} TC_i^t = DC_i^t + IC_i^t = \frac{\sum_{i,j=1}^{n} L_{ij}^t}{\sum_{i,j=1}^{n} q_{ij}^t} + \sum_{\substack{i \in S \\ S \subseteq N_n^t}} W^t(S)\{f_t(S) - f_t(S - i)\} \tag{14}$$

其中，DC_i^t 、IC_i^t 分别为 t 时刻由机构 i 违约带来的体系直接与间接损失；p_{ij}^t 表示 t 时刻互联网金融体系中 i、j 机构之间的资金往来（净流出），L_{ij}^t 为 t 时刻机构 j 在机构 i 违约条件下的损失；N_n^t 为 t 时刻互联网金融系统中 n 家机构的集合，S 为 N_n^t 的子集，$\{f_t(S) - f_t(S - i)\}$ 表示 t 时刻机构 i 对子集 S 的系统风险贡献，$W^t(S)$ 是 Shapley Value 计算参数，$f_t(\bullet)$ 以系统风险衡量函数表示合作博弈 Shapley Value 法中的特征函数。

（2）互联网金融系统性风险影响。上述对互联网金融系统性风险的衡量，以及单一机构对互联网金融系统性风险的贡献分析，可以初步判断：一是在无外部因素及其他因素的影响下，互联网金融系统风险 R_t 与的现金向量 $\vec{c}$ 呈反向关系，与支付向量 $\vec{p}$ 呈正向关系。即存在某时刻机构现金头寸小于或者等于0（资金净流出过高），引发流动性危机并引发违约风险，推动互联网金融系统性风险形成，对现有宏观审慎管理直接形成冲击。二是在整个金融网络体系（含互联网金融）中，由于机构、业务之间的联动性，互联网金融单一机构的违约会对相关联机构运行造成不同程度的影响，既会给互联网金融体系带来系统损失，也会给传统金融体系操作系统带来损失，进而对宏观审慎管理形成影响。三是系统性风险随违约机构数量增加而上升，当全部机构违约时整个互联网金融体系完全损失，而互联网金融体系不单是对其自身的影响，也会对传统金融体系形成重大影响，进而对宏观审慎管理甚至于整个金融体系管理造成极大的损害。

2. 互联网金融对金融监管影响的博弈分析。融合互联网金融与传统金融业的“大金融体系”对现行金融监管体系构建提出了新的要求。从监管参与主体来看，互联网金融兴起前后市场博弈主体由“两方博弈”转为“三方博弈”；从监管行为来看，监管者将依据被监管主体的行为作出不同反应，被监管者也会根据监管者的行为作出应对。

（1）互联网金融介入强化金融监管的要求。金融机构以追求利益最大化为目标，市场竞争加剧让金融机构违规经营动机更加明显，互联网金融的兴起加剧了金融市场竞争，然而，这些违规经营往往伴随市场风险的存在，出于对风险防控考虑势必要强化金融监管要求，以下通过构建金融机构（互联网金融机构）与监管机构、金融机构与互联网金融机构的博弈支付矩阵，其基本假定如下：

①各博弈主体均为“理性人”，且各博弈主体处于信息不完全对称状态。博弈三方机构为金融机构A、互联网金融机构B、监管机构G，其中，A、B有“违规经营”和“合规经营”两种策略，G有“严格监管”和“宽松监管”两种策略。

②A、B“合规经营”下仅能获得正常收益R1、R2（>0），“违规经营”则能获得额外收益S1、S2（>0）；G“严格监管”会形成监管成本C（>0），“宽松监管”不会直接形成监管成本，但会因为被监管者的行为而付出监管不力的成本D（如信誉损失等），根据《巴塞尔协议》的相关规定这一成本将会更高，即D>C。

③宽松监管情况下，在A、B两方之间，若一方“违规经营”，另一方“合规经营”，则“合规经营”还会遭受因资源被抢占带来的损失S（>0）；若两方同时违规，则会因为恶性竞争导致双方收益都会下降L（>0），且由于不存在

侵占资源的问题，故 L < S。严格监管情况下，A、B 违规会遭受处罚 P，且处罚 P > S1、S2 以保证监管效果。

情形 1：（互联网金融机构）金融机构与监管机构的博弈。对被监管机构与监管机构的博弈分析，以互联网金融机构与监管机构的博弈为例加以说明（见表 7），金融机构与监管机构的博弈类似，此处不再赘述。

表 7　　　　金融机构与监管机构博弈支付矩阵

监管机构 G / 互联网金融机构 B	严格监管	宽松监管
合规经营	(R2, －C)	(R2, 0)
违规经营	(R2＋S2－P, －C＋P)	(R2＋S2, －D)

金融机构与监管机构的博弈支付矩阵显示：二者之间的博弈不存在纯策略的纳什均衡。当 B 合规经营，则 G 会选择宽松监管；当 B 违规经营，则 G 会选择严格监管；当 G 严格监管时，B 会选择合规经营；当 G 宽松监管时，B 会选择违规经营。

情形 2：金融机构与互联网金融机构的博弈。在宽松监管条件下，各机构可以采取违规策略，同时面临来自不同机构的竞争，则可以形成金融机构与互联网金融机构博弈支付矩阵（见表 8）。

表 8　　　　金融机构与互联网金融机构博弈支付矩阵

互联网金融机构 B / 金融机构 A	合规经营	违规经营
合规经营	(R1, R2)	(R1－S, R2＋S2)
违规经营	(R1＋S1, R2－S)	(R1－L, R2－L)

不难发现，金融机构与互联网金融机构博弈会实现最终的纳什均衡。即当 A 合规经营时，B 会选择合规经营；当 A 违规经营时，B 会选择违规经营；当 B 合规经营时，A 会选择合规经营；当 B 违规经营时，A 会选择违规经营。由此，最终 A、B 的最优策略都会是违规经营。

上述两种情形的博弈分析结果表明：金融机构、互联网金融机构对违规经营策略均存在较强的偏好，宽松监管一定程度上会增加机构实施该偏好的可能性；合规经营不能完全依靠金融机构、互联网金融机构的自觉性，对它们实施监管的必要性十分明显，且强化监管是有效的。

（2）合谋条件下三方博弈的监管行为选择。合谋条件下的监管博弈是由金融机构与互联网金融机构合谋、监管机构构成。构建三方博弈的基本假定条件如下：

①各博弈主体均为“理性人”，且各博弈主体处于信息不完全对称状态。博

弈三方机构为金融机构 A、互联网金融机构 B、监管机构 G，其中，A、B 有“合谋经营”和“不合谋经营”两种策略，G 有“严格监管”和“宽松监管”两种策略。

②A、B“合谋经营”下能获得合谋收益 R（>0），合谋收益分配分别为 M，R-M；“不合谋经营”则合谋收益为0（为方便分析，将 A、B 正常收益记为0）。G“严格监管”会形成监管成本 C（>0），“宽松监管”不会直接形成监管成本，但会因为被监管者的行为而付出监管不力的成本 D（如信誉损失等），根据《巴塞尔协议》的相关规定这一成本将更高，即 D > C。

③严格监管情况下，A、B 合谋违规会分别遭受处罚为 k、t 倍的合谋收益；宽松监管情况下，A、B 合谋违规不会遭受处罚。同时，A、B 合谋的概率为 p，则不合谋的概率为 1-p；监管者采取严格监管的概率为 q，则宽松监管的概率为 1-q。

情形3：合谋条件下三方机构的博弈分析。根据上述假定条件，可以得出合谋条件下的三方机构的博弈支付矩阵（见表9）。

表9　　合谋条件下三方博弈支付矩阵

监管机构 G / 金融机构 A 与互联网金融机构 B	严格监管	宽松监管
合谋经营	$[(1-k)M, (1-t)(R-M), kM+t(R-M)-C]$	(M，R-M，-D)
不合谋经营	(0，0，-C)	(0，0，0)

可见，上述博弈不存在纯策略的纳什均衡，而是一个混合策略的纳什均衡。依次考察监管机构、金融机构、互联网金融机构的不同状态下的期望收益（见表10）。

表10　　三方博弈混合策略纳什均衡求解

	严格监管期望收益	宽松监管期望收益	均衡 p*
监管机构	$p[kM+t(R-M)-C]-(1-p)C$	$-p*D$	$\frac{C}{kM+t(R-M)+D}$
	合谋经营期望收益	不合谋经营期望收益	均衡 q*
金融机构	$q(1-k)M+(1-q)M$	0	$\frac{1}{k}$
互联网金融机构	$q(1-t)(R-M)+(1-q)(R-M)$	0	$\frac{1}{t}$

三方博弈混合策略纳什均衡的结果显示：若合谋概率小于 p*，监管者最优选择是“宽松监管”，反之则选择“严格监管”；若监管概率小于 q*，金融机构与互联网金融机构将选择“合谋经营”，反之则选择“不合谋经营”。

（3）互联网金融对金融监管影响的判断分析。基于上述三种情形的博弈论分析结果，可做如下判断：一是金融机构、互联网金融机构对违规经营存在偏好，基于风险管理监管部门实施有效监管十分必要。二是互联网金融机构与金融机构之间存在合谋可能性，且这一可能性与监管成本成正比，与合谋收益、监管处罚力度、监管不力成本成反比。需要说明的是，合谋概率与合谋收益成反比与理论上二者之间的关系存在偏差，可能原因是合谋收益过高容易引起监管部门的关注，增加严格监管的概率，反而会降低合谋的可能性。三是监管部门实施何种监管策略与惩罚力度相关，惩罚力度越大，严格监管的概率会越低，反之亦然；监管部门对互联网金融机构、金融机构采取不同的监管最优概率，这要视对不同机构的惩罚强度而定。

五、互联网金融监管的国际经验及借鉴

从全球互联网金融发展情况看，发达国家和地区的互联网金融发展较早且形成规模，在互联网金融监管方面积累了丰富实践经验，借鉴吸收这些经验对完善我国互联网金融监管体系有重要意义。

（一）互联网金融监管的国际经验

1. 对第三方支付监管。一是美国功能监管模式。美国并未制定专门针对第三方支付的法律法规，而是以现行的法律及增补法律条文对其进行管理约束，并将其纳入货币转移业务中进行监管。对第三方支付的监管以美联储、联邦保险存款公司（FDIC）等部门为主，侧重对交易过程而非第三方机构自身的监管，同时，第三方支付平台沉淀资金必须存放于 FDIC 在商业银行开立的无息账户，实现存款—保险延伸对沉淀资金的监管。二是欧盟机构监管模式。欧盟对第三方支付的监管核心在于对电子货币的监管，而沉淀资金管理则是要求第三方支付平台在中央银行设立专门账户用于存放，并对该类资金实行严格监管制度，防止第三方机构对其挪用、侵占等。三是澳大利亚“政府监管 + 行业自律”模式。澳大利亚采用政府监管和行业自律相结合的方式，对互联网金融企业的行为进行规范和监管，第三方支付服务商视同“金融服务机构”，由审慎监管局、证券与投资委员会统一颁发牌照。

2. 对网络信贷的监管。网络信贷的风险性引起发达国家足够的重视，各国在发展中逐步形成有效模式。

（1）对 P2P 网贷的监管。一是英国“行业自律 + 政府管理”模式。英国将 P2P 网贷纳入消费者信贷市场的范畴，采取“行业自律先行，政府管理随后”的路径。2011 年英国成立“P2P 行业自律协会”，并出台《P2P 融资平台操作指引》，在 P2P 网贷规范化发展和消费者权益保护方面发挥重要作用。此外，英国公平交易管理局依据《消费者信贷法》对网络信贷机构准入、借贷行为进行管

理。二是美国“证券业监管”模式。美国将P2P网贷纳入证券业监管，由联邦证券交易委员会（SEC）及州证券监管部门具体负责，对网贷平台的监管侧重于市场准入和信息披露，注重对放款人和借款人的保护。三是欧盟“细化监管”模式。欧盟对P2P网贷监管并无专门的法律法规，而是对其监管逐步细化，通过消费者信贷、不公平商业操作和条件等指引性文件进行具体监管，以达到对消费者权益进行维护的目的。

（2）对众筹平台的监管。一是美国“JOBS法案”模式。2012年美国国会通过了《创业企业融资法案》（JOBS法案），放开了对众筹融资的限制，明确了众筹融资平台不需要在SEC注册即可进行股权融资的条件。与此同时，JOBS法案对筹资者和作为中介的众筹融资平台作出了明确的要求，以此来保护投资者的利益。二是法国“联合监管”模式。法国众筹机构的运行方式和业务内容多样化程度较高，由金融审慎监管局（ACPR）和金融市场监管局（AMF）联合监管。联合监管两部门及时对众筹行业作出了专门规范和指引，在业务范畴、ACPR牌照申领、AMF市场规定遵守等方面进行详细地规定，实现监管与法制相互补充，合理引导新兴互联网金融行业的发展。

3. 对互联网理财监管。发达国家对互联网理财监管的典型例子就是美国的PayPal。PayPal是世界上第一只互联网货币市场基金，实现了电子支付和基金的创新嫁接，给予用户较高收益下现金般的体验。由于PayPal货币基金的独立化运作，使得针对其的监管主要是由美国联邦证券交易委员会实施，采用的也是相对审慎的对策，没有将其作为新兴业态进行专门的立法管理。尽管PayPal货币基金由于收益率下降等原因最终遭受清盘处理，但是针对其的监管则是在没有先例的情况下一种积极有效的探索，对于当前我国互联网理财“热度”不消的情况，无疑是一种有益的借鉴。

4. 对其他类型的监管。对以服务类平台和虚拟电子货币为主的其他类互联网金融模式的监管，发达国家目前并未形成明确的实践模式和经验指导，仅能从个体管理中显现出一定的监管思考。如对比特币的监管，美国财政部发布《关于个人申请管理、交换和使用虚拟货币的规定》，将比特币等虚拟货币纳入反洗钱监管范围；德国承认比特币合法地位，将其纳入国家监管体系之中；法国确定由法商Paymium经营比特币交易平台，但同时也受到政府的监管。对这类互联网金融模式的监管显示出，发达国家在应对互联网金融创新的态度上存在一定的差异，但对互联网金融的监管意识、决心及举措殊途同归，这表明发达国家对互联网金融监管高度重视。

（二）互联网金融监管的借鉴思考

上述发达国家对互联网金融监管的实践对我国互联网金融发展具有重要启示意义。一是建立健全法律法规，规范发展互联网金融。立足对现有法律法规的完善和补充，逐步建立针对互联网金融监管的专门法律制度，营造互联网金融纵深发展、稳健经营的良好法律氛围，以适应互联网金融规范发展的要求。二是稳步强化监管要求，重视互联网金融风险。为应对互联网金融快速发展的趋势，以及防范互联网金融风险，适度加强对互联网金融的监管。针对互联网金融风险的传染性、外溢性、交叉性等特征，逐步拓展监管的范围，重点关注互联网金融产品服务、内部管理、客户资金管理等。三是完善市场准入管理，净化互联网金融环境。互联网金融本质上仍然是金融，对经营互联网金融业务的机构实行明确的准入条件和标准符合金融监管的要求和规则。四是发挥行业自律作用，营造互联网金融氛围。互联网金融作为新兴业态，对其的监管总体相对滞后，建立行业自律组织能够有效弥补监管滞后的不足，同时，行业自律组织能够带动和营造良好的互联网金融经营和运行氛围。五是完备社会征信体系，重视消费者权益保护。推进社会信用环境建设，防控互联网金融机构的经营风险。坚持以保护消费者权益、维护公平交易作为监管的核心目标，侧重于对互联网金融进行行为监管和功能监管。

六、对策建议

上文分析显示，互联网金融发展对央行宏观调控具有一定的影响，包括货币政策有效性、系统性风险产生、金融监管行为变化等。与此同时，还需要看到互联网金融发展带来的积极变化，如对利率市场化改革进程的推动等。基于此，我们既要积极调整现有政策制度应对来自互联网金融的挑战，又要鼓励推动互联网金融健康规范发展。

（一）提升央行宏观调控有效性的举措

1. 调整货币政策框架，合理选取政策目标。一是不断完善现有货币政策框架，降低因互联网金融引起的政策时滞性和不确定性，确保货币政策实施效果。二是合理选择中介目标。互联网金融发展模糊了货币供应量的边界，也增加了货币供应量的不确定性，降低了中介目标可控性、可测性和相关性，同时，互联网金融的信用创造机制让货币供应量难以真实反映社会总的流动性。因此，央行在实施货币政策时，需要重新审视，合理选择能够容纳互联网金融且能够准确反映广义流动性的中介目标。三是无论是从作用机制还是影响程度，互联网金融发展显现在操作目标的选择上，价格型政策工具要优于数量型政策工具，这表明，在操作目标上的选择应当逐步实现数量型向价格型的转变。在我国利率市场化改革进程逐步推进的背景下，在 Shibor 利率基准性和市场性特征日益明显的条件下，以互联网金融发展为契机，有序实现并发挥资金价格调节作用。

2. 推动政策工具发展，提升政策实施效果。一是积极发挥短期流动调节工具（SLO）、常备借贷便利（SLF）等创新工具对市场流动性的调节作用，以创新工具配合传统工具进行有效调节，准确发挥央行政策实施效果，保持货币市场稳定。二是改进存款准备金制度。存款准备金制度与银行流动性息息相关，互联网金融的出现一定程度上打破了这个局面。从流动性管理来看，游离于信贷信用创造体系外的互联网金融也应被纳入存款准备金管理中，有利于对货币供应量调控的同时，也能够兼顾到流动性目标。三是推进货币政策工具发展，改善货币政策实施效果。优化公开市场业务操作，通过现券交易改变资产结构实现对基础货币、货币供应量的调节；运用再贷款、再贴现差异化政策优势，达到调整资金结构的目的，发挥货币政策工具的作用。

3. 加快市场改革步伐，拓展政策传导渠道。一是推动货币市场发展，保障信贷传导渠道的畅通。充分发挥货币市场在政策传导中的基础作用，确保政策工具向操作目标、操作目标向中介目标的传导效率，提高货币政策实施的有效性。二是强化资本市场改革，增强资产价格渠道的传导性。减少行政干预，发展多层次资本市场，构建不同层次市场之间的转化机制，完善资本市场发展，实现资产价格渠道的传导作用。三是加快推进利率、汇率改革进程，降低利率、汇率因市场化因素冲击引发的敏感反应，畅通利率、汇率的政策传导渠道。加快利率市场化改革进程，建立市场决定的利率体系，发挥利率在货币政策制定、传导中的作用；推进人民币汇率形成机制改革，完善人民币中间价形成机制，扩张有管理的浮动空间，畅通汇率政策传导机制。

4. 完善宏观审慎管理，有效防范金融风险。一是将互联网金融纳入宏观审慎管理中，着重做好事前预防降低系统崩溃风险的监管，兼顾事后减轻系统崩溃传播及其后果的监管，如要求互联网金融机构实现信息披露制度、金融敞口限制等。同时，对互联网金融的监管应当以功能监管、审慎监管、行为监管为主要方式，而不宜采用单一主体或机构监管的方式。二是推进互联网金融立法进程，构建互联网金融合作监管体系，明确对互联网金融的监管原则和思路，重点做好市场准入及退出机制，重点防范互联网金融可能引发的系统性风险，维护金融稳定。三是针对互联网金融机构可能违规经营行为（如违规操作、合谋经营等）进行有效监管，防止因单个机构"出逃"或"倒闭"引发的系列性金融事件，产生局部性金融恐慌或风险。

（二）规范互联网金融发展的对策建议

1. 推进互联网金融立法进程，明确监管权责职能。一是加快对现有金融法律法规体系的修正和完善，扩大金融业务法制规范的范围，不仅仅局限于传统金融业务，以适应互联网金融发展的要求。二是针对目前互联网金融业态的创新发展，借鉴国际先进经验，制定专门针对互联网金融业务及风险控制的法律法规，明确互联网金融的法律定位、监管主体、准入退出机制、隐私保护等问题，改善互联网金融法律真空的局面。三是基于现有《征信业管理条例》、《非金融机构支付服务管理办法》、《非金融机构支付服务管理办法的实施细则》、《全国人民代表大会常务委员会关于加强网络信息保护的决定》等行政法规、部门规章及政策性文件，进一步提升互联网金融立法位阶，以适应互联网金融产业的发展需求。四是加大对非法避税、洗钱、跨国走私、非法资金划转等互联网金融犯罪的惩罚力度。

2. 构建互联网金融监管体系，强化风险防范管理。一是针对互联网金融混业经营的特征，开展互联网金融合作监管模式，建立以“一行三会”为主体，工信部、商务部等多部门为辅的合作监管体系，明确各部门的职责，实现对互联网金融的全面监管。同时，突破区域限制，加强与其他国家金融监管当局的合作与协调，促进跨国网络金融风险事件的协调处理。二是互联网金融的双重行业特征，以及其跨界、跨领域经营的现实情况，使得对互联网金融的监管不宜采用单一主体或机构监管的方式，而应该采取功能监管、审慎监管、行为监管等。三是建立健全市场准入退出机制。在市场准入方面，将互联网金融机构的经营状况、业务规模、内部管理、操作水平等纳入准入条件，在风险防范的基础上，实现灵活的市场准入管理；在市场退出方面，以市场化运作为基础，允许市场淘汰和经营退市，但需要构建风险防火墙防止风险外溢。四是合理设置监管思路和原则，以开放、包容的态度推进互联网金融健康发展。在监管思路上，逐步实现宽松自由监管向严格规范监管过渡，积极发挥行业自律组织的作用；在监管原则上，要兼顾业务发展和风险防控，鼓励互联网金融业务产品创新，重点加强对系统性风险的防控。

3. 强化互联网金融环境建设，发挥行业自律作用。一是借鉴发达国家先进经验，推动我国互联网金融行业自律组织的建设。目前，我国已经成立中国互联网金融协会、互联网金融专业委员会等自律组织，这类“准政府机构”承担政府的部分监管职能，有效填补了立法和监管上的空白。同时，通过加强行业自律组织建设和管理，推动形成统一行业服务标准和规则，规范和引导互联网金融机构行为，营造良好市场秩序和发展环境。二是建立健全互联网金融统计监测体系。依托央行金融业综合统计体系建设工作基础，尽可能地将互联网金融纳入该体系中，及时将网络信贷纳入社会融资规模统计中，并要求互联网金融机构定期报送有关财务状况、流动性等报表数据，建立与互联网金融机构相适应的重大事项报告制度和统计监测指标体系。三是建立可以容纳互联网金融的征信体系，有效解决互联网金融中存在的信息不对称问题。同时，将互联网金融业务交易中产生的信息纳入企业、个人信用信息数据库中，充分发挥信用体系的优势，支持互联网金融健康快速发展。四是加强对互联网平台资金流向的动态监测，强化国际间网络货币监管的合作，将互联网金融机构纳入反洗钱监管，重点关注网络信贷、网络货币、网络平台可能蕴含的洗钱风险。

4. 注重金融消费者权益保护，切实维护合法利益。一是建立健全互联网金融消费者权益保护机制。将互联网金融消费者权益保护纳入金融消费者权益保护范围内，并对互联网金融的交易保障、风险承担、责任免除、信息披露等作出明确规定，保障消费者的知情权和信息获得渠道。针对互联网金融的跨行业特征，建立消费者权益保护协调合作机制，明确各金融消费者权益保护管理机构的权责，切实保障消费者权益。二是通过技术安全、优化服务、强化内控等手段，加强对互联网金融参与者的信息保护，并为其提供诸如业务产品、信息咨询等服务，维护消费者合法权益。三是建立如金融消费者权益协会等机构组织，发布统一咨询投诉电话，畅通互联网金融消费者投诉渠道，协调处理针对互联网金融的业务投诉及其他纠纷。四是加强对互联网金融消费者权益保护的宣传和教育工作，提高金融消费者的风险意识和自我保护能力。

参考文献

[1] 贾彦东：《金融机构的系统重要性分析——金融网络中的系统风险衡量与成本分担》，载《金融研究》，2011（10）。

[2] 刘澜飚、沈鑫、郭步超：《互联网金融发展及其对传统金融模式的影响探讨》，载《经济学动态》，2013（8）。

[3] 罗明雄、唐颖、刘勇：《互联网金融》，中国财政经济出版社，2013。

[4] 吴佳茗：《从博弈论角度看加强金融监管的必要性分析》，载《企业导报》，2011（19）。

[5] 谢平、邹传伟：《互联网金融模式研究》，载《金融研究》，2012（12）。

[6] 姚征：《互联网金融兴起对金融宏观调控的影响与措施》，载《时代金融》，2014（3）。

[7] 曾刚：《积极关注互联网金融的特点及发展——基于货币金融理论视角》，载《银行家》，2012（11）。

[8] 张芬、吴江：《国外互联网金融的监管经验及对我国的启示》，载《金融与经济》，2013（11）。

[9] Allen F., McAndrews, J. and P. Strahan, 2002, E-Finance: A Introduction, *Journal of Financial Services Research*, Vol. 22.

[10] Cebul, R., et al., 2008, Organizational Fragmentation and Care Quality in the US Health Care System, *NBER Working Paper*, No. W14212.

[11] Friedman, B., 2000, Decoupling at the Margin: The Threat to Monetary Policy from the Electronic Revolution in Baking, *International Finance*, Vol. 3.

[12] Shahrokhi, M., 2008, E-finance: Status, Innovations, Resources and Future Challenges, *Managerial Finance*, Vol. 34.

迎战互联网金融

——大数据时代商业银行的生存之道

中国银行业监督管理委员会浙江监管局课题组*

一、大数据时代的金融变局

（一）互联网正在改变传统商业模式

历史上，人类社会的每一次重大技术变革都是伴随着信息技术的发展而发生的①。简单理解，以互联网技术为基础的现代信息技术，是研究开发信息的获取、传输、处理、存储调用和综合应用的工程技术，主要特点是数字化、网络化、智能化以及强大的信息处理能力。

近十年来，我国互联网快速发展，互联网以及移动互联网的普及正在深刻地改变着我们工作与生活的方式。研究人员已经得出结论，互联网是一种颠覆性的力量。互联网最有价值之处不在于自己生产很多新东西，而是对已有行业的潜力再次挖掘，用互联网的思维去重新提升传统行业。不夸张地讲，以移动支付、社交网络、搜索引擎、大数据和云计算等为代表的现代信息技术，深刻地改变了人们的商业习惯，拓宽了市场范围，使得大数据的积累和分析成为可能，并最终减少了交易费用。过去十年间，现代信息技术对传统产业的改造已经发生在图书、音乐、商品零售等多个领域并产生了颠覆性的影响，极大地改变了上述产业的格局形态，而这种革命性变革下一步很可能发生在金融领域。

（二）互联网对传统金融业态的革命性影响

从全球金融深化的历史角度来看，金融和技术从来都是牵手而行、如影随形的。本轮互联网技术对金融发展的影响也不例外。从实践情况看，目前在全

---

* 课题主持人：龚明华

课题组成员：张有荣　毛仙青　孟繁颖　王洪亮

本报告结论仅代表课题组观点，不代表所供职单位立场。

① 20世纪80年代后，信息技术浪潮席卷全球，并经过了三次革新，第一次是20世纪80年代的PC机技术革新，解决了数据处理问题；第二次是20世纪90年代的互联网技术革新，解决了信息交换问题并提高了传播效率；第三次是21世纪的云计算技术革新，改变了处理存储数据的方式，实现了资源共享。参见国泰君安：《互联网金融三重境界：网络、数据集信用平台——〈大趋势大变革大机遇〉系列专题之七》，2013－07－25。

球范围内，互联网已经渗透至传统金融各个子领域，包括银行、保险、基金以及券商等。从互联网金融发展的具体形态来看，互联网对传统金融的渗透主要呈现了以下几个重要趋势：

1. 支付方式的移动化拓展：无现金时代已经越来越近。有研究报告称，随着移动通讯设备的渗透率超过正规金融机构的网点或自助设备，以及移动通讯、互联网和金融的结合，全球移动支付交易总金额 2011 年为 1 059 亿美元，预计五年内将以年均 42% 的速度增长，2016 年将达到 6 169 亿美元[①]。目前，第三方支付、移动支付正逐渐替代传统支付业务并加速推动无现金支付时代的到来。

2. 服务渠道的网络化拓展：一体化服务平台呼之欲出。互联网络平台突破了时间和地域的限制，在金融服务通过互联网渠道向线上移动的过程中，越来越多的用户将习惯于足不出户就能够享受各类金融服务，反向推动金融产品与服务商更加重视网上业务开发与渠道拓展。在此良性循环下，线上金融产品和服务种类更加全面并覆盖更为广泛的目标人群，互联网金融服务平台构建“信息分发 + 产品销售 + 用户个性化服务”的一体化服务体系，逐渐成为聚集金融核心人群与金融服务产品的金融服务平台。

3. 客户服务的定制化拓展：大众化与个性化并驾齐驱。营销学强调了顾客细分的重要性，而数据处理则对顾客细分起到了关键性作用[②]。大数据是指不用随机分析，而采用所有数据的方法。大数据处理带来了传统信息储存和统计处理方法难以实现的信息优势，信息工具的智能化和精准化逐渐挤压传统金融高成本、低效率、大金额所带来的高利润的生存空间。在大数据积累基础上的数据挖掘使对单个客户的信用违约情况、消费行为和理财习惯分析成为可能，实现了客户服务精准定位和无缝推送，借此实现新的商业变革[③]。

4. 信用平台的虚拟化拓展：传统信贷模式面临新变革。近年来，以人人贷为代表的 P2P 网络贷款方兴未艾，并对传统存贷款业务形成补充。由于正规金融机构长期以来始终未能有效解决中小企业融资难的问题，而互联网的用户聚合和高速传播的特点大幅降低了信息不对称和交易成本，从而促使资金供需双

---

① 比如，在肯尼亚，手机支付系统 M—Pesa 的汇款业务已超过其国内所有金融机构的总和，且已延伸到存贷款等基本金融服务，特别需要关注的是，其并不是由商业银行运营。而中国第三方支付的发展速度也同样惊人。据艾瑞咨询统计，2013 年中国第三方互联网支付市场整体交易规模达 5.4 万亿元，同比增长 46.8%。参见宗良：《全球互联网金融呈三大发展趋势 中国银行业传统模式面临变革》，载《证券日报》，2013 - 10 - 25。

② 参见国泰君安：《互联网金融三重境界：网络、数据集信用平台——〈大趋势大变革大机遇〉系列专题之七》，2013 - 07 - 25。

③ 参见孙会峰：《大数据及其及其在互联网金融领域应用》，www. emar. com. cn. 。

方都是个人的投融资模式成为可能①。我国P2P信贷公司的诞生和发展几乎与世界同步，目前除拍拍贷以外，国内宜信、人人贷等小额网络贷款平台都是提供此类服务的代表性平台，传统信贷模式面临新变革。

二、互联网时代的金融新形态

（一）作为金融新生态的互联网金融

金融本身是社会性、群体性的产物，没有人与人之间的互动就没有金融。所以，当环境或者生产力的变化足以改变人与人之间的关系的时候，就会带来金融领域里业务模式、生态模式、服务规模的变化。

谢平等人研究认为，未来人类社会可能出现既不同于商业银行间接融资，也不同于资本市场直接融资的第三种金融融资模式，称为“互联网金融模式”②。在这种金融模式下，市场充分有效，接近一般均衡定理描述的无金融中介状态，可以达到与现在资本市场直接融资和银行间接融资一样的资源配置效率，在促进经济增长的同时，还能大幅减少交易成本，也是一种更为民主化，而不是少数专业精英控制的金融模式，现在金融业的分工和专业化将被大大淡化，市场参与者更为大众化，所以引致的巨大效益将更加惠及于普通百姓。

然而，必须承认的是，上述研究结论只是对互联网金融模式下金融市场情况的理想性描述，对互联网金融的确切概念，业界目前还没有形成统一的定义，对互联网金融的分类也因人而异。或者可以这样讲，“互联网金融”本身并不是一个纯学术意义上的概念，它更多的是对其发展过程中呈现出的现象进行概括。大体上可认为，互联网金融是互联网与金融的结合，是对依托于移动支付、云计算、社交网络以及搜索引擎等高速发展的信息技术及高度普及的互联网而实现资金融通与支付，以及发挥信息中介功能的新型金融模式的统称③。我们倾向于借鉴更为广义的概念，即互联网金融是基于“互联网思想的金融”而并非简单的“运用互联网技术的金融”。它的核心是金融脱媒和民主化。互联网金融作为新的金融形式，每个人作为参与者，都有充分的权利和手段参与金融。

（二）互联网金融的核心要素及运行方式

现有研究认为，互联网金融模式有三个核心部分：支付方式、信息处理和

---

① 例如资料显示，截至2012年10月，2007年成立的美国最大的P2P信贷公司Lending Club公司完成了8.3万次交易，涉及金额近10亿美元。而紧随其后的是，美国首家P2P信贷公司Prosper也完成了超过6.4万次的互联网金融交易，涉及金额4.2亿美元，并且每年的增长超过100%，利息的浮动空间大致为5.6%～35.8%，违约率为1.5%～10%。

② 参见谢平、邹传伟：《互联网金融模式研究》，载《金融研究》，2012（12）。

③ 互联网金融一般从金融功能特性、业务定位和模式等来划分，判断依据有两个基本方面：一是在理念上是否比较彻底地运用互联网思想与互联网技术来开展金融业务；二是业务模式与流程是否构筑在互联网技术与生态体系基础上。

资源配置。这三个核心要素使得在理想的互联网金融模式下，支付便捷、市场信息不对称程度非常低，资金供需双方直接交易，不需要经过银行、券商和交易所等金融中介①：

1. 在支付方式方面，以移动支付为基础，个人和机构都可在中央银行的支付中心（超级网银）开账户（存款和证券登记），即不再完全是二级商业银行账户体系：证券、现金等金融资产的支付和转移通过移动互联网络进行，支付清算电子化，替代现钞流通。

2. 在信息处理方面，社交网络生成和传播信息，特别是对个人和机构没有义务披露的信息；搜索引擎对信息进行组织、排序和检索，能缓解信息超载问题，有针对性地满足信息需求；云计算保障海量信息高速处理能力，最终形成时间连续、动态变化的信息序列。由此可以给出任何资金需求者的风险定价或动态违约概率，而且成本极低。

3. 在资源配置方面，资金供需信息直接在网上发布并匹配，供需双方可以直接联系和交易，借助于现代信息技术，个体之间直接金融交易这一人类最早金融模式会突破传统的安全边界和商业可行性边界，焕发出新的活力，形成了“充分交易可能性集合”。在这种资源配置方式下，双方或多方交易可以同时进行，信息充分透明，定价完全竞争。

（三）互联网金融模式的基本业态类型

目前在国内市场上，形成了以两大类主体为区划的互联网金融：互联网企业开展的金融业务和传统金融机构利用互联网技术开展的金融业务新形式，即我们所说的互联网企业“贴金”和传统金融机构“触电”，具体可细分为以下六种形态：

1. 第三方支付，依托于电商平台和移动社交工具的发展，逐渐演变为网络支付的重要参与者和移动支付的引领者，并发展成为集合物流、信息流、资金流的大数据整合者，为其他多种互联网金融业务创造了基础条件。从发展路径与用户积累途径来看，市场上第三方支付公司的运营模式可以归为两大类：一类是以支付宝、财付通为首的依托于自有 B2C、C2C 电子商务网站，提供担保功能的第三方支付模式；另一类就是以快钱为典型代表的独立第三方支付模式。

2. 大数据金融，指依托于海量、非结构化的数据，通过互联网、云计算等信息化方式对其数据进行专业化的挖掘和分析，并与传统金融服务相结合，创造性开展相关资金融通工作的统称。目前，大数据金融按照平台运营模式，可分为平台金融和供应链金融两大模式。两种模式代表企业分别为阿里金融和京东金融。它们将传统的线下金融客户或业务迁移到了线上，拓展了服务群体，

① 参见中国金融四十人论坛要报：《迎接互联网金融模式的机遇和挑战》，2012－08－20。

创新了金融服务的流程，并降低了企业成本。

3. 金融产品网络销售平台等互联网金融门户，是指利用互联网提供金融产品、金融服务信息汇聚、搜索、比较及金融产品销售并为金融产品销售提供第三方服务的平台。包括第三方资讯平台、垂直搜索平台以及在线金融超市三大类，如融360、网贷之家以及91金融超市等。这些互联网金融门户通过将金融产品在互联网上集中展示和销售，节约了人力和物力成本，拓展了金融产品的销售渠道。

4. P2P网络平台，国内又称人人贷，是指通过P2P公司搭建的第三方互联网平台进行资金借贷双方的匹配，是一种“个人对个人”的直接信贷模式，即由具有资质的网站作为中介平台、借款人在平台发放借款标的，投资者进行竞标向借款人放贷的行为。P2P网贷的借贷过程，资料与资金、合同、手续等全部通过网络实现，它是随着互联网的发展和民间借贷的兴起而发展起来的一种新的金融模式，这也是未来金融服务的发展趋势之一。

5. 众筹网络平台，是指项目发起人通过利用互联网和SNS传播的特性，发动公众的力量，集中公众的资金、能力和渠道，为小企业、艺术家或个人进行某项活动或某个项目或创办企业提供必要的资金援助的一种融资方式。众筹项目种类繁多，不单单包括新产品研发、新公司成立等商业项目，还包括科学研究项目、民主工程项目、赈灾项目、艺术设计、政治运动等。经过几年的迅速发展，众筹已经逐步形成奖励制众筹、股份制众筹、募捐制众筹和借贷制众筹等多种运营模式，典型平台包括点名时间、大家投、积木网等。

6. 信息化金融机构，是指通过广泛运用以互联网为代表的信息技术，在互联网金融时代，对传统运营流程、服务产品进行改造或重组，实现经营、管理全面信息化的银行、证券和保险等金融机构。目前，信息化金融机构主要运营模式可分为以下三类：一是传统金融业务电子化模式，主要包括网上银行、手机银行、移动支付和网络证券等形式；二是基于互联网的创新金融服务模式，包括直销银行、智能银行等形式及银行、券商、保险等创新型服务产品；三是金融电商模式，以建行“善融商务”电子商务金融服务平台、泰康人寿保险电商平台为代表的各类传统金融机构的电商平台。

（四）互联网金融模式的本质特征

互联网金融将“开放、平等、协作、分享”的互联网精神融入金融服务，通过大数据、云计算、移动互联等技术赋予金融产品，大幅降低交易成本和门槛，实践普惠金融。但在互联网金融概念中，金融的功能属性、风险属性和契约精神没有改变，目前已出现的互联网金融模式并没有对传统金融服务产生根本性颠覆，或造成传统金融机构不可逾越的门槛：第三方支付背后依托的是银行支付体系；余额宝类互联网理财产品实质上是早已有之的证券投资基金；网络贷款、网络担保、网络保险、网络券商、网络金融产品销售平台是对现有金融服务群体和服务渠道的拓展；P2P 和众筹是对资金供需进行匹配的一种新方式，但也可认为是线下资金中介业务的网络翻版；金融机构开展的新金融业务只是对原有业务的改进和延伸。未来，互联网金融的业务形态可能会呈现出更多类型，但是，金融的本质及与之相匹配的要件和原则却将长久稳定①。

三、互联网金融发展的中国样本

（一）当前我国互联网金融发展“如火如荼”

近年来，我国互联网金融快速发展，出现了不少形式和技术上的创新，填补了传统金融服务的空白点和薄弱环节，在服务实体经济、解决小微企业融资、满足个性化金融服务需求以及推动普惠制金融发展等方面发挥了积极作用。但一直以来，市场对互联网金融都有一个疑问：究竟是互联网行业金融化，还是金融行业互联网化？从目前的行业发展态势来看，后者占据了主导地位。目前我国互联网金融正处于发展初期，谋求跨界发展的捷径就是模仿和替代现有金融中介的功能。

按业务性质划分具体来看②：

在资产业务方面，主要以电商小贷、P2P 融资、众筹融资等互联网融资产品为代表。目前，网络融资是我国互联网金融的最重要形式。根据艾瑞咨询的统计，截至 2012 年，我国共有 P2P 贷款公司近 300 家，放贷规模达到 228.6 亿元，同比增长 271.4%，2013 年放贷规模达到 680.3 亿元。艾瑞咨询预计，中国 P2P 贷款规模在未来两年内仍将以超过 100% 的增速增长，预计到 2016 年将达到 3 500亿元。

在负债业务方面，主要以余额宝、理财通、活期宝等互联网理财产品为代表。成立近一年的余额宝目前用户数已规模接近 6 000 亿元，其对接的天弘增利宝一跃成为全球第三大货币基金，用户数和规模远超国内任何其他基金。2014 年春节期间借助“抢红包”为人所知的微信理财通，也在短短半年时间里，增至近千亿元的规模。

在中间业务方面，主要以第三方支付、移动支付等互联网支付渠道为代表，其他还包括一些金融信息服务和云计算服务企业。从市场基础设施看，我国第三方支付业务是推动互联网金融发展的重要力量，构成我国互联网金融发展最具优势的一环，在国外没有出现类似成规模和成集群的第三方支付市场。按交易规模计算，支付宝已成为全球最大的移动支付公司，甚至超过了美国全年移

---

① 参见李仁杰：《互联网金融时代的变革与坚守》，载《新金融评论》，2014（2）。

② 参见廖岷：《对中国互联网金融发展与监管的思考》，载《新金融评论》，2014（2）。

动支付的交易金额。

(二) 理性看待我国互联网金融现象

客观地讲，互联网金融不是“新贵”，而是金融业务与互联网技术长期融合发展到特定阶段的产物。很多学者指出，我国互联网金融之所以能够在近年来异军突起并开始对传统金融机构形成显著冲击，在很大程度上是“在我国特有的一种爆发式增长，可能并不是互联网金融发展的一般规律，而是在我国特殊金融服务现实情况下的一种演绎”①。从成因看，我国互联网金融的超常规发展具有以下几个特殊原因：

从技术角度看，我国传统金融业对小微企业的服务存在空白点和不足，为互联网金融的兴起提供了机会。而我国互联网金融的爆发式增长，在很大程度上是因为互联网行业的发展提供的一系列新技术能够克服传统金融机构面临的一些缺陷，或者能显著降低传统金融业务的相关成本，这是技术层面原因。

从制度角度看，我国消费者投资渠道的有限性和银行系理财产品的“高门槛”限制，为互联网金融的兴起提供了空间。而互联网金融理财产品的创设在很大程度上是为中小投资者的实际需求量身定制的，无论是P2P、众筹、小贷还是余额宝，都有效迎合了中小投资者“单笔资金量小、投资时间碎片化、缺乏充分的投资鉴别能力、对资产的流动性需求高”等投资需求，填补了低风险投资领域的产品谱系短板。

从政策环境看，监管包容和行政默许是互联网金融快速发展的信用保障。我国对互联网金融监管的基本导向具有较强的包容性。新一届政府的上台和金融监管部门对互联网金融的表态更多体现出支持的倾向，这一无形背书加上前述因素使得互联网金融企业在过去的一年里突然有了爆炸式的增长。未来随着互联网金融从不受监管或受较少监管逐步向接受更多监管过渡，行业自身如何调整与适应具有很大的不确定性。

(三) 互联网金融具有风险特殊性

互联网金融具备互联网和金融双重属性，这决定了互联网金融风险既有金融风险，又有互联网风险，具有复杂、多变的基本特征。一方面，互联网金融面临传统金融所面临的风险，即系统性风险、流动性风险、信用风险、技术风险、操作性风险等；另一方面，互联网金融是技术与业务都较传统金融模式更为超前的金融模式，互联网的基因特点决定了互联网金融风险的特征：一是传播性强，互联网金融利用了网络技术，开放共享的特点决定了金融要素和金融信息传播的速度更加快、范围更加广，再加上移动终端的使用，能够更快地传递到每个人，从而影响市场的金融行为。二是瞬时性快，互联网具备快速远程

---

① 参见廖岷：《对中国互联网金融发展与监管的思考》，载《新金融评论》，2014（2）。

处理功能，资金流动速度变快，范围变广，支付清算更加便捷有效，但一旦出现“失误”，也使得回旋余地缩小，补救成本加大。三是虚拟性高，互联网金融交易几乎全在网上进行，交易的是“虚拟化”的数字信息，时间、地域的界限已经不重要，交易对象、目的、过程更加不透明，一定程度上信息不对称性增加。四是复杂性大，互联网信息系统的复杂性，降低了对网络的安全信任度，信息资源的共享性、便利性增加的同时，也有网络失密、泄密的可能性。互联网节点多，也使得可攻击点增多，再加上网络环境开放性，使得互联网金融边界模糊，增加了金融风险的可能性。

总体上讲，除传统金融风险外，互联网环境下，以下几类新的金融风险类型较为凸显：

1. 法律规范缺失风险。传统金融服务的互联网延伸和互联网金融服务已经成为了新兴的金融机构，而金融的互联网居间服务这一模式由于行业本身的不确定性一直处于非监管的“真空”状态，目前，我国在监管制度及法律规范方面尚不存在专门针对互联网金融业务的内容，也成为互联网金融最突出的风险。

2. 技术安全风险。金融业务与互联网技术对接虽然大大提升了业务的便利性，但同时也带来了较为突出的信息和资金安全问题，即使是已经发展较为成熟的正规金融网络化平台，也还存在着较多的因计算机网络系统的缺陷而构成互联网金融的潜在风险，比如开放式的网络通信系统，不完善的密钥管理及加密技术，TCP/IP 协议的安全性较差以及计算机病毒和电脑黑客高手的攻击等。此外，互联网金融在选择成熟的技术解决方案方面，也存在着技术选择失误的风险，这种风险既可能来自选择的技术系统与客户终端软件的兼容性，也可能来自被技术变革所淘汰的技术方案。

3. 信息泄露风险。互联网金融的一个重要特征是建立在大数据基础上的数据分享和数据挖掘，加之社会上还存在网络欺诈等违法行为，个人交易数据等敏感信息被广泛搜集，对客户账户资金安全和个人信息保护提出巨大挑战。互联网环境下，交易信息通过网络传输，一些交易平台并没有在“传、存、使用、销毁”等环节建立保护个人隐私的完整机制，大大加剧了信息泄露风险。

4. 监管不充分风险。对应的较高的互联网金融技术环境中存在所谓“道高一尺，魔高一丈”，这对互联网金融的风险防控和金融监管提出了更高的要求。互联网金融中的交易、支付与服务均在互联网或移动互联网上完成，交易的虚拟化使金融业务失去了时间和地域限制，交易对象变得模糊，交易过程更加不透明，金融风险形式更加多样化。由于被监管者和监管者之间信息不对称，金融监管机构难以准确了解金融机构资产负债实际情况，难以针对可能的金融风险采取切实有效的金融监管手段。

（四）对我国互联网金融发展的几点判断

第一，从目前看，互联网金融属于“新兴事物”，但也并非“全新事物”，金融的本源没有变化，应该坚持“在发展中规范、在规范中发展”的基本思路。互联网金融仍然具有金融的功能属性、风险属性和契约精神。如果我国互联网金融能够基于现有金融服务体系的格局特点，兴利除弊，规范发展，充分发挥普惠金融服务优势，在风险可控的前提下针对个人、中小企业、“三农”等领域，进行积极有效“补位”和“提升”，不仅能够满足实体经济发展的资金需要，还能平滑经济转型和周期调整的波动，为稳定金融体系夯实基础。

第二，从中长期看，“金融互联网化”和“互联网金融化”将达到动态的平衡。未来互联网金融对实体经济的渗透融合将不断加深，并呈现多维度和多轮次的特征，互联网金融将日益成为金融体系中具有生机活力的重要组成部分。同时，当互联网生态中的平台、大数据、移动互联、云计算等在金融领域中的应用成为一种常态，互联网金融和传统金融的边界会日渐模糊，金融互联网化和互联网金融化相互渗透成长，形成殊途同归、融合发展的格局。

第三，从监管上看，互联网金融监管的一个基本原则应该是“包容监管”。由于互联网与金融的创新融合，并没有使互联网和金融本身的风险消失，有些问题反而更具有挑战性。如互联网金融参与者众多，带有明显的公众性，很容易触及法律红线，甚至引发系统性金融风险。在监管上，应坚持鼓励和规范并重、培育和防险并举，维护良好的竞争秩序、促进公平竞争、保护消费者权益，构建包括公司治理、市场自律、外部监管在内的“三位一体”的安全网，维护金融体系稳健运行。

四、互联网金融对商业银行的冲击挑战

（一）互联网金融带来的是变革而非颠覆

随着互联网金融的快速发展，传统金融机构受到的冲击与挑战日益激烈，业务份额遭到不断蚕食，市场关于互联网金融是否会颠覆传统金融的争论也甚嚣尘上，甚至有人判断传统商业银行会成为“21 世纪的恐龙”。我们认为，互联网金融并不会颠覆传统金融，但会推动其发展理念以及经营模式发生深刻变革，甚至会造成金融机构的重新洗牌，从而构建全新的金融体系。

一方面，互联网金融难以颠覆传统金融机构。正如上文所述，我国互联网金融快速扩张的根本原因在于：传统金融业未能充分满足社会的投融资需求，包括客户日新月异的投资需求以及广大小微企业客户巨大的融资需求，从而给以互联网企业为主的外部竞争者提供了入侵空间。因此，总体来看，互联网金融更多的是对金融服务的空白和不足领域进行补充，除在部分领域存在一定的竞争外，与传统金融机构主要表现为错位竞争甚至是合作的关系。以 P2P 网贷

平台为例，个人网贷平台平均利率15%～24%，主要面向不符合银行贷款条件的个人及个体业主，而银行个人消费及经营性贷款平均利率在6.5%～9.5%，主要面向符合银行贷款条件的优质个人客户①。两者利率水平差别很大、几乎没有交集，符合银行贷款条件的客户一般不会选择个人网贷平台贷款。事实上，目前P2P网贷平台与银行的合作互补关系远多于竞争关系，如大量网贷平台的资金存管于商业银行，部分商业银行通过设立P2P平台来增强自身的金融服务覆盖面。即使是在存在竞争的部分领域，考虑到目前互联网金融的总体规模，其也难以在中短期内与传统金融抗衡，对传统金融造成的实质性冲击并不显著。更为关键的是，随着我国互联网金融法律法规体系的完善以及监管的跟进，互联网金融非常规“野蛮”扩张的外部环境将逐步改变，其发展速度将会趋于平缓。长期来看，互联网金融将与传统金融在“竞合”关系中维持相对平衡。

另一方面，互联网金融将推动传统金融机构发生深刻变革。这种变革不仅仅针对金融服务和产品层面，而是对包括发展理念、经营模式、市场定位等在内的全方位变革，甚至会对传统金融机构进行一次洗牌，重构金融格局。如果以商业银行为主的传统金融机构仍然满足于现有发展理念和经营模式，不采取积极措施完善金融服务，以满足包括低净值个人及小微企业在内的各类客户的金融需求，那么业务市场份额就难以避免会被逐步蚕食，部分金融机构也难逃被市场淘汰的命运。相反地，如果传统银行业能够积极转变经营理念，改变对客户的认知和提供服务的能力，加强对客户需求、产品创新及服务对象的重视，那么互联网金融就只是推动传统金融转型升级的催化剂，而不会成为传统金融的终结者。从现实发展情况来看，大部分商业银行均已认识到互联网金融所带来的冲击，并通过发展电商业务、搭建P2P平台、完善电子银行等方式推行金融互联网化，积极回应互联网金融的挑战，并已取得良好成效。如多家银行致力于向“智慧银行”转型，全面优化前中后台金融服务；推动银行卡网络支付便捷化以及推出类余额宝理财产品，客户被分流的速度逐步减缓。可以预计，未来我国金融业将呈现出“金融互联网”与“互联网金融”并驾齐驱、齐头并进的局面，传统金融与互联网金融相互渗透、相互融合将成为大势所趋。

（二）互联网金融或将重构我国的金融格局

经过多年的发展，我国已初步形成了以商业银行为中心，以基金、保险、证券、信托等非银行金融机构为重要组成部分的金融体系格局，金融市场组织体系日益健全。但与此同时，银行“一家独大”以及金融机构同质化发展等结构性问题依然突出，间接融资占比过高、大客户过度融资与小微企业融资难并存、金融服务满意度低等矛盾的产生均与此高度相关。随着互联网金融的兴起

① 参见邱冠华、黄春逢：《国泰君安研究报告——互联网金融无法颠覆传统银行》，2013－10。

以及各项金融改革的深入推进，我国长期以来形成的这一金融格局有望被打破，商业银行“一家独大”、“千行一面”的局面将逐步扭转[①]。

一方面，金融机构体系将重新整合，平台化运作以及混业化经营将成为趋势。近年来，随着互联网技术以及大数据运用技术的发展，具有开放性以及规模经济性的各类金融平台大行其道，如陆金所是以中小投资者为对象的产品平台，人人贷是P2P小额信贷直接融资平台，东方财富是理财产品销售平台。这些平台凭借其开放性、专业性以及良好的体验度在各类金融细分市场快速发展，展现出了旺盛的生命力。可以预计，这种金融业务的平台化运作将成为未来金融组织体系的发展趋势。同时，随着金融改革的不断深化，以及以互联网金融为代表的金融创新不断涌现，各类金融业务之间的边界日益模糊，混业经营已经是大势所趋，囊括银行、基金、保险、证券等金融业务的金融控股公司将成为大型金融机构的转型方向，部分中小型金融机构也将依托各自优势向混业经营转变。在金融机构平台化运作以及混业化经营影响下，商业银行“一家独大”的局面将逐步改变，各类金融机构“百花齐放”的格局将有望建立。

另一方面，银行发展战略将逐步调整，差异化竞争与特色化发展将成为主流。面对互联网金融以及金融改革的持续挑战，商业银行同质化发展的战略已经难以为继，寻求转型升级成为了各家机构的必然选择。部分大中型商业银行将向金融控股公司转型，利用规模、资金等优势开展全面的金融业务；部分中小型商业银行将向专业化、特色化经营转变，利用各自已有优势专注发展金融细分市场，如以普通民众为服务对象的社区银行，以小微企业为服务对象的小微企业银行，以富人为服务对象的私人银行等。同时，部分未能及时实现转型升级的银行将被市场淘汰，商业银行“大洗牌”将逐步启动，银行“千行一面”的局面将得以扭转。

（三）商业银行金融中介核心地位面临弱化风险

互联网金融加快了金融脱媒趋势，第三方支付、网络理财、P2P借贷平台等互联网金融产品对商业银行支付结算、代理销售渠道、信息服务等功能具有一定的替代效应。因此，虽然在未来很长一段时间内商业银行仍将是我国金融的核心，但其金融中介角色功能将被逐步弱化。具体表现为：

1. 互联网技术改变支付方式及渠道，商业银行支付中介地位遭到冲击。商业银行作为支付服务的中介，主要依赖于在债权债务清偿活动中人们在空间上的分离和在时间上的不吻合。而互联网技术的发展，打破了时间与空间的限制，在一定程度上冲击着商业银行支付中介业务的根基。特别是随着近年来电子商务的快速发展，网络支付的市场需求急剧上升，市场支付场景由原来的实体店

① 参见国信证券：《互联网金融专题研究之二：不是颠覆而是融合》，2013－08。

转为网络上的虚拟店，支付渠道由银联或银行的POS终端转为网络支付，以物理网点和网银为主要渠道的商业银行传统支付显得力不从心。而第三方支付和移动支付凭借其互联网基因，成为了更适应网络支付要求的支付工具，对商业银行的传统支付产生了比较明显的替代作用。一方面，第三方支付和移动支付降低了支付业务对银行物理网点的依赖，更多的时候只是涉及信息的传递，任何一台可以上网的电脑或移动终端均可随时替代银行网点完成支付。另一方面，第三方支付和移动支付冲击了银行的电子银行业务。支付宝、财付通等第三方支付公司推出的快捷支付业务，提高了很好的客户体验度，满足了互联网时代人们对高效率的追求。而通过快捷支付业务，用户无须开通网上银行，对传统商业银行电子银行业务产生较大冲击。①

2. 互联网技术创新金融产品销售渠道，商业银行代理销售渠道地位遭到冲击。互联网技术的发展推动了电子商务的快速发展，颠覆性变革了传统销售渠道，目前几乎所有商品均可通过网络进行购买，传统零售实体店受到巨大冲击。而随着互联网金融的兴起，作为特殊商品的金融理财产品也不断开拓网络销售渠道，余额宝、理财通、活期宝等各类“宝宝类”产品层出不穷，基金公司也纷纷“触网”，通过公司网站、专业平台或淘宝网店等网络方式销售基金产品，银行长期以来作为金融产品最主要销售渠道的地位逐步被削弱。“余额宝”在短时间内即超过5 000亿元的规模，充分说明与商业银行传统销售渠道相比，网络销售渠道体现出了巨大的优势，如门槛低、体验度好以及成本低，且这些优势可能随着互联网技术的发展以及互联网金融企业的创新而不断强化，进一步威胁商业银行代理销售渠道的地位。

3. 互联网技术降低信息获取成本，商业银行信息服务中介地位遭到冲击。资金供求双方的信息不对称问题是融资过程的主要障碍之一，也是金融中介产生的主要原因之一。作为经济活动中最主要的金融中介，商业银行一直以来均作为资金供求信息汇集中心的角色，并在长期经营中形成了信息收集和处理的规模经济效应，基本“垄断”了间接融资中介服务市场。而随着互联网技术的发展，尤其是以淘宝为代表的电子商务以及以微信为代表的社交网络的出现，改变了信息的传递方式和传播途径，互联网企业获取了大量本应由银行掌握的客户身份、账户和交易记录等信息。这些信息与日益先进的大数据处理技术以及智能搜索引擎相结合，转化成互联网企业开展金融服务的信息基础，削弱了银行对客户信息的垄断，造成一定的信息脱媒。以“京保贝”为例，通过对京东平台上采购、销售、财务等数据进行集成和处理，实现对客户融资的自动化审批和风险控制，信息不对称问题得到较为顺利地解决。在整个融资过程中，

① 参见王英俊：《互联网金融对商业银行的挑战及对策》，载《深圳金融》，2013（1）。

资金供求双方绕开了商业银行这个传统的金融信息中心，商业银行融资中介服务需求受到分流。

（四）商业银行传统经营发展模式面临深层次变革

目前来看，由于总体规模相对有限且存在一定错位竞争，互联网金融对商业银行存贷汇具体业务的冲击尚不明显，更深层次的影响主要还在于推动商业银行经营发展模式的变革。

1. 推动商业银行转变服务理念。在互联网时代，“高效、公平、开放、共享”的互联网精神深刻影响着人们的思维，客户在金融交易过程对体验度的要求日益提升。但长期以来，不少银行形成了浓厚的官商气息，以自我为中心而不是以客户为中心现象突出，客户体验度较互联网金融有较大差距。互联网金融的迅猛发展，大幅提高了商业银行加快转型步伐的紧迫感，促使商业银行放下身段，虚心地向互联网金融学习以客户为中心的服务理念，加快打破传统思维，以更加开放的心态开展同业、跨业合作，深化与互联网技术、大数据应用的融合创新，不断提高市场反应速度，提升客户服务质量和效率。

2. 推动商业银行优化市场定位。客观来讲，互联网金融与传统金融各具优势，互联网金融创新能力强，传统金融专业能力强。我国金融市场需求大、链条长，给予了互联网金融和传统金融广阔的发展空间，而持续的竞争将促使两者根据各自竞争优势不断调整市场定位，找到各自在我国金融生态圈中的合适位置。其中，互联网金融可发挥技术优势，专注标准化金融产品，满足低净值个人客户以及小微企业的投融资需求。部分企业甚至可依托大数据优势，转型成向其他金融机构提供大数据服务的金融服务机构。而传统金融则可利用专业优势持续优化目标客户定位，大力发展非标准化、需个性化设计的高端金融服务。

3. 推动商业银行加快互联网化进程。面对互联网金融的巨大冲击，以及利率市场化、金融脱媒化的挑战，商业银行加快了转型升级步伐，金融互联网进程快速推进。一方面，发展理念受互联网思维和商业模式深刻影响。多家机构已经开始致力向“智慧银行”转型，全面优化前中后台服务；部分机构通过打造电商平台与综合金融服务平台，提升大数据运用能力。此外，还有部分机构有意识推动服务理念从“产品中心”向“客户中心”过渡，金融服务客户体验度得到提升。另一方面，金融服务与产品的互联网因素显著增强。一些机构借鉴互联网金融产品优点，推出类余额宝网络理财产品以及银行卡网络快捷支付功能，持续提升金融服务品质，客户被分流速度减缓。此外，部分机构还主动运用互联网技术创新金融产品，如招商银行杭州分行推出的智慧供应链金融平台，将大数据和互联网技术运用到供应链金融业务中，金融服务效率显著提升。

4. 推动商业银行完善服务模式。互联网金融为传统商业银行优化金融服务模式提供了很好的样本，特别是在小微企业金融服务方面，互联网金融体现出了独到的优势，在很大程度上缓解了小微金融服务中成本收益不匹配的矛盾。如阿里小贷依托电商大数据和强大的技术实力，实现了信贷审批的全网络化和批量化处理，金融服务效率大幅提升。在互联网金融的影响下，商业银行逐步认识到大数据在互联网时代的重要性，多家机构致力打造电商平台和综合金融服务平台，重视大数据的积累和数据处理能力的提升，并将其运用于优化金融服务当中，提升金融服务效率。

（五）商业银行的收入来源面临多方面冲击

1. 压缩商业银行利差收入。总体而言，商业银行资产端与互联网金融存在一定的错位竞争，受到的冲击相对较小，而负债端面对的冲击则相对更为直接明显，特别是“余额宝”等网络理财产品的兴起，更是大幅提高了银行的资金成本，银行的利差收入被大幅压缩。一方面，将银行原本低成本的储蓄存款吸引进入网络理财产品，再将其中大部分资金以较高价格配置在银行协议存款，虽然对存款总体规模影响不大，但资金成本却大幅增加。另一方面，银行在面对互联网金融分流存款的压力下，被迫加强主动负债力度，包括推出类余额宝理财产品、发行债券、吸收协议存款等方式，进一步抬高了资金成本。

2. 削减商业银行中间业务收入。在利率市场化加速推进的大背景下，中间业务收入对商业银行盈利的重要性大幅上升。但正如前文所述，在互联网金融的冲击下，银行的支付结算、代理销售以及金融服务等中介角色将被逐步弱化，相应的中间业务收入也将减少。更为重要的是，互联网企业善于利用“免费策略”来抢占市场，比如第三方支付转账免手续费，加之互联网金融上佳的客户体验度，对客户具有强大的吸引力。而商业银行要与互联网金融竞争，除了要提高客户体验度以外，还需降低甚至减免相关的手续费，这将进一步削减商业银行的中间业务收入。

五、创新与转型：大数据时代商业银行的应对之道

（一）互联网金融为商业银行转型升级带来机遇

随着我国利率市场化以及金融脱媒化的加速，商业银行的发展环境持续变化，转型升级压力大幅增加。但长期以来，传统商业银行在转型升级的路径选择上较为茫然，踌躇不前，转型升级步伐缓慢。而近年来互联网金融以及大数据运用的快速发展，给商业银行带来了巨大挑战，增加了商业银行转型升级的紧迫感，可能成为加快商业银行转型升级的催化剂。更为关键的是，互联网金融的商业模式为处于迷惘阶段的商业银行提供了方向，为商业银行实现转型升级带来了机遇。

1. 互联网金融思维为商业银行转变发展理念提供思路。互联网金融将“开

放、平等、协作、分享”的互联网精神融入金融当中，形成了“重视客户体验、注重开放分享、强调平等普惠”的思维方式，与传统金融以产品为中心，自上而下推广的营销方式以及较高的金融准入门槛形成了鲜明对比。[①] 我们认为，互联网金融的这种思维方式更能适应互联网时代发展的需求，更能切合金融消费者的真实需求，体现出强大的竞争优势。这种思维方式的优点很值得商业银行吸收和借鉴，通过对发展理念进行重构来顺应互联网时代金融服务要求的变化。

2. 互联网金融经营模式为商业银行转变发展模式提供借鉴。互联网金融发展至今，互联网技术与金融业务的融合不断深化，逐步形成了“重视大数据运用、依托互联网平台与客户流量、注重线上与线下业务有机结合”的互联网金融商业模式。这种商业模式在降低信息不对称、提高金融服务效率以及提升客户体验度方面具有独特优势。对于商业银行优化金融服务模式，特别是优化小微金融服务具有重要借鉴意义。

（二）发展战略方面：推行金融互联网化，打造智慧银行

在互联网时代，人们的思维方式和消费习惯都发生着剧烈的变化，互联网技术持续向各类经济领域渗透，改变了包括零售、电信、家电等众多行业的发展模式。而近年来，互联网与金融的结合也加快了步伐，金融服务虚拟化程度日益提高，金融业务开展方式已从“水泥”模式升级为“水泥 + 鼠标 + 拇指”模式。传统商业银行要在互联网浪潮中取得竞争优势，适应互联网时代金融业务的开展方式，就必须主动积极地拥抱互联网，从战略高度重视推动金融业务与互联网的融合，推行金融互联网化战略。

1. 要制定顺应互联网时代的发展战略。要在互联网时代确立竞争优势，商业银行应当自上而下转变思路，深入领会金融互联网化的真正内涵，从思维方式、经营模式、业务开展方式等方方面面都吸收互联网金融的优点，而不是简单地利用互联网技术来开展金融业务。从目前的情况来看，多家银行向“智慧银行”转型既是一种有益探索，其并不是简单地在互联网上实现传统银行的功能，而是全面将互联网思维与技术融入商业银行，既推进现有业务和产品的数字化改造，更注重利用互联网技术重新挖掘新的细分目标客户，甚至利用互联网重构整个银行发展模式。

2. 要构建适合金融互联网化的组织架构。根据金融业务与互联网技术融合的需要，建立符合自身实际的组织架构，为推行金融互联网化战略实施提供组织保障。从当前情况来看，主要有两种模式：第一种，成立渠道管理部，统一管理电子渠道与物理渠道，以加拿大蒙特利尔银行为例，其专门成立渠道管理部门，将网上银行、电话银行、手机银行以及 ATM 等电子渠道以及传统的物理

---

① 参见马蔚华：《互联网时代银行蝶变》，载《上海证券报》，2014 - 05。

渠道均纳入统一管理，向客户提供一整套的渠道整理方案，这种多渠道整合管理策略为商业银行合理利用、调配渠道资源奠定了良好的基础。在国内，工商银行近年成立的渠道管理部可以作为这种模式的一个探索。第二种，成立专门的网络银行部，专门管理互联网渠道。以中信银行成立的网络银行部为例，根据其战略规划，网络银行部是独立于对公条线和对私条线的部门，既不属于公司业务部门，又不属于零售业务部门，可以独立开展存贷汇业务，目标是实现存贷汇业务的网络化运营。① 可以看出，这两种组织模式各有优劣，商业银行应当结合各自发展特点及优势作出选择，也可创新出另一种更为合理有效的组织结构模式。

3. 要强化与互联网金融企业的战略合作。传统商业银行与互联网金融各具优势，两者可以发挥比较优势开展与对方的合作。特别是对商业银行来说，与互联网金融开展合作不仅可以实现技术优势互补，还能更为深入地理解互联网金融思维方式，有利于金融业务真正实现与互联网技术的融合。因此，商业银行应当转变与互联网金融竞争的想法，积极开展与互联网金融企业的战略合作，如与第三方支付公司开展支付结算业务合作、与电商网络借贷平台开展客户数据共享合作、与P2P网贷平台开展资金托管合作等，通过合作推动金融互联网化进程中技术与思维的有效提升。

（三）经营理念方面：重视客户体验，从“以产品为中心”向“以客户为中心”转变

互联网金融之所以得以迅速发展，关键在于其能更好地满足金融消费者的需求，也即提供了更佳的用户体验。互联网金融凭借互联网基因，从诞生之日起就异常重视客户体验，从产品构想、研发以及投入市场等各个环节都密切与客户保持互动，及时获取客户的真实需求，并据此有针对性地进行创新，使其金融服务及产品能够充分贴近市场需求，从而获得客户的青睐。而传统商业银行由于具有浓厚的官商气息，习惯于自上而下的决策和推广方式，难以准确掌握基层客户的真实需求，客户体验度与互联网金融不可避免存在巨大差距，客户被互联网金融吸引分流也在所难免。因此，转变“以产品为中心”的经营理念，坚持“以客户为中心”的导向，不断提升金融服务的客户体验度，才能在互联网时代确立竞争优势。

1. 要彻底转变思维方式，使“以客户为中心”成为银行行为习惯，让全行员工“必须这样做”。当前，虽然很多商业银行致力于改善金融服务的客户体验，向“以客户为中心”的服务理念转变。但从实际情况来看，大部分商业银行“以客户为中心”都还只是一句口号，嘴上说的是“‘以客户为中心’的经

① 参见郭友：《互联网时代商业银行的发展策略》，载《中国金融》，2013（11）。

营理念”，而实际做的仍然是“以产品、营销业绩为中心”；不是千方百计地了解客户、识别客户、分析客户需求，尽心尽责地满足客户需求，而是处心积虑地销产品、增业绩。因此，要真正树立“以客户为中心”的理念，就必须从根源上转变全行员工的思维方式，通过思想教育、纳入考核激励、制定规章制度等措施，让“以客户为中心”逐步成为全行员工的行为习惯。

2. 要充分吸收互联网金融的优点，并结合银行特点进行总结推广，让全行员工“熟知怎么做”。在让全行员工知道“以客户为中心”的重要性，树立了“必须这样做”的认识以后，还必须使全行员工熟知“应该如何做”。在这一方面，互联网金融企业在提升客户体验度上的良好做法为商业银行提供了有益借鉴。商业银行应当在吸收这些优点的基础上，结合自身业务特点优化金融服务流程及方式，并通过强化教育让员工熟知如何提升客户满意度。

3. 要优化规章制度，强化激励考核措施，让全行员工“主动这样做”。要全面梳理全行各项规章制度，在制度中全方位注入“以客户为中心”的经营理念。要扭转把利润作为经营管理唯一目标的观念，在考核激励方面强化客户满意度等因子，让全体员工深刻认识到支撑利润增长的源头是客户，实现经营长期健康稳定发展的基础是为客户提供更好、更优、更便捷的金融产品与服务。通过规章制度约束和考核措施激励“双管齐下”，让全行员工主动坚持“以客户为中心”指导各项业务的开展。

（四）市场定位方面：发挥竞争优势，做大做强优势领域，实现与互联网金融协调发展

客观来讲，互联网金融与传统金融各具优势，互联网金融创新能力强，传统金融专业能力强。我国金融市场需求大、链条长，两者可根据竞争优势找到各自市场定位，形成互相补充、差异化竞争的局面。其中，互联网金融可发挥IT技术和“草根”群体基础牢的优势，专注标准化金融产品，满足低净值个人客户以及小微企业的投融资需求。部分企业甚至可依托大数据优势，转型成向其他金融机构提供大数据服务的金融服务机构。传统金融机构则应发挥高端客户基础、物理网点覆盖面广、风险管理以及金融专业能力等优势，大力发展非标准化、需个性化设计的高端金融服务，如私人理财、投行等业务。

（五）拓展路径方面：进军电商平台与金融综合服务平台，提升大数据运用能力

互联网时代的竞争，说到底就是“数据为王”。据IBM统计，过去两年全球新增的数据量占到人类历史数据总量的90%以上，到2020年全球数据总量会达到35ZB（1ZB等于1万亿GB），是2000年之前所有数据总和的50倍。目前金

融机构在与大数据技术融合过程中，各家银行的数据量已经达到 100TB 以上级别。[①] 虽然我国银行机构的数据规模已经达到大数据级别，但存在数据散落于不同系统、多为结构化的客户基本信息或银行账户信息、数据处理技术薄弱等问题，大部分数据均处于睡眠状态，有效利用率不到 20%，实用价值难以得到充分发挥。因此，商业银行要赢得互联网时代的竞争，必须重视实施"大数据战略"，在发展战略中引入和践行大数据的理念和方法，倡导"数据治行"的经营理念。推动决策从"经验依赖"粗放型向"数据依靠"精细型转化。具体而言，要重点做好以下几项工作：

1. 重视大数据运用顶层设计。金融机构现有数据结构往往是条块分割的，而大数据运用则要求数据的统一性和完整性。因此，实施大数据战略需要注重顶层设计，打破原有的业务界限，围绕数据目标对业务流程进行适当整合，最大限度地提升各类数据的契合度和有效性。同时，要探索组建全行性的数据集中与处理中心，将分散在不同系统中的数据进行归集，实现数据的有效整合[②]。

2. 拓宽客户数据来源渠道。大数据对数据的多样性要求较高，但是目前商业银行的数据多为客户基本信息和账户交易信息，对金融业务开展更具参考价值的商业交易数据则储备较少。因此，商业银行需要打破现有客户数据源的边界，更加注重电商平台、社交网络等新型数据来源，拓宽渠道获取尽可能多样化的客户信息。一方面，可建立与第三方大数据平台合作模式，将银行内部数据和第三方数据互联，获得更加完整的客户视图，从而进行更为高效的客户关系管理和业务精准营销。另一方面，可打造电商平台和综合金融服务平台，如建行的善融商务，浙商银行的 B2B 电商金综合金融服务平台，逐步积累客户商业交易数据。[③]

3. 提升大数据处理能力。数据处理能力是大数据战略能否指导金融业务开展的关键一步，包括数据采集、清理、存储及管理、分析、显化以及业务运用六个环节。随着云计算的普及运用，商业银行前面四个环节均取得很大进步，大数据运用真正的瓶颈在于分析结论的显化和运用，而这不仅仅是技术方法的问题，更重要的还是技术赖以运行的理念、规律、框架和环境。因此，商业银行结合自身业务特点，构建适合自身业务特点的数据分析体系，是决定大数据运用成败的关键。

（六）创新方向方面：提升金融服务与产品的互联网因素

发展战略的优化、经营理念的转变、市场定位的调整以及大数据运用能力

---

① 参见王璐：《发挥大数据的价值创造力》，载《金融时报》，2014－06。

② 参见武剑：《中国金融四十人论坛：金融大数据的战略与实施》，2014－05。

③ 参见王俊华：《浅谈大数据时代银行业的应对策略》，载《经济研究导报》，2014（5）。

的提升，都是商业银行互联网化进程的重要环节。但归根结底，金融互联网化的落脚点还在于为客户提供满意的金融服务和产品，这也是评判商业银行互联网化进程是否成功的主要标准。一方面，应当注重现有金融服务和产品的数字化改造。通过注入更多的互联网基因，着力提升金融服务和产品的客户体验度，顺应互联网时代客户的消费需求和习惯。如多家机构推出的类余额宝理财产品以及快捷支付功能等。另一方面，要致力于利用互联网开发原创新的金融服务和产品，特别是利用互联网技术挖掘全新的细分目标客户市场，全方位提升金融服务能力。如多家机构通过与电商合作，开发出全新的网络信贷产品，为电商客户提供金融服务。

参考文献

[1] 巴曙松：《互动与融合——互联网金融时代的竞争新格局》，载《中国农村金融》，2012（12）。

[2] 曹少雄：《商业银行建设互联网金融服务体系的思索与探讨》，载《农村金融研究》，2013（5）。

[3] 曾刚：《积极关注互联网金融的特点及发展》，载《商业银行家》，2012（11）。

[4] 第一财经新金融研究中心：《中国 P2P 借贷服务行业白皮书（2013）》，中国经济出版社，2013。

[5] 冯娟娟：《互联网金融背景下商业银行竞争策略研究》，载《现代金融》，2013（4）。

[6] 宫晓林：《互联网金融模式及对传统银行业的影响》，载《南方金融》，2015（5）。

[7] 何启翱、吴恺：《互联网金融模式变革与银行业务创新》，载《中国城乡金融报》，2013-05-13。

[8] 万建华：《金融 e 时代：数字化时代的金融变局》，中信出版社，2013。

[9] 谢平、邹传伟：《互联网金融模式研究》，载《金融研究》，2012（12）。

[10] 张剑光：《商业银行发展互联网金融的路径选择》，载《金融时报》，2013-09-23。

[11] 张郁松、张圣智：《互联网金融时代的挑战》，载《中国外资》，2013（6）。

[12] 郑重：《互联网金融的风险管理与协调》，载《金融时报》，2012-10-11。

浙江省“五水共治”融资创新研究

国家开发银行浙江省分行课题组*

引言

2013年以来，省委、省政府主要领导在多个场合阐述了治水新思路、新理念、新举措，多次对治水和水利工作作出重要批示指示，明确提出，要“以治水为突破口倒逼转型升级”，并制定了浙江“五水共治，治污先行”的路线——三年（2014—2016年）要解决突出问题，明显见效；五年（2014—2018年）要基本解决问题，全面改观；七年（2014—2020年）要基本不出问题，实现质变。

近年来，国家开发银行浙江省分行积极贯彻中央和地方关于支持水利建设等有关精神，多年来将水利工程以及污水治理等作为优先支持领域，充分发挥作为政府开发性金融机构的职能作用，融资融智推动浙江省“五水共治”项目建设，包括：主动编制《浙江省水利行业系统性融资规划》，对“十二五”期间水利资金缺口解决方案、融资模式提出对策建议；作为唯一一家金融机构参与省水利厅联合省财政厅开展的《水利投融资机制研究》课题等。截至2013年12月末，分行水利贷款余额120多亿元，在政策性银行、国有商业银行和其他中小金融机构中占比达1/4，累计支持了近50个水利项目，是全省银行业金融机构中水利贷款最多的银行之一，重点支持了一批治污水、防洪排涝和保供水项目，真正体现了国开行“政府热点、雪中送炭”的办行宗旨。

为了积极贯彻省委、省政府关于“五水共治”的战略部署，充分发挥开发银行中长期融资优势，加大力度支持“五水共治”重大重点项目建设，分行于2014年3月立项开展《浙江省“五水共治”融资创新研究》课题，课题组先后走访了省治水办、省水利厅治水办和省财政厅等主管部门，并与省能源财务、浙建集团等相关企业进行了交流和座谈，旨在围绕浙江省“五水共治”项目融资中面临的困难，充分整合财政、银行、企业等各方资金，积极创新多样化融资模式，为“五水共治”项目的实施落地提供有力的资金保障。

---

* 课题主持人：徐　勇
课题组成员：乐　宜　周　莉　王春雷　张　超　邓建鑫

一、“五水共治”项目建设融资背景

（一）现状

自“十一五”以来，浙江省治水投入一直处于全国各省前列，省委省政府一直高度重视治水，先后作出了实施水资源保障百亿工程、“一个确保、两个率先”水利建设、“强塘工程”等重大决策。特别是2011年中央一号文件出台以来，全省不断加大水利投入，加快水利改革发展。据统计，“十二五”以来，全省水利总投资达1 023亿元，年均增速为20.7%，建设规模和发展速度大大超过以往各个时期，经过多年治水，浙江省水利基础设施进一步完善，水利对经济社会可持续发展的保障能力进一步增强。

虽然浙江省在治水工作中取得了一定的成绩，但随着极端天气频繁出现和粗放型经济增长方式造成的污染加剧，也暴露出了薄弱环节和突出问题，如防洪排涝能力不强，部分沿海平原和城市内涝严重；部分农村分散式供水、灌溉能力不足，抗旱能力弱；一些地方非法占用水域，河道还存在“脏、乱、差”现象，局部水环境污染问题仍然突出等。

（二）发展目标

2013年以来，省委、省政府主要领导在多个场合阐述了治水新思路、新理念、新举措，多次对治水和水利工作作出重要批示指示，明确提出，要“以治水为突破口倒逼转型升级”，“以砸锅卖铁的决心兴建水利基础设施”，“把加强水利建设作为贯彻落实十八届三中全会精神的重大举措来部署，作为保障和改善民生的重要方面来实施”。省委十三届四次全会通过的《关于全面深化改革再创体制机制新优势的决定》明确提出要实施“五水共治”。在全省经济工作会议上，省委、省政府主要领导全面论述了“五水共治”在经济、政治、文化、社会、生态等方面的重大意义，明确了“五水共治”的主要任务和各项保障措施，并制定了浙江“五水共治，治污先行”的路线——三年（2014—2016年）要解决突出问题，明显见效；五年（2014—2018年）要基本解决问题，全面改观；七年（2014—2020年）要基本不出问题，实现质变。

二、“五水共治”项目投融资现状及面临的主要问题

由于“五水共治”项目资金供需的历史情况缺乏统计，考虑到水利项目占比较大，且由于其公益性特点最需要通过融资创新拓展资金来源，所以在本文中，对于项目的投融资现状以及未来资金来源的测算，主要参照了水利项目。

（一）资金来源情况

2001—2013年浙江省水利共完成投资2 693.2亿元，其资金来源主要呈现以下特点：（1）公共财政资金为水利投入的主要资金来源。“十五”和“十一五”

期间浙江省水利总投入中财政资金呈逐年增长趋势，但“十二五”前三年呈现下降趋势，总体而言，财政投入占比保持在60%左右，其中中央投资和省级投资所占比重分别为7%和9%左右，市县财政资金是水利投资的最主要来源，占水利总投资的45%～50%左右。（2）信贷资金占比不高且低于全国水平。信贷资金占水利投入总量比例较低，贷款所占比重保持在13%～17%之间，低于全国20%①左右的水平，且近几年贷款所占比重还呈现下降趋势。（3）自筹资金占比呈现下降趋势。自筹资金占水利总投资的比重从2001年的45%下降到2013年的24%，但从近三年来看，自筹所占投资比重呈现上涨趋势，目前占比保持在24%左右。

表1　　浙江省水利建设投资资金来源　　单位：亿元，%

年份	水利总投入	财政资金					银行贷款	占比	自筹及其他	占比
		中央	省级	市、县（区）	小计	占比				
2001	92.1	3.8	7.3	27	38.1	41	13	14	41.0	45
2002	97.1	4.3	6.4	29.2	39.9	41	13.2	14	44.0	45
2003	121.7	3.7	9.1	37.8	50.6	41	18.1	15	53.0	44
2004	142.7	1.6	6.8	47.4	55.8	39	18.6	13	68.2	48
2005	153.8	1.5	9.0	49.4	59.9	39	19.3	13	74.6	48
2006	165.4	2.0	9.9	60.4	72.4	44	30.1	18	63.0	38
2007	196.4	2.9	13.4	82.4	98.7	50	32.4	17	65.3	33
2008	221.8	6.5	19.0	102.6	128.1	58	33.4	15	60.3	27
2009	233	11	21	111	143	61	35.0	15	55.0	24
2010	245.5	12.9	23	123.9	159.8	65	36	15	49.7	20
2011	272.9	21.5	24.9	129	175.4	64	42.9	16	54.6	20
2012	352.5	26.5	33.4	165.2	225.1	64	47.6	13	79.8	23
2013	398.4	28.4	34.2	173.8	236.3	59	67.5	17	94.5	24
合计	2 693.2	126.6	217.3	1 139.0	1 483.0	55	407.2	15	803.0	30

注：1. 数据来源于浙江省水利厅。

2. 省级水利财政资金主要来源于地方上缴的水利建设基金和其他财政资金，其中2010年、2011年和2012年浙江省本级水利建设基金分别约为10亿元、11亿元和13亿元。

3. 市、县（区）水利建设财政资金主要来源于水利建设基金、水资源费、农田水利建设基金以及其他财政资金，其中2010年、2011年和2012年地方水利建设基金分别约为59亿元、64亿元和72亿元，水资源费均为4亿元，农田水利建设基金分别为15亿元和48亿元（从2011年开始征收），剩余财政资金来源于其他财政资金。

① 数据来源于国家开发银行总行《支持水利建设与发展咨询报告》。

（二）面临的主要问题

一是财政资金难以满足快速发展的投资需求。(1)“十一五”期间，浙江省财政资金投入（不含中央）年均增长20.22%，高于水利总投入10.38%的年均增幅。(2)“十二五”前三年，浙江省财政资金投入（不含中央）年均增长16.23%，跟不上水利总投入20.82%的年均增幅。(3) 展望未来，按现行政策，今后几年内争取中央资金的难度越来越大①，全省财政收入增幅放缓②，全省水利建设基金、土地出让收益增长也低于预期，部分地方政府累计负债已较重，未来几年政府将进入还债高峰期，地方财政收支平衡压力进一步增大，财政对水利投入的保障能力面临更严峻考验。

二是浙江省水利投资主体比较分散，尤其缺乏省级大平台。截至2013年底，浙江省共有水利融资平台115家③，其中隶属中央1家，省级3家④，市级20家，县级91家，多分布于市县，占比达96.5%，根据掌握的其中82家基本财务数据，资产总计455亿元，净资产240亿元，平均每家2.9亿元，实力普遍较弱，自身缺乏稳定的经营收入，信用等级较低，大部分市县区域内水利资产没有经过科学合理的整合，公益性项目和经营性项目分属不同投资主体，潜在融资能力未能发挥。相比较而言，目前全国已有26个省市通过整合省级信用资源建立省级融资平台，4个省份在积极推进，由省级平台负责全省水利建设贷款的统借统还，取得了较好的效果（见附件1）。

三是水利项目在一定程度上存在融资难问题。(1) 负债空间有限。目前全省水利项目由于缺乏一个省级大平台，都是各地市、县各自负责投融资建设，而地市负债空间有限，推进的困难很大⑤。(2) 担保难落实。浙江省水利融资平台资产规模小，在设计水利项目融资方案时，公益性项目通常以保证担保和土地抵押，而县级融资平台融资时往往遇到还款来源、信用结构难以落实（如缺担保资源）等问题。(3) 相关政策存在制约。在较长的一段时期内，浙江省水利融资主要依靠银行贷款，抵押物主要为政府划拨给融资平台的土地使用权或由政府委托融资平台进行储备的土地使用权，而《城镇国有土地使用权出让和

① 浙江省已完成国家规划内的农村饮用水、病险水库除险加固等中央资金补助比例高的项目，太湖治理、独流入海治理等项目中央补助比例低。

② 2012年全省各市县地方财政收入增幅较2011年增幅平均下降11.6个百分点，2013年恢复增长1.1个百分点。

③ 数据来源于浙江省水利厅。

④ 浙江省水利水电投资集团有限公司、浙江省围垦造地开发公司和浙江省水利水电建设控股发展公司。

⑤ 太湖治理五大项目就是以湖州市为主进行投资建设，国开行浙江省分行对苕溪清水入湖河道整治工程、太嘉湖河工程、杭嘉湖地区环湖河道整治工程3个项目开展了前期评审，总投资分别为55亿元、19亿元和14.6亿元，这些项目如果同时上的话，将极大增加湖州市的负债压力。

转让暂行条例》第十六条、第四十四条、第四十五条规定：国有划拨土地使用权未依法办理土地使用权出让手续，未缴纳土地出让金，不得转让、出租、抵押。水利公益性资产既不能作为资本注入融资平台，也不能作为抵押物进行融资。

三、资金供求分析

（一）投资需求

为积极贯彻省委省政府关于“五水共治”重大决策部署，省环保厅和省水利厅分别围绕“治污水”和“防洪保供”目标，合计安排总投资约4 400亿元的项目，具体如下：

1. 治污水

省环保厅围绕“治污水”目标，制定《浙江省治污水（2014—2017年）实施方案》，重点实施15大类384个项目，总投资约1 400亿元。

2. 防洪水、排涝水

省水利厅围绕“防洪水、排涝水”治理目标，制定《浙江省“五水共治”防洪水实施方案》，到2020年安排“防洪供水633工程”中的“强库”、“固堤”、“扩排”等三类防洪水工程，总投资2 048亿元，其中强库工程总投资189亿元，固堤总投资711亿元，扩排总投资1 148亿元。

3. 保供水

省水利厅围绕“保供水、抓节水”建设目标，制定《浙江省“五水共治”保供水实施方案》，到2020年安排“防洪供水633工程”中的“开源”、“引调”、“提升”等三类保供水项目，总投资953亿元，其中开源工程总投资365亿元，引调工程总投资459亿元，提升工程总投资129亿元。

表2　　“五水共治”项目情况　　单位：亿元

序号	项目分类	总投资	建设任务
全省合计		4 400. 28	
一、防洪水、排涝水		2 048	
（一）	强库	189	新建南岸、钱江源等11座防洪水库，完成除险加固水库600座
（二）	固堤	711	加固堤防3 500公里，其中海塘200公里、干堤1 000公里、中小河流堤防2 300公里，大力推进杭嘉湖圩区整治
（三）	扩排	1 148	拓浚排洪河道2 000公里，增加强排能力2 000立方米/秒

续表

序号	项目分类	总投资	建设任务
二、保供水、抓节水		953	
(一)	开源	365	新建钦寸、朱溪等68座供水水库工程，总库容12.89亿立方米，年供水量12.21亿立方米
(二)	引调	459	新建杭州千岛湖配水等30项引调水工程，建设引水隧洞（管道）1 260公里，年供水量43.0亿立方米
(三)	提升	129	改善农村人口饮水条件，新增和改善灌溉面积300万亩，新增高效节水面积140万亩
三、治污水		1 399.28	
(一)	工业污染治理	338.23	搬迁入园382家印染企业、37家造纸企业、114家化工企业，整治提升910家印染企业、328家造纸企业、998家化工企业；改造或建设27个园区（或大型工业企业）
(二)	环保基础设施建设	224.16	城镇生活污水设施建设：新建污泥处置设施4 000吨/日以上，新建污水管网7 000公里以上，建成69个镇的污水处理设施，污水处理厂提标改造（一级A）109座
		40.94	工业废物处置设施建设
(三)	农业面源污染治理	111.82	包括畜禽养殖污染治理和种植业肥药减量两大类工程
(四)	水产养殖污染治理	42.88	禁限养区划定和整治493 483.5亩；规模化养殖场生态化改造501 397亩；稻鱼共生轮作减排545 945亩，放鱼289 770万尾
(五)	垃圾河、黑臭河综合治理	113.23	截至2014年3月，全省垃圾河共计6 487公里，黑臭河共计5 116公里
(六)	河道综合治理	81.94	完成河道综合整治8 000公里，实施河道保洁136 568公里
(七)	饮用水源保护	11.26	包括污染源清理、合格规范饮用水源创建等
(八)	落后产能淘汰		
(九)	监测监管能力建设	3.45	包括污染源自动监控系统、刷卡排污总量控制系统和全省河长制信息管理系统建设
(十)	船舶污染治理	0.21	完成船舶垃圾接收点建设，规划建设船舶油污水接收点

续表

序号	项目分类	总投资	建设任务
（十一）	湖泊生态保护	36.22	按国家良好湖泊生态环境规划实施 18 个水库生态保护
（十二）	废弃矿山矿井治理	1.75	完成 439 处废弃矿井治理工作
（十三）	湿地生态保护	2.95	完成 16 个生态湿地保护项目
（十四）	近岸海域污染治理	3.47	包括海洋环境监测能力建设、渔业环境监视基本设备配置、渔业增殖流放和生态修复工程
（十五）	农村生活污水治理	386.77	开展 21 177 个建制村的农村生活治理，新增受益农户数 4 480 566 户

注：资料来源于省环保厅《浙江省治污水实施方案（2014—2017 年）》和省水利厅《浙江省“五水共治”防洪水实施方案》和《浙江省“五水共治”保供水实施方案》。

（二）资金来源分析

1. 财政资金

2014—2020 年，预计可获得中央投入、省级财政资金以及地方财政资金约 2 520亿元，约占总投资的 57%，具体如下：

（1）中央投入。根据表 1 数据，2001—2013 年，中央投入的年均增长速度保持在 18% 左右，其中近三年增速保持在 15% 左右，随着今后几年内争取中央资金的难度越来越大，假设“十二五”后期增长速度可以保持在 13% 左右，“十三五”时期增长速度保持在 7% 左右，以此估算 2014—2020 年可获得中央投入约为 280 亿元，年均约 40 亿元。

（2）省级财政资金。根据《关于 2013 年全省和省级预算执行情况及 2014 年全省和省级预算草案的报告》省级财政未来 7 年将筹措 600 亿元用于“五水共治”项目建设，其中 2014 年为 90 亿元。

（3）地方财政资金。2014—2020 年地方财政资金中用于水利投资的主要为水利建设基金、农田水利建设基金、水资源费以及其他财政支出，通过测算，预计可形成收入约 1 640 亿元。

一是水利建设基金。根据表 1 数据，2010—2012 年地方水利建设基金年均增长约 11%，假设“十二五”后期年均增速保持在 11% 左右的水平，“十三五”时期年均增速保持在 7% 左右的水平，以此估算，2014—2020 年可获得地方水利建设基金合计约 790 亿元，年均约 110 亿元。

二是农田水利建设基金。根据表 1 数据，2011 年和 2012 年地方财政分别征收农田水利建设基金15亿元和48亿元[1]，由于2011年为非整年度，土地出让收益增长也低于预期，为谨慎起见，假设2014—2020年农田水利建设基金保持在2012年水平，以此推算可征收农田水利建设基金约336亿元，年均约48亿元。

三是水资源费。根据表1数据，2011—2012年地方财政征收水资源费皆为4亿元，未来随着最严格水资源管理制度的落实，假设未来7年年均增速保持在5%左右的水平，以此测算，2014—2020年可征收水资源费34亿元。

四是其他财政收入。根据表1数据，2010—2012年，剔除水利三金后用于水利投资的财政收入分别为61亿元、46亿元和40亿元，随着未来各地政府将加大对“五水共治”领域的财政投入，假设“十二五”后期年均增速保持在13%[2]左右的水平，“十三五”时期年均增速保持在7%左右的水平，以此测算，2014—2020年其他财政收入约为480亿元，年均约70亿元。

2. 银行贷款

根据表1数据，2001—2013年，浙江省银行贷款占水利投资的年均增长速度保持在14.7%，其中2011—2013年年均增长速度保持在25.4%，假设“十二五”后期的增长速度保持在20%的水平，“十三五”时期年均增速保持在13%，以此预计，未来7年可通过银行贷款获得资金约890亿元，约占总投资的20%。

3. 自筹资金及其他

剔除财政资金和银行贷款，预计未来7年，需通过自筹资金约990亿元，约占总投资的23%。

综合上述资金供求分析可知，“五水共治”项目总投资占比的43%需要通过银行贷款和自筹解决，因此需要进一步创新融资模式，通过贷款、租赁等引入金融资金以及发行债券、设立基金等模式引入社会资本更好地推进“五水共治”项目的实施落地。

四、融资模式创新探讨

根据“五水共治”项目安排，总体上可分为两类：一是公益性项目，主要包括农村饮水安全工程、农村生活污水治理、河道综合治理以及防洪排涝等项目，其特点是社会效益巨大而经济效益较低，项目自身没有收益，主要依赖政府投入解决资金来源问题；二是准公益性项目，主要包括灌溉节水、城镇生活

[1] 2011年7月，水利部和财政部下发《关于从土地出让收益中计提农田水利建设基金有关事项的通知》（财综〔2011〕48号）。

[2] 从大口径的财政资金投入来看（含水利建设基金、农田水利建设基金、水资源费和其他财政资金投入），2002—2012年市、县（区）财政投入年均增速为18.93%，其中2010—2012年增速为15.5%。

污水设施建设以及水库、引调等项目，其特点是具有一定的经济效益，可以通过融资创新，充分调动各种资源，进行水利企业资产、财政资金、水利建设基金、自筹资金与银行贷款的整合以及通过发行债券、资产证券化等模式引入社会资本，以更好地推进“五水共治”项目的实施落地。

（一）信贷融资模式

1. 治污水领域

（1）对于农村治污项目。该类项目的特点有：一是项目小而散。根据全省“五水共治”项目安排，2014—2017 年拟投资约 386 亿元，完成全省 21 177 个建制村的生活污水治理。二是项目自身无收益。项目建设的资金完全依赖财政投入。三是项目建设以政府为主导。项目主要由各镇、各村运用财政资金各自实施建设，当前面临的主要问题有：①资金投入较分散，难以发挥整体效益。目前，涉及农村生活污水治理的资金种类较多且涉及多部门，各部门均从自身职责出发，治理的要求不尽相同，缺乏统筹考虑，污水治理的有些环节存在重复投入现象，也有个别环节投入不足或被忽视。②资金需求总量较大，财政资金难以满足。需要通过银行贷款等方式解决资金缺口，以缓解短期内财政资金集中投入的压力，但是单个项目又不具备向银行融资的条件和能力。

为此，建议推动在省级层面成立股份合作制的浙江省新农村建设公司①，或者依托各市县已有的新农村建设公司，对分散的农村治污工程实施项目的统一建设，并以 BT 等方式实施建设资金的统贷统还。

（2）对于城镇治污项目。该类项目的特点有：一是项目小而散。根据全省“五水共治”项目安排，2014—2017 年拟投资 150 亿元，用于 69 个镇的污水处理设施等项目建设；2014—2017 年拟投资 73 亿元，用于完成提标改造 109 座污水处理厂。二是项目具备经营收益。包括污水处理费等，但收益仍不足以覆盖项目投入，还需要财政补充投入，并通过自筹或贷款解决资金缺口。三是项目建设仍以政府为主导。项目主要由各地市、县的相关融资主体各自负责投融资建设，当前面临的主要问题有：①各地发展不太平衡，由此造成项目推进进度以及技术标准不统一。②单个项目融资金额较小，不利于与大型金融机构的融资对接，而且融资成本也较高。③资金筹措渠道单一，未能充分运用社会资本。

为此，建议参照其他省份做法：一是引入企业主体作为统贷平台。主要针对小而散且建设内容比较类同的治污项目或提标改造项目，可引入有实力的国企（如浙建集团②、巨化集团）以及民企（如正泰集团）进行统一建设，并统

---

① 目前各地已经成立几百个新农村建设公司，建议成立由省政府、各地新农村建设公司、民间资金共同出资的浙江省新农村建设公司。

② 集团将设环保子公司开展治污项目建设。

一融资，不仅可提高融资效率，降低融资成本，也有利于改造技术标准的统一和后期的维护运营。在具体操作中，可借鉴“江西模式”（见专栏1）。二是引入社会资本缓解财政压力。主要针对地方重点以及重大治污项目，可引入企业类（如首创股份、天津创业环保、中国水务、中环保水务投资公司、浙江紫光环保[①]）、混合类等多种投资主体，采用BOT、TOT、PPP等多种模式承担项目建设并负责融资，缓解政府财政压力。在具体操作中，可借鉴“长春模式”（见专栏2）、“黑龙江模式”（见专栏3）。

专栏1：江西模式——江西省2010年77个县（市）78个污水处理厂特许经营权转让项目（第一批）案例

1. 借款主体

江西洪城水业环保有限公司。

2. 项目概况

本项目包括江西省境内的38个县（市）的污水处理厂的特许经营权转让，合计污水处理能力55万吨/日。特许经营权转让价款合计13.91亿元，申请国开行贷款9.5亿元。

3. 还款来源

污水处理服务费。

4. 运行模式

全省县市污水处理厂特许经营权出让在省污水处理设施建设领导小组领导下，由省行政事业资产集团公司具体负责组织实施，将全省77个县市78个污水处理厂打捆成一个项目，面向全球招标。经过招投标确定南昌水业集团有限责任公司（以下简称南昌水业）为特许经营权受让方，南昌水业与出让方江西省行政事业资产集团有限公司签订本项目的特许经营出让总合同。在总合同项下，南昌水业与78个县（市）政府签订分合同（《项目特许权协议》及其附属的《项目特许权和资产经营权出让协议》和《排水服务协议》），逐县确定出让价款及污水处理服务费单价，协议项下污水处理费作为还款来源，协议项目应收账款提供质押担保。

① 公司由杭州钢铁股份有限公司和清华紫光环保有限公司、浙江省冶金研究院有限公司、浙江省工业设计研究院等六家股东发起组建，公司主要从事中小城市污水处理、区域性供水市场的开发。

专栏 2：长春模式——长春北郊污水处理厂扩建及提标改造工程项目案例

1. 借款主体

长春水务集团城市排水有限责任公司。

2. 借款条件

本项目建设内容为既有厂区污水处理设施及设备的升级改造、新建 39 万吨/天预处理工程、二级处理设施、深度处理设施、污泥处理设施、附属设施、配套的厂区及厂外道路等工程。项目总投资 16.3 亿元，申请国开行贷款 13 亿元。

3. 还款来源

污水处理收入和投资补助收入。

4. 运行模式

为推进项目建设，借款人与长春市政府签订了项目的污水处理价格协议，将污水处理收入作为还款来源之一。在污水处理收入不足以还本付息的情况下，借款人与长春市政府签订了投资补助协议，用于借款人还本付息和公司运营。

专栏 3：黑龙江模式——龙江环保集团松花江流域水污染控制和管理项目案例

1. 项目实施主体

龙江环保集团（龙江环保集团为清华大学控股的东北地区大型专业化水务企业，前身为清华同方（哈尔滨）水务有限公司）。

2. 项目概况

项目主要建设内容为在哈尔滨、牡丹江、富锦三市建设日总处理量 30 万吨的污水处理厂两座、日总处理量 1 280 吨的污泥处理厂两座。该项目于 2012 年启动实施，预计于 2015 年竣工投产。二期项目总投资 11.1 亿元人民币。

3. 收益来源

污水处理费和供水收入。

4. 运行模式

该集团与黑龙江省政府签署《黑龙江省水务项目投资战略合作协议》、《黑龙江省污泥处理项目投资战略合作协议》等四个合作协议，确立了以 PPP 模式建设城市供水及污水处理项目的合作框架。在财政部及黑龙江省相关部门的积极推动下，亚行此前已向该集团注入股本约 1 000 万美元，并投入 2.5

亿元人民币熊猫债券，用于一期项目建设。二期项目总投资 11.1 亿元人民币，其中，利用亚行私营部门银团贷款9 500 万美元（折合人民币约6 亿元）。得益于 PPP 合作模式的成功实施及亚行私营部门股本及贷款的分期注入，项目在满足黑龙江省相关市县供排水建设和生态环境改善需求的同时，有力支持了企业自身做大做强，同时，通过引进并采用国际先进管理模式，该集团所属15 个污水处理厂和两个供水公司均运营良好，大幅减轻了政府投入负担。

2. 保供水、抓节水领域

该领域主要包括灌区续建、节水改造以及水库、引调等水利项目。该类项目的特点有：一是项目量大面广。根据全省“五水共治”项目安排，2014—2020 年拟投资约 85 亿元，新增和改善灌溉面积 300 万亩，新增高效节水灌溉面积 140 万亩，涉及全省 11 个地市；2014—2020 年拟投资约 820 亿元，新建 68 座供水水库和 30 项引调水工程。二是项目自身具备一定的收益。除了供水收入，项目同时享受水利三金等专项资金补贴，但收益仍不足以覆盖项目投入，需要财政补充投入，并通过自筹或贷款解决资金缺口。三是项目建设以政府为主导。项目主要由各地市、县的相关融资主体各自负责投融资建设，当前面临的主要问题有：（1）各地市、县融资平台项目贷款面临瓶颈。受地方财政收入增幅放缓以及地方政府负债等因素影响，水利项目融资空间受约束，而且水利项目贷款的还款来源和担保较难落实。（2）不利于各级水利财政资金以及水费收入等资金资源的统筹使用。

为此，建议参照其他省份做法，一是组建省级水利融资大平台。依托钱江水利或浙江水利水电投资集团等专业企业，打造省级水利融资大平台，统筹水利三金以及项目水费收入等各类资金资源，实施分散项目的统一建设和统贷统还。在具体操作中，可借鉴“陕西模式”（见专栏 4）、“云南模式”（见专栏 5）、“重庆模式”（见专栏 6）和“甘肃模式”（见专栏 7）。二是进一步做实做强各市县水利融资平台，构建市场化运作企业。支持各市县水利融资平台对原水、引水、供水到污水处理产业链进行兼并重组，增强平台公司自我造血功能和滚动发展能力，构建治理结构完善、市场化运作的企业，达到“以水造水，以水养水，以经营性收入反哺公益性职能”的目的。在具体操作中，可借鉴“绍兴模式”（见专栏 8）[①]。三是引入多渠道资本参与项目建设。包括可引入央

① 绍兴市汤浦水库有限公司为绍兴市水务集团有限公司的控股子公司。绍兴市水务集团有限公司是绍兴市政府为使绍兴市城市供排水管理营运体制与城市供水格局相适应而组建的一家有限责任公司，其由绍兴市国资委授权，主要从事城市饮用水资源开发和供排水及国有资本的经营，其拥有多家子公司及控股公司。集团公司内部资金由其统一运作、调度。

企类（如中环保水务投资公司）、国企或民企等多种投资主体，采用 BOT、PPP 等多种模式承担项目建设并负责融资。在具体操作中，可借鉴“湖州模式”（见专栏 9）。

专栏 4：陕西模式——陕西省 2011 年农业灌溉设施建设项目案例

1. 借款主体

陕西省水务集团有限公司。

2. 项目概况

建设内容主要包括大型灌区末级渠系节水改造、中型灌区节水改造和大中型灌区扩灌工程，共涉及全省 164 个灌区，涉及恢复灌溉面积 331. 68 万亩。项目总投资约 64. 12 亿元，申请国开行贷款 38 亿元。

3. 还款来源

供水服务费（来源为水利三金）。

4. 运行模式

该模式主要解决面广量大、自身收益不足的水利项目融资难问题。借款人与省水利厅签订《陕西省农业灌溉设施建设项目供水服务协议》（协议约定借款人负责建设项目，建成后以市场化方式提供供水服务，由省水利厅作为供水服务使用方向借款人支付供水服务费，同时，陕西省政府明确供水服务费来源为省水利建设基金、水资源费、煤炭石油天然气资源开采水土流失补偿费），项目还款来源为借款人收取的供水服务费，借款人以其合法享有的供水服务费收费权提供质押担保。

专栏 5：云南模式——云南省 2013 年重点水源工程建设项目案例

1. 借款主体

云南省水利水电投资集团。

2. 项目概况

项目涉及全省重点水源建设工程 174 个，覆盖全省 16 个州（市），105 个县（市、区）。项目总投资为 386. 2 亿元，申请国开行贷款 100 亿元。

3. 还款来源

供水收入以及水利三金。

4. 运行模式

推动借款人云南省水利水电投资集团与云南省水利厅签订了《供水协议》，项目还款资金来源即为协议项下本项目水费收益，如项目自身收益不足以偿还贷款本息，将以地方水资源费、水利建设基金、土地出让收入中计提的可用于水利建设的资金作为补充还款来源，信用结构为水费收费权质押。

专栏6：重庆模式——重庆市开县鲤鱼塘等8个大中型水库项目案例

1. 借款主体

重庆市水利投资（集团）有限公司。

2. 项目概况

水投集团就重庆开县鲤鱼塘水库等8个大中型水库项目在内的重庆市“十一五”期间水利基础设施项目整体向国开行申请贷款79亿元（其中政策性贷款63亿元，配套项目贷款16亿元）。

3. 还款来源

供水收入及财政还款。

4. 运行模式

重庆市水利投资（集团）有限公司于2003年成立，是全国水利行业首家省级水利投资集团，重庆市委、市政府赋予水利融资平台土地储备职能以及相关税收政策和土地政策。重庆市政府指定重庆市水利投资（集团）有限公司作为市级融资平台，就农村饮水安全工程、大中型水库、城镇供排水、一包增贷、水电五类项目向国开行申请政策性贷款和配套项目贷款，重庆市委、市政府在召开的《关于加快水利发展有关问题的会议》中，同意由预算外财政收入（含政府性基金收入）增量作为还款来源。

专栏7：甘肃模式——甘肃临潭等7个扶贫试点县农村饮水安全工程项目案例

1. 借款主体

甘肃省水务投资公司。

2. 项目概况

本项目计划在2013—2015年，新建农村集中供水工程335处、分散式供水工程4处、维修改造农村集中式供水工程16处。项目总投资为14.8亿元，申请国开行贷款11.8亿元。

3. 还款来源

BT协议项下回购资金（包括中央补助资金、省级扶贫项目资金等）。

4. 运行模式

农村饮水安全扶贫项目涉及地区广、项目较分散，若政府单个审批将增加评审及信贷管理的难度，项目属于公益性质，需要构建适合项目特点的还款来源及信用结构，借款人甘肃省水务投资公司与甘肃省扶贫公司（负责筹集整合中央补助资金、省级扶贫项目资金）签订BT协议，项目建成后由扶贫公司回购，省水务投资公司将回购资金用于偿还贷款本息；省水务投资公司以BT协议项下应收账款为我行贷款提供质押担保。

专栏8：绍兴模式——浙江绍兴汤浦水库工程项目（包括一期和二期）案例

1. 借款主体

绍兴市汤浦水库有限公司。

2. 项目概况

建设总库容为2.35亿立方米的水库一座。项目总投资9.799亿元，其中国开行一期项目贷款2.899亿元，二期项目贷款2.5亿元。

3. 还款来源

水费收入。

4. 运行模式

这种水源性项目主要以卖原水为主，投资大、现金流少，在为绍兴（汤浦）水库提供贷款支持时，地方政府把水库与污水处理公司、效益比较好的自来水厂等，通过资产重组成立水务集团，最后实现了从原水、引水、供水到污水处理的完整产业链条，解决了还款来源和信用结构难以落实的问题。

专栏9：湖州模式——湖州老虎潭水库及饮水工程项目案例

1. 项目实施主体

中环保水务投资公司。

2. 项目概况

湖州老虎潭水库，是一座以防洪为主、结合供水，兼顾灌溉，带动地方经济发展等综合功能的重点骨干水利工程。老虎潭水库引水工程自坝下供水隧洞至湖州城北水厂，全长38.8公里。湖州老虎潭水库及饮水工程组合招商的总投资额为8.57亿元。

3. 收益来源

水费收入。

4. 运行模式

湖州市政府通过公开招标，引入中环保水务投资公司为项目投资人，公司以BOT形式组建项目业主，独立承担项目的建设与今后三十年的运行，三十年后项目所有实物资产无偿移交湖州市人民政府；湖州市政府承诺以定量定价形式收购水库原水为回报，同时考虑平抑水价与防洪因素，补贴项目资金两亿元人民币。

3. 防洪水、排涝水领域

该领域主要包括防洪排涝以及河道综合治理等项目。该类项目的特点有：一是项目资金需求量大。根据全省“五水共治”项目安排，2014—2020年拟投资防洪排涝项目2 048亿元，涉及新建11座防洪水库、完成除险加固水库600座、加固堤防3 500公里和拓浚排洪河道2 000公里；2014—2017年拟投资河道综合治理项目195亿元，涉及完成河道综合整治8 000公里，垃圾河整治6 487公里以及黑臭河整治5 116公里。二是项目自身无收益，但可能具备间接的增值收益。项目建设的资金依赖财政投入，但河道综合治理可改善环境并提升周边土地价值，形成间接收益。三是项目建设以政府为主导。项目主要由各地市、县的相关融资主体各自负责投融资建设，当前面临的主要问题有：（1）市、县水利融资平台资产规模小，难以承载大额的资金投入和信贷融资。（2）依托融资主体自身，还款来源和担保难以落实。

为此，建议参照其他省份做法，赋予融资主体相关特许经营权或资源补偿提升融资能力。比如病险水库除险加固项目相应的水库周边旅游资源开发运营权，海堤建设工程相应的滩涂使用权，或是直接给予企业土地等资源补偿，企业所获相关经营收入或土地出让收入以及土地增值收益作为还款来源，以相关经营权或土地使用权作抵质押担保向银行融资。在具体操作中，可借鉴“江苏泰州模式”（见专栏10）和“山西临汾模式”（见专栏11）。

专栏10：江苏泰州模式——江苏省2011年泰州市城市防洪排涝工程项目案例

1. 借款主体

泰州市城市建设投资集团。

2. 项目概况

项目建设内容包括：新建调水闸工程3座、滚水坝4座；疏浚整治8条河道，合计全长15 500米。项目总投资3.36亿元，申请国开行贷款2.5亿元。

3. 还款来源

土地出让收入返还。

4. 运行模式

借款人与市政府签订委托代建协议，还款来源即为政府支付的委托代建资金，资金来源为泰州市政府指定的200亩可出让的商住用地未来出让收入返还，借款人以其拥有的100亩商住用地提供抵押担保。

专栏11：山西临汾模式——临汾市2012年百公里汾河治理与生态修复工程项目案例

1. 借款主体

临汾市投资集团有限公司。

2. 项目概况

项目建设内容包括河道治理、堤防加固、泵站改造、生态绿化工程等。项目总投资约42亿元，申请国开行贷款33亿元。

3. 还款来源

土地出让收入返还。

4. 运行模式

该项目还款来源为土地出让收入，项目建成后将较好改善临汾境内汾河整体生态环境，较大幅度地提升汾河两岸土地的价值，使临汾市政府未来的财政收入水平快速提高，由于未来项目建成后临汾全市汾河沿线两岸政府可收储的土地正在进行勘测定界、土地规划修订等工作，因此，本项目的还款来源为规划收储的临汾市汾河城区段（已建成）周边2 500亩土地的出让收入返还。

（二）融资租赁模式

该模式主要适用于污水治理以及相关水利企业，可通过与国银租赁、华融租赁等租赁公司合作实现企业设备的融资租赁，或者以售后回租方式盘活现有设备进行融资。在具体操作中，可借鉴“安徽模式”（见专栏12）。

专栏12：安徽模式——安徽水利开发股份有限公司融资租赁案例

1. 借款主体

安徽水利开发股份有限公司。

2. 项目概况

将山推推土机、发电厂房、水轮发电机及其附属设备等资产以售后回租方式，向华融租赁公司融资，融资金额为1.12亿元。

3. 还款来源

租金。

4. 运行模式

安徽水利开发股份有限公司与华融金融租赁股份有限公司申请办理售后回租融资租赁业务，分别与华融租赁公司签署《融资租赁合同》及《回租物品转让协议》，将山推推土机、发电厂房、水轮发电机及其附属设备等资产以售后回租方式，向华融租赁公司融资1.12亿元。

（三）债券融资模式

该模式主要适用于符合条件的水利企业或城投公司①，可通过发行债券或者通过发行定向融资计划，吸引民间资金用于项目建设。在具体操作中，可借鉴“富阳模式”（见专栏13）和“建德模式”（见专栏14）。

专栏13：富阳模式——钱塘江治理工程富阳市富春江治理项目案例

1. 发行主体

富阳市城市建设投资集团有限公司。

① 原则上要求其必须按照银监会的要求退出融资平台才能够发债，股份有限公司的净资产不低于人民币3 000万元，有限责任公司和其他类型企业的净资产不低于人民币6 000万元，最近三年可分配利润（净利润）足以支付企业债券一年的利息。

2. 项目概况

项目位于富阳市境内的富春江两岸，共涉及 19 段江堤，加固防堤总长 80.069 公里。发行金额为 13 亿元，期限 7 年，利率为 7.1%。

3. 还款来源

土地出让净收益。

4. 运行模式

国开行作为主承销商为富阳市城市建设投资集团有限公司发行债券 13 亿元，资金全部用于其子公司富阳市水利建设投资有限公司钱塘江治理工程富阳市富春江治理项目建设，本期债券由中国投资担保有限公司提供全额无条件不可撤销连带责任保证担保。

专栏 14：建德模式——建德“五水共治”定向融资计划产品案例

1. 发行主体

建德市马南高新产业发展有限公司。

2. 项目概况

建德市“五水共治”定向融资计划所募集资金符合浙江省“五水共治”大政方针，专项用于建德市“五水共治”项目。募集金额 4 亿元，期限两年，预期年化利率 8%。

3. 还款来源

财政资金。

4. 运行模式

该融资计划已经浙江省人民政府金融工作办公室备案通过，在浙江金融资产交易中心发行和交易，为进一步保障本融资计划安全性，建德市人大常委会《关于同意市“五水共治”项目融资的决议》（建人大〔2014〕14 号）批准，本次“五水共治”定向融资计划纳入市级政府负债规模，贷款本息列入财政年度负债预算，由财政统一还本付息。

（四）ABS 融资模式

该模式主要适用于拥有 BT 合同项下的应收款、自来水收费权、污水处理收费权等资产的“五水共治”项目，可通过资产证券化，在银行间市场或交易所市场发行将基础设施产权权益证券化，实现资金筹集。在具体操作中，可借鉴“江苏镇江模式”（见专栏15）。

专栏15：江苏镇江模式——江苏镇江水投公司建设镇江市北水工程案例

1. 发行主体

江苏镇江水投公司。

2. 项目概况

滨江旅游专线东、西段道路工程以及金山湖退渔还湖及防洪工程等7个建设项目。募集金额20亿元。

3. 还款来源

委托代建资金。

4. 运行模式

该项目中将水投公司作为北部滨水区的实施主体和融资平台，镇江市人民政府向发行人支付代建投资额与代建投资利息资金作为发行人的应收账款，并以此作为本期债券的质押资金，从而实现了基础设施产权权益证券化，并形成滚动发展。

五、相关政策建议

一是建议充分借鉴江西、河北、广东等省份经验，在浙江水利水电投资集团、钱江水利等企业的基础上，进一步整合全省水利资源，探索推进省级水利融资平台的搭建，并比照棚改积极争取差异化政策，负责全省重大和跨区域水利项目的建设。

二是建议由省级财政注资或划拨现有国有企业股权，公开募集社会资金，成立国有资产为背景的水利投资运营基金，依托省级信息优势选择投资项目，以直接或间接方式投资地方水利建设。

三是建议水利融资平台公司对水源工程、给排水厂等水利资产进行兼并重组，增强平台公司自我造血功能和滚动发展能力，推动融资平台转型，打造治理结构完善、市场化运作的企业，达到“以水造水，以水养水，以经营性收入反哺公益性职能”的目的。

四是建议拓宽水利贷款担保资源，积极争取允许以水利建设基金、水资源费等作为质押担保等。

五是建议加强民间资本投资“五水共治”项目的政策引导，加强 PPP（公私合作）、TOT（转让经营权）等融资模式的探索创新，培育和规范建设市场。

六是建议加强部门间协调配合力度，加强“五水共治”主管部门与财政、金融等部门的协调沟通，建立定期或不定期信息沟通和共享机制，并积极推动召开研讨会、对接会等，加强难点问题的协调解决以及相关经验的沟通共享。

六、国开行相关举措

一是发挥国开行规划优势，联合政府部门合力对浙江省“五水共治”项目发展中的重大问题尤其是融资难题进行共同研究，提出有效应对举措与政策建议。

二是发挥国开行中长期融资优势，积极为“五水共治”重点项目建设，提供大额、长期和稳定的融资支持。

三是积极发挥开发银行“投贷债租证”综合金融优势，支持企业通过发行企业债、票据等拓宽融资渠道，通过售后回租、融资租赁等产品帮助企业盘活存量资产，扩充资金来源。

四是充分发挥国开行资金引导优势，通过开展银团贷款、信托贷款等同业合作，引导更多社会资金投向“五水共治”项目建设。

附件1：各省（区、市）水利融资平台建设运营情况表

附件1　　各省（区、市）水利融资平台建设运营情况表

分类	序号	省、市	平台名称	平台情况
已搭建省级统贷平台并实现贷款承诺	1	北京	北京水务投资中心	—
	2	河北	河北水务集团	—
	3	山西	山西水务投资集团有限公司	—
	4	吉林	吉林省水务投资集团有限公司	—
	5	江苏	南水北调东线江苏水源有限责任公司	—
	6	辽宁	辽宁润中供水有限责任公司	—
	7		辽宁西北供水有限责任公司	—
	8	青岛	青岛水务投资开发有限公司	—
	9	福建	福建省水利投资集团有限公司	—
	10	江西	江西省水利投资集团有限公司	—
	11	河南	河南水利建设投资有限公司	—
	12	湖北	湖北省长江产业投资有限公司	原名“湖北省投资公司”，于2012年由省政府下发文件更名为“湖北省长江产业投资有限公司”，并确定为省级水利投融资平台。
	13	湖南	湖南省水利投资公司	近年来省政府以划拨地方水电资产等方式不断充实公司资产。
	14	广东	广东省供水工程管理总局	—
	15	重庆	重庆市水利投资（集团）有限公司	—
	16	贵州	贵州省水利投资有限责任公司	贵州水投是贵州省唯一的省级水利投融资平台，拥有来自政府的政策、资金和人事组织安排等方面全方位的支持，公司在贵州水利行业处于事实上的垄断地位。
	17	云南	云南省水利水电投资有限公司	拥有全省优质水利、水电资产。
	18	甘肃	甘肃省水务投资有限责任公司	作为甘肃省水利投融资主体，是由甘肃省人民政府依法授权甘肃省水利厅出资成立的国有独资公司，出资方式为货币资金、划拨实物资产，省政府国资委对借款人国有资产实行监管。
	19	新疆	新疆维吾尔自治区国有资产投资经营有限责任公司	全区水利投融资平台。
	20	陕西	陕西省水务集团有限公司	是陕西省人民政府出资成立的，以市场化经营模式进行营运的水利项目建设投融资主体，负责建设和运营省内重大水利项目。

续表

分类	序号	省、市	平台名称	平台情况
已成立省级统贷平台，正在推进项目开发评审	1	内蒙古	内蒙古水务投资集团有限公司	项目推动有难度，公司主要经营范围为污水处理、工业园区供水，缺乏民生水利项目。
	2	山东	山东水务发展有限公司	—
	3	天津	天津水务投资有限责任公司	—
	4	宁夏	宁夏水务投资集团有限公司	—
	5	四川	四川省水务投资集团有限责任公司	—
	6	新疆	新疆投资发展（集团）有限责任公司	—
	7	海南	海南省水利水电集团有限公司	—
已同意搭建省级平台，正在理顺工作机制	1	安徽	—	省政府高度重视，比照省级棚改平台，正在研究组建省级水利融资平台，负责引江济淮工程（总投资 700 多亿元）等重大项目的建设。
正在推动中，尚未达成一致意见	1	黑龙江	—	已向省里宣介，尚未最终反馈。
	2	苏州	—	跨区县流域治理需要设立统贷平台，已向市里宣介，但是鉴于下设各县财政归省里统筹管理，市里统筹有难度。
	3	上海	—	已向市里宣介，尚未最终反馈。

参考文献

[1] 国家开发银行浙江省分行：《浙江省水利行业系统性融资规划》，2011。

[2] 浙江省环保厅：《浙江省治污水实施方案（2014—2017 年）》，2014。

[3] 浙江省水利水电工程局：《浙江省水利投融资调研报告》，2014。

[4] 浙江省水利厅：《浙江省“五水共治”防洪水实施方案》和《浙江省“五水共治”保供水实施方案》，2014。

充分利用债券市场助推浙江企业发展的对策建议

中国证券监督管理委员会浙江监管局课题组*

债券市场是资本市场的重要组成部分，2013 年，党的十八届三中全会提出要“发展并规范债券市场，提高直接融资比重”；2014 年 5 月，国务院《关于进一步促进资本市场健康发展的若干意见》专门就“规范发展债券市场”提出四方面意见，规范发展债券市场正当时。从浙江省本地经济、本地企业发展实际来看，浙江民间资本活跃、企业融资需求旺盛，既有一定的债券投融资需求也有进一步发展债券市场的空间。债券融资兼具直接融资和债务融资的双重属性，是企业缓解财务压力、解决流动性问题的重要手段，浙江应把握历史机遇，整合优势资源，找准突破口，充分利用债券市场助推企业发展、促进经济转型升级。

一、浙江省企业债券融资情况分析

（一）相关概念

由于我国债券市场特有的发展路径和多头监管的特点，我国债券市场上有较多的同质化概念和本土化称谓，如企业债、公司债、中小企业集合票据等，为便于后续的研究和阐述，我们首先对所使用的相关概念进行定义。

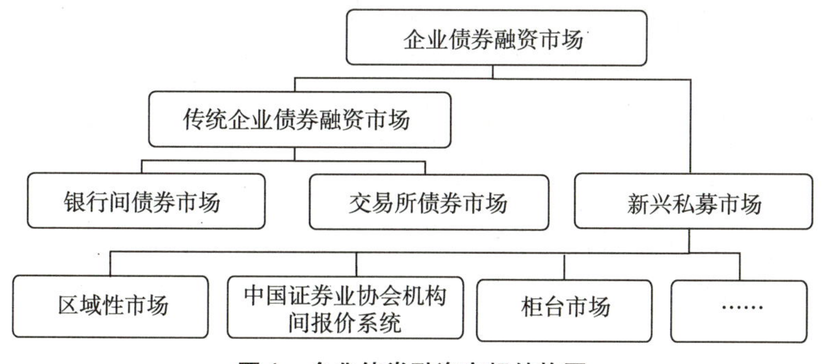

图 1　企业债券融资市场结构图

* 课题主持人：吕逸君
课题组成员：王继翔　贾　婕　张晓昆　沈绿野　张　微　胡亦盛

1. 企业债券融资工具和企业债券融资市场。鉴于我国有企业债、公司债、非金融企业债务融资工具（一般简称企业债务融资工具）等债券品种，为避免混淆，我们引入企业债券融资工具的概念作为以非金融企业为融资主体的债券品种的统称。本文所称企业债券融资工具是指具有法人资格的非金融企业依照法定程序发行的，约定在一定期限内还本付息的债权债务凭证，考虑到城投债依托政府信用的“准市政债券”特征，本文所称企业债券融资工具不包括城投债。相应地，我们将发行和交易企业债券融资工具的场所称为企业债券融资市场（见图1）。

2. 传统企业债券融资工具和传统企业债券融资市场。为了与新兴私募市场作区分，我们引入传统企业债券融资工具和传统企业债券融资市场的概念。本文所称传统企业债券融资工具是指现有在银行间市场和沪深交易所公开发行和交易的企业债券融资工具（定向工具、中小企业私募债等私募债券品种和资产证券化产品除外）。相应地，传统企业债券融资市场是指银行间市场和沪深交易所中用于传统企业债券融资工具发行和交易的部分。

3. 银行间债券市场、交易所债券市场和新兴私募市场。本文所称银行间债券市场和交易所债券市场分别指银行间市场和沪深交易所中用于传统企业债券融资工具发行和交易的部分；本文所称新兴私募市场是指除银行间债券市场和交易所债券市场外，用于企业债券融资工具发行和交易的场所，包括银行间市场和沪深交易所中用于私募债券、资产证券化产品发行与交易的部分以及各类区域性市场、中国证券业协会机构间私募产品报价与服务系统、银行柜台市场、证券公司柜台市场等。

目前，我国传统企业债券融资市场以银行间债券市场为主，短期融资券、中期票据均只在银行间债券市场发行流通，2014 年前三个季度两者的合计发行量占传统企业债券融资工具发行总量比重为91.83%；企业债一般会选择在银行间债券市场和交易所债券市场同时发行，交易则集中于银行间债券市场；公司债①、可转债则仅在交易所债券市场发行流通。

我国新兴私募市场近几年才开始发展，主要发行交易的品种为定向工具、中小企业私募债等私募债券以及资产证券化产品，随着各类区域性市场、中国证券业协会机构间报价与转让系统、证券公司柜台市场的陆续建立完善，新兴私募市场的内涵和外延正不断扩大。

---

① 虽然早在2007 年人民银行就曾出台允许公司债到银行间市场发行流通的相关规定，但目前公司债到银行间市场发行尚未成型，证监会正在进行改革，让公司债到银行间银行市场去发行。

（二）浙江企业债券融资市场发展现状

1. 基本情况

浙江拥有优良的企业债券融资市场发展环境和活跃的市场经济主体，近年来，浙江紧跟全国企业债券融资市场改革和创新的步伐，企业债券融资市场稳步发展。

浙江传统企业债券融资市场规模近年来呈爆发性增长（见图 2）：2005 年，浙江省传统企业债券融资工具全年发行量 16 亿元；2013 年，浙江省传统企业债券融资工具全年发行量达到 805.5 亿元，相较于 2005 年上涨了 50 倍①。

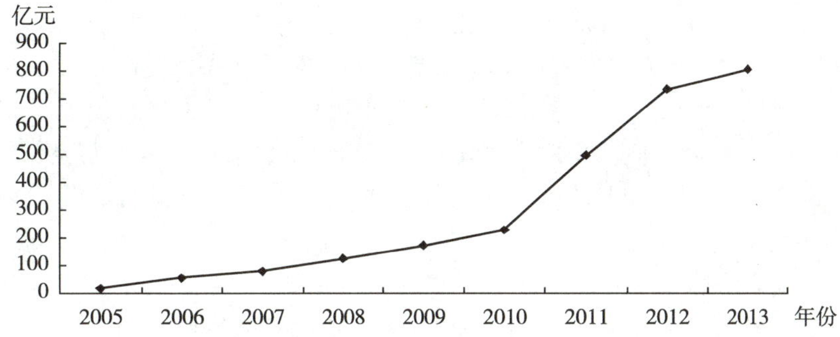

图 2　2005—2013 年浙江传统企业债券融资市场发行量走势

新兴私募市场方面，浙江结合本省实际进行了不少尝试和创新，取得了一定成绩。一是在中小企业私募债试点中抢占先发优势。据沪深交易所统计，截至 2014 年第三季度末，浙江已有 91 家企业在交易所备案发行金额 146.55 亿元中小企业私募债，全国占比 10.49%；58 家企业的 68 只私募债完成了发行，募集资金 81.73 亿元，全国占比 9.97%。二是浙江股权交易中心稳步发展，私募债券发行量领跑全国。截至 2014 年第三季度末，浙江股权交易中心累计发行私募债券 47 只，完成发行金额 34.38 亿元，高于同期前海股权交易中心的 12.85 亿元、天津股权交易所的 7.16 亿元和上海股权托管交易中心的 2.55 亿元。三是研究利用资产证券化手段推动品种创新。2013 年，阿里巴巴通过上海东方证券资产管理有限公司设立“阿里巴巴专项资产管理计划”，在深交所综合协议交易平台挂牌转让，成为我国第一例小微企业和个人创业者贷款证券化。

品种方面，从可选企业债券融资工具来看，目前浙江企业可以选择发行短期融资券、中期票据、企业债、公司债、中小企业集合债、中小企业集合票据、定向工具、中小企业私募债、并购重组私募债、可转债、资产证券化产品等进行债券融资（各品种相关特点见专栏）。

---

① 若无特别说明，本文数据均来源于 Wind。

专栏：企业债券融资工具各品种主要特点

1. 企业债。筹集的资金规模大、资金用途广泛，票面利率显著低于银行同期贷款利率，但发行条件较严格，审批程序烦琐，周期长，需要确定年度计划，并由各级发改委逐级向上报批，主要是大型国有企业发行。近期，大量城投债借道企业债发行产生的债券兑付风险引发了各方关注，发改委正研究加强企业债风险防范，企业债未来发展方向尚无定论。

2. 公司债。由于公司债起步晚，且发行主体仅限于上市公司，目前整体规模较小。不过，从最新发布的《公司债券发行与交易管理办法（征求意见稿)》来看，公司债将在发行主体、发行期限、发行方式、交易场所上全面扩容，同时通过取消公开发行的保荐制和发审委制度以简化审核流程，审核期限有望进一步缩短，可以预期公司债在新规出台后将有较好的发展空间。

3. 短期融资券、中期票据。两者都是在银行间市场针对机构投资者发行的，筹资规模较大，采用注册制，审批较为灵活，但有较严格的期限限制，其中，短期融资券要求在1年以内，中期票据以3～5年为限，适合各类具有较高资信评级的大中型企业及时补充企业发展过程中的中短期资金，对于更长时间的债券融资需求则无能为力。

4. 定向工具。定向工具注册有效期2年，在有效期内可分期发行，债券投资人只能是银行间市场特定投资人，转让也只能在定向投资协议中约定的投资人之间进行。定向工具的推出满足了部分企业进一步发债的需求，但在实际操作中，定向工具的发行需要以一定的银行间市场机构投资者资源为基础，因而发行主体集中在优质大型企业，中小微企业难以通过发行定向工具进行债券融资。

5. 中小企业集合债、中小企业集合票据。是针对中小企业推出的创新产品，给予了低信用等级的中小企业进行债券融资的机会。其中，中小企业集合债准入门槛较高、主要依赖政府信用和政府支持，处境较为尴尬；中小企业集合票据曾经因其服务中小企业的特征而走红，但随着2012年中小企业私募债的推出，逐渐被设计更为灵活的中小企业私募债取代。

6. 中小企业私募债、并购重组私募债。中小企业私募债采用备案发行、无须审批，不设财务指标要求，可以单独也可以集合发行，同时借鉴了美国144A规则，允许在合格投资者之间进行流通转让，目前已经成为中小企业债券融资的主要手段；并购重组私募债以中小企业私募债相关规则为基础，在发行主体、利率和期限上全面放开，其中发行主体扩大至所有公司制企业（试点初期暂不包括沪深交易所上市公司)，同时其发行交易市场除沪深交易所外，还包括中国证券业协会机构间报价与转让系统，但所募集资金要求用于支持企业并购重组活动。

7. 可转债。可转债具有股票和债券的双重属性，具有“上不封顶，下可保底”的优点，对投资者具有强大的市场吸引力。但由于可转债的发行限制较多，我国境内发行的可转债多集中在电力、钢铁等传统行业上市公司。

8. 资产证券化产品。资产证券化在充分考虑基础资产未来现金流特点的基础上，设计针对性的产品，使其既可以满足企业的个性化融资需求，又有利于提高资产流动性、解决期限不匹配等问题，是债券产品创新的生力军。目前，除证券公司资产证券化产品外，银行间债券市场推出了资产支持票据、项目收益票据等产品，发改委则正积极开展项目收益债试点。

从实际使用的债券品种看，浙江企业使用的债券品种比较丰富，基本涵盖了现有的主流品种，包括短期融资券、中期票据、定向工具、企业债、公司债、可转债、中小企业私募债、资产证券化产品、其他私募债券[①]等。

从企业债券融资工具存量来看，截至2014年第三季度末，浙江企业债券融资工具余额共计2 126亿元，其中，中期票据703亿元，占比33.09%；短期融资券569亿元，占比26.78%；公司债246亿元，占比11.56%；企业债222亿元，占比10.44%；定向工具215亿元，占比10.12%（见图3）。

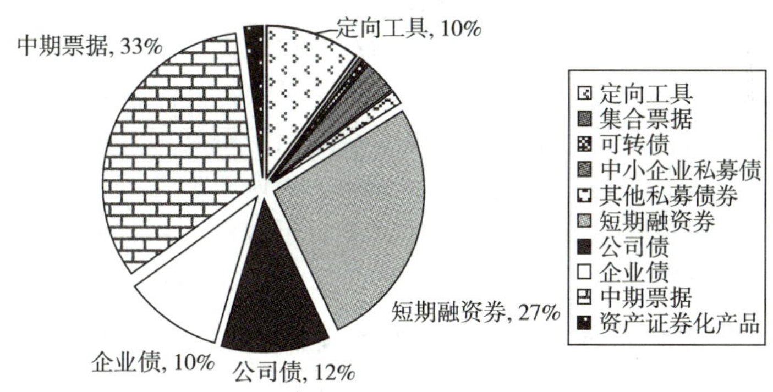

图3 2014年第三季度末浙江企业债券融资工具存量结构

从各品种发行量走势来看，短期融资券自推出以来，发行量稳步增长，稳居第一；中期票据紧随其后，经历了近几年的发展，已占据了发行量第二的宝座；公司债发行量增长较快，自2011年起已超过企业债融资规模；定向工具、中小企业私募债等私募债券在近两年得到了较快发展；资产证券化产品方面，得益于证

① 其他私募债券主要是在浙江股权交易中心发行的私募债，下同。

券公司资产证券化业务的要求放宽，也在 2013 年逐渐打开了市场（见图 4）。

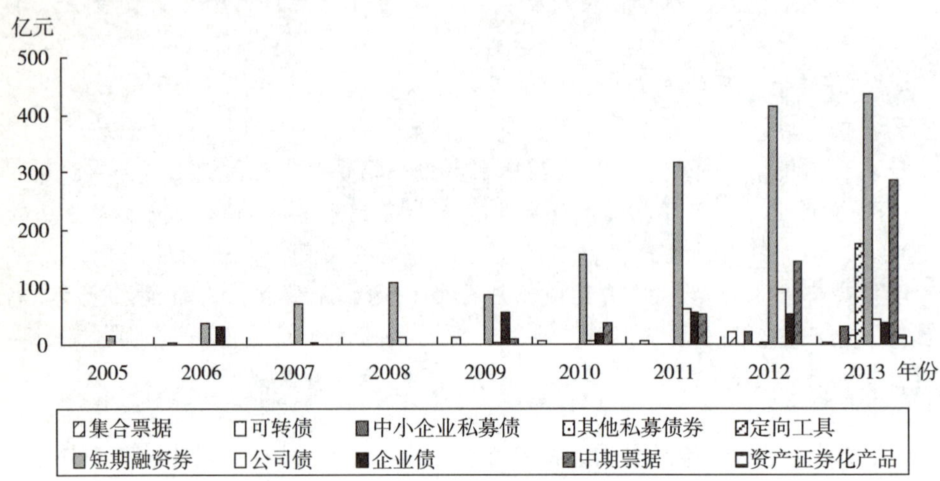

图 4 2005—2013 年各品种发行量走势

2. 发展特点

鉴于浙江与广东、江苏、山东三省的经济发达程度相近，我们选取了 2012 年、2013 年浙江、广东、江苏、山东四省的企业债券融资工具发行数据进行对比分析，发现浙江企业债券融资市场存在以下发展特点：

（1）企业债券融资规模仍有较大提升空间

总体而言，经历了近几年的发展，浙江企业债券融资规模大幅增长。从与 GDP 的比率来看，2013 年浙江企业债券融资工具发行量占 GDP 比重已跃居第一位。不过，从绝对值来看，浙江省近两年企业债券融资工具发行量在四个省份中排名末位；从发行量与新增贷款比重来看，近两年浙江省该项数据均低于广东和山东；从发行量与股权融资额比重来看，近两年浙江省该项数据均低于江苏和山东，说明浙江企业债券融资规模还有较大提升空间（见表 1）。

表 1 2012—2013 年浙、粤、苏、鲁四省企业债券融资市场基本情况①

指标	浙江省		广东省		江苏省		山东省	
	2012	2013	2012	2013	2012	2013	2012	2013
发行量（亿元）	762	1 045	1 267	1 715	884	1 077	1 209	1 421
发行量/GDP	2.20%	2.78%	2.22%	2.76%	1.64%	1.82%	2.42%	2.60%
发行量/新增贷款	12.15%	17.92%	14.98%	19.97%	13.51%	14.50%	22.61%	28.86%
发行量/股权融资额	3.03	5.78	2.75	2.57	3.99	10.18	4.81	20.48

① GDP、新增贷款数据来源于各省统计局网站。

(2) 资产证券化产品、私募债券品种发展较快，公司债、可转债发行量明显偏低，对部分债券品种的理解和运用还有待深化

分品种看，2013 年浙江发行的企业债券融资工具主要集中在短期融资券、中期票据，发行额分别为 434.9 亿元和 285 亿元，分别占同期发行总额的 41.64% 和 27.29%，这一构成与广东、江苏、山东三省的构成基本相似。其他品种方面，浙江在资产证券化产品、其他私募债券方面的先发优势最明显，这主要得益于 1 ~5 号“阿里巴巴专项资产管理计划”的发行以及浙江股权交易中心的创新发展；同时，浙江在中小企业私募债、定向工具等私募债券上发展较快，在企业债的发行量上也占优。但考虑到浙江上市公司较多，总数排名长期居全国第二的现状，浙江公司债、可转债发行量明显偏低，从这一角度来看，浙江企业对部分债券品种的理解和运用还有待深化（见表 2）。

表 2　　2012—2013 年浙、粤、苏、鲁四省企业债券融资工具品种分布

单位：亿元

债券类型	浙江		广东		江苏		山东	
	2012	2013	2012	2013	2012	2013	2012	2013
短期融资券	414.57	434.90	571.40	872.40	353.80	462.60	392.60	773.50
公司债	96.80	44.20	163.50	146.70	121.30	46.95	129.20	59.00
企业债	53.40	38.50	30.00	36.00	24.00	28.00	27.00	37.50
中期票据	144.90	285.00	353.30	302.20	284.20	211.30	388.60	258.00
中小企业集合票据	23.57	2.90	0.95	1.40	16.51	15.96	17.35	12.65
中小企业集合债	0.00	0.00	0.00	0.00	4.36	0.00	0.00	0.00
定向工具	5.00	174.50	128.00	61.00	54.00	182.50	190.00	246.40
中小企业私募债	22.60	31.83	13.71	19.32	23.90	94.35	4.00	34.39
其他私募债券	1.00	16.25	0.00	0.00	2.00	0.00	0.00	0.00
可转债	0.00	0.00	6.50	276.00	0.00	25.00	60.00	0.00
资产证券化产品	0.00	16.42	0.00	0.00	0.00	10.00	0.00	0.00

(3) 中长期债券融资占比有所增加，但总体债券融资期限偏短，难以满足企业长期融资需求

我们以 1 年及以内、1 ~5 年和 5 年以上为标准来区分短、中、长期。据统计，2012 年浙江发行的企业债券融资工具中，短、中、长期企业债券融资工具的占比分别为 57%、33% 和 10%，2013 年该项数据构成为 49%、45% 和 6%，相较于广东、江苏、山东三省而言，浙江近两年发行的企业债券融资工具有明显的向中长期转移的趋势，有利于满足企业中长期融资需求，但这主要得益于中期企业债券融资工具发行量的增长（其中主要为中期票据），长期企业债券融

资工具占比则有所下降。对比来看，广东、江苏长期企业债券融资工具发行量占比 2013 年相较 2012 年则有所改观，其中，广东省该项数据的增幅最明显，这主要得益于 2013 年 276 亿元可转债的发行（均为 6 年期）（见图 5）。债券融资期限偏短意味着企业债券融资市场无法有效满足企业对长期资金的需求，难以为企业的长期发展提供有力支持。

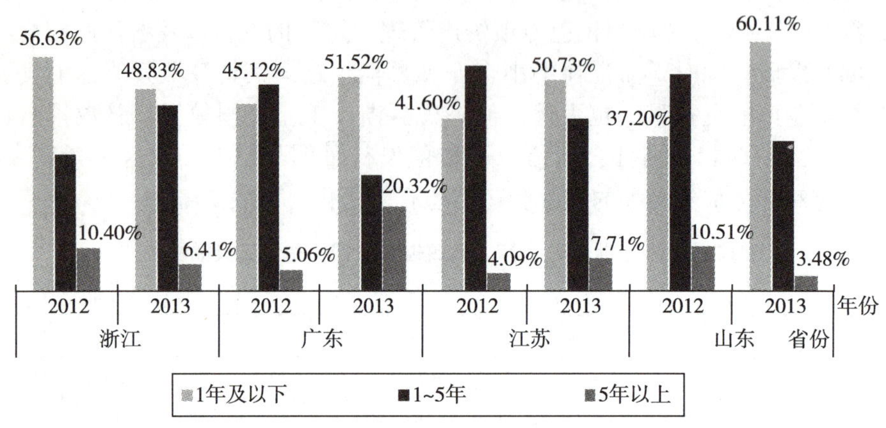

图 5　2012—2013 年浙、粤、苏、鲁四省企业债券融资工具发行期限分布

（4）发债主体中民营企业占比较高

近两年，浙江民营企业的企业债券融资工具发行量占比远高于广东、江苏、山东三省，其中，2012 年浙江民营企业的企业债券融资工具发行量占比为 57%，同期广东为 14%，江苏为 45%，山东为 17%；2013 年浙江民营企业的企业债券融资工具发行量占比为 52%，同期广东为 11%，江苏为 35%，山东为 21%。

（5）总体票面利率较高，利率分层更明显

近两年，浙江发行的企业债券融资工具票面利率总体高于广东、江苏、山东三省，其中，2012 年，浙江票面利率高于 5%、6%、7%（含）的企业债券融资工具发行量占比分别为 88%、61%、35%，高于同期广东的 45%、18%、8%，江苏的 74%、35%、11% 和山东的 54%、18%、5%；2013 年，浙江票面利率高于 5%、6%、7%（含）的企业债券融资工具发行量占比分别为 88%、69%、45%，高于同期广东的 39%、13%、3%，江苏的 72%、38%、18% 和山东的 67%、35%、13%。我们认为，这与浙江企业债券融资工具发行主体中民营企业占比较高以及浙江近年频发的破产跑路事件有一定关系。从利率分层来看，浙江发行的企业债券融资工具票面利率层次更鲜明，说明浙江企业债券融资市场的利率市场化程度相对较高（见图 6）。

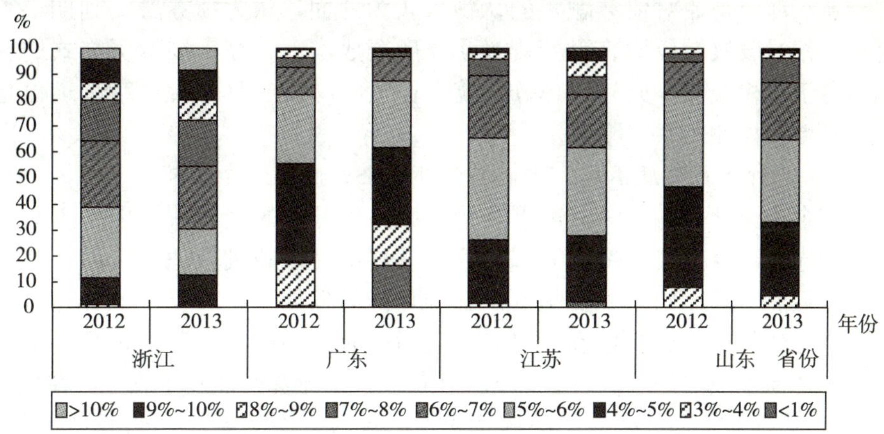

图6　2012—2013年浙、粤、苏、鲁四省企业债券融资工具发行票面利率分布

二、浙江企业债券融资市场发展的制约因素

（一）浙江大型企业较少、资产负债率偏高，具备发行条件的企业资源较少

我国传统企业债券融资工具普遍具有较高的准入门槛，如发行企业债要求符合“股份有限公司的净资产不低于人民币3 000万元，有限责任公司和其他类型企业的净资产不低于人民币6 000万元”的净资产标准，且在实际操作中，净资产指标远高于该条规定；发行公司债前期只能是上市公司，虽然已明确将扩容至所有公司制企业，但截至10月底还尚未成型；发行短期融资券、中期票据则有较高的信用评级要求。浙江是中小企业大省、民营经济大省，大型企业较少，2013年底，浙江规模以上工业企业3.96万家，占企业总数的3.9%，国有企业4.67万家，占企业总数的4.61%①；同时，浙江企业负债率普遍偏高，相当一部分企业负债率在70%以上，大型企业较少、资产负债率偏高的现状导致浙江具备发行条件的企业资源较少，限制了企业债券融资市场的发展。

（二）债券融资优势不明显，部分企业缺乏发债积极性

一方面，我们在前一部分已经述及，浙江发行的企业债券融资工具总体票面利率偏高，这就导致浙江企业的债券融资相较银行贷款而言，成本优势并不明显，加之担保费用、资信评级费用、保荐费用和承销发行费用等都是在最低收费标准之上根据融资额的一定比例收取的，如果发债规模达不到最低的经济规模，债券融资的发行费用就会抵消其相对于银行贷款的利率优势。另一方面，受我国上市公司长期以来分红较少、投资者股权投资回报偏低的股权融资文化

① 数据来源：2014年《浙江统计年鉴》。

影响，浙江部分企业对债券融资的认识也较为片面，认为债券融资到期必须偿本付息，相对股权融资而言融资规模小、融资成本高，在直接融资方式的选择上更倾向于股权融资。此外，部分传统企业债券融资工具审批手续烦琐也是打消企业发债积极性的重要原因。

（三）品种创新力度不足，难以满足部分企业债务融资需求

浙江企业类型繁多、融资需求各异，而实际可选的企业债券融资工具却极为有限，导致部分有实际融资需求的企业最终因无法找到合适的产品而放弃债券融资途径。究其原因，主要是资产证券化产品发展不足。资产证券化作为国际上最主要的债券类金融创新工具，可以通过有效匹配收益和偿债现金流来满足企业各类债务融资需求。自 20 世纪 80 年代以来，资产证券化业务已在成熟资本市场得到了迅猛的发展，产品遍及租金、版权、专利费、公路收费等领域，是支持企业尤其是中小企业发展的重要融资手段。而我国企业资产证券化业务近两年才开始得到重视，浙江市场虽然在资产证券化产品上发展相对较快，但总体规模和创新力度均较小，离为不同企业量身打造个性化债券融资产品、有效匹配收益和偿债现金流还有较大距离。

（四）评级和增信行业发展缓慢，难以形成良性循环

成熟市场发展经验表明，企业债券融资市场的发展与评级和增信体系的构建是互相促进的，两者相辅相成，不可或缺：评级和增信体系的完善有利于保障债券发行人提供的信息资料客观、真实、准确，提升企业债券融资市场资源配置能力，降低债券违约风险，保障市场的平稳健康快速发展；而企业债券融资市场的平稳健康快速发展又进一步促进了评级和增信体系的相应配套成熟。由于历史原因，我国信用评级和增信行业发展较为缓慢，浙江更甚。其中，信用评级行业近几年通过中外合资初步形成了中诚信、大公国际、联合资信、上海新世纪“四足鼎立”的状态，但其总部集中在北京和上海，仅大公国际在浙江设有分支机构。增信方面，我国外部增信服务主要由融资担保机构承担，而浙江融资担保机构不少，但普遍规模小、资质差，难以满足企业债券融资的第三方担保需求，从市面上流传的“2013 年中国十大融资担保公司排行”来看，北京、深圳、江苏、山西、重庆、大连均有公司上榜，浙江则无一家公司上榜。作为企业债券融资市场发展中的重要一环，浙江信用评级和增信行业发展缓慢，尤其是增信行业发展不足的现状将成为未来制约市场实现良性发展的主要瓶颈之一，需要各方引起重视并积极跟进解决。

（五）新兴私募市场和私募债券发展不足，无法有效对接投融资需求

浙江“两多两难”问题较为突出，由于中小企业技术、制度等因素的影响，它们在规范化的融资手段上总是会遇到障碍；与此同时，浙江老百姓手中有钱，有大量富余的资金需要投资，但缺乏合法正规的渠道。私募市场和私募债券的

发展可以较好地解决这一问题。从成熟市场发展经验来看，私募市场和私募债券相对公募市场和公募债券具有灵活性高、便利筹资、发行成本低的比较优势，能够满足中小企业快速融资的需要，很好地匹配投融资双方的需求。然而，我国虽然推出了定向工具、中小企业私募债等私募债券产品，但前者在银行间市场、后者在沪深交易所发行流通，受市场现有规则限制较多，离实际意义上的私募债券还有一定差距；并购重组私募债 11 月初刚刚推出；中国证券业协会机构间报价与转让系统、证券公司柜台市场以及浙江股权交易中心等新兴私募市场重要组成部分均处于初创期，发展路径、发展模式等均在探索中。新兴私募市场和私募债券发展不足的现状导致浙江旺盛的投融资需求难以通过债券产品实现有效对接，民间借贷盛行成为浙江各地市存在的普遍现象。

三、发展浙江企业债券融资市场的总体思路和对策建议

（一）总体思路

随着利率市场化进程的不断深化，金融脱媒是大势所趋。近年来，国家层面反复强调了发展债券市场的重要性，并积极出台措施推动债券市场发展。如今，发改委正酝酿企业债监管变革；人民银行于 11 月初出台了非金融机构合格投资人进入银行间债券市场的相关办法，在进一步明确“丙类户”监管要求的同时重新放开了相关申请，市场反响积极；证监会层面即将修订出台《公司债券发行与交易管理办法》，同时积极研究通过完善现有品种、加快推出新品种、鼓励证券公司资产证券化业务发展等着力推动企业债券融资市场发展。可以预见，我国债券市场将迎来难得的历史性机遇。浙江要牢牢抓住这一黄金发展期，大力推动企业债券融资市场发展，为打造金融强省夯实基础。

浙江企业债券融资市场是全国企业债券融资市场的一部分，但又立足和服务浙江企业，具有局部性、特殊性的特征。发展浙江企业债券融资市场的关键是根据浙江本地经济、本地企业的特点，有针对性地进行发展和创新。在推动浙江企业债券融资市场发展过程中要重点处理好三个关系：一是要处理好债券融资与股权融资的关系。债券融资与股权融资是直接融资的一体两面，两者相辅相成、不可偏废，要提高直接融资比重，必须要坚持股权融资、债券融资双管齐下，“两条腿”走路。二是要处理好宏观导向与本地实际的关系。一方面，浙江企业债券融资市场发展、创新方向要符合国家宏观政策导向；另一方面，浙江企业债券融资市场发展方向必须凸显浙江特色，立足本地实际充分开发利用现有品种、推动产品创新，服务浙江地方经济结构调整和产业升级，促进地方经济稳定健康发展。三是要处理好创新发展与防范风险的关系。一方面，要积极以市场为导向、以提高市场服务能力和效率为目的，积极鼓励和引导浙江企业债券融资市场创新发展；另一方面，在市场创新发展过程中，必然蕴含新

的风险，需要保持清醒的认识，强化风险监测、预警和处置，做到既支持市场创新发展，又严守风险底线。

综合企业债券融资市场整体发展趋势、浙江企业债券融资市场发展特点、制约因素以及浙江本省经济特点，可以考虑从以下四个方面推进浙江企业债券融资市场发展：一是全面推进市场主体转型升级，培育更多优质企业，丰富企业梯次结构，提升企业利用债券市场的能力，扩容潜在发债主体；二是区分重点，通过巩固扩大银行间债券市场、大力发展交易所债券市场、积极稳妥建设区域性新兴私募市场，发展多层次企业债券融资市场；三是以市场创新发展和浙江各地金融改革为契机，以资产证券化为突破口，结合各地经济特色和发展战略开展有序创新；四是通过完善地方增信体系、打造信用信息平台、加大宣传和政策支持力度等，着力优化企业债券融资市场生态环境。

（二）具体建议

1. 全面推进市场主体转型升级，扩容潜在发债主体

从成熟国家企业债券融资市场发展经验来看，优质企业是企业债券融资市场的融资主体。以美国为例，投资级公司债券占据了市场的主体地位，1996—2012年美国投资级公司债券在公司债发行规模中的平均占比达84%，高收益债占比仅为16%。因此，在现有条件下，抓好个体工商户、小微企业、骨干企业、规模以上企业四个层次，全面推进“个转企、企升规、规改股、股上市”工作，帮助企业完善公司治理结构、提升总体运营质量和水平，扩大企业债券融资工具的潜在发行主体，降低企业融资成本，是发展浙江企业债券融资市场的重要环节和必由之路。

2. 区分重点，发展多层次企业债券融资市场

（1）巩固扩大银行间债券市场。建议以中期票据为重点，进一步扩大银行间债券市场融资规模。作为存量和发行量规模最大的两大企业债券融资工具，中期票据相对于短期融资券而言，发行期限更长，重点发展中期票据有利于延长企业债务融资总体期限，降低资金流动性风险，便于企业进行更长远的财务规划。

（2）大力发展交易所债券市场。建议以鼓励上市公司发行公司债、可转债为重点，大力推动交易所债券市场发展。首先，浙江上市公司较多，长短期偿债能力均优于全国，而浙江上市公司债券融资总体规模偏小，有良好的公司债、可转债品种的发债基础和挖潜空间。从上市公司数量看，截至2014年10月末，浙江境内上市公司总数261家，位居全国第二；从短期偿债能力看，2013年末

浙江上市公司[①]的流动比率[②]、速动比率[③]、现金比率[④]分别为1.48、0.79和0.34，均优于全国上市公司的1.13、0.61和0.29；从长期偿债能力看，2013年底浙江上市公司的产权比率[⑤]、资产负债率[⑥]分别为1.13和0.53，优于全国上市公司的1.55和0.61；从债务结构看，2013年底浙江上市公司平均应付债券余额1.2亿元，分别占平均负债余额和银行贷款总额的4.5%和11.9%，低于同期全国上市公司平均水平的6.8%和20.6%。其次，鼓励上市公司发行公司债，可以帮助浙江上市公司降低融资成本、优化融资结构，随着公司债发行主体的全面扩容，前期上市公司发行公司债的成功经验还可以形成示范带动效应，吸引符合条件的企业利用债券市场进行融资；而可转债虽然申请审批手续较繁，但由于转股权的设置，可以获取较长期限的低成本融资，有利于满足企业的长期债务融资需求。

（3）积极稳妥建设区域性新兴私募市场。浙江“两多两难”问题特别突出和投融资需求两旺的现状正好为建立完善区域性新兴私募市场提供了良好的发展契机。建议从以下三方面重点推进：一是支持中小企业私募债、并购重组私募债发展。浙江中小企业众多，并购重组活动比较活跃，有很好的中小企业私募债和并购重组私募债发展空间。浙江在中小企业私募债上抢占了先发优势，对于助推本地中小企业发展和增强本地券商实力都发挥了积极作用，但从发展趋势上，浙江中小企业私募债备案、发行企业数和规模的全国占比逐步下降，需要我们在后续工作中加大对中小企业私募债的支持力度，保持浙江在中小企业私募债市场上的领先地位；并购重组私募债作为证监会最新推出的品种，依托并购重组这一主流导向，在后续发展中有很多可能性，抢占先机对于后期争取更多符合浙江实际的政策极为重要。二是推动浙江股权交易中心创新发展。通过发展合格投资者、创新产品等方式，努力将浙江股权交易中心建设成为中小企业多元化综合性直接融资平台、展示和培育平台、投融资双向融合平台，成为地方私募债券产品、资产证券化产品发行流通的重要阵地，达到有效对接资金供求、活跃区域金融活动、化本地富余资金为己用的目的。三是加快专业机构培育，发展机构间市场、柜台市场。机构间市场、柜台市场作为新兴私募

---

① 此处浙江及全国上市公司均剔除了金融业。

② 流动比率是指流动资产与流动负债的比率，反映企业流动资产在其短期债务到期前可以变现用于偿还流动负债的能力。

③ 速动比率是指速动资产与流动负债的比率，反映企业流动资产中可以立即变现用于偿还流动负债的能力。

④ 现金比率是指现金类资产与流动负债的比率，反映企业直接偿付流动负债的能力。

⑤ 产权比率是指负债总额与所有者权益的比率，反映由债权人提供资本与股东提供资本的相对关系。

⑥ 资产负债率是指负债总额与资产总额的比率，反映在总资产中有多少通过借债来筹资。

市场的重要组成部分，其发展主要依赖于专业机构的成熟壮大，建议通过浙江“民间财富管理中心”和“基金小镇”建设，加快私募基金等专业机构培育，形成产业、人才集聚效应，助推机构间市场、柜台市场发展。与此同时，要注意加强风险防范，及时发现和处置各类债券违约风险，保障区域性新兴私募市场稳定健康发展。

3. 以资产证券化为突破口，开展有序创新

自2013年国务院常务会议提出“优化金融资源配置，用好增量，盘活存量”以来，作为盘活存量重要渠道的资产证券化业务迎来新一轮快速发展。浙江要抓住监管层鼓励开展资产证券化业务的有利时机，借鉴成熟市场发展经验，推动金融机构结合浙江经济特点、企业实际需求进行有序创新：一方面，要结合各地经济特色和发展战略开发特色资产证券化产品。如温州地区可以利用金融改革综合试验区的优势和民间资本活跃、投资者风险偏好强的特点，全方位、多角度开展资产证券化业务创新，争取在全国率先试点各类相对复杂的结构化产品；舟山群岛新区可以围绕海洋金融特色研究推动船舶租赁收入、航运保费收入的证券化；义乌国际贸易综合试验区则可以积极研究开展国际贸易企业应收账款资产证券化。另一方面，要加强风险防范。在利用资产证券化手段进行产品创新的过程中，充分总结美国次贷危机的经验教训，加强对创新活动的日常监管和调控，规范资产证券化产品的信息披露，引导投资者密切关注潜在的投资风险，做好投资者权益保护，避免给区域性资本市场和金融体系带来敞口风险。

4. 加快专业增信机构培育，拓展增信方式

浙江众多的企业尤其是中小企业在债券融资过程中有很高的信用增进需求，为培育专业增信机构、拓展增信方式提供了良好机遇，建议从以下两方面重点推进：

（1）培育专业债券信用增进机构。2009年9月21日，在中国人民银行的指导下，中债信用增进投资股份有限公司在北京正式成立，成为我国首家专业债券信用增进机构。可以预见，发展专业债券信用增进机构是大势所趋。建议通过借鉴成熟市场发展经验，尽快推动建立专业的信用增进机构。

（2）研究拓展增信方式。我国债券市场现有增信方式主要是第三方担保、抵质押担保和银行提供流动性支持，随着资产证券化的深入推进，债券产品复杂程度将不断上升，传统的增信手段将难以满足企业债券融资市场未来发展需求。一方面，我们可以利用温州市中小企业融资担保有限公司既有本地资源优势又立足温州金改的特征，探索服务中小企业融资担保的特色化道路；另一方面，结合实践经验，积极推动债券保险、公司债信托等成熟市场主流增信方式的本土化。

5. 多措并举，营造良好的企业债券融资市场发展氛围

（1）加快“信用浙江”建设。在多年的发展过程中，浙商凭借踏实肯干、相互团结和重视信誉，积累了良好的信用。但 2012 年以来，受外部经营环境恶化、银行信贷收缩等一系列因素影响，加上浙江企业互保联保现象普遍，大量企业陷入信贷危机，破产倒闭企业不断增加，严重打击了浙江企业的信用水平。这从 2012 年、2013 年浙江畸高的企业债券融资工具发行票面利率也可见一斑。而集中统一的信用信息平台建设有利于减少信息不对称，优化浙江信用环境，保护优质企业不被误伤。

（2）加大宣传力度。一是要加强对政府部门的政策宣讲，加深其对大力发展债券市场尤其是企业债券融资市场重要性的理解和认识，做到债券融资和股权融资双向推进，切实提高直接融资比重。二是要加强对企业的宣传引导，通过举办专题培训、项目推介、经验交流等多种方式，提升企业对债券融资的认知度和认可度，增强参与债券融资的积极性和主动性。

（3）完善政策激励。企业债券融资市场已经引起了各地政府的重视，部分省份出台了有力的激励政策助推企业债券融资市场发展。例如，广东省鼓励各地设立上市支持基金，支持大型骨干企业通过发行股票、债券、可转债、并购私募债券等方式进行并购、重组、融资，做大做强；江苏省专门出台了《促进金融业创新发展若干意见》，就债券市场发展方向提出明确意见；山东省提出要“加快发展直接融资，2017 年年底直接融资比重提高到 20% 以上”，其所属各地市更是出台了多项支持政策扶持债券市场发展，如聊城市就出台了针对直接融资的若干优惠政策，对通过各类债券募集资金的企业法定代表人和承销机构项目负责人给予奖励，对债券发行相关工作部门给予专项经费支持。对比而言，浙江对企业债券融资市场的扶持力度较小，建议参照相关省份尽快推出相关激励政策，加大对企业、中介机构等市场主体利用企业债券融资市场发展的政策扶持力度，激发浙江企业债券融资市场的活力。

6. 构建区域性企业债券融资市场综合监管体系

（1）加强监管部门沟通协作。一是尽快建立健全省级监管联席会议机制，召集发改委、人民银行、证监局等监管部门共同研究探讨浙江企业债券融资市场发展过程中的重要问题与监管要求。二是以地方政府为主，采取政府主协调、各专业金融监管机构负责专业领域的方式，建立协作机制，以适应各地不同的市场环境与政策要求，协调处理地方性问题，助推各地企业债券融资市场创新发展。

（2）建立风险监测及预警机制。企业债券融资工具的复杂化、多元化是发展的必然趋势，特别是在金融创新的环境下，更应注重创新可能存在的风险隐患。建议依托各专业金融监管机构，通过资源整合，建立风险监测及预警机制，及时将各类风险信息传达到省内各级政府部门和相关市场主体。

附件

我国传统企业债券融资工具一览表

品种	企业债	中小企业集合债券	公司债	可转债	中小企业私募债；并购重组私募债	短期融资券；中期票据	中小企业集合票据	定向工具	资产支持票据	项目收益票据；项目收益债①
审批机构	国家发改委	国家发改委	证监会	证监会	沪深交易所	银行间市场交易商协会	银行间市场交易商协会	银行间市场交易商协会	银行间市场交易商协会	银行间市场交易商协会；发改委
发行制度	核准制	核准制	核准制	核准制	备案制	注册制	注册制	注册制	注册制	注册制；核准制
发行主体	具有法人资格的企业（实际以中央政府部门所属机构、国有独资企业、国有控股企业为主）	具有法人资格的中小企业	试点初期限于沪深交易所上市的公司及发行境外上市外资股的境内股份有限公司（拟扩容至所有公司制企业）	上市公司	中小微、非上市企业，不包括金融、房地产企业（拟扩容至所有规模的企业）；境内公司制法人（暂不包括境内上市公司）	具有法人资格的非金融企业	具有法人资格的非金融中小企业	具有法人资格的非金融企业	具有法人资格的非金融企业	具有法人资格的非金融企业

① 项目收益债目前处于试点阶段，发改委未出台相关规定，相关资料显示其规则参照项目收益票据进行。

续表

品种	企业债	中小企业集合债券	公司债	可转债	中小企业私募债；并购重组私募债	短期融资券；中期票据	中小企业集合票据	定向工具	资产支持票据	项目收益票据；项目收益债
财务要求	三年平均可支配利润足以支付债券一年利息	三年平均可支配利润足以支付债券一年利息	三年平均可支配利润足以支付债券一年利息	三年连续盈利、平均可支配利润足以支付债券一年利息等	未规定	未规定	未规定	未规定	基础资产现金流能够覆盖票据本息支付要求	未规定
审核时间	6个月左右	6个月左右	2~3个月	较长	10天左右	3个月左右	3个月左右	3个月左右	短于3个月	短于3个月；未知
发行时间	核准后6个月内完成；不可分期发行	核准后6个月内完成；不可分期发行	核准后6个月内完成首期发行；2年内完成发行	核准后6个月内完成发行	备案后6个月内完成；可分期发行	注册后2个月内完成首期发行；可在2年内分多次发行	注册后2个月内完成发行，不可分期发行	注册后6个月内完成首期发行；可在2年内分多次发行	未规定	未规定
资金投向	根据审批机关核准的用途用于本企业的生产经营	根据审批机关核准的用途用于本企业的生产经营	用于企业生产经营活动	用于募集项目	未规定；用于支持企业并购重组活动	用于企业生产经营活动	用于企业生产经营活动	符合法律法规和国家政策要求	符合法律法规和国家政策要求	专项用于约定项目，且应符合法律法规和国家政策要求
交易场所	交易所市场、银行间市场	交易所市场、银行间市场	交易所市场、银行间市场	交易所市场	交易所市场；交易所市场、中证协机构间报价系统	银行间市场	银行间市场	银行间市场（定向转让）	银行间市场	银行间市场；交易所市场、银行间市场

续表

品种	企业债	中小企业集合债券	公司债	可转债	中小企业私募债；并购重组私募债	短期融资券；中期票据	中小企业集合票据	定向工具	资产支持票据	项目收益票据；项目收益债
期限	1年以上	1年以上	1年以上	1～6年（分离交易：1年以上）	1年以上；未规定	1年以内；3～5年	1年以内；3～5年	未规定	未规定	以项目生命周期为限
评级要求	需评级	需评级	需评级	需评级	未规定	需评级	需评级	未规定	公开发行需评级	需评级
发行规模	累计债券余额不超过企业净资产的40%	累计债券余额不超过企业净资产的40%	累计债券余额不超过企业净资产的40%	累计债券余额不超过企业净资产的40%；不超过募集项目需要量	未规定	累计债券余额不超过企业净资产的40%	单一企业0.2亿～2亿元，累计余额不超过企业净资产的40%；单只集合票据注册金额不超过10亿元	未规定	未规定（受限于基础资产产生的现金流）	未规定（受限于项目产生的经营性现金流）
投资者	个人投资者、机构投资者，以机构投资者为主	个人投资者、机构投资者，以机构投资者为主	个人投资者、机构投资者	个人投资者、机构投资者	合格个人投资者和机构投资者	机构投资者	机构投资者	特定机构投资者（即定向投资人）	公开发行面向银行间市场所有投资者，非公开定向发行面向定向投资人	公开发行面向银行间市场所有投资者，非公开定向发行面向定向投资人；未规定

（3）做好债券融资风险处置。随着市场的发展深化，债券融资长期维持的“刚性兑付”状态终将被打破，此时如何进行风险处置、及时防范化解风险就显得尤为重要。建议通过完善有关规章制度、执法手段、司法协助机制和应急处理机制等，进一步加强和改进监管，优化债券融资风险处置流程，做到事先预防、事中处理、事后有应对措施，切实维护市场安全稳定运行。

绿色金融视角下商业银行可持续发展研究

中信银行杭州分行课题组*

一、商业银行发展绿色金融的意义

（一）绿色金融的界定

绿色金融又称“环境金融”、“生态金融”或“可持续性金融”，在学术界并没有公认的概念界定，比较具有代表性的定义有四种：

第一，《美国传统词典》（第四版，2000 年）中指出环境金融属于环境经济的一部分，研究如何使用多样性的金融工具来保护环境，保护生物多样性。

第二，是指绿色观念要体现在金融业的日常营业活动中，把环境保护作为基本政策，在金融机构投融资行为中重视对生态环境的保护和污染的治理，注重绿色产业的发展，通过对社会资源的引导，促进经济社会的可持续发展与生态的协调发展。

第三，是指金融业在贷款对象、贷款条件、贷款种类、贷款政策和贷款方式上，将绿色环保产业作为重点来扶持，从信贷投放、期限及利率等方面给予政策上的优先和倾斜。

第四，是指金融部门把保护环境作为一项基本规则，以金融业务的运作体现可持续发展战略，促进环境资源的保护和经济的协调发展，并实现金融可持续发展的金融营运战略。

综合来看，国内学者沿承了国际上广泛研究的结论，都支持“通过金融业务的运作体现可持续发展战略”这样一个基本观点。大多数学者将绿色金融看作绿色经济政策中的资本市场手段，是把节能环保的观念引入金融，运用不断创新的金融手段来影响企业的投资决策，进而影响经济结构的转变，转变过去重数量轻质量、高能耗低产出的金融经济增长方式，促进生态友好、环境和谐、社会经济的协调可持续发展。绿色金融至少涉及四个维度：国家、金融机构、企业和生态环境，其中，以金融机构为主体，以国家宏观调控的政策制度为保

---

* 课题主持人：王利亚

课题组成员：陈越彪　赵　榄　郑雯雯

障，以绿色产业为企业发展的导向，以国家经济战略（如产业结构优化升级、经济增长方式的转变、经济社会的可持续协调发展等）的有效实施、金融机构自身的可持续发展、促使企业进行技术创新与产业调整以实现良性发展、形成资源节约与环境保护的绿色生态这四个目标达成共赢为最终目的。

（二）发展绿色金融的意义

建设生态文明，是关系人民福祉、关乎民族未来长远发展的大计。党的十八大将生态文明建设纳入中国特色社会主义事业总体布局之后，生态文明建设被提升为与经济建设、政治建设、文化建设、社会建设同等的战略高度。然而，生态文明建设当前正面临着严峻形势。2013 年以来，水污染、雾霾天等环境问题已成为最受关注的民生热点，资源环境制约成为当前经济发展、社会稳定所面临的主要矛盾之一。企业节能减排、环境污染治理等都需要金融的参与，大力发展绿色金融，将生态观念引入到金融领域，对于促进产业结构升级，转变经济增长方式，加快建设资源节约型、环境友好型社会意义深远。对商业银行而言，发展绿色金融既是开辟新的业务领域、打造差异化竞争优势、实现转型升级的内在要求，又是响应政府号召，推进银行业市场化经营与履行社会责任有机结合的重要手段。

1. 外部环境要求

（1）宏观政策导向要求发展绿色金融

面对资源约束趋紧、环境污染严重、生态系统退化的严峻形势，生态文明建设已经成为中央政府战略决策的重要组成部分。中共十六届五中全会胡锦涛同志首次提出“建设资源节约型和环境友好型社会”，中央正式将其确定为国民经济与社会发展中长期规划的一项战略任务。党的十八大以来，习近平总书记对生态文明建设和环境保护提出了一系列新思想、新论断、新要求，党的十八届三中全会明确指出，要紧紧围绕建设美丽中国深化生态文明体制改革，加快建立生态文明制度，健全国土空间开发、资源节约利用、生态环境保护的体制机制，推动形成人与自然和谐发展现代化建设新格局。在此背景下，各省市都因地制宜，制定了相应的环保政策，推动生态文明建设不断深入。2013 年末，浙江省委十三届四次全会做出了“五水共治”重大决策，作为浙江省“扩投资促转型、优环境惠民生”的重中之重。从国家层面的“建设美丽中国，深化生态文明体制改革”，到浙江省的“以治水为突破口，坚定不移推进转型升级”，都充分体现了我党对生态文明基本特征的准确把握、对大力推进生态文明建设的决心。而环境污染的治理、生态文明建设的推进，都需要大量的资金投入，在这方面金融机构责无旁贷。商业银行要顺应国家宏观政策导向，更好地服务实体经济，就必须在绿色金融理念指导下转变经营模式，积极支持绿色环保项目，支持企业转型升级。

(2) 经济金融新常态倒逼银行绿色转型

当前，我国银行业发展面临经济“中高速、优结构、新动力、多挑战”的新常态，金融脱媒加剧、利率市场化全面提速、互联网金融蓬勃发展等都给商业银行传统发展模式带来挑战。尤其是在“大数据时代”，银行面临的竞争不仅仅来源于行业内部，外部的挑战也日益严峻。互联网、电子商务等新兴企业在产品创新、市场敏感度和“大数据”处理方面都拥有丰富的经验，一旦涉足金融领域，就会对银行带来很大挑战。如知名互联网公司阿里巴巴利用大数据技术提供金融服务，通过其掌握的电商平台阿里巴巴、淘宝网和支付宝等的各种信息数据，借助大数据分析技术自动判定是否给予企业或个人贷款，全程几乎不出现人工干预。这种基于大数据的分析和判断能力，已明显超越了银行对此类客户的传统风险识别方法，体现了强大的竞争优势。商业银行要在经济金融的新常态下实现可持续发展，就必须摒弃传统的“规模冲动”和“速度情结”，加快业务转型步伐，而发展绿色金融正是银行在经济金融新常态下实现转型的重要内容。同时，大数据在信息获取和分析上的优势，也为商业银行获取企业环境信息等提供了便利，商业银行应立足自身资源，积极积累数据并提高分析能力，将大数据分析与绿色金融发展有效结合，在新常态下把握新的发展机遇。

(3) 绿色金融市场潜力带来银行业发展新机遇

随着国家对能源资源节约、环境污染治理的日益重视，节能环保相关制造、服务、投资领域将产生大量的投资需求，节能环保市场将成为商业银行未来新的业务增长点和竞争焦点。数据显示，2013 年我国环境保护相关产业的年营业收入达到 3 万亿元，年复合增长率高达 30%，未来十年可再生能源行业总投资需求超过 4.5 万亿元，绿色金融市场空间巨大。同时，国家针对环保行业各类支持政策的出台也为绿色金融的发展带来了新的机遇。在“发挥市场机制在资源配置中决定性作用”的改革方向指引下，国家发改委出台光伏电价补贴新政、向社会采购公共服务等政府思路的转变，将改变传统节能环保领域政府国企主导、市场化机制不完善、运行效率较低的局面，产业活力有望进一步提高，为绿色金融带来了广阔的市场空间。

2. 内在发展要求

(1) 有利于商业银行实现可持续发展

受利率市场化加速推进、外部监管强化、同业和互联网金融冲击以及企业风险形势加剧等影响，我国商业银行增长动力趋缓，利润增幅空间趋窄，主要表现在：

一是利率市场化深度攻坚，负债端压力加大。随着利率市场化改革的进行，国内银行业面临的存款流出压力不断增大，金融产品创新对银行活期存款的替代作用也越来越明显。截至 2014 年 9 月末，金融机构人民币存款余额 112.68 万亿元，前三个季度人民币存款增加 8.27 万亿元，同比少增 2.99 万亿元；国内 16 家上市银行存款总额合计 75.62 万亿元，比半年报的 77.13 万亿元减少 1.5 万亿元，降幅 1.97%，为 15 年来首次出现。

二是监管强化，银行业务发展受限。2014 年银监会等监管机构加大监管力度，影子银行、金融机构同业业务、信托、政府债等都成为重点监管领域。上半年，规范同业业务的《关于规范金融机构同业业务的通知》（银发〔2014〕127 号）和《中国银监会办公厅关于规范商业银行同业业务治理的通知》（银监办发〔2014〕140 号）相继出台，对同业业务非标业务进行了规范；银监会发布《关于开展银行业金融机构同业新规执行情况专项检查的通知》（银监办发〔2014〕250 号），对同业新规开展情况进行全面检查；《商业银行流动性风险管理办法（试行）》（银监办发〔2014〕2 号）出台，对银行合格优质的流动性资产提出更为严格的要求；10 月，国务院出台《关于加强地方政府性债务管理的意见》（国发〔2014〕43 号），全面规范地方政府性债务，对商业银行开展基于政府类信用项目带来重大影响。可以预见，未来旨在规范银行各类业务的监管政策还将继续出台，银行的业务创新空间更趋狭窄。

三是同业竞争日趋激烈，市场份额变小。互联网金融的兴起，国家对非银行金融机构的鼓励政策，都在很大程度上冲击了银行业在传统支付结算、理财、融资等领域的优势，银行不仅要面临激烈的同业竞争，还要与非银行同业和方兴未艾的互联网金融企业开展竞争。

四是不良贷款余额持续增长，降低银行盈利能力。受经济增速下行、部分企业经营困难、企业间互保融资问题的影响，银行业金融机构不良贷款余额和比例持续增加。截至 2014 年 6 月末，商业银行不良贷款余额达到 6 944 亿元，连续 11 个季度增加；不良率为 1.08%，较年初上升 0.08 个百分点。由此看来，未来较长的时期内，银行业仍有大量的不良资产有待核销，银行整体的盈利增速将进一步趋缓，根据 2014 年 7 月中国银行业协会发布的《中国银行业发展报告（2014）》，预计 2014 年中国银行业净利润增速将回落到 9% 左右。

可见，在内外部经营环境发生较大变化的情况下，商业银行必须快速转变经营策略，要顺应宏观形势的变化，向政策支持的节能环保、技术改造等方面加大信贷投入，通过在上述新兴领域盈利的提升缓释利差缩小、传统行业不良增加带来的负面影响，实现自身的可持续发展。

（2）有利于降低商业银行的授信风险

随着经济社会的持续发展，各界对环境保护日益重视，企业因环境问题引发的风险也成为商业银行在授信审查过程中应充分考虑的因素。实践证明，环境污染导致企业破产的案例时有发生，这直接增加了企业授信银行的经营风险，进而影响到商业银行的可持续发展。因此，银行必须以绿色金融为经营导向，把环境因素作为重要的贷前调查内容加以考量，否则贸然进入存在环保隐患的企业或项目，很可能遭遇环保政策趋严导致的企业停产或项目搁置，从而对银行的授信产生致命打击。发展绿色金融，将环境和社会责任因素融入商业银行的经营管理活动中，对环境和社会风险进行动态评估和监控，将有效控制和防范商业银行的授信风险，提升商业银行驾驭风险的能力。

（3）有利于提升商业银行的社会形象

随着公众环保意识的不断增强，政府和民众对生产企业与金融企业的社会责任都提出了新的要求。商业银行应该顺应这一趋势，利用金融手段来引导改善产业结构，要求授信企业履行更多的社会责任，以此树立起授信企业和银行自身良好的社会形象。从增加社会公共福利的角度出发，商业银行通过支持节能环保企业以及传统行业的改造升级，一定程度上改善了就业环境，提高了就业水平，并提升了整个社会的环保意识，增强了企业家对社会平衡发展的重视。针对目前节能项目、环境友好项目融资难的现状，商业银行应拓宽此类项目的融资渠道，大力支持其发展；而针对高污染、高能耗的企业和项目，商业银行可以引进环境影响评价的考察目标，从源头上遏制这类企业和项目的投资冲动，在推动可持续发展目标顺利实现的同时，树立起更为良好的社会形象。

（4）有利于实现商业银行和企业的双赢

实施绿色金融，提高企业对环保的重视程度，一方面能有效降低欧美等贸易伙伴利用“环境容忍度”对我国出口商品进行抵制，提高我国出口企业的市场份额，增加产品的绿色附加值，对实现经济可持续发展具有重要意义。另一方面，商业银行可利用资金导向引导企业降低资源和能源的消耗以及减少环境的污染，从而提高产品的市场竞争力，实现企业绿色利润最大化。在促进国民经济发展和企业成长的同时，商业银行也获得可持续发展的机会：金融资产规模持续扩大，金融工具不断创新，风险防范能力越来越强。商业银行不仅可以实现资金的绿色配置，引导客户适应可持续发展的要求，而且能够提高自身的经济效益，为实现新型银企之间的合作作出贡献。因此，商业银行发展绿色金融，不仅有利于企业进行技术创新，提高经济效益，促进国民经济的可持续发展；同时也给商业银行实现自身可持续发展提供了思路和方向，有利于实现银企双赢。

（5）有利于增强商业银行的国际竞争力

早在 20 世纪 90 年代初期，联合国环境规划署就发表了《金融业环境暨可持续发展宣言》，强调把环境因素纳入贷款、投资和风险评估流程的必要性，要求银行业在经营管理活动中考虑环境因素。之后，与银行可持续发展密切相关的国际准则，如《赤道原则》、《联合国全球契约》、《联合国负责任投资原则》、《联合国环境规划署金融行动》、《全球报告倡议》、《碳信息披露项目》、《气候原则》等陆续出台，发展绿色金融已经成为国际银行业的共识。截至 2014 年 2 月，包括花旗银行、巴克莱银行、荷兰银行、汇丰银行和渣打银行等在内的 79 家世界知名金融机构明确实行赤道原则，覆盖了全球 80% 的项目融资，在贷款和项目资助中强调企业的环境和社会责任。我国商业银行要想在激烈的国际市场竞争中立于不败之地，必须尽快顺应这一国际潮流和趋势，推行绿色金融和赤道原则，切实履行社会责任，更好地与国际社会接轨，并不断提升我国商业银行在国际市场上的竞争力。

二、国际经验借鉴及我国绿色金融发展现状

（一）国际绿色金融发展经验借鉴

绿色金融作为自成体系的立法最早出现于 20 世纪 80 年代初的美国《环境应对、赔偿和责任综合法》（CERCLA）。作为早期绿色金融理念形成的雏形，《环境应对、赔偿和责任综合法》的推行显著提升了政府和社会各界对环境保护相关领域的重视程度，为随后美国的金融机构及监管部门、商务部经济发展局等制定并执行配套的绿色金融政策提供了前提和依据。进入 20 世纪 90 年代，绿色金融业务在美国进入实质性发展阶段，而世界其他各主要经济体也相继通过具体的金融管理方案支持环境保护事业的发展。在此期间，先后出现了美国银行旨在缓释环境风险而单独设立的贷款流程，英国金融创新研究中心的环境风险评级体系，德国德意志银行尝试成立专业化的绿色信贷业务团队管理相关业务和风险，以及日本促进节能技术发展的信贷支持政策等，为各国发展绿色金融提供了宝贵经验和有益启示。

随着全球绿色金融业务规模的不断扩大，世界主要金融机构开始考虑建立全球统一的业务发展规范，以促进绿色金融业务的健康有序发展。2002 年 10 月，由世界主要金融机构根据国际金融公司和世界银行的政策指引，建立了赤道原则（the Equator Principles，EPs），用于判断、评估和管理项目融资中的环境与社会风险。赤道原则适用于全球各行业资金总成本超过 1 000 万美元的所有新项目融资和因改扩建对环境或社会造成重大影响的原有项目融资。赤道原则着重强调社会、环境与企业发展的统一性，要求银行在项目融资中慎重考虑环境和社会风险，履行社会责任，尽管不具备法律效力，但却已经成为世界金融机构不得不遵守的行业准则和践行绿色信贷的操作指南，在利用金融杠杆促进项目在环境保护以及周围社会和谐发展方面发挥着重要作用。

从发达国家发展绿色金融的具体实践来看，美国、德国、英国、日本等国的经验尤其值得借鉴。

绿色金融的先行者是美国，在减少资源消耗和降低环境污染和提高经济效益领域获得了明显成效。关于绿色信贷，美国在法律建设、政策指导和银行实

施这几方面做得十分到位：基于完善的环境法，多部促进绿色金融发展的相关法律法规相继建立，用于重点规范银行、政府和企业的行为，同时用于调节三方之间的关系。此外，美国政府也实施了积极的鼓励政策，用于促进绿色信贷产业的发展。花旗银行则是美国首批签署联合国环境声明并履行赤道原则的银行之一，该银行内部设立了有多方参与的环境事务管理机制等。该行的绿色信贷产品之一，节能抵押品，将省电等节能指标纳入贷款申请人的信用评分体系，收到很好的成效。美国很多其他的金融机构同样也设立了专门的环保基金和优惠贷款来引导和鼓励环境保护事业的发展和运作。

德国的绿色信贷也发展较早，德国政府对参与开发绿色信贷产品非常重视，支持德国复兴信贷银行（政策性银行）从资本市场与商业银行两个层次来实施金融补贴政策到环境项目，以使政府补贴资金效率达到最大。绿色信贷在德国经过较长的发展，已形成较完备的各种有政府参与的产品运行模式。德国复兴信贷银行的绿色信贷金融产品的成功开发和德国环保部门在贷款审批过程中的审核，对整个绿色信贷政策体系都起到了积极作用。2012 年，德国复兴信贷银行成功与中信银行开展绿色中间信贷业务合作，以支持绿色金融在中国的发展。

日本的瑞穗银行于 2006 年专门设置了可持续发展部门，而且更改了项目融资审批流程。依据该流程，客户在申请贷款时首先要填写“筛选表格”，可持续发展部门则根据筛选结果将项目分为三类，分别为 A、B、C 三个类别，其中 A、B 类项目对社会和环境存在重大潜在不良影响。可持续发展部门则会对这两类项目，根据“行业环境清单”展开彻底的环境审查，最后将环境审查报告作为信贷审批依据上交信贷部门。

英国巴克莱银行在 2013 年 6 月宣布遵循赤道原则，是英国绿色金融史上的一个里程碑。巴克莱银行充分发挥自身优势，构建了兼顾社会责任和环境保护的信贷体系，涵盖其所有的融资条款并涉及 50 多个行业。另外，在银行内部，巴克莱银行建立了环境风险评估的内部人才库，并成立专门的环评部门，专门负责绿色金融的推动。

表 1　　发达国家典型绿色金融产品汇总表

业务品种	产品名称	发行银行	产品概况
住房抵押贷款	结构化节能抵押品	花旗银行	在贷款申请人信用评分体系中加入用电等节能指标。
	生态家庭贷款	英国联合金融服务社	免费对房屋购买交易提供配套的服务，评估家用能源及二氧化氮抵消服务等。

续表

业务品种	产品名称	发行银行	产品概况
商业建筑贷款	优惠贷款	美国新资源银行	对于绿色项目中的商业或多用居住房屋贷款提供优惠折扣。
	抵押贷款	美国富国银行	对于通过 LEED 认证的节能商业建筑物，可以提供再融资服务和抵押贷款，免除了开发商为绿色商业建筑支付初始保险费用。
房屋净值贷款	便捷融资	花旗集团	同电气公司合作，对于居民购置民用太阳能技术和设备提供融资。
汽车贷款	清洁空气汽车贷款	加拿大 Van City 银行	对低排放的车型提供优惠贷款利率。
	Go Green 汽车贷款	澳大利亚 MECU 银行	一种贷款者被要求种树来吸收私家车排放污染的贷款。
	节能汽车贷款	美国银行	以快速审批流程向货车公司提供无抵押兼优惠贷款，支持其投资节油技术，帮助其购买节油率达 15% 的 Smart Way 汽车的升级套装。
绿色信用卡	绿色信用卡	欧洲 Rabo bank	每年捐献卡利润一定比例金额给世界野生动物基金会。
	呼吸卡（Barclaycard Breathe）	英国巴克莱银行	这种信用卡将税后利润的 50% 以及消费金额的 0.5% 用于应对气候变化的项目。
项目融资	转废为能项目融资	爱尔兰银行	贷款支持最长可达 25 年，需要与当地政府签订废物处理合同，并同时承诺支持合同外围废物的处理。
	绿色中间信贷	德国复兴信贷银行	与发展中国家合作，为发展中国家的节能环保项目提供低息贷款支持。
提供直接融资	环保领域投资	美国银行 花旗集团	美国银行和花旗集团 2007—2017 年环保计划：分别投资 200 亿美元和 500 亿美元用于应对气候变化问题。
	节能减排投资	富国银行	富国银行先后通过环境金融事务组投资于 SunEdison 的第三期太阳能基金、MMA 的第三期可再生能源风投基金。
	支持减排项目公司上市融资	花旗集团	花旗集团为全球第二大的风电能企业，葡萄牙能源公司（EDP）收购美国地平线风能公司提供金融咨询；为巴西生物柴油（Brazil Ecodiesel）公司上市进行承销。
金融投资产品		JP 摩根	“JP 摩根环境指数—碳 β” 基金。
		英国巴克莱银行	全球碳指数基金，这是第一只跟踪全球主要温室气体减排交易系统中碳信用交易情况的基金。
		汇丰银行	汇丰环球气候变化基准指数基金。

（二）我国商业银行绿色金融发展现状及问题

1. 我国商业银行绿色金融发展现状

银行对待环境保护，发展绿色金融的态度大致可分四个阶段：抗拒阶段（Defensive）、规避阶段（Preventive）、积极阶段（Offensive）和可持续发展阶段（Sustainable）。第一阶段，银行对环境问题的关注只能增加银行的运营成本而没有任何经济收益，因而采取抗拒态度，发展中国家的银行多处于这一阶段；第二阶段，银行环境影响不仅体现在外部借款企业身上，而且环境风险得以内部化，这时候的银行必须关注环境问题带来的负面影响以降低运营风险，因而采取规避环境风险的策略，发达国家的银行大多处于这一阶段；第三阶段，银行已经从环境保护的行为中发现商机，以此来增强银行的经济效益和生态效益，因而会采取一些积极的手段开展环境友好的业务，少数发达国家银行已经步入了这个阶段，例如瑞士联合银行、荷兰合作银行集团等；第四阶段，银行的一切商业活动都与社会可持续发展目标相一致，整个经济系统发展到一个非常理想的境界，但在现实生活中，由于环境影响不能完全定价，因此该阶段是一个理想状态。

在我国，关于绿色金融的相关制度自 1980 年起经历了较长的演进过程。绿色信贷制度的真正推出，则是以 2007 年 7 月 30 日国家环保总局、人民银行、银监会三部门为遏制高耗能、高污染产业的盲目扩张，联合发布《关于落实环境保护政策法规防范信贷风险的意见》为标志。该《意见》被认为是“我国现阶段绿色信贷基础文件”，得到了大部分地区金融系统和环保部门的回应。之后，我国绿色金融的相关政策制度逐步完善丰富（见表 2），着眼点基本都在于防范政策性风险和环保风险、彰显社会责任意识。

表 2　　我国绿色金融相关政策

年份	推行绿色金融的政策
1981	国务院发布《关于在国民经济调整时期加强环境保护工作的决定》。
1984	国务院发布《关于环境保护资金渠道的规定通知》。
1995	央行发布《关于贯彻信贷政策与加强环境保护工作有关问题的通知》； 央行与国家环保总局联合发布《国家环境保护局关于运用信贷政策促进环境保护工作的通知》。
2001	国家环保总局、证监会联合发布《上市公司环境审计公告》。
2003	国家环保总局、证监会联合发布《上市公司或股票再融资进一步环境审计公告》、《上市公司环境信息披露的建议》。

续表

年份	推行绿色金融的政策
2004	发改委、央行、银监会联合发布《关于进一步加强产业政策和信贷政策协调配合控制信贷风险有关问题的通知》； 银监会发布《关于认真落实国家宏观调控政策进一步加强贷款风险管理的通知》（要求对产能过剩、“两高”行业实行严格贷款审批制度）。
2005	国务院发布《关于落实科学发展观加强环境保护的决定》。
2007	银监会等八部委共同落实国务院《关于开展清理高耗能高污染行业专项大检查的通知》。
	国务院发布《节能减排综合性工作方案》，对金融部门制定促进节能减排的政策措施提出了明确要求； 央行发布《关于改进和加强节能环保领域金融服务工作的指导意见》。
	国家环保总局、央行、银监会联合发布《关于落实环保政策法规防范信贷风险的意见》。
	银监会发布《节能减排授信工作指导意见》。
	国家环保总局、保监会联合发布《关于环境污染责任保险工作的指导意见》。
2008	国家环保总局与世界银行国际金融公司共同制定了符合中国情况的《绿色信贷环保指南》。
	国家环保总局发布《关于加强上市公司环保监督管理工作的指导意见》。
	国家颁布《中华人民共和国循环经济促进法》。
	国务院出台 4 万亿元投资计划，其中约有 2 100 亿元面向生态工程和节能减排项目。
2009	央行、银监会、证监会、保监会联合发布《关于进一步做好金融支持重点产业调整 振兴和抑制部分行业产能过剩的指导意见》； 中国银行业协会发布《中国银行业金融机构企业社会责任指引》。
2010	国务院发布《关于加快推行合同能源管理促进节能服务产业发展意见的通知》； 央行、银监会联合发布《关于进一步做好支持节能减排和淘汰落后产能金融服务工作的意见》。
2011	国务院发布《“十二五”节能减排综合性工作方案》、《关于加强环境保护重点工作的意见》。
2012	银监会印发《绿色信贷指引》。
2013	环境保护部发布《国家环境保护标准“十二五”发展规划》； 国务院发布《关于加快发展节能环保产业的意见》。
2014	环境保护部发布《环境保护综合名录（2013 年版）》。

伴随近年来我国对节能环保领域的政策倾斜以及领域自身的高速发展，绿

色金融领域所蕴含的业务机会和市场潜力也开始引起越来越多国内金融机构的关注，以银行为代表的金融机构开始尝试通过加速金融创新、优化审批流程、完善专业评审等多种方式满足市场的资金需求，在有效控制风险的同时，把握经济转型带来的宝贵发展机遇，在推动绿色金融方面的实践也有所跟进，主要表现为发展碳金融、环境交易所的成立、绿色金融产品的开发、绿色信贷的规范等。表 3 归纳了我国金融机构发展绿色金融方面的部分典型实践措施。

表 3　　我国金融机构发展绿色金融典型实践措施

金融机构	发展绿色金融的典型实践措施
国家开发银行	与国家环境保护部签订《开放性金融合作协议》，出台行业首个《太阳能发电开发评审意见》。
中国进出口银行	与世界银行联合实施“中国节能融资项目”。
工商银行	推出“网贷通”、“易融通”等网络融资方式的绿色金融产品。
农业银行	推出我国首张环保主题贷记卡“金穗环保卡”。
中国银行	开发清洁发展机制项目融资掉期业务和“绿色心益通”的环保捐息存款业务。
建设银行	出台《关于加强中国建设银行节能减排授信管理工作的方案》；发行保护自然主题的“红松龙卡”信用卡。
交通银行	开创对所有信贷客户和业务实行环保分类管理的制度。
中信银行	2008 年开始开展“助力蓝天计划”； 公司网银绿色积分； 信贷审批“环保一票否决制”； 与德国复兴信贷银行共同推出绿色中间信贷业务。
兴业银行	我国目前唯一一家“赤道银行”，在中国首推能效贷款；签署联合国环境规划署《金融机构关于环境和可持续发展的声明》，与北京环境交易所联合发布中国首张低碳信用卡。
招商银行	参与中法绿色信贷二期项目合作。
民生银行	在北京设立我国首家绿色金融专营机构。
光大银行	推出阳光理财低碳公益产品和绿色零碳信用卡；在北京环境交易所创立“个人绿色档案”。
浦发银行	推出了《绿色信贷综合服务方案》； 发布《建设低碳银行倡议书》； 开发“合同能源管理未来收益权买断保理”产品。

可以看出，目前我国商业银行对待环境保护的态度正处于从抗拒到规避的过渡阶段。虽然我国商业银行已经开始意识到环境风险带来的压力，开始构建与贷款决策相联系的环境风险评价体系，并开始通过降低能耗、减少废物排放

和使用绿色建筑等内部环境管理手段来改善银行自身运营对环境的影响，但目前对于大部分商业银行而言，发展绿色金融还只停留在“社会责任”的层面，没有与业绩的增长相结合，导致绿色金融业务至今尚未形成规模，未能充分发挥其信贷导向功能来支持自身和整个社会经济的可持续发展。

2. 我国商业银行绿色金融存在的问题

在各项政策、法规的推动和指引下，国内不少商业银行都积极探索绿色金融服务的全新模式，为绿色环保企业提供金融支持，同时也为自身利润增长寻求新的突破口。但从目前开展情况看，国内银行发展绿色金融仍然存在以下几个方面的问题和制约：

（1）绿色金融业务普遍风险较高而收益偏低，影响商业银行信贷投放积极性。一方面，需要为节能减排融资的企业规模多以中小型为主，此类企业普遍具有资金实力弱、缺乏可靠有效担保的特点，商业银行需要承受的信贷风险高于普通信贷项目；另一方面，由于绿色金融业务多为中长期信贷项目，加大了商业银行的管理成本；同时项目投资普遍存在经济效益较低且见效较慢的情况，使商业银行难以按照高风险高收益的定价原则提升对绿色金融业务的定价水平，进而直接影响到商业银行在绿色金融业务上的获利能力，在一定程度上不利于发挥商业银行在相关领域投放信贷的积极性，致使银行业开展绿色金融的动力不足。

（2）商业银行普遍欠缺对专业领域的技术识别能力，影响绿色金融信贷投放增长。绿色金融涉及专业技术领域十分复杂且处于不断更新当中，然而商业银行作为金融服务机构，全面深入地掌握各个专业领域的技术工艺及发展前景显然并非其所长，而雇用和培养大量专业技术人员也无疑会大幅提高商业银行的运营成本。由于国内商业银行中的专业技术人员占比较少，对于专业领域的技术识别和风险评估能力相对有限，在一定程度上使商业银行更倾向于将信贷资金投向于传统经济领域，而对垃圾处理、清洁能源开发等新兴环保产业采取谨慎态度，影响了绿色金融信贷投放的快速增长。

（3）制度建设相对滞后，影响商业银行发展绿色金融业务。在倡导银行开展绿色金融业务的同时，政府和监管部门对该类业务在贴息优惠、风险容忍度提升，以及行业指导等方面的配套制度保障机制建设仍相对滞后。比如，目前各级财政对符合绿色金融准入标准的项目进行贴息的少之又少，反而是德国、法国等发达国家对我国的绿色金融项目予以贷款支持和贴息。再比如，监管部门目前尚未对银行开展的绿色金融项目予以差别对待，比方允许其产生的逾期贷款可不计入不良余额。

（4）金融产品与服务单一，影响绿色金融业务规模的扩大。绿色金融项下融资企业普遍具有规模小、实力弱、难以获得传统模式担保等特点，针对此类客户，商业银行如果按照传统的授信审批要求予以审批，极有可能得出申请人自身实力较弱、第一环款来源有效性不足；担保方式可靠性较低、第二环款来源有效性也不足的结论，进而降低商业银行对绿色金融领域的审批通过率，影响绿色金融业务规模的扩大。

（5）绿色金融创新能力不强，难以满足市场需求。目前，我国商业银行在绿色金融领域的主要业务仍集中在传统信贷领域，从为数不多的绿色金融创新业务来看，创新的产品也比较单一。例如，目前在对节能服务产业的融资支持方面，金融创新主要局限于对其未来节能所产生的效益进行质押的贷款业务，虽然市场上出现了诸如“保理融资”、“未来收益权质押”等称呼各异的产品，但本质上都是基于未来节能效益分享收益权的金融产品创新。此类产品在一定阶段有效缓解了节能服务领域中小企业发展初期的融资难题，商业银行的早期介入也实现了商业利益与社会利益的双赢，但是基于绿色金融产品和服务的创新能力仍然较低，与绿色金融巨大的市场不相匹配。

（6）对环境风险的考量较少，对企业的引导作用未能充分发挥。目前，我国大部分商业银行还未建立起比较完善的企业环保审查制度。银行虽然在防范与化解贷款风险方面积累了一定的经验，但审查的重点仍放在企业的债务、财务、生产、经营情况等传统衡量指标上，在降低贷款环境风险方面的规定还处于摸索阶段，仍有很大的提升空间。如环境审查主要是在作出是否贷款决定之时，而没有贯彻到贷款的全过程；银行在作出是否贷款的决定时只能被动依赖环保部门的审查结果，而不去主动进行环境审查；在贷款发放后，银行对贷款进行监管的重点仍较多地放在企业的经济效益，而没有很好地考虑环境状况可能会对经济发展产生的巨大影响等，环境因素尚未成为我国商业银行制定信贷政策时原则性的依据，信贷政策对环境保护要求的体现仍是零散和不充分的。我国商业银行有必要借鉴成功经验，建立完善的银行环境审查制度，引导企业进一步加强环境保护。

三、商业银行发展绿色金融的几点思考

（一）绿色金融运作机理

从经济学角度来看，绿色金融就是通过政策和体制安排，纠正在市场价格体系下绿色投资的正外部性或污染投资的负外部性无法被内生化的缺陷。绿色金融应该成为一套体系，其目标应包括：（1）引导足够的社会资金投入绿色项目，以达到国家的总体污染减排目标；（2）在可选的大量项目中，将资金以“给定减排目标，资金使用效率最高”的原则进行配置；（3）避免系统性的金融风险。

在该体系下，为实现生态文明，促进企业加大绿色产品研发和生产，可通

过政府税收、补贴等相关刺激政策、商业银行等金融机构贷款利率调节、社会公众责任网络的完善三个方面手段得以实现，其运作机理如图 1 所示。

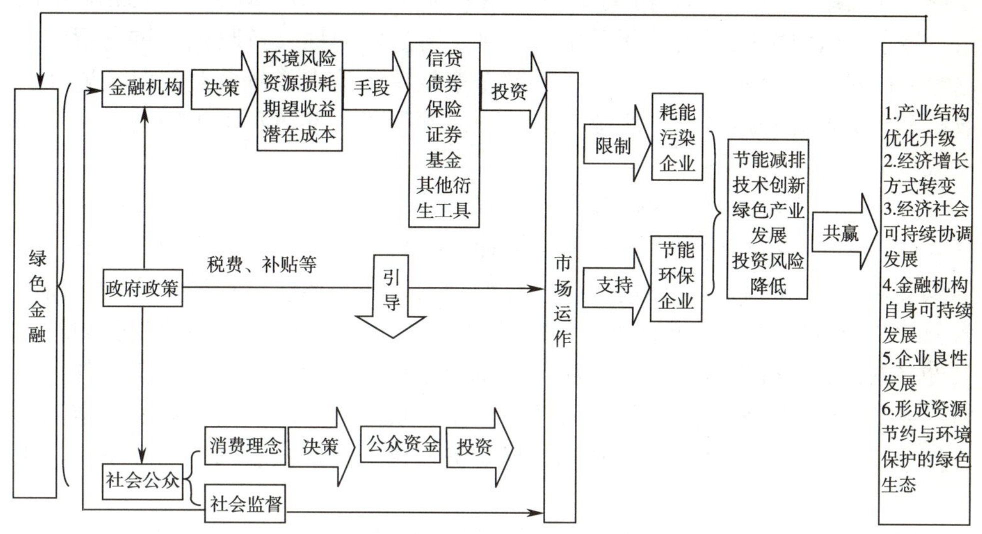

图 1　绿色金融的运作机理

可见，绿色金融不仅是以金融机构为主体的内部化管理和对外的绿色金融服务，而且涵盖政府政策、社会公众、市场作用等多元力量。政府部门的法律法规、财税政策会影响到金融机构、社会公众的决策与市场运作方向；社会公众对金融机构业务与市场运作效果的监督作用将影响政府决策和金融机构社会责任的履行；金融机构的市场操作手段也会对社会公众的投资起到引导作用。来自金融机构和社会公众的资金通过减少对耗能污染企业的投资、加大对节能环保企业的投资，能够促进节能减排、技术创新、绿色产业的发展和投资风险的降低，最后达到共赢的核心目标与效果，经济与环境的可持续协调发展及良好的生态经济效益则会进一步促进绿色金融的健康发展，从而形成一条良性循环的绿色发展路径。

（二）商业银行发展绿色金融的整体思路

商业银行可持续发展的核心在于通过商业银行的经营运作来实现自身可持续发展和环境、经济可持续发展的有机统一，在这一进程中有两个重点需要把握：

一是在推动绿色转型的同时实现经济增长。按照我国《政府工作报告》的要求，2014 年我国要在保持经济增长 7.5% 左右的情况下，实现单位 GDP 能耗下降 3.9% 的目标。尽管目前经济存在下行压力、稳增长面临诸多挑战，政府仍将坚定不移地推进节能减排。李克强总理在 2014 年 3 月 21 日召开的中共中央政治局常委、国务院节能减排及应对气候变化工作会议上提出，“节能减排与促进发展并不完全矛盾，关键是要协调处理好，找到二者的合理平衡点，使之并行不悖、完美结合”。绿色金融为实现节能减排和促进发展提供了有效的解决之道。绿色金融将发展与生态环保结合起来，通过倾向性支持政策、重点行业推动等手段对企业形成正向的激励，引导企业从单纯追求经济效益，向环境社会效益和经济效益兼顾转变，从源头上治理能源耗费和环境污染等问题，从而建立低碳、可持续的经济发展模式。

二是在服务实体经济的过程中实现绿色转型。近年来商业银行积极拓展服务领域，优化业务结构，在业务转型方面取得较大的成绩，但客户、业务和产品依然存在严重的同质化倾向。绿色金融为银行开拓传统行业转型升级、清洁能源和节能环保产业等新的业务领域提供机遇，是银行寻找新的利润增长点、转变经营模式的有效途径。在以深化改革为主旋律的政策导向下，我国商业银行应将金融服务、金融产品创新与环境保护有机结合，形成完善的绿色金融服务体系，拓宽银行金融产品外延和金融服务范围，更好地服务实体经济、实现可持续发展。

因此，商业银行开展绿色金融，实现自身可持续发展，应以内部绿色管理、绿色服务为先导，在金融业务中全面考虑长期的、潜在的资源能源与生态环境方面的影响，把与环境条件相关的预期风险、回报和成本纳入到投融资决策中加以考量，以信贷、证券、信托、保险、产业基金等多种融资方式并举，通过金融业的杠杆效应和利益传导机制影响其他经济主体的投资取向和市场行为，引导社会金融资源流向节能减排技术开发和生态环境保护产业，引导企业注重绿色环保和节能减排，引导消费者形成绿色消费理念，借助金融工具、市场运用、政府机制和社会监督等多元力量，促使金融机构、企业和公民履行社会责任，最终实现“社会经济持续发展、资源节约与环境保护、金融机构自身的可持续发展、企业技术创新与产业调整”多重目标的全面实现。

（三）商业银行发展绿色金融的战略举措

由于环境问题本身较为复杂、涉及面众多，还存在外部性、公共性等特点，商业银行开展绿色金融、实现可持续发展，要从调整信贷结构、加强业务创新、完善风险防控体系，打造特色金融等多方面综合采取措施。同时，绿色金融也是一项长期工程，需要全社会形成合力，政府、金融机构、社会公众等多方高度配合，推动经济发展由黑色 GDP 向绿色 GDP 的转变。

1. 树立绿色金融理念，构建绿色金融长效机制

发展低碳经济是我国解决环境保护与经济发展矛盾的重要途径。当前我国环境问题日益突出，多地持续出现严重雾霾天气，我国以往以巨大资源环境为代价的“高碳”发展模式不可持续，向低碳经济转型已成为我国实现可持续发

展重要而迫切的战略选择。低碳经济实质是经济发展方式的深刻转变，是一项长期、艰巨的战略任务，需要国家强力推进和社会各界共同努力，其中金融的支持尤其是银行业的支持将发挥不可替代的重要作用。因此，商业银行应进一步提升对经济转型重要性的认识，从战略层面认识发展绿色金融的重大意义。要树立可持续发展的公司治理理念，从环境与社会风险管理、绿色金融市场占有率、绿色金融产品和服务创新、绿色金融资产管理、绿色金融品牌建设等方面多维度制定战略规划，明确绿色金融发展方向；要将绿色金融相关业务板块、功能单元等纳入绿色金融组织体系，形成有效的分工配合机制；要吸收借鉴赤道原则精髓，根据国家环保法律法规、产业政策、行业准入政策等规定，结合本机构的绿色金融发展战略和业务发展特点，制定、完善绿色金融政策和制度；在产品创新、尽职调查、审查审批、贷后检查等各环节落实绿色金融要求，加强绿色金融业务全流程管理；要严格考核制度，推动绿色金融政策和制度的落实，增强基层网点对绿色金融的执行力，构建起绿色金融的长效机制。

2. 对接政策导向，大力支持绿色产业

在资源环境约束与公众环境关注度不断提高的双重因素作用下，我国节能环保行业将步入高速发展期，市场空间十分广阔。在细分产业方面，原本与其他经济部门相互交叉、相互渗透、呈碎片化分布于工业、建筑、交通、城市基础设施、环境治理等各个行业的节能环保项目将逐渐聚拢，形成一批产业集中度较高、具备较大商业机会的行业领域，主要包括城镇环境基础设施、清洁及可再生能源、水资源保护、节能环保设备制造等。商业银行应积极对接政策导向，把国家环保政策要求融入到业务经营的全过程中，一方面，对传统信贷采取有进有退和有扶有压的业务调整与优化，制定相应的绿色信贷政策，主动地引导资金从高耗能、高污染、高资源占用的行业流向节能环保领域和绿色新型产业；另一方面，努力创新绿色金融产品，通过“表内＋表外”、“商行＋投行”等综合金融服务，加大对节能环保产业、信息技术产业、生物产业、高端装备制造业、新能源产业、新材料产业等战略性新兴产业的支持，对其中拥有自主技术产权、填补国内外空白的重点项目，在授信支持上要予以优先保障。尤其是浙江省银行业，应结合《浙江省战略性新兴产业发展指导目录》中明确的重点推进方向，加大对高性能 LED 产品、工业和建筑节能、余热发电、煤的清洁利用、节能节水、污水处理、垃圾焚烧发电、烟气脱硫脱硝、重金属污染治理等领域的支持。要严格限制技术落后、产能利用率低、财务指标差、发展缓慢、资金压力大、偿债能力不强的企业的信贷投入，倒逼企业加快转型升级。

3. 探索绿色业务模式，积极开展产品创新

绿色金融所支持的项目投资回报各异、实施主体多元，并往往缺乏有效的抵押担保措施，需要银行加大产品创新力度，以满足各类环境友好型项目的差

异化融资需求。在融资期限上，对于企业的日常资金需求，可在流动资金贷款的基础上，综合运用银票、商票、供应链金融、贸易融资等产品；鉴于大多数节能环保类项目的投资回收期较长，可积极采用中长期项目贷款予以支持。在融资方式上，要综合采用“债权+股权”方式，拓展企业融资渠道。债权融资除了传统贷款外，对于政府采购在收入中占比较大、未来现金流稳定的项目，可考虑采用项目收益票据或资产证券化（ABS）的方式，在债券市场和其他公开市场上进行融资；针对政府拟开展公私合营的 PPP 类项目，可协助引入优质民营企业的资金，共同推动项目开发；针对高成长类环保企业的上市融资需求，可帮助其引入各类节能环保基金、产业基金，并向其推介优质券商，助推企业上市步伐。在融资市场上，既要眼睛向内，通过存量信贷结构调整，扩大对优质环保类项目和企业的授信；又要眼睛向外，充分利用国际市场低成本的资金，为国内节能环保企业的发展提供支持，尤其可通过与绿色金融开展较好的德国、法国、日本等国的金融机构合作，推动绿色中间信贷业务，利用国外资金和外国政府的贴息，助推国内企业转型升级和环保产业的发展。在风险控制手段上，要摒弃仅仅依靠土地、厂房和其他企业担保的方式，允许通过收费权、排污权、未来各类收益权质押的方式，为项目提供担保。在行业领域上，要针对不同的节能环保细分行业特点，开发多样化的优惠绿色贷款，如清洁能源贷款、环保设备贷款、绿色建筑贷款、新能源汽车贷款等。

4. 立足地方实际，发展特色绿色金融

绿色金融市场分布较为分散，行业及区域间产业差异明显。绿色金融市场中的“泛绿色行业”及相关项目广泛分布于国民经济中的各个领域，如银监会最新版《绿色信贷指引》的统计口径覆盖 12 大类，33 个子项目类型，分布于农业、林业、能源、制造业、基础设施、交通等各行业领域。加之各区域经济发展水平、产业结构、资源禀赋的差别形成了较大的地域间差异，“一刀切”的经营政策很容易“水土不服”，需要银行因地制宜，有针对性地发展绿色金融。以浙江省为例，2013 年以来，浙江省委、省政府提出“以治水为突破口，坚定不移推进经济转型升级”，在以治水为突破口的美丽浙江建设进程中，未来包括“治水”行业在内的环保产业将迎来快速发展，浙江商业银行发展以“五水共治”为重点的绿色金融是大势所趋，也大有可为。浙江银行业应积极响应政府号召，围绕“五水共治”打造具有特色的绿色金融产品。针对水资源利用和保护领域融资规模大、回报周期长等特点，加大产品创新和资源配置力度，通过项目贷款、债务融资工具、融资租赁、险资对接等多种产品，增加在水资源利用和保护领域的信贷投入；在风险控制上，要详细测算治水项目的未来现金流，辅以排污权抵押、水资源使用费质押以及其他预期收益质押等方式，控制项目风险，在服务实体经济、履行社会责任的同时不断提升银行可持续发展能力。

5. 重视环境风险，建立全面的风险防控体系

虽然在2012年银监会已经发布了有关环境风险评估的指引，但缺乏强制性，各金融机构的执行力度差别很大。商业银行应充分认识到环境风险在企业经营中的重要地位，将环境风险评估和防控作为风险控制体系的重要组成部分。(1) 商业银行应参照赤道原则，设立专门的环境和社会风险控制部门，对有环境影响的项目进行全流程的管理，全流程管理应贯穿在授信业务准入、尽职调查、放款审核、贷后监测四个环节。(2) 商业银行对项目和企业的评估过程中应正式引入“环境风险评估”步骤或因子。如项目涉及大气污染、水资源污染、固体废物等风险，应该要求有量化的影响评估报告，以及对可能的政策变化、今后该企业可能面临的声誉和法律风险的专业意见。对矿业、电力、林业、渔业、垃圾处理、石油天然气、冶炼、化工等行业，量化的环评报告必须是强制性要求。(3) 商业银行应加强与金融同业、国家发改委、工信部、各级环保部门的信息交流，在银行间环境信息传递和共享，环境风险认定标准制定等方面加强交流与合作，帮助建立更加科学有效的环境风险防范体系。

6. 加强人才培养，打造绿色金融团队

专业的人才队伍是发展绿色金融的重要保障。绿色金融业务作为一项新兴业务，其前期调查、贷中审查以及贷后监管等工作都要求银行从业人员了解环保政策和法规、熟悉相关行业的市场和技术变化。目前，商业银行缺乏开展绿色金融的复合型人才，阻碍了金融业务和环保政策的有机结合和灵活运用。因此，加强人才队伍建设，形成专业的营销、风控、产品设计团队对商业银行积极开展绿色金融业务至关重要。一是要高度重视绿色金融复合型人才的培养和引进。除了要提高内部管理人员以及一线营销人员在绿色金融方面的专业素养外，还应加快引进具有环保专业背景的人才，打造一支操作能力强、专业知识丰富的复合型绿色金融团队。二是加强与国外先进同业的交流。要通过与国际金融机构的合作，进一步了解国际绿色信贷业务操作流程、业务标准以及管控模式，努力向国际通行的赤道原则靠拢，提高自身业务能力。三是建立环境风险评估人才储备库。除了形成一支具有市场竞争力的绿色金融业务团队外，还需要借助“外脑”，建立一个包括政策专家、技术专家、科研专家在内的外部专家储备库，为银行在绿色金融业务开拓过程中遇到的各类问题提供决策支持。

从政府的政策角度，建议从以下几个方面完善绿色金融的保障体系：(1) 完善绿色贷款财政贴息机制，鼓励绿色信贷。建议财政部门、发改委加强与金融机构互动，完善绿色项目的贴息计划，既支持治污改造项目，又支持新兴绿色产业。可通过制定行业和重点项目清单，引导金融机构加大对清洁能源、清洁煤炭技术、天然气汽车等重点行业的支持，并降低企业的融资成本。要建立定期的效益评估和项目清单修改机制，以保证新的优秀项目和技术能够入选。

在企业规模上，应尽可能囊括更多符合标准的中小企业。可以分别针对大型企业和中小型企业设立不同的贴息政策，在贴息力度、优惠条款和审批程序方面进行区分。同时鼓励各级地方财政通过当地的金融机构对本地的绿色项目进行贴息支持。（2）完善绿色产业相关税收政策，使有限的资源得到优化配置。一是完善资源税的税收政策。一方面扩大对不可再生资源种类的征取范围，提高税率。另一方面实行差别税率，针对不同区域、不同特征资源实行不同税率，并对严重污染环境的企业、过度开采资源导致当地资源匮乏的企业实行惩罚性课税制度，通过税收缓解企业带来的外部性问题。二是完善企业所得税制。在现行企业所得税制基础上完善对于低碳经济的所得税优惠政策，促进企业更新设备，采取“低碳”方式生产经营。（3）加强资本市场对低碳经济的支持力度。建议证监会出台扶持政策，推动符合条件的低碳经济企业优先上市，扩大融资规模，并且允许募集资金投向符合发展低碳经济要求的已上市公司优先增发新股和配股。反之，则予以严格限制，从而促进上市公司转变发展模式，把资金和技术更多地投向低碳经济领域。同时，鼓励债券市场优先核准符合低碳经济发展要求的项目和企业发行债券。（4）建立科学有效的环境成本信息系统，为决策部门和全社会投资者提供依据。缺乏项目的环境成本信息和分析能力，或者取得这些信息的成本过高，是许多有意向参与绿色投资的机构所面临的一个重要瓶颈。因此，建议政府相关部门着手相关系统的建设工作，将企业和项目的大气污染排放、水资源消耗、垃圾生成等造成的环境成本尽可能量化，评估这些成本没有被目前市场价格所反映的“外部性”规模。该环境成本信息系统中应该包括对主要行业、企业、产品比较完整、不断更新的数据库，并采用比较科学、标准、有可比性、高透明度的测算方法，为政策制定者和金融机构提供决策参考。

从社会公众角度，应积极倡导绿色生活、绿色消费理念，通过对绿色产品的偏好，推动企业向绿色生产转型，推动金融机构开发绿色金融产品，推动各级政府部门加强环保投入和监管。社会各部门和组织都应积极宣传环境保护的基本国策，倡导绿色文化和生态文明，以生态的绿色平衡发展推进社会和谐，以环境文化丰富公众的精神文明，让更多的公众了解绿色金融的内涵，积极引导绿色消费的观念，为绿色金融发展提供良好的社会舆论氛围。

四、小结

节能减排、低碳环保，是我国经济社会发展的大方向、大趋势。在向低碳经济转型过程中，大批传统产业改造升级，大量新兴产业快速成长，蕴含着巨大的投融资需求。对于商业银行而言，绿色金融既可以开辟新的业务领域、创造新的增长点；又是以商业化的形式来履行社会责任；还可以形成自身经营的特色和品牌，因而是实现自身可持续发展的重要契机。

目前，绿色金融的理念已经被广泛接受，发展绿色金融已经成为银行业的共识。在监管部门的积极推动下，我国银行业金融机构近年来以绿色信贷为抓手，积极从经营理念、管理体系、产品服务等方面开展绿色金融创新，并取得了一定成效。但总体而言，我国绿色金融发展仍处于起步阶段，还存在一些制约绿色金融发展的问题，如发展绿色金融主动性不强、对绿色金融的认识不够全面、专业能力有待提升、配套政策有待协调和完善等。在此背景下，商业银行应从战略高度出发，做好绿色金融的顶层设计，树立绿色金融理念，积极构建绿色金融长效机制，将企业社会责任和可持续发展作为银行的核心理念与价值导向，把绿色金融上升为战略性重点业务，从业务理念、产品创新、风险控制、人才培养等多个渠道入手，不断延伸绿色金融的业务领域，形成丰富的绿色金融产品与服务体系，将绿色金融打造成为银行实施差异化经营和提升竞争优势的重要品牌，实现履行社会责任和自身可持续发展的双赢。

参考文献

[1] 郭濂：《生态文明建设与深化绿色金融实践》，中国金融出版社，2014。

[2] 国务院办公厅：《政府工作报告》，载《新华网》，2014（3）。

[3] 何清：《绿色经济亟须绿色金融启动》，载《21世纪经济报道》，2014（9）。

[4] 马俊：《绿色金融政策中国如何运用》，载《财新网》，2014（7）。

[5] 于晓刚、林扬、陈羽昕：《中国银行业绿色信贷足迹》，中国环境出版社，2013。

[6] 张旭明：《用绿色金融杠杆助推生态文明建设》，载《时代金融》，2014（4）。

[7] 周道许、宋科：《绿色金融中的政府作用》，载《中国金融》，2014（4）。

浙江融资担保圈风险管控研究

——以萧山为例

上海浦东发展银行杭州分行课题组*

一、选题背景与意义

改革开放以来，浙江经济一路高歌猛进，经济总量在广东、江苏、山东之后，位列全国第四。随着经济的发展，浙江的金融业也得到了空前的发展。2010 年，浙江银行业利润达 1 378 亿元，约占全国银行业利润的 12%，盈利能力和资产质量全国第一。但 2011 年下半年之后情况却急转直下，银行坏账纷纷暴露。2012 年、2013 年、2014 年第三季度末，全省银行业不良率分别达 1.60%、1.84% 和 1.97%，分别高于全国 0.63 个、0.84 个和 0.81 个百分点。

2008 年，国际金融危机爆发，以华联三鑫为代表的几家绍兴企业集团的资金链断裂，引发了企业间的风险传染，对绍兴地区和浙江省产生了强烈振动。中国政府 4 万亿元投放短暂缓解了企业的资金链风险，但自从 2011 年 6 月温州大规模爆发“跑路”潮以来，资金链断裂的企业名单就一直在不断刷新。银行按图索骥前去收贷，这张“图”就是企业的担保关系图。一家公司的危机，经由互保链，迅速放大扩散至其外围的数级担保圈，风暴由此升级。2012 年 7 月，包括国内输配电行业最强企业之一的虎牌集团、家具行业龙头嘉逸集团、人造板行业领军企业荣事集团等在内的 600 多家民营企业联名上书，向浙江省政府紧急求助，恳请政府帮助他们渡过因银行催贷、抽贷而面临的难关，浙江民营企业资金链断裂风暴再起，并持续蔓延至今。担保圈风险以其强烈的传染性和冲击力，给区域经济、金融的稳定带来了巨大的冲击。

地处钱塘江南岸、浙江省会杭州市南大门的萧山，东接历史文化名城绍兴，1988 年撤县设市，2001 年撤市设区，全区总面积 1 420 平方公里。2013 年，萧山实现地区生产总值 1 663.53 亿元，按年底户籍人口 124.38 万人计算，人均 GDP 达到 21 668 美元，三次产业占比分别是 3.59%、58.06% 和 38.35%，工业

---

* 课题主持人：林　斌
课题组成员：翟志坚　胡其旺

是萧山经济的支柱。化纤纺织、汽车及零部件、现代装备制造为三大主导产业，块状经济特征十分明显，被命名为中国园林绿化产业基地、中国纺织生产基地、中国羽绒之都、钢结构之乡、中国伞乡、中国镜乡、中国汽车零部件产业基地、中国淋浴房之乡、中国卫浴配件基地、中国花边之都、中国纸业之乡、中国花木之乡的称号。改革开放以来，萧山掀起了全民创业热潮，经济发展取得了年均 GDP 增速超过 12% 的高速增长，萧山经济一直领先于浙江其他县市区，位列全国前十名，发展成为浙江经济的排头兵、领头雁和先行者。从产业结构、发展模式看，萧山都是浙江经济金融发展的典型代表。2008 年，全球金融危机对萧山区域经济产生重大冲击。经过 2009 年短暂的经济刺激后，萧山经济告别高速增长阶段，2010—2013 年，萧山 GDP 增速分别为 12.3%、11.1%、10.1% 和 8.3%，增幅以每年一个多百分点的速度进入下降通道。体现在金融上，进入 2012 年以来，萧山区由于担保链风险呈现逐步蔓延的趋势，成为了浙江省担保链危机引发信用风险，进而产生区域系统性风险的又一个典型地区。仅后文描述的一个担保圈，涉及的企业就达 51 户（集团企业算一户），涉及银行融资余额高达 558 亿元。

担保圈风险被频繁报道后，引起国内政府、银行、企业和专家学者的高度重视。以银行界为例，近年来，各商业银行为化解担保圈风险陆续出台了不少文件，并下达了化解担保圈风险、清收不良贷款的具体指标，并加强了对化解不力分支机构的处罚问责。频繁发生的担保圈危机给区域经济的繁荣发展、劳动就业、社会稳定以及银行业的资产质量和金融风险带来巨大的挑战，同时也影响到了社会的诚信建设和市场经济秩序的公平性。

二、担保圈相关理论研究

（一）担保、担保圈和担保圈风险的概念

担保是一项为确保特定的债权人实现债权，以债务人或第三人的特定财产或信用来督促债务人履行债务的法律制度。担保是世界各国金融界进行贷款时的通行做法。我国 1995 年 6 月 30 日出台的《中华人民共和国担保法》将担保划分为保证、抵押、质押、留置和定金五种形式。保证担保是指保证人和债权人约定，当债务人不履行债务时，保证人按照约定履行债务或者承担责任的行为。保证担保具有三种经济功能：一是保障功能，即在债务人违约情况下，债务将由保证人偿还，以保障债权人的权利得到保障；二是监督功能，在保证担保中，由于保证人比债权人更加熟悉和了解债务人的偿债意愿和偿债能力，保证人的介入可以替债权人监督和制约债务人违约行为的发生，理论上可以降低信贷风险；三是激励功能，债务人如果违约，保证人将面临履行求偿权和代位权的威胁，这将激励债务人努力经营以偿还债务，以保障

保证人利益。从这个意义上看，保证担保可使债权人、债务人和保证人三方实现共赢。

所谓担保圈，是指多家企业通过互相担保或连环担保连接到一起而形成的以担保关系为链条的特殊利益体。从该担保圈定义来看，研究担保圈，就必须沿着“担保→信用担保→互相担保或连环担保→担保圈”这条逻辑思维链条来进行演绎分析。

担保圈风险是我国经济发展环境下的特定现象。对这一概念的界定，理论与实务界尚未形成共识，早期研究以对各个时期担保圈案例的分析为主，学者普遍认为担保圈风险的蔓延与扩散极易导致系统性风险的累积。本文将担保圈风险定义为担保圈中一家或者多家企业破产导致其他关联企业相继破产，同时银行担保贷款出现偿还危机的风险。

（二）担保圈主要特征

从近年来相继发生风险或损失并且具有一定影响的浙江绍兴、杭州萧山等担保圈来看，呈现出以下几方面特征：

第一，担保圈具有明显的地域特征。在一个区域之内的经营者之间，往往有着千丝万缕的社会关系，各经营者之间为了各自利益的需要，容易形成互为担保的关系，从而形成地域性的担保圈。

第二，圈内企业经营状况相似。通常是经营不佳的企业为同样经营不佳的其他企业提供保证。例如，华联三鑫担保圈涉及 30 余户企业，均为绍兴地区的当地企业或由当地企业所投资的企业，同一地域的展望集团、加佰利这两家正处于风雨飘摇中的企业，为华联三鑫提供的担保额分别达到 20 亿元和 15 亿元。然而管理规范、经营较好的企业对外提供担保相对慎重，对被保证企业的要求较高。

第三，存在大量未披露的或有负债（暗保）。银行与企业之间信息不对称，对企业担保信息掌握不充分，特别是对一些没有在财务报表上和公开信息披露中体现的担保信息难以掌握。

第四，企业经营性净现金流不足。风险暴露前，担保圈内企业往往发生了巨额的、长期不能产生现金流的投资活动，净现金流高度依赖于筹资活动，圈内企业存在过度融资现象，经营性净现金流明显不足。

（三）担保圈风险传导机制

担保圈风险的爆发需要四类要件（如图 1 所示）：首先是风险源的形成，就当前宏观、微观经济特点来看，外部环境变化主要表现为宏观经济的下行趋势，内部环境变化主要来自企业高负债经营模式难以为继，内外环境变化导致企业财务风险逐渐累积，风险源产生；其次是风险阈值的突破，当风险传导能量足以超过企业对财务风险的管控能力时，风险便开始在担保链上传导；再次是风险传导载体的存在，众多企业通过错综复杂的担保网络进行信用捆绑，在不断增大企业信用强度的同时，最终因贷款担保链而联结成为一个风险共享的整体，风险传染的载体也就相应自发形成；最后是催化效应的作用，在担保链风险爆发早期，银行普遍采取抽贷来规避风险，这种风险催化效应将会引发多轮担保链企业资金链断裂，导致信贷风险在银行间传染。

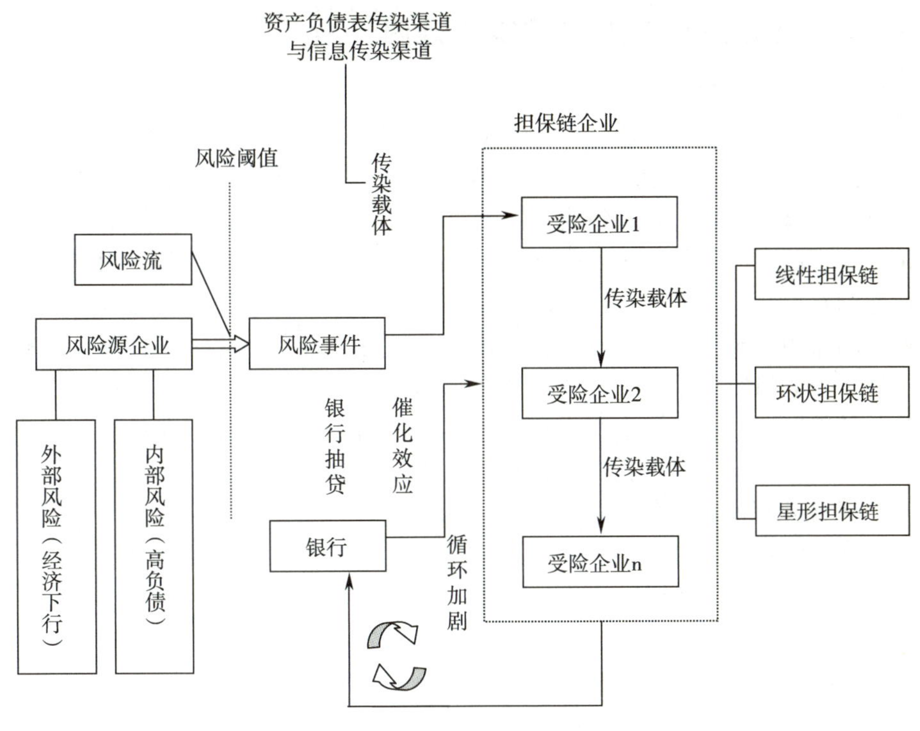

图1　担保链风险传导机制

担保链风险扩散主要有两种渠道：一是资产负债表传染渠道。某企业的对外担保实质上就构成了该企业的或有负债，通过担保链条不断在众多企业的资产负债表上来回复制生成；一旦某家被担保企业（风险点）发生财务风险无力偿还银行债务，则处于财务风险阈值的担保企业其或有负债变成真实负债，导致自身陷入财务困境，形成新的风险点企业继续传染风险。二是信息传染渠道。担保链凭借组合担保企业的信誉而覆盖被担保企业的个体风险。但这种信誉并不是简单的企业信用水平，其背后暗含着企业的经济效益、财务运行质量等经营风险综合指标。事实上，目前银行对企业经营状况的跟踪实效性不强，往往会根据显性信息作出判断和行动。当担保链上的某家企业在财务上陷入困境，这会导致链上其他担保企业与其存在相同风险信息暴露，规避风险的银行就会从企业那里追回贷款，并迫使为之提供担保的企业替其进行清偿；某家银行取回贷款的程度为其他银行提供了一个担保链上企业群体稳健性缺陷的显性信息，并最终形成银行出现集体抽贷、压贷，直接影响链上企业正常资金流转和业务经营。

三、萧山担保圈的起源、演进与成因

（一）萧山担保圈起源

改革开放初期，萧山是一个农业大县，1978 年农业总产值是 5.46 亿元，工业总产值是 2.01 亿元。进入 20 世纪 80 年代以后，以万向为代表的一大批乡镇企业迅速崛起，乡镇企业得到快速发展。90 年代初期，萧山推进企业产权制度改革，产权制度得到了明晰，企业全面推行全员合同制和聘用制，为新生民营企业蓬勃发展提供了充分的保障和肥沃的土壤。同时，随着市场经济的发展，银行从国家的“第二财政”逐步转变成自负盈亏、自主经营的商业银行，90 年代出现了企业间的担保，1995 年《中华人民共和国担保法》的颁布规范了担保行为。随着经济的发展，企业融资的增加，萧山企业的保证担保从单向、个别逐步走向互保、连环，逐渐形成了今天这个纷繁复杂的担保圈。

1. 萧山担保圈存在的积极意义

黑格尔说：“存在即合理”。萧山担保圈的形成和发展，有其合理性，对萧山的社会经济发展具有积极的历史意义。主要表现为：

一是突破企业融资约束，促进企业发展壮大。通过互保，银行机构加大对中小企业的金融支持，为中小企业由小做大、由弱做强提供了资金保障。

二是促进金融机构集聚，优化了区域资源配置。互保贷款，成为银行拓展客户资源、占领市场地位的重要手段，促进了银行机构快速集聚。1995 年到 2013 年末，萧山银行家数从 7 家增加到 41 家。金融机构的快速集聚，一方面拓展了辖内企业的信贷资金来源，另一方面加快了本土企业“走出去”的步伐，使得萧山企业能够充分利用区内外的资金、原材料、产品市场。

正由于担保圈有其积极意义，担保成为了萧山企业融资的主要方式。2012 年，人民银行萧山市支行专题调查了辖内商业银行的贷款担保方式，从表 1 可以看出，萧山银行业企业贷款的担保方式中，保证担保占绝对比例。据了解，到 2012 年 9 月末，萧山银行业企业贷款保证贷款余额占全部贷款余额的 56%，其中，互保占全部保证的 90% 以上。

表1　　萧山企业人民币贷款担保结构分布表　　单位：亿元，%

项目	担保方式	2012年9月末		2011年9月末		2010年9月末		2009年9月末	
		余额	占比	余额	占比	余额	占比	余额	占比
银行企业贷款	保证	1 045.36	56	990.35	55	878.79	56	743.85	57
	抵押	621.37	33	587.11	33	518.43	33	420.26	32
	质押	98.71	5	100.52	5.5	39.90	3	47.71	4
	信用	113.88	6	118.19	6.5	125.17	8	89.88	7
	合计	1 879.33	100	1 796.17	100	1 562.30	100	1 301.69	100

2. 萧山企业呈现明显的高投资、高负债、低效率特征

担保圈在保障萧山企业资金需求、促进区域资金集聚的同时，也在一定程度上掩盖了萧山经济发展中存在的问题，地方政府、企业和银行有共同追求经济增长的情结，萧山银行业的信贷投放已远远超出实体经济需求，从宏观上体现为信贷增长与GDP增速的不匹配，从微观上反映为企业负债率的高企和担保链的膨胀扩张，企业呈现明显的高投资、高负债、低效率“两高一低”特征。

萧山统计局提供的数据表明，近三年，萧山工业企业的负债率分别为63.3%、63.2%和62.8%，毛利率分别为3.8%、4.0%和5.4%，总体报表负债率偏高，毛利率偏低。事实上，根据我们对部分企业的调查，企业报表水分较大，许多企业实际已经资不抵债，1 700余家规模以上企业当中，负债率在80%以上的企业比比皆是。

同时，萧山经济还存在着单位贷款支撑的GDP少、单位GDP能耗大等特点。2013年，萧山单位贷款创造GDP为1.6%，杭州单位贷款创造GDP为2.32%；2013年，萧山单位GDP能耗降低率不降反升3.2%，而杭州市为下降2.4%。这说明萧山经济仍旧是依赖规模扩张和能源消耗的粗放型经济，不可持续。

（二）萧山担保圈风险的演进

1. 宏观经济金融环境的影响促发萧山企业担保圈风险发生

风险的最初出现并非来自互保本身。受宏观经济金融环境的影响，部分企业的资金链发生问题，并通过各种途径传导，触发了萧山企业担保圈风险。2008年，在全球金融危机冲击下，绍兴华联三鑫、纵横集团先后倒闭，通过贸易链、借款链传导到萧山道远集团，道远集团通过担保链影响到中誉集团、恒达集团、龙达集团、富丽达集团等萧山多家“百强企业”，担保圈风险开始暴露。2008年底，萧山区委、区政府出台了一系列政策，成立了一个总额为5亿元的区政府应急专项资金，用于缓解企业转贷资金周转困难。同时，支持企业重组资产，脱离担保圈。最后，道远集团浴火重生，目前生产经营正常。中誉

集团与吉利集团资产重组后，成为以房地产为主业的集团公司，虽然受国家宏观调控、住房限购政策的影响经营困难，但与其他企业的担保风险基本脱离。2009 年，国家出台了一揽子经济刺激政策，宽松的信贷环境缓解了担保圈风险暴露，但企业自身存在的问题并没有得到解决，只是暂时掩盖起来，给企业经营者和政府、银行造成了错觉。2012 年以后，萧山企业产能过剩严重、经营性净现金流不足等问题，在资产估值不再上升、融资更趋紧张的环境下充分暴露出来，财务成本如吸血鬼一样迅速榨干实体经济。一家企业出现资金链问题，通过信息渠道和资产负债表迅速传染到担保企业，促发萧山企业担保圈风险的进一步爆发。

2. 风险处置的矫枉过正放大了担保圈风险

2011 年以来，随着劳动力成本上升、人民币升值，融资成本越来越高，企业经营越来越困难，我国经济增速开始步入下行区间，部分企业出现财务风险，并碰倒了众多复杂担保链上的第一块多米诺骨牌。当担保圈风险出现后，部分银行草木皆兵，对担保链上尚能正常经营的企业也开始采取抽贷和压贷行为。在存在多头授信的企业中，一家银行的抽贷往往造成其他银行的争相抽贷，进一步催生和放大了担保链风险。在引发多轮担保链企业资金链断裂的同时，也导致信贷风险在银行间多轮传染，抬高了银行业整体的不良贷款水平。担保圈风险已经成为区域性、系统性信用风险爆发的主要形式之一。

自 2011 年起，萧山陆续有规模以上企业倒闭，也牵涉到担保圈企业的风险，但总体影响不大。2013 年初，银行融资额达 13. 4 亿元的浙江建杰控股集团有限公司资金链出现问题以来，与其互保的银行融资达到 4 亿元的联佳化纤跟着倒下了，继而与建杰集团互保的银行融资 2 亿元的新艺服装和银行融资 1 亿元的欢达纺织也倒下了。由于建杰集团的担保圈涉及萧山区数家“百强企业”，为防止担保圈风险的继续蔓延，在萧山区政府和省银监局萧山办事处多次协调下，各家银行同意给为建杰集团担保 2. 5 亿元的和合集团和为建杰集团担保 2. 8 亿元的 DZR 集团以平移贷款的方式承担保证责任，并给予利率优惠。然而，和合集团本身经营不善，负债累累，融资总额高达 23 亿元，经营性净现金流严重不足，很快也出现了资金链断裂，并进一步传导到担保圈内其他企业；DZR 集团总投资 10 亿元的 28 万吨锦纶切片项目仅投入 2. 5 亿元，目前企业融资敞口已达 16 亿元。而 DZR 集团的银行融资有 12 亿元以上是由 XS 集团保证的，XS 集团的银行授信总额达 64 亿元，实际提款在 60 亿元左右。企业和政府认为，只有新项目成功投产才能挽救 DZR 集团。在萧山区风险化解领导小组的协调和区委、区政府领导的约谈下，DZR 集团的 13 家业务合作银行同意按比例增加 7. 5 亿元贷款，并签订了意向协议。如果银行如约放款，短期内会缓解 DZR 集团的担保圈风险，但如果项目失败，银行的损失将更多，届时对社会的震动也会更大。

事实上，如果28万吨锦纶项目完全达产，流动资金的需求量达15亿元左右。据我们了解，最近国内投资锦纶切片的企业较多，产能增长过快。业内人士分析预测，未来三五年内，锦纶行业将会出现目前涤纶熔体纺的困局。从目前情况来看，尽管萧山区委、区政府多次协调，担保圈风险蔓延的势头仍未得到有效遏制。图2是部分萧山企业的担保圈示意图，该图的传导路径中，传导到经营正常企业的，后续的传导路径不再列出；因互保金额不大，对担保单位影响因素不大的，后续担保链的传导路径也不再列出。

据统计，上述50家企业融资总额约550亿元，其中资金链已经断裂的企业融资金额为120亿元。萧山担保圈危机，引起了萧山区委、区政府的高度重视。2014年2月11日，萧山区委、区政府成立了化解企业风险促进经济平稳发展工作领导小组，区委副书记任组长、常务副区长任副组长，由32个部门的主要领导为成员。领导小组下设办公室，抽调26名机关干部，实行集中办公。

担保圈风险涉及多个利益相关方，各方的目标诉求各异：地方政府以维稳和保护地方经济为首要诉求，部分地方政府已经出台相关政策，鼓励商业银行少抽贷、多核销，并且不惜协调司法部门配合银行做好核销工作。监管部门以保护金融安全和维护银行债权为首要诉求，希望最大限度地减少银行业整体的损失；债权人则以保障自身信贷资产安全为首要诉求，这往往会造成债权人之间利益的相悖，银行纷纷抽贷，其他债权人则不择手段逼债；债务人以逃脱责任、甩掉包袱为首要诉求，为此竭力将责任推向政府和社会。事实上，资金链断裂的企业当中，经营者或多或少都存在转移资产、逃避债务的情况。

即使地方政府出面协调，由于各商业银行的体制问题，难以使所有银行都步调一致。而如果政府的相关措施不当、处置不果断，可能会导致保证企业和银行损失更大。2011年以来，萧山产生了数起担保圈风险事件，政府为了避免风险的蔓延，要求相关银行不抽贷、不压贷、不延贷，甚至要求银行在政府协调之前将已经收回的贷款再发放出去，同时要求相关保证企业继续给予保证担保，让风险企业一面自救、一面重整。结果有可能事与愿违，企业自救不成，银行和保证企业最终损失更大。

（三）萧山担保圈风险形成原因分析

我们认为，萧山企业担保圈风险的形成，是政府、企业、银行等各方面共同作用的结果（如图3所示）。

1. 政府原因

改革开放以来，萧山经济的快速发展得益于务实有为、高效运转的地方政府，但地方政府有强烈的GDP情结，国家对官员的考核以GDP增长为主，地方政府推动经济增长的积极性高昂。为鼓励企业做大，采取荣誉、奖励等多种形式，并积极招商引资，客观上助推了企业的高投资，进而产生了高负债。

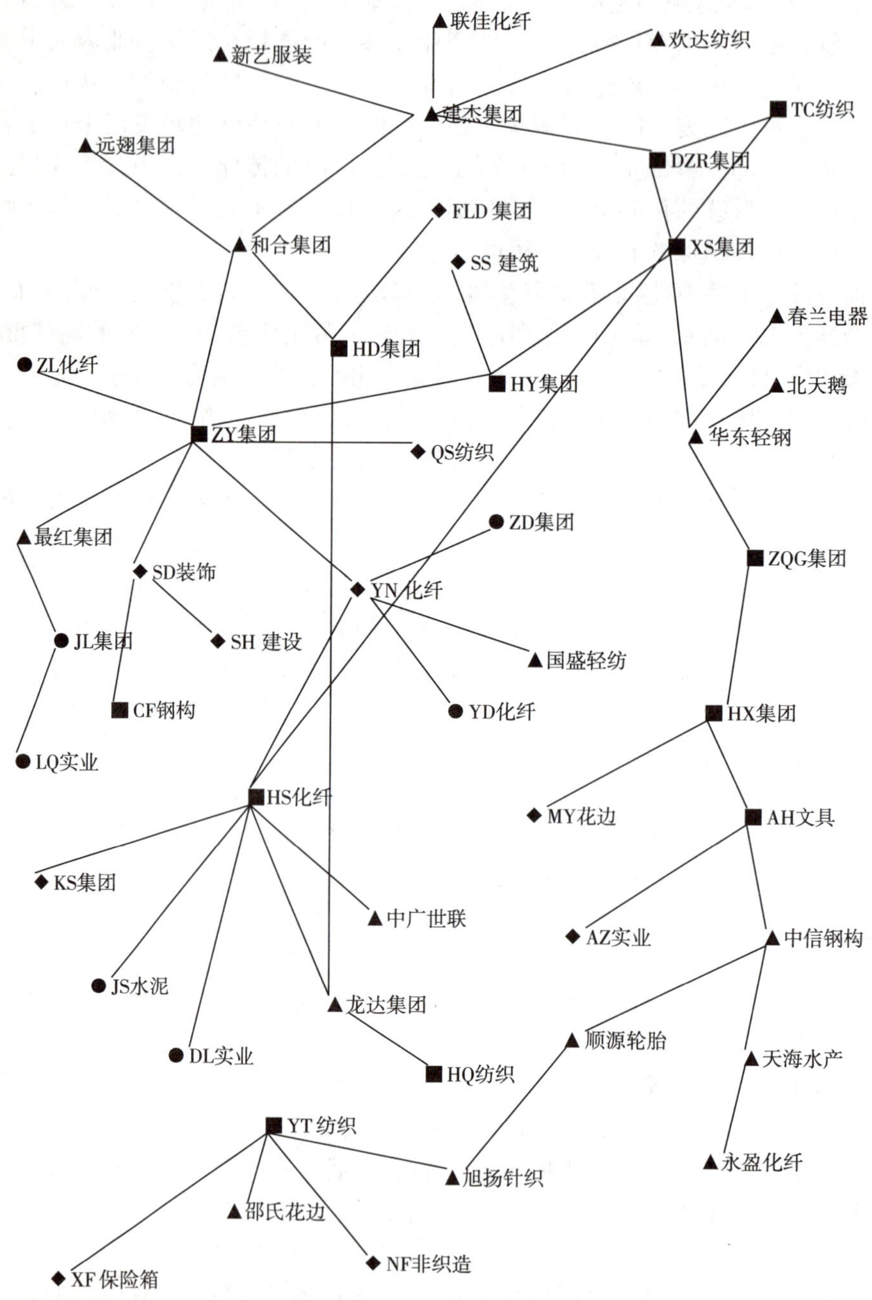

注：▲表示资金链已经断裂；■表示受担保链影响，需要政府协调；◆表示受担保链影响，已经引起了银行的关注；●表示经营正常，受担保链的影响不大。

图 2　部分萧山企业担保圈示意图

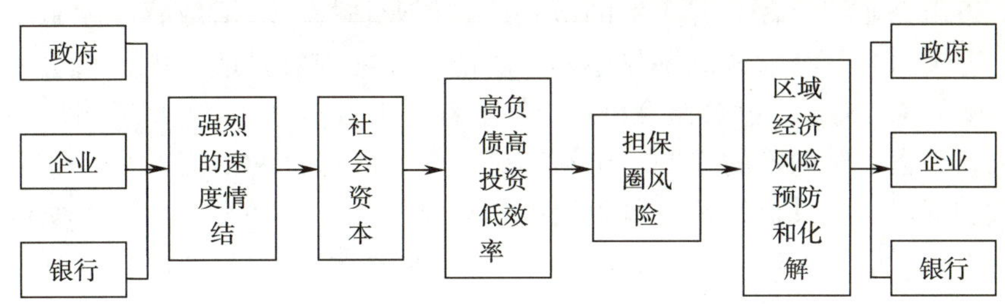

图3　担保圈风险成因图

从要素供给角度看。亚洲金融危机之前，土地和劳动力要素并不稀缺，真正对企业发展构成制约的是资金要素。为缓解企业发展过程中面临的资金紧张问题，20世纪90年代，政府出台了一系列经营承包责任制奖励政策，如税后利润80%留给企业，用于流动资金、技术改造或扩大再生产。为扶持企业做大做强，萧山市委、市政府加强了对企业的扶持力度，对该市百强企业在所得税政策上享受优惠，而且建议当地银行机构在贷款方面给予扶持。企业"所缴纳的所得税，以上年实际缴纳的递增8%为基数，超过部分全额返还企业，有偿无息使用3年，作为生产流动资金。企业生产所需要的流动资金贷款，以该企业上一年的流动资金贷款为基数，按企业实际销售收入增幅同比值的80%增加。所增加的流动资金，由该企业的各开户银行，按原流动资金的贷款比例负责解决"。亚洲金融危机之后，随着工业化进程的加速推进，土地要素日益变得稀缺。为破解这一约束，萧山市政府以产业园区建设为载体，继续鼓励企业做大做强。

从制度供给的角度看。萧山地方政府在这方面的工作主要包括：一是20世纪90年代成功实行了企业产权制度改革。经过产权制度改革，使得全市企业的产权得以明晰，法人治理结构得以健全，为企业真正进入市场和萧山工业的"二次腾飞"提供了制度保障。二是在2001年"撤市设区"过程中，萧山地方政府完成了萧山区从"强县战略"向"都市化战略"的成功转变，为萧山加快进入工业化和城市化互动的发展新阶段发挥了积极的促进作用。这一时期，萧山百强企业纷纷进入房地产行业。由于房地产行业的高利润，财富的示范效应助推了萧山企业的高负债。国家货币超发和地方政府经营城市，导致以住房为代表的资源价格飞涨，逐步使得实体经济空心化，企业主业核心竞争力减退，出现了多元化盲目投资的情况。

2. 企业原因

萧山企业经营者具有独特的个性。萧山人民在过去几十年里，在没有任何资源的情况下，发扬"历尽千山万水、吃尽千辛万苦、说尽千言万语、想尽千方百计"的"四千精神"，率先创富成功，被誉为浙江改革和发展的排头兵、领头雁。萧山企业经营者具有天然的敏感性和创业精神。所谓敏感性就是能赚钱的事情，萧山企业经营者能率先感知。所谓创业精神就是敢于抓住机会，只要有1%赚大钱的机会，就会愿意拼搏。但随着创业的成功，企业经营者的胆子越来越大，失去了对风险的控制。土地、房产等资源涨价的财富效应，促使经营者扩大融资规模，投机经营。萧山地区相对宽松的融资环境，客观上使得企业容易获得银行信贷支持，放大了财务杠杆。我们认为，萧山担保圈风险的形成，在企业方面，主要有以下三个方面的原因：

第一，萧山企业创新能力弱导致产业转型方向迷失。萧山特色产业的显著特点就是传统性，处于劳动密集型向资本密集型过渡的类型，随着竞争加剧，产品毛利率下降，萧山企业的应对措施是以扩大规模来降低单位成本。由于自身积累不足，扩大规模必然要增加融资，导致负债率偏高。大手笔投资遭遇产能过剩。跨行业投资、高负债经营考验企业的资金链。这样的实例在全国比比皆是，萧山较为宽松的信贷环境放大了这种杠杆效应。

第二，行业龙头企业“地产化”对萧山实体经济的毒害。传统行业在面临产业困境的时候，技术创新是唯一出路，多元化投资只能规避风险而不能促进持续发展的能力。萧山撤市设区以后，逐步融入大杭州，房地产价格飞涨，劳动力成本快速提高，再加上人民币升值，使得实体经济经营越来越困难，所创造的利润远远赶不上以土地房产为代表的资产升值。以商品住宅为例，从2001年到2011年，萧山城区房价大致是十年涨十倍，2001年的时候，萧山的房子是每平方米1 000多元，超过2 000元的已经是高档小区了，而目前普遍是每平方米15 000元以上。投资房产的赚钱效应，使得企业的经营模式发生了很大变化。萧山的龙头企业抓住了房地产这个机遇，实现了以“实业融资，地产盈利”的新模式，赚得盆满钵满。赚钱效应使得更多的企业进入房地产领域，实力强的单干，实力一般的几家企业合作，实力小的到外地去搞房地产。一般的企业没有能力涉足房地产，但也从土地价格的暴涨中获益，产生了所谓的“财富幻象”。在企业盈利能力未见明显增强的情况下，依靠土地增值使得企业评估净资产的提高，增强了融资能力。这种“财富幻象”激励企业进一步购置土地或房产，导致企业负债规模扩大和边际利润率的不断下降。在目前的融资成本之下，企业慢性失血，转型的潜在融资能力逐步丧失。

第三，萧山企业高负债低效益导致融资利息持续流失。萧山企业对融资饥渴到什么程度？2013年底，萧山银行业贷款余额是2 659亿元，这里还没有包括表外融资。据人民银行萧山市支行统计，萧山区辖内银行的表内外融资额度（贷款余额+表外融资敞口余额+信托、委托贷款余额）达到3 544亿元。报表统计的贷款余额，实际并没有包括银行的全部贷款余额，银行同系统或跨系统的贷款转让、商业承兑汇票的转贴现或再贴现，没有在报表上得到充分反映。

3 544亿元仅仅是萧山区域银行的发放额度，实际上杭州城区商业银行也有大量的资金流入萧山的企业，所以萧山企业的融资额度是惊人的。在萧山，还有不少单位和个人在非法从事着金融行业，一直有不少内地银行到萧山来收银行承兑汇票用于解决内地银行的资金出路问题，萧山本地也不少个人在从事票据贴现（无贸易背景）、转贷资金借贷等中介业务。在萧山转贷一天的利率是千分之三，按天计算，两天起步（即当天贷出归还也按两天计算利息），一般转贷过程都在五天左右，那么转一次贷款就是百分之一点五的成本，这样大大增加了萧山企业的融资成本。同时，地方政府大搞基础设施建设，通过地方融资平台参与市场融资，混淆了财政和金融的界限，银行出于对政府信用的放心以及政府对资金价格的不敏感，将信贷资源过多地配置到财政领域，扭曲了货币资金的价格信号，抬高了实体企业的融资成本。据了解，萧山各级政府的平台融资额，达到了萧山社会融资总额的五分之一以上。

3. 银行原因

稳步发展的萧山经济引来了越来越多的金融机构入驻。作为经济发达的县域，萧山往往成为各商业银行在省内首家异地机构首选之地。2001 年萧山撤市设区后，各股份制银行纷至沓来，截至2011 年底，萧山金融机构达34 家，这在全国所有县（市、区）中是绝无仅有的。

改革开放以来，萧山经济快速发展，融资需求大增，金融业也得到了高速发展。萧山的各家银行，在系统中的排位都是靠前的。农行一直有“全国农行看浙江，浙江农行看萧山”之说；工行、建行在省行当中也是名列前茅的。股份制银行当中，中信银行萧山支行是中信银行杭州分行首家异地支行，业务规模是系统内的排头兵；浦发银行萧山支行也是杭州分行的第一家异地机构，目前的业务规模在杭州分行系统内排名第二，仅次于绍兴分行（辖区为绍兴地区）。其他商业银行的情况也大致如此。

萧山区民营中小经济活跃，在全区经济中占有举足轻重的地位。长期以来，萧山企业的所有制形式和规模决定了其很难达到资本市场直接融资的门槛，银行贷款和民间融资成为企业主要的融资途径。商业银行作为经营风险的企业，为了规避风险，普遍要求企业提供抵押或外部担保，但是萧山民营企业由于自有资金不足，负债比例高，土地、厂房等抵押物无法满足其旺盛的融资需求，于是保证担保贷款成为其从银行融资的唯一选择。众多萧山企业强烈的融资冲动通过保证贷款得以释放，企业之间大规模的相互担保、联保逐渐汇集形成庞杂繁复的担保链网链。银行出于盈利的需要，客户经理出于对业绩和奖金的追求，违规揽存，提高了企业的融资成本。《中华人民共和国商业银行法》规定对商业银行实行存贷比管理，存贷比不得超过75%。萧山企业旺盛的资金需求，要求各商业银行做大存款规模，上级行的考核也要求银行做大负债规模。在资金需求如此饥渴的萧山，哪来这么多的存款？以贷揽存成了萧山各家银行的有效法宝，就是要求贷款企业配套存款。2011 年温家宝同志去温州调研的时候，企业反映银行要求企业贷款一千万元，还要存款一千万元，温家宝同志感到很纳闷，企业有能力存款了，那还贷什么款？事实是银行的这个惯例已经做了很多年了，就是要求企业“创造”存款或者“介绍”存款。所谓创造存款，就是企业做全额保证金的低风险业务，然后到市场去贴现，这样实际提高了企业的融资成本；所谓介绍存款，就是要求企业账外出资金贴息买存款，一般银行是1:0.5配套，要求高一点的是 1:1 配套，买存款的价格随行情波动。这样的操作手法，变相地推高了企业的融资成本。在萧山，一般企业的融资成本都在 9% 左右，年底等资金紧张的时段高达 12% 以上。

过度竞争的市场环境，放松了对风险的管控。因为金融机构太多，竞争极为激烈，企业总是在各家银行之间游走，不断地挤压银行的底线，使得银行的贷款准入门槛不断降低，银行之间的竞争变成底线竞争，就看谁的胆子更大，把风险管控要求相对放宽了。1999 年到 2008 年十年期间，萧山银行业的资产质量一直非常高，几无坏账，各商业银行省级分行给予萧山金融机构很大的业务审批权限，个别审批权限集中在省分行的银行，对萧山的业务也高看一眼、厚爱有加。处于经济上升周期，许多问题被繁荣景象所掩盖，萧山银行机构从业人员也许没想过泡沫破灭的一天，至少没有估计到泡沫破灭会来得这么快。个别金融机构的客户经理出于考核的压力，甚至帮助企业造假，以利于顺利通过上级行的审批。企业取得的资金远远超过其正常生产所需要的资金，这些多余的资金就让企业出去搞投机了，圈地、买房、做房地产、搞风险投资的什么都有，短期资金长期占用，生产经营企业日益沦为企业向银行贷款的融资平台。

四、担保圈风险的预防与化解

古人云：圣人不治已病治未病，不治已乱治未乱。从萧山目前担保圈风险的实际处置难度来看，担保圈风险一旦产生，化解难度非常大，因此担保圈风险重在预防，必须做到标本兼治。

（一）担保圈风险预防的环境要求

1. 完善经济发展的宏观环境

（1）转变经济增长模式，完善融资品种。上文已经阐述，大发展导致大投入，大投入导致高负债，高负债低产出导致担保圈风险的形成。中国目前的投资驱动型模式不可持续，需进行“增加消费比重、降低投资比重”的经济增长再平衡。所以我们要转变经济增长模式，走可持续发展道路。首先，要调整党政领导班子的考核机制，不要简单以 GDP 增长率论英雄。2013 年 12 月，习近平总书记在中央经济工作会议上强调：“我们要的是实实在在、没有水分的速度，是民生改善、就业比较充分的速度，是劳动生产率同步提高、经济活力增强、结构调整有成效的速度，是经济发展质量和效益得到提高又不会带来后遗症的速度。”其次，地方政府加快产业结构调整，目前最突出的问题是化解产能过剩。必要时要拿出壮士断臂的勇气，关停一批企业，对资源重新进行配置。不能再去鼓励企业通过高负债把生产规模做大，要引导企业理性发展。区域经济产业的转型升级，并不是让做传统产业的企业盲目去搞高科技产品，而是政府创造良好的经营环境，通过政策的引导，引进、培育技术含量高、产品附加值高的高新技术企业，逐步提高高新技术企业占经济总量的比重。最后是在融资方式上，要积极发展以股权融资为代表的直接融资，降低企业的负债率。

（2）完善保证担保融资的外部环境。为更好地解决企业对外提供过度保证担保，避免形成隐性或潜在的金融风险，建议国家进一步完善法律法规体系，尽快出台企业融资担保条例、中小企业信用担保法或担保条例、担保公司管理条例等法律法规，2014 年 10 月 1 日起实施的《企业信息公示暂行条例》，增加了对企业的约束，增强了对外担保的透明度。

（3）推进社会信用信息系统建设。促进信息互联互通，扩大征信系统的登记范围。国家要对信用保证担保进行严格的征信管理，建立及时、准确、完整的保证担保信息征信制度，除银行业金融机构、信托投资机构外，有关部门还应把小额贷款公司、各类担保公司等机构以及民间借贷担保等均纳入征信系统。从萧山部分小额贷款公司的运作情况来看，少数资金紧张的小额贷款公司发起人，利用其大股东的影响和控制作用，通过公司担保、员工贷款等方式，大量从小额贷款公司套取资金，已经产生了恶劣的后果。为防止企业出现“暗保”行为，国家相关部门要出台制度，非登记保证担保无效。《企业信息公示暂行条例》的出台，终结了一家企业三份报表的现象，但能否及时取得企业税务报表仍未可知。

国家有关部门要建设包括政策性信用担保、商业性信用担保和互助型担保“三位一体”的担保体系，建立政府部门、金融机构和担保企业信息沟通机制，使担保体系回归公益性，发挥国有担保机构公益性和引导性作用，降低企业融资成本，减少担保圈风险。

2. 健全预防担保圈风险的体制机制

商业银行是经营风险的企业。风险应该是银行在发展业务时首要考虑的问题，但风险的产生有一定的滞后性，由于中国的银行早已不是一个垄断行业，在高度竞争的市场环境中，商业银行往往迫于业绩发展的压力而放松风险防控的底线，导致银行漠视甚至鼓励企业超出自身经营需求进行融资，对企业挪用信贷资金到房地产、矿产等投资领域视而不见，最终导致企业超出自身资产实力进行融资，并不得不采用互保来解决担保问题。

（1）银行业监管部门应严格控制新设银行机构的审批，对商业银行异地授信和异地展业的行为应该进行限制，降低各银行因恶性竞争而降低授信企业准入门槛的冲动。

（2）商业银行应该在贷款“三查”中完善对担保圈风险的识别和防范能力。

首先，要做好贷前风险尽职调查工作，查明担保圈企业的组织结构及相互之间的关联关系，查清担保圈企业的真实财务状况和真实的相互担保情况，全面掌握担保圈企业经营动态，做到谨慎介入。客户经理应引导企业收缩对外投资，减少杠杆比例，逐步压缩对外担保。严格核定客户流动资金贷款授信限额和限定使用条件，将客户提供担保的或有负债纳入整体风险监测，密切关注融资规模大、融资增长过快的担保圈公司的融资风险。对于担保圈中的各企业，客户经理和风险管理人员要注重借款人的现金流分析和预测，确保有可靠的第一还款来源，贷款发放的金额和期限要与企业的现金流相匹配。其次，风险管理人员必须密切关注担保圈的风险源及其传导途径，提前做好预防措施。最后，加强贷后管理，及时发现信贷风险隐患，在借款人资金链尚未发生问题前，尽早退出，防患于未然，并及时与该借款人的保证企业联系，提前采取措施，保全保证企业的债权安全，斩断担保圈的风险传导链条。

（3）商业银行应加大控制担保圈风险的制度建设。

一是在内部制度上控制互保业务方案。目前浦发银行在授信担保管理中明确规定：“本行借款人之间的互保、串保或联保”属于四级保证，只有信用等级A+级（含）以上企业才可接受四级保证。同时对新增授信客户，要求其对外担保户数不得超过3家，且对外担保余额与自身融资总量不超过其净资产的3倍（含）。否则，除办理低风险业务或能提供总行认可的二级（含）以上财产担保外，不予准入。对保证企业提供对外担保应控制在3家（含）以内，且对外担保余额和自身融资总量不超过其净资产的3倍。否则，不得接受该企业担保。

二是加大对内部风险管理的考核力度。对客户经理的考核不仅要强调业绩增长，更要强调资产质量。银行要塑造正确的风险文化，要加强监督检查，建立长效激励机制，按一定比例提取银行营销人员的风险金，几年（一般为三年）后视资产质量情况再支付，循环周转，以达到既追求效益，又控制风险的目的。

（二）化解担保圈风险的对策建议

从担保圈风险的形成机制和处置面临的困难等各方面因素来看，化解担保圈风险同样需要政银企三方通力合作，共同构建风险企业资金链化解体系，确保区域经济社会平稳健康发展。

1. 发挥政府的协调作用，确保区域经济金融安全

上文已述，担保圈风险问题，关系复杂，各方利益诉求各异，处置难度极大。以萧山为例，银行业机构众多，管理能力参差不齐，银行客户营销有明显

的羊群效应，不少商业银行营销客户不是看企业真实的盈利能力和资产负债水平，而是看四大行是否在其中，只要有大行在，作为小弟的商业银行“锦上添花”的风险就会明显降低。等到企业一有风吹草动、风险开始显现的时候，银行开始比退出的速度，造成的结果是银行间的互相踩踏。从这种角度讲，政府在企业出现融资危机的时候，必须要发挥地方政府的协调作用，债权债务相关各方统一步调，政府相关职能部门及时出手，以多方共赢为原则，将大额信用风险的经济损失和社会危害降至最低，实现稳定社会经济金融的目标。

首先，政府协调化解必须坚持几项基本原则，公正公平地开展工作。一是要切实发挥市场在资源配置中的决定性作用。目前困难企业众多，不分优劣全部都帮显然不可能，政府没有这么多财力和精力。而且没有原则的帮扶违背了市场配置资源的原则，帮扶一家企业，从某种意义上说，就是对其他企业的不公平。因此，要制定原则，客观公正地分类处置。对经营良好的企业要鼓励发展，对暂时出现困难的企业要积极帮扶，对产能严重过剩、无法救助的企业要及时破产清算。二是依法合规处置原则，坚持主体合法，程序合规，阳光操作，司法公正。三是维护社会稳定原则，坚持属地管理、守土有责，行业归口部门联动，有序处置、平稳推进，切实维护社会和谐稳定和良好的金融生态。

其次，要更好发挥政府作用。市场在资源配置中起决定性作用，并不是起全部作用，不是说政府就无所作为，而是必须坚持有所为、有所不为，着力提高宏观调控和科学管理水平。一是要完善风险预警机制。地方政府要利用其各个职能部门，对需帮扶的困难企业要及时委托有资质的专业中介机构进行审计评估，扣清风险企业底子，形成企业分类名单，为下一步化解风险企业资金链问题奠定基础。二是加快确立企业不动产权属，尽力化解互保关系。凡符合规划、消防要求的，经过一定的审批流程，应同意企业补办土地、房产证照，并给予规费减免优惠。三是加快产业升级力度。根据城市总体规划，凡符合城镇发展规划的，可加大土地收储力度，实施“退二进三”收储或招拍挂收储，增强风险企业的偿付能力，或减少保证企业的代偿压力。四是鼓励企业兼并重组。企业兼并重组相比项目新投入而言，提高了资源利用率，减少了重复投资，避免了产能过剩。所以政府相关部门要开设绿色通道，对兼并方给予一定的规费减免优惠，鼓励企业实施破产重整或债务重组，以盘活存量。五是加大政策扶持力度。在目前非常时期，相关地方政府可从现有经济发展扶持政策中切出一定的资金专项用于化解企业风险，给予承担担保责任的企业一定金额的贴息。六是加快案件审理进度。在区域经济风险高发地区，相应的经济案件也多，当地法院人力不足，案件处理进度慢，债权人经济损失大，更加大了担保圈风险的传导。地方政府要协调法院设立专门从事金融审判业务的合议庭，简化涉及企业资金链案件的审判程序，加快案件审理进度，尽快解除担保链传导风险。

同时，政府有关部门要落实惩治措施，加大对风险企业法定代表人、实际控制人等高管的监管，严厉打击“主动跑路”逃废债务、千方百计转移资产，将经济包袱与社会责任推给政府与银行的债务人和担保人。

2. 风险企业或担保企业的应对措施

当企业发生资金链问题，或受担保圈影响，借款人的资金融通出现问题，需要政府出面协调的时候，企业方面首先应该积极开展自救。出险企业要及时处置非经营性资产或闲置资产，加快资产变现“瘦身”，“瘦身”后的资金用于企业主营业务，确保“瘦身”后的企业能正常生产经营。其次要实事求是地向当地政府和银行反映企业真实的生产经营情况、资产负债情况以及存在的困难，不瞒不虚不骗，客观面对现实，向政府和银行提出合理的要求，并提出切实可行的解决方案。再次，企业要服从协调要求，服从资产监管。风险企业要诚实守信，不得通过股权转让、房地产过户、资产租赁等手段逃废债务。

3. 商业银行化解担保圈风险的方案

面对辖区内风险频发的担保圈，商业银行首先要摸清辖内担保圈贷款风险底数，彻底清查存量担保圈贷款金额，担保链关系，圈内企业的资产负债情况和经营状况，实行区别对待、分类管理、因圈施策、多措并举的方针。

对于互保、连环担保关系复杂，融资总额较大的担保圈，商业银行应绘制担保圈保证关系示意图，厘清担保关系，对形成担保圈的主要保证链条进行切割，实现“大圈化小”。或对担保风险传导的高危环节进行预警，建立起有效的“防火墙”，尽快隔离风险，防止风险的传导和扩散。对于担保圈内融资总额大，利息负债重，资金紧张的企业，银行要督促企业及时“瘦身”，尽快处置非经营性资产。

对于担保圈内现金流枯竭、严重资不抵债的企业，银行应果断采取司法措施清收贷款，由市场规则淘汰落后企业。在目前非常时期，部分企业资不抵债严重，按市场规则淘汰是顺理成章的事，而互保企业经营正常，经营活动尚能产生一定的净现金流，但如果按担保法承担保证企业的债务，则会使企业因无力承担保证责任而跟着倒闭，由此产生多米诺骨牌效应。银行怎么办？是放弃自己的部分权利从而维护整体利益？还是坚持依法办事追究保证人的全部责任？我们认为银行应该权衡整体的社会经济利益，在政府的协调下放弃部分权利，维持地区经济生态和金融生态的平衡，从而达到整体效益最大化。比如，目前萧山区政府对和合集团引进了浙江资产管理公司进行清算，最终保证企业根据自身的承受能力承担一定比例的保证责任，相关银行承担大部分的损失。看似银行吃亏了，但从整体利益出发，斩断了担保链的蔓延，我们认为这是有益的尝试。又比如，奥展实业有限公司是杭州市民营百强企业，行业全国排名第二，中国紧固件十大杰出品牌，杭州市著名商标，自身经营情况良好，由于受担保链的影响，企业融资出现困难。公司经营者引进投资人和资产管理公司，通过投资人以一定的折率向对外担保的相关银行收购债权，再换成奥展实业的股权的方式来化解担保链风险，目前已经取得了各利益相关方的初步认可。

为减轻保证企业的利息负担，对于承担担保责任、平移贷款的企业，银行可积极向上级行争取免息、停息政策。对于自身经营正常的承担保证责任企业，银行应面对现实，建立主办银行机制，原则上由贷款最多的银行牵头发起，实行联合贷款。从萧山银行业化解担保圈风险的探索实践看，通过联合贷款为需要扶持的重点企业及其关联企业提供融资支持，可有效防范担保圈债务风险。联合贷款是指多家银行为企业提供包括流动资金贷款、项目贷款、贸易融资、银票等在内的综合融资服务，相关企业必须接受其条件，如重大资本运作、对外担保和其他融资必须提前告知，接受联合监督，解决信息不对称问题。如企业违约银行则有权采取反制措施，从而提高违约成本，控制道德风险。浙江省银行业协会已经有成熟的《联合贷款协议》范本，明确了各方的权利和义务。

另外，银行要创新担保方式，减少互保行为。商业银行应该综合应用多种担保方式，以股权质押、仓单质押、出口信用保险、商业保险公司保证保险等多种形式发放担保贷款。确实无法提供抵、质押品的，银行应该大胆提供信用方式。保证担保是借款人信用增级的一种措施，不是融资必备的前提条件。只有当银行认为借款人的第一还款来源尚有不确定、或一些资信较低的次级借款人、或识别风险的成本过高时，才会要求借款人提供缓释风险的增信措施，以保证人的资信来缓释借款人的信用风险。但现实当中，失去额度控制的过度融资和过度互保，放大了信用，最终往往是一损俱损，并没有为借款人带来风险缓释，反而加剧了风险。所以对于担保圈中一些互保额度较大的融资，商业银行应在审慎进行风险分析判断的前提下，对互保关系进行清理。在对企业的抗风险能力和发展前景进行分析的基础上，以投行的眼光做信贷业务，对借款人满足信用贷款条件的，可直接采用信用贷款方式，并提高贷款利率作为风险补偿。

五、结论与展望

综上所述，本文得出以下主要结论。

第一，企业融资担保起源于20世纪90年代中后期。起初，企业民营化体制转变后，企业之间通过互保和联保，增强融资可获得性，助推了金融集聚，发挥了促进地方经济金融持续快速发展的积极作用。

第二，担保圈风险深层次原因是地方政府、实体企业和金融机构三方共同的强劲发展情结。从地方政府层面看，地方政府招商引资和土地经营为主要抓手，激励企业做大规模，追求 GDP 和财政收入高速增长；从实体企业层面看，企业在财富示范效应下，加入做大规模竞赛，实现粗放式发展；从以银行业为主金融机构层面看，对市场占比和经营利润的追求，放松了风险管控要求。浙江区域经济呈现了“高投资、高负债、低效率”的显著特征。

第三，随着萧山经济增速的下降，个别企业经营风险累积到超过风险阈值后，资金链断裂，风险暴露并沿着企业资产负债表和信息传播两个途径，扩散至数级担保圈，引发担保圈风险系统性爆发，最终危及区域经济安全和社会稳定。

第四，预防和化解担保圈风险，要地方政府、实体企业和金融机构三方合力。由于地方政府在经济社会发展中具有强大的资源控制权，其有能力，也有义务在化解担保圈风险中发挥牵头主导作用；实体企业则要主动降低担保融资比重，拓宽多元化融资渠道，切实推进经营转型升级，进一步聚焦主业，做强主业，提升经营效率和市场竞争力；金融机构要在厘清担保圈关系的基础上，按照区别对待、分类管理、因圈施策、多措并举的方针，综合采取“大圈化小”、加快不良资产处置、创新融资担保方式的举措，预防和化解担保圈风险，构建新型银企关系。

恩格斯曾经说过：人类遭遇的每一次灾难，总是以社会的进步作为补偿的。近 100 年来的全球经济金融史表明，金融制度乃至经济学理论的大创新、大变革，往往都是由金融、经济危机推动的。作为民营经济发祥地的浙江，在经济转型升级过程中受到担保圈风险的强劲冲击，已经引起了浙江省政府的高度重视。从最近几次政府参与企业危机救助的实际情况看，协调会除了要求相关银行“五个不”（即不抽贷、不压贷、不延贷、不增加贷款条件、不查封企业账户）之外，最大的亮点就是给予符合规划条件的相关企业所占土地“退二进三”，但协调会总体的边际效果在递减。“退二进三”的实质是政府拿未来的收入来弥补风险企业，这么多的企业土地“退二进三”，谁来接手？政府自身的巨额债务如何归还？如果政府通过协调会，给予一些不符合产业政策，没有发展前景的企业工业用地“退二进三”，花大量的真金白银给风险企业，再度扭曲资源配置，无疑是一个“鼓励赌徒”的政策，短期看效果明显，长期看毒害无限。我们认为，政府的协调之手要适度，政府也要尊重法律和市场规律，只有让每一个市场参与主体对自己的行为负责，并承担相应后果，才能形成有效的资源配置体系。化解企业担保圈风险，需要大智慧，其道路是曲折而漫长的，但我们相信，政府、企业、银行积极行动起来，浙江一定能够有效防范和化解企业担保链风险，切实改善经济金融发展环境，促进经济转型升级，迎来区域经济金融新的、更大的发展。浙江人民是勤劳聪慧的，浙江政府是务实高效的，我们有理由相信未来是美好的。

参考文献

[1] 陈东升、陈逸群：《温州法院2011年受理民间借贷纠纷案件12 052件》，载《法制日报》，2012-03-07。

[2] 陈玮英：《互保危局：浙江式“火烧战船”》，载《中国企业报》，2012-09-18。

[3] 杜权、郑炳蔚：《对当前浙江企业担保链问题的思考》，载《浙江金融》，2010（6）。

[4] 郎咸平、张信东、汪姜维、惠锋、曾学成：《福建担保圈——新形态的敛财模式》，载《福建工商时报》，2001-12-12。

[5] 李培芳、徐金才、黄佳军等：《企业融资担保结构形成原因及影响分析——以萧山为例》，载《浙江金融》，2013（4）。

[6] 彭江波：《以互助联保为基础构建中小企业信用担保体系》，载《金融研究》，2008（2）。

[7] 乔加伟：《一张8 000户担保企业的“族谱”：常州担保圈困境突围》，载《21世纪经济报道》，2013-10-01。

[8] 史晋川、汪炜、钱滔等：《转型与发展：萧山民营经济研究》，浙江大学出版社，2008。

[9] 唐松：《上市公司担保问题集对策分析》，载《企业研究》，2008（4）。

[10] 童婵：《基于商业银行视角的“担保圈”风险管控研究》，浙江大学硕士学位论文，2011。

[11] 王和：《建立保险与银行信贷风险管理的协同机制》，载《中国金融》，2009（12）。

[12] 王去非、晚振华：《浙江担保链风险现状、传染机制及产生原因研究》，载《浙江金融》，2012（12）。

[13] 吴宝：《企业融资结网与风险传染问题研究：基于社会资本的视角》，浙江工业大学博士论文，2012。

[14] 吴俊杰：《RY公司担保风险传导模式研究》，吉林大学硕士论文，2013。

[15] 萧山区人民政府地方志办公室：《萧山年鉴》，2001、2008、2011、2012、2013。

[16] 徐晓蕾：《我国商业银行信用风险管理研究》，华东师范大学硕士论文，2011。

[17] 张乐才：《企业资金担保链：风险消释、风险传染与风险共享——基于浙江的案例研究》，载《经济理论与经济管理》，2011（10）。

[18] 邹建锋：《浙江难题》，中国发展出版社，2014。

[19] Boss M. , et al. , 2004, Contagion Flow through Banking Net – works, *Computational Science.*

[20] Franklin, A. and D. Gale, 2002, Bubbles and Crises, *The Economic Journal.*

[21] Stiglitz, J. , 2008, Andrew Weiss: Asymmetric Information in Credit Markets and Its Implications for Macro – Economics, Oxford Economic Papers.

二等奖

基于企业外向型经营视角的人民币国际化微观基础实证分析

中国银行浙江省分行课题组*

第一部分　人民币国际化的发展框架及进程

从 2009 年到 2013 年短短几年中，人民币跨境使用的范围在快速扩大，引起全球金融市场的极大关注。香港、伦敦、新加坡和台湾等地的离岸金融中心既有竞争也有合作，共同推动人民币国际化发展的步伐。

一、人民币国际化发展的逻辑框架

2009 年 7 月，《人民币跨境贸易结算实施细则》公布后，人民币国际化发展的逻辑框架逐渐清晰。简而言之，人民币国际化的逻辑框架即为境内、境外两个市场、两大循环和六个部分。第一个循环是跨境循环，可以分为经常项目、资本项目、银行间合作和政府间合作；第二个循环是境外循环，主要有香港离岸中心建设和海外人民币市场（见图 1）。

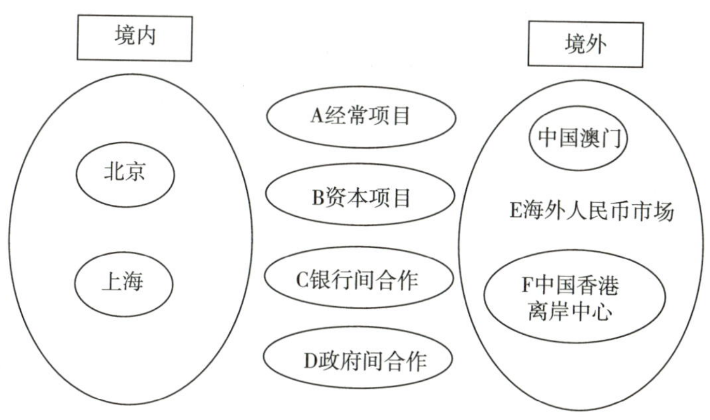

图 1　人民币国际化逻辑框架

* 课题主持人：王伟威
课题组成员：陈　伟

二、人民币国际化发展进程

我们对 2013 年之前的人民币国际化综合数据信息的总体情况判断如下：

表 1 **关于人民币国际化进程的综合数据** 单位：亿元，%

	2004	2007	2008	2009	2010	2011	2012	2013
全球外汇储备人民币占比	—	—	0.2	1.1	2.4	3.4	4.1	4.1
人民币外汇交易量占全球的比例	0.1	0.5	—	—	0.9	—	—	2
内地跨境贸易结算量	—	—	—	36	5 063	20 813	29 365	16 952
内地跨境直接投资结算量	—	—	—	0	702	1 109	2 840	113
香港跨境人民币结算量	—	—	—	—	3 421	19 145	26 325	11 064
香港人民币存款余额	121	334	561	627	3 149	5 885	6 030	6 772
香港人民币存款证余额	—	—	—	—	68	731	1 173	1 328
香港人民币贷款余额	—	—	—	—	18	308	790	887
香港点心债发行量	—	100	120	160	359	1 040	1 218	238
香港点心债未偿余额	—	—	—	—	558	1 467	2 372	2 584
澳门人民币存款余额	—	12	17	19	133	418	416	448
澳门跨境人民币结算量	—	—	—	—	60	628	973	356
伦敦人民币存款余额	—	—	—	—	—	69	51	—
伦敦人民币外汇交易量	—	—	—	—	—	15	38	—

资料来源：彭博（Bloomberg）终端。

第一，自 2008 年启动跨境人民币结算以来，人民币国际化进程取得显著进展，目前总体使用程度已是 2008 年末的 9 倍以上。

第二，政府的政策推动与市场的需求力量均对人民币国际化的进程产生重要影响，特别是人民币汇率波动的冲击。

第三，人民币国际化在地域上仍以亚太地区为核心，特别是中国香港、澳门、台湾和新加坡等地区。在发达国家中，英国伦敦发挥了外汇交易市场的优势，起到巨大的补充作用。

表 2 **全球外汇交易货币分布** 单位：%

年份 / 货币	1998		2001		2004		2007		2010		2013	
	份额	排名	份额	排名	份额	排名	份额	排名	份额	排名	份额	排名
总计	200		200		200		200		200		200	
美元	86.8	1	89.9	1	88.0	1	85.6	1	84.9	1	87.0	1
欧元	—	32	37.9	2	37.4	2	37.0	2	39.1	2	33.4	2

续表

货币＼年份	1998		2001		2004		2007		2010		2013	
	份额	排名	份额	排名	份额	排名	份额	排名	份额	排名	份额	排名
日元	21.7	2	23.5	3	20.8	3	17.2	3	19.0	3	23.0	3
英镑	11.0	3	13.0	4	16.5	4	14.9	4	12.9	4	11.8	4
澳大利亚元	3.0	6	4.3	7	6.0	6	6.6	6	7.6	5	8.6	5
瑞士法郎	7.1	4	6.0	5	6.0	5	6.8	5	6.3	6	5.2	6
加拿大元	3.5	5	4.5	6	4.2	7	4.3	7	5.3	7	4.6	7
比索	0.5	9	0.8	14	1.1	12	1.3	12	1.3	14	2.5	8
人民币	0.0	30	0.0	35	0.1	29	0.5	20	0.9	17	2.2	9
新西兰元	0.2	17	0.6	16	1.1	13	1.9	11	1.6	10	2.0	10

资料来源：BIS。

通过 BIS 提供的数据显示，人民币在全球外汇和利率衍生品交易市场的地位在过去几年迅速提升。在 2007 年之前，人民币日均外汇交易量占所有货币交易量的比重为 0.5%，排名第 20 位。经过 6 年多的发展，2013 年人民币日均外汇交易量占所有货币交易量的比重上升至 2.2%，排名从第 20 位跃升至全球第 9 位。

三、跨境人民币结算发展趋势

提高人民币在国际贸易结算中的使用比例，这是人民币向国际支付货币、进而向储备货币迈进的基础性环节。自 2009 年以来，在多项政策的推动下，人民币在跨境贸易和投资结算方面的使用取得了迅速发展。

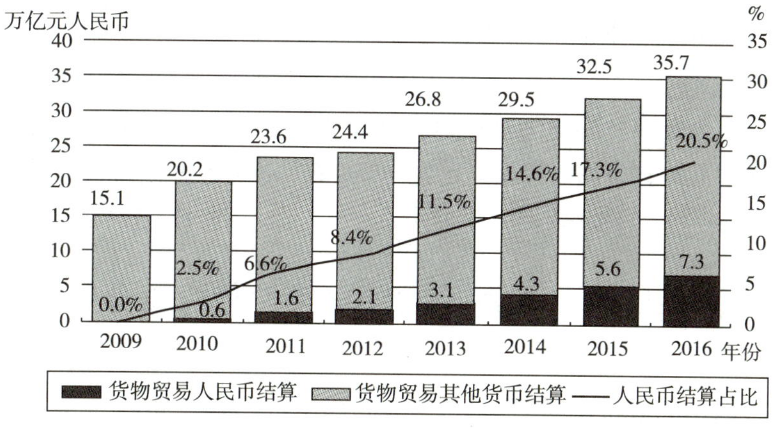

资料来源：PBOC，统计局，WTO 以及作者预测。

图 2　人民币在中国跨境投资和贸易结算中的使用情况

来自香港的统计数据显示，当地人民币跨境贸易结算 2012 年强劲增长 37.5%，至 26 325 亿元人民币，占香港贸易总额的比例上升到 36.7%。

中国银行作为内地国际化程度最高的国有商业银行，其国际结算业务处于业内领先地位，以中国银行海外分支机构跨境人民币结算业务量的区域分布作为参考，大致可知跨境人民币结算的区域分布：位居第一的是中国香港，第二是欧元区，中国澳门、澳大利亚及新加坡则分列 3 ~5 位。

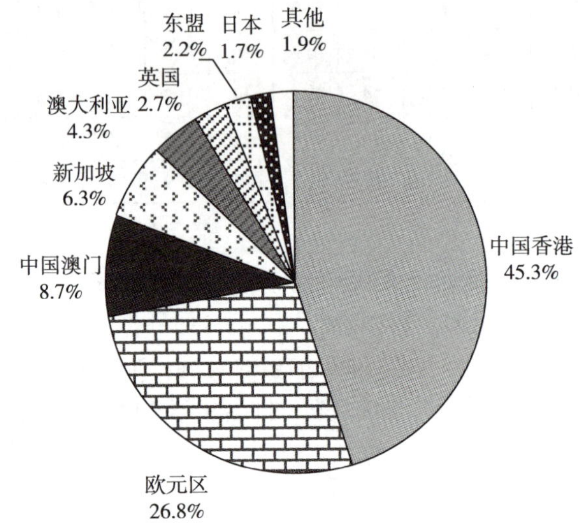

资料来源：中国银行。

图 3　中国银行海外机构人民币结算业务的区域分布

四、各国外汇储备中的人民币资产

自 2008 年以来，已经有俄罗斯、马来西亚、韩国、菲律宾、泰国、尼日利亚、智利新兴市场国家和澳大利亚等发达国家陆续宣称，将会把人民币纳入官方储备货币。同时，中国人民银行已经与 20 多个国家的央行签署了货币互换协议，总额达 1.85 万亿元人民币。

第二部分　人民币国际化条件与障碍分析

一、人民币国际化条件

（一）企业的国际竞争力是推进本国货币国际化进程的关键因素

关于贸易竞争力与媒介货币选择的问题，众多学者进行了研究，无论是

Mackinnon 所论证的不同类贸易品计价货币选择的区别，还是 Rey 模型的“对一国商品的需求程度”，以及 Bacchetta and Wincoop 相关研究中企业依据市场份额与产品替代性对计价货币选择的影响，实质均直接指向一国商品其国际竞争力的问题。

（二）币值稳定成为跨国企业贸易计价货币选择以及非居民选择持有本币、本币资产的内在基础

首先，为有效降低收益的不确定性，参与国际贸易企业选择的交易计价货币必然是币值波动率最小的货币。

其次，非居民持有外币，币值稳定也成为基本考虑因素。币值稳定性差将使得货币持有者对其货币资产在长期内保值增值失去信心。

（三）发达的金融市场是本币对非居民产生吸引力的重要条件

发达的金融市场不仅为非居民提供了获取本币的便利，同时还提供了本币与其他货币、金融资产转换的便利，从而大大降低了货币转换成本，增强了本币规避风险的能力及其在国际市场的吸引力。

二、人民币国际化的障碍分析

（一）出口产品国际竞争力的缺失是导致人民币国际化进程迟滞的根本原因

在国际贸易中进出口商都倾向于使用本国货币，但如果本国产品在国际市场上缺乏竞争力，则往往被迫接受普遍流行的国际货币。就我国而言，由于中国制造只是集中于低端环节的生产、加工组装而不掌握核心技术，对外贸易事实上缺乏交易货币的选择权。

（二）人民币缺乏稳定性是人民币国际化进程滞后的重要原因

一般而言，币值稳定包括两方面的含义：一是对内价值的稳定，表现为该国国内的物价水平的稳定、资产具有正的实际利率；二是对外价值的稳定，表现为该国汇率的稳定。

从人民币对内价值来看，其价值稳定性较差，主要表现为通货膨胀率的高企与巨幅波动。从人民币汇率的稳定性来看，近年来我国高额外汇储备维持了人民币汇率稳中有升的趋势，然而从长远来看，一国外汇储备越多，从某种程度上说明本国货币的极度衰弱，才需要政府持有大量外汇以此维持国际市场对本币的信心。

（三）金融体系的缺陷是人民币国际化水平提升缓慢的重要约束条件

首先，尚未形成完善的跨国银行体系导致非居民取得人民币的渠道狭窄。一国货币的输出、流通、回笼以及与其他货币的自由兑换都需要经过本国建立的全球性银行体系，而我国银行系统的建设，远未达到支撑人民币在国际市场自由流通的水平。

其次，我国金融市场缺少针对人民币汇率的避险工具。

最后，我国缺乏人民币投融资工具以及人民币在国际市场上缺乏可兑换性。无论从种类、质量还是从风险管理水平、可自由兑换性来看，我国金融产品、金融衍生品都与主要国际货币发行国存在较大差距，这无疑增加了境外投资者持有人民币的风险。

第三部分 人民币国际化对企业外向型经营的影响因素分析

一、对企业外向型经营的积极效应

（一）有利于降低交易成本，拓宽我国企业向海外进行投融资的渠道

企业外向化发展的根本问题是资金问题。长期的外汇资金的短缺，制约了我国企业外向化发展的进程。人民币实现国际化后，不但可以换取国外实际资源的大量进口，即所谓“国际铸币税”收益，更重要的是利用人民币作为国际货币的地位，能大大拓宽我国企业利用内资和外资的渠道，降低投融资的成本，提高投融资的效率，促进企业外向化发展。

（二）有利于消除或减少汇率风险，增加投资收益

目前我国企业对外投资的主要方式是以直接投资为主、间接投资为辅，人民币实现国际化后，有利于从以直接投资为主向直接投资与间接投资并重转化。在发展对外直接投资和间接投资的过程中，通过人民币作中介进行投融资的变换，从而达到规避投资风险、增加投资收益的目的。

（三）有利于我国企业在国际竞争中保持资金和国际结算方面的优势

在发达国家和发展中国家之间的贸易往来中，主要是用发达国家的货币来报价。而作为国际货币发行国的企业，也希望在国际贸易往来中能使用本币，这样可以省去交易、结算方面的很多麻烦。随着人民币国际化，国际市场对人民币储备需求逐步增加，有利于我国企业在国际竞争中保持资金和国际结算方面的优势。

二、对企业外向型经营的负面效应

（一）人民币国际化会使国内货币政策的效力下降

随着人民币的逐步国际化，人民币的输出也同样会对国内货币政策的制定和执行带来许多始料不及的问题和制约。在开放经济条件下，本国的市场利率水平不再简单地由国内资金的供求决定，它将严重受到国际资本追求利差的套利行为的影响。

（二）国际外汇市场上的投机行为会扰乱我国的金融市场秩序

随着人民币的国际化，国内外汇市场将会和国际外汇市场接轨，人民币也将成为国际外汇市场上能够进行自由交易的币种，国际资本也能够自由进出我国的外汇市场、证券市场以及其他市场，如果不具备驾驭复杂局面的实力或能力，则很容易危及我国的金融安全。

第四部分 人民币国际化产生的金融需求和机遇

一、人民币国际化产生的金融需求

人民币国际化进程是人民币的价值尺度、流通手段、货币贮藏、支付手段等职能在全球范围内不断强化的过程。随着人民币国际化程度的深化，人民币在交易、投融资、储备等多方面发挥的作用将不断提高，客户对人民币在海外各基本职能的需求也将不断上升。

（一）个人客户需求

随着我国对外开放程度的不断提高，出入境的国际国内个人客户不断增多，对海外人民币业务的需求也在不断扩大。现阶段海外个人客户主要有四大类人民币业务需求，主要是现钞类需求、跨境汇款与兑换需求、保值增值类需求以及银行卡类需求。

（二）公司客户需求

随着跨境贸易试点范围的不断扩大，公司客户已逐步了解在跨境贸易中使用人民币的各种好处，这个过程也是公司客户对跨境人民币的业务需求不断扩大的过程，主要包括四个方面需求，分别是结算需求、避险需求、融资需求以及投资需求。

（三）金融机构客户需求

金融机构对人民币国际化的进程最为敏感，也是对我国人民币开放政策反应最快的群体。跨境人民币结算试点政策出台后，一批国际金融机构在上海或香港开立人民币账户，并开始开办人民币业务，进而也催生出了三类需求，分别是清算服务需求、现钞需求、人民币平盘需求。

二、中国银行在人民币国际化进程中的机遇

随着中国经济的持续发展和开放程度的不断提高，人民币在海外的认识和接受程度也将不断提高，人民币在跨境贸易中使用的比例将不断扩大，在海外的存量和流量也将不断扩大，人民币国际化将给内地中资银行带来难得的业务发展机遇。

一是人民币业务可以强化中国银行海外机构的差异化优势。人民币作为我国的主权货币，中国银行办理人民币业务具有天然的优势。中国银行海外分支机构可以充分借助人民币业务树立良好的品牌形象，在政策解释、业务服务等方面树立权威形象，在人民币业务上建立起差别化竞争优势。

二是中国银行海外分支机构可以伴随着人民币的国际化而发展壮大。以中国香港为例，中银香港若能牢牢把握住在人民币业务上的优势，随着香港人民币占比的稳步提高，中银香港的市场占有率也将稳步提高。同样，中国银行其他海外机构若能在起步阶段就牢牢把握人民币业务的主导地位，将会随着人民币在海外规模的扩大而一同发展壮大。

三是人民币业务可以给中国银行海外分支机构增加业务收益。随着跨境人民币结算规模的扩大，一方面直接带动海外人民币存款的增长，另一方面人民币结算收入或兑换收益也将增加。此外，海外机构为同业开立人民币清算账户，可以带来账户管理费用、过账费、购售人民币的点差收入等，在资产业务中，还可对代理行开展资金拆放、账户透支、贸易融资等业务。

四是人民币国际化为中国银行建设国际一流银行创造了机会。与人民币国际化相伴而生的人民币国际金融市场，将为中国银行提供实现真正国际化经营的难得机遇。借助人民币国际化的发展，中国银行有可能建立起人民币做市商的地位，不但可以成为海外人民币业务的主渠道，同时还将进一步确立国际一流银行的市场地位。

第五部分　国际贸易计价货币选择理论分析

借鉴 Bacchetta 和 Wincoop（2005）的国际贸易计价货币选择理论，从出口企业规避市场风险寻求利润最大化的基本动机出发，采用生产者均衡分析法，比较出口企业在选择出口国货币计价和进口国货币计价时利润效用的大小，得出不同约束条件下的最佳计价币种，进而推导出欲使人民币作为贸易计价货币的微观基础条件。

一、基本思想

传统的局部均衡模型对出口商选择不同计价货币时的利润函数有如下表述：

$$\prod^{e} = p^{e}D(p^{e}/S) - C(D(p^{e}/S)) \tag{1}$$

$$\prod^{i} = Sp^{i}(p^{i}) - C(D(p^{i})) \tag{2}$$

其中 Π^{i}、Π^{e}分别为以进口国货币和出口国货币计价时的出口商利润，S 为出口国货币直接标价法的汇率，p^{k}为以 k 国货币标价的产品价格，D 为进口国产品的需求函数，C 为产品的成本函数。

设 U 为利润的效用函数，σ^2 为汇率波动水平。运用泰勒估计公式展开，由厂商定价均衡理论即在最佳定价时汇率变动对两种货币定价的边际收益相等 $\frac{\partial \pi^e}{\partial S}=\frac{\partial \pi^i}{\partial S}$，可得两种货币计价的期望效用之差的简化式：

$$EU(\prod{}^e)-EU(\prod{}^i)=0.5U'\frac{\partial^2(\pi^e-\pi^i)}{\partial S^2}\sigma^2 \tag{3}$$

可以看出，当出口国货币计价的期望效用大于进口国货币计价的期望效用即（3）式>0时，出口商将以出口国货币计价，反之以进口国货币计价。且由（3）式可以看出，研究不同制度环境下不同微观主体的行为基础，关键在于考量不同情况下出口厂商面临的需求函数和成本函数的差异。

二、分析结果

首先假定需求与成本函数不变，分析商品市场的局部均衡中垄断厂商和寡头厂商以人民币计价的微观行为基础。通过引入垄断厂商的需求函数和成本函数，代入（1）式、（2）式，计算出（3）式，得到当短期内成本的规模效应不变、出口产品差异度越高时，出口商越倾向于选择本国货币定价。由此可以推出，欲使人民币作为计价货币以夯实企业对外贸易中的人民币国际化微观基础之一是提高我国出口产品的附加值，优化对外贸易产品结构。按照同样的推导方法可得，在寡头竞争中，出口厂商规模越大越能主导定价货币选择权。因此推出夯实企业对外贸易中的人民币国际化微观基础之二是为我国扩大贸易规模。

然后引入货币冲击对需求和成本的影响，分析在商品市场和货币市场的一般均衡中厂商以人民币作为计价货币以推进人民币国际化的微观行为基础。结果表明，市场机制更为有效时，国家大小对计价货币选择具有重要影响，因为国家足够大时，本国物价指数几乎不受外国出口价格影响，且本国货币市场对均衡汇率的决定起重大作用，因此大国出口商更倾向于选择本国货币计价。而对于小国出口商，本国货币贬值会引起国内价格指数随之上升，由于真实工资的刚性，工资成本随物价上涨，此时小国若选择以外国货币定价则可以增加因本国货币贬值带来的名义收益增加，进而抵消因名义工资上升带来的成本增加。由此，可以得出在新开放经济一般均衡模型中，国家的经济总量是支撑企业在外贸中计价货币选择这样微观行为的重要基础，同时在引入货币冲击后的整个分析过程中体现出开放经济的汇率稳定水平也是重要微观基础之一。虽然国民经济总量和汇率水平是一般意义的宏观变量，但从对外贸易视角来看又是企业货币选择行为的基础变量。

通过以上理论分析可知，从微观经济主体利润最大化动机出发，欲强化人民币在国际贸易中计价货币的地位，必须具备四个基础条件：即我国优化的出口产品结构、较大的贸易规模、强大的国家经济实力以及稳定的汇率水平，这将是下文实证模型变量选择的基础。

第六部分　人民币国际化微观基础实证分析

一、人民币国际化的衡量标准

人民币国际化程度的量化值是进行实证分析的必须变量，但因该问题的复杂性，目前没有直接的衡量指标。由于人民币境外流通量在很大程度上体现了人民币的国际可接受性，因此本文先对人民币境外流通量进行估计，为下文研究企业对外贸易的人民币国际化微观基础提供条件。

（一）人民币境外流通数量估计的基本思路

本文估计人民币境外流通数量采用缺口估计法。其基本思路是人民币通货的流通在地域上分为境内流通和境外流通，因此人民币境外流通量可通过人民币通货总量减去人民币境内流通总量得出。而人民币境内通货量基本可由人民币的境内需求总量来衡量，进而可以估计出人民币境外流通量。

（二）变量的选取及模型的建立

鉴于1978年以后我国实行自由开放的市场经济，货币需求与物价水平基本由市场决定，同时由于1997年亚洲金融危机发生后人民币的稳健表现，所以本文选择1997年作为估计与预测的时间断点，即以1978—2012年的年度数据估计人民币境内需求方程，再运用该方程估计2014—2016年的人民币境内需求量。

根据已有研究成果表明，人民币境内需求的决定因素主要有国内经济总量、利率、货币化程度、物价水平，因此本文试图选择这四个变量作为解释变量先进行初步回归，再剔除显著性差的变量得到最终回归方程。其中国内经济总量以各年国内生产总值GDP衡量；利率水平R取一年期居民定期存款利率，若年内多次调整则取各调整值的算术平均值；货币化程度K有多种衡量指标，但考虑到数据的可获得性，本文选取城镇人口占总人口数比例来衡量；物价水平由各年居民消费物价指数CPI衡量。

被解释变量境内货币需求由各年末流通中的通货量M衡量。考虑到价格因素对M、GDP的影响，本文以CPI除去价格影响；同时为了得到平滑数据对M和GDP取一自然对数。由此得到境内货币需求方程为：

$$\ln(M/CPI) = c + c_1\ln(GDP/CPI) + c_2R + c_3K + c_4CPI + \varepsilon \quad (4)$$

（三）货币需求模型的估计和检验结果

经过逐步回归，得出我国货币需求函数具体形式为：

$$\ln(M/CPI) = -3.8584 + 0.8366\ln(GDP/CPI) + 2.3357K \quad (5)$$

对模型进行回归参数显著性的 t 检验，$t_{0.025}(16) = 2.1199$ <各变量的｜t - Statistic ｜，因此各参数通过显著性水平为 5% 的参数显著性检验。对模型进行总体显著性的 F 检验，$F_{0.05}$ (2. 16) =3. 36 <该模型的 F - statistic = 3 931. 963，因此模型通过显著性为 5% 的总体显著性检验。

对模型进行拟合优度检验，其 R - squared = 0. 997970，AdjustedR - squared = 0. 997716，因此模型对数据的拟合程度很好。经模型检验，结果表明 3 个变量之间存在协整关系，不存在异方差和自相关，模型残差和系数均通过稳定性检验。因此，该回归函数可用于实际估计。

（四）人民币境外需求量测算

将 1999 年至 2012 年的相关数据代入（5）式，得出人民币境内需求量，进而测算出人民币境外流通量结果如表 3 所示。

表 3　　人民币境外流通量估计量

年份	ln（M/CPI）估计值	ln（M/CPI）真实值	人民币境外流通比例（%）	人民币境外流通量（亿元）
1999	9. 3603	9. 5479	1. 9461	264. 28
2000	9. 4298	9. 615	1. 9268	282. 32
2001	9. 5111	9. 6804	1. 7498	274. 52
2002	9. 6013	9. 7919	1. 9463	336. 29
2003	9. 6859	9. 9054	2. 2162	437. 61
2004	9. 8003	9. 9627	1. 6303	350. 00
2005	9. 9314	10. 096	1. 630	391. 72
2006	10. 0556	10. 218	1. 5895	430. 32
2007	10. 1912	10. 3012	1. 0674	324. 24
2008	10. 3127	10. 4098	0. 9326	319. 14
2009	10. 361	10. 471	1. 044	399. 28
2010	10. 53363	10. 6436	1. 021113	491. 6868
2011	10. 80918	10. 85993	0. 668672	406. 9859
2012	11. 27675	11. 2633	0. 428279	414. 8405

二、企业外向型经营对人民币国际化微观基础的具体考量

（一）研究思路与模型确立

基于上文关于企业对外贸易计价货币选择的均衡分析，可建立如下计量分析框架：人民币国际化外贸微观基础 = f（宏观经济因素，外贸风险因素，外贸

规模要素，外贸结构要素）

被解释变量人民币国际化外贸微观基础由人民币境外流通量 Y 衡量。解释变量的选择上，宏观经济因素为国内经济总量（由 GDP 代表）；外贸风险因素为汇率水平（由人民币实际有效汇率 E 代表）；外贸规模要素为对外贸易总额（由我国进出口总额 T 代表）；外贸结构要素为我国出口产品结构（由初级产品与工业制成品出口金额比率 T1/T2 代表，此比值越高说明我国出口产品替代性越低）。计量模型形式如下：

$$Y = f(GDP, E, T, T_1/T_2) \tag{6}$$

其中，GDP 以 CPI 消除价格因素影响。

（二）数据区间及其来源

考虑到数据的可得性，本文选取 1999—2012 年的年度数据作为研究区间。其中人民币境外流通量数据采用前文估计出的数据，国内生产总值、价格指数、进出口总额、初级产品与工业制成品出口金额比率由相关数据整理计算得到，人民币实际有效汇率数据来自国际货币基金组织 IFS 数据库，根据我国与 53 个国家和地区以贸易比例为权重计算的实际有效汇率，其基期为 1998 年 = 100。

（三）实证分析过程

1. 相关性分析。首先检验模型各变量之间的相关系数，以了解指标之间的相关性，检验结果如表 4 所示。

表 4　　各变量间的相关系数矩阵

相关系数矩阵	Y	E	GDP	T	T1/T2
Y	1	-0.5571	0.6008	0.5576	-0.8077
E	-0.5571	1	-0.418	-0.4733	0.5433
GDP	0.6008	-0.418	1	0.9935	-0.9305
T	0.5576	-0.4733	0.9935	1	0.9162
T1/T2	-0.8077	0.5433	-0.9305	0.9162	1

其中，外贸结构指标与人民币国际化指标呈负相关，且相关性最强，系数达 -0.8077，这说明我国出口产品替代性越小，越支持了人民币国际化。因此，优化外贸结构将是目前夯实人民币国际化微观基础的最有效方法。

经济总量指标与国际化程度呈一定程度正相关，系数达 0.6008，说明我国宏观经济基础也是人民币国际化的有力支持，这也与当前实际相符。贸易总量指标也与人民币国际化指标呈正相关，但相关性略低于经济总量指标，说明目前我国支持人民币国际化的贸易基础还略弱于经济总量基础。汇率指标与人民币国际化指标呈最弱的负相关，说明我国目前汇率制度还不完善，缺乏稳健性，因此对人民币的国际化没有突出作用。

2. 协整分析。采用 ADF 检验法，对各相关指标进行协整分析。先检验各变量是否具有单位根，以确定变量的平稳性；再进行残差序列的协整检验，以确定各指标之间是否具有长期稳定关系。检验结果如表 5 所示：

表 5　　变量的 ADF 检验

变量名	ADF 检验值	(t, c, n)	Mackinnon 临界值	单整阶数
Y	-4.3892	(t, c, 2)	-4.2465&	I (1)
GDP	6.03836	(0, c, 2)	-4.4206&	I (0)
E	-6.1978	(t, c, 1)	-5.8352&	I (2)
T	-2.2119	(0, 0, 0)	-1.9882&&	I (2)
T1/T2	-4.7973	(0, 0, 0)	-2.7922&	I (0)
Residual	-3.4744	(0, 0, 0)	-2.7922&	I (0)

注：t 为趋势项，c 为截距项，n 为滞后阶数。& 代表显著性为 1%，&& 代表显著性为 5%。

由检验结果可知，经济总量指标和外贸结构指标为平稳序列，人民币国际化指标经一阶差分后为平稳序列，外贸规模指标和外贸风险指标经二阶差分后为平稳序列。残差序列为平稳序列，说明指标系统具有均衡关系，具有长期稳定性。

3. 因果分析。为了进一步探明各指标变量是否与人民币国际化外贸微观基础变量存在解释与被解释关系，现对各序列进行格兰杰因果检验。最终结果如表 6 所示：

表 6　　格兰杰因果关系检验结果

格兰杰因果	X2 统计量	自由度	P 值
GDP - Y	8.9333	2	0.0115
Y - GDP	2.2039	2	0.3322
E - Y	3.7195	3	0.2934
Y - E	10.8828	3	0.0124
T - Y	10.7238	3	0.0133
Y - T	16.3726	3	0.0010
T1/T2 - Y	3.515	3	0.2896
Y - T1/T2	77.4527	3	0

检验结果表明，经济总量指标对人民币国际化指标影响较强，人民币国际化对经济总量影响较弱。外贸风险指标对人民币国际化微观基础影响较弱，而人民币国际化能较强地影响汇率的变动；人民币国际化与外贸规模存在显著双向因果关系，因此外贸规模是人民币国际化重要的微观基础；目前人民币国际

化能很好地优化我国外贸出口结构，但外贸出口结构对人民币国际化影响较弱。可见，目前我国的现实状况是经济总量和外贸规模能对人民币国际化产生重大影响，但外贸结构和外贸风险的影响较小。

4. 结论。从企业经济利润效用最大化的动机出发进行的理论分析表明，欲使企业在外向型经营中选择人民币作为计价货币的微观基础条件是我国强大的经济实力、较大的贸易规模、优化的贸易结构以及合理的汇率波动。

我国经济数据的实证分析表明，目前人民币国际化主要由宏观经济基础支撑，基于企业外向型经营的微观基础稍显薄弱但也已具备一定力度。在企业外向型经营微观基础的三要素中，规模要素对人民币国际化的支撑力度最强且较迅速，结构要素作用的发挥有一定滞后性但具有较大影响潜力，风险要素的力度最为薄弱。

若要夯实对外贸易的人民币国际化微观基础，首先企业在对外贸易中应积极推行人民币作为计价货币。再者，我国企业也可通过庞大的贸易网络来推行人民币在其他国家作为计价货币。同时，企业应不断提高自身国际竞争力，扩大对外贸易的规模、提高出口产品附加值来夯实人民币的外贸微观基础。

第七部分　中国银行发展海外人民币业务的措施建议

国内主要商业银行都十分重视人民币国际化带来的业务机会，竞争也十分激烈。中国银行已将海外人民币业务作为战略重点业务，明确了在海外人民币业务中要占据主导地位、发挥主渠道作用的目标，要成为海外人民币业务的清算行、人民币资金和现金的提供者、人民币主要业务服务和产品的提供者、人民币的做市商。中国银行发展海外人民币业务要取得市场先机，保持市场领先地位，就要充分利用其海内外整体优势，走专业化经营、集约化管理、海内外一体化发展的道路。

一、依托中银香港平台，构建海外人民币现钞供应网络

现钞业务是金融机构客户和个人客户的主要业务需求之一。中银香港目前最具条件成为最大的海外人民币现钞供应商。应搭建以中银香港为中后台，以中国银行海外网络为营销前台的全球人民币现钞供应和回流体系，完全占据海外人民币现钞的供应和回流市场。此外，还应加快海外人民币现钞调配体系建设，建立海外现钞业务信息处理中心，提供内部现钞业务报价，统一对外市场报价，统筹现钞实物调拨运送安排，在人民币现钞供应和回流市场上形成中国银行集团统一的品牌形象。

二、加快清算渠道建设，构建多层次海外人民币清算网络

清算是人民币各项业务发展的重要基础，起着纲举目张的重要作用。目前中资银行在争取同业客户开立人民币清算账户方面的竞争异常激烈，主要是争取海外同业到国内开立跨境人民币清算账户。

相比之下，中国银行的海外同业客户除了可以将人民币清算账户开立在上海总部，还可以选择将账户开立在中银香港或其他海外机构，中银香港的清算行模式和海外机构的二级清算模式就成为中国银行开展人民币清算业务的比较竞争优势。

中国银行海外人民币清算的上海模式、香港模式以及海外机构的二级清算模式各具优势，可以相互补充。目前香港清算模式已经较为完善，运营效率较高，上海清算模式已形成良好的基础，海外机构的二级清算模式已经起步，并逐步推开。

三、围绕客户需求，加快海外人民币产品体系建设

海外人民币业务的目标客户群主要在国外，海外分支机构是发展海外人民币业务的重要主体，但由于中国银行海外分支机构自身产品建设能力普遍较弱，因此总行业务条线要发挥主导作用，加快海外人民币产品体系建设，应统筹各类海外人民币产品的研发和推广，对于国内监管尚不允许的产品和业务，可考虑在海外机构先行先试。只有加大对海外分支机构的支持和指导，中国银行的海外业务才能不断扩大和发展。

四、积极推进小币种报价，统筹扩大海外机构人民币风险敞口

成为海外人民币做市商是海外人民币业务的重要目标，也是提高中国银行海外分支机构在当地市场地位的重要措施。要成为海外人民币的做市商，必须有对当地货币的报价能力。目前总行对小币种报价的工作推动力度很大，已实现卢布在国内的挂牌交易，加快海外小币种报价工作对提升中国银行海外人民币综合业务能力具有重要意义。

推进小币种报价工作需要得到人民银行的政策支持，在海外形成的人民币敞口需要回内地平盘。目前海外机构持有的人民币仍然按照外币头寸管理，根据相关要求，中国银行总行需要持有一定规模的美元多头，若海外机构持有一定规模的人民币多头，也可起到对冲中国银行整体汇率风险的作用。

五、进一步明确任务，加大考核力度

中国银行海外人民币业务的发展既要充分调动海外分支机构的积极性，又

要充分发挥总行业务条线的作用，统筹调配资源。为推动海外人民币的发展，总行应将海外人民币业务纳入对总行业务条线和海外机构的考核体系中，发挥绩效考核的导向作用，细化考核的维度和目标任务，激发海外机构叙做业务的内生动力。

参考文献

[1] 韩民春、袁秀林：《基于贸易视角的人民币区域化研究》，载《经济学》，2007（6）。

[2] 郝宇彪、田春生：《人民币国际化的关键：基于制约因素的分析》，载《经济学家》，2011（11）。

[3] 姜波克、张青龙：《货币国际化：条件与影响的研究综述》，载《新金融》，2005（8）。

[4] 刘崇：《以贸易发展推进人民币国际化》，载《南方金融》，2001（10）。

[5] 史雪娜：《主要货币国际化进程分析及对人民币国际化的启示》，载《特区经济》，2010（10）。

[6] 王雅范、管涛、温建东：《走向人民币可兑换：中国渐进主义的实践》，经济科学出版社，2002。

[7] 王益明：《人民币国际化下内外经济均衡问题研究》，东北师范大学出版社，2005。

[8] 王勇：《人民币境外直接投资：波及效应与企业战略》，载《国际贸易》，2011（3）。

[9] 苑媛、罗斌：《影响货币国际地位的关键因素分析》，载《中国软科学》，2009（9）。

[10] Devereux, M. , 2001, Endogenous Currency of Price Setting in a Dynamic Open Economy Model, NBER Working Paper 8559.

[11] ReyH. , 2001, International Trade and Currency Exchange, *Review of Economic Studies*.

网点发展方式转变的模式选择与实践

中国农业银行浙江省分行课题组*

第一部分　国内商业银行网点发展方式转变的显性路径分析

就我国现阶段而言，转变经济金融发展方式的核心是从高投入、高消耗、高排放、低效益向低投入、低消耗、低排放、高效益转变，并由此推进空间结构、产业结构、社会结构、人力资本结构等一系列结构的调整优化，实现发展的可持续。网点层面的发展方式转变，虽然没有明确统一的理论框架支撑，但核心要义与方向是与国家发展方式转变一致的。当前，各行都在积极借鉴国外商业银行的实践作本土化探索，尤其是网点业态、布局、功能转变，显性变化更加明显。

一、网点业态呈现多渠道交叉

传统意义的银行网点，一般指除该银行总行以外的所有分行、支行、分理处、储蓄所等分支机构，但各种交叉型网点的出现，正在打破这一传统认识。

（一）以直销银行（Direct banking，也有翻译为直通银行）为代表的线上线下渠道交叉。20 世纪 90 年代末开始在北美及欧洲等经济发达国家兴起，主要提供线上线下融合互通的渠道服务。其中，线上渠道由互联网综合营销平台、网上银行、手机银行等多种电子化服务渠道构成；线下渠道采用直销门店，布放 VTM、ATM、CRS、自助缴费终端等各种自助设备，以及网上银行、电话银行等多种自助操作渠道。2014 年 2 月，国内首家直销银行民生银行正式上线，主要通过互联网渠道拓展客户。2014 年 3 月，兴业银行推出直销银行，其特点在于用户可以持工行、建行、农行、招行、中信等多家银行卡，通过电脑、手机等移动设备直接选购热销理财产品、基金以及定期存款、通知存款等。

（二）以迷你网点（Mini - branch）为代表的金融物理渠道交叉。2013 年，富国银行首次提出这一概念并在华盛顿开办了第一家网点，面积不到普通网点

---

* 课题主持人：冯建龙
课题组成员：徐　行　陈宇洪　赵文洁　章　江　张　静　陶　莎

的一半，但通过安装大屏幕 ATM，空间使用效率进一步提高。根据富国银行决策层估算，迷你网点在大幅压缩建造成本的同时，运营成本比传统网点低 40% ~50%。从国内看，由有人值守的离人式自助银行扩延出的各种便利店形式是主要创新模式。如农行浙江省分行经当地银监局批准，重点在县域集镇建设派驻固定人员的自助银行，驻点员工不受理现金业务、理财产品销售、票据业务，不允许进入加钞间，主要职责是引导、辅导客户使用自助设备，辅导客户自助办理借记卡、个人网银等产品注册，受理惠农通客户、信用卡及 POS 商户、智付通客户、小额农贷申请等。又如，民生银行从 2013 年起推行“小区金融”战略，计划五年内建设 10 000 家金融服务站，隶属于附近人工网点管理，房产以租赁为主，配备 1 ~2 名营销服务人员，提供存取汇及开户业务、自助服务、网银服务辅导、理财咨询和客户关系管理等。

（三）以店中店（In – store Branch）为代表的联盟交叉。20 世纪 90 年代，国外银行就已经出现了超市银行、咖啡银行、艺术银行等店中店网点业态，如汇丰银行跟 Morriso 超市合作，开了超过 40 家超市中的银行。从国内看，招商银行最早实践咖啡银行，与韩国品牌“咖啡陪你”合作，在咖啡连锁店里，放置招行自动存取款机，旁边是招行金葵花理财室，理财室外布有最新可视柜台。业务范围不局限于基本交易业务，还可办理高附加值的财富管理业务。

网点作为银行基本的分销渠道，当前的业态交叉完全契合渠道交叉营销理论倡导的通过整合各类渠道，形成一种新的整体渠道营销模式的价值体系。从这一理论视角分析上述业态交叉，可以得出与网点发展方式相关的以下结论：

1. 人工网点不可替代。从理论维度看，对于一个企业组织而言，单一渠道的交叉营销是一个伪命题，不同渠道之间才存在交叉营销的可能和整合渠道资源的目标价值。从实践维度看，人工网点，具有人才、组织、资本、服务四重特性，既是一个独立渠道，又具有其他渠道无法替代的与客户面对面互动交流功能。尽管银行自身电子渠道和第三方支付渠道分流了网点大部分简单交易业务，互联网理财分流了网点传统的储蓄业务，但复杂的金融服务，还是需要以面对面交流为前提。

2. 网点内涵日益显现“商业 + 金融”特征。交叉营销之所以能够增加各渠道的价值，关键不在于表面数量的叠加，而是个体在整体结构优化之下突破了层级的局限，产生“米格 –25 效应”，即基于整体考量，重新组合相对落后的部件，形成优于先进部件常规组合的整体效应。客观分析，普及电子渠道与互联网金融飞速发展的双向夹击，对人工网点客户流、业务流分配模式的改变超出预想，上门办理业务的客户减少，人均柜面业务量明显下降，客户资金跨行流动变得越来越难以掌控，但客户向柜员进行新产品咨询和沟通的时间在拉长。从现阶段看今后一个发展时期，网点职能除了信用中介、支付中介、信用创造、金融服务等传统功能借助新技术进一步丰富、亲民之外，以信息作为服务内容和产品表现形式的业务将逐渐与货币业务趋近，成为核心业务之一，推动网点发展方式的进一步转变。

3. 自上而下差别化推进是主导。构建成功的渠道交叉营销，需要组织实施好“两次整合”。第一次整合是渠道整合，侧重于营销渠道的结构性组合，突出各渠道要素的相互协调。第二次整合是营销整合，侧重于渠道营销的行为方面，突出渠道之间在营销过程中的关系处理和机制重建。具体到网点业态创新，创新的设想可以由底层激发，但基于各行发展战略的不同，推进必须自上而下，呈系统建制。对股份制银行而言，当务之急是通过大幅度铺设新业态网点，转化传统网点数量不足的先天劣势。对国有大型银行而言，重点则是在适度控制网点总量的前提下，通过创新网点业态，把传统低效网点改造成现代化高效网点。在管理模式上，缩小低效人工网点规模将成为趋势，大网点辐射带动周边小网点将成为主流，并将推动运营管理、绩效管理、资源分配、流程再造等各个领域变革调整。

二、网点布局出现差异性回归

20 世纪 90 年代，各国有大型银行从集约经营理念出发，大幅撤并低效网点、大规模退出欠发达地区，形成了“核心—中心—过渡区—外围”层次清晰的网点布局体系。当前，这一布局出现了错位迹象。尤其是经济发达地区，在核心城区继续保持高密度布点的同时，出现了新的回归趋势。

（一）回归农村。仅以浙江为例，工行、中行、建行三家银行近三年共增设乡镇网点 30 家，乡镇网点人员分别比农行多增加 152 人、51 人和 150 人。农信社在乡镇的布点日趋高密度，农村网点总数相当于四大行总和，并在“两白”地区（即同业服务空白区、农信社网点空白区）快速增设离行式自助银行。

（二）回归社区。业界对社区银行的理论研究越来越多。尤其是各股份制银行率先行动，纷纷加大在社区铺点力度。如吉林银行将零售型网点命名为社区银行，包含理财中心、精品网点、普通网点等形式；上海农商行，创新设立了独立型金融便利店，每个店平均配备人员 6 ~ 7 名，实行错时、延时服务，最晚营业时间可至 21 点。

（三）回归特色行业。主要做法是把熟悉某一特定行业、领域的人员和专业营销部门结合起来，为特定行业提供专业化服务，并出现了各类专业支行、专营支行、特色支行，专注经营。

从金融地理学和场域社会学角度分析上述现象，可以得出以下结论：

1. 网点布局绝不能再持续传统的铺摊子扩张模式。从金融地理学角度看，金融资源虽然具有高度的流动性，但任何经济活动都是在特定的空间区域展开的。特定区域的金融集聚，大体上可以分为初步形成、快速集聚、稳定发展和扩散转移四个阶段。先从发达地区开始，当其金融资源使用达到饱和以后，便逐渐向资金相对缺乏、获益机会相对多、收益水平相对高的落后地区流动。

2. 网点布局不存在一劳永逸。金融资源的供给与需求在空间上的非均衡性，导致金融运行势必会呈现区域的非均衡性。金融排斥（financial exclusion，也有学者译为金融排除）作为金融地理学研究的一个重要议题，很多专家往往是从金融市场的分割与破坏角度去分析。如 Burchardt 认为，金融分割造成某区域长期被主流金融排除在外，或主流金融机构陆续从落后地区撤出，使得这些地区陷入金融沙漠的困境。但从空间相互作用的角度看，经济资源和金融资源的跨区域流动，包括文化的交流、人员的流动、技术的传播和溢出等因素，都会给金融排斥地区带来新的杠杆撬动。之前的地理“空洞”，在多元推动下可能出现“二次集聚”。

3. 网点分类必须以场域为单位进行全面分析。场域不仅是布迪厄社会学理论的概念，也是他从事社会学研究的分析单位。之所以要在网点分类分级中引入场域概念，一方面是基于人口和资源在特定区域日益集聚的社会现实，相同特征的客户群体集聚在一起的现象更为明显，比如富人集聚在高档的住宅小区，同一产业的上下游客户集聚在同一工业区内……同一场域的客户越来越具有相关性。另一方面是鉴于当前网点分类存在普遍的静态局限性。从现实操作看，商业银行的地区性经营数据主要通过各级人民银行和银监会（局）汇总，此类数据汇总的基础级别为县。事实上也没有一家支行全面建立网点层面的同业份额比较分析。

三、网点转型从外延向内涵推进

2002 年，思科系统公司金融服务事业部最早提出新网点主义的概念，核心思想是，银行业应改变单一的面对面人工服务模式，从交易核算型向营销服务型转变，并统一网点营销模式标准，实现服务标准化和客户体验的一致性。2003 年，IBM 公司联手思科系统公司推出了基于新网点主义理念的网点转型解决方案，对国内商业银行网点转型产生了深远的影响。硬转软转相继实施，并同步推动着各行对新网点主义理论的实践思考。

（一）从单一零售模式向零售对公综合化经营延伸。新网点主义理论提出之初，主要是基于加快从传统储蓄向个人金融转变的角度。各行在推进网点转型过程中也同步实施了“对公上收、零售下沉”的战略调整，在界定私人银行财富中心、理财中心、精品网点等不同的网点类别时，也基本体现零售条线贵宾客户服务体系的意志划分。近年来，面对大部分网点对公业务拓展能力弱化的现实，各行开始重新定位，着力推进营业网点从零售业务型向零售与对公综合化经营转变。

（二）从电子渠道简单分流向智慧型交互式服务延伸。新网点主义用科技元素推进网点功能分区、业务分流的初衷是降低成本，提高效率。当前，各家银行在加快传统简单业务向电子渠道分流的同时，正在积极运用互联网思维和视频识别技术、无线数据通信技术等新技术，为客户提供交互式的体验。农业银行已在北京、苏州建设了智慧银行体验中心，但股份制银行的推进速度更快。广发银行截至 2014 年 5 月底，已经在北京、上海、广州、济南、南京、大连、成都等 14 个城市开设 24 小时智能银行。同时，网上银行的智能化建设也在加快。交通银行 3D 网上银行可以为客户提供身临其境的网上立体体验，客户可以创建个性化的虚拟人物，实现业务查询、转账交易、投资理财和贵金属产品购买等操作，还可以和场景中的客服人员以及其他客户实时互动交流。

（三）从释放营销职能向细化产能考核延伸。从最初的客户分层、赢在大堂、全面加强场内营销，到现在的客户分类分群，立足网点走出去营销，各行均致力于建立以客户关系管理为核心的分层服务销售模式，规范网点内的服务销售管理流程，规范潜在的中高端个人客户和对公客户的识别与深度服务流程，提高员工主动营销能力。在考核上，不仅建立了以产能提升为主导的网点绩效考核和综合评价办法，而且细分了网点各类角色人员的销售业绩考核方法。既有自上而下的存款、贷款等核心业务排名考核，也有对贵宾客户增长情况、产品交叉销售的细化考核。

第二部分　基层农行推进网点发展方式转变存在的主要问题

一、网点架构还没有完全走出传统的物理网点扩张模式

（一）网点定位比较模糊。主要存在三类迷失：（1）价值迷失。有的行在网点效用下降论、消亡论的影响下，对网点在一家行的经营当中到底起什么作用、战略价值如何、应该放在怎样的位置来决策布局存在认识偏差，没有把网点作为价值创造的重要阵地来看待。有的行对网点新兴业态缺乏趋势性研究，没有从进一步提升网点价值创造的角度研究网点作用发挥。（2）方向迷失。针对当地区域特色，重点该布局哪几类网点，该发展什么样的网点？各类网点有何资源优势、为谁服务、客户来自哪儿？各类网点该做些什么、怎么去做？都缺少清晰的战略导向和长远规划定位。（3）市场迷失。大部分行只是粗略地将网点定位为旗舰网点、精品网点、基础网点，对区域内同业竞争态势、竞争对手以及自身的优劣势了解不够，缺乏清晰的聚焦或差异化竞争策略。

（二）网点布局缺少合力。近年来，为应对同业的密集布点，基层行在核心

区域的网点布局密度明显增加，但多家支行选择在相近地点设立网点后，往往内耗多于互补。根源有四点：(1) 决策程序存在缺陷。一般采取的决策程序是：由支行提出设立网点计划，负责选址，然后报告分行有关部门实地勘察决定。设立及撤、并、迁网点的需求和动力主要来自支行。管理行往往从鼓励积极性角度出发，采取容忍策略。(2) 问责机制存在缺位。对网点的设立、装修改造，以及低效网点的经营存续等缺乏严格的认定标准和责任追究机制，"拍脑袋决策"，"拍屁股走人"，留下不少隐患。(3) 管理机制缺少集约。以某地级市辖属四大重要集镇来看（见表 1)，农行基本以二级支行形式平行作业，各网点不存在隶属关系，有的还归属于不同的一级支行管理，由于各个支行在业务经营指导思想、经营策略、营销方法上的不一致，导致同一区块不同农行网点在相关业务开展过程中会存在一些差异。而信用社实行"一拖多"的形式，即一家二级支行下设多个分理处，管辖权集中，服务半径细分，更有利于深入当地各个社区、商业集中区、工业集中区，赢得了客户的认可。(4) 离行式自助银行建设滞后。以某东部地区省会城市农行为例（见表 2)，其个人网银客户数、手机银行客户数、现金类自助设备均居四行第一，但已投入运行的离行式自助银行家数列四行最末，比工行少 68 家，比中行少 25 家，比建行少 21 家。

表 1　某地级市四大重点集镇网点设置对比表

镇 行名	××镇	××镇	××街道	××镇
信用社	1 家二级支行 5 家分理处	2 家二级支行 5 家分理处	1 家二级支行 7 家分理处	1 家二级支行 3 家分理处
农行	6 家二级支行	2 家二级支行 3 家分理处	3 家二级支行 1 家分理处	2 家二级支行

表 2　某东部省会城市四行电子银行产品及自助设备情况表

行名 项目	工行		农行		中行		建行	
	期末数	本年新增	期末数	本年新增	期末数	本年新增	期末数	本年新增
个人网银（万户）	95.8	9.28	166.91	16.49	78.14	11.06	68.77	5.79
企业网银（户）	43 186	3 919	33 620	2 823	15 132	1 359	26 869	6 481
手机银行（万户）	103.15	11.63	122.58	16.21	37.65	7.80	37.92	6.37
现金类自助设备（台）	947		1 218		421		639	
离行式自助银行（家）	183		115		140		136	

注：三个产品数据为 2012 年 3 月底数据，其余数据为 2012 年 6 月底数据。

（三）网点功能比较单一。零售下沉、对公上收，使很多网点沦为零售业务的分销终端，恢复综合经营需要一个较长的过程。同时，一些行基于风险控制等需要，将大量的业务和客户集中到本级经营，也造成网点经营功能和综合服务能力日趋弱化，即使赋予网点国际业务等功能，也缺少办理业务的实际能力。另外，当前的授权约束也对提增网点功能形成制约。目前，经营转授权一般只到一级支行，原则上不得对二级支行及以下网点转授权。比如信贷业务，二级支行没有审批权，一般只有经营权、调查权，有的甚至连调查权都没有。详见某经济发达地区省级分行部分网点2013年信贷权限统计表（见表3）：

表3　2013年营业网点信贷权限设置情况　单位：个,%

网点所在区域	网点数	经营权				调查权			
		个人	法人	个人及法人	占比	个人	法人	个人及法人	占比
城市商圈	317	56		243	76.65	65		240	75.7
乡镇	331	37	2	275	83.08	37	3	283	85.49
市场	96	23	1	65	67.7	25	1	65	67.7
社区	149	53		72	48.64	52		77	52.02

对比来看，信用社权限设置灵活，一些经济发达地区的网点主任大多具有个人贷款保证类30万元、抵押类200万元、法人贷款400万元乃至更高的审批权。上述因素，在客观上造成网点周边法人客户资源流失。以东部发达地区某二级分行为例，全辖96家营业网点中无法人贷款业务的网点37个，未开通外币业务的网点有27个。全市84家二级支行（分理处）对公存款余额仅占二级支行（分理处）各项存款余额的15%。对公存款户数不足100户的网点有30家，占网点数的31%。法人贷款客户数在10户以下的二级支行有35家，其中7家二级支行只有1户，17家二级支行没有法人贷款客户。

（四）低效网点占比较高。从抽样调查看，即使在东部发达的地区，按管理会计测算，低效（一般指每年盈利在100万元以下）和亏损网点占比也往往高达20%以上（见图1）。一些网点经营时间已经在5年甚至10年以上，但各项存款始终在3亿元以下徘徊。

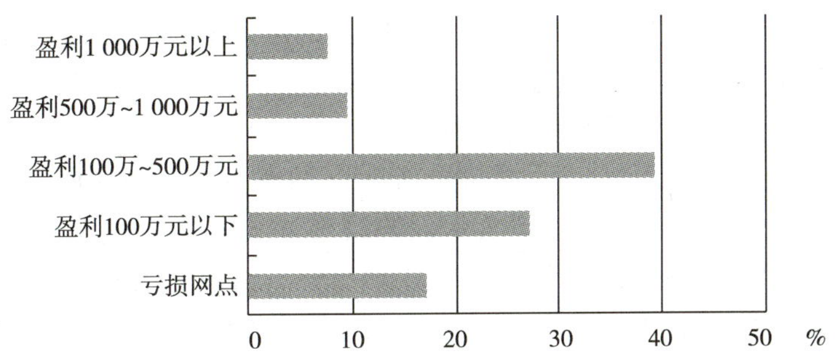

图1　2013年某行营业网点效益情况

二、网点经营方式还没有完全走出传统的业务自然增长模式

（一）网点营销力量配置不足。以东部发达地区某二级分行为例，尽管已积极按管辖省级分行要求加大网点营销力量配置，但到 2013 年末仍没有达到该省级分行网点营销类人员占比不低于 50% 的要求。数据如下：全行营业网点员工总数为 1 456 人，占全行员工总数的 62%。网点专职客户经理 287 人，占网点人员的 19.71%，点均不足 3 人，其中：只有 1 个客户经理的网点有 36 家；未设客户经理岗位的网点有 4 家（反观可比同业，均按网点业务规模和分类配备对公客户经理，平均每个网点配备至少 1 名专职对公客户经理。究其原因：（1）网点员工数量不充足。全市人员岗位结构不合理，市县两级管理监控人员占员工总数近 1/3，即“2 人干活 1 人管控”，网点人员偏少，二级支行平均 11.7 人，其中 8 人以下的网点有 14 家。（2）劳动组合、排班模式研究不够深入。2013 年前 4 个月柜台业务量分析表明，该二级分行柜台业务量较 2012 年同期下降 10.23%、较 2011 年下降了 22.73%，柜台员工的业务压力理应有明显减少，但从个别支行的反映看，柜员用工需求依然迫切。新员工充实到柜台后，未能将人员置换到客户经理、理财经理以及低柜岗位。（3）后台集中不彻底。如授权上收后，还有部分业务的授权在网点、预警处理在网点，致使各网点还需配置兼职或专兼授权人员。（4）岗位设置标准过于机械。基本按网点业务量大小和规模大小，统一设置岗位、配置人员，固定工作时间，但事实上，不同的网点类型对岗位设置有不同的需求差异。如位于高端社区的网点，周边集聚大量高净值客户，更需要多配备理财经理满足客户的财富增值需求；位于产业园区的网点，则可以减少对理财经理的配置，增加精通公司业务的客户经理。（5）人员素质参差不齐。虽然综合柜员制已执行多年，但业务全面的柜员不多，特别是近年来，柜员分为高柜柜员或低柜柜员、交易型柜员或营销型柜员，导致部分柜员业务知识单一，仅能处理简单的存取业务及常见业务，而网点在岗位设置及人员安排上过多地迁就了这些人为因素，形成非良性循环，即业务全面的柜员处理的业务多，业务更趋全面，而业务不全面的柜员越来越不能适应业务变化，给其自身及管理者都带来压力。

（二）关键岗位进阶培训力度不足。尤其是网点负责人和客户经理队伍。据东部地区某省级分行对 930 家网点负责人的调查（见表 4），近 5 年从事过信贷业务的只占 20.3%，从事过运营主管的占 14.4%，从事过大堂经理的占 8.8%，许多负责人缺乏信贷和现场管理经验，上岗后又缺少系统培训的机会，开展工作基本靠自己摸索。这一方面造成部分网点负责人不知道如何营销对公业务，不懂具体信贷政策，上报业务质量偏低，退回率高；另一方面造成部分网点负责人觉得做对公虽然吸引力大，但风险也大，万一做不成几个月辛苦白费了，

还是做产品更直观。

表 4　东部地区某省级分行网点负责人从业经历　单位：人，%

从事岗位	5 年内		5～10 年内		10 年前	
	人数	占比	人数	占比	人数	占比
个人客户经理/个人存款管理	309	33.5	216	23.4	155	16.8
对公客户经理/对公存款管理	269	29.1	216	23.4	132	14.3
信贷员/信贷管理	187	20.3	173	18.7	124	13.4
运营主管	133	14.4	142	15.4	99	10.7
大堂经理	81	8.8	25	2.7	7	0.8

注：网点负责人在任职前有的从事过多个岗位，统计上存在交叉。

（三）网点中高端客户维护还是处于放养状态。（1）营销维护力量不足。据对某二级分行数据统计，每个对公客户经理（含网点主任）平均管理 7.8 个对公贷款客户和 78.9 个 5 万元以上对公存款客户，每个个人客户经理（含网点主任）平均管理 332 个白金以上客户，每天大量案头工作占据了大部分精力。尽管网点对外部客户的拓展日益重视，产品的场外批量营销速度不断加快，但优质客户的过程管理和基础工作有所忽视，存量客户的交叉营销、多次营销和关系维护有所忽视，高价值客户流失风险加大。（2）信贷系统缺乏活力。一方面，信贷风险文化压制了流程创新，烦琐哲学替代了谨慎原则。比如二次用信与新增贷款一样繁重，导致客户经理 80% 以上的时间花在存量贷款办理上，成为名副其实的信贷柜员。另一方面，C3 信贷系统整合差，一笔信贷业务要从多个系统中整合数据。（3）缺乏标准的业务综合营销流程。在对公业务领域，虽然明确了管户责任人，但具体应该制定哪些针对性服务对策，公私联动具体该做哪些，各家行百花齐放，缺少标准化的模板。在个人业务领域，怎样才算把个人贵宾客户服务到位也缺乏明确的标准。每年应该统一组织哪些服务，具体针对哪些对象，都还是做到哪里算哪里。在柜面开口营销上，往往习惯于单人单一单向推销，哪些规定动作必须做，如何考核这些规定动作是否做到位，还是缺乏统一的操作规范。

（四）大前台作业系统支撑不足。（1）数据采集系统支撑不足。一方面，基层行系统管理和应用权限较低，很多数据无法采集。另一方面，多条线管理直接导致各个部门不以网点为中心，而是以自身为出发点开发设计应用系统，往往是一个产品一个系统、一项业务一个系统、一个岗位考核一个系统，占用了网点大量的人力和精力，但真正适用于网点考核的系统还有待完善。同时，客户数据缺乏互联互通。（2）大堂设备条线切割，种类多但功能不足。现在网点布设了大量的电子设备，如自助终端、发卡机、网银体验机、海报机、门头屏

LED、回单打印机、叫号机、自助填单机等，但由于各类设备归属不同的部门，应用领域升级缓慢，比如，回单机只能打印一个月的个人明细；发卡机发一张卡需要3次授权，而且停留在半自动发卡的原始阶段。

三、网点考评激励还没有完全走出传统的规模导向模式

（一）分类指导力度不够。（1）行际之间差异性较大。对网点的考评激励一直是以一级支行为主体。客观上，各家行绩效的不一，使其从管辖行获得的资源也不一，造成同类型网点因其管辖行不同而收益不同。（2）衡量指标偏重当期业绩。在高强度的经营压力下，目前大多数行的考核主要以任务为导向，关键指标集中在核心业务重要时点任务的完成上，有效客户贡献、营业净收入等价值创造指标、业务发展基础指标权重占比不高。

（二）考评激励体系化不足。一方面，什么样的网点是优秀的网点？缺乏评估，缺乏区分，缺少标杆。有的还在事中事后随意调整，影响了网点的积极性。另一方面，“倒金字塔”式管理架构和条线化的部门管理要求，出现上级行对下级行“政出多门”的现象短期之内很难改变，很容易出现网点考评激励的混乱化，从而令网点出现考核“疲劳”、“麻木”。

（三）网点人员有效激励不足。对网点负责人，缺乏多元化的激励渠道。对柜员、客户经理、理财经理、大堂经理等不同岗位员工考核模式相同，考核重点区分不明显，甚至还在“吃大锅饭”。有的网点虽有形式完整的绩效考核机制，但兑现时由网点负责人说了算，考核激励形同虚设。同时，考核结果运用不充分。员工价值创造和绩效考核结果往往只与当期收入挂钩，缺乏与评先评优、岗位调整、岗位等级提升、职务晋升等关联的制度设计，激励缺乏持续性、长期性。

第三部分　下一阶段网点发展方式转变方向及推进措施

一、转变方向

（一）在经营导向上，从追求规模扩张向以价值创造为核心转变。从渠道脱媒到资金脱存，从定价脱轨到关系脱离，从资本约束到行为约束，新形势下网点扩张最大的改变就是：我们长期依赖的以网点大扩张促进业务大增长的经营环境渐行渐远。要调整工作重心，强化内生动力，前瞻性把握网点总量，突出打造重点区域网点、高端网点和综合化经营网点，努力把低效网点改造成高效网点，优化网点结构。

（二）在管理模式上，从简单“一刀切”向分类指导转变。要根据网点所处

区域资源禀赋、经营贡献和发展潜力等维度，实行网点分类管理，各类网点经营重点有所侧重，发挥优势，提升核心竞争力。在授权管理上，与网点功能、业务规模、风控能力和经营特色相适应，实行差别化授权，并做到权责对等、权能匹配、同业相称；在人员配置上，对不同等级网点匹配不同的劳动用工组合标准；在绩效考核上，对不同网点、不同人员，考核重点、指标权重各有侧重；在资源配置上，建立起网点经营管理综合评价机制，将评价结果与信贷计划、固定资产投入等资源配置挂钩。

（三）在经营方式上，从功能相对模糊向清晰定位转变。要细分市场，针对网点区域资源相对优势、客户群体特点和业务拓展空间，赋予不同网点不同的经营功能，找准定位，找到业务发展方向与突破口。对所在区域资源集聚能力强、服务对象多元、发展前景特别看好的网点，就要按照业务全面发展、综合经营要求，强化各类经营功能，全方位拓展各类客户和业务。对具有独特资源优势网点，按照特色经营要求定位，通过做精做优特色业务，带动网点的综合经营和整体发展。

（四）在渠道建设上，从线下网点为主向线上线下融合转变。早期的O2O把线上变成线下的前台，实行线上下单、线下服务，现在的O2O已经发展到立足线下实体店，线上线下并重，信息和资源互通与共享。要积极推进新技术条件下的渠道建设，形成人工网点、自助银行、网上银行、电子机具、流动服务五位一体的渠道服务平台，增强客户服务的综合覆盖率，增强渠道复制客户的能力。

（五）在服务模式上，从偏重零售产品销售向综合金融服务转变。当前客户对网点的服务不仅关注便利性、交互性、定制性，更关注综合性。在营销服务对象上，要从对私客户为主，转向对公对私全面拓展，辐射区域内所有优质客户资源，尤其要尽快改变中心集镇、城郊、城市新城的网点对公业务弱的局面。营销服务方式上，实现“三个转变”，从关注账户向关注客户转变，从流程服务向分层营销、精细营销和全员“协作”营销转变，从单笔业务营销向上下联动、公私联动、本外币联动、资产业务与负债、中间业务联动转变。

（六）在营销模式上，从坐商向行商转变。国内银行核心业务三十余年长期持续增长的态势形成了网点依靠自然增长的惯性思维，导致网点等客上门的多，主动出击相对较少。要主动参与由“生人小区”回归“熟人社区”的培育工作，主动构建客户社交圈，并依托圈子主动营销，增强客户黏性。要积极运用大数据分析，主动介入、激发客户需求。要以公私联动、交叉销售的思路，主动依托对公项目走出去，实现集群式批量营销。

（七）在考核导向上，从偏重当期激励向可持续的质量效益发展转变。要把网点的盈利能力、状态作为评价网点的重要指标。对网点的绩效考核，由原来侧重当期核心业务，向强化综合经营效益、对公对私客户拓展、资产质量等全功能定位考核，激励网点全面可持续发展。对不同类型网点，要根据网点分类分级，分别设置重点有所不同的考核权重，把考核结果与网点负责人薪酬待遇、职务晋升、评先评优紧密结合。

（八）在队伍建设上，从储蓄所模式向经营团队转变。上级行要主动介入网点团队建设，加强直接管理和统筹管理力度。人员配置上，要适度向基层网点倾斜。对网点负责人、运营主管，要打破区域和行际界限，加强交流，加强激励约束。加强网点负责人后备干部培养，以德为先，注重实干，注重有基层工作经验。要针对性地补充有关网点的人员，特别是要配足配强客户经理和国际业务等专门人才，强化网点功能。注重构建柜员、大堂经理、客户经理等职业晋升通道，充分调动员工积极性。

二、重点工作措施

（一）实行网点定位分类。以市场定位、客户定位、成长性定位三个维度，明确不同类型网点未来成长空间。其中：市场定位，以网点周边 500 米辐射半径为主体，分析所处区域特点及业务结构，确立市场型、城市商圈、乡镇、园区型、社区型等网点类型划分；客户定位，重点分析网点存量客户结构现状，按标准值设定服务“高端客户”为主、服务“中高端客户”为主和服务“基础客户”为主三类网点划分；成长性定位，根据网点近三年核心业务增速及所处区域整体经济、人口发展趋势和同业竞争态势，设定高成长性、中成长性、低成长性三类网点划分，取值标准参考定量和定性两方面因素，两项实行就高不就低原则。

（二）实行差别化功能与授权管理。根据网点定位分类结果，差别化确定每类网点的主营业务功能和经营权限。在原则上，重点突出权责对等、权能匹配、同业相称。所谓权责对等，就是指与网点的经营职责、发展使命相对应，既明确哪些是不可触的边界，也能有效驱动网点的发展；所谓权能匹配，就是指功能、权限与网点经营能力相一致，过大易造成风险，过小不易提升网点经营活力；所谓同业相称，指授权政策上紧盯同业，至少不低于同业，以利于市场竞争。

（三）推进网点布局策略性调整。网点总量适度控制不等于不新设网点，但网点规划统筹应该自上而下，以系统统筹为主，兼顾调动基层行的积极性。在布局规划上，既要继续积极瞄准高成长区域发展全能型网点，尤其是城郊结合部等都市发展圈中的潜力区域，相对保持市场经营优势，更要策略性调整乡镇网点布局。尤其是在非中心集镇区域，要进一步以金融便利店形式为突破口，按照加大密度、减少装修、减小面积的原则在“小、密、专”上下工夫。小，就是面积小，人员少，尽可能降低租赁成本、人力成本；密，就是加大设立密度，扩大服务覆盖范围；专，就是专营乡镇业务。在此基础上，可进一步探索以特定区域为界定的中心网点管理模式。

（四）实行岗位分工定位。以强化网点营销职能为出发点，调整网点各位人员职责。对网点负责人，突出其进行网点现场、客户、销售、绩效和文化等经营管理的职责，弱化其从事行政管理、后勤保障等事务的职责。对大堂经理，突出其识别客户价值、产品销售机会、客户办理业务种类，并在此基础上进行引导分流的职责，弱化其产品营销职责。对客户经理，突出其客户关系管理和营销的职责，侧重于场外营销与中高端客户的上门维护与拓展。对理财经理，侧重其网点场内营销和网点个人高端客户的客户关系管理与销售，对高端目标客户的挖掘和长期关系维护，并对其进行产品销售。对封闭式柜台柜员，将其直接销售职责转化为销售推荐职责。对开放式柜台柜员，明确以复杂交易为主，同时兼负产品营销、客户转介及中端客户的维护管理职责。

（五）强化综合营销。重点从场内营销管理、客户关系管理及营销、场外营销活动管理、营销过程管理四个层面，突出强化分层营销与联动营销，提升综合营销能力，增强网点核心竞争力。在场内营销管理上，以大堂经理为核心，重点按照大堂引导分流、高柜识别推荐、低柜营销推荐、客户经理和理财经理挖掘客户价值、全体员工联动服务的流程，进行现场流水作业，协同营销。在客户关系管理及营销上，重点要做深数据库营销。逐户制订已营销客户的阶段性营销计划，并通过实时更新反馈，实现扩户的定向管理，既迎合客户的现实需求偏好，又挖掘潜在需求，引导未来需求，实现回报价值最大化。在场外营销管理上，重点是推动走出去营销。通过地图作业法、片区作业包干等形式，明确场外营销任务。

（六）强化线上线下渠道互融。要进一步从战略、全局的高度强化线上线下渠道互融投入，明确渠道管理一级部室，统筹规划五位一体的渠道功能定位、总量结构与布局、资源分配，推进标准化建设、服务管理、竞争力提升与经营转型，真正将线上“自金融”服务与线下网点服务统筹起来。对向财富中心、私人银行转变的网点，要高规格推进智能化建设。对绝大部分向社区银行转变的网点，在网上银行、手机银行等“自金融”渠道建设上，要从改善用户体验的角度，进一步改变以业务受理流程为导向的设计思路，真正从客户思维、客户体验、客户接受程度和个性化需求等多个角度再造用户使用流程，并借助先进技术手段，充分整合线上线下业务数据，推动线上线下业务信息融合，提供可调整可组合的模块化服务；充分整合线上线下优质资源，加大跨行业合作，构建以我为主的移动金融生态圈，使客户可随时随地享受银行的金融产品与增值服务，让越来越多客户的移动终端变成我行的在线网点。

（七）优化网点综合绩效考评。在考评体系建设上，实施综合绩效考核和业务综合评价考评并行方案，其中，综合绩效考核侧重考核当期绩效，综合评价兼顾各网点的历史承接因素，综合检验一家行的综合品质。在具体指标及权重设置上，要在确保上级行考核导向直接穿透到位的基础上，根据网点定位的不同对核心业务计划分配或完成要求实行差异化管理，设置差异化的网点产品类指标、规模发展指标、效益指标、风险指标等，鼓励网点做大、做强特色经营。

（八）强化对网点负责人的激励约束机制。对网点负责人的绩效考核，要以网点综合绩效考核为主，个人岗位职责考核为辅，以体现网点负责人作为网点经营管理的牵头人职责。正职的综合绩效考核挂钩权重应不低于60%，副职应不低于50%。个人岗位职责考核的重点放在网点目标客户增量、资产总量、中间业务收入、交叉销售等、网点综合管理等方面，可比照客户经理做法。考核结果与班子评先评优、成员职业晋升、薪酬分配等挂钩。同时，要疏通网点负责人能上能下的通道，业绩突出的负责人可实行职务高配、岗位等级高调等正激励，履职不到位的负责人要进行黄牌警告、诫勉谈话等负激励措施。

（九）规范网点员工的绩效考核体系。实行定量考核与定性评价相结合，并根据岗位职责和网点综合绩效考核内容，设置关键绩效指标，对不同类别的岗位，实行分类考核。其中：客户经理绩效考核，按照经济增加值的含量，根据各个行的绩效工资水平跟客户经理进行挂钩；大堂经理绩效考核，原则上以定量计价考核为主，重点放在业务分流量、各类客户的转推荐数等方面；柜员绩效考核，以个人岗位职责考核为主，适当兼顾专项考核。其中营销服务型低柜的个人岗位职责考核，主要体现低柜业务办理、识别推荐客户、营销优质客户的核心岗位职责，以定量考核为主，重点放在业务量、识别推荐贵宾客户、目标客户数增量、制式产品销售等；交易型高柜柜员的个人岗位职责考核，主要体现办理高柜业务和柜内识别推荐贵宾客户的核心岗位职责，以定量计价考核为主，重点放在高柜业务量和识别推荐贵宾客户。

（十）加强网点团队的专业化能力建设。这种能力建设不是单纯的课堂培训，而是要跟实战紧密结合起来，通过跟班培训、员工轮岗、有实战经验的导师辅导等方式展开，提升团队成员细分客户、提供专业化服务的技能。

（十一）强化部门协同。要通过部门协同，增强面向客户、引领同业的产品研发能力，为网点开口营销提供好产品支撑；要通过部门协同，增强各大营销支持平台的整合，完善功能，为网点精准营销提供好技术支撑；要通过部门协同，加快流程优化，将大量的人员从低效劳动中解放出来，为网点优化劳动组合腾出空间。

参考文献

[1] 中国工商银行研究报告：《富国银行网点形态创新——从“迷你网点”看》，载《中国工商银行银行业研究》，2012（66）。

[2] 中国工商银行研究报告：《商业银行互联网金融综合平台的功能演进和建设》，载《中国工商银行银行业研究》，2014（104）。

[3] 江西省城市金融学会课题组：《商业银行渠道交叉营销模式研究》，载《金融论坛》，2011（6）。

[4] 中国农业银行总行办公室：《关于新形势下网点转型与管理的调研报告》，载《中国农业银行决策参考》，2014（41）。

[5] 中国农业银行总行零售银行业务部：《关于发展社区银行的研究报告》，载《中国农业银行决策参考》，2014（17）。

[6] 中国农业银行总行战略规划部：《农业银行渠道转型策略研究》，载《中国农业银行决策参考》，2014（14）。

[7] 王修华、黄明：《金融资源空间分布规律：一个金融地理学的分析框架》，载《经济地理》，2009（11）。

[8] 祝威：《商业银行渠道交叉营销模式下的网点经营模式改革研究》，济宁市银行业协会网站。

关于我国商业银行小微贷款定价机制的研究

浙商银行课题组*

小微企业贷款难问题备受社会各界关注，而制约银行机构小企业贷款业务拓展的因素，从银行机构自身看，主要是风险识别能力和风险定价能力。为切实提高商业银行在风险可控的前提下加大对小企业的信贷支持力度，提高风险定价能力，本课题深入探讨了利率市场化条件下小微企业贷款的风险定价机制。

一、我国利率市场化改革进程及其影响

2012 年以来利率市场化改革明显加快（见表 1），当前虽有放缓，但利率市场化自我演进的趋势不会改变。利率市场化将深远改变银行业未来十年格局。从国际经验看，利率市场化深刻影响了银行业的存贷利差、风险偏好、资产负债结构、业务结构、经营发展模式和竞争格局。随着利率市场化改革的不断推进，处于经济转型期和互联网金融时代的银行业，未来十年竞争格局必将加快分化。

表 1　　2012 年以来的利率市场化改革进程

时间	内容
2012 年 6 月 7 日	存款利率可基准上浮 1.1 倍，贷款利率可基准下浮 0.8 倍。
2013 年 7 月 20 日	贷款利率下限放开，贷款利率市场化完成。
2013 年 9 月 20 日	定价自律机制建立（《金融机构合格审慎评估实施办法》）。
2013 年 10 月 25 日	贷款基础利率（LPR）集中报价和发布机制成立。
2013 年 11 月 19 日	周小川提出“三期推进”路线图 近期三大任务：自律机制、LPR、NCDs； 近中期两个“完善”：市场利率体系，央行利率调控框架和利率传导机制； 中期：全面实现。
2013 年 12 月 12 日	同业存单（NCD）发行与交易，近期任务完成。
2014 年 1 月 20 日	央行试点常备借贷便利（SLF），构建利率走廊上限机制，探索公开市场操作指标利率。

* 课题主持人：陈春祥
课题组成员：葛立新　郭新强　杨　跃　缪　程

续表

时间	内容
2014 年 3 月 11 日	周小川指出最近一到两年实现存款利率市场化。
2014 年 4 月 30 日	易纲表示中国目前不具备利率市场化条件。
2014 年 5 月	上海市试行小额外币利率市场化。
2014 年 6 月	央行引入基础货币投放新工具：抵押补充贷款（PSL）。
2014 年 7 月 23 日	国务院常务会议召开，利率市场化改革从“加快推进”、“进一步推进”变调“有序推进”。
2014 年 8 月 1 日	上海银行间同业拆借利率（Shibor）发布时间提前 2 个小时至上午 9：30，完善利率体系的“近中期”任务再进一步。
2014 年 9 月 17 日	新华社：陈雨露（央行货币政策委员会委员）称希望今年年底前能推出存款保险制度。

资料来源：研究小组跟踪整理。

目前，改革创新成为同业竞争新常态，全资产经营时代来临。提高全资产经营能力，要重视风险定价能力建设。利率市场化应对的核心是提高盈利能力，而商业银行是依靠经营风险而盈利的金融中介，与商品市场不同，金融市场中资产的价格除了受供需规律影响外，更要受风险溢价影响，“高风险、高收益；低风险、低收益”。因依靠全资产经营提高盈利能力，就要按照“收益覆盖风险”的原则，准确识别、计量风险，对风险准确定价。

二、利率市场化下贷款定价的基本模型

（一）文献梳理

贷款定价分三类：一是成本加成定价，二是基准利率加点，三是客户盈利分析（见表 2）。研究方法主要是两类：一类是 RAROC 分析，包括经济资本计量，EVA 价值管理等；一类是基于巴塞尔协议（巴塞尔协议Ⅱ）的内部评级法（IRB）定价模型。在 IRB 上，巴塞尔协议Ⅱ和巴塞尔协议Ⅲ并无本质区别。

表 2　　三种经典贷款定价模式

定价模式	定价方法	关键点
成本加成定价	贷款利率 = 资金成本 + 管理费率 + 风险溢价 + 目标利润率	资金成本 风险定价
基准利率加点	贷款利率 = 贷款利率（或优惠利率）+ 风险溢价点数	基准利率
客户盈利分析	贷款利率 =（银行为客户提供所有服务的总成本 – 来源于该客户的除贷款利息之外的其他收入）/贷款额	客户成本核算

资料来源：浙商银行整理。

1. 基于风险调整收益率的定价方法

其基本定价原理为：

$$RAROC = \frac{\text{风险调整后的收益}}{\text{经济资本}}$$
$$= \frac{\text{贷款利息收入} - \text{资金成本} - \text{营运成本} - \text{预期损失}}{\text{经济资本}}$$

于是：

$$\text{贷款利率} = \frac{(\text{资金成本} + \text{营运成本} + \text{预期损失} + \text{经济资本} \times \text{RAROC})}{\text{贷款额}}$$

该方法的优点在于：其一，充分考虑客户、业务风险成本，可以针对不同客户、业务的风险制定不同的贷款价格，有利于银行针对不同客户、业务的风险实施差异化的定价；其二，涉及的内部部门较少、成本相对较低、定价迅速，几乎适用所有类型的借款人。

缺点在于：更适合于非竞争性客户群的贷款定价，该类客户在银行的业务以贷款为主，对银行的收入贡献主要为贷款利息收入，其他中间业务收入较少，无须过多关注客户对银行业务的综合贡献。

该定价方法实施的关键：一是要准确计算银行的营运成本、资金成本，尤其是资金成本；二是要准确计算银行的风险成本，这与银行风险定价能力密切相关。

2. 基于价格领导者的定价方法

价格领导模型的定价方法是国际银行业广泛采用的贷款定价方法，其基本定价原理为：

贷款利率 = 基准利率（或最优贷款利率 Prime Rate） + 风险溢价点数

该定价方法的核心在于基准利率，其中包括了银行的相关成本和预期利润。从西方商业银行的实践看，利率市场化的初期，主要由一些市场上占主导地位的大银行提出最优贷款利率（Prime Rate）作为基准利率，而后银行间同业拆借利率逐渐成熟被作为基准利率。例如，伦敦银行同业拆借利率（LIBOR）、中国香港的同业银行拆借利率（HIBOR）、新加坡同业银行拆借利率（SIBOR）均常被用作基准利率。

该定价方法优点在于：其一，基于市场上一般利率水平，同时结合了贷款的风险程度，基本上以市场为导向，更具竞争力；其二，操作性更强，不需要对贷款成本进行精确计算，在选定基准利率之后，定价的主要工作集中在客户信用状况和贷款期限结构分析以及风险溢价的确定；其三，定价成本较低，较适合处于价格接受者地位的中小商业银行对客户的贷款定价。

该定价方法的缺点在于：其一，没有考虑借款人的综合贡献，仅仅考虑了单笔贷款对银行的贡献，因而对客户贡献度较高的客户定价往往没有竞争力；其二，没有考虑商业银行贷款的真实成本，若商业银行的资金成本和经营成本超过了基准利率，则这种定价方法制定的价格会使银行无法取得目标利润。

该定价方法实施的关键：一是基准利率的选取；二是风险溢价水平的确定。

3. 基于客户贡献度的定价方法

基于客户贡献度的定价方法主要从银行与客户的整体关系入手，全面分析借款人对银行的贡献，贡献不仅来自贷款，同时应包括资产、负债、中间业务等各方面。该定价方法的核心在于全面衡量和评价客户对银行的综合贡献。其基本定价原理为：

$$RAROC = \frac{\text{客户总收入} - \text{客户总成本}}{\text{经济资本}}$$

$$= \frac{\begin{matrix}\text{存款账户}\\\text{收入}\end{matrix} + \begin{matrix}\text{贷款利息}\\\text{收入}\end{matrix} + \begin{matrix}\text{中间业务}\\\text{收入}\end{matrix} - \begin{matrix}\text{资金}\\\text{成本}\end{matrix} - \begin{matrix}\text{营运}\\\text{成本}\end{matrix} - \begin{matrix}\text{预期}\\\text{损失}\end{matrix}}{\text{经济资本}}$$

于是：

$$\text{贷款利率} = \frac{\begin{matrix}\text{资金}\\\text{成本}\end{matrix} + \begin{matrix}\text{营运}\\\text{成本}\end{matrix} + \begin{matrix}\text{预期}\\\text{损失}\end{matrix} + \begin{matrix}\text{经济}\\\text{资本}\end{matrix} \times RAROC - \begin{matrix}\text{存款账户}\\\text{收入}\end{matrix} - \begin{matrix}\text{中间业务}\\\text{收入}\end{matrix}}{\text{贷款额}}$$

该定价方法优点在于：其一，充分考虑了客户对银行的综合贡献；其二，更适合于银行竞争比较激烈或与银行业务关系比较复杂的大客户的贷款定价，采用此种方法可以更为全面评估客户的业务成本和收入，提升价格竞争力。

该定价方法的缺点在于：模型复杂、定价成本较高、对各项成本或收入计算的精确度要求较高，对成本或收入计算的微小偏差，容易引致贷款定价的大幅上升。

该定价方法实施的关键：一是来自客户总收入的计算；二是为客户花费总成本的计算。

（二）模型选择的基本原则

目前，三种定价方法中的成本加成定价被国内外银行普遍采用，那么，适合商业银行的定价方法应该是哪种？“适合”有两层意思，一是可以反映商业银行的风险偏好和股东盈利要求；二是契合商业银行现实约束，包括风险识别和计量的技术，历史数据库、管理信息系统等基础设施。

我们认为，与成本加成、基准利率加点、客户盈利分析等模式相比，RAROC 定价模式以银行经营的安全性、盈利性为目标，综合考虑银行的资金成本、经营费用、预期损失以及风险溢价等因素，有望成为国内商业银行进行贷款风险定价的主流方向。

（三）按客户类型选择定价方法

1. 公司类客户

- 公司类客户是商业银行的主体客户群。
- 该类客户业务需求较多，除贷款业务外，存款业务、中间业务需求也相对较多，对商业银行收入综合贡献度较高。
- 针对该类客户群，商业银行竞争十分激烈。

建议采用客户贡献度定价方法：

$$贷款利率 = \frac{资金成本 + 营运成本 + 预期损失 + 经济资本 \times RAROC - 存款账户收入 - 中间业务收入}{贷款额}$$

基于上述定价公式，为确定贷款价格，需确定客户存款账户收入、中间业务收入、资金成本、营运成本、预期损失、经济资本、RAROC、贷款额八个变量的值。

2. 小企业客户

- 小企业客户日益成为商业银行重点拓展的客户群。
- 小企业客户对商业银行的收入贡献主要来自贷款，其他业务的回报相对较低。
- 小企业客户规模较小，企业数量较多，贷款金额小，笔数多，审批时效性要求较高。

建议采用成本导向的定价策略，采用基于风险调整收益的定价方法或 EVA 法，定价公式为：

$$\begin{aligned}贷款利率 &= \frac{(资金成本 + 营运成本 + 预期损失 + 经济资本 \times RAROC)}{贷款额} \\ &= 单位贷款的资金成本 + 营运费用率 + 预期损失率 \\ &\quad + 经济资本 \times RAROC/贷款额\end{aligned}$$

基于上述定价公式，为确定贷款价格，需确定资金成本、营运成本、预期损失、经济资本、RAROC、贷款额六个变量的值。

3. 其他零售类客户

- 其他零售类客户的业务需求主要为个人消费贷款、个人按揭贷款等。
- 客户数量大，需求产品标准，需求业务种类较为单一。
- 贷款金额小，笔数众多，存款及其他业务需求较少，对商业银行的利润贡献较低。
- 非商业银行重点拓展的客户群体。

建议该类客户采取市场导向的批量定价策略，定价方法采用基准利率加点，成本较低。为确定贷款价格，需确定基准利率及风险溢价点数，定价公式为：

贷款利率 = 基准利率（或最优贷款利率） + 风险溢价

三、国内商业银行贷款定价的现状

目前，在贷款利率定价管理上，我国不同类别银行的差异较大：大型商业银行和股份制商业银行，在定价组织架构、制度建设和管理方式等方面相对健全一些；而中小银行和农村信用社等机构的定价方法仍十分粗放，只是简单参照央行基准利率进行浮动，许多银行还未引入和使用定价模型。

（一）贷款定价模型建设现状

由于我国贷款利率较早放开上限管制，大部分商业银行在实践中逐步形成了自身的贷款定价方法（见表3）。

表3　　国内商业银行贷款定价模型建设情况

银行类别	项目	具体内容
大型商业银行	定价方法	以风险定价为原则，主要采用基于资金成本、营运成本、税收成本、风险成本和资本回报的加成法。
	定价模型	构建了贷款定价模型，包括 EVA 和 RAROC 定价模型。
	系统建设	开发了贷款定价管理系统，实现逐笔贷款定价功能。
股份制银行	定价方法	成本加成定价法、基准利率加点法和客户盈利分析法。
	定价模型	开发了以风险定价为原则的贷款定价模型系统。
	系统建设	自主开发与外购系统相结合。
小型银行	定价方法	采用基准利率加点法，以人民银行基准利率为依据，对不同客户差别定价。
	定价模型	多数无定价模型，进行简单的缺口分析。
	系统建设	多数无系统支持。

资料来源：浙商银行整理。

大型商业银行中，中国工商银行开发了 RAROC 定价模型，并已应用于贷款业务审批的系统控制；中国建设银行开发了 EVA 定价模型，采用标准化定价与综合定价相结合的定价策略；中国银行以成本加成为基础开发贷款定价模型，并纳入信贷审批流程，公司贷款和贸易融资已实现依照定价模型计算出的参考价格对外报价。

股份制商业银行正在陆续引进贷款风险定价管理。其中，招商银行以 RAROC 计算公式为基础建模，开发了产品定价管理系统。系统根据模型计算贷款目标价格和底线价格，作为定价审批的刚性要求。中信银行建立了基于 RAROC 的资产、负债和表外业务定价模型，主要以客户 RAROC 为审批标准。

小型银行贷款定价多以中国人民银行基准利率为基础上下浮动，采用基准利率加点法，利率浮动比例的确定主要参考历史和经验判断，欠缺定价模型和系统支持。

此外，国家开发银行等以成本加成法为基础建立贷款定价模型，在筹资成本的基础上，进一步考虑预期损失、非预期损失、回报要求以及营业税费等因素，并通过 IT 系统计算每笔贷款的底线价格。

在定价技术方面，国内商业银行主流的贷款利率定价模型可归纳为五类（见表4），各有使用范围。从本质上来说，其他定价模型算法都是 RAROC 或 EVA 模型的简化版本，或者强调成本、或者强调风险、或者强调客户收益，或者改单笔审批为批量审批，或者将审批权交由市场决定。

表4 商业银行的主要定价模型及其使用范围

定价策略	模型算法	适合于	优点	缺点
风险导向型	RAROC 或 EVA 法	风险数据完备的大型对公客户	对等风险和收益，精确区分产品实现差异化定价	对成本合理分摊、风险精确计量、资本分配等要求较高，容易进入“刻舟求剑”的误区，一线人员接受度差
成本导向型	成本加成法	风险数据不够完备的中小企业	经营目标导向明确，财务成本约束力强	财务成本核算要求高，容易进入“测不准”的误区，未来考虑市场竞争，交叉销售和综合收益。
产品导向型	标准化批量定价法	数量大、金额小的零售客户	操作简单	一刀切，不利于识别和留住优质客户。
客户导向型	综合收益法	优质、信用好的大型集团企业	全民考虑和客户的长期合作关系	对客户关系管理、数据系统要求高，对交叉销售、产品关联分析要求高。
市场导向型	基准利率比率浮动法	基准利率认可度高的金融体系，操作性强	目前国内商业银行普遍的人民币贷款定价方法	没有精确考虑贷款本身、客户本身的风险度量，产品关联分析要求高。
	基准利率加减点法		是国际上应用最为普遍的方式，国内主要用于外币贷款	
	招标竞价法	“人人贷”等一对多的小额互联网金融业务	类似于债券拍卖的程序，便于网络客户参与	信用审核依赖于发布信息的中介机构（网站），信息不对称的风险较大。
	随行就市法	自主定价能力不强的小型银行	简单，容易实施、易于接受，获得市场平均回报率	被动接受市场价格，容易进入“邯郸学步”的误区，不考虑成本收益和长期客户关系。

资料来源：浙商银行整理。

（二）贷款定价机制建设现状

目前，我国大型商业银行和股份制商业银行的利率定价管理组织由资产负债管理委员会、资产负债管理部门和财务会计部门为核心，统一制定产品定价策略；同时，建立分级授权体系，业务部门和分支机构在总行利率授权范围内执行利率定价政策。部分小型银行由总行根据中国人民银行贷款基准利率和市场竞争情况，制定利率政策，分支机构负责贯彻执行，但是利率管理办法、内部授权制度及相应的利率定价模型应用尚不完善（见表5）。

表5　　国内商业银行贷款定价机制建设情况

项目 银行类别	组织建设	制度建设	管理方式
大型商业银行	总行高管层委员会是全行利率管理最高决策机构，具体由资产负债管理、财务会计等综合部门牵头管理全行定价工作；分行资产负债、财务管理部门是分行履行利率定价管理职责的具体执行部门，各级业务部门在授权范围内具体实施。	制定统一的利率管理办法、贷款定价管理办法，制度比较健全。	集中管理，分级分类授权，矩阵式管理。
股份制商业银行	建立了以资产负债管理委员会（ALCO）、计划财务部门为核心的利率定价管理组织体系。	制定利率管理办法、贷款定价指引，管理办法相对健全。	采取统一管理、分级授权、条块结合的管理模式。
小型银行	资产负债管理委员会或联社理事会是利率定价最高决策机构，贷款审批委员会为贷款利率定价的领导和决策机构。	仅制定了贷款定价管理办法，制度建设有待加强。	管理模式多样化：农村信用社实行统一定价；小型银行对贷款收益率进行监测，并纳入经营目标责任制考核，不规定具体的定价内容，各分支机构自行定价，逐笔或分类确定贷款的实际执行利率。

资料来源：浙商银行整理。

（三）目前存在的主要问题

一是中小银行信贷数据积累不够，没有经历完整的经济周期，过去几年统计而来的PD、LGD能否准确预测未来有待检验；二是在定价模型如何考虑不同分行所在地区竞争水平差异，以及同步考虑客户的存款结算等综合收益；三是定价流程如何做到将信贷管理/业务流程完全整合，“既审贷又审价”；四是系统算出“精确价格”对网点和一线客户经理的穿透力弱，仅作为一个参考作用，实务中仍以“定价是否在授权区间内”作为考量的依据。即便银行的风险计量系统准确计算出各种信贷产品（组合）的 RAROC 值，并将其作为评估指标纳入风险管理报告中，但是在授信决策时并未拒绝某些低于阈值的贷款，在客户经理的绩效考核中仍以贷款规模作为主要指标，最终其在贷款定价中并未发挥实质性作用。

需要强调的是，上述问题是贷款定价在计量和应用中遇到的问题，是贷款定价的自然结果，不能成为否定贷款定价的原因。

四、利率市场化下小微贷款定价模型设计

（一）模型设计

随着贷款利率的放开和存款利率市场化的不断加快，直接融资不断扩大，信贷市场的竞争将日益激烈，存贷利差也将日益收窄。对于国内商业银行而言，不仅要充分考虑市场化条件下的资金成本，尽量降低筹资成本，使贷款能与自身筹资能力及风险状况相适应；更要考虑信息不对称引发“逆向选择”、“道德风险”的预期和非预期损失，确定合理的风险溢价。

对于预期损失，银行可以通过违约概率、违约损失率来测算。非预期损失一般无法在定价中完全予以覆盖，一旦发生，就会冲销银行的资本。如果净收益不能够完全覆盖非预期损失，只能覆盖非预期损失的一部分，则银行必须用资本来弥补。由于股东投入资本、承担风险是要有回报的，因此一笔贷款能否发放，需要根据股东所要求的资本回报率对净收益与风险进行权衡，测算净收益与风险资本之间的比率，即风险调整后的资本收益率（RAROC）。如果 RAROC 达不到资本回报率（这种回报率可视为股权成本）的要求，则银行不应做这种业务；如果 RAROC 达到了资本回报率的要求，则银行可以做这种业务。对不同的业务，RAROC 较大的银行会优先做。

假设 EC 是贷款占用的经风险调整后的经济资本，贷款额度为 L，风险敞口为 EVD，贷款利率为 r，发放该笔贷款占用的存款为 D，债务成本为 i，经营费用率为 c，预期违约率为 PD，违约损失率为 LGD，e 表示考虑市场竞争程度、客户贡献度等的动态调节系数，则银行可以接受的 RAROC 应满足：

$$
\begin{aligned}
RAROC_t &= \frac{\text{贷款风险调整收入}}{\text{贷款占用经济资本}} + e_t \\
&= \frac{\text{收益} - \text{资金成本} - \text{营运费用} - \text{预期损失}}{\text{经济资本}} + e_t \qquad (1) \\
&= \frac{r_t \cdot L_t - i_t \cdot D_t - c_t \cdot L_t - EVD_t \cdot PD_t \cdot LGD_t}{EC_t} + e_t
\end{aligned}
$$

根据式（1）可知，RAROC 与经济资本的乘积为贷款风险调整后的收入，因此该风险收入与贷款暴露的比值可以看作是贷款资产的风险溢价收益率。通过求解式，可以得到贷款利率的定价公式：

$$r_t = \frac{i_t \cdot D_t}{L_t} + c_t + \frac{EVD_t}{L_t}PD_t \cdot LGD_t + \frac{EC_t}{L_t} \cdot RAROC_t + e_t \quad (2)$$

$$= \text{资金成本(FTP)} + \text{营运费用率} + \text{预期损失率} + \text{风险溢价率} + e_t$$

式（2）就是 RAROC 贷款定价模型的基本公式。其中，资金成本可以用银行所使用的内部转移价格（FTP）计量。随着贷款利率的上下限放开，贷款基准利率的有效性将逐渐降低，对此，以 Shibor 为主的货币市场基准利率（如 Prime Rate）将为商业银行的贷款定价提供新标尺。

商业银行可参考历史数据，考虑不同行业、地区等维度的风险情况，遵循本行的风险偏好和最低盈利要求，按行业、地区等维度设定最低 RAROC 值。在单笔信贷业务审批时，通过测算该笔业务的 RAROC 值，与最低设定值进行比对，以此决定该笔业务做与不做。对于低于 RAROC 最低值的业务，还可以进一步通过调整额度大小和定价水平，合理设计风险缓释方案，从而使其达到准入标准。

（二）案例实证

针对小微信贷业务，可以由总行层面先行设定 RAROC 阈值，对每笔新增信贷业务进行刚性控制，必须达到阈值才能准入。

1. 行业 RAROC 的准入标准

基于历史数据，根据业务发展方向、产业政策等，按行业、区域两个维度设定 RAROC 准入矩阵，如表 6 所示。

表 6　　行业 RAROC 准入标准示例　　单位：%

行业	经济发达地区	经济中等地区	经济欠发达地区
农业	5	2.5	0
采矿业	25	25	20
制造业	15	15	10
电力行业	10	10	10
建筑业	30	25	20
交通运输业	15	12	8
房地产业	25	20	15

资料来源：《解读商业银行资本管理办法》。

2. 基于行业 RAROC 的单笔贷款利率测算

假设：××商业银行向杭州市××小企业 A 公司提供 1 000 万元流动资金贷

款，存单质押 500 万元，期限为 2013 年 6 月 5 日至 2013 年 12 月 5 日。已知 A 公司信用等级为 AA－级（对应信用等级系数为 110%，设定对应的 PD 为 5%），担保方式为 AA 非商业银行授信客户保证担保（对应担保方式系数为 80%，设定对应的 LGD＝20%），设定营运费用率等于授信敞口的 2%。

按照贷款的风险定价公式，则对 A 小企业的贷款定价过程见表 7。综合考虑地区、行业等因素，对于 A 小企业的最低 6 个月贷款利率为 8.68%。

表 7　A 小企业贷款风险定价（RAROC≥25%）　单位：万元

贷款额度（L_t）	1 000
风险敞口（EVD_t）	500
资金成本（FTP_t）	4.34%
营运费用率（c_t）	2%
预期损失率（$EVD_t/L_t \cdot PD_t \cdot LGD_t$）	1/2 ×2% ×50% =0.5%
风险溢价率（$EC_t/L_t \cdot RAROC_t$）	0.64%
经济资本（EC_t）	25.719
动态浮动调节系数（e_t）	+1.2%
最低贷款利率（r_t）	8.68%

资料来源：由浙商银行整理。

3. 基于行业 RAROC 的行业限额管理

行业限额管理是银行分散风险、控制贷款集中度风险的重要手段，是行业信贷政策边界管理的重要组成部分。总行在综合分析全行资本变化、资产结构变化、宏观经济形势变化的基础上，遵循“有保有压”信贷政策，按组合的 RAROC 最大化原则，对行业限额总量和结构进行调整。

在基于行业 RAROC 设置行业贷款限额的同时，增设行业经济资本限额，实行行业贷款限额和行业经济资本限额的“双线控制”。行业经济资本占用在某种程度上反映全行需在该行业承担的风险，行业经济资本占用越高，承担的风险也就越大，反之承担的风险也就越小。在行业经济资本不变的情况下，通过改善行业内的客户结构，提高贷款质量，可以增加更多的贷款。在实际业务操作中，行业经济资本限额是条红线，不得突破，突破就意味着要承担该行业更多的风险。

在不超过行业经济资本限额的条件下，允许通过调整资产结构、提高资产质量的方式突破行业贷款限额，但不能超过新增贷款限额的 110%。

五、构建定价机制的基础条件

（一）建立管理会计系统

精确制定贷款利率的先决条件是全面了解来自客户、产品的各项收益以及针对客户、产品的各项支出，因此，建立按产品、客户、经营单位进行细分与成本核算、绩效考核的管理会计系统势在必行，是商业银行构建贷款定价机制的数据基础。通过管理会计系统，准确量化界定每个客户的综合贡献和每个产品的盈利能力，为完善贷款定价机制提供支持。

管理会计系统是影响贷款定价的主要因素之一，调节着内部资源配置和利益分配。商业银行现行的 FTP 体系中人民币存贷款资金转移定价是在 1 年期人民币存贷款法定利率基础上确定，存贷款资源转移定价也以法定利率为参照。利率市场化以后，央行全面放开存贷款利率管制，未来可能不再公布或者只公布最优惠利率（Prime Rate）。现行 FTP 体系的参照标准失效，价格竞争下对市场敏感度的要求也大为提高，商业银行的 FTP 体系需引入外部市场化机制，突出资金边际成本率在其中的决定作用，强化导向功能。

（二）建立信贷风险评估系统

根据前文风险成本的计算公式（预期损失 EL = 贷款敞口 EVD × 预期违约率 PD × 违约损失率 LGD），PD、LGD 分别由客户信用评级、债项评级确定，信贷风险评估系统开发涉及客户评级系统和债项评级系统两个维度，前者评估债务人违约风险，后者评估债项损失风险，二者都是建立在信用评级结果的基础上。具体来说，信用评级涉及多种可选方法，常见的有："经验判断"、"模板"、"专家打分"和"内部评级法"。"经验判断"每个等级的标准是定性的，纯粹由信贷人员的主观判断确定评级，对人的依赖性强，评级缺乏一致性；"模板"在前者基础上优化，虽仍由信贷人员给出评级，但每个等级有一些定量标准；"专家打分"则结合了专家判断和统计分析方法，信用评级由信贷人员决定，判断比率和标准较为详尽，通过映射或统计方法量化风险，提高了评级一致性；"内部评级法"是用统计方法建立违约率预测模型，除了个别例外情况，基本由模型决定评级，但对数据质量和模型开发能力的要求较高。

如上文所述，考虑到商业银行成立时间短，历史数据少且质量不够高的现实，同时也为了提高风险评估的灵敏度，现阶段宜在筛选出企业信用风险评估指标基础上采用"专家打分"方式，待有了足够的历史数据积累后（经历一个完整的经济周期或至少五年以上），再考虑综合运用"专家打分"和"内部评级法"，相互校验。

（三）精确经济资本测算

信贷风险评估模型测算的是预期损失，贷款定价中涉及的非预期损失（包括信用风险、市场风险、操作风险的非预期损失）是以风险加权资产为基础计量的经济资本来覆盖。从商业银行的测算公式来看，经济资本 EC = 风险加权资产 RWA × 目标资本充足率，经济资本的测算关键在于风险加权资产。商业银行现行的风险加权资产测算采用了系数法，根据各项业务风险水平及相关经营政策要求主观确定资产、负债业务风险系数，据此加权汇总得出风险加权资产，只涵盖了信用风险和操作风险。

利率市场化后，市场风险逐渐凸显，国外利率市场化进程中受利率风险影响出现大幅亏损的银行并不鲜见，鉴于这一教训，商业银行需及时将市场风险加权资产测算添加进风险资本测算体系中。经济资本测算方法的选择上，常用的有两种，VaR 模型法和美洲银行开发的历史数据法，前者是利用历史数据和参数分布建立的动态化预测模型。为提高测算的精确程度，建议商业银行的经济资本测算加入量化测算，考虑自身情况设定风险容忍度，根据历史数据建立风险度量模型，根据资产的实际风险状况准确设定经济资本系数，精确测算经济资本，从而覆盖贷款的非预期损失。

（四）树立以市场为导向、回报最大化为目标的贷款定价理念

在利率管制体制下，银行经营是在央行给定价格的基础上开展，更多的是在追求“存贷差”，有着“规模情结”。随着利率管制放开，央行将定价权交还给银行，管制下的市场向充分竞争市场过渡，银行的经营理念也需作出相应调整。商业银行要进一步深化经济资本管理，树立起以市场为导向的贷款定价理念，统筹考虑发展需要，制定长期的经济资本回报最大化目标，并辅以各项短期目标，以目标回报率统领全盘业务，细分目标市场，根据客户特点制定定价策略，创造最佳效益，确保市场竞争力。

参考文献

［1］蒋东明：《论国外贷款定价模式及其对我国商业银行的启示》，载《北京理工大学学报（社会科学版）》，2004（10）。

［2］刘彦文、张春玲：《基于风险调整后资本收益率模型的中小企业贷款定价研究》，载《科技与管理》，2010（1）。

［3］王文星：《贷款定价模式与提高市场竞争力——以工商银行福建省贷款定价实践为例》，载《金融论坛》，2009（1）。

［4］字如钧、郝云康、崇凌俊、范向前：《国有商业银行贷款定价模型构建分析——以中国农业银行云南省分行为例》，载《云南财经大学学报》，2011（13）。

商业银行小微金融服务业务模式研究

浙江泰隆商业银行课题组*

一、研究背景与意义

小微企业主要是小型企业、微型企业、家庭作坊式企业和个体工商户的统称，包含了我国各个行业的绝大部分企业，它们的单体规模虽然非常小，但是数量庞大，是社会经济组织体系中最基层、最广泛、最活跃的力量。随着中国经济的持续增长和经济转型的推进，小微企业在中国经济中的重要性日益提高。目前，中国小微型企业及个体工商户已超过5 000万户，占全部企业总数的99%以上，创造了80%的就业、60%的GDP和50%的税收。

但是，一直以来，中国的正规金融体系都是以大型企业为服务主体对象，以个体工商户为主要代表的小微企业群体长期被排除在正规金融服务需求体系之外，长期只能依靠自身的积累来生存和发展，资金不足时主要靠亲戚朋友借款、民间融资等加以补足。2013年，中国金融改革加速推进，利率市场化改革只剩下“存款利率全面放开”最后一步，加上金融脱媒加剧、互联网金融的挑战加深，银行传统商业模式遭遇严峻挑战。面对挑战，寻找新的目标客户群体成为各家银行战略转型的重点。银行客户下沉逐步成为共识，近5 000万户小微企业的庞大群体越来越受到银行的重视。

与此同时，相对于商业银行自身业务转型的需要，政府部门对小微金融的高度重视也极大地推动了小微金融的发展。2013年8月，国务院办公厅下发《关于金融支持小微企业发展的实施意见》，特别强调要加大对小微企业金融服务的政策支持力度，包括实施支持性财税政策、扩大银行自主核销权以及在业务准入、风险资产权重、存贷比考核等方面实施差异化监管。这些政策的出台有效地提升了商业银行开展小微金融业务的积极性。

数据显示，2013年银行业金融机构小微企业贷款增加了2万亿元，占全部新增贷款的22.5%，成为银行业重要的业务增长点。更重要的是，经过几年来的持续探索以及同业间的学习借鉴，各家银行对小微企业的业务特点、经营特

---

* 课题主持人：金学良
课题组成员：程庆龙　张安宁

征以及小微企业主的信用状况和风险偏好有了更多了解，加快推出小微贷款产品、设立小微业务专营机构、对小微业务机构进行调整，形成和推动了各式小微金融业务模式的持续创新。展望未来，中国的小微企业金融服务将进入跨越式发展的新时代。将会有越来越多的银行从原来的中小企业金融服务，转向真正的小微企业金融服务。小微企业金融服务的商业模式也将不断创新，借助于互联网和移动互联网技术的小微企业金融服务方式将得以持续改进与提升。正是基于以上背景，本文对商业银行小微金融服务业务模式进行研究，可以为国内商业银行不断创新小微业务模式，更好地开展小微金融服务提供理论支持和业务指导。

二、小微企业融资需求特征与银行服务缺失的矛盾分析

（一）小微企业融资需求的规模特征与银行服务缺失

近年来，银行对小微企业的金融服务力度得到了很大提升，但是当前商业银行发放的贷款以及提供的服务依然不能满足小微企业庞大的资金需求。银行体系在长期的经营过程中，已经形成了一套针对大中型企业的传统放贷体系。面对小微企业不同的融资规模特征和风险特征，商业银行内部没有专门针对小微企业的风险控制、信用评级、信用担保、程序外包、批量处理等具体技术，无法对小微企业的财务信息进行有效的分析与评价。而且由于小微企业在企业规模、基础条件、产品特质、市场份额等方面存在很大差异，导致其金融需求也相差很大，多数商业银行现有的金融产品和服务模式还相当有限，无法满足现有小微企业的金融需求。

（二）小微企业融资需求的信息特征与银行服务缺失

与大中型企业相比，小微企业的一个显著特征是企业信息不透明。小微企业信息不透明的原因主要有两点：一个是小微企业自身信息体系不健全，呈现出分散化、内部化的特点，不能提供融资所需要的信息；另一个是征信系统的不完善也使得小微企业信息极为分散，使得银行获取融资所需信息的成本与时间大大增加。而小微企业和商业银行之间的信息不对称，最终导致了银行的信贷配给。

（三）小微企业融资需求的风险特征与银行服务缺失

小微企业资金实力薄弱，自身规模较小，经营风险大，增加了银行风险控制难度。向小微企业放款，银行要承担很大的风险。而银行对于风险的控制，一方面是通过提高信贷的利率，另一方面就是加强了对于抵押品的要求。小微企业本来就在市场竞争中处于弱势，其所处的经营领域多为微利行业，面对如此之高的资本成本，企业将很难发展。尽管不少银行推出的针对小微企业的信用贷款，即不需要抵押物就可以贷款。但是已经推出的信用贷款对于小微企业

庞大的融资需求来说，只是杯水车薪。

（四）小微企业融资需求的体制特征与银行服务缺失

目前，商业银行仍然是大多数小微企业外部融资的首选。尽管小微企业融资需求对银行的依赖性很高，但是当前我国的银行体制并不能满足小微企业的融资需求。商业银行“大银行，大市场”的定位忽略了小微企业融资需求。首先，占有主导地位的大型国有银行贷款倾向于大中型国有企业。其次，以城市商业银行为主的中小银行虽然在促进小微企业融资方面有着天然的优势，但是当前，较多中小银行对于自身定位不准，往往参照大银行的业务模式，追求大项目而忽视自身业务优势。尤其是中小商业银行也在进行跨地区、跨城市的扩张中，偏离了原先立足当地，通过发挥自身的地域优势，专门为小企业提供金融服务的市场定位，这也在一定程度上导致了小微企业融资难。

三、商业银行小微金融服务主要业务模式分析

小微企业融资需求的特殊性，对商业银行如何更好地开展小微金融服务提出了挑战。目前，商业银行小微金融服务较多采用产业集群融资模式、供应链融资模式、关系型贷款模式和“信贷工厂”模式等几种主要业务模式。

（一）产业集群融资模式

产业集群是指在某一特定区域内，大量产业联系紧密的企业以及关联机构在一定空间上的集聚现象。当一个地区的产业形成产业集群后，集聚的同行业企业通常会自发地形成具有互助性质的合作组织——行业协会。由于行业协会处于政府和企业之间，有着特殊的社会地位，当其介入小微企业的融资活动时，可以极大地降低小微企业融资成本，促进小微企业获得融资。因此，对于具有产业集群性质的小微企业而言，可以通过行业协会作为中介促进其融资。

以行业协会为核心的产业集群融资模式按照从初级到高级，从简单到复杂的顺序，可以划分为信息提供模式、业务合作模式、联保授信模式和整体授信模式四种模式。

1. 信息提供模式

在这种模式下，行业协会并没有过多介入小微企业的融资活动，仅仅利用其所具有的信息优势向金融机构提供小微企业的相关信息。金融机构在获得相关信息后自己决定是否向小微企业贷款，风险完全由金融机构自身承担。在资金交易过程中，资金的往来也仅仅发生在金融机构与小微企业之间。

2. 业务合作模式

业务合作模式是指金融机构与行业协会在业务上展开合作，本应由金融机构来完成的贷款调查、贷后监督和贷款催收活动由行业协会来完成。在该模式下，金融机构与行业协会事实上建立了一种委托—代理关系，由金融机构委托

行业协会完成贷款业务中的一些环节，并支付一定的报酬。虽然这种模式下贷款资金的往来仍然发生在银行与小微企业之间，但行业协会利用其对小微企业的约束能力可以在一定程度上减少代理成本。

3. 联保授信模式

联保授信模式是指当会员企业有资金需求时，可以在行业内部组成联保小组，联保小组可以通过行业协会来寻求帮助，通过联保增强小微企业的偿还能力，进而获得融资。在这种模式下，行业协会更深介入小微企业的贷款活动，一方面帮助有贷款需求的小微企业组织联保小组，另一方面利用其影响力为贷款企业出具贷款推荐意见或证明，帮助小微企业与金融机构沟通。这种模式脱胎于传统的联保贷款，但与传统的联保贷款不同的是联保企业都是行业协会内的会员企业，且由行业协会自上而下地进行组织，联保小组的成员之间的联系比传统的联保贷款要更为紧密，更不容易发生道德风险。

4. 整体授信模式

整体授信模式是以行业协会为核心的产业集群融资的高级形式，它由协会内一些成员组成利益集团，作为一个整体与金融机构建立融资关系。整体授信模式下组成的企业群体是一个整体，在金融活动中以整体的信用替代原来个体的信用，由整体与金融机构谈判替代个别企业与金融机构谈判，极大地降低了信息成本和代理成本。在整体授信模式下，由行业协会牵头组建行业内企业贷款的联保基金，并参与该基金的管理。该基金用于小微企业的贷款担保，能够使行业内的小微企业满足原来不具备的非价格条件。当行业内的小微企业有贷款需求时，企业首先向基金的管理者提出贷款申请，管理者会先于金融机构对贷款企业进行审查，确认其资格后整体向金融机构提出贷款申请并使用联保基金作为还款保证。这种参与模式下行业协会高度介入小微企业的融资活动，并承担小微企业贷款中的违约风险。

（二）供应链融资模式

供应链金融是指银行通过审查整条供应链，基于对供应链管理程度和核心企业的信用实力的掌握，对其核心企业和上下游多个企业提供灵活运用的金融产品和服务的一种融资模式。近年来，供应链融资之所以备受关注，是因为相较于其他融资模式，它有非常强的优越性。从核心企业的角度来看，这种融资方式能将供应链的信息进行归集、整合、打包，降低了核心企业的分析成本和管理成本；从银行的角度来看，银行通过审查整条供应链，不仅为处在供应链中的各个企业提供了融资服务，也在一定程度上拓宽了弱势企业的贷款渠道；而对于小微企业，供应链融资显得尤为关键，这是因为在传统的融资模式下，小微企业的信贷水平很难得到融资，这主要是因为小微企业融资过程中信息不对称造成的逆向选择、道德风险和高交易成本，而供应链融资恰好能够因供应链中的中小企业联合而降低融资的交易成本并缓解信息不对称问题。

供应链融资是基于“供应—生产—销售”所展开的，因此供应链融资模式就依此分为三种：采购阶段的预付款融资模式、生产阶段的存货质押融资模式和销售阶段的应收账款融资模式。

1. 预付款融资模式

从某一具体企业出发，采购链是生产和销售的准备阶段，处于供应链的最前端。在采购阶段，小微企业除了可以采用传统的银行贷款或透支之外，还可以采取预付款融资、动产信托融资、融资租赁、买方信贷等新型的融资方式，其中，预付款融资是最主要的采购阶段供应链融资模式。预付款融资是商品生产者以未来生产出来的商品作为条件而事先获得商品需求者资金的使用，是商品生产者未来的商品与商品需求者现实的货币的交换，是商品融资的一种。对于小微企业来讲，采用预付款进行融资会弥补银行信用的不足，满足生产经营的需要。

2. 存货质押融资模式

企业的生产阶段一直到产品销售以前才结束。在生产阶段，不仅机器设备等固定资产占用了大量的资金，而且生产过程中产生的半成品和存货也同样占用了大量的资金。因此，除了传统的设备抵押贷款之外，我们还可以使用原材料仓单融资、半成品仓单融资、存货仓单融资等动产质押融资模式。动产质押融资是这样一种融资方式，它要求企业将货物存入银行指定或认可的仓库中，然后仓库给企业开具仓单，企业再依据仓单向银行申请贷款。银行可依据货物价值提供一定比例的贷款，在这一过程当中，往往需要第三方的参与，即负责监管货物的仓库。动产质押融资模式不仅可以盘活中小企业的固定资产、半成品和存货，解决其资金短缺的问题，还能扩展银行等金融机构的业务规模，同时也将使整个供应链运转更为流畅，信息更加透明。

3. 应收账款融资模式

供应链销售阶段处在供应链中居后位置，这一阶段企业由于赊销而有旺盛的资金需求，主要融资方式有票据贴现、应收账款融资（保理、福费廷、应收账款质押款等）等，其中最常见且适用度最高的就是应收账款融资模式。应收账款融资是指持有应收账款的企业与银行或其他金融机构订立合同或协议，以其持有的应收账款作为抵押担保，向金融机构获取借款的融资方式。小微企业对资金的需求具有“短、少、急、频”的特点，而应收账款融资能最大限度地解决小微企业的这些融资难题问题，而且能使银行等金融机构获得新的利润增长点。

（三）关系型贷款模式

关系型融资主要指满足以下三个特征的融资活动：第一，金融中介机构拥有企业的业主专有性信息，这些信息是普通公众所无法获得的；第二，金融机构所拥有的业主专有性信息是通过与同一客户的长期或者多种金融服务交易而得到的；第三，内部信息对于局外人自始至终具有机密性，仅仅为关系型融资双方所特有。总之，关系型贷款侧重的是银行与企业之间长期、紧密的合作关系。

关系型贷款对我国银行业和小微企业发展都具有重大的意义。对我国银行业来说，我国银行业一直存在大小不均衡的问题。大型国有商业银行依靠其垄断性资源承担大部分国有企业大型贷款项目而发展迅速，股份制银行和城市商业银行却受到融资成本和经营限制难以获取大型贷款项目而限制自身发展。关系型贷款给了我国股份制银行和城市商业银行一个很好的发展机遇。依据国外关系型借贷的“中小银行优势说”，中小银行由于其地域性和社区性特征，获取非公开的信息比较方便，在向小微企业提供关系型贷款时比大银行更有优势。另外，我国大银行的组织链条长，贷款决策权过于集中，业主品行、企业信誉等具有模糊性的软信息在传递过程中需要消耗大量的传递成本，中小银行却由于结构简单、贷款决策权易于下放减少了成本。基于两点优势，发展关系型贷款有利于我国中小银行的发展，并促进了全方位、多格局的金融中介体系的形成。对于小微企业，关系型贷款降低了抵押担保的要求，提高了企业贷款的可获得性，降低了融资成本，缓解了企业流动资金短缺的困难，并且对于创业初期的成长型企业有巨大的扶持效用。

但关系型借贷也会产生额外的成本，主要包括银行在初次搜寻小微企业各种私有信息时付出的成本，而如企业主品德、经营能力等软信息的获取相比企业财务报表等硬信息的获取要难得多，银行在此方面要付出更多的人力成本和搜寻成本。另外，此类软信息不容易像抵押品和财务报表等硬信息一样可量化、易识别，银行在初次甄别和判断时也需面临着一定的风险。银行还将面临的一个问题是预算软约束，即由于银行和企业之间已形成的紧密的合作关系导致银行在企业面临财务困境时，为能将前期贷款收回仍选择向企业增加贷款，如果企业只是面临暂时的财务困难，继续增加贷款能很好地帮助企业渡过难关，但如果企业本身经营状况出现问题，商业银行继续增加贷款只会增加即将面临的风险。贷款企业如果预期到银行面临的这种两难困境，也会降低努力经营、按时还贷的积极性。对于小微企业来说面临的额外成本主要是贷款银行由于拥有该企业的垄断信息而产生的垄断租金，银行对企业私人信息的独占导致其在贷款定价中占据了优势地位，银行可能利用这种优势提高贷款价格，获取垄断租金。

（四）“信贷工厂”模式

“信贷工厂”模式最先是由新加坡淡马锡控股公司提出并付诸实践，是商业银行在小微企业信贷业务办理过程中采取工厂化的操作模式。具体而言，对于商业银行小微企业信贷的贷前调查、贷中审批以及贷款发放与贷后管理等各个阶段，都采用标准化的管理手段，强调批量化生产下的规模效应。“信贷工厂”模式的特征主要集中体现在以下六个方面：

1. 产品标准化。在设计产品时首先进行充分的市场调研，对小微企业客户进行充分的了解，在此基础上确定目标客户群体，然后按照企业在初创、成长、发展、成熟等不同发展阶段的不同需求进行标准化设计和开发，在充分考虑集群性的基础上强化风险分散功能，以便对不同行业、区域以及抗经济周期能力进行组合设计，为信贷业务的流程化、批量化处理和销售打好基础。

2. 作业流程化。“信贷工厂”模式必须要适应小微信贷需求“散而多”的特征，单个小微企业的信贷需求额度较小，意味着要完成与大型企业相当的信贷额度，必须面对更多的，甚至是相当庞大的业务量，而采取流程化的业务处理方式，能够将各个部门的操作内容加以明确，做到“以专求快”，在信贷产品标准化的基础之上，各个部门在自己的业务流水线上各司其职，并在业务处理的过程中对不同的小微企业客户的特征进行总结、对比分析，为整体业务流程的优化奠定基础。

3. 生产批量化。把做批发业务的理念融入做商业银行小微企业信贷业务之中，以信贷业务的高效处理彰显自身优势，通过对信贷业务的细分归类，免去或简化同类小微企业信贷的业务办理工序，实现小微企业信贷的批量化处理，并在此基础上进行进一步的总结分析，寻找更深层次的业务办理要点，形成在分类处理的基础上推进批量生产，在业务数量增加的基础上进一步分类总结的良性循环。

4. 风险分散化。“信贷工厂”模式的风险分散化存在两个层次的含义：一是商业银行所面临的信用风险在批量化的处理中得到分散；二是商业银行所面临的操作风险分散于各个标准化的流程之中。

5. 管理集约化。从银行的角度来看，管理集约化是指建立以总行小微企业业务部为管理平台、以小微企业经营中心为经营载体，集营销、管理和风险控制于一体的专业化管理体制和集约化经营机制。总行小微企业业务部作为“信贷工厂”模式下的工作后台，对各个流程、各个环节提出指引并进行监督，而小微企业经营中心的业务团队则主要负责客户营销和服务，并按照标准化流程操作。

6. 队伍专业化。实行“信贷工厂”模式的商业银行必须全方位地提升信贷人员的专业化水平，通过建立专业化的管理团队、风险控制团队和市场营销团队，建立规范的入职、考核、培训、晋升、组合、淘汰制度，提升岗位间的制约作用，完善分工体系和责任追究制度，增强业务的专业化处理能力。

四、互联网金融下商业银行小微金融服务的新模式

互联网金融是现代信息网络技术与传统金融技术紧密结合而形成的一种新型的金融模式。互联网利用其本身所具有的较低信息成本和大数据的资源优势，与传统金融的互相渗透，为现有的金融体系带来了全新的业态结构和竞争格局，深刻影响着金融业的发展。互联网金融的兴起也给商业银行的小微金融服务提供了新模式。

（一）互联网技术下的小微信贷模式

在利率市场化和金融脱媒等复杂因素的影响下，小微业务的重要性不断提升。为了应对互联网金融的挑战，商业银行在互联网小微领域加快了创新，更多地运用互联网技术为小微企业提供金融服务。

一是银行将大量业务由线下转到了线上，网上银行、手机银行已经在很大程度上代替了物理网点。银行通过移动智能终端和无线互联技术办理相关金融业务，提高了放款效率和简化了审批流程，能够更好地满足小微企业“短、少、急、频”的资金需求特点。另外，在互联网时代，供应链金融对信息的依赖非常高，因此有必要通过“线上化”进行信息分类和归集。目前银行对供应链金融进行“线上化”升级，在提高效率、降低操作成本的同时，降低了原来的供应链融资门槛，使得更多小微企业获得银行的融资支持。

二是基于互联网思维和大数据技术的自动放贷技术从根本上改变了传统银行审批和受理的业务模式。多数银行利用网络信贷系统平台，实现了贷款申请、审批、放款和还款等业务环节全线上管理。大数据模式下的风险控制和审核周期都大大缩短，放款到账时间可以分钟计。另外，网络技术的发展为银行业务受理的批量化操作提供了可能。部分银行建立统一的后台集中运营中心，以批量化的方式完成贷款审查审批运营工作，实现授信业务流程化、模块化和数据化的“信贷工厂”模式。

（二）电商平台模式

银行电商平台从早期的信用卡商城，发展到后来代销各种商品的网上商城，在很长一段时间里仅仅作为一项增值服务存在，并没有发挥太大的作用。在互联网金融的冲击下，银行开始调整业务经营模式，电子商务平台的重要性开始凸显。银行尝试通过电商平台打通资金流和交易信息流，把后台资金业务和前端交易结合起来。

一是银行自设电商平台。银行电商平台更多侧重互联网模式下的小微金融服务，将电商交易和小微信贷、供应链融资结合起来，提供在线资金服务。同时，资金结算、财富管理等功能集成在平台内，为中小客户提供一揽子金融服务。

二是与外部电商平台合作。设立电商平台前期投入成本巨大，产生盈利则需要较长时间积累，因此自建电商平台并非是所有银行的最优选择。部分银行通过与外部电商平台合作，双方优势互补，实现合作共赢，互联网金融领域呈现出银行与互联网电商的竞合状态。例如，招商银行与外贸电商平台敦煌网合作，根据客户在敦煌网上的交易记录发放贷款；中信银行与腾讯旗下的支付公司财付通在电子产品、网络授信等领域展开合作。

（三）P2P 模式

P2P 模式是互联网金融领域的热点模式，即利用网络平台作为中介帮助借贷双方确立借贷关系并完成交易。近三年来，国内 P2P 网贷平台在无监管的背景下经历了迅猛发展，产生了良莠不齐的业内形态，暴露出巨大的风险隐患。虽然行业面临规范和洗牌，但不可否认，P2P 是一种能够促进信息和资金的开放和共享，符合互联网精神的互联网金融模式。P2P 能够促进社会资金有效利用，为中小企业提供融资渠道。

对银行而言，以 P2P 平台模式为其客户提供融资服务，不会新增或创造信贷资产，可以在不占用信贷额度和存贷比指标的情况下创造中间业务收入。因此，P2P 成为商业银行互联网金融服务小微企业不容忽视的模式，多家银行已经开始研究 P2P 平台业务。招商银行在 2013 年 9 月推出的投融资平台“小企业 e 家”，就是通过线上线下结合的方式提供 P2P 借贷平台服务。该业务模式为招商银行对融资人及融资项目开展线下的尽职调查工作，并根据尽职调查结果对融资项目进行风险评估。招商银行仅作为信息提供方，不对融资项目、融资人归还本息承担任何形式的担保、保证责任。

银行的 P2P 平台在风险控制和项目审查方面具备专业优势，融资项目也多依托其线下渠道获取，因此融资安全性优于民间 P2P 平台。根据监管规定，P2P 平台本身不得为融资项目提供担保，银行不应利用自身的信用为融资项目背书，承担项目信用风险。如果银行的 P2P 平台不提供本息保障，又难以与其他 P2P 平台竞争。在缺乏行业监管细则的情况下，银行 P2P 平台选择利用何种方式提供本息保障尚不明确，成为制约着银行发展 P2P 平台的瓶颈。

五、商业银行提升小微金融服务水平的建议

（一）明确战略定位，不断提高小微金融业务比重

中国银监会要求商业银行对小微企业信贷业务实现“两个不低于”目标，即对小微企业信贷业务的贷款增速不低于整体贷款增速，对小微企业的贷款增量不低于上年小微企业贷款增量。不论商业银行的规模如何，对于小微企业都应做到不断提高小微企业的贷款比重、从战略层面重视提高小微企业的金融服务能力以及从长远的角度做到小微企业信贷业务的可持续发展。对于国有商业

银行，要转变经营理念，增强服务小微企业的意识。对于股份制商业银行以及中小商业银行，作为服务小微企业的主体，要进一步将小微企业业务发展为主营业务，将小微企业作为战略发展重点。从整体制度改革、资源倾斜以及机构设置上都要对小微企业信贷业务有所倾斜。

（二）努力实行批量化的小微客户开发

小微企业规模小、数量多，总体来看呈现以下三大显著特点：地域集群分布、供应链关系紧密、社交关系紧密。基于分布地域的角度，小微企业呈现非常明显的集聚分布特征，以此产生集聚效应。商业银行在客户开发上，可以围绕“一圈一链”对小微客户进行“批量化、模块化、规模化”开发，降低小微服务的运营成本，从而实现规模化的效益。

（三）构建专业化的小微金融服务组织架构

对于小微金融业务来说，合理的机构组织架构是推动业务开展的基础，能起到事半功倍的效果，所以强化商业银行小微金融业务的组织创新、提升经营专业化水平是重要的一步。一是设立小微金融专营机构，实行单列计划、单独管理、单独考核、单独核算，负责业务的规划推动、产品管理、团队管理与培训等工作，做到层次丰富、合理布局、覆盖面广。二是成立一支专门经营小微金融业务的管理团队，加强各类专业化金融服务人才的聚集，要具备财务、管理、投融资、法律等方面的业务能力，各负其责。三是明确营销激励机制，将小微企业贷款的规模拓展、资产质量和贡献度等指标量化后与信贷人员的收入、晋升、业绩等紧密联系，充分调动信贷人员营销小微企业贷款的积极性，拓展小微金融业务覆盖面。

（四）完善和创新小微金融产品体系

商业银行应遵循“实用、便捷、高效”的原则，坚持市场导向，不断加大产品创新力度，利用互联网技术进行小微金融产品创新，树立小微金融产品品牌，开展“定制”服务，研发针对不同行业、不同类型的小微企业的金融产品，全程对接小微企业生命周期各阶段的多层次融资需求。

（五）优化小微信贷业务流程，提高服务效率

小微企业信贷业务的审批流程是提高业务效率的重要环节。高效的审批机制是减少信贷交易成本、提高信贷效率也是信贷改革的内在要求。对于小微企业信贷业务处于分层审批机制的商业银行，要继续坚持审贷分离、民主决策，不断深化审批体制改革，逐步建立独立的审批中心，向集中审批制过渡。对于处于集中审批制的商业银行，要不断简化审批流程，加强实质性风险的把控，提高审批的专业化、流程化和高效化。对于小微企业信贷业务从部门银行彻底过渡为流程银行，加强小微企业信贷业务和大中型企业信贷业务的区分，建立一套适合小微企业信贷业务“短、少、急、频”特点的信贷审批业务流程。对

于采用派驻制审批的商业银行，要不断完善“信贷工厂”模式，继续坚持标准化、专业化以及流水线的作业方式。

（六）创新小微融资担保方式

一是创新质押担保。在保证银行风险的前提下，结合小微企业所处区域和行业特点，考虑企业所处生命周期各阶段的不同特征及资本特点，创新小微企业还贷方式，拓展还贷来源，丰富推广诸如应收账款质押贷款、专利权质押贷款、商标权质押贷款、贵金属质押贷款、土地林权证质押贷款、订单贷款、苗木贷款等各类非固定资产抵押贷款品种，更好地满足小微企业客户融资需求。

二是拓展信用担保。商业银行有必要健全小微企业目标客户群的信用体系建设，大力拓展小微企业信用贷款业务。目前，不少商业银行已在这方面进行了一些探索，创新了诸多信用贷款产品，如组合贷、积分贷、小额信用贷、小额便利贷、电销网贷、POS 贷等。

三是借鉴创新银保合作模式。创新商业银行与保险公司的合作模式，探索实施诸如小微企业贷款保险等业务，实现商业银行分散信贷风险、保险公司开拓业务领域、小微企业降低贷款成本等三方共赢目的。

（七）强化小微金融风险控制体系

1. 构建小微企业信贷管理体制

上文已提到在总行层面设立小微金融专营机构，在此，还有必要根据审贷分离原则，在专营机构之下设立专门的小微企业信贷营销部门和审查部门，建立有别于大企业、大项目的单独的小微企业信贷管理体制。为适应小微企业“短、少、急、频”的融资特点，银行信贷审查审批流程有必要缩短，可采取差别化授权方式。

2. 建立和完善小微企业风险评估模型

商业银行应结合小微企业股东、管理层、经营水平、财务状况、信用表现、市场环境、发展前景等信息，健全完善基于小微企业生命周期的风险评估机制，对企业的盈利状况、偿债能力进行评价，并据此对不同风险等级的小微企业实施差别化信贷管理。一是根据小微企业生命周期各阶段的风险特征，构建基于小微企业生命周期的风险评价模型。二是加强对小微企业的信誉评价创新。三是引入先进的银行微贷技术中的信息交叉检验方法，对小微企业非财务信息内部、财务信息内部、非财务信息与财务信息间进行多重逻辑验证。

3. 合理制定小微金融产品风险定价

一是贯彻“大数定律”。一方面以薄利多销理念实施渗透性定价战略，实现小微企业客户数量的快速增长，拓展市场占有率；另一方面要在考虑地区差异和行业差异的情况下，把贷款平均金额控制在合理区间，充分分散风险。二是构建定价体系。小微金融由于人员成本、交易成本以及行政成本较高，单笔风险较大，在利率及收费上要寻求与风险相对称的定价区间，使价格足以覆盖成本及风险，才能实现净收益。三是加强精细化管理。对小微企业进行市场细分、行业细分，把客户群体分为优质客户、潜力客户和一般客户，从而实施弹性定价。

4. 注重贷前、贷后风险管理

为尽可能减少风险，商业银行在贷前必然要认真审查小微企业的经营管理及财务、信用状况等。而贷后的跟踪监控也是信贷风险管理的重要组成，是确保贷款按时流回银行的重要环节。因此，有必要健全贷前、贷后风险管理组织体系，做到有组织、有流程、有人才。建立行业信贷、区域信贷风险预警机制和小微企业不良客户逾期管理登记制度，探索开展“不良客户预见率”评价机制，提高信贷安全性。准确判断小微企业所处生命周期及未来发展趋势，正确选择信贷退出时机。

（八）完善小微金融政策支持体系

小微企业的生存发展事关国民经济和社会发展稳定大局，还需要国家创造良好的发展土壤和环境。对于商业银行开展小微金融业务，国家监管部门应给予相应的政策优惠和支持鼓励，提高商业银行开展小微金融业务的积极性和能动性。可采取的措施有：一是实行小微企业信贷倾斜政策；二是对开展小微金融业务的商业银行实行适当税费优惠；三是完善小微企业信用体系建设；四是构建小微企业中介服务体系；五是搭建银企平台，促进银企合作等。

参考文献

[1] 巴曙松：《小微企业融资发展报告：中国现状及亚洲实践》，博鳌亚洲论坛，2013。

[2] 陈天友、杨军：《“信贷工厂”模式及其在我国应用展望》，载《时代金融》，2011（7）。

[3] 冯科、何理：《流程银行：我国商业银行经营的改革方向》，载《南方金融》，2009（12）。

[4] 胡跃飞、黄少卿：《供应链金融：背景、创新与概念界定》，载《金融研究》，2009（8）。

[5] 林毅夫、李永军：《中小金融机构发展与中小企业融资》，载《经济研究》，2001（1）。

[6] 楼瑜：《集群企业与银行的关系型融资的实证分析》，载《上海金融》，2006（8）。

[7] 潘华富、蒋海燕：《“信贷工厂”模式的探讨——突破小企业信贷融资困局的银行解决思维》，载《浙江金融》，2009（5）。

[8] 闫俊宏、许祥秦：《基于供应链金融的中小企业融资模式分析》，载《上海金融》，2007（2）。

[9] 张捷：《中小企业的关系型借贷与银行组织结构》，载《经济研究》，2002（6）。

[10] Berger, A. , 1995, Relationship Lending and Lines of Credit in Small Firm Finance, *Journal of Business.*

[11] Ghatak, M. , 1999, Group Lending, Local Information and Peer Selection, *Journal of Development Economics.*

中国房地产市场的经验事实与房地产税政策研究

——兼论长三角地区房产住宅市场风险

浙商银行课题组*

一、中国房地产市场的经验事实

（一）国内房价到底有多高

经验事实一：北京、上海的核心区房价堪比，甚至超过国际水平。分四个层次看，1. 核心区顶级豪宅：上海、北京与国际水平还有很大差距。2. 核心商务区：北京 CBD 和上海陆家嘴金融区的房价已经达到或超过纽约曼哈顿、伦敦金融城、巴黎拉德芳斯、东京新宿、香港中环的水平（见表 1）。3. 市区：北京和上海与纽约、旧金山、东京、首尔等国际大都市相比，毫不逊色，但低于香港、伦敦、巴黎的水平。4. 郊区：上海、北京与国际同等城市仍有较大差距（见表 1）。

表 1　　全球国际大都市的核心商务区房价比较

核心商务区	地位	区域均价	楼盘均价
北京 CBD	汇聚世界 500 强总部、金融机构总部	6 万元/平方米	“新城国际”公寓均价约 8 万元/平方米
上海浦东陆家嘴	金融区	8 万元/平方米	“汤臣一品”均价约 16 万元/平方米
纽约曼哈顿	金融中心，华尔街所在地	7 万元/平方米	新建高档公寓 40 万元/平方米
伦敦金融城	金融中心	5 万元/平方米	富人区海德公园售价约 68 万元/平方米
巴黎拉德芳斯	欧洲最大商务区	10 万元/平方米	—
东京新宿	金融区	5 万元/平方米	新建公寓 6 万元/平方米
香港中环	金融中心	9 万元/平方米	帝后华庭，中环皇后街 1 号，16 万元/平方米

资料来源：根据互联网上相关报道整理。

需要指出的是，中央商务区（CBD）可分为建成于市中心和郊区的两类，北京 CBD、纽约曼哈顿、伦敦金融城、香港中环属于前者，上海陆家嘴、巴黎拉德芳斯、东京新宿则属于后者，杭州武林商圈与钱江新城与二者相似。市中

---

* 课题主持人：叶建清
课题组成员：葛立新　郭新强　杨　跃　缪　程

心和 CBD 合二为一者，房价更高。

经验事实二：国内绝对房价全面超过美国。比较搜房网中国百城房价和美国全国建筑商协会—富国银行的中位数房价后可知，国内房价已经全面超过美国，均价高出美国约 14%，标准差为 7%，这不仅体现在北上广深等一线城市，也体现在广大的二三线城市。如果考虑到国内 80% 的得房率和占总价 10% 的装修费用，国内房价将平均高出美国房价约 34%。

表 2　　中国、美国、日本房价，不可同“房”而语

国别	购房面积	装修状况	产权归属
美国	独栋别墅为主，公寓不是美国房地产的一个主流，“板楼”和“连排别墅”仅占总房量的二十分之一。	房间都是装修好的，而且所有的设备（装潢、家用电器等）都完好，搬进家具就可以居住。	购房者土地永久拥有
日本	专有面积计算（房子外墙中间线），无走廊、电梯等公摊，日本 70 平方米相当于中国 100 平方米。	精装修，包括一体浴室、整体厨房、地板等，不存在四白落地交房状态。	无论独栋还是公寓，业主拥有土地的永久产权
中国	以公寓为主；存在公摊面积，得房率普遍在 70% ~85% 之间。	分为毛坯和精装修，后者需自己支付，每平方米的装修价格约 2 000元，约占总房价的 10%。	70 年产权，法律模糊

资料来源：根据互联网上相关资料整理。

经验事实三：全国相对房价远超美国。2013 年 7 月，IMF 以房价相对薪酬评估的全球十大最不可负担的城市有 7 个在中国，分别是北京、上海、深圳、香港、天津、广州、重庆，且 7 个中有 5 个城市的房价甚至超过同为十大的东京、伦敦和纽约。北京、上海、海南、福建、天津、浙江、广东、江西、四川等省市的房价收入比突破严重泡沫化警戒线（见图 1）。

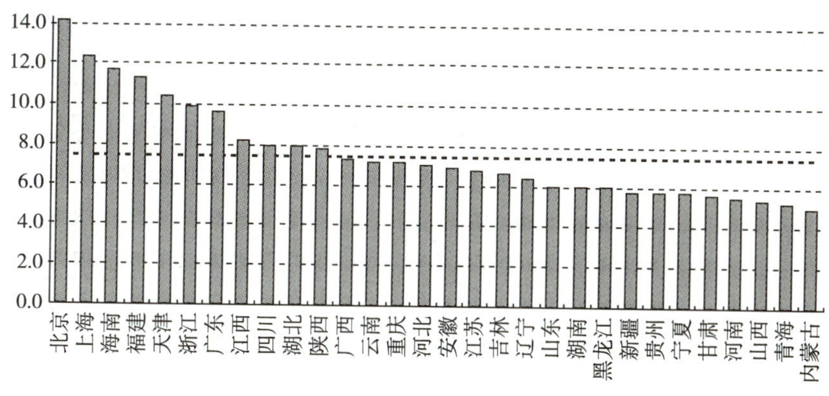

资料来源：上海易居房地产研究院（2011 年报告）。

图 1　部分省份的房价收入比已经超出合理区间

美国咨询机构 Demographia 发布了《国际住房负担能力调查报告：2013》，该报告分析了澳大利亚、加拿大、中国香港、爱尔兰、新西兰、英国和美国的337个城市2012年的房地产市场情况，以中位数乘数对城市进行排名（见表3）。

表3 房价收入比的全球分布情况

房价—收入中位数	城市个数（占比）	城市分布	百万人口以上城市个数（占比）	百万人口以上城市分布
<3.0（买得起）	109个，占32%	100个在美国，8个在加拿大，1个在爱尔兰	20个，占24.7%	均在美国
3.1~4.0（略贵）	110个，占32.6%	87个在美国，17个在加拿大，4个在爱尔兰，2个在英国	23个，占28.4%	20个在美国，2个在加拿大，1个在爱尔兰
4.1~5.0（一般贵）	43个，占12.8%	14个在英国，13个在美国，9个在澳大利亚，4个在加拿大，3个在新西兰	14个，占17.3%	8个在英国，5个在美国，1个在加拿大
>5.1（很贵）	75个，占22.3%	30个在澳大利亚，17个在英国，16个在美国，6个在加拿大，5个在新西兰，另外还有1个在中国香港	24个，占29.6%	8个在英国，6个在美国，5个在澳大利亚，3个在加拿大，1个在新西兰，另外还有1个在中国香港

资料来源：《国际住房负担能力调查报告：2013》。

经验事实四：国内房价从东向西、围绕城市圈呈阶梯状、簇状分布。如果将国内主要城市圈（如长三角、珠三角、京津冀等）按照人口集聚和房价水平投影，可以看到围绕上海、广州和深圳、北京等一线城市的簇形山地状分布。同一城市圈内不同城市的房价是与其在城市圈内的经济地位、产业分工相匹配的，反映的是城市之间集聚资金、产业、人口的能力差异。

表4 国内主要城市的绝对房价 单位：元/平方米

城市	市区（楼盘均价）	郊区（区域均价）
北京	东城区，二手房，4.0万	通州区，新房，1.9万
上海	黄浦区，二手房，3.5万	奉贤区，新房，1.2万
广州	越秀区，二手房，2.6万	白云区，新房，1.8万
深圳	福田区，二手房，2.9万	宝安区，新房，2.2万
天津	河西区，二手房，1.8万	滨海新区，新房，1.3万
杭州	下城区，二手房，3.0万	余杭区，新房，1.5万
温州	龙湾区，二手房，2.3万	瑞安市，新房，1.8万

续表

城市	市区（楼盘均价）	郊区（区域均价）
绍兴	越城区，二手房，1.3 万	绍兴县（柯桥），新房，0.8 万
南京	鼓楼区，二手房，2.2 万	六合区，新房，0.7 万
苏州	姑苏区，二手房，1.7 万	吴江区，新房，0.8 万
武汉	江安（汉口核心区），二手房，1.5 万	江夏区，新房，0.6 万
青岛	市南区，二手房，1.7 万	崂山区，新房，2.1 万
成都	武侯区，二手房，1.6 万	温江区，新房，0.6 万
西安	碑林区，二手房，1.4 万	高新技术开发区，新房，0.8 万

注：市区和郊区楼盘的户型、面积、年代、朝向、装修等信息详见文后附录。

（二）国内房价波动的经验事实

经验事实一：国内房价增速从 2007 年起显著波动，且经历了 2 个半周期（见图 2）。第一个周期是，2007 年 4 月至 2009 年 11 月，波峰出现在 2008 年 1 月（同比增长 12.2%），波峰与波谷的增长率差距约为 14%，历时 31 个月。第二个周期是 2009 年 12 月至 2013 年 6 月，波峰出现在 2010 年 4 月（同比增长 15.4%），波峰与波谷增长率差距为 16.6%，历时 42 个月。第三个周期是 2013 年 7 月至今，已经历时 9 个月，迄今为止的波峰出现在 2013 年 12 月（同比增长 9.2%）。第二个周期较第一个周期的持续时间更长，波动性也更大，围绕 6% 左右的增速上下波动。目前，房价正处于第三个周期的下降阶段。

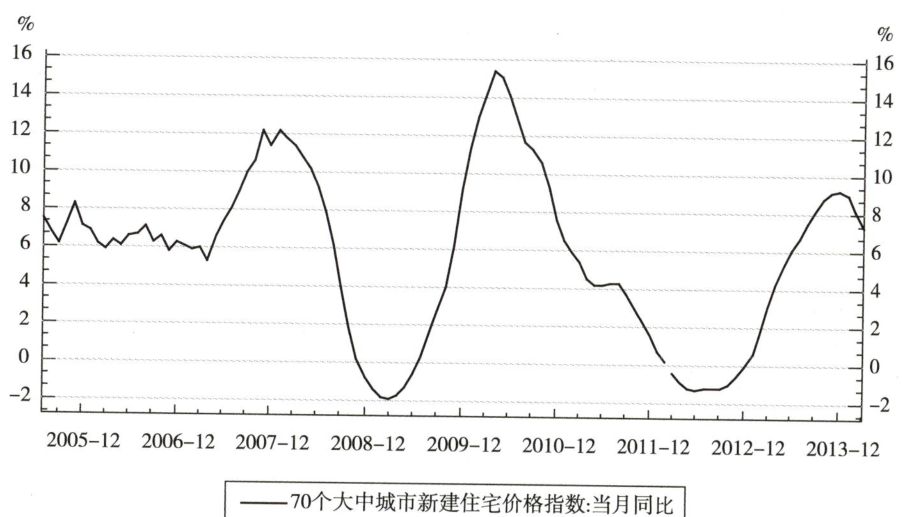

数据来源：Wind 资讯。

图 2　中国房地产市场价格周期

经验事实二：2012 年以来房价波动的城市分化特征明显，波动性从大到小依次为一、二、三线城市（见图 3）。张凌、温海珍、贾生华（2011）① 的研究发现，中国沿海和内陆城市房价波动特点存在明显差异，沿海城市收入高、人口密度大、建设成本增长快，这促使房价变动的趋势性更强，内陆城市更多受建设成本变化的影响，且房价波动的均值回复性更强。因此，1. 沿海地区或一线城市，上涨时涨得更快、下跌时也将跌得更快。2. 内陆城市较沿海城市在当前房价出现均值回复周期的背景下，出现房价回调的可能性更大。

沿海城市和内陆城市的样本选自 35 个大中城市，前者由属于经济特区的深圳、厦门、海口，属于沿海开放城市的大连、青岛、宁波、广州、福州、天津，属于沿海经济开发区的杭州、南京、济南和北京等 14 个城市构成，剩余的 21 个作为内陆城市。

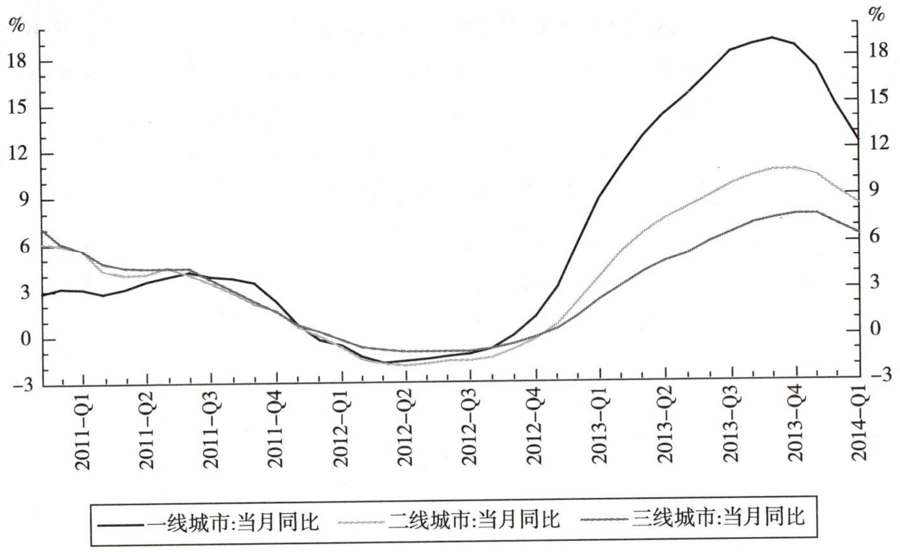

数据来源：Wind 资讯。

图 3　国内一、二、三线城市房价走势日益分化

经验事实三：在绝大多数时间里，土地价格增速显著超过且领先于房价增速，而房价增速又显著超过租金增速。相关研报显示②，中国房价波动主要源于土地价格，而非建筑或工资成本，地价波动性通常较房价波动性高出 3 ~5 倍（2008 年、2011 年是例外，这两年地价下跌或持平，但同期房价温和上升）。地

① 张凌、温海珍、贾生华：《中国沿海和内陆城市住房价格波动差异与动力因素》，载《中国土地科学》，2011（3）。

② 澳大利亚央行：《中国土地和住房价格评测》（*Land and House Price Measurement in China*），2012。

价增速超过房价增速导致地方政府获得了更多房地产收益，房价增速超租金增速意味着投资房产更多是出于资产升值的目的（见图4）。

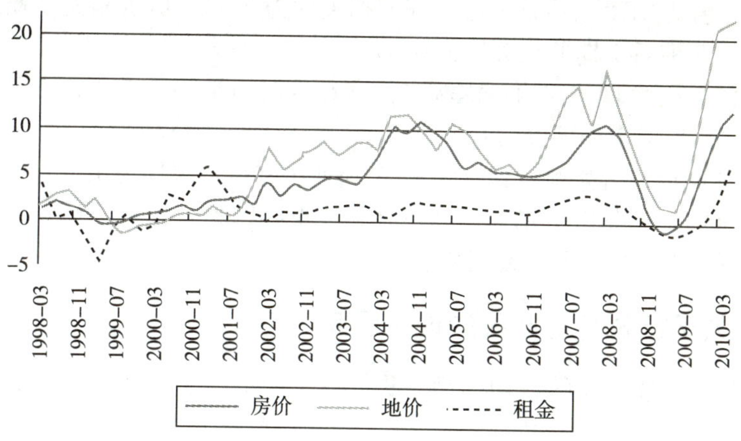

数据来源：Wind 资讯数据库。

图4 国内房价与地价、租金之间的相关关系

（三）房地产市场的趋势与周期

1. 国际比较

日本：1955—2012 年，名义 GDP 年均增长 7.34%，房价年均上涨 5.79%，考虑到租金收益，日本房地产长期投资收益率仍高于名义 GDP 增长率。1992—2012 年，日本名义 GDP 年均下跌 0.07%，房价年均下跌 4.81%，2007 年底，日本六大城市土地价格仅相当于 1991 年高点的 27.2%，绝对价格也只相当于 25 年前，也即 1982 年的水平。

日本房价持续 20 年下跌的原因是消化此前上涨过快的泡沫，即使泡沫消化结束，名义 GDP 不涨，房价也不涨。日本房价遵循了 GDP 增速长期内决定房价走势的规律。

美国：1976—2012 年，房价年均涨幅 4.4%，名义 GDP 年均增速为 6.4%，与日本相似，美国房价除 2008—2012 年之外均上涨。

中国：1998（房改）—2013 年，名义 GDP 年均增长 12.06%，房价年均涨幅[①]为 4.58%，除 1998 年、2012 年之外，房价均上涨。考虑年均 3% 左右的租金收益率，国内房价涨幅远低于名义 GDP 增速。一种可能的解释是，数据统计存在问题。

2. 名义 GDP 与房价

① 采用房价指数得出房价涨幅数据，数据来源：Wind 资讯数据库。

中国：名义 GDP 与房价涨幅的同期相关性为 0.59，房价领先 1 期的相关性为 0.41，房价滞后 1 期的相关性为 0.43；

美国：名义 GDP 与房价涨幅的同期相关性为 0.72，房价领先 1 期的相关性为 0.59，房价滞后 1 期的相关性为 0.64。

如果名义 GDP 增速与房价涨幅之前存在逻辑因果关系，那么，基于上述相关性分析，可以得出如下推论：

房价和 GDP 相互影响，以名义 GDP 增速决定房价涨幅为主，且中国的楼市比美国更加复杂，除 GDP 增速之外还有其他重要因素。包括土地财政体制，货币金融体制，以及现在所处发展阶段。

二、关于征收房地产税的理论研究

为了便于阅读下面的数理模型，我们给出如下相关经济变量的数学符号及释义（见表 5）。

表 5　　相关经济变量的数学符号及释义

消费	住房与房价	房地产税	储蓄与储蓄率	工资与劳动
C_1：第 1 期消费	H_1^1：首套房 $P_{H_1^1}$：首套房房价 $P'_{H_1^1}$：首套房再售房价	$\Xi_{H_1^1}$：持有税	D_0：首付款 D_1：第一期储蓄 R：总储蓄率 $R_{H_1^1}$：租金	W_1：工资
C_2：第 2 期消费	H_1^2：二套房 $P_{H_1^2}$：二套房房价	$\tau_{H_1^1}$：交易税	R'：房贷利率 ϑ：首付款比例	N_1：劳动

（一）模型构建

假设经济中存在一个从事房地产投资的代表性家庭，该家庭存活两期。在第 1 期，该家庭拥有一套住房，同时按揭了一套住房；在第二个阶段时，该家庭将出售一套住房，仅自住一套住房直到终老。

在第 1 期时，该家庭消费、休闲（工作）、住房，三者能够给他带来效用（幸福感），具有如下效用函数：

$$U(C_1,H_1^1,H_1^2,N_1) = \log C_1 + \eta_2 \times \log(H_1^1 + H_1^2) - \frac{{N_1}^{1+\gamma}}{1+\gamma} \tag{1}$$

这里，经济变量 C_1、H_1^1、H_1^2 和 N_1 分别表示家庭在第 1 期的消费、自有住房、按揭二套房和劳动，参数 γ 表示劳动替代弹性。

同时，该家庭满足"量入为出"的预算约束，其收入来自工资、自有住房的租金和父母馈赠，支出包括日常消费、房地产税、二套房首付款，剩下的资金用于储蓄，即

$$C_1 + \vartheta \times P_{H_1^2} \times H_1^2 + \Xi_{H_1^1} \times P_{H_1^1} \times H_1^1 + D_1 = W_1 \times N_1 + R_{H_1^1} \times P_{H_1^1} \times H_1^1 + D_0 \tag{2}$$

这里，经济变量 $\Xi_{H_1^1}$ 表示房地产税，$P_{H_1^1}$、$R_{H_1^1}$ 和 $P_{H_1^2}$ 分别表示自有一套房的房价、租金和按揭二套房房价，D_0、D_1 分别表示来自父母等的外部储蓄和第 1 期的家庭储蓄，参数 ϑ 表示按揭二套房的首付款比例。

在第 2 期时，该家庭不再工作，同时卖出一套住房，仅持有所按揭的二套房用于自住，其效用函数为：

$$U(C_2, H_1^2) = \log C_2 + \eta_2 \times \log H_1^2 \tag{3}$$

这里，经济变量 C_2 表示家庭在第 2 期的消费。

此时，家庭的收入来自首套房的出售和上期银行储蓄，支出包括消费、房产交易税和二套房按揭款，满足如下预算约束：

$$C_2 + \tau_{H_1^1} \times (P'_{H_1^1} - P_{H_1^1}) \times H_1^1 + R' \times (1 - \vartheta) \times P_{H_1^2} \times H_1^2 = P'_{H_1^1} \times H_1^1 + R \times D_1 \tag{4}$$

这里，经济变量 $\tau_{H_1^1}$ 表示按商品房交易差价所缴纳的房产交易税税率，$P'_{H_1^1}$ 表示一套房再售价格，R 和 R' 分别表示储蓄收益率和二套房按揭贷款利率。

需要指出的是，该家庭的最优化问题不是分别在每一期实现预算约束下的效用最大化，而是在满足两个阶段预算约束的同时，实现第一、第二阶段的联合效用最大化，即

$$\max_{\{C_1, C_2, N_1, H_1^1, H_1^2\}} W_1 = U(C_1, H_1^1, H_1^2, N_1) + \beta \times E_1 U(C_2, H_1^2) \tag{5}$$

这里，参数 β 表示第 2 期到第 1 期的效用折现因子，满足如下预算约束：

$$C_2 + \tau_{H_1^1} \times (P'_{H_1^1} - P_{H_1^1}) \times H_1^1 + R' \times (1 - \vartheta) \times P_{H_1^2} \times H_1^2 = P'_{H_1^1} \times H_1^1 + R \times (W_1 \times N_1 + R_{H_1^1} \times P_{H_1^1} \times H_1^1 + D_0 - C_1 - \vartheta \times P_{H_1^2} \times H_1^2 - \Xi_{H_1^1} \times P_{H_1^1} \times H_1^1) \tag{6}$$

通过求解上述最优化问题，我们可以得到自有一套房的再售房价为：

$$P'_{H_1^1} = \frac{[(\Xi_{H_1^1} - R_{H_1^1})R - \tau_{H_1^1}]}{(1 - \tau_{H_1^1})} \times P_{H_1^1} - \frac{\eta_2 H_1^2}{\eta_2 H_1^2 + \beta\eta_2(H_1^1 + H_1^2)} \frac{[R'(1 - \vartheta) + R\vartheta]}{(1 - \tau_{H_1^1})} \times P_{H_1^2} \tag{7}$$

这里，$\Xi_{H_1^1} > R_{H_1^1}$，即房地产税税率高于住房租金率，且 $\tau_{H_1^1} < (\Xi_{H_1^1} - R_{H_1^1})R$，即房产交易税税率不能过高。

重要的是，由于 $\frac{[(\Xi_{H_1^1} - R_{H_1^1})R - \tau_{H_1^1}]}{(1 - \tau_{H_1^1})} < 1$ 成立，因此，$P'_{H_1^1} < P_{H_1^1}$ 成立，

即征收房地产税后可以有效降低房价。由于该结论对于 $\tau_{H_1^1}=0$ 时依然成立，即对于实现房价的实质性降低而言，是否征收房产交易税并不重要。

进一步地，由于在征收房地产税之后，房价实际上是下跌的，此时按照价差征收税率的房产交易税实际上已经失效。

（二）征收房地产税和房产交易税的差异化影响

1. 当不征收房地产税时（$\Xi_{H_1^1}=0$），投资性购房再售价格为负值，这意味着市场对商品房的需求将是无限大，此时不存在市场出清，即无均衡房价。出于抑制房价上涨的考虑，限价、限购将成为不得已而为之的措施。

2. 考察房产交易税对房价的影响。根据 $\partial P'_{H_1^1}/\partial \tau_{H_1^1}<0$ 可知，提高房产交易税有助于抑制房价。但是，前提是已经征收房地产税。也就是说，单纯征收房产交易税是无法抑制房价的。

此外，有两点值得注意。

一是提高二套房首付款比例（ϑ）无助于抑制房价，但是提高二套房按揭贷款利率（R'）有助于抑制房价。

由于 $\dfrac{\partial P'_{H_1^1}}{\partial \vartheta}=-\dfrac{\eta_2 H_1^2}{\eta_2 H_1^2+\beta\eta_2(H_1^1+H_1^2)}\dfrac{[R-R']}{(1-\tau_{H_1^1})}\times P_{H_1^2}>0$，这意味着对于以投资为目的的家庭而言，如果按揭二套房的收入款比例越高，那么一套房再售价格也将提高。也就是说，试图通过提高首付款比例来抑制住房投资需求的方法并不可行。同时，观察二套房按揭贷款利率 R' 可知，其与房价呈负相关关系。

二是如果房地产投资家庭更多看重第 2 期的房产价差收入（β 越大），这表示持有首套住房的投机性越强，那么根据 $\partial P'_{H_1^1}/\partial \beta>0$ 可知，住房再售价格将提高。也就是说，房地产投机是推高房价的重要原因。但是，由于租金收入（$R_{H_1^1}$）的提高有助于降低房价，这表示应该保护合理的投资性需求，需要抑制的是投机性需求。

（三）关于房地产投资与投机的收益分析

房地产投机是以赚取房价价差为目的的购房行为，是否具有长期投资回报不是投机者的考虑因素，因此为了规避各种投资风险，交易表现出“快进快出”的特征。也就是说，房地产投机者持有房产的时间一般较短且交易更加频繁。与之不同，房地产投资者是以赚取房产保值、增值收益为目的的购房行为，其增值有两个方面，一个是租金收入，另一个是房价上涨收益。由于后者与房地产投机者类似，是否获得租金收入可以看作是区分房地产投资者和投机者的重要依据。

本文模型中由于设定了自有住房的租金收入，因此更多刻画了房地产投资者的行为。当然，我们通过购房者在第 1 期和第 2 期之间的折现因子（β）也可以刻画购房者的投机行为。例如，当 β 接近于零时，购房者的效用将主要取决于第 1 期的租金收入，而不是第 2 期的房产价差收入，此时购房者投机性较低，反之亦反是。

其次，由于征收房地产税之后，房价将下降，即 $P'_{H_1^1} < P_{H_1^1}$ 成立。因此，相对于房地产投资者仍然还能获得一部分租金收入而言，房地产投机者将无法获得房价上涨的价差收入，从而能够成功抑制房地产投机需求。

至于房地产投资者是否必然遭受损失，则取决于租金收入与价差损失之间的大小关系。前者为 $R_{H_1^1} \times P_{H_1^1} \times H_1^1$，后者为 $(P_{H_1^1} - P'_{H_1^1}) \times H_1^1$，只有当 $P'_{H_1^1}/P_{H_1^1} > 1 - R_{H_1^1}$ 成立时，租金收入才能抵补因房价下降所带来的损失。

更加直观地，应满足 $R_{H_1^1} > (P_{H_1^1} - P'_{H_1^1})/P_{H_1^1}$，也就是说只有当租金率高于房价下跌比例时，房地产投资者才不会蒙受损失。

虽然租金率较高时所应征收的房地产税率也较高，但因此所带来的房价下跌比例高于租金率的概率也相应下降了，此时租金收入将能抵补房价下跌损失。也就是说，即使房价下跌，对于房地产投资者而言也存在一种利益补偿机制。

（四）政策建议

一是应该扩大房地产税征收范围，并结合当地租金水平动态调整房地产税率，如果要征收房产交易税，也应以开征房地产税为前提。在实际征收房地产税时可以采用免征部分面积和渐进提高的方式，以减少改革阻力。至于所征收的房地产税可以以增加教育、医疗和社会保障等支出进行转移支付或合理返税，抑或参考国外经验，在具体的房地产项目区块作为福利性基金使用，这在降低贫富收入差距的同时①，也有利于冲抵房地产投资者的部分损失。

表 6　各国各地区物业税一览

各地区	物业税
中国香港	如房地产作出租用途，则该租金收入需要交纳物业税，每个课税年度按照土地或楼宇的应评税净值，以标准税率向在香港拥有土地或楼宇的业主征收，税率为 15%。
中国台湾	按台湾物业税的征收标准来看，144 平方米以上的房源，每年收取的税费将有可能在房屋总价的 0.8% ~1.5%。
韩国	韩国政府从 2005 年开始征收综合不动产税，征税对象是 6 亿韩元（约合人民币 326 万元）以上的住房，税率是 1% ~3%，征税标的房价是市场价的 60% ~70%，实际税率约为 0.6% ~2.1%。2008 年开始实行减税政策，调整了综合不动产税，把征税对象上调到价值 9 亿韩元（约合人民币 489 万元）以上的住房，把税率下调到 0.5% ~1%。

① 目前，世界上 130 多个国家和地区都对住房征收房产税，它们的通行做法中最突出的就是把房产税作为调节收入和财富分配的重要工具。

续表

各地区	物业税
日本	日本财产税主要是对房地产等不动产课征的不动产取得税、固定资产税、城市规划税、注册执照税等，同时还有遗产继承税与赠予税。固定资产税是以土地、住宅及折旧资产为课税对象，标准税率为1.4%，对土地征税标准额度不足30万日元、房屋征税标准额度不足20万日元的免征，200平方米以下面积减征。
新加坡	由新加坡国内税务局对所有房产征收，国内税务局会参照年景好坏、房屋新旧程度、地段、是否有健身设施等因素对房产年租金进行综合评估，自有住房按评估值4%征收，其他类型房产按照10%征收。
美国	不动产税归在财产税项下，税基是房地产评估值的一定比例。目前美国的50个州都征收这项税收，各州和地方政府的不动产税率不同，平均1%～3%。
德国	不动产税，根据评估价值的1%～1.5%征收。
瑞典	不动产税，对于独栋家庭住房，税率为1%，对共同产权型的公寓住房，税率为0.5%，商业物产不动产税率为1%，工业物产税率为0.5%。
意大利	不动产税，按照税务评估价值的0.4%～0.7%征收。
西班牙	不动产税，按照税务评估价值征收（一般低于市场价值的50%），税率为3%。
中国上海	新购二套房及外地房征收房地产税，暂按应税住房市场交易价格的70%计算缴纳，税率为0.4%～0.6%，人均60平方米及以下面积免征。
中国重庆	存量独栋住宅、新购高档房和外地二套房，暂按房产交易价征收，税率为0.5%～1.2%，免税面积分别为180平方米、100平方米和不免征。

数据来源：根据各国网上公布材料整理。

二是要区别房地产投资性需求和投机性需求，前者需要保护，后者需要抑制。相对于提高二套房首付款比例而言，提高二套房按揭贷款利率更能有效抑制房价上涨。

三是改革土地市场、实施增加供给的调控政策，同时逐渐取消限购、限贷、限价等抑制需求的行政干预措施，代之以利率等市场化调控手段。

三、长三角主要城市的房地产住宅市场分析

中国的房地产住宅市场表现出“买涨不买跌”的特征，导致需求曲线不是正常向下，而是反常向上；当需求曲线向上时，决定房地产市场走势的将是“需求曲线和供给曲线孰更陡峭”。当供给曲线更加陡峭时，供给增加导致房市“量价齐升”；当需求曲线更加陡峭时，供给增加将导致“量价齐跌”。“需求曲线和供给曲线孰更陡峭”背后反映的是需求价格弹性和供给价格弹性的大小问题，即到底是需求还是供给对房价变动更加敏感。

（一）理论方法

虽然“买涨不买跌”造成住宅需求曲线向上而非向下倾斜，但是，一个更

加重要的问题是：需求曲线和供给曲线的斜率孰大孰小。这一点，可以从图 5 中看出。也就是说，当供给曲线更加陡峭时，供给增加导致房市“量价齐升”；然而，当需求曲线更加陡峭时，供给增加将导致“量价齐跌”，此时房地产市场的风险将骤发，对经济和社会的冲击巨大。

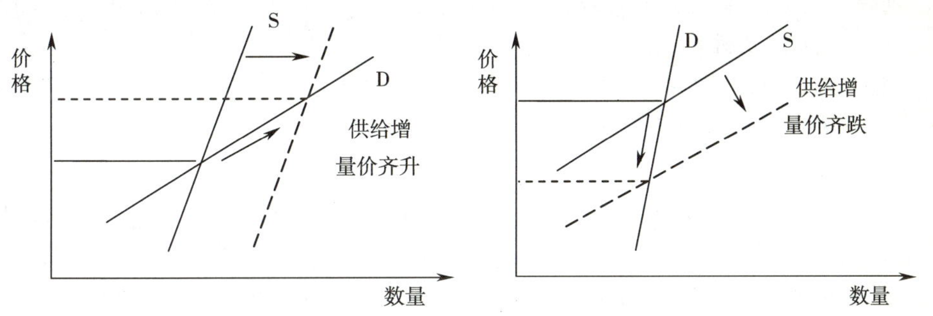

注：字母“S”、“D”分别表示供给和需求。

图 5　“买涨不买跌”与需求、供给曲线“孰陡孰坦”

那么，为什么更加关注供给曲线而非需求曲线的移动呢？首先需要指出的是，需求或供给曲线的移动是受外生冲击的结果，如果是房市本身通过价格来调节成交量，则表现为需求或供给曲线上的滑动。因此，这就需要弄清楚当前（1 年内）的住宅市场是需求还是供给更容易受到外生冲击。对房市需求而言，相对于刚需和改善性需求，投机投资性需求显然更易遭受外生冲击，但是在当前普遍的房价上涨预期下，遭受重大外生冲击而致需求曲线大幅移动的可能性较小。此时，我们注意到受地方政府债务、宏观经济下行、上半年销售集中释放等影响，最近以来的土地出让面积及其溢价率、房地产投资增速等影响住房供给的因素，出现较大幅度的上升，表现为一线城市“地王”频出，土地出让金大幅攀升，三四线城市供给过剩风险显现等，这意味着在 1 年内的建设预售周期内，供给曲线更可能因外部冲击而出现向右移动，即住房供给量集中释放。

在这种情形下，需求和供给曲线孰陡峭孰平坦，就对未来房地产市场的走势至关重要。当然，受外部冲击影响下的需求曲线移动情形，也可以对应分析。

那么，需求（或供给）曲线的斜率到底是什么呢？在经济学上，我们将其称为需求（或供给）的价格弹性，表示价格变动 1 单位对需求（或供给）的影响程度。举例来说，奢侈品的需求价格弹性就比食品等必需品的要大，因为面包贵一点还是便宜一点，消费者还是要买的，而奢侈品则可以暂时不买。

价格弹性的数学定义为：$e = (dQ/Q)/(dP/P) = dQ/dP \times P/Q$，这意味着价格弹性越大，则曲线越平坦，需求（供给）对价格波动的敏感性越高。仔细观察价格弹性的定义，就某时点的房地产市场，可以得出两个结论：

第一，房价越高，弹性越大，曲线越平坦；

第二，成交量（房市规模）越大，弹性越低，曲线越陡峭。

需要指出的是，价格弹性的大小还直接影响房产商的定价策略，对于需求价格弹性小于 1 的地区而言，提价可以增加销售收入；如果需求价格弹性大于 1，则降价促销的策略更加有效。

（二）实证分析

接下来，我们将应用上述原理来具体测算全国和长三角地区主要城市的房地产市场风险。具体分为四步：

第一步，确定价格（P）和成交量（Q）。

第二步，确定 dQ/dP，需要区分成交量的需求方和供给方。对此，我们用住宅销售面积表示需求，用新建住宅开发面积表示供给，考虑到建设周期，我们采用 1 年期滞后处理。由于 dQ/dP 是边际概念，难以精确测算，我们采用简单平均的方法来计算。为了增强结论的可靠性，我们将房地产市场区分阶段之后再平均（1998—2003 年，2004—2008 年，2009—2012 年），通过多次试算进行检验。

另一种测算需求（供给）价格弹性的方法是：回归分析（regression analysis）。这一方法的好处是可以控制住宏观经济、房地产调控政策、人口结构、人均收入变动等外生冲击和趋势因素对房价和成交量的影响，从而得到更加真实的价格弹性。但是，这种方法的工作量很大，涉及数据可得性、内生性问题、解释变量的选取等诸多现实和技术问题，限于时间，我们暂未采取这种方法。

图 6 展示了全国房地产市场的需求和供给的价格弹性变动趋势，其中受 2008 年全球金融危机和国内 4 万亿元救市计划的影响，需求和供给的价格弹性相继表现出较大的波动，此类外生冲击下的波动正是在应用价格弹性理论进行

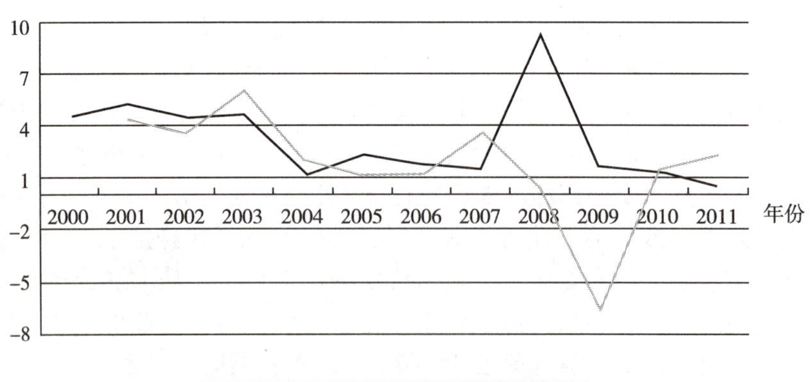

数据来源：Wind 资讯数据库。

图 6　全国房地产市场的需求（供给）价格弹性走势

分析预判时需要特别注意的。观察表 7，可以发现全国房地产市场的 $e^D > 0$，这进一步佐证了“买涨不买跌”的购房行为。

表 7　　全国和长三角地区主要城市的价格弹性（2009—2013 年）

城市	销售面积（Q^D）	价格（P）	新建住宅面积（Q^S）	需求价格弹性（e^D）	供给价格弹性（e^S）
全国	94 952.5	4 859.09	138 261.2	0.99	1.88
上海	1 927.87	13 522.43	1 977.46	0.13	4.47
杭州	908.60	12 728.50	1 125.07	2.73	2.12
宁波	487.79	10 851.99	795.18	10.67	3.89
温州	189.75	15 603.30	521.04	6.99	-9.76
南京	856.50	8 552.37	1 148.63	0.58	2.87
苏州	1 307.75	8 136.00	1 571.28	-7.33	0.46

注：价格单位：元/平方米，面积单位：万平方米，全国是 2010—2013 年的平均值。

数据来源：Wind 资讯数据库。

第三步，根据需求价格弹性和供给价格弹性的正负和相对大小，长三角主要城市可以按风险大小细分为四类，如表 8 所示。

表 8　　长三角地区主要城市的房地产住宅市场：短期风险分类

分类	$e^D < 0$，$e^S > 0$	$e^D > 0$，$e^S > 0$		$e^D > 0$，$e^S < 0$
		$e^D / e^S < 1$	$e^D / e^S > 1$	
代表城市	苏州	上海、南京	杭州、宁波	温州
风险特征	房地产市场正常风险最小	需求增加、量价齐升供给过剩是主要风险	供给增加、量价齐升过度投机是主要风险	房地产市场畸形风险最大
供需分析	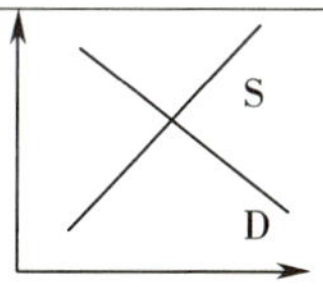 S D	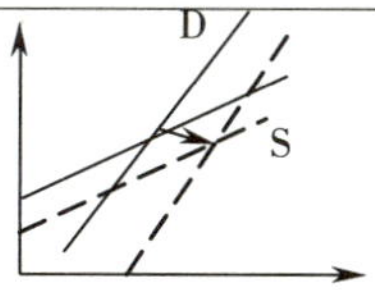 D S	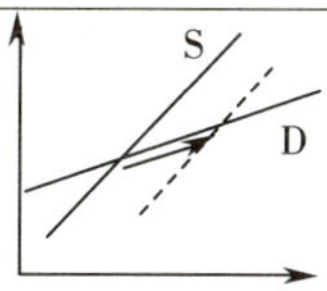 S D	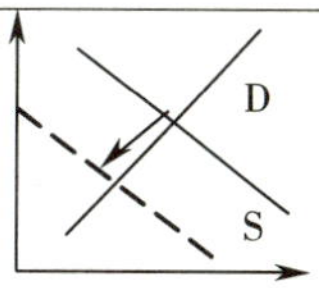 D S
形势预判	苏州房市的价格调控机制起作用，可以有效调节供给和需求，可以优先介入	上海、南京等地供给增加较快，对房价潜在冲击较大，依赖投机性需求放大进行风险对冲。对此，应加强市场供给和投机风险的监控，谨慎介入	大量品牌房企进驻杭州，未来供给有望放量，房价不降反升。主要风险来自过度投机下的资产泡沫化，短期内风险不大，仍可介入	温州房市过热导致供给减少伴随房价下跌，短期撤退为主。如果出现刚需释放下的“以价换量”，则可谨慎介入

注：字母“S”、“D”分别表示供给和需求，纵轴为价格，横轴为成交量。

(三) 基本结论

本文以全国和长三角主要城市为例，测算了各自的需求价格弹性和供给价格弹性，在此基础上，分析各城市的房地产市场风险和商业银行的应对策略。研究发现：苏州风险最小、温州风险最大，上海、南京和杭州、宁波的风险相对较小，不过前二者和后二者的风险点有所不同。需要指出的是，本文分析方法适用于18个月内的短期分析。

参考文献

[1] 澳大利亚央行：《中国土地和住房价格评测》，2012。

[2] 卢建新、苗建军：《中国城市住宅价格动态特征及其影响因素》，载《投资研究》，2011 (7)。

[3] 梁云芳、高铁梅：《中国房地产价格波动区域差异的实证分析》，载《经济研究》，2007 (8)。

[4] 谭政勋、陈铭：《(产业) 房价波动与金融危机的国际经验证据：抵押效应还是偏离效应》，载《世界经济》，2012 (3)。

[5] 张凌、温海珍、贾生华：《中国沿海和内陆城市住房价格波动差异与动力因素》，载《中国土地科学》，2011 (3)。

[6] 中国银行国际金融研究所：《中国经济金融展望季报》，2014 (19)。

[7] Diamond, P., 1965, National Debt in a Neoclassical Growth Model, *American Economic Review*, Vol. 55.

浙江企业股份制改造现状、问题及对策建议

中国证券监督管理委员会浙江证监局课题组*

一、浙江企业现状及股改的意义

（一）民营中小企业是浙江经济的主力军

改革开放以来，民营经济犹如雨后春笋般蓬勃发展。尤其在浙江较为宽松的政策环境下，民营经济获得了极大发展，创造了经济发展奇迹。据统计，2013 年浙江中小企业在生产总值、就业等方面对经济的贡献均高于全国平均数（见图 1）。浙江省中小企业在吸纳就业、增加收入、推动创新、促进经济平稳发展等方面发挥了重要的关键性作用，已成为浙江国民经济和社会发展的中坚力量。

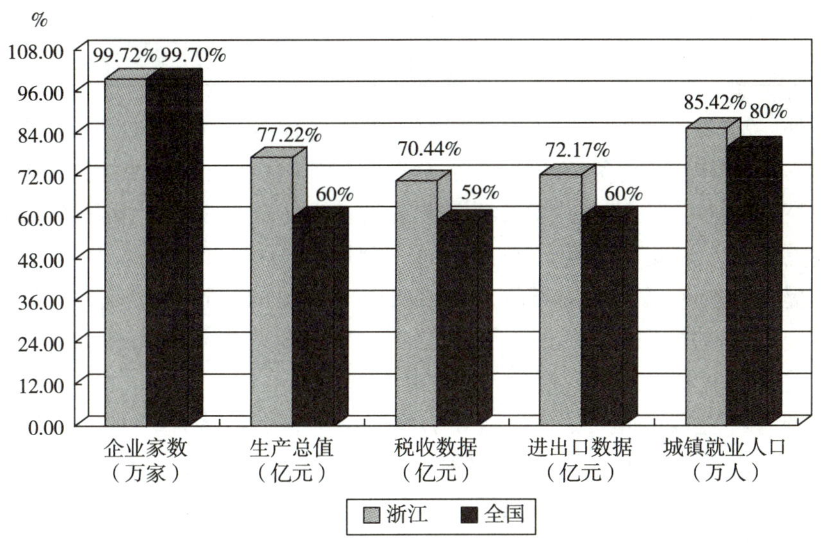

图 1　全国及浙江中小企业对经济的贡献度①

---

* 课题主持人：蔡建春
课题组成员：娄丽忠　邱林祥　傅晓颖

① 以上数据来源于浙江省经济和信息化工作委员会。

（二）推动中小企业股改的意义

中小企业在发展初期具有明显的优势，但是发展到一定阶段，特别是在由劳动密集型向技术密集型和资本密集型过渡时，其产权模糊、治理结构不完善、信用不足、融资困难等缺陷严重制约了企业的进一步发展。在当前宏观经济下滑的形势下，中小企业普遍受到极大的冲击，究其原因，企业组织形态没有跟上时代的进步是关键因素之一。推动中小企业股份制改造，无论从宏观还是微观层面来看，对浙江经济转型升级和企业自身发展壮大都具有重要的意义。

1. 推动企业股改是提升浙江直接融资比重、解决“两难两多”问题的有效手段

据统计，2013 年浙江的存贷比、贷款余额与 GDP 之比两项指标，均远高于全国及经济发展水平相近的广东等省水平（见表 1）。

表 1　　2013 年全国及主要省份直接融资比重对比表

地区	存贷比	贷款余额/GDP
浙江	0. 89	1. 74
广东	0. 63	1. 22
江苏	0. 74	1. 10
山东	0. 76	0. 76
全国	0. 72	1. 35

此外，2012 年底浙江省政府负有偿还责任的债务率为 63. 48%[①]。在中小企业的资本结构中，平均负债率大约为 60%[②]。上述这些数据说明浙江省间接融资比重过高，企业贷款用过了，在经济下滑的情况下，债务负担沉重的企业走出困境会更艰难。因此，当前转型升级的一个重要任务是降负债、降杠杆，增加资本，提高直接融资比重。当前，多层次资本市场的快速推进成为下一步解决浙江整个实体经济资本问题的重要平台。而企业要进入资本市场的前提就是要规范，要股改，取得通向多层次资本市场的“门票”。

2. 推动企业股改是促进浙江经济转型升级、打造经济升级版的必然要求

浙江经济在经历了 30 多年的高速发展后，目前也面临下行压力明显加大的困境。究其原因，市场主体组织形态落后、没有建立现代企业制度是导致产业提升步伐缓慢的重要因素。全省 120 多万家企业，400 多万家市场经营主体，如果大部分市场主体总是停留在低端、不安全的阶段，那么经济要升级是很难的。

因此从某种程度上讲，浙江经济要实现转型升级，基础在于中小企业的转

---

① 数据来源于《浙江省政府性债务审计结果（2014 年 1 月 24 日公告）》。

② 数据来源于浙江省中小企业局。

型升级。从市场规律来看，企业股改是市场主体提升的一条重要路径，开展股改工作不仅仅是形式上的改变，其核心任务更是要通过组织形态的转变带动市场主体素质的全面提升。在这个过程中培育一大批处于细分市场领先地位、积极从事技术创新和产品创新、能够在全球进行生产要素优化配置的骨干企业，对全省经济转型升级将起到引领和支撑作用。

3. 股改是企业走上规范发展道路、插上腾飞翅膀的必由之路

2011 年以来，以温州、绍兴、萧山等地为典型代表的大量企业因陷入资金链、担保链问题而一蹶不振，甚至破产倒闭，这和经济下行的外部因素有关，但企业自身的不规范管理才是最根本的原因。我们从监管工作实际了解到，绝大部分上市公司、拟上市公司因为严格规范的内部管理而较少涉入两链风险。

大多数从“草根式”家庭作坊起家的中小企业，都存在诸如股权结构混乱、内部管理疏漏、人员任用随意、绩效考核松散等通病。通过股份制改造，接受一系列的整改规范后，企业的股权结构、法人治理、财务制度、内部管理机制等都将得以全面优化，从而为企业规范发展、对接资本市场实现快速腾飞奠定了基础和条件。

（三）当前浙江企业股改工作推进情况

2012 年以来，浙江省委省政府先后启动“个转企、小升规、规改股、股上市”和“市场主体升级”等基础工作。浙江证监局积极响应省委省政府的工作部署，把推动企业股改作为多层次资本市场建设的有力抓手，主要开展了以下工作：一是持续开展调研和培训宣传工作。深入各县市进行调研摸底，了解企业在股份制改造中存在的困难和问题，会同各地市金融办等部门帮助解决；会同各地市金融办大范围开展股改并对接多层次资本市场的宣传培训工作，2013 年以来累计培训企业达 3 000 余家，接受培训人员超过 4 000 余人。二是引导中介机构积极参与股改。2014 年以来浙江证监局会同浙江证券业协会举办了四期场外市场培训班，辖区 620 名证券从业人员参加了培训，为下一步从事企业股改、场外市场业务打下人才基础。三是积极协调地方政府出台完整的、支持企业股改并对接多层次资本市场的扶持政策。

从我们调研了解的情况看，一方面，地方政府对资本市场的认识已经逐渐从资金升华到资本，对股改重要性的认识也逐渐提升到是为规范长远发展而股改；另一方面，越来越多的企业家逐渐意识到规范是企业长久发展的根本，并愿意为股改规范、上市挂牌付出一定的成本。

据统计，两年不到的时间，浙江省股份有限公司从 1 500 多家增至 3 000 多家，增长了 100%，其中 2014 年以来新增将近 550 家，超额完成全年指标。截至 2014 年 11 月底，辖区累计与券商签约股改并挂牌新三板的企业增至 230 家，比年初增长了 177%。可以看到，市场主体自身对规范发展、转型升级的重要性

已经有了较为充分的认识，行动的自觉性大幅提高。但与此同时，与上海、江苏、山东、广东等经济发达省份比较，浙江省股份有限公司占规模以上企业的比例仍然显著落后（见图 2、图 3）。浙江企业股份制改造、对接多层次资本市场任务还很艰巨，当然，前景也十分广阔。

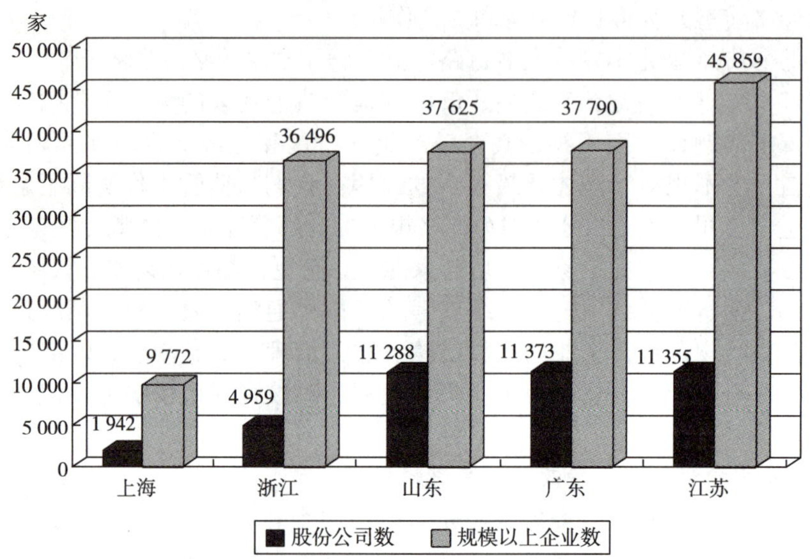

图 2　2012 年 5 省份规模以上企业及股份公司数量情况①

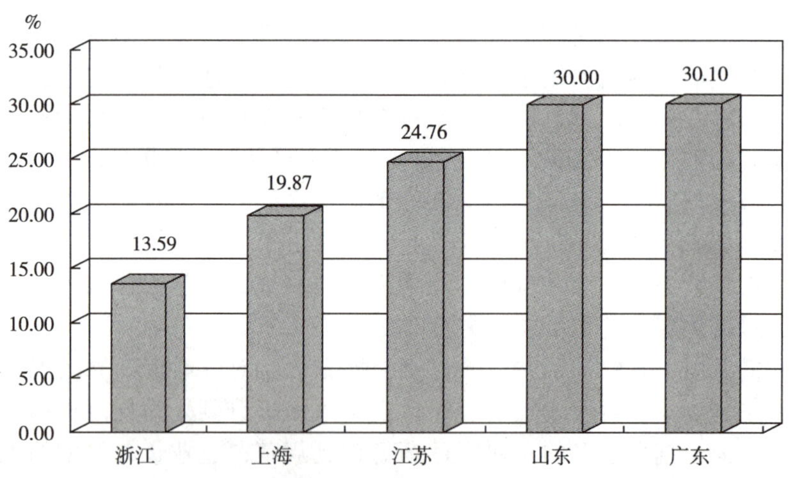

图 3　2012 年 5 省份股份公司数占规模以上企业比例情况②

① 以上数据均为国家统计局网站 2012 年底数据，股份公司家数包括分支机构。2013 年数据未能取得。

② 以上数据均为国家统计局网站 2012 年底数据，股份公司家数包括分支机构。2013 年数据未能取得。

二、实证调研：企业股改面临的主要问题和障碍

（一）调研方案设计

1. 调研目的

（1）了解各地对股改工作重要性的认识，掌握市场各方推动股改工作的进度和做法；（2）梳理影响企业股改内外部因素；（3）探讨改善现状、大力推动企业股改的政策建议。

2. 调研方式

（1）走访企业。调研小组会同各地金融办，筛选具备一定股改意愿的企业，进行一对一实地走访，重点了解企业股改和进入资本市场遇到的主要问题和障碍，以及企业所在地股改工作推进状况。

（2）问卷调查。结合走访掌握情况，设计“浙江辖区拟股改公司情况调查表”，内容包括企业基本情况、股改及配合过程中企业遇到的以及政府相关部门、中介机构存在的问题等，既有封闭也有开放问题。

（3）召开座谈会。为多角度了解各地股改实践，调研小组先后召集中介机构（包括券商、会计师事务所、律师事务所、投资机构）负责人员交流经验，召集各地金融办负责人员交流推进情况和主要困难，并多次到各地选取企业代表进行座谈交流。

（二）调研实施情况

2014 年 4 ~ 10 月，调研小组共计走访 130 多家企业，做到浙江辖区（宁波除外）10 个地级市全覆盖，并深入各县区一对一走访调研。走访企业 90% 以上属于规模以上企业，这些企业在股改中面临的主要问题在浙江省近 4 万家规模以上企业中具有一定的代表性。

走访同时，我们直接或通过金融办、中介机构等渠道向企业发放调查问卷，共计回收有效问卷 188 份。

此外，我们先后召开八次座谈会，选取股改工作推进较快和较慢的地区，召集不同中介机构从不同角度了解股改工作开展情况。

我们在分析调研结果时以回收的有效调查问卷为主要依据，以走访和座谈会中掌握的情况为补充参考。

（三）调研结果分析

1. 企业基本情况

收回问卷所涉 188 家企业中，从企业性质来看，民营企业有 163 家，占比 87%，外资和国有分别为 17 家和 8 家（见图 4）；从行业分布来看，排名第一的制造业有 135 家，占比 72%，信息传输、计算机服务和软件业 14 家，建筑业 11 家，其他企业行业分布较分散（见图 5）；从企业规模来看，规模以上企业 149

家，占比79%，其中收入规模在5 000万元以上的有110家，1亿元以上的66家，占比35%（见图6）。

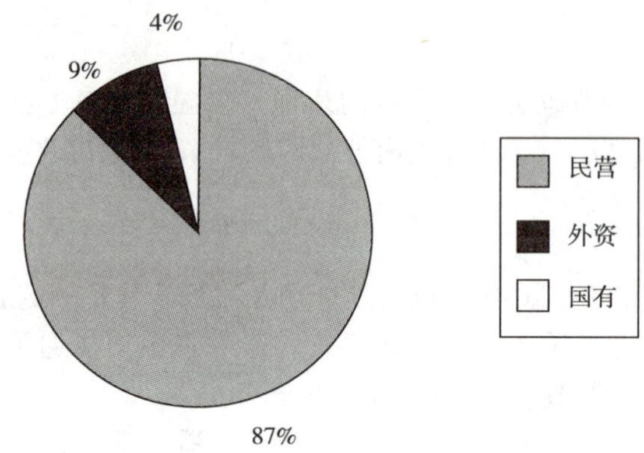

图4 被调查企业性质

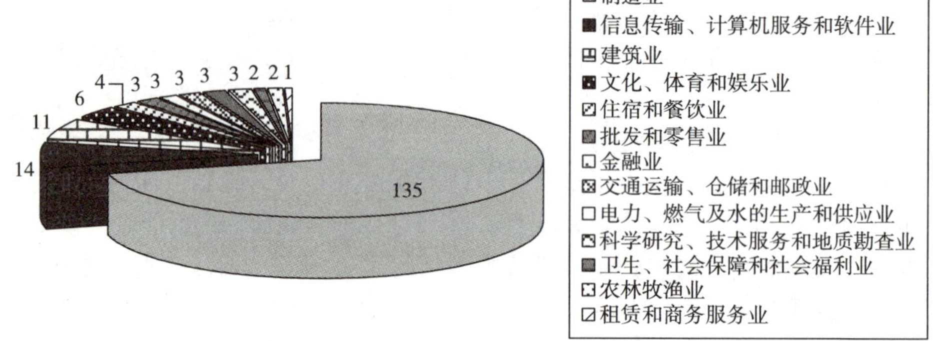

图5 被调查企业行业分布

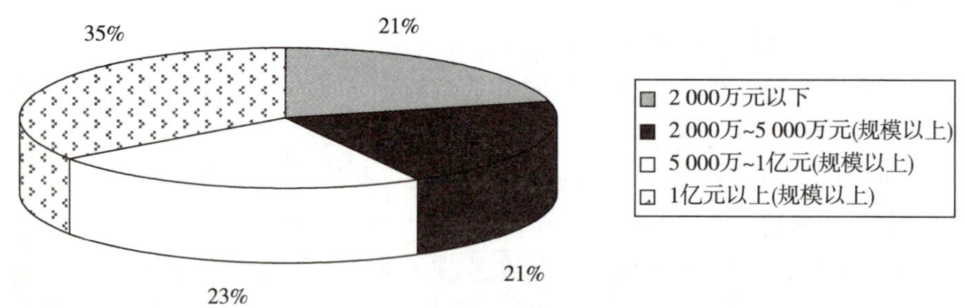

图6 被调查企业收入规模

2. 影响企业股改积极性的主要问题和困难（内因）

调查结果显示，有84%的企业明确表达股改意愿，这体现了浙江企业在认识层面上从“要我规范”到“我要规范”的可喜转变。当然，主观意愿是一方面，客观方面仍有诸多因素影响制约企业股改进程。从企业自身角度看，占比较高的主要问题和困难有以下几方面（见图7）。

（1）股改过程中涉及税收成本较高。以传统加工制造业为主的浙江民营企业，在发展过程中大部分存在财务管理不规范、存在较多账外资产等问题。这除了需要花费较多时间精力梳理规范企业账务、导致股改周期过长外，对企业未入账收入进行调整、未分配利润转增股本需要大量补缴税，使得很多企业无法承受，调查显示有38%的企业存在上述顾虑。

（2）股改后规范运作和管理成本将大幅增加。有26%的企业担心股改后上述成本将大幅增加，主要包括隐性收入显现使税收增加、员工社保规范缴纳使成本增加、三会等现代管理制度运行将提升管理成本等。很多企业认为，在当前大多数中小企业运作不甚规范的大环境下，越是规范的企业其短期运作成本越高，在同行中反而会失去竞争力。

（3）股改涉及的中介机构等直接成本较高。从当前实际来看，大部分企业股改的目的是为了挂牌或IPO上市，其中，对于以挂牌为目的的股改，企业支付给中介机构的费用大概为120万至200万元不等，这对每年只有一两百万元净利润的中小微企业来讲是一笔不小的费用。调查结果显示，有18%的企业有上述看法。

（4）其他问题。除了上述3个占比较高的问题之外，较为典型的还包括：一是部分企业存在难以清理的同业竞争、严重关联交易及资金占用等问题；二是部分外资企业成立未满十年，转内资需补税；三是个别企业资产产权存在瑕疵，取得权证成本过高，比如划拨土地改出让要补缴出让费；四是部分企业陷入互保圈，因资金短缺难以解除等；五是企业账面净资产低于注册资本，股改需要增资但缺乏资金。

3. 政府相关部门及中介机构在配合企业股改过程中存在的问题或有待改进的地方（外因）

股改是一项较为复杂的工作，涉及与多个政府部门的沟通联系和手续办理。我们通过向企业、中介机构、金融办等股改当事人、经办人、主管牵头部门多角度征集意见，梳理其认为相关部门或机构在实际中存在有待改进的问题，分部门汇总分析如下：

（1）地税问题

对于很多中小微企业来讲，现金流一直处于紧张状态，如果让其在股改挂牌时交一大笔税，很有可能资金链会出问题。在接受调查的企业中，有51%的企业“希望出台针对以前年度补交税款的相关奖励政策”，以弥补股改过程中的

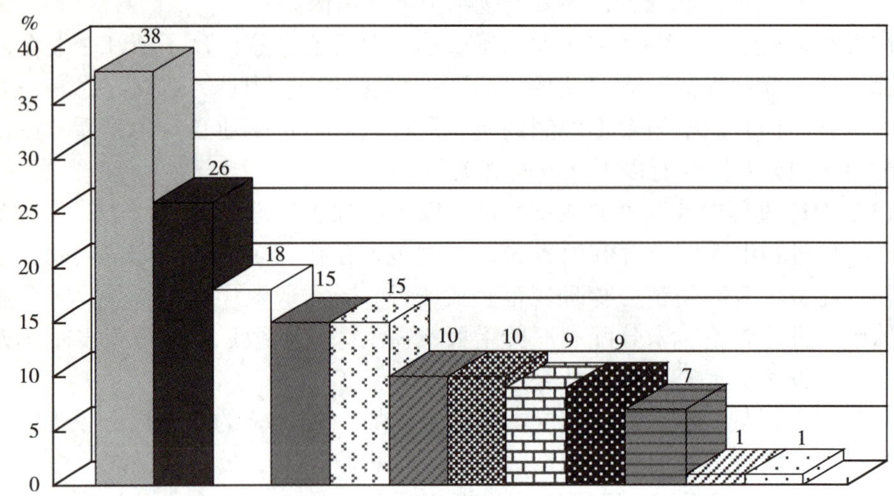

股改过程税收成本较高 股改后规范运作和管理成本增加 股改中介机构成本较高
资产产权存在瑕疵，取得权证成本过高 存在难以清理的同业竞争、严重关联交易及资金占用等问题
账面净资产低于注册资本，需增资但缺乏资金 外企成立未满十年，转内资需补税
历史股权转让存在瑕疵，确认股权清晰较难 存在互保问题，缺资金难以解除
历史出资存在瑕疵，无足够资金补足或置换 外资转内资，取得外方股东确认存在难度
报告期内存在行政处罚，较难取得合规证明

图7 企业股改顾虑（内因）

税收成本。有近46%的企业认为，“改制过程中部分税收政策不明或各地执行不一”易造成企业主心理不平衡，如土地入股评估增值部分是否纳税问题；外企经营未满十年转内资需补税时，对十年起算时点是注册成立日还是试生产日的问题，各地税务部门不明确等。有24%的企业表示，“股改过程中盈余公积或未分配利润转增股本地方留成部分税收奖励政策不统一”，对一些积累较多的企业股改产生了较大的资金压力。有15%的企业提出，“股改后几年内新增税收的地方留成部分奖励政策各地不一”导致地区间不公平，希望自己企业所在地能执行最为优惠的政策。还有部分企业呼吁股改中股份代持部分还原到个人时的所得税款能够缓缴。经初步统计，券商手上约有50%的股改项目进展缓慢甚至终止，绝大部分是因为企业迈不过这些税收的坎（见图8）。

（2）工商登记问题

各县区金融办集中反映，股改后期县区所在地企业需到市级工商部门办理注册登记，这对企业来讲耗时耗力，调查显示43%的企业碰到上述问题（见图9）。个别金融办还反映，已挂牌新三板的企业到工商备案章程等资料时，个别工商部门因对新业务不太熟悉而拒绝备案，有9%的企业碰到上述问题。此外，

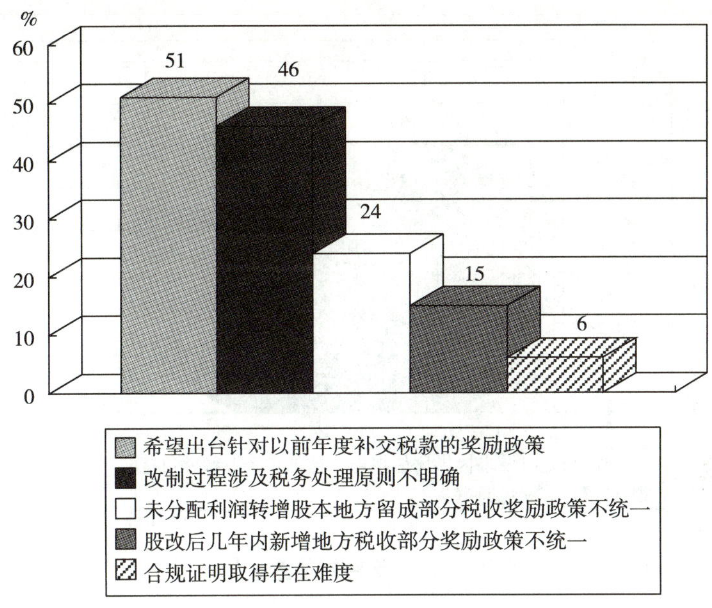

图 8　地税问题（外因）

有 10% 的企业反映，2013 年新《公司法》实施以来，企业注册登记不再需要验资评估，然而在实践中，个别工商部门仍按旧规定要求企业提供资产评估报告，这无疑增加了企业资金和时间负担。有 7% 的企业在调查时呼吁“希望工商开辟股改登记的绿色通道”，以提高登记效率（见图 10）。

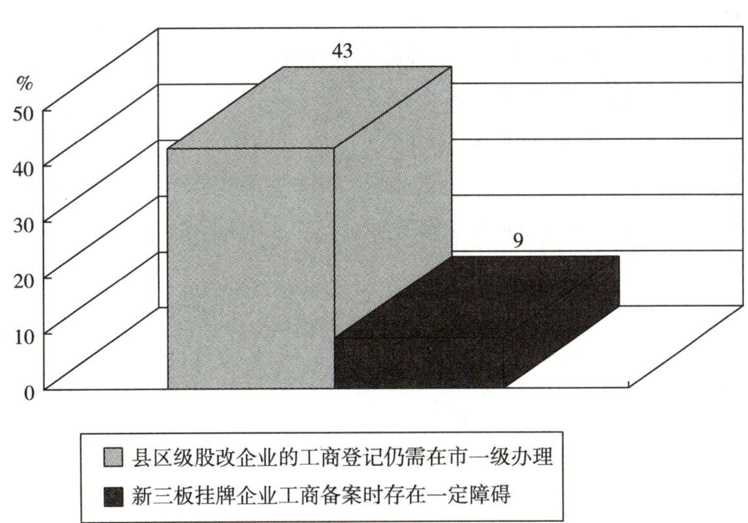

图 9　各地金融办反映的工商登记问题

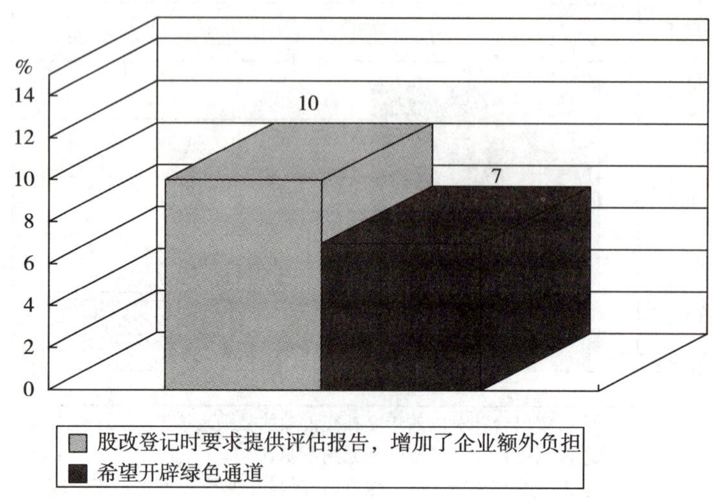

图 10　企业反映工商登记问题

（3）土地管理问题

有 10% 的企业存在由于地方土地指标不足而无法取得在用土地权证的问题；另有部分企业表示，由于各地土地权证管理及影响因素较多，例如企业所在区域列入远期整体规划，导致企业土地权证难以办理。上述因素导致企业资产产权存在瑕疵，成为部分企业股改的障碍。

（4）国资问题

接受调查的企业中有 13% 的企业历史沿革中曾涉及国有或集体股权，调查结果显示有 12% 的企业存在历史上国有股权变动相关手续不全且较难取得国资部门确权文件的问题。换言之，历史沿革中涉及国有股权的企业，绝大多数存在取得国资部门补充确权文件困难的问题，从而成为该类企业股改的一大障碍。同时，部分企业反映，上级国资主管部门为其他国家部门的，获取股改确认文件同样非常困难，如一家企业为了取得教育主管部门的确认文件，等了整整一年的时间仍然未有进展。

（5）商务问题

接受调查的企业中有 13% 的企业历史沿革中曾涉及外资，上述企业均表示，出于当地招商引资压力，外资企业转内资时较难取得当地商务部门的同意批复文件，这成为目前外资企业股改的主要障碍。此外，部分中介机构反映，对于外资持股比例介于 20% ~25% 之间且工商登记为外资企业的，在转内资时因为不符合外商投资企业法中外资比例应高于 25% 的规定，无法取得商务部门的同意批复文件，从而影响企业股改。

（6）对金融办的建议

有46%的企业表示，希望金融办“加强在推动股改过程中的组织培训和协调作用”。有26%的企业表示，“部分地区股改扶持政策尚未出台”，希望相关奖励或优惠政策尽快明确。有16%企业反映，“企业股改后政府承诺的补贴不到位”，使企业积极性受挫，希望政府部门在符合条件的情况下尽早兑现（见图11）。此外，不少券商还反映部分地方政府存在地方保护主义或推介指定券商的做法。

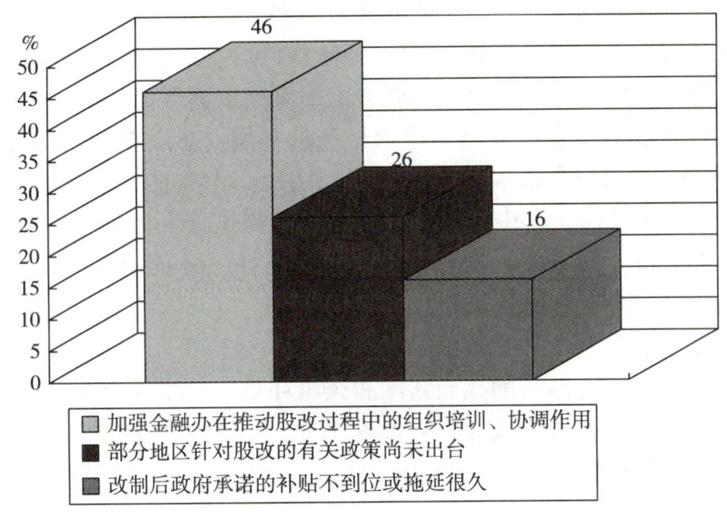

图11　对金融办的建议

（7）券商问题

有35%的企业和部分金融办反映，券商只管签约而不及时跟进服务，耽误了企业股改并挂牌新三板的进程。在调研中接触的券商普遍反映人手不够且短期内招不到合适人才，但出于公司考核压力不得不不断新签项目。截至11月底，辖区与券商签约拟挂牌新三板的企业已达190多家，部分券商存在不到十人的团队同时签约三四十家企业的现象。

（8）其他问题

不少企业表示，取得环保、消防、社保、公积金等相关部门合规证明有一定难度，从而影响企业股改挂牌或上市。部分金融办反映，在行政指标力推股改的导向下，大量股改后企业与资本市场之间还是存在鸿沟。

三、对策建议

经综合分析上述影响企业股改积极性或进度的内外部因素，有些属于认识层面、有些属于政策层面、有些属于操作技术层面的问题，现分情况有针对性地提出以下对策建议。

（一）加大宣传，统一认识，形成股改合力

1. 要在更大范围更高层面形成股改共识。一方面，企业股改是基础工作，多抓一点、早抓一天，就会有更大的成效，建议省委省政府把推动企业股改作为一项中长期战略工作持续地抓落实。另一方面，从我们调研了解到的情况看，地方政府和企业已经逐渐形成股改共识，但是这一共识还没有充分地传达、覆盖到其他政府相关部门。特别是股改后对接的新三板、区域性股权交易中心等场外市场，是新生事物，与之相关的业务对一些政府部门来讲是从未接触过的。因此，建议加大股改、场外市场等相关业务宣传培训的力度和广度，把更多政府部门纳入进来，深入宣传，力争在更大范围更高层面形成共识。

2. 要为中介机构展业提供更为宽松便利的环境。企业改制是很专业很复杂的事情，需要专业的中介机构帮助企业穿针引线、全程协调。各地政府部门要以更为开放包容的心态，为中介机构在各地展业提供便利条件，创造更为宽松、市场化的执业环境，只有充分地开放、完全地竞争，才能更有效地激发市场活力，进一步提升中介机构服务质量。

3. 要加大诚信守规的舆论宣传和引导工作。政府部门要加大宣传力度，营造“诚信受益、失信受损”的社会氛围和舆论环境：一要让企业深刻地认识到，任何一家有雄心发展壮大、成为行业翘楚的企业，都一定是制度规范的现代企业；二要让企业紧迫地意识到，社会发展对企业诚信合规的要求势必越来越高，企业以为不股改就可以继续偷漏税或者减少规范运作成本的想法，在不远的将来是不切实际的，违法失信的代价将大到企业承担不起的程度；三要让企业清晰地认识到，市场主体的规范不是一蹴而就的，是有个过程的，多层次资本市场对企业规范程度的要求也不一样，股改是企业迈向资本市场的最基本的门槛，企业要善于根据其不同发展阶段选择适合自己的交易场所。

4. 中介机构尤其是券商要以更长远的眼光看待股改。股份有限公司是资本市场的一个基础产品，只有把这个基数做大做强了，券商才会有源源不断的资本市场业务。股改这项工作对券商来讲，当下可能不会贡献太多利润，但企业的成长是需要时间的，部分经过股改规范后的企业假以时日经过发展也会达到挂牌或上市标准，从而成为券商将来的客户资源，最终为券商创造效益。此外，券商通过股改工作，也能更好地锻炼队伍，将一部分原来只从事经纪业务的客户经理转型为投行人才，提升综合素质，更好地适应转型升级大趋势。因此，建议券商尤其是浙江辖区的法人券商在股改这项工作上：一方面要及早布局，加大投入招录并培养承揽承做队伍，提升人员素质和服务水平，保量的同时更要保质；另一方面要强化内部协同，适当调整利润考核方式，不盲目追求数量、不追求短期效益，解决好当下与长远的关系。

（二）出台政策，配套举措，全力支持股改

1. 要依法合规出台全省统一的税费奖励政策。调查显示，中小企业普遍呼吁过重的税负成为企业发展过程中的一座大山、阻碍其股改的一道鸿沟。当然，企业依靠社会资源发展壮大之后回报社会自然是对的，也符合基本的社会价值取向，但是对于很多小微企业来说，可以先给予宽松的环境促其长大，然后再让成长壮大的企业承担更多的责任。政府部门一直强调要支持小微企业的发展，政策也一直在出，但显然不管什么政策都不及在税的问题上缓交、少交甚至有些免交来得有效果。建议省地税、国税部门牵头针对股改中各种名目的税费问题，在依法合规的前提下，从支持和推动股改工作出发，明确税费征收界限及标准，形成全省统一的税费奖励及补助措施。这里很重要的一个原则是要体现地区之间的公平，一旦地区之间存在差异，就会造成企业主心理不平衡，或者出现监管套利行为。

2. 要把股改企业纳入多层次资本市场体系中去扶持。今年以来，在省委省政府的推动下，各地相继出台针对企业股改的奖励政策，我们觉得，政府要做的事远不止给企业一笔钱就了事。俗话说“授人以鱼不如授人以渔”，要给股改企业长久发展的基因和动力，就需要把企业从股改开始就纳入多层次资本市场发展的框架中，从各方面给予支持和帮助，包括帮助企业解决历史遗留的一些问题，帮助企业引入一些有价值的股东，政府项目招投标和项目资源向股改企业适当倾斜等。

3. 要加大力度发展场外市场。股份有限公司的资合特性决定了其必须对接资本市场才能持续地发挥功能优势。考虑到交易所市场容量的有限性和进展缓慢，在浙江大力发展场外市场，包括浙江股交中心和新三板，才能有效对接并服务好这些股份公司。如果挂牌公司在场外市场挂牌后能够得到自己以前没有得到的东西，得到可以帮助企业的本领或者特质，比如增信、提升知名度、享受治理结构溢价，以及得到更多的融资、交易、合作机会，那么企业股改的积极性就会变得自发高涨。因此，在推动企业股改的同时，需要齐头并进大力推动场外市场发展。

4. 要多部门联动做好企业信息公示。近日，国家环保部发文取消上市环保核查工作，取而代之以市场手段和信息公开途径，进一步强化上市公司和企业的环境保护主体责任。这是环保部门在深入贯彻党的十八届三中全会精神，认真落实国务院关于简政放权、转变政府职能要求上作出的表率，也是大势所趋。当下，政府各有关部门要以 2014 年 10 月 1 日实施的《企业信息公示暂行条例》及配套规定为契机，切实做好相关信息的录入、更新、维护和公示工作，充分运用信息公开途径和市场手段强化企业的主体责任，充分运用信息公示和社会监督手段强化对企业的信用约束，有效发挥信用在维护市场秩序中的作用。只有企业的信息全面、彻底地向社会公示，企业的合规信用状况便一目了然，在股改挂牌上市的进程中，不再需要政府部门出具守法合规证明，在减轻企业负担、减少政府背书风险的同时，提升整个社会守法诚信水平。

5. 要加快打造全国领先的财富管理中心。企业股改首先要实现股份多元化，调研中很多企业表示希望政府部门能够帮助引进有价值的股东，这里的价值不仅是资金，更重要的是能够对股改企业的技术、管理、上下游市场资源或份额有帮助、有提升。建议大力推进财富管理中心建设，引进银行、保险、证券、信托、基金等各类资产管理机构，以杭州为中心，促进其集聚发展；支持公募资产管理机构开展私募业务，支持私募机构获取公募牌照，实现齐头并进发展；重点支持杭州、宁波、嘉兴等有条件的地区打造私募基金集聚发展高地。

（三）梳理细节，优化操作，扫除股改障碍

针对股改障碍中属于操作和技术层面的问题，一方面，政府部门要进一步把简政放权落到实处。比如工商部门要切实做好新旧公司法的衔接操作，探索在统一操作规则的前提下将股份有限公司的登记注册权限下放到县区工商部门，研究出台针对新三板企业工商注册登记的专项指引；商务部门要切实做好权利清单建设，公开办理事项的条件、程序、期限，防范人为拖延企业的合法诉求；土管部门要全面梳理历史遗留问题，针对既成事实的企业在用土地因指标限制而无法取得权证问题，能够有计划地逐步给予解决；金融办等部门要做好已生效政策的落实工作，尽量避免政府言而无信的社会影响。另一方面，中介机构不应以挂牌上市作为股改企业的筛选标准。野蛮生长的中小企业或多或少会存在诸如股东占用资金、同业竞争、关联交易、企业间互保、员工社保公积金缴纳比例低、资产权属瑕疵等影响企业挂牌上市、但并不影响企业股改的问题。企业的规范是一个逐步的过程，需要用时间来换取发展空间。建议中介机构能够建立多元的标准，在股改阶段能够相对包容企业的一些问题，有些问题先规范再股改，有些问题先股改再规范，力争把浙江股份有限公司的基数做大做实，为多层次资本市场发展打下扎实的基础。

附件

浙江辖区拟股改公司情况调查表

为进一步做好股份制改造及多层次资本市场的宣传和服务工作，切实了解市场主体的真实想法，更好地解决市场的实际问题，我局设计了以下调查问卷，请认真填写，我局对本问卷信息严格保密，仅做研究分析用。

公司名称：　　　　　　　　　　　　　　　　注册地：

一、当前企业性质为

民营 □　　国有 □　　集体 □　　外资 □

二、历史沿革中曾经涉及

纯民营 □　　国有 □　　集体 □　　外资 □

三、企业所属行业

农、林、牧、渔业 □　　采矿业 □　　制造业 □　　建筑业 □
电力、燃气及水的生产和供应业□　　交通运输、仓储和邮政业 □
信息传输、计算机服务和软件业 □　　住宿和餐饮业 □
金融业 □　　房地产业 □　　租赁和商务服务业 □
科学研究、技术服务和地质勘查业 □　　教育 □
水利、环境和公共设施管理业 □　　居民服务和其他服务业 □
卫生、社会保障和社会福利业 □　　文化、体育和娱乐业 □
公共管理和社会组织 □　　国际组织 □

四、企业年销售收入约为

A. 2 000 万元以下　　B. 2 000 万 ~5 000 万元　　C. 5 000 万 ~1 亿元
D. 1 亿元以上

五、企业股改过程中遇到的问题有哪些（可多选）

A. 历史股权转让手续存在瑕疵，确认股权清晰较难□

B. 企业历史出资或实物、无形资产出资存在瑕疵，无足够资金补足或置换□

C. 账面净资产低于注册资本，需增资但缺乏资金□

D. 外资企业成立未满十年，转内资需补税或外资撤资土地需评估补税□

E. 外资转内资，取得外方股东确认存在难度□

F. 改制过程中涉及税收成本较高□

G. 改制的中介机构等直接成本较高□

H. 企业资产（专利、技术、土地等）产权存在瑕疵，取得权证成本过高 □

I. 存在同业竞争、严重关联交易及资金占用问题，难以清理□

J. 报告期内存在行政处罚，较难取得合规证明□

K. 存在互保问题，因缺乏资金难以解除□

L. 股改后规范运作和管理成本将大幅增加（如工资社保规范将增加成本）□

M. 其他（请说明）

六、你觉得政府相关部门、中介机构在配合企业股改过程中存在哪些问题（可多选）

1. 地税局：

A. 未分配利润转增股本地方留成部分税收奖励政策不统一□

B. 股改后几年内新增地方税收部分奖励政策不统一□

C. 企业改制过程中涉及的税务处理原则不明确（如土地入股评估增值是否纳税等）□

D. 希望出台针对以前年度补交税款的相关奖励政策□

E. 合规证明取得存在难度□

F. 其他（请说明）

2. 土管局：

A. 由于地方土地指标问题无法取得在用土地权证□

B. 其他（请说明）

3. 国资委：

A. 历史上存在国有股权变动但相关手续不全，补充取得国资部门确权文件存在难度□

B. 其他（请说明）

4. 商务局：

A. 个别地方出于招商引资压力，外资转内资较难取得商务部门同意批复文件□

B. 其他（请说明）

5. 金融办：

A. 部分地区针对股改的有关政策尚未出台□

B. 改制后政府承诺的补贴不到位或拖延很久□

C. 加强金融办在推动股改过程中的组织培训、协调作用□

D. 其他（请说明）

6. 工商局：（请说明）

A. 县区级股改企业的工商登记仍需在市一级办理，希望放开 □

B. 部分地区股改登记时依然要求必须提供评估报告，增加了企业额外负担 □

C. 新三板挂牌企业到工商局备案章程等事项时存在一定障碍 □

D. 其他（请说明）

7. 环保局：（请说明）

8. 其他部门：（请说明）

9. 中介机构：（请说明）

温州金融生态环境分析及对策研究

国家开发银行浙江省分行课题组*

一、引言：温州金融怎么了

2012 年 3 月 28 日，国务院批准设立温州金融综合改革试验区，希望温州通过金融综合改革，引导民间融资规范发展，切实解决中小微企业融资难问题，进而提升金融服务实体经济的能力。自温州市金融改革试验区设立两年来，为改善温州金融生态环境，以及解决温州民间资本多、投资难与中小企业多、融资难的“两多两难”问题，温州市政府推出了许多政策措施，取得了积极成效。2013 年温州经济逐步走出“低谷”，同比增长 7.7%，增速相比 2011 年提高了 1 个百分点，与全国平均增速持平。然而金融业相关指标却仍表现不佳并出现反复。特别是 2013 年以来，温州市贷款余额增速下降，不良贷款额与不良贷款率却明显上升。

关于温州金融生态及金融风险演化的问题受到了政府、学者以及金融业界的持续关注。尽管对于温州金融生态未来发展趋势的判断因人而异，但若要科学合理评价温州金融生态环境及未来发展趋势，需要厘清温州这一轮金融生态恶化的核心问题，以此为基础对温州未来金融生态环境的演化趋势作出判断并提出政策建议。

二、温州金融生态现状及趋势分析

金融生态环境是影响区域金融健康稳定发展的重要外部条件。正如周小川（2004）所指出的，金融生态主要不是金融机构的内部运作，而是金融运行的外部环境，也就是金融运行的一些基础条件。金融生态环境不仅包括与金融运行密切相关的经济基础、制度变迁等经济因素，还包括整个社会的政治体制、法治环境、信用水平、金融监管力度等环境因素。

（一）温州金融生态的影响因素

一般而言，金融生态环境的评价包括：地区经济基础、金融发展、政府治

---

* 课题主持人：乐　宜
课题组成员：汪　炜　周　莉　韩煜达　盛力行　彭　永　张小茜　朱燕建　李甫伟　郑扬扬

理和制度文化四个方面。目前，国内在金融生态环境评价指标体系构建中，运用范围最广，且最具权威性的是社科院金融所在《中国地区金融生态环境评价》（2006、2008、2009、2013）中所使用的评价指标体系。为了较为全面科学地分析温州金融生态演化及发展趋势，我们在社科院金融所使用的金融生态环境评价指标体系（2013）基础上，筛选出对温州金融生态环境可能存在显著影响的重要因素，并构建出针对温州的金融生态环境评价指标体系（见表1）。同时，为了分析温州金融生态加速恶化的原因，我们选取杭州和苏州两个城市作比较分析，并运用“差异贡献率指标[1]”，用于提取导致温州金融生态与杭州、苏州产生差异的主要因素。

表1　温州金融生态环境评价指标结构

类别	子类	类别	子类
经济基础	经济发达水平	金融业发展	金融深化
	经济结构及私人部门发展		银行业效率
	GDP结构及增长率		金融服务实体经济
	固定资产投资结构及增长率		银行业增长
	经济开放		银行业风险
	房地产运行状况		—
政府治理	地方政府债务风险	制度与诚信文化	区域金融法治环境
	财政平衡		政府诚信
	财政主导性		社会信用
	政府行政		—

（二）温州金融生态环境的演化与现状

一直到2009年，温州都是全国金融生态环境得分较高、不良率最低的城市。但本次企业资金链和民间借贷危机，已实质上破坏了温州长期以来良好的金融生态环境。自2006年以来，温州金融生态环境综合评价水平不断下降，排名更是从2006年的第2位下滑到了2013年的第13位。与之不同的是，近年来杭州市的排名虽然有些下滑，但仍排在第4位，苏州市更是从2006年的第7位上升到了2014年的第3位（见图1）。

温州金融生态环境持续恶化的主要原因是构成金融生态重要影响因素的经

① 差异贡献率指标，是为了探究不同城市之间经济基础、金融发展、政府治理和制度与诚信文化这四类指标评分的差异对于它们金融生态环境综合评分的影响，如温州与杭州的经济基础差异贡献率 =（温州经济基础指标评分 - 杭州经济基础指标评分）/［4×（温州金融生态综合评分 - 杭州金融生态综合评分）］。之所以要除以4，是因为温州金融生态综合评分中经济基础、金融发展、政府干预以及社会信用与诚信这四项指标的权重为1/4。

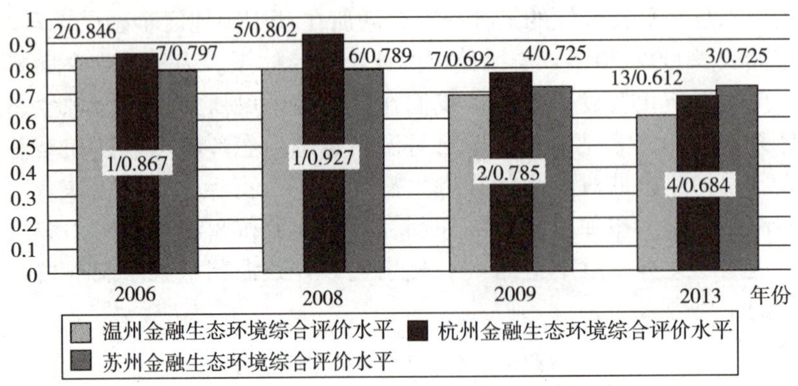

注：数据标签中，前一个数值表示排名，后一个数值表示具体得分。

数据来源：社科院金融所（2006、2008、2009、2013）。

图 1　2006—2013 年温州、杭州和苏州金融生态环境综合评价水平

济基础和制度与诚信文化这两类指标得分下降，并与杭州和苏州等竞争性城市的差距不断扩大。在金融发展水平方面，虽然在社科院金融所（2013）的评价体系中，温州的金融发展水平优于杭州和苏州，但这一结论并不符合现实。如果把温州金融服务实体经济的能力、银行业增长与银行业风险等指标也考虑在内，温州金融发展得分将落后于杭州与苏州。

1. 经济基础

实体经济是金融主体运行的基础环境，良好的经济运行状况可以提高金融主体的运行效率和质量。实体经济运行的碰撞将反映为金融风险的积淀，最终形成金融风险源，威胁地区经济与金融体系的安全。一个稳定且高效的金融生态系统，需要良好的经济基础，两者的良性互动能够推动经济和金融的共同发展。

从图 2 我们可以发现，2006 年温州的经济基础甚至优于杭州与苏州，但之后，温州的经济基础得分迅速下滑，排名更是下降到 2013 年的 29 名，且与杭州、苏州的差距在不断加大；而苏州在 2013 年其经济基础得分与排名甚至超过了杭州。2013 年温州与杭州的经济基础差异贡献率为 55%，温州与苏州经济基础的差异贡献率为 50%①。也就是说，2013 年温州与杭州之间金融生态综合评分的差异有 55% 是由温州和杭州的经济基础差异所引起的，温州与苏州之间金融生态综合评分的差异有 50% 是由温州和苏州的经济基础差异所引起的。

① 温州与杭州经济基础指标差异贡献率 =（温州经济基础指标评分 - 杭州经济基础指标评分）/[4 ×（温州金融生态综合评分 - 杭州金融生态综合评分）]。

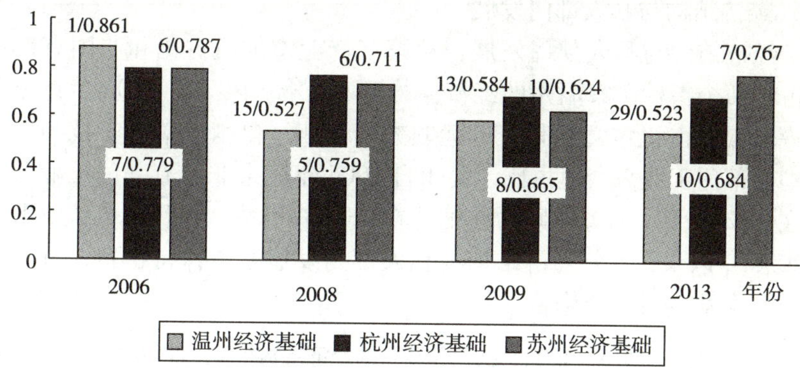

注：数据标签中，前一个数值表示排名，后一个数值表示具体得分。

数据来源：社科院金融所（2006、2008、2009、2013）。

图 2　2006—2013 年温州、杭州和苏州经济基础

（1）经济发达水平

关于经济发达水平，从人均 GDP、城镇居民可支配收入以及人均社会零售商品总额三个指标衡量温州经济发达水平。相对于 2006 年，温州在 2013 年的人均 GDP、居民可支配收入以及人均零售商品总额已经全面落后于杭州和苏州，且与两者之间的差距在不断增大（见表 2）。

表 2　2006—2013 年温州、杭州和苏州的经济发达程度　单位：万元

年份	人均 GDP			居民可支配收入			人均社会零售商品总额		
	温州	杭州	苏州	温州	杭州	苏州	温州	杭州	苏州
2006	2.36	4.47	6.69	2.17	1.90	1.85	1.00	1.45	1.78
2007	2.73	5.24	6.97	2.40	2.17	2.13	1.15	1.66	1.75
2008	3.03	6.04	7.58	2.62	2.41	2.39	1.35	1.96	1.98
2009	3.13	6.31	7.74	2.80	2.70	2.63	1.57	2.24	2.28
2010	3.20	6.86	8.85	3.12	3.00	2.92	1.64	1.99	2.51
2011	3.74	8.07	9.64	3.17	3.41	3.32	1.93	2.33	2.98
2012	4.01	8.89	11.40	3.48	3.75	3.75	2.11	2.67	3.67
2013	4.37	9.41	12.37	3.79	3.93	3.96	2.33	3.98	3.58
平均增长率	9.3%	11.3%	9.3%	8.3%	11.0%	11.5%	13.0%	16.7%	10.9%

数据来源：温州、杭州和苏州市统计年鉴以及 Wind 金融经济数据库。

（2）经济结构与私人部门发展

对于经济结构与私人部门发展，从第三产业增加值占比和非国有部门工业总产值占比两个指标考察温州的经济结构和私人部门发展，2006 年以来，温州第三产业增加值占比缓慢增长，远远领先于苏州，仅稍稍落后于杭州。进一步考察非国有部门工业总产值占比，温州自 2006 年以来非国有部门工业总产值一直维持在 95% 以上，而苏杭则始终维持在 45%，仍然远远优于苏杭（见表 3）。因此，2006 年以来，温州经济结构与私人部门发展基本保持稳定，且与苏杭之间的差异并未发生明显变化。

表 3　2006—2013 年温州、杭州和苏州的经济结构与私人部门发展　单位:%

年份	第三产业增加值占比			非国有部门工业总产值占比		
	温州	杭州	苏州	温州	杭州	苏州
2006	41.7	45.3	31.0	96.0	39.5	41.7
2007	42.6	46.2	32.6	96.3	41.8	43.0
2008	43.8	46.7	36.4	96.0	43.3	44.5
2009	45.9	49.3	38.9	96.4	46.2	46.2
2010	44.4	48.7	41.2	96.5	45.9	46.4
2011	45.3	49.3	40.5	96.5	47.7	48.1
2012	46.4	50.3	37.2	96.4	47.0	47.0
2013	46.8	52.9	33.4	96.5	45.4	47.2

数据来源：温州、杭州和苏州市统计年鉴以及 Wind 金融经济数据库。

（3）影响温州经济未来发展趋势的其他指标分析

在分析经济发达水平和经济结构与私人部门发展指标的基础上，为了进一步分析温州未来经济基础的发展趋势，我们增加了 GDP 结构及增长率、固定资产投资结构及增长率、经济开放和房地产业运行状况四类指标。

①温州 GDP 结构及增长率

2006 年以来，温州经济发展起伏不定（见表 4），GDP 实际增长率在 2007 年达到 13.61% 的高点。但在全球金融危机以及国内经济回归“新常态”的大背景下，2014 年上半年温州 GDP 同比增长 6.8%，低于浙江省 7.2% 的 GDP 增速，但差距有所缩小。进一步分析温州经济增长动力，可以发现 2008 年以前，温州经济的增长动力主要源于消费、投资和进出口“三驾马车”的齐头并进，同步推进。而 2008 年以后，特别是 2011 年以来固定资产投资成为经济增长的主要拉动力，而消费和进出口的作用明显弱化。这主要是由于国家推行“八项规定”制约了消费增长，以及“次贷危机”后美欧日等主要经济体经济增速放缓，外需不足。

表4 **温州经济增长率** 单位:%

年份	浙江省GDP增长率	温州GDP增长率	杭州GDP增长率	苏州GDP增长率	社会消费品总额增长率	固定资产投资增长率	净出口增长率	政府支出增长率
2006	15.92	13.50	14.3	15.8	13.30	17.90	37.67	11.42
2007	14.52	13.61	14.6	16.1	12.41	10.31	24.06	62.71
2008	8.81	7.35	11.0	13.2	14.11	-1.71	16.48	13.15
2009	8.78	5.30	10.0	11.5	17.96	11.58	-11.52	21.19
2010	16.13	10.98	12.0	13.3	13.57	6.46	33.74	18.55
2011	10.63	7.95	10.1	12.0	11.21	77.45	16.00	12.25
2012	7.26	6.48	9.0	10.1	6.69	31.55	-0.96	2.33
2013	8.20	7.65	8.0	9.6	8.67	22.82	2.97	10.83
2014年上半年	7.2	6.8	7.7	8.7	12.00	17.7	7.8	—

数据来源：温州、杭州和苏州市统计年鉴以及Wind金融经济数据库。

②固定资产投资结构及增长率

2011年以前温州市政府投资较少，而从2011年开始政府出台政策加大投入力度，出现了大幅增长。2011年以后增速有所下降，但实际投入总量仍处于高位（见表5）。从投资项目来看，2011年开始基础设施投资是固定资产投资中的主要拉动因素，工业投资其次；而房地产投资由于受房地产调控政策影响，增速出现了大幅放缓。因而，此轮固定资产投资增长中，政府加大投入、积极开展基础设施投资发挥了重要作用，也是维持固定资产投资增速的重要支撑。未来温州投资总量是否仍能维持较高投入力度，将很大程度依赖于温州市政府继续加大基础设施投资力度及其可持续能力。

表5 **温州固定资产投资增长速度** 单位:%

年份	固定资产投资	基础设施	工业投资	房地产投资
2006	19.1	27.0	22.8	9.6
2007	14.2	7.4	29.7	14.1
2008	2.9	-7.5	-0.4	14.0
2009	10.5	21.2	-3.0	15.5
2010	11.0	10.3	15.3	7.0
2011	88.3	56.1	26.4	151.0
2012	34.6	48.2	33.5	1.0
2013	25.2	31.5	29.0	6.8
2014年上半年	17.70	15.0	-1.20	9.10

数据来源：温州市统计年鉴以及Wind金融经济数据库。

③经济开放

2011 年之后，温州进口、出口、进出口总额以及净出口的增长率全面下滑。另外，从外贸依存度上看，2011 年以来进出口增长乏力使得温州的外贸依存度持续下降，2014 年上半年温州的外贸依存度为 27.9%，是近六年来的最低值。

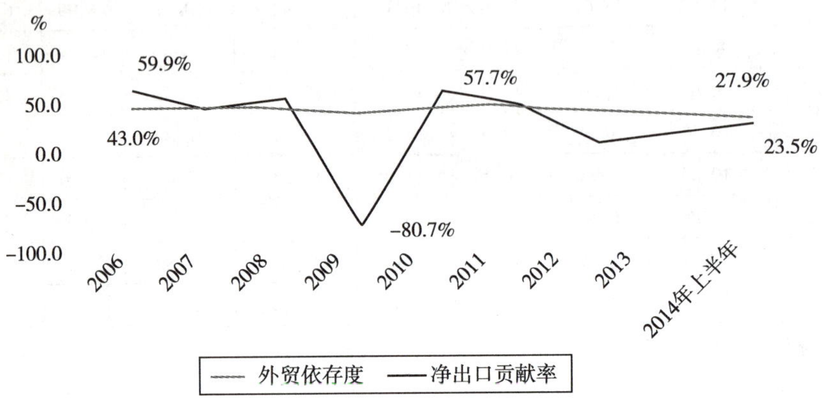

数据来源：温州市统计年鉴以及 Wind 金融经济数据库。

图 3 温州市外贸对国内生产总值的贡献率

④房地产业运行状况

温州市商品房销售面积的增长，并未带来房地产价格复苏。从"70 个大中城市新建住宅价格指数"的温州新建住宅价格指数来看，自 2011 年 9 月以来，温州市新建住宅价格指数持续下降，到 2014 年 6 月甚至已跌至 2009 年 5 月的低点。与温州不同，杭州新建住宅价格指数从 2013 年起开始复苏，在 2014 年 6 月杭州新建住宅价格指数与 2010 年基本持平（见图 4）。

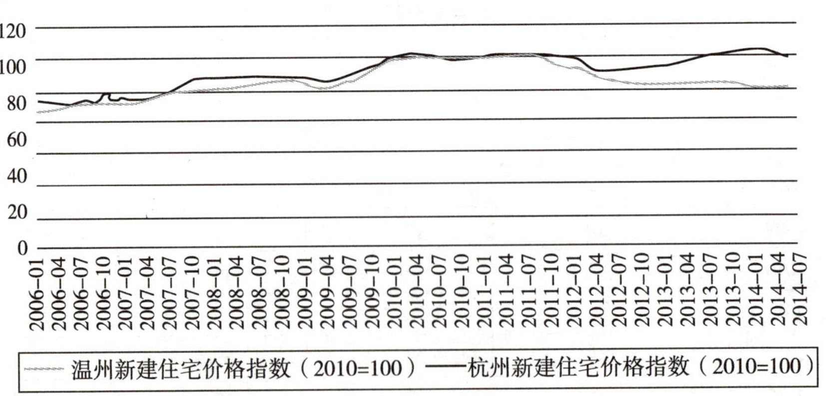

数据来源：Wind 金融经济数据库。

图 4 温州和杭州新建住宅价格指数（2010 = 100）

2. 金融发展

区域金融发展水平是区域金融生态环境的最直观体现，在社科院金融所（2013）的金融生态环境评价测算中，温州的金融发展水平优于杭州和苏州（见图5）。从金融发展的差异贡献度来看[①]，温州和杭州的金融发展差异贡献度为-16%，温州和苏州的金融发展差异贡献度为-13%。也就是说，温州金融发展水平高于苏杭，弥补了与杭州金融生态综合评分差异的16%，弥补了与苏州金融生态综合评分差异的12%。

然而，若我们进一步分析温州金融支持实体经济、银行业增长以及银行业风险三类指标，可以发现，2010年以来温州长期贷款占比远低于苏州和杭州，民间综合融资利率高企，银行业存贷款增长乏力，银行不良率急剧增加，温州金融发展面临的资金成本、服务能力和风险防控问题不容忽视。

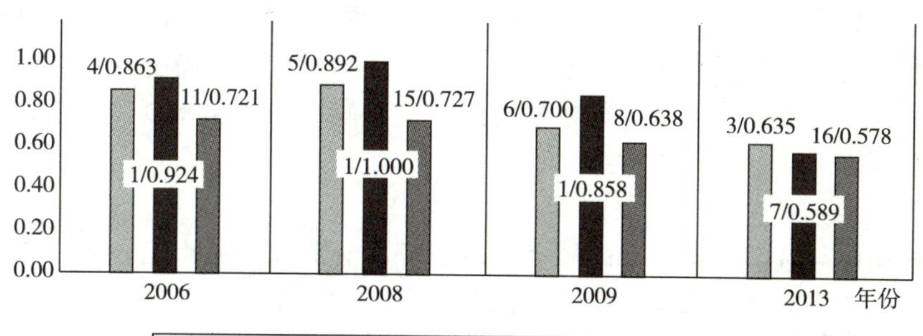

注：数据标签中，前一个数值表示排名，后一个数值表示具体得分。

数据来源：社科院金融所（2006、2008、2009、2013）。

图5 温州、杭州和苏州金融发展水平

在金融生态系统中，实体经济与金融发展良性互动的关键在于金融对于实体经济发展的有效支持。尽管从私人部门获得金融支持角度来看，温州中小微企业贷款占比远远高于杭州，但温州的金融发展对于实体经济的支持存在着三个方面的问题：一是银行贷款短期化。长期以来，温州长期贷款比重偏低，这可能和当地以中小企业为主、产业较为低端有较大关系。二是民间借贷的无序与高利率。民间借贷在促进资金流通和地区经济增长的同时，但缺乏监管和规范容易积累较大的风险。在当前的经济环境下，民间融资仅能作为短期资金周转的手段，很难作为企业长期投资的资金来源。三是大量资本“体外运转”或从银行流向民间借贷市场。由于前期房地产市场处于升值周期，以及民间借贷

① 温州与杭州金融发展指标差异贡献率 =（温州金融发展指标评分 - 杭州金融发展指标评分）/[4×（温州金融生态综合评分 - 杭州金融生态综合评分）]。

利率明显高于银行借贷利率，再加上温州企业家长期积累的“投机”文化，因而较为普遍地出现了银行信贷资金要么流向民间借贷市场，要么流向房地产、资源能源等投机性领域，进一步推动了资金成本上升。

3. 政府治理

由于我国目前地方政府债务对金融稳定的影响在不断加大，社科院金融所（2013）在政府干预指标中加入了地方政府债务对金融稳定的影响指标（见图6）。比较温州、杭州、苏州，地方政府债务对金融稳定影响最大的是杭州，温州优于杭州，略低于苏州。进一步从政府治理的差异贡献度来看，温州与杭州的政府治理差异贡献率为10%，温州与苏州的政府治理差异贡献率为－12%。此外，由于社科院金融所（2013）在政府治理中引入了地方政府债务指标，2013年温州、杭州和苏州政府治理排名均大幅下滑①。2010年以来，温州市地方政府债务风险虽有上升，但仍低于杭州；税收收入占总收入比重远高于杭州，对土地财政的依赖性低于杭州；政府对经济的主导性指标保持稳定。因此，政府干预或者地方政府债务对于金融稳定产生的影响，并非温州金融生态急剧下滑的主要原因。

4. 制度与诚信文化

区域制度与诚信文化对于区域金融生态环境有着深刻的影响。从图7我们可以发现，在2013年，温州的制度与诚信文化得分远远低于杭州和苏州。从制度与诚信文化差异贡献率②来看，2013年，温州和杭州的制度与诚信文化差异贡献率为－71%，温州和苏州的制度与诚信文化的差异贡献率为－49%。也就是说，2013年温州与杭州之间金融生态综合评分的差异有71%是由温州的制度与诚信文化指标下降引起的，温州与苏州之间金融生态综合评分的差异有49%是由温州的制度与诚信文化指标下降引起的。这表明，温州出现了社会信用恶化现象。

温州是我国市场经济发育最早的地区之一，基于“亲缘、地缘、业缘”而建立的民间传统信用关系和信用文化，是长期以来连接温州经济金融活动的重要纽带，它孕育了温州人、温州企业强烈的诚信意识，也促成了温州当地持续活跃的民间金融活动。民间传统信用关系和信用意识作为市场经济发展初期的产物，

---

① 中国社科院金融研究所（2013）在政府治理指标体系中引入了政府债务对于金融稳定的影响，使得在中国社科院金融研究所（2009）中政府治理排名相对靠前的城市在2013年迅速下滑，除温州、杭州和苏州以外，上海从2009年的第8位下滑到2013年的第175位，北京从2009年的第7位下滑到2013年的第218位，而2013年排名前三位的则是经济相对不发达，政府债务水平相对较低的呼伦贝尔（1）、宣城（2）和大连（3）。

② 温州和杭州制度与诚信文化指标差异贡献率＝（温州制度与诚信文化指标评分－杭州制度与诚信文化指标评分）/［4×（温州金融生态综合评分－杭州金融生态综合评分）］。

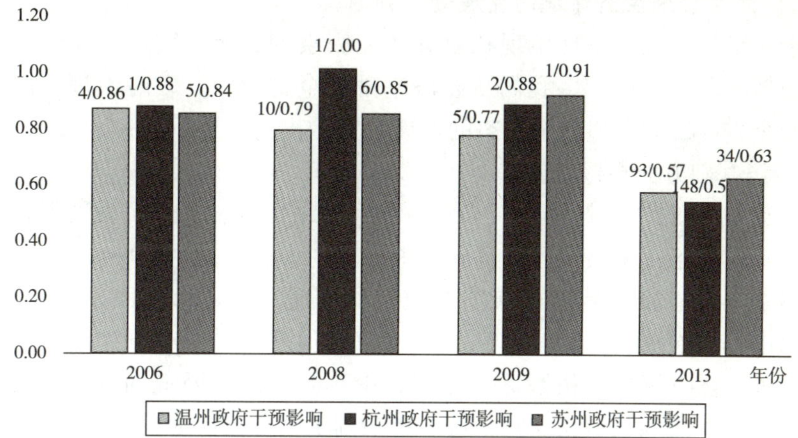

注：数据标签中，前一个数值表示排名，后一个数值表示具体得分。

数据来源：社科院金融所（2006、2008、2009、2013）。

图6 温州、杭州和苏州政府干预对于地方金融稳定的影响

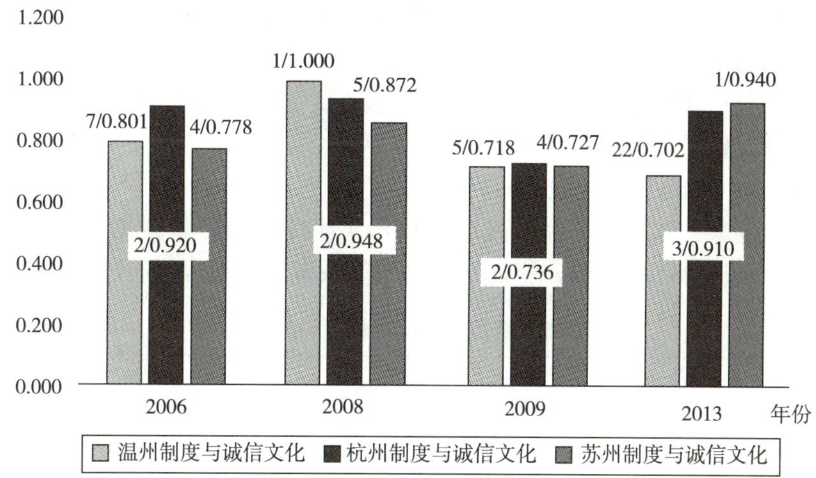

注：数据标签中，前一个数值表示排名，后一个数值表示具体得分。

数据来源：社科院金融所（2006、2008、2009、2013）。

图7 温州、杭州和苏州制度与诚信文化评分

支撑着“温州模式”的形成与壮大。然而，随着温州人大量离开乡土和族群到国内外经商，其社会关系及商业活动的复杂程度已远远超出传统的“三缘”关系。虽然，温州人的族群观念还很强，温州人之间的信任度仍很高，但这种传统信任关系背后的软信息含量越来越少了，民间金融所依赖的信任关系已动摇。

（三）温州金融生态环境的发展趋势判断

基于对温州金融生态环境现状及其影响因素的分析，结合当前经济金融领域出现的新情况、新问题，我们从经济基础、金融发展、政府治理、制度及诚信文化四个方面，对温州金融生态的发展趋势做出初步判断。

1. 经济基础方面指标总体趋弱

从拉动 GDP 的“三驾马车”来看，在经济结构与私人部门发展保持基本稳定的前提下，真正影响温州经济基础的主要表现为经济发达水平（见表 6）。

从消费来看，2014 年温州市消费虽有所回暖，温州市居民生活相对富裕，汽车、家电等高端消费品普及率高，且“三公消费”持续受限，消费增长缺乏热点。此外，随着资产价格泡沫的破裂，中小企业运营困境加剧，温州居民资产缩水，可支配收入的增长受限，进一步限制了消费的持续增长。

从固定资产投资角度来看，公共基建投资虽是政府拉动经济的重要着力点，但受制于地方债务调控背景下融资渠道有限，未来的增长空间不确定。工业投资受困于产业结构低端、转型升级缓慢，以及外部经济环境的影响，企业投资需求不高。房地产投资，受高基数和高库存对供求两端的挤压，温州房地产销售价格在前期大幅度下跌的基础上，将持续保持低位，去库存仍是温州房地产市场的主基调。

从对外贸易来看，由于受全球经济复苏速度缓慢、人民币长期缓慢升值以及劳动力和原材料成本不断上升的影响，中小企业销售不畅、经营困难，出口增长缓慢，对 GDP 的贡献率也将持续下滑。

因此，未来一年温州的经济发展态势仍不容乐观，金融生态环境评价的经济基础方面指标总体仍趋弱，与杭州和苏州等城市的差距也可能进一步扩大。

表 6　　温州经济基础指标发展趋势判断

指标名称	发展趋势判断
1. 经济基础	总体趋弱
1a 经济发达水平	上升乏力
（1a1）人均 GDP	偏低，增长率下行
（1a2）城镇居民可支配收入	增长速度趋缓
（1a3）人均社会零售商品总额	增幅波动
1b 经济结构及私人部门发展	保持稳定
（1b1）第三产业产值占比	保持稳定
（1b2）非国有部门工业总产值占比	保持稳定
1c 固定资产投资结构及增长率	基础设施投资比重增加，工业投资失速
1d 对外贸易	出口增长停滞，对 GDP 贡献率下降
1e 房地产业运行状况	房价维持低位，去库存

2. 金融发展指标提升困难重重

由于受民间借贷和担保链风波影响，温州下阶段金融发展面临巨大困难（见表7）。从金融深化指标看，存贷款增长放缓甚至低于GDP增长率，必然使温州金融深化指标持续下行；从金融效率指标看，目前温州存贷比已接近0.90，上升空间有限。而银行利润受困于不良贷款高发，不良贷款率高企，银行利润率必然持续下降或维持低位；从金融支持实体经济指标看，中小微企业贷款占比仍将保持平稳，而长期贷款占比偏低和民间借贷利率偏高的问题，在短期内仍无望解决；从银行业增长指标看，存款增长方面，虽然抑制投机的措施使部分资金回流银行，但银行理财产品、互联网理财以及其他金融机构的类理财产品已经对银行表内存款形成分流，未来存款增速放缓不可避免。而贷款增长方面，受限于存款增长放缓、不良率高企以及当前相对较高的存贷比，未来温州国有银行以及股份制商业银行的贷款增长有限，地方法人商业银行成为银行贷款增长破局的关键所在；从银行业风险看，虽然2014年上半年，温州市不良贷款额与贷款率有所回落，且不良贷款处置不断加快，但由于担保链风险和多头贷款问题仍然存在，互保圈企业困局短期内无法得到有效缓解，借贷案件从民间向金融机构转化趋势明显。

尽管“金改”以来，温州推出了一系列金融改革的相关举措，但成效显现仍需一定时间。短期内，温州金融发展指标要实现有效提升困难重重。

表7　　温州金融发展指标趋势判断

指标名称	发展趋势判断
2. 金融发展	逐步企稳，但提升困难
2a 金融深化	缓慢下行
（2a1）存贷款/GDP	下行
2b 金融效率	下行
（2b1）存贷比	基本稳定
（2b2）银行资产利润率	下行
2c 金融支持实体经济发展	保持平稳
（2c1）长期贷款占比	缓慢上升
（2c2）中小微企业贷款占比	保持平稳
（2c3）民间借款利率	维持高位
2d 银行业增长	稳中有降
（2d1）存款增长率	持续下行
（2d2）贷款增长率	缓慢回升
2e 金融风险	持续释放，底部企稳
（2e1）不良贷款率	探底回升
（2e2）不良资产处置	不良资产处置加速

3. 政府治理方面指标维持下行趋势

2011 年以来温州基础设施投资的高速增长，资金来源则主要通过国企与地方政府融资平台向银行贷款或发行债务，温州市政府地方债风险将有所上升；而从财政平衡的角度来看，实体经济的不景气使温州税收收入占财政总收入的占比不断下降，这也从另一个方面说明财政收入对于土地财政的依赖性不断加大。然而，由于温州房地产市场不景气，使温州市政府土地财政的可持续性受到限制。因此，温州在政府治理方面的表现也将持续下行（见表 8）。

表 8　　温州市政府治理指标趋势判断

指标名称	发展趋势判断
3. 政府治理	维持下行趋势
3a 政府债务对金融稳定的影响	上行
（3a1）财政负债率	上行
（3a2）财政债务率	高位上行
（3a3）财政偿债率	总体上行
3b 财政平衡能力	下行
（3b1）税收收入占总收入的比重	缓慢下行
（3b2）土地出让金收入占比	下行
3c 政府主导性	保持稳定

4. 制度与诚信文化方面指标不容乐观

从区域金融法治环境来看，近年来温州政府出台了一系列地方法规和政策措施，如出台全国首个《民间融资管理条例》、成立金融法庭、有效处理逃废债等，区域金融法治环境得到较大的改善。但社会信用恶化的情况，在短期内难以明显恢复。2011 年以来，温州爆发企业资金链和民间借贷危机，一部分中小企业出现了倒闭、逃废债问题，使温州民间长期依赖的传统信用关系受到了冲击。同时，企业资金链、担保链的断裂，使银行不良率急剧上升，金融信用急剧恶化。目前，温州金融活动信用恶化的现象仍在演进，未出现明显好转迹象（见表 9）。

表 9　　温州制度与诚信文化趋势判断

指标名称	发展趋势判断
4. 制度与诚信文化	维持低位
4a 法治环境	改善
4b 政府信用	保持稳定
4c 社会信用	谷底，短期难以恢复

三、温州金融生态恶化的根源分析

（一）实体经济对于温州金融风险的影响

温州是我国市场经济发展最早的地区之一，在长期经济发展过程中所形成的体制机制和市场先发优势，充分调动了民间力量、市场力量，最大限度解放了生产力，引领温州经济在改革开放20多年来一直领跑全国。但是随着改革的不断深化，“温州模式”开始面临瓶颈，实体经济遭遇天花板效应，温州资本大规模外流，政府财力和调控能力不断弱化等，导致近十年来温州经济发展逐步趋缓，经济增速渐趋全省后列。

一是产业长期处于低端制造业，转型升级缓慢。温州产业结构以电器、鞋革、服装、塑料制品等传统低端制造业为主，附加值低，劳动密集型和“两头在外”特征明显。在用工、资金等要素成本上升以及外需萎缩的多重因素影响下，企业利润不断受到挤压，企业发展活力逐步减弱。

二是实体经济创新投入不足，研发力量不强。温州产业基于自身低、小、散的特点，大量企业处于产业链低端，普遍技术层次偏低，研发能力较弱，以及长期形成仿制、“搭便车”的生产观念，致使其无力、无意承载高成本和高风险的技术研发投入，导致产业转型升级缓慢。

三是公共设施建设滞后，产业发展空间不足。多年来，温州坚持“有限政府”治理模式，在强调市场主导的前提下，政府主导能力和财政基础不断弱化，对基础设施建设等公共品的投入严重不足，造成温州城市布局不合理和功能不完善。

四是资本外流严重，本土产业空心化。近年来，受温州土地、劳动力、原材料等资源要素价格的高企，以及政府公共投入不足、政策引导不够等因素影响，温州投资集聚能力不断减弱，社会发展综合水平持续处于浙江省后几位，造成温州资本大量外流、地方税源不断下降、高端人才流失严重。

五是资本投机性强，企业杠杆率过高。在实体经济发展停滞的背景下，近年来房地产、能源等高利润产业诱导大量温州资本游离于实业之外，造成实体经济领域的盈利能力不足、发展潜力不够。大量企业无心做实主业，产业资本“避实向虚”，投机资本“体外循环”，过度融资、过度投资，企业杠杆率过高的情况严重。一旦资金成本上升、流动性下降，企业利润根本无法覆盖融资成本，企业资本根本无法抵御金融危机的冲击，导致大量企业资金链断裂，并引发区域性、系统性的金融风险。

（二）银行行为对于温州金融风险的影响

一是经济扩张时期银行大量推行的互保和联保贷款，在经济收缩时加剧了区域金融风险扩散速度和程度。在经济扩张时期，商业银行为了追求经营业绩，往往加大发放贷款力度。为了使没有足够抵押资产的企业具备获得贷款的条件，而银行自身免予承担风险，往往要求企业互保或联保，甚至由银行“拉郎配”组织担保圈。特别是在 2009 年适度宽松的货币政策刺激下，互保联保方式被大量使用，进一步助长了企业融资需求的过度膨胀，也在一定程度上使银行放松了对风险的有效监管。这一方面使互保、联保机制原来应该具备的信息条件不复存在，扭曲了担保的内在逻辑和金融意义；另一方面也使企业产生“融资错觉”，助长了企业的过度负债与过度投资行为。而在经济紧缩时期，担保链增信的“木桶效应”显现，特别是在经济、金融出现危机时表现得尤为突出，只要担保链中信用水平较低的企业出险，担保链涉及企业的总体不良债务规模会迅速放大，甚至殃及生产形势较好的优质企业。

二是银行和企业的“长短错配”增加了企业“转贷”成本，并面临银行“抽贷”风险。“短贷长用”是我国商业银行贷款结构和企业用款结构中长期存在的一个难题，银行倾向于向企业提供短期流动资金贷款，而企业资金需求中的生产性投资和技术改造投资，需要中长期贷款支持。在经济景气周期，“转贷”成本可能被大部分企业消化；但在经济紧缩、资产泡沫破裂的背景下，银行的“抽贷”倾向增强，且企业利润下降，成本收益敞口加大，这往往成为企业财务风险爆发和资金链断裂的导火索。

（三）民间金融对于温州金融风险的影响

民间金融所具备的期限灵活、手续简便、自担风险、市场定价等特点，受到了温州民营企业的欢迎，填补了正规金融信贷支持空白，拓展了中小微企业融资渠道，对温州金融生态和银行信用起到了拾遗补阙的作用。但是，温州当前民间金融活动存在的问题也是相当突出的，主要表现在以下几个方面：

一是信息不透明，增加了民间借贷市场的无序与监管困难。民间金融长期以来处在体制之外，缺乏有效的监管和引导，也没有有效的信息披露机制。特别是随着社会结构日益复杂，大部分温州人逐渐脱离“三缘”关系，通过“掮客”完成借贷行为，往往导致借贷双方严重信息不对称，从而引发欺诈行为，产生高利贷，酿成民间借贷风波，增加了经济金融活动的不确定性。

二是资金成本高，压垮实业并迫使资金从实体经济抽离。活跃的民间借贷活动在一定程度上帮助企业缓解融资需求的同时，也推升了民间资金成本。在民间借贷利率高企的背景下，民间资本流入实体经济领域意愿减弱，而更倾向于投入高风险、高投机性的市场，从而成为引发金融风险的导火索。

三是导致企业信用不完整，助长过度负债、过度投资。由于民间金融市场的不透明，商业银行无法掌握企业和个人参与民间借贷的情况。而在温州企业和个人的负债结构中，如果银行没有借款人参与民间借贷的相关信息来源，无法把民间借贷这一重要因素纳入其信用评价，也使银行信贷资产面临较大风险。

四、对策举措

根据对温州金融生态、金融风险现状及机制的分析，我们认为，应对温州当前正持续发酵并错综复杂的金融风险，必须依靠政府、金融机构及全社会的共同努力，做到长短结合、内外结合，实施系统性的综合治理。

（一）多样化运用分类处置手段，加快化解存量金融风险

一是不断完善机制，实行金融风险的灵活处置。担保链和资金链的形成错综复杂，“两链”风险的化解和处置方式也有多种选择，若过分依赖司法途径，将耗费高昂的社会成本，降低处置效率，还可能放大和激化企业财务危机，殃及正常经营的关联企业。因此，应“尽量避免、有限采用”财产保全和强制执行措施，灵活运用司法手段。第一，建立处置“快车道”，开辟银行不良贷款抵押物处置“快车道”，提高不良处置效率；第二，完善司法处置手段，合理安排贷款企业资产、主要股东与法人代表等抵押资产处置顺序，积极开展查封企业临时启封转贷手续，搭建债务链风险扩散“防火墙”；第三，有效使用破产保护司法制度，开展破产简易审理试点和破产免责制度，进一步回归破产程序止损、化险、重生功能。

二是区分风险性质，实现金融风险的差异化处置。政府和金融机构要加强协调和政策支持，积极区分风险性质，差异化处置风险。第一，对于存在恶意骗贷等的企业，采用强制措施，果断处置风险；第二，对于因系统性或暂时性的风险而影响正常还贷的企业，应灵活采用债务平移①、展期②和分期还款等各类债务风险缓释措施，而不搞“抽贷”、“压贷”。

三是搭建处置平台，实行金融风险的市场化处置。政府和金融机构应加强合作，进一步提升不良资产处置的市场化和专业化水平，形成“以市场化、专业化处置为主、司法处置和政府化解为辅”的不良资产处置模式。第一，引导省级资产管理公司，以直接或间接形式参与温州不良金融资产处置；第二，积极落实温州金改试验区政策，组建本土专业化资产管理公司，开展不良资产处置业务；第三，引入四大资产管理公司，拓展不良资产化解区域约束，进一步提升风险化解能力；第四，大力推进并购重组，结合区域产业政策和结构调整、优化方向，积极梳理相关企业，引进专业化并购中介和并购基金，提供配套和支持政策，积极推动和引导区域内的企业和行业并购整合；第五，充分应用资

① 债务平移是指银行业金融机构、风险企业及有意向代为偿还的第三方通过共同协商，由第三方为风险企业代为偿还银行业金融机构不良贷款的做法，能够直接降低银行业金融机构的不良贷款率。

② 展期是指允许借款人在约定的借款期限到期时延长原借款期限，实际上是在贷款人同意的前提下、对原合同的履行期限的变更，以时间换取企业生存发展的空间。

产证券化技术，打通信贷市场和资本市场，将缺乏流动性、非标准化的贷款债权或不良资产转换成可转让、标准化的证券公开发行出售，盘活存量资产，进一步提升不良资产的流动性和资金配置效率。

（二）多模式创新企业融资服务，不断完善风险防控机制

一是积极推行主办银行制度。有效规避企业“多头开户、多头授信”现象，进一步强化贷前尽调和贷后管理力度，减少银企信息不对称，防止人为操纵贷款风险分类，规避道德风险。

二是积极创新多样化金融产品。充分结合温州实际因地制宜开拓创新，包括：第一，进一步优化小微企业续贷机制和流动资金贷款产品；第二，通过创新模式拓展贷款抵（质）押品类型，改变长期以来不动产抵押的传统思路；第三，借鉴国内外成熟的微贷技术，开展本土化创新，改进小微贷款业务管理模式和业务准则。

三是大力推进多渠道融资模式。应在积极推进企业 IPO 上市和再融资的同时，特别注重拓展企业信用债融资、优先股融资和混合融资渠道，为温州企业打开快速实现直接融资的通道。

（三）多元化完善资本金补充机制，保障小贷公司可持续运营

一是充分运用资产证券化技术。在采用小贷资产证券化工具时，应根据特定基础资产的特性，在产品结构、风险控制、交易结构、发行模式等方面进行适当创新，同时还必须严格控制基础资产的遴选标准和资产管理计划的运作质量。

二是充分运用发行定向债和优先股途径。继续推进小贷公司以发行定向债、优先股发行试点等方式吸收民间资本。

五、对温州市政府的政策建议

（一）充分发挥政府主导作用，进一步推动温州经济走出低谷

一是加强政策引导，推动产业转型升级。第一，强化产业正向引导，提升核心竞争力。一方面，重点扶持发展装备制造业、战略性新兴产业和网络经济等生产性服务业，充分依托温州人遍布全球的人脉网络和营销网络打造时尚产业。另一方面，牵头搭建银政企合作平台，组织通过投融资对接会等形式引导企业通过“走出去”和“引进来”加大与国际先进技术和知名品牌的合作，提升产业附加值，加快转型升级等。第二，发展产业投资基金，提升企业创新动力。建议由温州市政府牵头，发挥政府资金的引导作用，联合有实力的民营企业及其他社会资金共同组建产业投资基金，加强创业投资、企业重组投资和基础设施投资等实业投资，拓宽民间资本投资渠道，有效分散企业创新风险，提升企业创新能力。

二是加强政府统筹，提升要素集聚能力。第一，加大政府投资，完善基础设施网络。建议温州市政府在继续完善全市交通网络等领域的重点项目建设基础上，紧抓当前国家对于城镇化、水利、棚改的优惠扶持政策，围绕省委、省政府提出的“五水共治”目标和工作部署，加大融资主体的资源整合。在政府债务可控可持续的前提下，进一步加大上述领域的政府投资，改善温州基础设施和投资环境，增强经济加快回暖的动力。第二，优化引才环境，引领高端要素集聚。积极探索柔性引才有效途径，进一步做强、做实大学生、留学人员和高新技术人才创业平台，继续加大优惠政策支持力度。同时继续完善社会事业服务平台，建立吸引、留住、用好优秀人才的机制，提升人才集聚能力。

三是加强 PPP 等模式的探索，引入社会资金支持城市化建设。第一，消除 PPP 发展的制度障碍，建立和完善适合 PPP 发展的市场制度和法律环境，推动构建动态调整的收费定价或政府补贴机制，做好 PPP 模式发展的顶层设计。第二，尝试在市政供水、污水、垃圾处理、保障房建设等领域率先引入 PPP 模式，树立行业样本，试点成熟后进行推广。第三，加强与世界银行的合作，依托世界银行的全球基础设施基金（GIF），建立更为广泛的 PPP 合作机制，引导全球社会资金参与浙江省基础设施建设。

（二）加大风险化解力度，进一步重塑银行信心

一是强化名单制管理，严厉打击逃废债。对故意隐匿、转移资产和“假倒闭”、“假破产”等恶意逃废债行为，加大打击力度。通过名单制管理等措施，进一步增强温州银行业参与金融综合改革的积极性和主动性，营造地方经济、金融发展的良性互动氛围。

二是建立同业会商机制，有效规范金融秩序。由人民银行温州市中心支行或银监分局等相关部门牵头，建立银行同业会商机制，对不良贷款进行分类评估和分类处置，引导金融机构建立科学合理的风险边界防控机制，规范金融秩序，避免多头授信和过度抽贷、惜贷。

三是构建跨部门协调机制，有序处置不良债务。由政府牵头组建政府、银行、法院、企业联动的会商机制，有序、有度地开展不良债务分类处置工作，并严格规范处置流程。

（三）大力推进“大数据”信用体系建设，进一步健全社会信用服务功能

一是搭建信用信息共享平台。第一，进一步完善统一的社会信用信息汇总服务平台，充分归集分散于人行、发改、金融办、法院、工商等各条线的系统信息。第二，在公共信用信息平台建设中，将日常公共信用信息纳入征集范围，进一步扩充自然人和小微企业（包括未取得贷款证的企业）公共信用信息。第三，进一步强化民间借贷资金供求双方登记备案意识，扩充民间借贷服务中心下辖民间借贷备案信息库的基础信息。

二是完善社会化征信机制。第一，积极发展市场化征信机构，以引进国内成熟征信服务机构为重点，吸收成熟的信用体系构架、信息分析评估和信用管理技术；同时大力支持本地征信服务机构的培育和发展。第二，鼓励各类社会组织参与信用体系建设，特别是行业协会组织，可考虑通过立法、规章或补贴、采购等方式，积极鼓励各类社会组织参与信用体系建设。

三是提升信息系统使用效率。第一，进一步提高统一信息平台的使用效率，不仅向政府部门开放，更要向公众和金融机构开放，对敏感信息可设置分级权限。第二，应积极借鉴泰隆银行、台州银行等小微金融服务标杆银行的经验，引进有效人才和先进技术，形成自身独特的“软信息”处理技术，进一步提升“大数据”信用环境下的信用风险评价能力。

（四）积极搭建大型政策性增信平台，提高中小企业融资能力

一是积极搭建区域性中小企业信用保证基金。温州市政府可借鉴台湾和台州“中小企业信用保证基金”，搭建以政府为主体、金融机构参与发起的区域性、公益性大型公共增信平台。对具有发展潜力但欠缺抵押品的企业提供信用保证，协助其获得金融机构贷款，同时分担银行信贷风险，提高其为中小微企业提供信贷服务的信心，最终推动信保基金、金融机构和企业三方形成风险共担、互利共赢的良性发展格局。

二是积极搭建小额再贷款平台。借鉴广州小贷公司“立根”模式，在温州当地探索再贷平台的建立与运行，以此推动小贷公司融资环境进一步改善。

三是主动创新政府对中小企业融资增信模式。充分运用政府财政资金以及政府资源等，以专项资金或风险准备金等方式积极参与中小企业贷款融资模式创新，通过共建多级风险分担机制为中小企业贷款融资予以增信。

六、国开行的政策举措

（一）加强银政合作力度，共同推动温州经济复苏

一是充分发挥国开行规划融智和专家优势。通过总分行联动等方式，积极参与温州经济金融相关规划课题，立足金融视角提出有效应对举措与政策建议。并积极推动搭建政银企互动平台，通过组织召开项目融资对接会、投融资论坛、建立规划项目储备库等方式积极做好融资服务。

二是充分发挥国开行棚改贷款政策优势。依托国开行住宅金融事业部，向温州棚户区改造项目提供过桥贷款以及专项贷款，积极支持棚改项目建设。

三是充分发挥国开行中长期融资优势。在政府债务可控可持续的前提下，进一步加大对温州交通网络、土地集约利用等基础设施建设的支持力度，推动温州不断完善城市综合功能，不断优化投资环境，提升要素集聚能力，为有效拉动经济发展提供保障。

四是充分发挥国开行综合金融服务优势。进一步加大产品和服务的创新，加大对温州本土引领性强，具备技术领先优势产业和企业的扶持力度。主要包括：第一，积极协助并参与地方政府组建创新产业基金；第二，针对民营特色放宽贷款条件和门槛，加大对企业的研发贷款支持力度；第三，积极扶持有实力的民营企业 IPO，拓展企业直接融资渠道。

（二）依托外部增信资源，切实提升风险防控能力

一是强化区域金融风险预警预判。第一，关注宏观环境。依托地方政府、同业监控金融环境和风险变化趋势，积极收集或整理发改委、人行、金融办等部门组织的宏观经济、金融形势分析材料，及时掌握当地经济、金融发展状况和重大经济决策，为国开行支持地方经济发展、调整信贷结构和确定信贷投向提供政策依据。第二，关注行业趋势。借助行业协会等社会机构的力量，进一步加强行业研究力度，提升行业层面风险把控水平。第三，关注大客户。加强与国资委、经信委等企业主管部门对接，及时跟踪大客户日常经营状况，准确掌握大额客户、高风险触发客户、过剩行业客户的未来发展趋势，做好风险预警工作。

二是完善贷前授信评价体系。第一，充分运用政府资源。重点关注政府公共服务系统扩容、对接或上线后可提供的相关信息，包括“人行征信系统”将整合法院系统已经公开但尚未执行的诉讼，发改委系统有关工商税务等相关信息，以及欠薪、未交公积金和社保费用、环保处罚等信息；省金融办正在试点运行的“浙江省小额贷款公司公共信息服务系统”将提供全省小贷公司的实时交易记录，将有利于分行对用款人情况以及实际利率情况等的动态分析和把握，提前做好风险预判。第二，充分运用社会资源。主动对接市场化专业信用评级机构，借鉴其评级结果加强对项目贷前风险的评判。第三，完善信用评级模型。充分结合行外有效信息的征集，对行内信用评级模型进行补充和完善，提升评级结果对风险判断的支撑作用。

三是完善贷后风险监控机制。第一，强化现场监管。借鉴兄弟分行经验做法，通过制度化和常态化加大现场监管的力度和频度，组织业务部门定期或不定期赴项目现场进行贷后监管和检查，对项目经营状况等进行动态把握，及时防控风险。第二，加强信息跟踪。充分运用人行征信等信息系统，定期或不定期做好借用款企业以及担保企业的相关经营状况的跟踪，及时发现潜在风险。第三，尝试监管外包。主动加强与代理行、市场化专业机构等的合作，充分借助其贴近市场的优势，适度将监管频度要求高、监管难度大的有关现场监管工作委托第三方进行外包，并尝试通过利益捆绑和激励机制提升第三方监管的积极性和可信度。

（三）加强融资模式创新，保障中小企业信贷业务可持续发展

一是探索“开鑫贷”合作模式。借鉴江苏“开鑫贷”模式，推动地方政府和国开金融、当地优质小贷公司共同组建互联网投融资平台，同时可充分运用“开鑫贷”大数据的透明度和集中度，建立多级风险分担机制，实现对参与“开鑫贷”运作的优质小贷公司的融资支持。

二是探索与再担保公司合作模式。积极借鉴广东“小贷通”模式，推动地方政府组建小额再贷款平台，充分发挥其政府优势和信用优势，组织对小贷公司进行批量筛选、风险审议，并予以担保增信，提升国开行对小贷公司融资支持的风险把控能力。

三是探索小贷抱团合作模式。借鉴“湖州模式”推动地方政府构建抱团合作模式，组织若干家地域相近、规模相当的小贷公司，分散化出资组成风险基金池，并通过建立风险准备金制度和公示评价制度等风险共担方式，加强小贷公司平辈压力，推动国开行对小贷公司融资的可持续。

四是探索信保基金合作模式。借鉴台湾和台州经验，推动温州市政府牵头组建“信保基金”，并充分运用其属地优势和资源优势，向国开行批量化推荐中小企业并提供担保，实现国开行中小企业贷款业务的组织化和系统化开展。

五是探索与其他部门机构平台合作模式。充分借鉴“银政投”、“银政税”以及“小商品城贷款”等合作模式，结合温州当地实际，会同温州市政府积极探索组建或改造适宜市场化运作和可持续发展的合作平台，共同构建合作共赢、风险共担、收益共享的运作机制，实现对中小企业的组织化、系统化和批量化开发、评审和支持。

转型升级　打造浙江农信社区银行

浙江省农村信用社联合社课题组*

一、引言

社区银行（Community Bank）起源于美国，其中最具代表性的富国银行（Wells Fargo）在2013年6月26日跃居为全球市值最大的银行，展现出社区银行旺盛的生命力。国内方面，近年来，在经营环境和政策环境面临重大变化的背景下，以民生银行为代表的股份制银行开始引入社区银行的相关经营理念和经营模式，率先在城市高档社区设立社区型网点，探索发展社区银行业务，之后其他银行也相继跟进，逐渐掀起社区银行的发展热潮。2013年12月13日，银监会正式发布《关于中小商业银行设立社区支行、小微支行有关事项的通知》，标志着我国社区银行被正式纳入监管范围，开始走向了有限牌照经营的规范化发展道路。2014年6月13日，银监会正式批复第一批社区型支行筹建，至此我国社区型支行开始正式运营。

浙江农信与社区银行经营定位、经营特点具有天然的契合性和较高的相似度。面对当前日益复杂的形势，浙江农信应在巩固和增强传统竞争优势的同时，吸取社区银行经营模式和发展经验，积极进行战略转型和升级，确保在未来激烈的市场竞争中不断发展壮大。为此，省农信联社从2014年起着手对浙江省农信系统向社区银行转型建设的理论与实践开展研究，以求在归纳国内外社区银行发展实践、特征、趋势的基础上，正确分析浙江农信当前的转型机遇与优势、未来面临的挑战与劣势，围绕浙江农信社区银行转型战略就客户、产品、渠道的转型策略以及构建战略转型支撑体系等方面进行研究，为未来浙江农信向社区银行转型建设实践提供总体性、方向性的指导意见。

二、浙江农信社区银行转型前景分析

（一）社区银行国内外发展实践

1. 国内外社区银行概念

---

* 课题主持人：孙建华

课题组成员：林梅凤　王祥明　朱朋远　王越萍　张向荣　姜文生　李成武　胡加恩

关于如何界定社区银行，国内外仍没有统一的标准。国外学者习惯于从银行资产规模和社区功能角度界定社区银行。相比而言，国内在谈论社区银行时，强调从市场定位角度来界定社区银行。

随着金融市场和金融环境的不断变化，2012 年 2 月 FDIC 主办的社区银行未来发展论坛对于如何界定社区银行提出了新的思路：社区银行是一个金融体系的重要组成部分；社区银行是地方性银行，以当地的中小企业、居民和农户为目标客户，实现金融资源取之于某一群体并运用于同一群体；社区银行是集政策性与商业性为一体的金融机构，以商业化运作为中心，兼具部分政策性功能；社区银行以“关系型贷款”为核心，并坚持不断创新以满足多样化、个性化的金融产品和服务需求。

2. 国际社区银行发展实践

美国是社区银行的发源地，同时也是社区银行发展壮大的沃土。2013 年末，全美国共有社区银行 7 500 余家，拥有经营网点超 5 万个，占美国银行机构总数的 97.5%。美国社区银行有以下几种发展模式（见表 1）：

表 1　美国社区银行主要发展模式

类型	代表银行	主要特点
多元扩张模式	美国第一银行	通过并购重组，做大做强，将业务扩展到保险、信用卡和基金等多种领域。
客户聚焦模式	保富银行	专注于最有吸引力的目标市场、为客户量身定做金融产品和服务，以及建立高效的激励机制。
产品聚焦模式	科罗拉多州联邦储蓄银行	专门从事住宅抵押贷款服务。
系统集成模式	富国银行	专注于社区零售业务和小微企业业务，通过将渠道、交叉销售、科技、产品、服务等核心要素集成起来，形成特定模式。
特色渠道模式	安快银行	“不只是银行，更是社区中心”的经营理念；将网点塑造成“特色百货店”和“社区服务中心”。

3. 国内社区银行探索

自 2013 年 6 月以来，国内商业银行陆续进军社区银行领域，抢夺并稳固社区金融市场。

（1）股份制商业银行（如表 2 所示）

表 2　　我国股份制商业银行社区银行主要实践案例

银行名称	社区定位	特色做法
民生银行	“小区金融智能超市”	在小区步行20分钟的生活圈内，民生社区银行与各类“衣食住行”商户组建营销联盟，共同拓展客户。
兴业银行	“社区便民服务中心”	在选址上更贴近社区、贴近广大市民；在服务上，错时经营、特色经营；在发展模式上，参与社区共建、支持社区发展。
光大银行	“光大·家园”	科技和服务的亲密结合，提升社区金融服务的便利性。
中信银行	“快捷式社区银行”	贴近社区，通过错时服务和一系列特色化服务，为周边居民和小企业带来别样的金融服务体验。
华夏银行	“社区金融服务中心”	采用“自助银亭”的模式，银亭内有自动存取款机、电话银行专用设备、自助发卡机等。
广发银行	“无人社区银行”	社区银行 VTM。
平安银行	“综合金融门店”	实行错峰上下班制度，并可以通过移动 PAD 工具开展业务，在营业时间结束后，客户在小区内还能享受到热情、周到的“金融送上门服务”。

（2）地方性商业银行（如表 3 所示）

表 3　　我国地方性银行社区银行主要案例实践

银行名称	社区定位	具体做法
北京银行	“社区金管家”	将物理网点选址在大型社区内；与北京市政府合作开通“96156”北京市社区服务热线电话，持有北京银行贵宾卡可以在请小时工、月嫂、电器维修等便民服务上打八折。
杭州银行	“贴心金融服务进社区”	开展“周周进社区，周周有营销”系列活动，通过大型社区公益活动，定期到街道、社区服务中心驻点，在社区进行讲座，普及金融知识。
吉林银行	“小卡片上的社区银行”	将银行卡功能与社区各项服务进行有机整合，开发集“医保、社区服务、出租车、公交、书店”等于一体的系列卡种。
龙江银行	“小龙人”社区服务	坚持早8点至晚8点的延时服务；开办代送洗衣物、代售火车票、免费义诊等众多生活服务项目；在银行内设立儿童游乐区、社区活动室、社区书吧、社区讲堂等活动场所。
上海农商行	“金融便利店”	坚持“依托社区、服务中小企业、贴近居民需求”的经营理念，实行“您下班，我营业”错时、延时服务，并将自助机具与人工服务相结合，每家金融便利店都配备相应的工作人员。
佛山农商行	“iBank 便捷服务·社区金融”	“i 易付”便民服务终端，为市民提供丰富、一站式的综合金融服务，如车主服务、充值服务、生活缴费、福利彩票、信用卡还款、商旅票务等。

4. 社区银行的主要特征

从中外社区银行的理论与实践看，实施社区银行战略是在正确认识银行自身实力及经营发展环境的情况下，走差异化市场定位的道路，从而形成相对竞争优势和排他性的信息优势。因此，社区银行最为显著的特征是贴近客户、熟悉客户。主要表现在：

（1）市场定位的“社区性”

社区银行的目标市场锁定为社区，坚持社区本土化的市场经营定位，将社区内的小微企业和社区居民作为主要目标客户群体。

（2）员工队伍的“本土化”

社区银行的员工以本地人为主，熟知本乡本土的风土人情，在社区内形成了网络化、较为紧密的社会联系。便于与客户建立牢固的信任关系，为产品和服务营销提供机会。

（3）网点布局的“贴近化”

从网点布局来看，国外社区银行的网点多布局在小城镇、城市郊区和农村，而国内股份制商业银行社区型网点布局以高档居民小区、社区商圈为主，以拉近与目标客户的距离为目的，拓展业务发展空间。

（4）产品服务的“差异化”

社区银行以零售业务为主的业务定位，使其产品和服务有别于其他银行同业：一是开发标准化、品牌化产品；二是针对特定客户群体开发个性化金融产品；三是在特定社区内开展差异化的服务。

（5）经营管理的“灵活性”

社区银行的股东主要是当地的投资者和员工持股，所有权结构较为简单，从而保证社区银行决策审批链条短，市场反应迅速，方便快捷地满足小企业及个人的各项金融需求。

5. 社区银行发展趋势分析

随着社会经济转型、科学技术的快速发展，社区客户的生产和生活方式也在悄然发生变化，社区银行也在主动适应这些变化，不断创新发展，延伸服务范围，提高服务效率，以满足客户的需求。

（1）社区内涵更加多元

传统意义的社区是城市的基层社会行政组织。但社区银行将社区的内涵向更加宽泛的社区转变。社区的分类以相近的服务需求而被定义，并推出针对性的产品和服务来满足客户需求。

（2）产品和服务更加全面

社区银行将以金融服务为切入点，创新推出与社区居民生产、生活相结合的金融服务和产品，实现社区银行从单纯的“经济主体”转变为兼具“经济主体”和“社会主体”的利益共同体，最终与客户形成一种“自然而然”的紧密关系。

（3）经营模式更具特色

随着利率市场化等金融改革进程的加快推进，银行业面临着来自各方多重竞争。这种竞争态势迫使银行业转型发展，通过经营模式的转型寻求差异化的市场定位，建立相对差异化的竞争优势。

（4）经营网点更加“小、智、品”

“小”是指社区银行网点选址一般位于居民小区，而非传统的核心商业地段，营业面积也小于传统银行的支行，从而实现集约化的成本控制管理。“智”是指社区银行通过信息技术与金融服务的深度融合，逐步实现网点的便捷化、智能化和自助化。“品”是指社区银行在经营管理活动中，更加注重自身品牌的培育，提升品牌价值。

（二）当前浙江农信环境分析

经过近十年的快速发展，当前浙江省农信系统已逐步进入稳定发展期，不但业务发展速度逐年趋缓，而且随着外部经济环境和政策的变化，未来发展面临着诸多的挑战，但是也有不少机遇。

1. 面临机遇

（1）城镇化带来的经济转型升级

①新型城镇化方向变化为社区银行发展带来空间。一是城镇化的方向逐步向县域及中心小城镇重心转移，给浙江农信带来了新的资源和发展的空间。二是从传统的分散居住到社区居住，将会发展出大量的社区，进而为浙江农信转型向社区银行发展提供了基础阵地。

②客户资源大量增加。一是新型城镇化将重点转向“人的城镇化”，形成客户和资金的聚集，为社区金融的发展打下基础。二是社区生产及生活服务业将不断发展和壮大。三是人口的流动加速和更加自由的迁徙，延伸出资金流动和转移，带来了新的金融需求。

③社区的公共配套设施建设带来大量资金服务需求。浙江农信可以充分发挥与基层组织合作关系的优势，满足社区发展的资金需求。

（2）居民收入水平提升带来的金融资源丰富

①居民收入增长带来社区金融需求的增加。2020 年，浙江省的人均 GDP 将步入中等发达国家水平。在这一过程中，居民的人均金融资源将逐步增加，金融服务需求也将逐步变化和升级（见图 1）。

②农民增收助推农村金融发展。近年来，浙江省农村经济综合实力得到大幅提升，农村经济结构进一步调整优化，农村居民消费结构升级和金融的多样化，为农村金融提供了土壤（见图 2）。

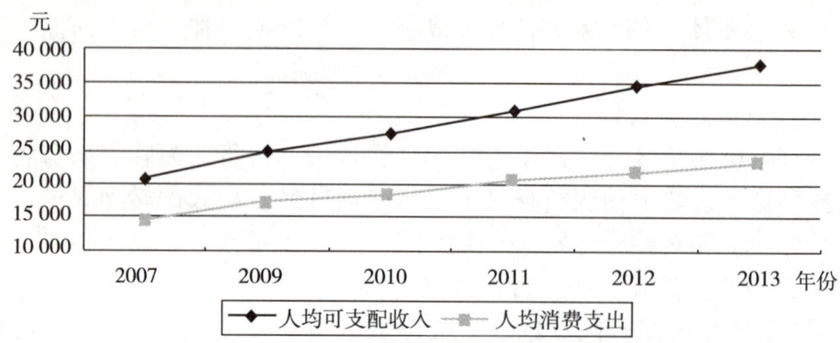

图 1　浙江省 2007—2013 年城镇居民人均可支配收入变化情况

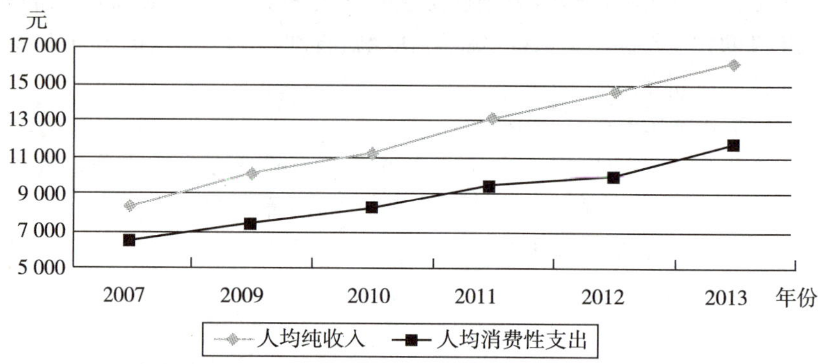

图 2　浙江省 2007—2013 年农村居民人均纯收入变化情况

（3）政策环境支持带来的良好发展环境

银监会出台政策，简化对社区银行的行政审批流程，鼓励中小商业银行明确定位、发挥比较优势，实现社区差异化经营和特色化发展。社会信用体系建设的不断加强，也有利于营造诚实守信的信用环境。

2. 面临挑战

（1）金融政策环境发生深刻变化

①存款保险制度出台后声誉风险加大，经营成本上升。一是存款保险制度出台后，中小银行大额存款流失风险加剧，破产风险明显上升；二是存款保险费用将加大农信机构经营成本，在当前银行盈利能力明显下降的背景下，其影响更加突出。

②利率市场化后经营压力明显上升。一是由于农信机构对利率风险管理经验明显不足，利率市场化后可能导致利率风险快速上升；二是利率市场化后，息差进一步缩减，导致农信机构盈利能力下降（见图 3）。

③金融脱媒加剧带来的农信机构业务分流。随着金融改革的逐步深化，国家大力发展股票市场和债券市场，资本市场的快速发展及多样化的投资工具，

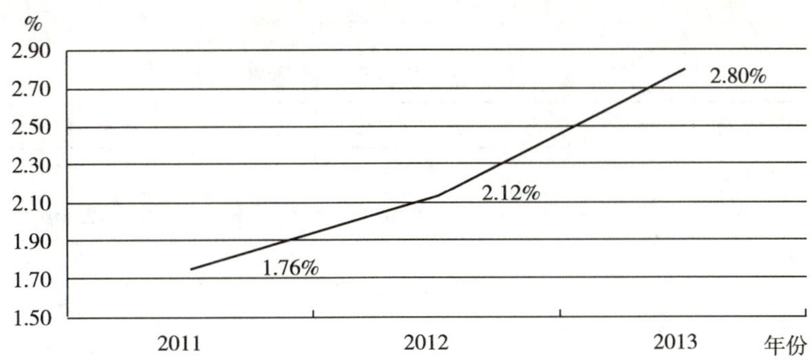

图 3 浙江农信 2011—2013 年计息负债成本率变化

对农信机构的存贷款分流不断加快。

（2）互联网金融冲击农信机构生存基石

①互联网金融直接冲击农信机构的传统业务。各类“宝宝”产品分流农信机构存款；网贷平台等 P2P 借贷业务分流农信机构贷款；支付渠道分流农信机构结算业务；代理业务则分流了农信机构中间业务。

②互联网金融依托平台资源动摇农信机构客户基础。互联网金融的发展主要依赖年轻人群，对农信机构潜在客户的培育带来了较大影响。同时，互联网金融主要针对低附加值客户，与农信机构的客户高度重叠，对农信机构维护客户稳定带来较大的影响。

（3）同业竞争日趋白热化

①银行网点下沉，社区金融正成为各银行逐鹿农村、城市社区金融市场新的竞争焦点，农信机构面临巩固和拓展社区金融的双重挑战。

②混业经营限制逐步放开，大中型银行利用综合经营银行业务、证券业、保险业的优势，进一步压缩农信机构的生存空间。

③新型农村金融主体不断涌现，村镇银行、民营银行等机构的定位与农信机构趋同，势必对农信机构的市场份额形成挑战。

（4）区域经济下行风险不断加大

当前浙江经济进入调整阶段，下行的压力较大，这对企业信贷投放以及信贷结构调整产生重大影响。同时，资金链问题和担保链问题持续发酵，批发类信贷风险对农信机构的风险影响不断加大。

3. 发展优势

（1）实力快速提升，市场地位稳固

①资产负债规模快速扩大。近几年，浙江农信实现跨越式发展，存贷款总量规模位居全省银行业第一位，全省有 2/3 县级农信机构存贷款总量居当地银

行业首位。

表 4 浙江省六大系统存贷款市场份额情况表

银行名称	存款占比（%）	贷款占比（%）
浙江农信	26.60	22.58
工商银行	22.16	22.40
农业银行	20.54	19.87
中国银行	11.46	11.80
建设银行	14.51	17.66
邮储银行	4.74	2.68

②支农支小市场地位不断提升。浙江农信在信贷投向上集中于“三农”、小微企业和实体经济，“小额、流动、分散”的经营理念深入人心，浙江农信农村金融主力军的地位更加稳固。

（2）点多面广，方便快捷

浙江农信系统是全省网点数量最多、分布最广的地方性金融机构（见表5），网点遍布城乡，实现服务区域全覆盖；同时以实施丰收村村通工程为着力点，在全省大力推进普惠金融工程，打通金融服务最后一公里。

表 5 浙江省部分银行网点情况表

项目	浙江农信	工商银行	农业银行	浙商银行
网点个数	4 100	860	1 160	25

（3）基础扎实，资源丰富

①基础客户广泛。浙江农信在发展中积累了庞大的客户群。目前，浙江农信为 5 000 万多户客户提供金融服务，承担了全省银行业约 1/2 的农户贷款和约 1/5 的小微企业贷款。

②积极对接当地政府工作，公共资源丰富。浙江农信始终与当地县、乡镇（街道）政府以及村级（社区）保持密切的合作关系，与各级政府和社会组织形成了利益共同体。

③股东、员工本地化程度高。浙江农信拥有的 5 万多名干部员工中大部分为本地员工，与客户积累了相当成熟的“关系型”联系；浙江农信共有 20 多万名股东，其中绝大部分为发展区域在本地、理念与农信社保持一致的企业和自然人群体。

④省县两级与统分结合相统一的体制优势。省农信联社发挥统筹协调功能，把握方向，构建平台，优化管理，强化服务；县级行社充分发挥灵活机动的优势，以市场为导向，实施差异化发展。

4. 发展劣势

（1）网点遍布，但功能不全

一是农信机构网点在区域内分布不够均衡；二是网点功能还较单一，网点功能区划分跟不上市场变化；三是低效的交易性功能挤占了大量的柜面服务，而客户体验则不足甚至缺失。

（2）合规提升，但效率下降

各项制度的制定更多地强调风险控制，而较少考虑客户的感受，使合规与效率的匹配出现失衡，丧失了“短、频、快”优势。

（3）客户广泛，但结构欠优

①稳定的客户关系尚未建立。农信机构通过产品服务而建立起来的客户忠诚度还不高，部分与农信机构共成长的优质客户流失。

②城镇化导致原客户群丧失，新客户群体又未形成。农信机构的优势在农村，但随着其他银行加快在农村市场的布局，部分原有客户流失；同时农信机构对城市社区客户的服务经验和能力相对不足，要拓展城市客户难度较大。

③年轻客户群体占比较少，持续发展基础受影响。农信机构客户结构老龄化现象明显，这意味着金融需求存在减弱的可能，从而动摇可持续发展的客户基础。

（4）规模庞大，但模式单一

①农信机构仍以传统的存贷款业务为主，中间业务、国际业务、资金业务、理财业务发展较慢。

②以客户为中心、以市场为导向的经营理念尚未形成。表现为细分客户不足、客户服务体系不健全；营销体系仍不健全，激励机制欠完善；渠道建设粗放，电子渠道发展较慢；专业人才不足等。

③创新能力仍有较大差距，产品服务差异化、个性化比较不足，对市场响应速度不快，在竞争中明显处于劣势。

（5）盈利良好，但基础薄弱

①收入渠道单一，净息差下降。浙江农信的主要收益来自贷款利息收入，占到全部收入的84%以上，从2012年开始，浙江农信净息差呈现逐步回落的态势，特别是2013年大幅下降17.68个百分点。

②受制于精细化管理能力、差别化定价能力、盈利渠道单一等因素的影响，浙江农信与其他国有商业银行、股份制银行、城商行相比较，在人均、网均创利明显偏低。

③资金营运渠道有限，增收困难。全系统的资金业务呈现分散经营，未能有效形成集中优势，议价能力不足，资金业务营运效益不高。

三、浙江农信社区银行转型战略

（一）内涵界定

总体来说，浙江省经济较为发达，但区域经济发展差异大，城乡差异性因素较多。在社区银行的发展过程中应充分考虑差异性因素，结合特点培育亮点、塑造特色。

社区并不是一个严格界定的地理概念，既可以指一个州、一个市或一个县，也可以指城市或乡村居民的聚居区域，以及虚拟社区。具体来说，根据社区客户的不同特点，可以将其大致划分为城市社区、乡村社区、产业社区和虚拟社区（见表6）。

表6　社区的划分及主要特征

社区细分	主要区域	主要特征
城市社区	城市（县域）街道、城郊结合部、中心镇的社区	综合金融服务；客户议价能力强；对产品和服务要求高；稳定性差；忠诚度低；注重价值提升
乡村社区	乡镇（街道）、行政村（转制社区）的社区及行政村	基础金融服务；客户稳定；信息对称；忠诚度高；注重便捷优惠
产业社区	商业区、工业园区、商务区、专业市场	商业、产业集中度高；市场成熟；金融需求量大；注重便捷专业
虚拟社区	网络社区、线上社区	年轻群体为主；金融服务接受能力强；注重体验优惠

（二）浙江农信社区银行转型升级的内涵

1. 浙江农信社区银行的概念

浙江农信社区银行（简称社区银行）是立足当地，以社区化经营为重点，以支农支小为己任，通过“两融”举措（即金融与社区的融合，金融与科技的融合），为城乡居民和小微企业客户提供亲近、便捷、高效金融服务的地方性小型银行系统。

2. 浙江农信社区银行类型

根据当前浙江农信改革发展实际，本课题将社区分成以下四种类型，并宜采取以下发展建议：

（1）城市社区

围绕城区客户需求特点，发挥综合型网点、社区型网点对城市社区的辐射带动作用，致力于将其打造为集城市社区金融服务与非金融服务为一体的多功能“社区服务中心”。

（2）乡村社区

加大乡村基础金融服务力度，围绕“便捷、优惠”等乡村居民需求特征打造涵盖电信、保险、金融等领域的村级综合服务平台。此外，充分发挥人缘地缘优势，逐步探索适合乡村社区的“关系型信贷模式”。

（3）产业社区

增强产业社区专业金融服务能力，设立专营支行、特色支行或网点，创新金融产品，为商圈、产业园区、专业市场内的商户和小微企业做好快捷配套金融服务（见表7）。

表7　　浙江农信产业社区类型、定位与战略要点

产业社区类型	产业社区定位	战略要点
商圈金融	促进商圈繁荣的金融后台	创新商户信贷产品，大力发展银行卡和消费信贷业务；探索渠道和客户共享机制
产业园区金融	成为产业园区小微企业金融服务专家	加强与社区管理机构、商会、核心企业合作；建立融资担保机制，开展产业链金融
专业市场金融	成为商户成长金融助推器	创新物流金融、供应链金融、贸易金融、仓储金融产品和模式，形成专业市场服务品牌

（4）虚拟社区

积极拓展虚拟社区金融服务空间，创新虚拟社区金融产品、服务及模式，实现虚拟社区与实体网点联动。

（三）经营理念及客户定位转型升级

1. 经营理念转型升级

社区银行转型与创建的前提在于理念的转型。在理念上要实现由过去被动等待向主动融入、主动下沉、主动服务社区的转变。

（1）市场经营理念

市场经营理念，是指以市场为导向、客户为中心的经营理念。树立市场经营理念，一是要从供给型产品服务向需求型产品服务转变。二是客户营销要向产品供给向客户需求转变，逐步探索客户产品和服务的组合定制转变。三是建立以客户需求的满足度和满意度作为评价经营行为成败与否的关键指标。

（2）系统经营理念

我们要积极应对政策变化，打造集中经营优势，有效降低成本，提高效率。一是探索丰富省级经营性服务职能；二是优化和提升省级保障性服务大后台；三是强化管理大总部职能；四是探索联系纽带，逐步建立紧密型系统；五是加快县级机构面对市场、面对客户的经营管理架构和机制调整。

（3）开放经营思维

在面临当前市场和政策环境的重大变化，必须主动适应和学习，以开放的思维和开放的心态来适应变化，在变化中寻找自身的定位和发展途径。一是要积极吸收引进互联网技术；二是要积极探索跨业、跨界经营；三是要积极采用多种方式拓展经营职能。

（4）集约经营理念

要坚持集约化经营，提升精细化管理水平，提高经营效益和作业效能，实现资源的高效整合。一是渠道整合，二是产品整合，三是资源整合，四是技术整合。

（5）差异化经营理念

要坚持集中差异化竞争策略，实现社区银行转型升级的差异化。一是区域定位的差异化。二是品牌差异化策略，根据行社所处的不同发展阶段和客户特点，延伸品牌差异化战略。

2. 客户定位转型升级

弘扬普惠精神，秉承农信特色，由做大做量向做小做优转变，继续坚定“服务三农、扎根社区、助力小微”的“主方向”，紧紧围绕社区客户与社区市场开展渠道建设、产品创新、服务提升等工作。

（1）客户细分

根据各类客户需求及贡献度的不同，可以将浙江农信客户细分为：基础客户、核心客户、价值客户、潜力客户四大类别（见表8）。

表8　浙江农信客户细分及主要特征

客户细分	主要客户	主要特征
基础客户	乡村普通居民、流动人口	需求简单、业务传统、产品单一；基数大、稳定性强、对基础金融服务需求强烈；单位服务成本高、价值贡献度不高
核心客户	个体工商户、小微企业主，居民中端客户、乡镇及村居组织客户、老年客户	方便快捷要求高、忠诚度高、经营风险较大、价值贡献度较大
价值客户	居民高净值客户、优质中小企业、富二代、地方政府	忠诚度不高、产品需求高、议价能力强
潜力客户	年轻客户、学生群体、新居民、农村新型金融机构高端客户	现有需求较低或满足度不高，但潜在需求大

（2）战略要点

①基础客户

一是保持基础客户稳定增长。第一，发挥渠道和产品服务优势，保持客户的自然增长；第二，充分发挥与各类组织的良好关系，批量获取客户；第三，主动介入年轻客户、新社区等区域和群体，获取新客户。

二是降低单位服务成本。第一，积极引导客户从柜面服务向电子机具转移，向手机银行和网上银行转移，降低单位服务成本。第二，大力推行大堂经理制，加强业务分流引导，提高离柜率。

三是提高基础客户贡献度。第一，开发适合基础客户的产品和服务组合，提高基础客户产品交叉销售率；第二，优化产品定价，探索产品定价从“免费”向“低价”转变。

②核心客户

一是保持核心客户稳定和忠诚度提升。以小额贷款卡等核心产品，以及“方便、快捷、信任”的服务体系，树立品牌意识，培育客户对农信品牌的忠诚度，保持核心客户的稳定。

二是加大核心客户的分层管理。第一，根据客户的贡献度，纳入客户管理体系，实现分层管理；第二，根据核心客户所处行业、区域、发展阶段等，提供不同的产品和服务组合，实现专业化的服务。

③价值客户

一是营造“专享”服务，为价值客户开发“个性化、专享”产品体系，满足客户“尊重”需求。

二是营造“专属”服务，完善VIP识别和服务体系，逐步实现价值客户的集中管理、重点服务。

④潜力客户

一是重视年轻客户的客户体验。采用新颖的营销方式，打造“智慧校园”等针对性产品，培育年轻客户对品牌的认知。

二是研发新居民的针对性产品。以代发工资、代理缴费等产品为切入点，探索风控新技术，针对性地开发住房按揭、消费信贷、信用卡分期付款等产品组合。

三是推进农村新型金融机构优质客户的拓展。以村镇银行、贷款公司部分优质客户为对象开展业务，实现市场定位下沉。

（四）业务模式转型

未来社区银行要积极应对利率市场化、综合经营、金融脱媒、互联网金融等外部政策和环境变化，努力推进业务模式转型。

1. 批发、零售业务并重向大零售业务为主转变

（1）逐步建立零售银行业务为主业务结构

在未来经济下行及行业风险集中度高的背景下，建立以大零售业务为主的业务结构，能够有效规避风险，保持业务平稳可持续增长。

（2）强化大额贷款管理，实现批发业务集中管理

批发业务具有单位维护成本低、经营效率高、业务规模大的特点，对降低

单位业务成本和支撑业务平稳发展具有重大的现实意义。

2. 传统存贷业务向做精、做深发展

在未来浙江农信仍需要专注存贷款等业务，保持存贷款业务的稳步增长，特别是存贷款规模较小的行社，应该充分利用地方经济快速发展的特点，抓住发展机遇，快速提升存贷款规模，壮大自身实力。

（1）稳定存款基础，逐步实现存款管理向财富管理转变

①稳定核心存款，保持存款稳定增长

一是打造“主渠道”、“主银行”，努力实现资金的“三个有效归集”，强化社区核心存款优势。获取核心存款的重点应着力推进收入分配市场、支付结算市场、城镇化市场、老龄化市场四类市场存款来源。

二是发挥地缘优势，增强系统性存款。第一，以代理乡镇国库集中支付、公务卡等为抓手，稳定乡镇、村级存款。第二，以代发工资、代理业务为契机，提高代理资金留存比例。第三，争取取消歧视性政策。

②建立“主银行”财富管理体系

按照账户分设、资金归集、自动智能的目标，建立多层级主账户及其管理体系。

一是完善客户管理服务体系，逐步实现客户关系管理从账户管理向客户管理转变。第一，实现基本账户“一卡（户）通”。第二，分类建设客户存款结算账户、投资理财账户两大账户体系。

二是大力构建理财管理体系。根据客户资金状况、风险承受状况，建立分类理财模型，实现理财自动化、智能化、差别化，并设立自动限额，引导理财经理跟进服务。

三是实现各类账户间资金的自动、智能流转。第一，实现非主账户资金、他行资金自动归集的功能。第二，实现生活服务、存款结算、投资理财账户及各子账户间的资金的自动、智能划转和消息提醒。

四是差别化的财富管理服务。第一，个人客户根据客户交易数据和消费情况实现系统自动生成财务报告。第二，为小企业客户提供简单的财务顾问服务，定期提供账户报告。

③构建财富管理产品体系

一是完善财富管理产品体系。基本完成财富管理产品体系的构建；将存款类、理财类等产品纳入财富管理产品体系。

二是实现生活服务类代理产品全覆盖。与各政府部门、公共事业单位沟通协调，建立长期稳定良好的合作关系；依托银联商务、支付宝等第三方支付渠道，完善产品体系和服务渠道。

三是实现本外币业务产品联动。强化同业合作，逐步拓展和完善国际业务

平台，特别是要适应客户国际结算类和国际消费类客户的需要，力争开办万事达和维萨等双币卡产品。

（2）优化贷款结构，逐步实现贷款管理向大资产管理发展

①贷款结构优化，有效规避信贷风险

一是降低户均贷款余额。第一，不断做大客户基数。第二，探索中小型企业集中管理，主动逐步退出中型企业。第三，不断丰富和完善小微企业贷款产品。第四，大力发展消费信贷业务。

二是拉长贷款类资产期限。第一，降低一年期以下贷款占比。第二，探索分期还款模式，提升贷后风控能力。第三，逐步扩大中长期贷款产品，逐步发展住房按揭贷款等产品。

②提升非信贷资产比重，提高资金营运效率

一是扩大债券投资占比。适当扩大债券投资的范围和力度，主动介入债券市场，在改善资产结构、降低经营风险、保证流动性的前提下，不断拓展债券投资的范围和方式。

二是协同做好资金运营，构建省级资金营运大平台，努力成为银行间市场“做市商”。

三是做好资产转让和社区贷款业务。通过资产回购、资产转让或组团贷款等方式予以系统或地区内平衡，提高资产的利用水平。

四是积极探索投行业务和直接融资业务。第一，探索与创业板券商合作，为成长性小企业打通直接融资渠道；第二，探索发行资产抵押证券；第三，探索发行小微企业债、涉农贷款债以及地方政府基础设施建设债；第四，探索第三方委托贷款及 P2P 贷款模式；第五，利用自身市场信息的优势，为个人、企业的债券交易提供中介服务。

（3）实现定价精细化，提高传统业务盈利水平

①完善差别化定价基础。一是大力发展内部资金转移定价等技术，对产品定价水平进行动态调整。二是构建差别化定价模型。

②实现多层级定价。一是探索“免费”产品服务向“低价”产品服务转变。二是探索单一产品定价向单一客户综合定价转变。三是结合“积分商城”功能，探索“客户积分惠兑”模式。

3. 探索跨业、跨界合作模式，实现收入多元化

（1）取长补短，探索差别化跨业合作

①与全国性银行开展互补合作，汲取其在经营理念、管理技术、产品体系等方面优势，结合浙江农信原有竞争优势，开展银银合作。

②建立全国农信战略联盟，在资金清算、科技系统、产品代理、人员培训等多层面开展合作，担当全国农信机构利益代言人。

③与非银行金融机构开展跨业合作。通过证券、保险、基金、黄金等非银行金融机构合作，不但客户可以互补，而且可以满足客户的多元化产品需求，为客户提供全面一站式服务。

④与农村新型金融机构合作。利用自身优势为小额贷款公司、农村资金互助社提供产品、系统和管理技术，充分挖掘客户资源，巩固农村、社区客户市场。

（2）资源共享，积极加强跨界合作

①参与搭建社区生态平台——建立紧密型社区合作关系，服务涵盖社区居民家庭及居民各个人生阶段的基本金融生活服务。

②积极拓展网络金融——寻求主力商家或电商网站直接合作网，与电商网站开展互联网金融合作，完善网络金融“微金融”配套服务。

③加大与第三方合作——探索外包模式，降低内部资源消耗；寻求客户定位相同、服务渠道同一的行业，采取参股、控股、收购等多种方式，开展跨界合作和经营。

4. 探索浙江农信特色的风控技术和风控体系

风险控制机制是农信系统发展社区银行的重要内容，利用“软信息”优势，加强全面风险管理，扩展风险管理内涵，加强对信用风险、市场风险、操作风险和流动风险的掌控力度，同时加强对社区银行新产品和新服务的风险掌控能力。

（1）完善基本风控管理制度及风险定价制度

①适应政策及环境变化，修订完善风险管理基本制度，重点寻找风控与效率的有效结合，探索符合农信特点的风险管理制度。主动加强与监管沟通，修订制度，优化流程，提高风险管理的有效性的同时，减轻制度对业务发展的约束。

②建立健全风险定价机制，按照风险水平、资金成本、目标收益、资本回报要求以及当地市场利率水平，合理确定贷款利率。重点加强对零售业务信用风险数据的积累，探索构建风险定价模型，实现收益覆盖风险。

（2）重点发展关系型融资技术及管理

①完善风控模型。以信息优势，地缘人缘优势，以关系型金融为依托，结合政策及环境变化，深入分析和总结各地微贷经验做法，吸收国内外先进微贷技术，总结和提炼风险技术，探索“软信息”的标准化和科学化，构建浙江农信风控基本模型，实现风控技术的专业化、特色化，打造浙江农信风控技术的核心竞争力。

②优化风控管理。重点加强微贷技术的集中管理、集中审查和集中放款。根据小微客户的经营和行为特征，结合所在区域的经济情况及银行的授信政策，

运用数据制定评分模型。在业务审批过程中减少主观判断因素，进行客观量化分析，可以在提高审批速度的同时有效控制风险。

③强化客户经理队伍管理，防范道德风险。探索客户经理行为管理制度。加强客户经理日常行为动态管理，发挥突击检查和非现场检查的作用，加强对客户经理个人账户的监控，并将其纳入考核体系。

（3）建立适应新形势下的风险政策

①加快建立风险共担机制。探索建立“农信风险储备基金”，增强单个行社流动性风险和经营风险的抗风险能力，提升系统整体抗风险能力。

②加大风险储备。加大风险拨备的计提和不良贷款核销力度，平摊风险成本。

③加强资本管理，构建风险防范底线。一是坚持支农、支小，加快零售业务发展，提高低风险业务比重，降低监管资本要求；二是强化内源性补充资本渠道，引导股东降低分红预期。

参考文献

［1］Ray Davis、Peter Economy：《在不确定性中引领美国最佳社区银行如何从大萧条中崛起》，中信出版社，2014。

［2］王爱俭：《中国社区银行发展模式研究》，中国金融出版社，2006。

［3］许云龙：《社区银行功夫在诗外——来自美国安快社区银行的经营发展启示》，载《中国农村金融》，2014（7）。

［4］杨育婷：《我国社区银行发展的意义、机遇与问题》，载《西南金融》，2014（5）。

［5］中商情报网：《中国社区金融创新发展策略及前景趋势研究报告》，中商情报网，2014（2）。

浙江省巨灾保险制度建设研究

中国保险监督管理委员会浙江监管局课题组*

构建巨灾保险制度以应对巨灾损失所带来的冲击，已经成为不少国家和地区的共同选择。浙江特殊的自然地理环境和经济社会特点决定了全省极易受到自然灾害的不利影响，是我国受台风、暴雨、洪涝等灾害影响最严重的地区之一。据统计，1949—2013 年，全省因洪涝台灾害造成死亡 15 293 人，年平均 235 人；直接经济损失 3 653 亿元，占 GDP 的 1.21%。但由于巨灾保险制度的缺失，保险在自然灾害中损失补偿、风险分散等功能未得到充分的发挥。如 2013 年强台风“菲特”给浙江造成的直接经济损失超过 500 亿元，尽管保险赔款支出达到 50 多亿元，占到总损失的 10%，但绝大部分损失由人民群众、企业和政府承担。加快建立健全巨灾保险制度，有利于减少人民群众的生命和财产损失、促进经济社会可持续发展，是浙江迫在眉睫的现实需求。

一、巨灾保险概述

（一）巨灾保险的含义

巨灾一般指突发、难以避免且造成巨大损失的灾害，狭义上主要指地震、洪水、台风、暴雨、海啸等自然灾害，广义上还包括疾病传播、恐怖主义袭击及其他重大社会安全事故等。迄今为止，国内外对巨灾的界定没有统一的标准，在实践中，有关国家大多是基于本国的国情和实际需求进行定义和划分的。如美国保险服务局定义为直接保险损失超过 2 500 万美元并影响范围大的风险，标准普尔界定为一个或一系列相关风险导致保险损失超过 500 万美元，瑞士再保险还对风险损失和人员伤亡进行了分类界定（见表 1）。

表 1　　2011 年瑞士再保险巨灾风险界定标准

保险损失	船运损失	≥1 790 万美元
	航空损失	≥3 590 万美元
	其他损失	≥4 460 万美元
	总损失	≥8 920 万美元

---

* 课题主持人：汤学斌
课题组成员：陈　沁　赵军伟　章　铖　陈绿莹

续表

伤亡人数	死亡或失踪	≥20 人
	受伤	≥50 人
	无家可归	≥2 000 人

虽然界定和划分标准不一，但相对于普通风险来说，巨灾风险一般有以下几个特点：一是发生频率较低。巨灾风险不是常见风险，可能是一年几次或几年一次，甚至百年不遇。二是影响范围较广。巨灾风险发生往往会使一定地域内的大量保险标的同时受损，比如2004 年的印度洋海啸，影响到了 15 个国家和地区的大量人口，2008 年的汶川大地震，破坏地区超过 10 万平方公里。三是损失程度较大。巨灾风险一旦发生，往往会导致大量的人员伤亡、巨大的财产损失，如汶川大地震经济损失超过 8 000 亿元，遇难和失踪人数超过 8 万人。四是风险较难预测。由于发生频率较低，缺乏历史基础数据，大数法则和概率论不适用巨灾风险，再加上科学技术水平的滞后，人类目前对巨灾风险较难预测和预防。

按照保监会的相关表述，巨灾保险制度是利用保险机制预防和分散巨灾风险，并提供灾后损失补偿的制度安排，是市场经济条件下国家自然灾害风险管理体系的重要组成部分，能够在国家综合减灾体系中发挥必要的补充作用。巨灾风险的特点，决定了其属于市场失灵的领域，商业保险和商业再保险均无法依靠市场化运作承担全部风险，否则将发生偿付能力危机乃至破产。巨灾保险不同于一般的商业保险，具有准公共产品的特点，是一种特殊的保险，需要充分发挥政府的主导作用，离不开政府的强力支持和推动。

（二）国内外巨灾保险制度建设概况

1. 国际巨灾保险制度实践经验。从国际上看，有十多个国家建立起了适合本国国情、形式多样的巨灾保险制度，充分发挥保险损失补偿、风险分散等功能，来提高全社会抵御自然灾害的能力，增强全社会的风险管理水平。据统计，全球巨灾保险赔款一般能占到灾害损失的 30% ~40%，在减轻政府应对灾害负担等方面发挥了积极的作用。他们的做法主要有：

（1）建立健全法律体系。巨灾保险制度涉及较多的利益主体，是一项系统工程，国外大多数国家注重运用立法来保障巨灾保险制度的稳定运行。如美国出台了《联邦农作物保险改革法案》、《国家洪水保险法》，日本出台了《地震保险法》、《农业灾害补偿法》，新西兰出台了《地震与战争损害法案》，法国出台了《自然灾害保险补偿制度》，土耳其出台了《强制地震保险法》等，对巨灾保险制度的基本框架和各个环节予以规范，加强巨灾保险制度的法律保障。

（2）选择适合自身的运作模式。根据政府的参与程度，目前世界上巨灾保险制度主要有三种模式：一是政府主导的模式，典型代表有美国和新西兰。这类模式的特点是政府深度参与，筹集资金并设立专门机构进行运作和管理。优点是推行效率高，可以较快地提高覆盖面，利用商业保险销售保单和提供相关服务，降低了运营成本，提高了资金使用效率。不足是政府承担大部分的巨灾风险，财政负担较大，另外保险公司的经营风险、分散风险的作用没有得到有效的发挥。二是市场化运作的模式，典型代表有英国。这类模式的特点是政府基本不参与，主要靠商业化运作。优点是政府满足设防水平等条件后，通过市场巨灾风险分散得比较充分。不足是费率较高，覆盖面和保障面难以保证，且保险公司有偿付能力不足和破产的可能。三是政府和市场结合的模式，典型代表有日本、土耳其、法国和中国台湾地区。这类模式的特点是政府和市场发挥各自优势，共同推进巨灾保险制度建设。优点是既实现了市场化、专业化运作，又强化了政府在巨灾风险分散机制中的作用。不足是政府在巨灾风险分散机制中承担的责任难以估算，很有可能需要政府大量的财政补助。总体上看，这些模式各有优缺点，各国都是根据自身实际选择适合的运作模式（见表2）。

（3）建立多层次风险共担机制。巨灾风险往往非常巨大，单靠保险公司或者政府承担远远不够。大多数国家对风险进行分层分散，一般由投保人、保险公司、再保险公司、资本市场和政府等共同分担。同时，这些国家和地区大多成立了巨灾保险基金，统筹安排分保，并通过政府财政注资，保费收入，慈善机构、企业、个人等捐助，投资收益等途径，不断充实巨灾保险基金，进一步提高巨灾的风险承受能力。如美国加州地震保险建立了基金，分别由自有资本金、保费收入、再保险和证券化、紧急贷款、特别再保险、会员公司分摊进行风险分担；新西兰建立自然灾害基金，最终由政府承担无限清偿责任。

表2　　国际巨灾保险基金模式比较

国家	美国国家洪水保险基金	土耳其巨灾保险基金	新西兰巨灾风险基金
模式类型	政府主办模式	巨灾共保体模式	政府主办模式
核心机构	美国联邦紧急事务管理署（FEMA）	土耳其巨灾共合体（TCIP）	新西兰地震委员会（NZEC）
机构性质	政府机构，政府提供担保	非营利机构，政府提供担保	政府机构，政府提供担保
资金来源	保费收入 投资所得 借入资金	保单的收入 投资获利 世界银行资助	政府拨款 强制征收的保险费 投资收益
运作方式	国家统一管理，基金不够赔付时，可向国家财政临时借款，保险公司是执行者	保险公司保单以分保形式完全转移给基金，基金再把风险转移到国际再保险公司	保险公司代征地震险保费，交给地震委员会，巨灾后先由地震委员会支付两亿新西兰元

续表

国家	美国国家洪水保险基金	土耳其巨灾保险基金	新西兰巨灾风险基金
保险特点	不强迫参加洪水保险，但在部分地区强制赔付由基金支付，风险由联邦政府承担	强制性全国统一地震保险条款，差异化费率激励业主进行灾前防灾防损	部分强制（若购买住宅财产保险，则强制购买地震保险）

（4）发挥政府的推动作用。为加快推动巨灾保险制度建设，国外许多国家注重发挥政府的推动作用，在立法保障、组织推动、财政补贴、税收优惠、防灾减灾等方面给予支持，加快扩大巨灾保险制度的覆盖面。如承担巨灾保险业务的加州地震局由政府特许经营，享有免税地位；美国没有购买洪水保险的社区无权享受政府灾后救助；土耳其要求所有登记的城市住宅强制投保地震保险；新西兰、中国台湾的住宅火灾保险自动附加地震保险；法国授权中央再保险公司提供有政府担保的自然灾害巨灾再保险。

2. 国内巨灾保险制度试点探索。我国是自然灾害多发国家，2008 年修订的《防震减灾法》及党的十八届三中全会均对建立巨灾保险制度提出了明确要求。2013 年以来，深圳、云南、宁波先后开展了巨灾保险试点工作，取得了初步进展。

（1）深圳巨灾保险试点。深圳于 2014 年 6 月正式实施巨灾保险制度，政府每年出资 3 600 万元全额购买巨灾救助保险。项目特色有：一是保障范围广泛，承保对象为深圳市辖区内的自然人，涵盖了包括洪水、台风和地震在内的 15 类自然灾害，还附加了自然灾害引发核电站严重事故造成的核救助转移费用。二是分层保障设计，每人每次人身伤亡责任限额为 10 万元，每次总限额为 20 亿元，每人每次核事故责任限额为 25 000 元，每次总限额为 5 亿元，财产损失由家财巨灾商业保险承担补偿。三是多层次风险分担，政府出资建立巨灾基金，构建含政府救助、商业家财险、再保险、巨灾基金等完整巨灾风险金融保障体系。

（2）云南地震保险试点。云南尚在制订完善巨灾保险制度方案。据已有的资料显示，其项目特色有：一是巨灾保障专一，单独提供农房地震巨灾风险保障。二是政策性支持明显，政府通过保费补贴方式对居民提供较大比例的普遍性的巨灾保障。三是规划全省统保，选择楚雄作为试点，在此基础上，逐步扩大到全省 50% 的州市，力争 2015 年后在全省全面推广民房地震保险。四是风险逐级分担，通过共保、再保、巨灾风险准备金、财政兜底等方式进行风险分散，实现地震保险制度的稳定持续运行。

（3）宁波巨灾保险试点。宁波于 2014 年 11 月正式实施巨灾保险制度，政府每年出资 3 800 万元全额购买公共巨灾保险。项目特色有：一是保障覆盖全民，方案为宁波市辖区内的自然人提供了保障。二是责任涵盖人身和财产，对台风、龙卷风、强热带风暴、暴雨、洪水和雷击（仅针对人身伤亡）自然灾害及其引起的相应事故造成的居民人身伤亡和家庭财产损失进行赔偿。居民人身伤亡抚恤保险金额为 10 万元/人，每次累计赔偿限额为 3 亿元，家庭财产损失救助保险金额为 2 000 元/户，累计赔偿限额为 3 亿元。三是分层风险管理，建立由巨灾保险、巨灾基金（由政府拨付 500 万元设立）、商业巨灾保险三级风险分散机制（见图 1）。

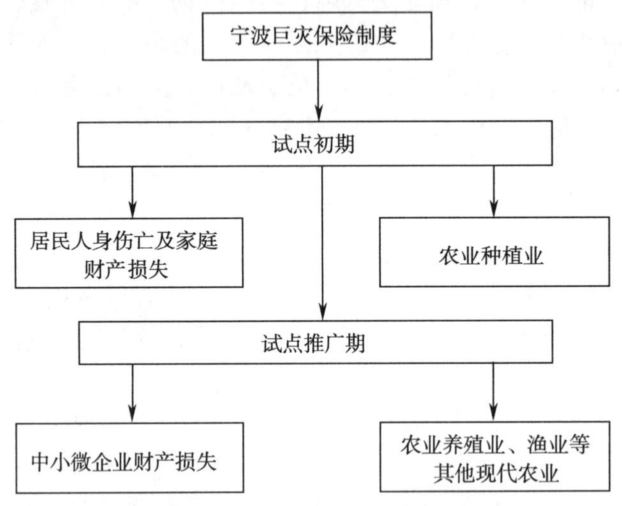

图 1　宁波巨灾保险主要试点领域

二、浙江省巨灾保险制度建设的探索和实践

（一）浙江建立健全巨灾保险制度的积极意义

1. 有利于发挥杠杆效应，提高保障程度和范围。相对灾害损失，政府救助有限，还无法满足群众保障的需求，如浙江死亡伤残最高补助仅为 2 万元/人，家庭财产损失补助为空白。建立健全巨灾保险制度可以发挥杠杆效应，提高保障程度和范围，实现全覆盖。如深圳每年投入 3 600 万元保费，获得 25 亿元保障，放大了近 70 倍。如宁波对每人新增最高 10 万/人死亡伤残保障和最高 2 000 元的家庭财产损失补助。

2. 有利于稳定财政支出。浙江是自然灾害多发地区，近五年全省年均救灾支出超过 1.8 亿元。灾年有大有小，如最高年份救灾支出超过了 4 亿元，最低年份不到 7 000 万元，对财政收支的稳定性带来冲击（见图 2）。巨灾保险通过每年的固定支出，累积应对巨灾的资金储备，在大灾年份集中释放，实现财政支出的可预期，平滑灾害引起的财政波动。

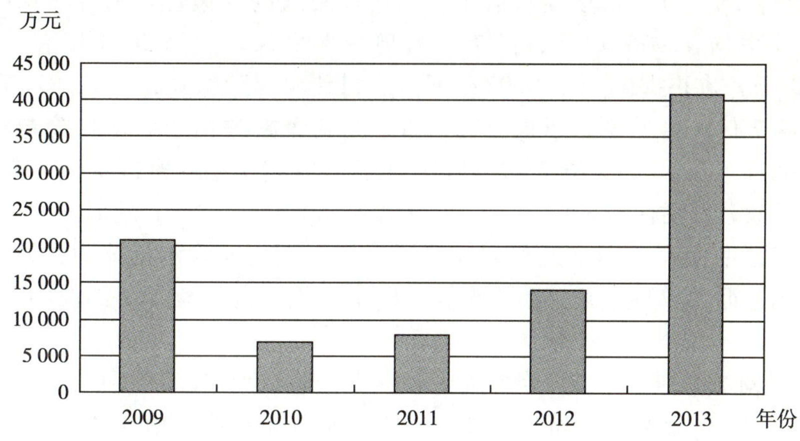

数据来源：浙江省民政厅。

图 2　2009—2013 年各级财政救灾投入情况

3. 有利于提高救灾工作效率。相对现有的救灾方式，发挥保险公司机构网点优势和技术优势，一方面可以相对更快地发放理赔款，帮助受灾地区尽快恢复生产生活；另一方面，通过专业的勘察定损，有利于提高损失数据的真实性，确保救助资金送到有需要的灾民手中。

4. 有利于改变老百姓传统的救灾思维。现有救灾模式政府承担的责任过大，老百姓容易造成等靠要思想，自我风险意识难以提高。引入保险机制，可以通过费率调整和风险控制的有机结合，提升公众风险意识，推动提高防灾设施建设水平。

（二）浙江应对自然灾害的保险实践

2006 年以来，浙江选择最易于遭到灾害袭击、最没有承受能力，对灾区基本生产和生活影响最大的方面，开展了政策性保险试点工作，取得了初步成效。

1. 针对农作物，发展农业保险。2006 年，浙江按照“政府推动 + 市场运作 + 农户自愿”的原则，正式启动政策性农业保险试点。截至 2013 年底，累计为 819. 34 万户（不含宁波，下同）农户提供风险保障 1 217. 07 亿元，累计向 53. 23 万户农户赔付 10. 6 亿元赔款。承保方面，中央、省、县三级给予财政补贴，累计补贴保费 14. 4 亿元，2013 年平均保费补贴比例达到 89. 25%，最大限度地减少农民自付比例；从“低保障、保大灾、保大户”起步，逐步扩大投保覆盖面，是全国农业保险试点品种最多的省份之一。巨灾支持方面，2011 年建立政策性农业保险巨灾风险准备金制度，赔款超过当年保费 1. 3 倍部分由准备金承担，到 2013 年底，已提取准备金 1.5 亿元。

2. 针对农村住房，发展农房保险。2006 年，浙江全面启动以“政府补助推动 + 农户自愿交费 + 市场经营运作”为运作模式的政策性农村住房保险工作，每年参保率均在 96% 以上，已基本实现应保尽保。截至 2013 年底，累计为 6 044.04万户农户提供 11 270.92 亿元的农村住房保险保障，为 12.87 万户农户支付了 4.7 亿元的赔款。承保方面，省、县两级财政给予农房保险专项补贴，补贴比例近 70%，全省 16.83 万户农村低保户保费由财政全额承担，截至 2013 年，财政累计补贴保费 5.02 亿元。巨灾支持方面，一方面，政府通过扩大保险覆盖面来帮助保险公司加速积累风险资金池，提高风险承受能力；另一方面，保险公司遵循“单独建账、独立核算、以丰补歉、自负盈亏”的原则进行市场运作。

3. 针对城乡居民，推广自然灾害公众责任险试点。2008 年以来，浙江陆续在丽水、温州、嘉兴、湖州、绍兴、金华等地的部分县（市、区）开展自然灾害公众责任险试点，其中，丽水已实现全市全覆盖。承保方面，财政出资，政府为辖区所有符合条件的居民统一投保。2013 年，财政出资 572.57 万元统一投保，为全省 16 个试点地区的 362 万城乡居民，提供了近 2 000 亿元的人身安全保障。除人身伤害外，还进一步扩展了见义勇为、无责赔付等责任。巨灾支持方面，跟政策性农房保险做法类似，政府通过保障投保率来帮助保险业提高风险承受能力。

（三）浙江现行保险制度存在的不足

1. 现有保障体系有待进一步健全。浙江虽然在全省开展了农业、农房保险等探索，但仍存在保障范围不够宽、保障程度不够高、保障对象不够广、巨灾分散机制不够健全等问题。如政策性农业保险尚未覆盖所有农产品，而且已经纳入政策性险种的农产品保险覆盖率也不高（见表 3）。自然灾害公众责任保险覆盖率不到 20%。农房保险最高赔偿标准为 2.25 万元/户，与恢复重建住房的实际需求还有较大差距，室内家庭财产需求较大，城镇住房保险尚存在制度空白等。

表 3　　2013 年浙江政策性农业保险主要品种承保情况

主要品种	水稻（万亩）	油菜（万亩）	小麦（万亩）	生猪（万头）	奶牛（万头）	家禽（万只）
拥有数量	1 342.05	257.25	108.9	1 880	19.13	24 317.81
保险数量	404.35	108.59	94.34	466.48	0.75	3 875.14
保险覆盖率	30.13%	42.21%	87.03%	24.81%	3.92%	15.94%

数据来源：浙江农险共保体。

2. 政策和技术支撑有待进一步加强。各级政府对于巨灾保险的政策法规支撑体系不完善，特别是在推动实施过程中缺乏有力的政策支持，在一定程度上制约了巨灾保险的发展。保险行业实力还不够强，缺乏巨灾保险方面的专业人才和风险评估技术，经营巨灾风险的能力有限。此外，包括巨灾发生频率、强度、损失情况等风险基础数据较为缺乏。

3. 社会保险意识有待进一步提高。社会各界对巨灾保险的认识不一，协调难度较大。巨灾保险在我国是个新生事物，社会上比较习惯于传统的救灾模式，对巨灾保险在国家综合减灾体系中的积极作用，需要有个逐步认识的过程。建立巨灾保险制度是一个复杂的系统工程，如果没有强有力的推动，在实际操作中协调沟通的任务很重。

三、浙江建立健全巨灾保险制度的路径分析

浙江巨灾保险制度建设着重要把握好以下几个方面的问题，积极探索具有浙江特色的巨灾保险制度建设路径。

（一）关于巨灾保险的界定

巨灾保险是一个宽泛的概念，迄今为止国内外对巨灾的界定没有统一的标准。从浙江来看，应综合考虑浙江地质地理环境及灾害发生历史情况，合适界定巨灾风险，考虑将台风（热带气旋）、暴雨、洪水、海啸及次生灾害等易于对浙江地区生产和人民生活造成重大伤害的灾种（见图3），先期纳入方案，开展集成多个灾种的综合性巨灾保险。巨灾相关标准在合同中约定或由全省巨灾保险协调推进机构研商确定，以后根据实际需求和财力状况逐步增加灾种。

（二）关于政府和市场的作用

1. 政府应起主导作用，但需明确边界。巨灾保险并非商业保险，其实质是一种国家的政策性金融活动，从发达的市场经济国家通行做法来看（见表4），无不需要政府的强力支持和推动。在巨灾保险制度建设中，浙江政府应把握好以下原则：一是坚持民生为先，重点解决好人民群众生命财产安全密切相关的灾害应对问题；二是坚持“广覆盖、保基本”，为社会各阶层和群体提供可得性的巨灾保险基本服务，满足灾后恢复生产生活的基本需求；三是坚持以收定支，用有计划的支出应对巨灾造成的财政巨额支出，平滑、稳定财政支出，减少财政压力。

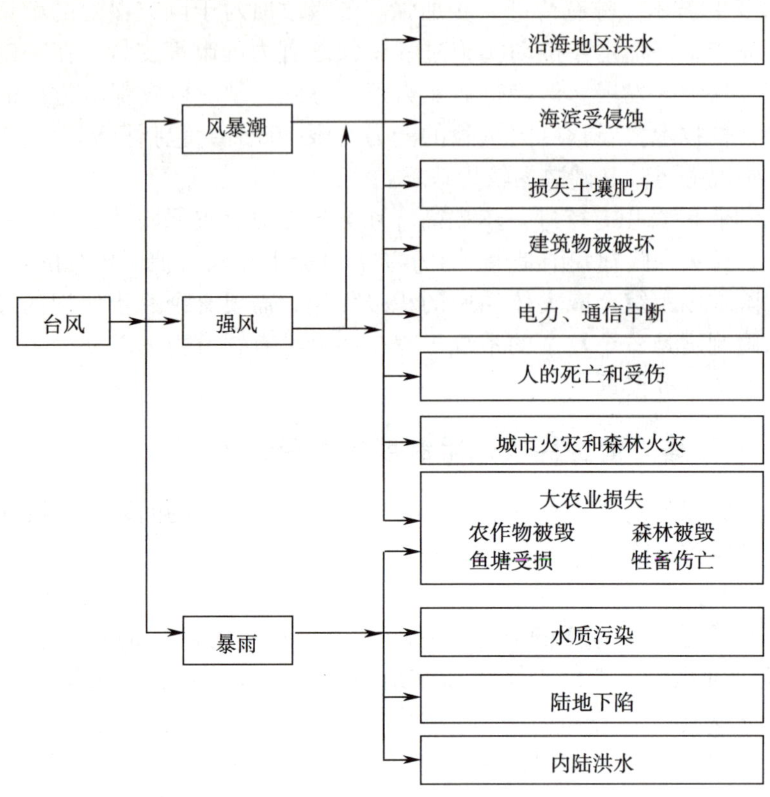

图3　台风引起的各类灾害

表4　国外政府参与巨灾保险的方式

序号	参与方式	代表国家
1	以保险人承担巨灾风险	美国国家洪灾保险计划（NFIP）
2	为巨灾赔付提供担保或兜底	法国（中央再保险公司提供担保）、西班牙（政府提供担保）、爱尔兰（提供政府担保的信贷）、新西兰（政府兜底）
3	拨款充实赔付能力或以法律形式确定政府的风险承担责任	日本住宅地震保险（JER）、中国台湾住宅地震保险（TREIF）
4	政府直接运作管理巨灾保险或共保体	美国加州地震保险局（CEA）、土耳其巨灾共保体（TCIP）
5	税收优惠	土耳其巨灾共保体（TCIP）、佛罗里达飓风巨灾基金（FH-CF）、日本住宅地震保险（JER）
6	给予投保者保费补贴	—

2. 巨灾保险运作需引入市场化机制。在政府主导的基础上，需要引入市场

机制，分账核算，发挥商业保险公司专业技术、风险分散、防灾防损、机构网点等优势，提高巨灾保险运行效率和保障水平。在巨灾保险制度建设中，应鼓励发展多层次的商业性巨灾保险产品进行补充，满足居民更高层次、更加个性化的巨灾保障需求。

（三）关于重点实施领域

从浙江历年重大自然灾害的情况来看（见图4），影响最大的主要有农作物及农业生产资料、城乡居民住房及家庭财产、人员伤亡、企业财产安全四个领域。农作物及农业生产资料、城乡居民住房两类风险标的，全省已开展了农业保险和农房保险工作，并设置了相应的巨灾风险分散机制，下一步主要工作应该是在原有制度框架下进一步扩大覆盖面、提高保障程度、优化体制机制等。

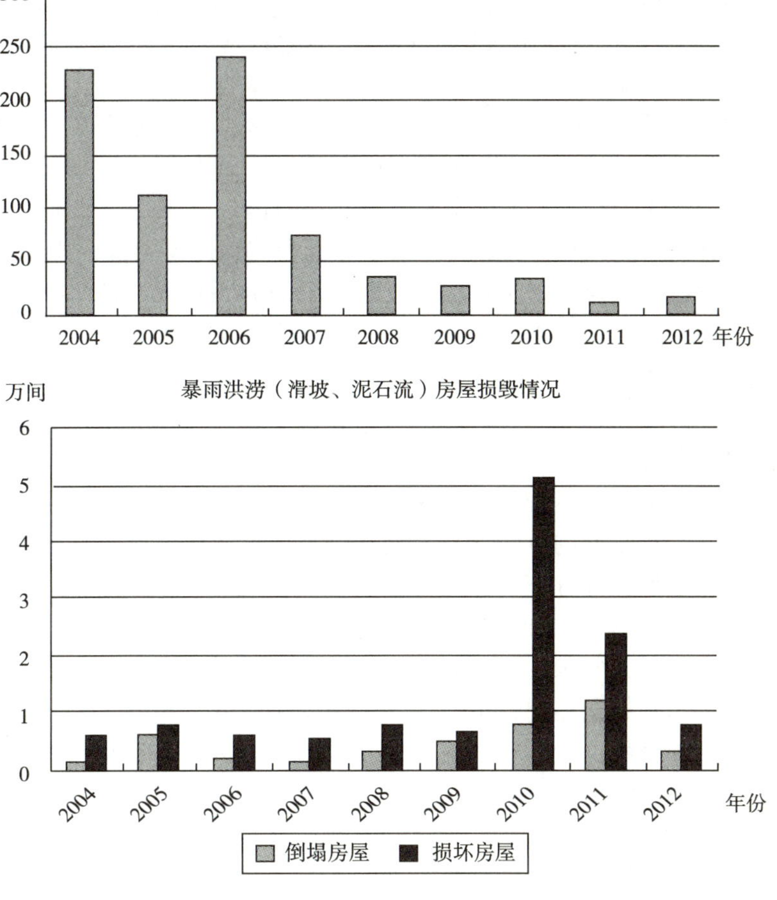

图4　2004—2012年浙江气象灾害损失情况

针对企业财产安全，主要依靠市场解决，下一步工作着力点应该是提高企业财产保险投保率，并在远期考虑给予适当的巨灾政策支持。针对人员伤亡和家庭财产，目前在全省性巨灾保险制度设计上还是空白。因此，在巨灾保险制度建设初期，可从巨灾风险相对集中、市场需求较为迫切，同时又具备基本条件的人员伤亡和家庭财产领域入手，重点研发政府巨灾救助保险，由省、县两级财政共同出资购买，在全省范围推广，填补人员伤亡和家庭财产方面的政策性巨灾保险制度空白，在积累经验后，再逐步覆盖其他风险领域。

（四）关于巨灾保险产品设计

1. 保障对象和责任。结合浙江需求，并借鉴宁波等地经验，政府巨灾救助保险的保障对象为当灾害发生时处于浙江行政区域范围内的所有人口，包括常住人口以及临时来浙江出差、旅游、务工的流动人口。保障责任为因台风（热带气旋）、暴雨、洪水、海啸自然灾害及其引起的次生灾害造成的居民人身伤亡抚恤（含抢险救灾人员）、受灾居民家庭财产损失补偿费用以及扩展的见义勇为人员伤亡的增补抚恤。

2. 保障水平和费率。在平衡实际需求和财政承担能力的基础上，确定保障水平。综合深圳和宁波试点情况及浙江经济发展水平，浙江居民人身伤亡抚恤保险金额应不低于 10 万元/人，家庭财产损失救助保险不低于 2 000 元/户。费率测算以常住人口为口径，通过灾害模型分析和精算进行定价，并合理确定省、县财政负担比例。假定累计及每次事故赔偿限额为 5 亿元，按照全省（不含宁波）4 500 万的常住人口数，农村 800 万户、城镇 500 万户计算，根据有关保险公司的测算，全省预算保费约为 1 亿元。

（五）关于运作模式

按照既充分发挥保险公司风险管理的优势，又有利于提高巨灾风险的资金补偿能力的原则来设计运作模式：保险公司提供保障服务，设定累计及每次事故赔偿限额，每年收取的巨灾保险保费扣除再保险支出、经营费用等成本及预定利润后，保费盈余部分全额计提浙江巨灾保险风险专项准备金，留存在浙江（承办保险公司专用账户），由省政府指定的相关部门和保险公司共同管理，实行“逐年积累、总量封顶、专户管理、专款专用”。当保险公司巨灾保险承保年度综合成本率达到设定值时，由浙江巨灾保险风险专项准备金以其总额为限承担赔付，超过部分由保险公司在约定的累计赔偿限额内自行承担。浙江巨灾保险风险专项准备金除上述原因以外，不得提取。

（六）关于风险分散机制

设置多层次的风险分散机制（见图 5）：第一层为政府巨灾救助保险，保险公司在责任限额下全额承担赔付责任。具体通过保费补贴、统保等形式，扩大保险覆盖面，帮助保险公司加速积累风险资金池，提高风险承受能力。第二层为政府巨灾基金，按照政府财政投入与发动社会各方共同参与的原则，省政府通过财政注资、社会捐赠、发债等方式，建立巨灾基金，由省政府委托专门机构运作，实行专户管理，独立核算，市场化运作。政府巨灾基金主要用于赔付超过保险公司累计赔偿限额范围以外的损失，当超额损失大于巨灾基金额度时，启动回调机制，即按照总补偿能力与总损失的比例，由政府巨灾基金进行比例补偿。根据需要，巨灾基金可以购买再保险，进一步提高风险承受能力；也可以向保险公司提供巨灾风险分担保障，加速巨灾基金的有效积累。第三层为商业巨灾保险，坚持投保自愿、市场化原则，设计储金型、保障型等商业性巨灾保险产品，对政府巨灾救助保险进行补充，满足居民对财产损失、人身伤亡等方面更高层次、更加个性化的巨灾保障需求。

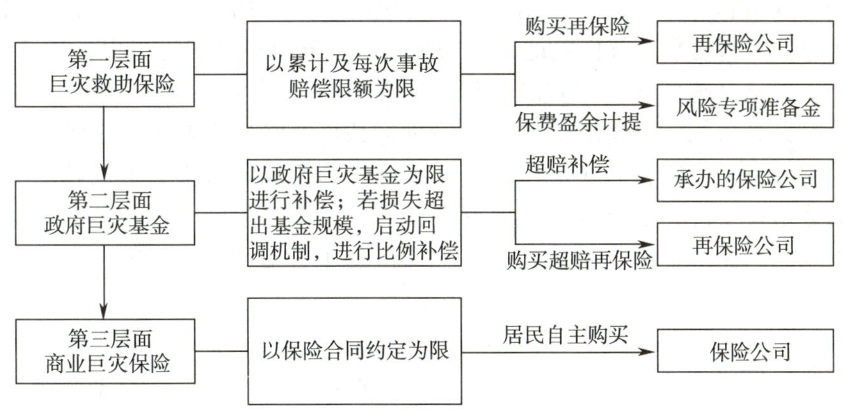

图5　巨灾保险分层保障安排

四、推进浙江巨灾保险制度建设的对策建议

巨灾风险的应对是一个世界性难题，巨灾保险制度建设是一项复杂的系统工程。浙江在应对自然灾害保险实践方面具有良好的基础，有条件抓住机遇，先走一步，整合各方面的资源，在借鉴国际经验和兄弟省市做法的基础上，加快建立健全巨灾保险制度，提高全省的风险管理能力。

（一）加快开展全省巨灾保险试点。一是加强组织领导，成立由民政部门牵头，金融办、保监、发改、经信、财政、住建、水利、农业、林业、海洋、地震、气象、法制、应急管理等部门参与的巨灾保险协调推进组，统筹推进全省巨灾保险制度建设。二是加强运营管理，研究设立政策性巨灾保险运营管理机构，协调政府有关资源，制定巨灾保险发展规划和相关制度，明确相关技术标准，管理巨灾基金，协调、利用和管理保险行业力量，组织开展全省巨灾保险等业务。三是完善试点方案，对浙江省的自然灾害特点、经济发展情况和巨灾历年赔付等情况进行深入研究，统筹考虑巨灾保险运作和承保模式确定、保费财政预算安排、巨灾基金建立、巨灾地方立法等重点事项，组织保险公司、再保险公司等专业力量开展费率精算和产品设计，研究制订符合浙江实际、可操作性强的巨灾保险试点方案，在试点的基础上逐步推广实施。

（二）加强法规和政策支持力度。一是加快制度方面的顶层设计。巨灾保险涉及法规、财政、税收、民政、减灾等众多部门，应该自上而下、整体设计，才能较快地收到效果。中央应尽快开展巨灾保险制度的顶层设计和立法等工作，明确巨灾保险制度建设的法律依据、框架内容及财税等政策支持，以便于先行先试地区巨灾保险制度的有效衔接。地方应立足本区域自然灾害特点，加快区域性巨灾保险制度的政策设计和统筹推进。二是发挥地方政府在立法保障、组织推动、政策制定等方面的作用，给予巨灾保险必要的启动支持、行政引导和财税优惠。先行出台巨灾保险地方性法规，为巨灾保险制度运行提供法律保障。加强防灾基础设施建设，如防洪工程、抗震标准、预警系统等，做好灾前的风险防范措施，为保险公司承保巨灾风险创造条件；将保险业纳入全省自然灾害应急管理体系，与市、县（市、区）各级应急管理和灾害救助部门建立对接机制；强化财税支持，整合救灾专项资金，加大巨灾保险资金投入，研究对投保巨灾保险的居民给予所得税减免，对巨灾保险业务给予营业税减免等税收优惠政策。

（三）充分发挥市场的巨灾风险分散作用。一是发挥保险机构的作用。在对巨灾风险科学评估的基础上，研发巨灾保险产品，厘定合理的费率标准，满足人们对不同灾害补偿的需求。可以由若干个保险公司组成巨灾共保体，加强协作，共同承担巨灾风险，提高巨灾风险分散的能力。发挥专业技术的优势，通过风险隐患排查、灾害防范宣导等方式为全社会提供防灾减损、应急管理、灾害救助等方面的专业服务。二是发挥再保险市场的作用。从国际上看，再保险承担和分散巨灾的大部分风险。应大力发展国内再保险市场，引进国外再保险机构，降低保险公司风险自留比例，将风险分散到国内乃至全球保险市场，实现巨灾风险跨区域分散。三是发挥资本市场的作用。保险公司和再保险公司可以运用巨灾债券、巨灾期货和巨灾互换等金融工具向资本市场分散风险，实现巨灾风险跨市场分散，进一步减少风险集中度，提高保险公司的承保能力。

（四）夯实巨灾保险基础建设。一是推动巨灾数据建设，加强政府有关部门的数据共享，建立健全包含巨灾发生频率、强度、历年财产和人身损失及分布情况等灾害基础数据库，为社会提供灾害数据的统一管理平台和共享服务，为巨灾保险制定费率标准，构建风险管理模型及其他相关精算提供数据支持。二是深化巨灾保险的理论研究，组织专家学者从浙江区域性灾害风险需求、巨灾基金建设、再保险机制、政府参与等角度开展课题研究，举办多种形式的专题研讨会、学术论坛，不断夯实浙江巨灾保险的理论基础。三是重视巨灾保险人才队伍建设，推进保险从业人员素质建设，完善人才培养机制，构建多层次、多渠道的巨灾保险人才培养体系；完善人才引进政策，建立人员有序流动机制，提高浙江巨灾保险人才的集聚能力。四是加强防灾减灾和保险知识宣传，广泛调动政府、保险业及有关方面的积极性，利用广播、电视、书刊、互联网等传播工具，积极宣传保险在经济补偿、抗灾减损等方面的功能作用和典型事例，不断提升全社会各行各业和民众对巨灾保险的认知度，营造良好的社会氛围。

参考文献

[1] 陈宇峰：《巨灾保险制度：国际经验及我国的路径选择》，载《保险职业学院学报》，2012（3）。

[2] 董瑶：《巨灾保险再保险制度建设——浙江省巨灾保险再保险体系的探索》，载《“新国十条”宣传暨浙江省巨灾保险论坛》，2014（11）。

[3] 段元娟、毛小兵等：《宁波市区域性巨灾保险制度探析》、载《“新国十条”宣传暨浙江省巨灾保险论坛》，2014（11）。

[4] 冯俏彬：《基于公共财政视角探析巨灾保险设计》，载《地方财政研究》，2012（2）。

[5] 关颖哲：《浅析我国巨灾保险体系的构建》，载《黑龙江对外经贸》，2009（5）。

[6] 王玉、王焕玉、范高潮、腾跃民：《美、日两国巨灾损失分担机制对我国的启示》，载《保险研究》，2008（6）。

[7] 许均：《国外巨灾保险制度及对我国的启示》，载《海南金融》，2009（1）。

[8] 姚建中：《境外巨灾保险机制中政府角色的浅析》，载《“新国十条”宣传暨浙江省巨灾保险论坛》，2014（11）。

农村信用治理、信贷模式创新与农户融资

——以“整村批发”为例

丽水市金融学会课题组*

一、引言

农户融资问题始终是理论界关注的问题，现有的研究主要集中在以下四个方面：一是农村正规金融供给不足，影响了对农户的贷款。二是农村信用社改革进展慢，难以满足农户贷款需求。三是农户缺乏抵押品，导致了农户融资难。四是农户贷款成本高，使追逐利润的金融机构缺乏给农户贷款的激励。从农户融资难这一事实出发，众多学者也给出了很多的政策建议，包括改革农村产权制度，让农民的资产可用于抵押；深化农村信用社的改革，增强其支农能力；放开民间金融，使民间金融合法化；成立新的农村正规金融组织，增加农村金融供给等。本文认为农户融资难的主要原因在于农村信贷市场的严重信息不对称，研究如何克服信息不对称来增加农村信贷有效供给。

二、信息不对称与农村信贷市场：逆向选择和道德风险效应

农村信贷市场上，由于金融机构与农户之间存在严重的信息不对称，会对金融机构的信贷决策、农户融资行为选择及农村信贷市场的运行效率产生重要的影响。

（一）非对称信息与农村信贷市场的逆向选择

在农户提出贷款申请、金融机构进行贷款决策时，由于缺乏有效的信息传递机制，双方在信息占有上是不均衡的，金融机构很难将高风险的农户和低风险的农户区分开来，因此只能对所有的农户收取相同的利率。这一利率水平可能高于风险低的农户愿意承受的水平，会导致风险低的农户退出信贷市场，而信贷市场上只剩下高风险的农户。其结果是，真正拿到贷款或者更多地获得贷款的恰恰是金融机构本来并不愿意贷出的那些劣质农户，出现了“劣质农户驱逐优质农户”的现象，从而产生农村信贷市场的逆向选择问题。

---

* 课题主持人：孔祖根

课题组成员：叶晓东　叶银龙　金晓芳　舒晓健

当出现逆向选择问题时，农村信贷市场上将只剩下那些信用风险很高的农户，从而导致金融机构的信贷风险上升。而且在极端情境之下，尽管农村信贷市场存在强烈的信贷需求推动，也无法激励金融机构去主动增加信贷供给满足市场需求，导致农村信贷市场的萎缩，进一步增加了农户贷款的难度。

（二）非对称信息与农村信贷市场的道德风险

在农村信贷市场上，由于金融机构与农户之间信息传递机制不健全，金融机构难以获取已经获得贷款农户的资金使用效率及其风险管理决策信息。在金融机构缺乏有效的手段来控制和监督农户的投资行为时，使得农户有机会采取不利于金融机构顺利收回其贷款本息的行为，徒增信贷风险。这就是金融机构所面临的道德风险问题。由于道德风险问题的存在，金融机构为了保证信贷资金的安全，就要采取更加严格的措施监督农户的贷款使用情况，这样会大幅增加贷款的管理成本。在极端情况下，为了避免道德风险，金融机构会减少信贷交易发生的频率，甚至会采取取消信贷交易的消极行为。

（三）逆向选择和道德风险产生效应分析

当存在逆向选择和道德风险问题时，金融机构出于风险防范的需要，在信贷行为选择和信贷合约安排上会采取相应的风险控制措施来降低自身面临的不确定性。

一是信贷配给。信贷配给是指在信贷市场上，出于违约风险的考虑，金融机构在既定的利率条件下，拒绝一部分贷款人的融资需求，而不是提高利率以出清市场。为了避免可能出现的逆向选择和道德风险问题，金融机构不得不将利率定于均衡价格的水平，然后在不同的农户之间进行信贷配给。信贷配给是金融机构对市场风险作出理性反应的结果，一方面信贷配给使金融机构降低了信贷风险，减少不良贷款，提高了资产质量；另一方面信贷配给强化了农村信贷市场的紧缩效应，从而降低金融市场的资源配置效率。同时，在同等风险等级下，金融机构更愿意向优质农户提供融资，从而排斥了农村弱势农户的融资需求，不利于普惠金融制度的落实。

二是抵押担保。在农村信贷市场存在严重信息不对称的情况下，为了有效防范自身的信贷风险，金融机构要求农户提供合格的抵押担保。虽然抵押机制并不能直接减少信贷市场的信息不对称，但可以在贷款合约中起着信号、甄别以及激励等作用，消除或减少由信息不对称带来的逆向选择风险和道德风险。但现实的问题是，在广大农村地区只有富裕的农户能提供一定的抵押担保。同时，由于受农村产权制度改革滞后的影响，农户手中的农房、土地等资产在法律上无法变现。因此，大部分农户还是无法提供符合金融机构要求的抵押物，只能被迫放弃贷款，从而这部分农户就被排斥在金融体系之外。

上述分析表明，农村信贷市场的信息不对称是产生农户融资难的根本所在。

在信息不对称的情况下，金融机构与农户缔约双方无法达成一个比较完善的契约关系，而且也无法保证契约得到有效的履行。信贷配给和抵押担保，是金融机构防范信贷风险作出的理性选择，但也在农村金融市场产生了严重的金融排斥。因此，要解决农户融资难问题，必须对现有的农村金融制度进行适当的改进。一方面，要建立一种有效的信息生产和传递机制，减少农村信贷市场的信息不对称，使金融机构以高效率、低成本的方式作出是否贷款的正确决策，并能减少信贷配给问题。另一方面，要建立一种新的信贷服务模式，减少农户融资中的抵押担保，以降低农户融资成本，增强农户信贷的易得性。丽水开展的农村信用体系建设工程，并在此基础上推出的“集中授信、整村批发”的信贷服务模式，是解决农户融资难问题的有益尝试。

三、农村信用治理与信用信息生产：丽水的实践

（一）农村信用体系“丽水模式”综述

丽水于2009年全面启动了以评定信用户、信用村为基础，以发放农户小额信用贷款为主要方式的农村信用工程建设。在实践中形成了农村信用体系建设的“丽水模式”。

农村信用体系建设的“丽水模式”，从工作机制看，针对农村信用体系缺失，金融机构“难贷款”与农民“贷款难”的矛盾，从农户信用等级评价入手，建立“政府支持、人行主导、多方参与、共同受益”的农村信用体系建设工作模式，在建设初期，全市共抽调1.73万名机关、乡镇和村干部组成3 453个农户信息采集小组、198个农户信用评价小组和3个业务指导小组，开展了地毯式农户信用信息采集工作。从实施内容看，实行资产评估、信用等级评价、授信额度评定“三联评”，信用贷款、抵押贷款、联保贷款“三联动”，政府、银行、农户“三联手”，扎实推进农村信用体系建设，有效破解了农民“贷款难”问题。从取得的成效看，截至2014年末，全市的2 000多个行政村全部开展农户信用评价工作，行政村评定面达到100%；建立农户信用信息档案38.71万户，占全市应评农户数的92.1%；已成功创建信用村（社区）869个、信用乡（镇、街道）38个；全市共有30.39万信用农户累计获得313.51亿元贷款，信用农户贷款覆盖面同比增长21.99%。

农村信用治理是以农户的信用信息生产为主要内容，在农村建立“激励守信，约束失信”信用制度为主要目的的一种农村信用组织管理方式。丽水的农村信用体系建设，实质上是农村信用治理的过程。虽然金融机构是重要的信用信息生产部门，依靠内部的资信评估部门，对贷款农户进行审查和贷款管理。但由于无法实现信息生产的规模效应，所以信息生产成本较高。而由政府推动建立的农村征信体系可以实现农户信用信息生产的批量化和规模化，可以大大

降低信息生产成本。因此，农村信用体系建设的“丽水模式”，是政府主导下的制度变迁的结果，目的是在农村地区建立一种农户信用信息的生产机制，减少农村信贷市场上的信息不对称状况和由此带来的逆向选择风险和道德风险问题。

（二）信用信息的生产机制及基本特征

要实现农村信用治理，解决金融机构与农户之间的信息不对称，需要有一个信用信息生产的制度安排，以弥补现有农村社会信用机制的不足。丽水农村信用体系建设实践中，农户信用信息生产是由农村信用联合体承担的。

所谓农村信用联合体是指金融机构、行政村与农户群体三方联手，以开展信用信息生产、规范参与各方信用行为为目的而组织起来的一种非正式的农村信用制度安排。其核心是以信用农户、信用村的评定为载体，开展信用信息生产，推进农村信用治理，建立激励和约束的农村信用制度，同时以信用声誉作为契约的实施机制，从而在一定程度上解决银农双方的信息不对称问题。其具有以下几方面的特征：

1. 合作共赢是信用联合体的动力纽带。信用联合体的任何一方都有自身利益，任何一方的付出和承担风险都要有合理回报，这也是给付“对价”的必然反映。对金融机构而言，通过信用联合体，拓宽了业务经营发展的空间，获得了一个比较稳固的市场份额，实现了信用风险掌控关口的前移，降低了经营费用和贷款维护成本；对行政村而言，通过参与农户评级提升了自身权威，同时获得了新的农村社会治理手段；对农户而言，成为信用户，并加入信用联合体，可以及时便捷地获取金融机构信贷支持，获得一个稳定、便利的资金来源，满足了生产经营的所需资金。因此，信用联合体的形成是以利益为纽带的，离开了利益诱导，就缺少了合作的基础和合作的动力。

2. 信用声誉是信用联合体的约束制度。由于信用联合体的成员一般都集中在某个固定的乡村之内，相互之间交往较为密切，交往重复率较高，因此具有“熟人社会”的性质。在“熟人社会”范围内，农户的融资契约更多地依赖人际信任而非制度信任，道德伦理规范有着较强的约束力。从本质上看，信用联合体就是一个简单的声誉制度组织形式。它的存在不是依靠强制实施的法律制度，维系银农之间契约关系的是局部范围内的社会规范，金融机构与行政村的代理人——村委会在信用联合体中发挥着信用信息加工的作用，负责收集农户信用资料，将违约者的违约信息向村内公开，使声誉机制有效运作，从而促使交易者履行合约。也就是说信用联合体实际上是通过排斥行为来实现维护声誉的目的，即那些违约者将永远丧失在该行业发展的机会。

3. 互助自治是信用联合体的基本形态。农村经济的特点是小农经济，农户生产经营的主要组织方式是单家独户。随着生产经营的扩大，农户也面临大额的融资需求，但单家独户的组织方式，在与金融机构融资谈判的过程中，往往处于弱势地位。因此，农户的自组织能力差也是制约其融资的一个重要因素。农户根据自愿原则，参与信用户评定，成为信用联合体的成员（如信用村成员），与其他成员以信用合约安排为基础，形成利益共同体。在组织内每个成员互助自治，对外则协调行动与金融机构进行融资谈判，努力实现自身利益最大化。因此，信用联合体的形成是伴随着农户自我组织能力、自我管理能力不断提高的过程。同时，信用联合体也有一套科学而完备的失信惩戒机制，如行政村的代理人——村委会对违约农户进行行业制裁，包括将违约农户取消信用户资格，清出信用联合体，在同行内发布其不守诚信信息等。农户参与信用联合体，增强了自组织能力，降低了交易成本，切实维护了自身的信贷权。

4. 动态管理是信用联合体的生存根本。信用联合体作为一个完整的系统，只有与外部环境进行充分的信息交流，并对其构成要素进行适时动态调整，才能够保持最佳适应状态。否则，是无生命力的。信用联合体在运行过程中，充分发挥信用评定小组的作用，通过跟踪式的现场监测，及时收集掌握农户个人信用度变化信息，补充和完善所有客户档案，实现一户一档，动态管理。对信用户、信用村等实施复评审验制，对信用程度较高的提高授信额度，对存在失信行为的取消信用资格。通过这种日常动态管理维护，确保了信用信息的真实性和客观性，为金融机构信贷决策提供了有效的信息支持，发挥了信用的惩戒功能，使信用联合体始终保持最佳运行状态。

（三）信用联合体产生的制度经济学分析

信用联合体作为一种信用信息的联合生产机制，是一种非正式的制度安排，其以信用声誉为支撑，促成各参与方达成交易，可在一定程度上消除信息不对称问题。

1. 信用联合体是社会制度安排不健全的产物。制度是约束人们之间相互关系的一套行为规制。在农村信贷合约中，有两种制度形式增进了银农之间的信任，降低了贷款农户的违约风险：一种是法律制度，它属于正式约束，另一种是声誉制度，属于非正式约束。由于正式的与非正式的约束制度均不健全，就需要在金融机构和农户之间建立一个新的制度安排，以弥补现有约束制度的不足，促进农村信贷合约达成。信用联合体正是在这种条件下产生的，是在银农双方共同利益基础上的诱致性制度变迁的结果。信用联合体的存在不依赖于法律制度，而是以对违约农户的行业制裁这种非正式的信用制度安排为基础，通过在各参与方之间建立激励约束机制，解决信息不对称问题，降低交易成本。

2. 信用联合体是解决信息不对称的有效途径。在农村信贷合约安排中，农户在自身财务状况、项目的风险、收益水平以及资金实际使用方面掌握着比金融机构更多的信息，因此信息必然是不对称的。信贷合约的达成和实施是离不开信任的。而信息不对称则增加了农户与金融机构之间的不信任关系。因此，要提高农户贷款的易得性和便利性，就要解决信息不对称问题，以增进农户与金融机构之间的信任关系。信用联合体的建立本质上是银农之间信任关系重建的过程。在信用联合体形成过程中，金融机构与农户关系更为密切、往来更为频繁的行政村的代理人——村委会一道，负责农户信用信息的收集、加工和整理，共同开展信用户、信用村的评定，不仅贴近了农户，建立了与农户之间的信任关系，而且能有效监督农户经营行为，一定程度上降低了由于信息不对称而导致的逆向选择和道德风险问题。

3. 信用联合体的运行依赖于内部的合约安排。信用联合体是一种互助自治组织，其运行依赖于内部有效的信用合约安排。信用联合体是一组契约的组合，包括信用村[①]与农户之间的契约、金融机构与农户之间的契约、信用村和金融机构之间的契约。每一个契约均符合激励相容原理，在降低交易成本方面显出其特有的效率。

第一，信用村与农户之间的契约关系。信用村是信用农户通过缔约关系而形成的契约组织。农户是否参与信用等级评定，并成为信用户，是农户的一项基本权利。但农户一旦成为信用户，并作为信用村的一名成员后，就面临信用村的契约制约。这种制约体现为，要承担按时履约还款，维护信用村荣誉的义务。农户与金融机构签订的信贷合约，虽然是个体行为，但作为信用户一旦违约不能及时还款，就比普通农户对信用村声誉的损害来得更大，而且如果每个个体都如此，就会形成“囚徒困境”。严重的话，就会面临外部的制裁，直至被取消信用村的荣誉。信用村是信用农户的互助组织，具有为信用农户提供融资便利服务的义务，作为一个利益整体，可以比单个农户从金融机构获得更大的融资授信和更好的金融服务。同时，信用村也是一个权利人，有权通过声誉机制，联合守信农户采取排斥制裁措施，对信用农户的行为选择施加可置信的影响，以抑制信用农户的机会主义行为，维护集体利益。因此，通过信用村与农户之间的契约关系安排，使得信用联合体的契约最大范围地自我实施、缔约效率得到提高和契约关系得到较为平稳的发展。

第二，金融机构与农户之间的契约关系。金融机构和农户之间的契约，主要是资金供给与需求的信贷契约关系。在双方的义务安排上，对金融机构而言，在信用户、信用村评定过程中作出的有关信贷方面的承诺，其必须按照约定的合约予以兑现，随时向信用农户提供信贷资金支持和资金价格上的让利。对农户而言，其必须按照约定的承诺，向金融机构按时还本付息，否则将受到法律制裁和守信农户的集体惩罚。在双方的权利实施上，金融机构有权要求信用农户提供可信的信用信息，并对信用农户的生产经营情况实施有效的监督和采取

① 注：为研究方便本文以信用村作为行政村的代表。

法律措施保护自身信贷资金的安全。信用农户有权监督金融机构有关信贷方面的承诺兑现情况。因此，金融机构与农户以经济利益为纽带缔结的合约关系，形成了互利共赢的共同体，保证了信用联合体的稳定运行和可持续发展。

第三，信用村和金融机构之间的契约关系。信用村与金融机构的契约关系，与金融机构和农户之间的契约关系具有相似性。所不同的是，信用村是信用农户的集合体，是一个地方农户信用状况的总体反映，而信用户仅代表农户个体，信用状况也仅代表其个体资信水平；信用村对失信农户的制裁主要是通过声誉机制发挥作用，而金融机构对失信农户的制裁主要依靠法律手段。金融机构与信用村结成契约关系，让自身融入了基于血缘和地缘关系形成的农村社区，与农户在相互信任和相互帮助的基础上结成人际网络，并通过信贷合约建立稳定的利益联结关系，提升了金融机构与农户之间的信任水平，形成了新的农村信贷交易规则和交易模式。同时，信用村作为连接信用户与金融机构的桥梁，在各个信用主体间实现信用与合作的有效衔接，实现了信息对称和交易成本的降低，便利了金融机构与农户信贷交易的达成。

总之，信用联合体内部有效的信用合约安排，能够满足农户、信用村和金融机构三方的联合需求，保证各个主体的利益得到改善和信息得到充分协调，从而改善三方的共同福利，符合激励相容原理。

（四）农户信用信息的生产过程

信用信息的生产是指信用联合体对农户信用信息的收集、加工、使用和管理的过程。信用信息的生产质量决定了信贷合约安排的有效性，决定了农户融资的便利性。

四、“整村批发”信贷模式与农户融资：农村信用治理的结果

农户信用信息生产及农村信用治理的深化，为金融机构开展“整村批发”的信贷模式创新奠定了基础。

（一）“整村批发”信贷模式的基本情况

“整村批发”信贷模式是指金融机构依托农户信用信息数据库，以村为单位，对农户开展综合授信业务。在规定的期限内，农户对授信额度可以“随用随贷、余额控制、循环使用”的一种新的农村信贷支农模式。

“整村批发”信贷模式的主要特征：一是以互联网技术为依托，挖掘农户信用信息并管理信用风险。通过农村信用治理，收集农户基本信息，利用互联网技术，建立农户信用信息数据库，批量加工和生成农户信用信息，有针对性地满足金融机构在农户信息挖掘和信用风险管理上的需求。二是以整体授信为抓手，进行农村金融资源配置。金融机构依托数据库生成的农户信用信息，以村为独立的整体，开展贷款批发业务，根本性地改变了过去按单个农户进行贷款

发放的业务模式，显著降低了信贷交易成本。三是以金融普惠化为目标，拓展农村金融服务的边界。“整村批发”信贷模式使农村金融服务的边界进一步拓展，金融交易的信息不对称程度大幅下降，普惠金融政策在农村得到了有效落实，切实维护了农户的基本信贷权。

（二）“整村批发”信贷模式产生的条件

“整村批发”信贷模式是内生于农村信用治理，是随着金融交易成本的降低、农村信用制度的完善和银农关系进一步密切，金融机构作出的理性选择的结果。

1. 农村信用治理降低了金融交易成本。交易费用是发生在交易环节的费用，包括信息搜寻的费用、谈判和签约的费用以及保障签约实施的费用。信息不完全和交易环境的不确定性是影响交易费用的重要因素。在信贷交易中，金融机构的贷前调查、贷中审查及贷后检查等管理决策行为，要以占有丰富的农户信息为基础，信息成本成了影响信贷交易能否进行的主要因素。同时，融资活动这种金融交易是一种虚拟的、跨时期的交易行为，是当前的现金流量和未来一系列现金流量的交易，因而，信贷交易中的不确定性因素越多，金融机构所承担的风险也就越大，要减少金融交易中的不确定性，降低金融风险从而促进信贷交易顺利进行而发生的交易成本也就会越高。庞大的交易费用构成了信贷合约中的巨大成本，当这种成本过高时，交易将无从进行。随着农村信用治理的深入，一方面信用联合体组织的信息生产工作要比金融机构单干的成本低，而且通过建立农户信用信息数据库能够实现农户信息生产的批量化和规模化，降低了金融机构获取农户信息的成本；另一方面随着农村信用治理的深化，农村社会信用环境也会不断改善，基于信用环境不确定性的贷款违约概率也会进一步降低。信息成本降低和信贷交易环境不确定性的减少，一定程度上构成了对金融机构开展农村信贷模式创新的有效激励。

2. 农村信用治理完善了农村信用制度。除了法律以外，声誉也是维持市场有序运行的基本机制。声誉可以理解是为了获得交易的长远利益而自觉遵守合约的承诺，即信用。在信息不完全环境下，声誉机制发挥作用的核心是建立有关欺诈行为的信息传播机制。信用联合体是农村信用治理的产物。从本质上看，信用联合体就是一个简单的声誉制度组织形式。在信用联合体中，金融机构与行政村的代理人——村委会是农户信用信息的收集者和传播者，负责收集农户信用信息并将违约农户的违约信息及时向行业内公开，使任何违反“规矩”的不声誉行为都可能受到较法律制裁更为严厉的惩罚。这种惩罚往往是情绪化的，其强度和力度往往也是不确定的，使有意违规者面临着很大的冒险性和风险度，最终导致在农村这一“熟人社会”中违反信用的概率有时甚至比法制社会的概率更小。因此，随着农村信用治理的深化，农村信用制度也随着进一步完善，从而为金融机构开展农村信贷模式创新提供了一个动力机制。

3. 农村信用治理密切了银农间的关系。金融机构作为经济人，开展金融创新是基于一定的市场信息和客户信息而作出的理性选择的结果。随着农村信用治理的深化，金融机构深入农村社区，成为农村社区的成员，由金融机构与农户通过长期多渠道的人际接触，或对农户所在社区的多维度联系而积累所得的具有人格化倾向的“软信息”就越丰富，对农户金融服务需求的了解就更加全面和更加准确，就更便于创新出符合农村金融市场的金融服务方式。同时，信用联合体是农户与金融机构基于契约关系形成的互利共赢的命运共同体，金融机构为了维持与农户的长期合作关系，保持从农村金融市场上获得的既得利益，对农户金融服务的新需求也会在金融创新上做出积极的响应。因此，随着农村信用治理的深化，银农关系的进一步密切，不仅使金融机构的金融创新获得了基础信息的支持，而且更加贴近了农户的现实需求。

（三）“整村批发”信贷模式的运作程序

“整村批发”信贷模式的运作程序，可以与传统的信贷业务流程作一比较。图 1 是传统的信贷业务金融价值链。农户获得一笔贷款要经过贷款申请、贷款受理、贷前调查及贷款发放等业务环节。在这种单方向、直线式的金融资源配置过程中，各个环节都会产生较高的金融交易费用。

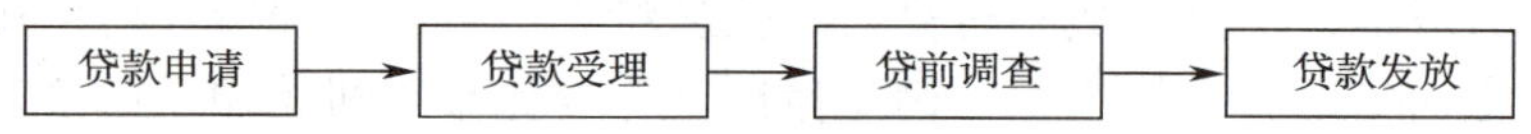

图 1 传统线性的信贷业务流程

而“整村批发”信贷模式则打破了金融业传统的业务规则（如图 2 所示）。金融服务中心借助互联网技术，建立一个虚拟平台——农户信用信息数据库，加工生成农户信用信息。金融机构通过接入农户信用数据库，与自身的信贷业务部门进行链接，建立起了金融机构与农户的信息沟通机制。金融机构据此就可以开展“整村批发”的信贷业务。

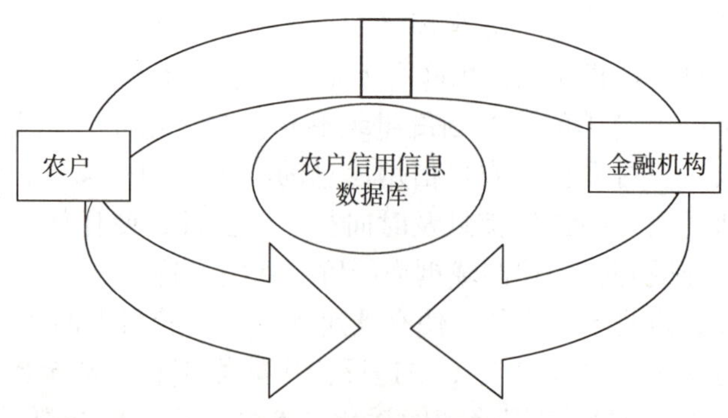

图 2 平台弯曲的信贷业务流程

类似于电子商务的 O2O 平台模式，线上虚拟平台连接了农户和金融机构，“弯曲”了传统的原本垂直的金融价值链，实现了金融供给与需求有效匹配，减少了信贷交易环节，降低了交易费用，提高了金融资源的配置效率。金融服务中心不仅是提供渠道的媒介、提供机会的中间人，它的核心是建立起一个崭新的“金融生态系统”，让有利益相关性的金融机构与农户彼此交流互动，实现价值的飞跃。

(四)“整村批发”信贷模式取得的成效

“整村批发”的信贷支农模式，一定程度上起到了担保物替代的功能解决了农户融资难问题，促进农村金融的民主化、普惠化发展。2014 年底，996 个金融机构用户接入了农户信用信息数据库，1 347 个行政村开展了“整村批发”业务，金融机构授信总额 111. 55 亿元。全市共有 30. 39 万信用农户累计获得 313. 51 亿元贷款，信用农户贷款覆盖面同比增长 21. 99%。

五、基本结论

本文对丽水农村信用体系建设情况进行了考察，得出三点结论：

(一) 农村信贷市场的信息不对称是导致农户融资难的根本原因。丽水开展的农村信用体系建设工程，是推进农村信用治理的有效途径。通过信用治理，完善了“激励守信，约束失信”的农村信用制度，进一步健全了农村金融生态环境。

(二) 农户信用信息生产是农村信用治理的核心，也是解决农村信贷市场信息不对称的关键。信用联合体作为一项非正式制度安排，是农户信用信息的联合生产机制，其有效运行依赖于内部的一套信用契约安排，是符合激励相容原则的。通过信用联合体实现了农户信用信息生产的批量化和规模化，有效降低了金融机构的信息生产成本。

(三)“整村批发”的信贷支农模式，作为一项新的农村金融商业模式，较之于传统的金融业务规则，在降低金融交易成本，提高金融资源配置效率，促进农村金融民主化、普惠化方面具有显著的优势，具有一定的推广意义。

参考文献

[1] 陈威如、余卓轩：《平台战略：正在席卷全球的商业模式革命》，中信出版社，2013。

[2] 陈钊：《信息与激励经济学》，上海人民出版社，2005。

[3] 邓俊淼：《农民专业合作组织推动农户融资模式研究——基于河南省社旗“农民专业合作社+农村信用社”模式的考察》，载《农村经济》，2010 (9)。

[4] 卢现祥：《西方新制度经济学》，中国发展出版社，2003。

[5] 周脉伏、徐进前：《信息成本、不完全契约与农村金融机构设置》，载《中国农村观察》，2004 (1)。

基于互联网视角的商业银行零售业务转型研究

中国工商银行浙江省分行课题组*

2013年6月，依托互联网的“余额宝”横空出世，互联网金融这个新生事物也开始逐步融入了老百姓的日常生活。仅仅一年时间，“余额宝”的规模迅速增长到了5 700多亿元，众多商业银行零售客户成为了“余额宝”的忠实用户。与此同时，P2P网贷、众筹、互联网理财、微信转账、二维码支付等新业务、新产品不断涌现，互联网金融大有取代传统商业银行之势。为深入分析传统商业银行所面临的挑战和机遇，探索商业银行零售业务的经营转型方向，本文从互联网的视角进行分析和透视，以期提出相应的转型策略。

一、互联网的本质及与金融相结合的模式创新

（一）互联网的本质

随着信息通讯技术的飞速发展，云技术的应用和智能手机的迅速普及，互联网步入了Web 2.0时代和移动互联网时代，互联网是一个以“开放、平等、共享、共建、共赢”为主要本质特征的生态圈。“开放”是零门槛的进入机制，开放度越高意味着对外连接越多，通道越宽，创造的信息和节点的价值也越大；“平等”是去中心化的契约精神，平台参与者在产品的开发、市场的推广、客户的服务中，需平等协商，而非一方对一方的支配；“共享”是双向的互动和共用，通过相互协作、集合众人智慧来实施创新；“共建”是多主体、自组织的共同建设和共同维护，形成一个和谐发展的平台系统；“共赢”是参与主体的共同获益，以客户体验为目标实现共同发展。在互联网这个生态圈中，凝聚了客户流、资金流、信息流和物流，集合了具有多样化需求和不同特征的参与主体。互联网的参与主体按照自身的利益诉求和主观需求提供并享受个性化服务，在生态圈中扮演一种甚至多种角色，所有参与主体都在这个生态圈中实现了共赢，获得了发展。

---

* 课题主持人：吴翔江

课题组成员：陈　晓　方　科　沈　涛　王　寅　郑南思

（二）互联网金融的模式创新

1. 支付中介模式创新

互联网与金融相结合最早就在支付结算领域，通过互联网渠道进行线上的资金汇划和资金结算，主要的特点是通过非金融机构的第三方作为收、付款人的支付中介所提供的网络支付、预付卡、银行卡收单等支付服务。第三方支付已不仅仅局限于最初的互联网支付，而是成为线上线下全面覆盖，应用场景更为丰富的综合支付工具。同时，第三方支付公司利用其系统中积累的客户采购、支付、结算等完整信息，以非常低的成本联合相关金融机构为其客户提供优质、便捷的信贷等金融服务，并开始渗透到信用卡和消费信贷领域。

2. 资金借贷模式创新

民间借贷是草根金融的主要形式，与互联网相结合以后就出现了新的 P2P 模式，它通过互联网平台进行资金借贷双方匹配与撮合，平台既能帮助贷款人通过和其他贷款人一起分担一笔借款额度来分散风险，也能帮助借款人在充分比较的信息中选择有吸引力的利率条件。P2P 网贷在一定程度上降低了市场信息的不对称程度，对利率市场化起到了推动作用。同时，由于其参与门槛低、渠道成本低，在一定程度上拓展了社会的融资渠道。

3. 数据支持模式创新

大数据应用与分析是互联网的核心，大数据对于互联网金融则是集合海量非结构化数据，通过实时分析为互联网金融机构提供全方位信息，分析和挖掘客户的交易数据和消费信息，掌握客户的消费习惯并预测客户行为，为金融机构和金融服务在营销和风控方面实现有的放矢提供支持。大数据通过海量数据的核查和评定，增加风险的可控性和管理力度，及时发现并解决可能出现的风险点，对于风险发生的规律性有精准的把握，支持互联网金融机构对客户信息与金融数据进行更加深入和透彻的分析。

4. 项目筹资模式创新

依托互联网和 SNS 传播的特性对公众展示创意及项目，争取关注和支持进而获得所需要的资金援助，成为了一个新的筹资模式即众筹。众筹设定了筹资目标和筹资天数，达到目标金额即成功，筹资失败则全部退还筹集资金，资金提供者一定有相应的回报，众筹平台也会抽取一定比例的服务费用。同时，以创投圈、天使汇为代表的一批针对种子期、天使期的创业服务平台，又创新了一种“众投”的模式，承接了对众筹本意的理解，发展成为另一种资金筹划与投资的新模式。

5. 金融运营模式创新

在互联网的技术支持下，金融机构对传统运营流程进行改造或重构成为可能，通过信息化技术实现金融机构经营、管理的全面电子化。在金融运营的信息化创新中，商业银行不仅搭建了电子化、立体式的服务体系，而且实现了信息化的数据集中，业务处理能力、客户维护能力和风险防控能力大大加强。此外，商业银行也推出了与消费购物相结合的电商平台，通过积累真实可信的用户数据和交易信息去发掘用户需求，提供有针对性的金融服务。

6. 服务平台模式创新

互联网的平台化延伸到金融行业，就出现了销售金融产品的第三方服务平台，这个平台的核心就是“搜索+比价”模式，采用金融产品垂直比价的方式，将不同金融机构的产品放在平台上，用户通过对比来挑选合适的金融产品。金融服务平台最大的价值就在于它的渠道价值，支付宝、银率网等依靠丰富的金融产品和良好的品牌效应，在互联网客户的金融服务中占得先机；对接互联网平台的“余额宝”、“理财通”产品，也正是因为有了淘宝和微信的用户入口，再加上良好的客户体验，成为了引领互联网金融产品的风向标。

二、互联网金融对商业银行零售业务的影响及原因分析

（一）互联网金融对商业银行零售业务的主要影响

1. 经营层面

（1）个人结算业务面临冲击

随着互联网技术的不断进步，以支付宝、财付通等为代表的第三方支付快速发展，并且逐渐成为银行个人支付渠道的重要补充。2013 年，国内第三方支付市场规模已达 16 万亿元，几乎占到零售总额的三分之一，其中互联网支付和移动支付分别达到 8.96 万亿元、1.19 万亿元，较上年分别增长 30.04% 和 556.75%。第三方支付凭借着低廉的价格和灵活的方式，越来越多地渗透和占领银行支付及收单市场，通过支付宝、财付通等网络平台进行转账结算、收款付款、缴费充值等已经成为了年轻一代资金支付的主流模式。此外，对线下刷卡交易形成直接挑战的二维码扫码支付崭露头角，苹果也推出了基于 iPhone 的 apple pay（苹果支付），预示着个人结算业务将再次面临冲击。

（2）个人信贷业务遭受挑战

通过搭建筹资者和投资者的统一平台，凭借着手续简单、方便快捷、无须抵押等优势，P2P 网贷极大地解决了小微企业和个人“贷款难”的问题，业务规模迅速做大。2014 年上半年，全国 P2P 网贷成交额 964.46 亿元，月均成交额超过 160 亿元，接近 2013 年月均的 2 倍；平台数量达到 1 184 家，增幅达到 226.39%。在管理模式和运营机制等方面确实对商业银行的个人信贷业务发起了现实的挑战。

（3）个人理财业务逐步渗透

伴随着利率市场化进程的逐步加快和个人理财产品的层出不穷，互联网金

融借助渠道便利和价格优势，迅速发起了对商业银行个人理财业务的市场渗透。以余额宝、理财通等为典型的互联网金融产品，在短短一年多的时间里快速成长；2014 年末余额宝规模达到 5 789 亿元，用户数增加至 1. 49 亿人。互联网金融在财富管理领域的快速成长，不仅挤压了商业银行代销基金等个人理财业务的中间业务收入，而且满足了大量中低端原来够不到个人理财产品门槛的客户需求，商业银行个人理财业务的市场份额因互联网金融的崛起而重新分配。

2. 管理层面

（1）零售业务交易渠道网络化

从交易渠道的角度看，互联网金融跨越了时间和空间的限制，实现 7 × 24 小时任何地域都能支持的金融服务与金融交易功能。同时，互联网金融的成本优势、信息优势也推动着商业银行零售业务的交易渠道转型，从高成本的网点渠道、人工渠道向低成本的电子渠道、自助渠道转型，从低效率的经验数据、物理存放向高效率的海量数据、云端存放转型。除了账户开户、现金存取、财富咨询等必须要到物理网点以外，其他业务均已可直接通过电子渠道来实现。

（2）零售业务中介角色边缘化

互联网金融除了打破传统金融服务渠道限制之外，也同时解决了金融信息不对称的问题。资金供给者和资金需求者可以通过互联网平台完成信息的筛选、匹配、定价和交易，而不再依赖银行进行单向的投融资操作，商业银行传统的也是主导的资金中介服务角色出现弱化。同时，互联网金融提供的个人理财产品、个人结算产品、缴费充值产品等，已将银行零售服务和生活便利服务形成了一个“闭环效应”，个人客户资金在支付宝体系内基本能够完成除现金以外的金融功能，对商业银行的依赖程度大大下降，商业银行零售业务资金管理、资金交易的服务功能角色开始边缘化。

（3）零售业务价值创造基础化

在互联网金融的模式下，无论是第三方支付、P2P 网贷，还是财富管理业务，客户的认可、规模的做大、价值的创造都依赖方便快捷的服务流程以及良好的用户参与和使用体验；互联网金融在运行成本上的优势使其能够向更多的客户提供基于数据分析的模块化产品，在完成基础框架搭建之后客户服务的边际成本几乎为零，零售业务积少成多、聚沙成塔的“基础化”价值创造模式成为可能。

3. 服务层面

（1）零售业务服务更加贴近生活

商业银行零售业务在互联网金融的搅局和冲击下，最大的体会和改变莫过于对客户的重新认识和对客户需求的真正重视，以及在客户服务和维护方面的巨大转变。互联网金融极大地融入了老百姓的日常生活，办理各类银行零售业务也不用再一次一次地跑银行网点。零售客户的金融需求没有改变，改变的是零售业务服务的渠道和实现的路径。服务贴近民生，是互联网金融的成功所在，也是商业银行零售业务的转型所向。近年来不断涌现的社区银行、直销银行，也正是商业银行零售业务在服务模式方面的转型升级，以及切实满足用户随时随地能够得到金融服务的需求所致。在互联网金融的影响下，零售业务客户金融服务习惯和交易行为也开始改变，“碎片化”和“主动性”成为主流，选择金融产品的主动性逐渐增加，零售业务金融服务与民众生活的融合度得到提升。

（2）零售业务交易更加灵活智能

成功的互联网产品都有简单、极致和人性化的特点，互联网金融也一样，通过在操作流程、用户界面、业务规则等层面对复杂的传统金融进行优化完善，“余额宝”等互联网金融创新产品一下子就抓住了用户的核心需求，也迅速成为了互联网用户的理财首选。近年来推出的一系列零售业务创新产品，主要也是围绕智能化、灵活化的用户思维，对现有的业务处理流程进行了优化，例如：账户的余额理财功能，自动把低回报的活期存款转为高回报的理财产品或者货币基金，同时也能在资金使用时瞬时赎回到账，解决了临时闲置资金的收益问题。未来，符合用户体验、应用界面友好、自动交易处理等智慧型、服务型产品将成为零售业务的主流。

（3）零售业务客户更加普世价值

互联网金融突破了传统商业银行零售业务的服务限制，商业银行积极融入互联网而大力发展的电子银行、直销银行、口袋银行等，也极大地扩充了零售业务金融服务的受众面，创造了更大范围的用户价值。受众面的提高，一方面是基于互联网解决了物理层面的时间和空间限制问题，通过互联网随时随地可以享受金融服务；另一方面是基于互联网金融产品的简单化和人性化，可以快速识别金融产品的主要功能和特点，或者通过他人的经验分享，找到符合需求的金融产品。互联网与金融相结合，使得商业银行零售业务服务大众客户的普世价值成为可能。

（二）互联网金融影响商业银行零售业务的原因分析

1. 互联网模式是外因

互联网金融是一种典型的平台型商业模式，其精髓在于通过打造一个完善的、成长潜力大的开放型、包容性的生态圈，让更多的利益相关者参与进来产生流量，然后平台企业将流量变现创造商业价值。互联网金融线上线下有机结合的模式也是商业银行零售业务所不可企及的。有别于零售业务的以“推”为主，互联网金融以“拉”为主，通过网上交易、移动支付等手段增强金融服务的可获性、及时性和便利性，从而吸引客户参与和使用。互联网金融把看似无关的金融应用与具体的生活场景连接在一起，实现了线上金融服务与线下客户需求的有机结合，做到了线上线下一体化和客户应用场景化。“余额宝”结合了资金管理的金融服务和购物消费的应用场景，打通了线上线下的业务处理和交易需求，对用户的吸引力无疑是巨大的，这也是“余额宝”用户数量和规模快速增长的主要原因。

2. 互联网思维是内因

互联网金融的商业模式冲击了商业银行零售业务的竞争力，是影响商业银行零售业务的外因所在，其背后的互联网金融思维方式则是改变商业银行零售业务的深刻内因。首先是客户体验至上的互联网思维。互联网金融的创新无一不是为了更加方便地为客户服务，而相比较商业银行恰恰欠缺这种接地气的姿态。究其根本，主要是两者在经营逻辑上存在的差异性，商业银行当前仍然是通过规范的制度流程和严密的风险控制，最大化地提高零售业务的投入产出效率；而互联网金融则通过提升客户体验尽可能地满足客户服务需求，为客户创造价值。其次是开放包容的互联网思维。互联网金融是一个开放的生态系统，可以充分利用众包、众筹以及众创的模式，用集体的力量和智慧创造普世价值。互联网金融主动邀请用户参与从创意、设计、生产到应用的整个价值链创造中来，在用户参与和反馈中逐步改进，精益求精。再次是平等普惠的互联网思维。互联网金融是一种更为民主、更为普惠，而非少数专业精英控制的金融服务模式，因此更容易得到社会大众的拥戴。互联网金融不是简单地把金融产品平移到了互联网平台，其最大的意义在于用先进的技术手段降低金融服务成本，改进服务效率，提高金融服务的覆盖面和可获得性，人人都能获得价格合理、方便快捷的金融服务，人人都有平等地享受金融服务的权利。

3. 互联网文化是本因

互联网金融对商业银行零售业务的影响，有科技创新层面，有应用模式层面，有思维方法层面，但最根本的还在于文化机制层面。在互联网金融的体系中，对商业银行零售业务的产品、标准、模式乃至价值进行了重新定义，关注的焦点转移到了用户体验、融合参与和普世价值。互联网金融对品牌的理解不再是自上而下的授权垄断和广告宣传，而是自下而上的用户口碑和体验选择；互联网金融对产品的定位不再是简单地解决用户的需求问题，而是挖掘用户在产品体验过程中的使用乐趣和分享传播；互联网金融对机制的要求也不再是管理机制和价值机制，而是真正意义上的用户机制，追求把用户需求的功能满足做到极致，构建共享共赢的有机生态圈。互联网金融在开放、融合、共赢的互联网文化推动下，呈现出了强大的发展潜能，这也是商业银行零售业务最大的弱点和问题。

三、互联网金融冲击下商业银行零售业务的重新审视

（一）商业银行零售业务的发展现状

近年来，商业银行零售业务面对利率市场化进程的不断加快，通过深入开展客户市场的精准营销和经营结构的调整优化，整体呈现了快速、稳定的发展趋势。与此同时，也出现了客户高端化、渠道电子化、产品多样化、服务个性化、营销综合化等新变化，特别是在互联网金融的冲击影响下，学习借鉴互联网模式的零售业务产品创新层出不穷，银行版“余额宝”纷纷涌现，甚至还嫁接了线下消费、自助取现等功能，应对形势变化、开展特色经营、促进持续发展的能力不断增强。以工商银行浙江省分行为例，今年创新推出的天天益/工银货币/工银聚富系列产品有效迎合了客户的现金管理需求，产品规模增长迅速，不仅带动了零售客户特别是高端客户数量的快速发展，而且实现了产品销售中间业务收入的稳定增长。

（二）商业银行零售业务的比较优势

零售业务是商业银行的核心业务，也是基础业务、传统业务，多年的发展历程所形成的优势是互联网金融无法比拟的，也是难以替代的。网络能够在虚拟的空间拉近距离，却不能缩短现实间的距离，能够提供海量的数据，却不能解决信任问题，有效的信息、人性化的渠道和现实的信任，正是网络时代最需要的，而商业银行在这些方面恰恰有着独特的经营优势。

1. 客户基础优势

互联网金融的客户基础与商业银行相比还有较大差距，互联网金融对客户教育程度和综合素质水平要求相对较高，无法全面覆盖所有的客户群体，互联网金融在中小客户层面有较高的接受度，但在服务高端客户、特殊客户，满足个性化需求方面仍有欠缺。而商业银行零售业务在客户服务层面实现了全覆盖，特别是对于年纪偏大、对互联网较为陌生的个人客户，以及希望能够享受单独尊贵“一对一”服务的优质客户，仍然是商业银行的忠实客户。

2. 服务网络优势

当前，商业银行零售业务已经形成了较为完善的客户服务网络，不仅有遍布国内各地的分支机构，而且有不断延伸的海外机构和代理行，不仅有实体营业网点、自助银行、智能银行，还有电话银行、网上银行、手机银行、微信银行等日益多元化的电子渠道，与互联网金融相比，商业银行零售业务的服务网络更加发达和完备，商业银行为个人客户提供的金融服务也更加优质、便捷和高效。

3. 风险管控优势

商业银行零售业务在经历了多轮经济周期和金融风暴之后，形成了较为领

先的风险管理理念、比较成熟的风险控制手段、相对完善的企业征信体系以及专业化的风险管控人才队伍，能够较好地控制零售业务的市场风险、信用风险和操作风险，特别是在宏观经济下行、外部环境恶化的不利形势下，能够更好地实现风险与收益的平衡，确保银行个人客户资金的安全性。

4. 产品组合优势

随着客户金融需求的日益多元化、复杂化和个性化，单一的金融产品已经远远无法满足客户需求，面对新的形势和新的需求，商业银行零售业务可以充分发挥其不同业务条线、不同产品部门、不同区域分行的整合联动优势，为客户提供贸易结算、投资理财、信贷融资、现金管理、财务顾问、跨境金融等丰富多元的金融产品和服务，为客户量身定制个性化、综合化的金融服务解决方案。

（三）商业银行零售业务的竞争定位

与互联网金融相比，商业银行在零售业务方面有着客户、服务、风控、产品等的比较优势，但在思维模式、服务界面、产品体验等层面仍有欠缺，面对互联网金融的冲击影响，迫切需要找到一条经营主线，进一步明确商业银行零售业务的经营定位，实施推进差异化的市场竞争。纵观商业银行零售业务的发展历程，在当前利率市场化进程不断加快，零售业务客户财富资产逐步聚集、金融需求持续升级的背景下，“高端化发展、特色化经营”这一思路主线逐渐清晰，尤其是在与互联网金融的差异竞争中，更加需要进一步明确与坚持。

1. 高端化发展

高端化发展是应对互联网金融的必然选择。互联网金融的目标客户主要定位为小微企业和个人客户，同时也凭借着技术手段满足了批量客户的服务需求，形成了一定的规模优势和规模效益，这也是“长尾理论”的直接体现。对商业银行零售业务而言，在互联网金融的冲击下，必须要扬长避短，找准自身的目标客户市场定位，从而实现经营效益的最大化。商业银行与互联网金融相比，最大的优势还在于专业的金融服务能力，包括经济金融的宏观判断、复杂产品的风险把控、客户维护的综合技能等，在开展高端业务、服务高端客户方面具备互联网金融无法企及的市场竞争力。因此，商业银行零售业务必须坚定以高端业务拓展、高端客户服务为核心的发展战略，与互联网金融形成差异化的错位竞争格局。

2. 特色化经营

特色化经营是符合客户差异性的有效措施。互联网金融提供的产品与服务大多都是无差异性的，在满足大众客户普遍性需求上效果良好，但在高端化、人性化、差异化、个性化的服务上劣势也非常明显。商业银行零售业务应对互联网金融挑战就应当切实发挥自身在客户营销、客户服务、客户维护等方面的优势，根据客户需求提供特色化的金融服务，以提高营销的针对性与成功率。一是零售业务市场定位的特色化，根据所处区域特色，明确业务经营方向，例如：在中心城市，就应主要定位于公司企业白领和周边商圈商户；在农村集镇，就应主要定位于农村经营户和拆迁赔偿户；在住宅社区，就应主要定位于小区居住户和社区经营户。二是零售业务营销策略的特色化，根据市场定位与客户需求，采取差异化的营销服务，例如：在针对企事业单位开展职场营销，针对高端客户开展俱乐部营销，针对农村集镇开展驻点营销，针对社区园区开展网点沙龙营销。三是零售业务服务模式的特色化，根据营销策略和客户特点，提供多样化的服务模式，例如：高端客户个性化需求采取一对一服务，普通客户标准化需求采取批量式服务，简单业务通过电子服务、自助服务来满足，特殊业务通过人工服务、团队服务来满足。

四、商业银行零售业务持续发展的转型方向和实施路径

（一）零售业务盈利模式的转型

1. 找到盈利的平衡点

“不向用户收费”是互联网思维中的重要理念，向广告商等第三方公司拿钱是互联网企业的一贯做法；“先投入、后产出”是互联网企业的经营模式，滴滴、快的、红包等手段都是从砸钱培养用户习惯做起的“先投入”之法。因此，商业银行零售业务必须改变以“产品盈利为中心”的惯性思维，统筹思考所经营的业务带来的综合贡献度，找到盈利的平衡点。如信用卡消费业务，表面看来银行承担了消费免息期的资金成本，但逾期还款万分之五的罚息率，不仅可以覆盖最高3%的不良率，收益率还高达10%以上，同时还以消费方式带动商户回佣、卡年费、客户存款等一系列的业务贡献。

2. 挖掘盈利的增长点

当前，利率市场化、金融互联化、竞争跨业化的冲击，大幅挤压商业银行零售业务以存贷利差为主的盈利模式。因此，商业银行零售业务的转型发展要研究如何发挥渠道优势，通过扩大中间业务收入来弥补利差。一是利用渠道优势，做大代销产品，在提高客户收益的同时获取中间业务收入，实现与客户互惠；二是加强利益转换，通过推出创新型存款产品，主动增加客户存款利益，以做大客户总存款量来替换缩小的利差，实现与客户共赢。

3. 控制盈利的成本点

互联网企业盈利模式中，其核心概念为边际成本，即大量长尾客户带来的线上低成本交易量，形成巨大的规模效益。因此，商业银行零售业务要根据客户定位实施分层创利。一是面向90%的长尾客户，推行直销银行模式，仅以较

为低廉的研发成本省去了高价的网点交易成本，并提升了客户体验；二是面向10%的高端客户，提供一对一的财富管理服务模式，有效提升客户的尊享感受，同时节省网点的人力物力成本。

（二）零售业务创新模式的转型

1. 开放包容的创新模式

互联网以“云”式发展体现了高度的开放包容性，兼并、收购、整合是常见动作，产品往往通过整合化提供。苹果公司在依托自身的核心技术前提下，通过买断一家具有多点触控技术的小公司，兼并世界上最好的金刚玻璃生产商，生产出了一款颠覆传统手机行业的手机。因此，对商业银行零售业务而言，要为客户提供快速、极致、创新的产品和服务，不仅要依靠自身的技术能力，更要以极大的开放和包容姿态来创新发展。商业银行零售业务要推出嵌入客户生活的金融产品，可以与具有成熟产品但市场占比程度小的公司合作或直接收购实现嵌入，如购物网站、社交平台、通讯软件等，提升增加金融服务与用户生活的融合度。

2. 交易闭环的创新模式

阿里巴巴旗下支付宝公司，以第三方支付模式推出的支付宝账户，实现与银行账户打通—淘宝购物线下消费收单—账户间资金划转—公共事业缴费—账户余额投资等功能，创新了消费、支付和投资模式，不仅拓展了线上和线下收单市场商户，更是极大地做强了用户黏度，形成了交易闭环乃至商业闭环，这对原先商业银行零售业务金融账户交易闭环形成了冲击。支付交易、账户体系是商业银行零售业务赖以生存的基础，要确保这种体系的延续性，必须不断创新和完善支付模式和账户体系。要抓住支付移动化趋势，进行支付环节的创新，将金融身份认证技术和数字签名技术等安全防范技术嵌入移动支付场景中，推动芯片卡非接支付、手机二维码支付等新型支付方式，以高度的安全性与第三方支付进行竞争，争夺正在逐步失去的零售业务收单市场。

3. 及时有效的创新模式

在当前商业银行零售业务创新流程中，基于安全性考虑，系统、数据由总行高度集中，存在“大一统”特点。从研发体系看，普遍采取由总行进行系统研发，缺乏基层行参与，更谈不上客户参与、粉丝创意，存在“体验差”问题；从创新程度看，由于总行部门割裂、系统庞大、产品分散、交易间关联度高等因素，形成“掉头慢”的问题，一个产品推出时往往已过市场最佳时机或是已经属于淘汰产品。因此，零售业务的及时有效创新尤为重要，一是要建立一支由分行高度参与的业务需求队伍，研究市场走向，基于未来趋势提出创新需求，解决被动跟随问题；二是要推动创新机制的变更，纳入海尔思维，将“大一统”的设计思路转化为“小而美”，鼓励分行在小范围开展先行先试，允许试错；三是在新渠道的创新中，要学习互联网企业基于客户互动的创新源泉，提升渠道的交互性，如手机银行、直销银行中客户可以直接发出产品完善意见；四是要面向高端客户，厘清高端客户对金融服务安全性和收益性的至上需求，要研究设计出如视网膜支付的安全账户，基于信托计划的私银投资产品等。

（三）零售业务服务模式的转型

1. 网点服务的模式转型

物理网点是商业银行零售业务的优势基础，但在互联网崛起的时代，因客户追求效率最优，服务“去网点化”已成现实趋势。因此，零售业务要从优化网点结构、改变网点布局、改善服务功能入手，提升网点专业化的服务能力，要将人力、设备等配置标准相对一致、服务功能雷同的物理网点进行分类经营。

2. O2O 服务的模式转型

基于人性之“懒”，零售业务应积极探索并实施线上线下一体化服务，解决“最后一公里”障碍。零售业务所涉及的开户、协议签约、复杂业务申请均涉及本人面签，要解决这一难题，必须根据市场不同开展不同的 O2O 模式，通过银行网站办理线上业务申请，线下寄送或客户自取同步完成面签的全新业务流程。在城市市场，可探索与顺丰快递合作，实现快递上门或是在“嘿客”门店自取，并由客户进行面签。在农村市场，可与深入农村的邮政合作，利用邮政网络实现快递上门，或是客户通过邮政设置在村里的便民服务机构完成面签及自取。

3. 远程服务的模式转型

在零售业务成本核算中，人力成本是最高的。当前商业银行都在打造以各类自助设备为交易主渠道的智能网点，以设备换人已成共识。下一步，零售业务应着力构建新型的智能网点服务体系，打造以远程服务为支持，以驻点服务人员为引导，集金融和非金融服务为一体，服务零售客户、县域新农村的全新综合型服务。对社区型的智能网点，要以“便民”为核心，在提供自助式、体验式金融服务的同时，配套快递接收等非金融便民服务，并可实行符合客户需求的错时工作制，不同网点间可有所差别。在智能网点管理中，要采取“就近挂靠”原则将智能网点挂靠周边最近的网点，对周边未设立网点的智能网点，应挂靠一级支行本级营业部，智能网点产生的营销业绩也相应归属其挂靠网点。

（四）零售业务营销模式的转型

1. 外出式营销

基于零售客户对电子渠道依存度的不断上升，商业银行物理网点面临着客户“无接触”现象，客户经理营销机会随之大幅减少。因此，通过将物理网点服务功能转型为“财富管理型”理财网点和“交易服务型”智能网点之后，有意识地弱化了网点的营销职能，减少了人工交易，为网点营销提供了条件。下一步，应将网点腾挪出的营销人员统一上收至一级支行，形成固定的外出营销队伍，依托商业银行固有的对公客户资源开展公私联动营销，面向广阔的商品交易市场、农村市场开展外出式批量营销。

2. 社交化营销

“生态圈”是互联网思维中的精髓，零售业务社交化、批量化发展是集约资源、降低成本、提高投入产出效用的唯一出路。社交化、批量化发展的关键是“整合客户”，重点围绕“一群一圈一链一区”（产业群、商圈、供应链、社区）进行客户整合。应充分借鉴国外高端客户“俱乐部”运营模式进行平台化改造，从服务零售客户、“银行—客户—第三方”实现多边互动的，打造一个集信息交流、兴趣聚合、互助协作、资源共享、金融支撑于一体的互动化社交平台。

3. 传播型营销

以往零售业务的宣传一般采用委托广告公司做宣传折页、海报，或是在网点跑马灯上播放和收音机播音的传统宣传模式，内容乏味陈旧。而在互联网营销模式中，最典型的就是“病毒式营销”和“病毒式传播”，深深影响人们的社会取向价值观和意识形态。在互联网时代，用户既是信息接收点，又是信息散发者；传播模式有正面型、反面型，有被动接收、有主动关注；传播渠道有文字、语音，文字内容更显示出网络的“玩”性特点。

参考文献

[1] 陈颖：《我国互联网金融发展现状、存在的问题及未来趋势》，载《经济视角》，2014（1）。

[2] 李勇军：《议互联网金融对传统商业银行的挑战》，载《财经界（学术版）》，2014（5）。

[3] 刘鹏：《云计算》，电子工业出版社，2011。

[4] 莫易娴：《P2P 网络借贷国内外理论和实践研究文献综述》，载《金融理论与实践》，2011（12）。

[5] 帅青红：《电子支付与结算》，东北财经大学出版社，2011。

[6] 宋梅：《互联网金融模式对传统银行业的影响研究》，载《经济论坛》，2014。

[7] 谢平、邹传伟、刘海二：《互联网金融模式研究》，中国金融 40 人金融论坛网站，2012。

[8] 张钰、封思贤：《互联网金融与我国传统银行业的竞合关系分析》，载《南方金融》，2014（6）。

[9] 周文蕾：《互联网金融发展研究——由余额宝引发的经济学思考》，载《时代金融》，2014（9）。

[10] Berger S. and F. Gleisner, 2008, Emergence of Financial Intermediaries on Electronic Markets: The Case of Online P2P Lending, Working Paper, University of Frankfurt.

[11] FDC, 2009, Mobile Financial Services: Extending the Reach of Financial Services Through Mobile Payment Systems, FDC: The Foundation for Development Co-operation.

[12] Goldman, S., 2012, Mobile Monetization: Does the Shift in Traffic Pay.

[13] Puro, L., Teich, J., Wallenius, H. and J. Wallenius, 2010, Borrower Decision Aid for People – to – People Lending, Decision Support Systems, Vol. 49.

[14] Scott, J., 2000, Social Network Analysis: A Handbook, Sage Publications. Inc.

[15] Shirky, C., 2008, Here Comes Everybody: The Power of Organizing without Organizations, Penguin Press.

[16] Thomas, M., 2007, Online P2P Lending Nibbles at Banks' Loan Business, Deutsche Bank Research.

商业银行支持浙江企业“走出去”的策略研究

中国银行浙江省分行课题组*

一、导论

（一）问题的提出

企业“走出去”的发展战略是随着中国经济对外开放不断深入逐步提出的。2001年中国共产党十五届五中全会上，实施“走出去”战略被明确建议写入“国民经济和社会发展第十个五年计划纲要”，与西部大开发战略、城镇化战略、人才战略并称为四大新战略。九届全国人大会议批准的国家“十五计划纲要”进一步提出加快“走出去”战略的具体内容。十八大报告又明确提出要全面提高开放型经济水平，加快“走出去”步伐，统筹双边、多边、区域、次区域开放合作，提高抵御国际经济风险能力。2014年11月在北京召开的APEC会议围绕“推动区域经济一体化”、“促进经济创新发展、改革与增长”、“加强全方位基础设施与互联互通建设”三项重点议题展开讨论，成为加快企业“走出去”的又一大利好。深化“走出去”战略的实施，加快转变对外经济发展方式是实现全面建成小康社会和全面深化改革开放目标的重要环节。

近年来，浙江企业在境外投资非常活跃，对外投资项目数及金额都呈逐年递增态势。其中民营企业已经成为浙江省境外投资的绝对主体和中坚力量，浙江企业“走出去”的步伐不断加快。为鼓励和引导企业积极开展境外投资，国家通过放松外汇管制、成立专项基金、提供贷款贴息等措施给予企业金融支持，政策性银行、商业银行等也积极开发金融产品，为企业“走出去”提供综合性金融服务。然而，浙江企业“走出去”面临的融资难等问题仍比较突出，金融支持力度不够已对浙江企业尤其是民营企业“走出去”形成了较大的制约。

中国贸促会《中国企业对外投资现状及意向调查报告（2008—2010）》显示，88%的受访企业表示在今后2～5年内将显著增加投资或适度增加海外投资，但只有27%的企业会通过银行借款来完成，44%的企业利用公司自有资本进行对外投资。我国企业对外投资的融资渠道仍然较为单一，企业“走出去”

---

* 课题主持人：刘旭伟
课题组成员：朱丽娟　张　橹　陈美飞　范晓岚　庄瑾亮

仍面临着融资难的问题。

浙江金融机构如何给企业“走出去”多一些融资支持？如何拓宽信用担保渠道，同时进一步提高信用担保额度，为企业解决“走出去”的融资难题？研究上述问题将为我们厘清金融与企业“走出去”的互动关系，从而为商业银行支持企业“走出去”以及金融业自身的转型发展，寻找一条现实有效的路径。

（二）概念界定

广义的企业“走出去”通常涵盖大型成套设备出口和对外经济劳务合作两大类。其中，对外经济劳务合作又包括对外直接投资、对外承包工程、对外劳务合作、境外农林渔矿业合作以及对外设计咨询等。而狭义的企业“走出去”，一般是指对外承包工程、大型成套设备出口以及对外直接投资三种形式，这也是企业“走出去”最主要的三种形式。

近年来，我国不断加大金融支持“走出去”战略的力度，采取了一系列政策措施，如外币信贷、汇率、人民币跨境结算等。“走出去”金融服务的内涵主要指具体的金融服务需求：首先是跨境结算的需求，无论企业以何种方式“走出去”，都需要与境外交易对手进行资金的划拨，实现资金的收付，这是最基本的金融服务需求；其次是风险防范的需求，企业“走出去”过程中需要面临不同国家的交易对手、货币、市场，以及法律和政策，因此，可能面临交易对手的信用风险、国家风险以及汇率风险等，金融服务应帮助企业规避或减少这些风险；再次是信用支持的需求，“走出去”企业的资信很难在短时间内得到境外交易对手及银行的认可，通过银行担保等服务为他们提供信用支持也是不可或缺的；最后是融资的需求，融资是“走出去”金融服务最本质、最重要的内涵，在企业“走出去”的不同阶段，将面临不同的项目融资需求，既有短期的贸易融资需求，又有中长期的项目融资需求，还可能需要银行提供各种组合型或结构性的融资方案。

（三）文献综述

从研究文献来看，国内外商业银行支持企业“走出去”策略大致可以从以下两个角度去划分：

一是从企业对信贷资金需求的角度。我国现行企业“走出去”的金融支持体系中，商业性金融参与的规模和深度都非常有限，潜力远未发掘出来。范家琛（2011）提出，要根据客户的实际需求，不断改进业务流程、产品设计和管理架构，提高金融服务效率。在满足风险控制的前提下，可适当灵活掌握客户信用等级、行业政策适用、项目审批要求及资料提供等方面的规定，不断提高对“走出去”企业服务的针对性和便利性。张洁宜（2007）提出，要进一步拓宽“走出去”企业的融资渠道，完善国内金融机构及投资主体对“走出去”企业提供融资支持的配套政策，放宽境内投资主体对境外企业提供担保的限制，利用境内投资主体的实力和信誉弥补境外企业的不足，使境外企业在当地获得融资，切实解决企业境外投融资难题。李强（2012）认为，要大力支持金融机构充实资本金、调整盈利模式、改革治理机制从而提高国际竞争力。在此基础上，进一步改善对企业“走出去”的服务。在国际保理、出口信贷、财务顾问、现金管理、保险理赔、风险评估等方面为企业“走出去”提供便利的金融服务。为企业提供包括在岸金融服务方案、离岸金融服务平台、跨境贸易人民币结算服务平台和境外服务平台的“一站式”服务，全方位满足企业“走出去”过程中的金融需求。

二是从商业银行内部的角度，加强创新应成为支持企业“走出去”的主要路径。从国外来看，各国为企业“走出去”提供的服务主要为融资和保险两大类。融资主要可分为国际贸易融资、海外直接投资或并购融资，海外企业融资和提供融资服务的既有政策性金融机构也有商业性机构，方式主要以债权融资为主，也有股权融资（商瑾等，2013）。从国内来看，当前，国内中资银行为企业“走出去”提供的金融服务主要有三种手段。第一，在境外设立分行，利用服务地域、属地经营等优势，为“走出去”企业提供全套金融服务及其他增值服务。第二，离岸金融。这种方式中虽然银行在地域上不能跨区域服务，但通过全球化的资金与清算，也能为客户提供综合性的结算、投融资金融服务等。第三，通过境内 NRA① 账户，为尚未取得离岸金融牌照的国内银行拓展金融服务领域（张琦，2013）。

张洁宜（2007）提出，要支持商业银行加快创新步伐，逐步改变传统的盈利模式，针对不同类型的“走出去”企业设计金融产品，提供差异化的金融产品和服务，如加强离岸金融服务，提供出口应收账款质押贷款、海外资产抵押贷款甚至股权融资等形式多样的产品和服务。徐忠（2013）研究认为，应鼓励金融机构探索开展股权、矿业开采权、境外资产、应收账款等抵（质）押融资，为企业“走出去”提供融资支持，并通过履约保函、融资保函等对外担保方式为项目融资提供信用保障；进一步丰富外汇避险手段；大力改进“走出去”金融服务网络，加快中资银行国际化步伐。严丹等（2013）认为，境内银行要完善对外投资金融产品，在银企互联等网上银行业务、出口信贷、境外投资股本贷款及国际商业贷款、资源换贷款、企业理财、投行业务等业务上加大创新力度，以优质金融服务推动企业“走出去”。陆宇生（2010）建议境内银行进一步与国际接轨，丰富金融产品，为企业跨国经营提供必要的融资支持。如提供股权融资、出口应收账款质押贷款、境外资产抵押贷款和项目贷款等形式多样的

① Non－resident account，国家外汇管理局于 2009 年 7 月 13 日发布的《国家外汇管理局关于境外机构境内外汇账户管理有关问题的通知》，允许境内银行为境外机构开立境内外汇账户，即为 NRA 账户。

业务品种，为企业跨国经营提供后继融资服务。

总体来看，目前国内关于商业银行支持企业“走出去”的研究还处于起步和初级阶段，对于商业银行支持企业“走出去”的国际经验，需要进一步总结，并与我国的具体国情相结合，有针对性地提出我国商业银行支持企业“走出去”发展的路径和措施。

二、浙江企业“走出去”及金融支持现状分析

（一）浙江企业“走出去”现状和特点

近年来，浙江省深入实施“走出去”战略，对外投资取得了跨越式发展，从之前单一的设立贸易公司和办事处向开发境外资源、建立营销网络、设立研发机构、建立境外工业园等方向发展，投资的领域主要涉及机械、纺织、电子、轻工业等行业，投资规模和效益进一步提升。

1. 对外投资规模位居全国前列，2008 年后扩张迅速

2008 年以后，在全球金融危机影响下，海外投资机会显现，“走出去”进入加速期，浙江对外投资在单一投资规模和投资数量上都取得跨越式发展。截至 2013 年，全省经审批和核准境外企业和机构共计 6 444 家，累计中方协议投资额 203.7 亿美元，数量和规模居全国前列。2013 年浙江省非金融类对外直接投资存量已达 109.9 亿美元，较 2008 年扩大了 7 倍（见图 1）。

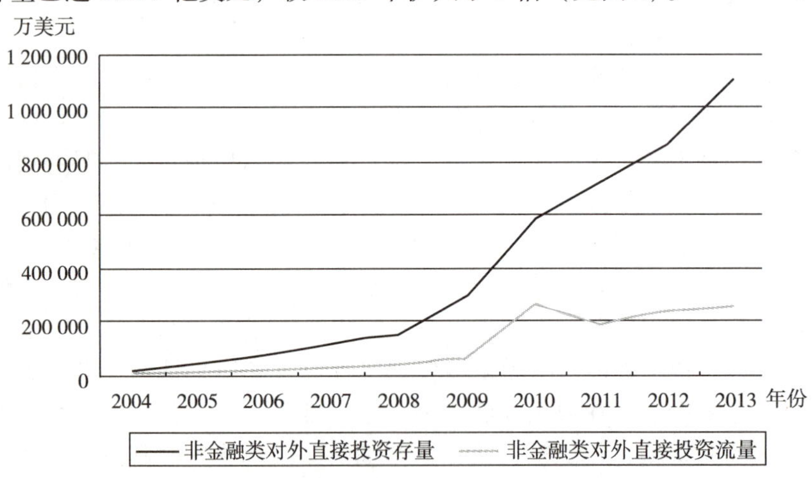

数据来源：Wind。

图 1　浙江省非金融类对外直接投资情况

2. 对外投资方式呈现多元化，增资和并购步伐明显加快

浙江企业逐渐推动多元化的“走出去”投资格局，自 2008 年以来，全省共核准设立境外营销网络 2 972 家，投资总额为 144.4 亿美元。从增资情况看，

2013 年浙江省以增资形式实现的境外投资项目 115 个，中方增资额 33.2 亿美元，其中增资 5 000 万美元以上的项目 13 个。如浙江恒逸石化增资香港公司 15 亿美元用于文莱石化项目投资，万向集团增资美国公司 3.7 亿美元用于扩大生产线。从跨国并购情况看，2013 年浙江省以并购形式实现的境外投资项目 38 个，并购额 5.4 亿美元，平均单个项目并购额同比增长 16.4%。

3. 对外承包工程业务稳步发展，承揽项目能力不断增强

浙江省对外承包工程的队伍不断壮大，竞争能力明显增强。工程项目涉及的领域也由以往的住房建筑、市政交通进一步拓展到电站建设、电网改造、冶金矿产、电子通信等领域。不少企业由原来的劳务、施工分包逐步发展到以 EPC① 总承包方式承揽工程项目，一些企业开始涉足 BOT② 项目。2013 年浙江省承接合同额在 1 000 万美元以上的项目达 100 个，合计 37.9 亿美元。

（二）企业“走出去”和商业银行金融支持的关系研究

本文使用面板数据模型对企业“走出去”相关的省际数据进行实证研究，探讨商业银行金融支持等一系列经济因素对企业“走出去”的影响，并比较和分析浙江省与其他兄弟省市在金融支持企业“走出去”上的差异。

1. 模型的构建

变截距模型是面板数据模型中最常见的一种形式，该模型允许个体成员间存在个体影响，并用截距项的差别来说明。模型的回归方程基本形式如下：

$$y_{it} = \alpha_i + x_{it}\beta + \mu_{it}(t = 1,2,\cdots,T)$$

其中，X_{it}是 $1\times k$ 维解释变量向量，β_i 是 $k\times 1$ 维系数向量，i 个（$i=1$，2，…，I）个体成员方程间的截距项 α_i 不同，用来说明个体影响，即反映模型中忽略的反映个体差异的变量的影响。随机误差项 μ_{it}反映模型中忽略的随个体成员和时间变化因素的影响，根据个体影响的不同形式，变截距又分为固定影响变截距模型和随机影响变截距模型两种。

本文采用固定影响变截距模型进行实证分析，选取 2004 年至 2013 年部分省市③的面板数据，模型的被解释变量为非金融类对外直接投资（存量），解释变量选取 GDP、货物进出口总额④、工业企业利润总额、商业银行外币贷款余额（如表 1 所示），模型设定如下：

$$Y_{it} = c + + \alpha G_{it} + \beta I_{it} + \gamma P_{it} + \delta E_{it} + \mu_{it}(i = 1,2,\cdots,8 \quad t = 1,2,\cdots,10)$$

---

① EPC 是 engineering、procurement、construction 的缩写，是当前国际工程承包中一种被普遍采用的承包模式。

② BOT 即 build - operate - transfer，是政府授予私营企业（包括外国企业）参与基础设施建设的一种模式。

③ 浙江、江苏、山东、广东、辽宁、福建、北京、上海。

④ 指按经营单位所在地分货物进出口总额。

$c^{\wedge}$为地区自发对外投资对平均对外投资的偏离，用来反映省市间的对外投资结构差异。

表 1　　模型变量说明

符号	指标名称	单位
Y	非金融类对外直接投资	万美元
G	GDP	亿元
I	货物进出口总额	万美元
P	工业企业利润总额	亿元
E	外币贷款余额	亿美元

数据来源：Wind。

2. 单位根检验和协整检验

在进行回归估计前，首先检验面板数据是否存在单位根，以检验数据的平稳性，我们使用 LLC（Levin Lin & Chu）① 方法对 GDP、货物进出口总额、工业企业利润总额、外币贷款余额进行单位根检验。从表 2 中可以看出，在 99% 的置信水平下，上述四个指标满足一阶单整序列，所以尽管这四个指标的原序列不具有平稳性，但是它们的一阶差分都是一阶单整，为平稳序列。协整理论认为，如果各个变量的单整阶数相同，就有可能存在协整向量，使得这些变量之间具有协整关系。我们对各序列进行了协整检验，结果显示存在协整关系，即模型的变量之间存在长期稳定的关系。因此我们可以对上述面板数据进行回归估计。

表 2　　单位根检验和协整检验情况

变量	LLC 统计量	P 值	单位根检验结果
G	5.63	1.0000	不平稳
1*G*	-5.62	0.0000	平稳
I	-0.19	0.4265	不平稳
1*I*	-7.84	0.0000	平稳
P	3.59	0.9998	不平稳
1*P*	-5.62	0.0000	平稳
E	5.93	1.0000	不平稳
1*E*	-5.10	0.0000	平稳
协整检验结果（Kao Residual Cointegration Test）			
ADF		t - Statistic	Prob.
		4.55	0.0000

① Levin Lin & Chu（2002）的检验方法允许不同截距及时间趋势，异方差及高阶序列相关。

3. 实证分析结论

表 3　　模型估计结果

Variable	Coefficient	t－Statistic	Prob.
C	－467 131.60	－5.22	0.0000
G?	4.15	0.33	0.7411
I?	0.02	2.74	0.0078
P?	57.23	0.88	0.3885
E?	842.61	3.47	0.0009
Fixed Effects（Cross）			
ZHEJIANG_ －－C	134 189.5		
JIANGSU_ －－C	－396 409.0		
SHANDONG_ －－C	122 447.1		
GUANGDDONG_ －－C	－303 650.3		
LIAONING_ －－C	378 876.9		
FUJIAN_ －－C	281 242.1		
BEIJING_ －－C	－197 249.8		
SHANGHAI_ －－C	－19 446.6		
R－squared	0.88		
Adjusted R－squared	0.86		
F－statistic	44.32		
Prob（F－statistic）	0.0000		
Durbin－Watson stat	0.6154		

R－squared 样本决定系数为 0.88，一般来说，样本决定系数大于 0.8 则表示模型拟合度可以接受；F－statistic 表示选择的所有解释变量对被解释变量的解释力度，Prob（F－statistic）为 0.0000，说明模型显著性明显；Durbin－Watson stat 检验残差序列的自相关性，一般值在 0～4 之间是合理的。

根据模型估计结果，可以得出以下几点结论：

一是 GDP 和工业企业利润总额的 t 值不显著，说明这两项指标对非金融类对外直接投资的影响不显著。一个地区的 GDP 水平和工业企业利润的提高不能够直接促进企业“走出去”。例如 2013 年江苏省 GDP 是浙江省的 1.57 倍，但当年江苏省非金融类对外直接投资基本与浙江省持平。

二是商业银行外币贷款余额和货物进出口总额的 t 值在 99% 的置信水平下通过了显著性检验，且系数为正，说明外币贷款和进出口贸易对非金融类对外直接投资有促进效应，特别是外币贷款显示出极强的正效应，反映了企业“走出去”对金融的巨大需求，在实际经济活动中，商业银行外币贷款是企业海外并购过程中最主要的金融工具。进出口贸易与对外投资的相关性也比较符合实际情况，一般来说外向型经济比重较大的地区其企业“走出去”的驱动力也更强，浙江省的对外投资就主要分布在亚洲、美国等全省主要出口国家和地区。

三是截距为负，说明八省市的平均自发对外投资水平不足，侧面反映了企业“走出去”对外币贷款和进出口贸易的依赖程度较高。从各省市对外投资的结构差异情况看，各地自发对外投资水平存在显著差异：浙江、山东、辽宁、福建的偏离为正，说明上述四省的自发对外投资水平相对较强，也说明这四省的外币贷款和进出口贸易对企业“走出去”的支持力度仍有较大提升空间；江苏、广东、北京、上海的偏离为负，说明这些地区的自发对外投资水平相对较弱，也反映出金融和国际贸易对企业“走出去”的支持力度相对较大，或者说这些地区企业“走出去”对金融和国际贸易的依赖性相对更强。

（三）商业银行支持企业“走出去”的主要方式

1. 境外设立机构

通过境内外机构联动提供金融服务是商业银行支持企业“走出去”最直接的方式。目前在境外设立机构的主要是四大国有商业银行，截至 2013 年末，中国银行在海外 37 个国家和地区设立了 620 家境外机构，中国工商银行在 40 个国家和地区设立了 329 家境外机构，中国建设银行在 15 个国家和地区设立了分支机构，中国农业银行设立了 7 家境外分行 3 家境外代表处。

2. 离岸金融

银行通过离岸金融服务渠道，在本土就可以有效地满足企业的境外资金需求。离岸业务实质是一个全方位的海外银行业务，基本可以满足在海外注册企业的所有金融服务需求，帮助企业搭建境外业务运作的平台、降低企业的经营管理成本。相对而言，离岸业务受国内外的金融管制较少，可以在自身不发生位移的情况下，在本国境内向遍布全球各地的离岸客户提供全面的境外银行服务。由于实现了企业境外业务境内操作，有利于企业集中管理资金，提高资金使用效益并降低日常的经营与管理成本。对商业银行而言，离岸业务是低成本开展国际化经营的特殊通道。

3. NRA 账户

NRA 业务使部分没有离岸业务的银行的服务对象从境内机构进一步延伸到境外机构，为境内企业“走出去”提供了便捷的结算、融资等金融服务。国内银行开展 NRA 业务后，除了在物理网点方面还没有跨出境外，已经可以为境外企业提供结算、融资等金融服务。通过信息技术手段或者国外代理行之间合作，国内中小型银行也可以利用 NRA 业务初步实现离岸、在岸业务联动，从而可以参与支持自己客户群的国际化过程。

（四）商业银行支持企业“走出去”面临的问题

尽管商业银行在服务企业“走出去”中做了大量的工作，但中国对外投资的发展水平还处于初级阶段，决定了商业银行在为企业尤其是民营中小企业“走出去”提供多层次、全方位的金融服务时，还面临着许多问题。

1. 商业银行为“走出去”企业融资的手段单一

当前“走出去”企业普遍遭遇后续融资难的问题，商业银行还没有为“走出去”企业建立多元化的融资渠道。企业“走出去”后，在境外银行往往没有信用记录，这在企业刚设立时尤为普遍，资金需求往往靠境内企业的后续融资满足，如果后续融资不能得到满足，将会削弱“走出去”企业的资本运作和抗风险能力，影响企业在境外“做大做强”。目前我国商业银行支持“走出去”企业主要依靠信贷来贯穿始终，如此一来，商业银行在项目前期一般要求较高担保条件和利率，给企业造成较大压力；而后期也很难主动降低担保要求和利率，从而提高了企业的财务成本。

2. 商业银行海外机构支持“走出去”企业的能力较弱

近年来中资银行纷纷加快了海外设立分支机构的步伐，但相对于中国“走出去”企业已经覆盖近 200 个国家和地区来说，还远远不够。从地区结构看，中资银行主要在发达国家和地区设立机构，与“走出去”企业在新兴市场国家投资增长迅速存在错位。同时，企业“走出去”后迫切需要当地中资银行的金融服务，而中资银行适应当地金融监管的水平还比较有限，海外市场风险控制方面的能力也相对较弱，综合金融服务能力还有待进一步提高。

三、中国银行浙江省分行支持浙江企业海外并购的实践

中国银行浙江省分行明确客户定位，立足“走出去”企业需求，将“走出去”企业分为：“进出口贸易型”、“境外投资型”、“境外融资型”、“对外工程项目总承包与劳务合作型”、“区域管理型”五种客户类型，有针对性设立标准化产品组合，为不同类型“走出去”企业提供有针对性的金融服务方案。

在支持企业“走出去”的众多金融服务中，“海外并购金融”是中国银行浙江省分行近年蓬勃发展并在同业中独树一帜的业务。2009 年，中国银行浙江省分行把握银监会开闸商业银行并购业务的政策先机，叙做省内首笔并购贷款。经过五年多的发展探索，该行在海外并购业务领域不断创新、快速前行，累计叙做海外并购项目十余笔，贷款金额达到 1.5 亿美元，实现从单纯为并购方提供贷款向提供综合并购金融服务解决方案的发展转型，担当社会责任，为浙江省企业“走出去”保驾护航。

（一）全面梳理海外并购业务要素，展现全局业务能力

该行发挥专业优势，从并购结构、公司治理、重组、融资、税务筹划、外汇管制、国家监管、当地监管、退出机制、整合、企业文化、投资者认知等角度，全面梳理了海外并购业务中涉及的要素，充分展现了中国银行在“走出去”金融中的全局业务能力。

（二）发挥专业优势，为“走出去”企业破解难题

海外并购操作高度复杂，法律、财务、税务等各方面专业技术不可或缺。与之相应，并购顾问业务也历来是外资投行、大型会计师事务所等咨询机构的“高、精、尖”技术武器和收益法宝。中国银行浙江省分行勇于攻克技术难题，从银行较为熟悉的交易结构与融资结构设计起步，逐步发展至提供推介标的企业、估值、谈判、结构设计、税务筹划与运营咨询一揽子服务，在成功跻身并购专业领域的同时优化自身中间业务结构，提升收益水平。目前该行已有主导项目成功交易的境外并购顾问案例，服务类型也拓展到境外并购、破产并购、买壳上市、上市公司收购等多种业务。

（三）创新业务模式，满足客户多元需求

该行把握企业客户加快“走出去”的契机，针对客户在试水海外并购前、中、后期的不同需求，提供包括目标企业选择与资信调查、国内及目标国信息咨询、交易结构设计、融资安排、后期财务整合支持在内的一系列服务，助力客户在相对陌生的海外市场“走得稳、站得住”。为解决客户的融资需求，该行突破以往单纯采用“内保外贷”① 的思路，创新推出“海外直贷业务”②，赢得客户的充分肯定。此举有效满足了客户多元化需求，同时有利于降低银行自身的表内资本占用，进一步丰富了并购业务服务内涵。

四、商业银行支持企业“走出去”策略建议

随着浙江省“走出去”企业数量的日益增加、“走出去”规模的不断扩大，银行业将迎来巨大的海外市场发展机遇，但同时又对商业银行的服务能力、运行模式和金融产品创新提出了更高要求。商业银行应加强“走出去”业务的战略布局，践行“渠道为王，产品是金，风控是保障，机制是后盾”的理念，着力提升全球一体化金融服务能力，助力浙江企业“走出去”，并与其相互扶持，最终实现共赢（见图2）。

---

① 内保外贷是指由企业内部的总公司给银行担保，商业银行在外部给企业解决贷款问题。

② “走出去”企业直接向中国银行海外机构申请贷款，海外机构既可以直接提供人民币贷款，也可提供外币贷款，在境外换成人民币后汇入境内，可降低企业财务费用，同时该产品较为灵活，可随时满足客户的资金需求。

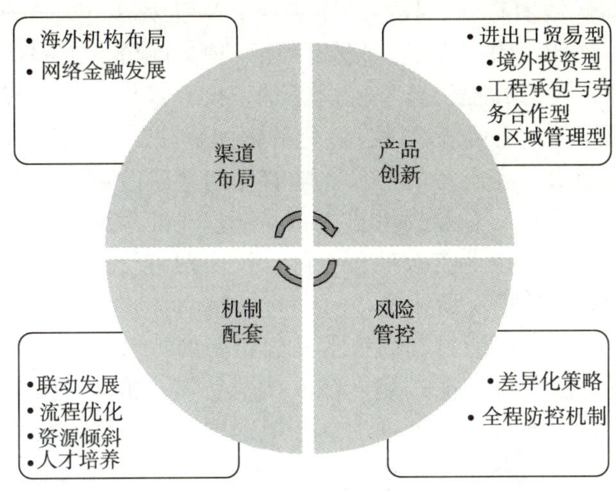

图2　商业银行支持企业“走出去”战略模型

（一）加快渠道布局，紧抓企业“走出去”战略机会

加快海外机构布局。为“走出去”客户服务的商业银行，要与客户形成良性互动，客户走到哪里、金融服务就要跟到哪里。由于地理位置和时差的原因，“走出去”客户的金融需求可能随时随地发生，商业银行要为之提供服务，就必须做到全空间、全时间的覆盖。商业银行要密切围绕企业“走出去”路线图，一方面要加快全球化分支机构的设立，另一方面要采取代理行合作的方式，迅速扩大全球服务网络。近年来我国金融业纷纷通过新设和收购等方式，积极扩大海外经营网络。尽管中资银行近年海外机构拓展步伐加快，但海外机构、资产、利润占比仍然很低，这说明我国金融业的国际化进程还处于起步阶段，未来还有很大发展空间。在浙银行分支机构应积极争取总行支持，在亚洲、美国等地多设机构，加强境内外联动，增强“近距离”服务能力。在浙法人银行要加快制定海外发展战略，与企业同步“走出去”。

积极发展网络金融。在互联网时代，各商业银行要通过完善信息系统、发展网络金融等方式，实现物理渠道和电子渠道的互补、互动和协同，实现在跨时区、跨国家、跨币种维度上 7×24 小时无缝持续服务。

（二）加强产品创新，为“走出去”企业提供“组合拳”方案

“走出去”企业的金融需求，与我国国内企业和东道国国内企业都存在一定差异。商业银行应发挥海内外网络布局和多元化业务平台优势，加强跨境和多元化穿透联动，提升业务撮合能力，创新产品和服务，为客户提供“组合拳”式的金融解决方案。对进出口贸易型企业，可为其提供保函、保理、订单融资、福费廷、大宗商品融资、货运保险、结售汇等服务；对境外投资型企业，可为

其提供财务顾问、银团贷款、投融资等服务；对工程承包与劳务合作型企业，可为其提供资信证明、银行保函、贷款承诺、项目融资、工程保险等服务；对区域管理型企业，可为其提供跨境现金管理、投资银行、外汇资金等服务。除定制化的产品方案外，还可以通过专业化的银团贷款、大宗商品融资产品平台，为客户提供更为前沿、高质量的产品。随着国内金融改革与开放的深入，商业银行还可以为"走出去"企业提供自由贸易账户、准离岸业务等创新业务服务模式，帮助"走出去"企业有效运用国际、国内两种资源开展跨国经营，实现客户群体与服务范围的进一步延伸。

针对浙江企业部分产能过剩、技术品牌较弱的特点，商业银行要通过产品创新，积极帮助企业化解产能过剩、获取技术品牌，抓住当前全球经济结构深度调整的有利时机，通过各种金融工具开展跨国金融服务，从而推动浙江企业产业结构和创新能力的提升，实现跨越式发展，构造国际竞争新优势。

（三）加强风险管控，为"走出去"金融保驾护航

适应监管环境，加强风险管理，完善差异化策略。海外监管环境各异，欧美国家监管体系庞大复杂，而新兴及发展中国家保护主义色彩浓重，增加了"走出去"金融企业服务的复杂性。金融危机后，各国金融监管趋严，集中表现在反洗钱压力增大、资本充足率要求提高、流动性风险监管加强等。中国企业在经济起步略晚的东欧、中亚、非洲等地寻找投资项目和投资地区时，由于地区政治较为动荡、国家评级较低，企业进行投资往往面临较高的国别风险。在这样的复杂情况下，"走出去"的金融机构应加强与东道国政府及国际监管机构的沟通合作，营造良好的外部监管环境。商业银行应完善内部差异化管理策略，针对不同国家和地区、不同行业、不同业务种类，实行不同的业务流程和风险策略，尤其要严格按当地法律行事，为企业提供咨询服务，帮助企业少走弯路。

针对浙江民营企业公司治理机制相对不够健全、内部关联风险较大等特点，商业银行要对"走出去"项目建立"全程防控"的风险防范机制，一方面充分发挥外部律师专业优势；另一方面将金融服务全程嵌入境外投资项目尽职调查、立项决策、谈判签约和后续运营管理，获取完整的信息链供投行、风险、法律部门提早预防和及时采取应对措施。

（四）加强机制配套，促进海内外联动发展

加强海内外联动发展。商业银行要善于利用集团海内外分支机构和多元化平台资源，把各种机会、各个领域、各个客户撮合起来，提高撮合交易的能力。这种撮合不仅是自身与客户的撮合，也包括银行之间的撮合、商业银行与专业平台之间的撮合、总行与分行之间的撮合等。通过建立并完善集团内部的联动评价机制，在集团内部形成"人人为我，我为人人"的协作文化。在推动撮合过程中，推动穿透，提高海内外一体化经营水平。穿透总分行、境内外、多平

台和产品线，加强联动，促进海外业务发展。持续加强对“走出去”客户的营销，加强海外本土优质大型客户的挖掘，融入当地主流社会，提升对大型跨境客户的撮合交易能力。

优化组织架构和业务流程。牢固树立“以客户为中心”的经营理念，在业务流程、产品设计和管理架构等方面紧紧围绕客户的需求，简化流程，摒弃不适应业务发展的陈规旧习，提高金融服务效率。要进一步增强海外和国内的业务联动，通过创新组织架构，加强条线职能和区域中心建设，实现海内外机构一体化经营和集约化管理；进一步发挥内部业绩考核和激励约束机制的导向作用，增强对企业“走出去”全流程的服务能力。

加大资源倾斜。调整货币信贷结构，优化差别化货币信贷政策。制定专门的“走出去”信贷支持政策，引导信贷资金向优质境外投资企业流动，支持企业对外兼并、收购资源、能源、高新技术等重点行业。在本文的实证分析中可以看到，企业“走出去”对外币贷款的依存度较高，而浙江省商业银行外币贷款对企业“走出去”的支持力度相对来说仍有较大提升空间，因此在浙银行分支机构应积极向总行争取外汇贷款资源倾斜，如申请“走出去”专项下借款等，灵活运用信贷产品或产品组合满足“走出去”企业的融资需求。

参考文献

[1] 李强：《加快推进金融机构“走出去”机遇和对策》，载《国际商务财会》，2012（9）。

[2] 刘仁伍：《浙江企业“走出去”的主要特点和金融支持对策》，载《政策瞭望》，2012（8）。

[3] 刘锡良、董青马：《“走出去”战略中我国企业金融风险分担机制研究》，载《国际贸易》，2013（1）。

[4] 陆宇生：《基于构建我国企业跨国经营的金融支持体系研究》，载《金融纵横》，2010（9）。

[5] 裴志林、张志文：《中国民营企业“走出去”的态势与思考》，载《北京社会科学》，2013（3）。

[6] 商瑾、于中元：《金融服务企业“走出去”的国际经验》，载《商业经济》，2013（2）。

[7] 田国立：《金融业应为企业“走出去”铺路搭桥》，载《学习时报》，2014（1）。

[8] 田国立：《提升全球一体化金融服务能力》，载《中国金融》，2014（1）。

[9] 王晓毛、邓宁昊：《金融支持企业“走出去”的政策思考》，载《金融

经济》，2011（10）。

[10] 辛华：《十二五规划“走出去”战略对中国银行业的影响和机会》，载《金融纵横》，2012（3）。

[11] 徐少卿、王大贤：《我国企业“走出去”的特点、问题和金融支持对策》，载《金融纵横》，2012（2）。

[12] 徐忠：《金融如何服务企业“走出去”》，载《国际经济评论》，2013（1）。

[13] 严丹、张立军：《广东企业“走出去”金融服务情况调查》，载《广东经济》，2013（4）。

[14] 殷越男：《全球经济变局背景下中国企业“走出去”的路径选择》，载《中央财经大学学报》，2013（5）。

[15] 翟庆锋：《“走出去”企业风险探析》，载《现代商业》，2013（5）。

[16] 张洁宜：《大步“走出去”开拓市场——新昌企业境外投资实证分析》，载《现代商业》，2007（16）。

[17] 张琦：《“走出去”金融三足鼎立》，载《中国外汇》，2013（5）。

[18] 赵建华：《新形势下浙江企业“走出去”的战略思考》，载《国际经济合作》，2012（8）。

[19]《浙江省商务运行综合检测分析》，2013。

[20] 朱京曼：《加大“走出去”战略的金融支持》，载《观察思考》，2012（24）。

[21] Brown, K., 2012, China's Overseas Investment in the European Union, *International Spectator*, Vol. 2.

[22] Head K. and J. Ries, 2001, Overseas Investment and Firm Exports, Review of International Economics, Vol. 2.

[23] Horstmann, I. and James. Markusen, 1996, Exploring New Markets: Direct Investment, Contractual Relations and the Multinational Enterprise, *International Economic Review*, Vol. 37.

[24] Konrad, K. and K. Lommerud, 2001, Foreign Direct Investment, Intra-firm Trade and Ownership Structure, *European Economic Review*, Vol. 3.

我国网贷市场投资者平台选择影响因素研究

中国建设银行浙江省分行课题组*

一、引言

近年来，网贷市场风险事件的频发暴露出现有金融实际和互联网思维结合下的行业缺陷。高收益、低门槛背后的风险缺乏有效的控制手段和投资者保护措施；无壁垒、无监管的高速增长下鱼龙混杂、乱象丛生；相关配套机制的不完善让网络金融的网络属性片面地发挥着作用，无论是平台信息还是第三方信息均或多或少存在不可比、不可证、不全面的问题。

这种情况下，平台选择成为投资决策的重要内容。那么，投资者的平台决策受哪些因素影响？影响力如何？投资者在网络评价影响下能否识破层层包装下的平台本质，作出理性选择？寻找这些问题的答案，能进一步认识网贷市场投资者的投资行为，为规范市场环境，保护投资者利益，培育成熟市场提供指引。

本文拟通过定性和定量相结合，从网贷平台信息不对称现象和平台风险来源两个角度，分析影响投资者平台决策的相关因素；从面板数据和横截面数据两个角度对筛选出的平台进行实证分析，探究相关因素对投资者决策的影响。

二、关于网贷市场参与者行为及影响因素的相关文献

（一）国外研究

网络借贷同时具备金融属性和网络属性。一部分研究从金融属性的角度展开，认为在 P2P 网络借贷过程中，借款者愿意支付的利率高低是贷款成功与否的最主要因素，其次是借款者的信用评级，另外，储蓄占收入的比重也是一个重要因素（Lyer，2009）。Puro（2010）等指出，低额度的或高利率的项目容易获得投资者青睐。不同的是，Kumar（2007）认为投资者有能力对标的进行合理风险定价，并不会盲目追求高收益投资。

另一部分学者对网络属性在促进信息共享，从而优化投资决策方面的影响

---

* 课题主持人：李晓虹

课题组成员：徐　光　田　芳　吴云剑　朱艺清　陶　懿　邓嫦琼

展开了研究。大部分 P2P 网络借贷平台允许成立贷款小组，在动机正确的前提下，成立小组可以帮助扫除信息障碍（Freedman ，Jin，2011）。Lopez 等（2009）研究发现，社会资本会对借款人的信用产生影响，能促进借款的成功率。从属于某一被人信任的群组能够使借款人的融资成功率提高两倍，使那些信用形象不太好的人能以合理的利率借款成功。但是，另一部分研究对组建网络社交圈来降低违约概率的措施表达了不同看法。Duan 等（2009）认为群体行为在 P2P 网络贷款中特别显著，原因之一是网络中信息过多，使用者很难理解和使用全部的信息；原因之二是人们更易从网上获得其他人的选择和建议。Berger，Gleisner（2009）、Herzenstein 等（2010）的研究表明，出借人的行为并不是完全理性的，他们的投资行为存在“羊群效应”，并且当听信他人建议时投资人对于借款本身的特征有所忽视，导致低效率决策。Everett（2008）认为，在 P2P 网络借贷社区里的会员，只有在生活中借贷双方具有交往关系的会员的违约率才会比较低。这也就是说，社交网络资源并不是对所有的借款者和贷款者都具有平等的优势，出借者和借款者在作借贷决定时，不能过分依赖社交网络（Greiner，Wang，2009）。

（二）国内研究

邱甲贤等（2011）使用我国拍拍贷平台的数据进行了一系列的实证分析，在利率、借款额方面得到与国外学者基本一致的结论；在社会网络研究方面，发现“朋友竞标金额”越多，就越能提高借款成功的概率和投标数目。郭阳（2012）采用拍拍贷平台交易数据的实证研究则获得了不同结论，研究发现借款金额对成交利率没有显著影响，借款期限越长，成交利率越小，竞标时间越久，成交利率就越小，这是由竞标过程造成的；此外，借款人信用越高、成功借款次数越多，在校生身份、有推荐可以在一定程度上降低成交利率。

与国外研究一样，国内学者对网贷市场的网络属性也从各个角度展开了研究，并认为网络信任是风险控制的一大手段。丁婕（2012）的研究发现投资者偏好具有电子商务标（淘宝、敦煌、慧聪网）和安全标的项目。宋文、韩丽川（2013）发现与感知收益（利率）和感知风险（期限）相比，信任变量（中介信任和第三方信任）对投资者出借意愿的影响更明显，并提出平台因通过有效的审核环节协助借款人提升信任度，提高借款成功率。陈冬宇（2013）采用模型测算和问卷访谈相结合的方式，发现放贷人信任倾向、借款请求信息质量、借款人社会资本以及借贷平台安全保障水平是影响交易信任的关键因素，但是不同维度的社会资本对交易信任的影响并不相同。缪莲英、陈金龙（2014）将推荐信任与小组关系、朋友关系共同作为社会资本的替代变量，分析其对借款者违约风险的制约机制，并认为 P2P 网络借贷平台可以通过增加借款者社会资本的机制设计，降低违约风险，最终降低行业整体的违约率。

三、网贷投资决策影响因素分析

（一）信息不对称和网络评价

在完全无约束条件下，市场参与各方从自身利益出发，自主决定所披露的信息范围、信息内容和披露频率。目前，市场规则尚未建立，我国网贷市场存在较为严重的信息不对称现象，甚至存在故意披露虚假信息的情况，极大地影响了投资决策的有效性。作为官方渠道的补充，网络社区和第三方分析机构在短时间内获得了投资者的青睐，并对投资决策产生着潜移默化的影响。

1. 信息不对称

（1）项目信息不对称

由于个人信用体系的不完备和个人信息保护，我国网贷项目所能提供给投资者的信息较少，信息有效性也无从判断。以拍拍贷为例，与淘宝的合作使拍拍贷拥有了庞大的借款群体和淘宝店铺评级数据，但由于淘宝中刷信用刷皇冠的行为始终未能得到较好的监测，因此，店铺等级并不完全可信。此外，拍拍贷的公开信息主要包括项目相关信息（利率、期限、还款方式、筹资进度、已投资用户名、借款项目描述）和借款人相关信息（借款人全部借款项目、借款人信用评分、性别、年龄段）。其中借款项目描述尤为含糊不清，或与借款事项无关，可见平台未对用户填报信息进行强制规范或审核。出借人只能凭借真假难辨的信息作出模糊判断。虽然拍拍贷平台的单个项目平均借款金额仅为2.1万元，金额较小，在小额借贷理论支持下可以推导出借款人有较高还款意愿的结论，但当借款额度相近时，投资者难以在众多借款人中作出有效选择。

（2）平台信息不对称

在我国，网贷平台的事后风险处理机制是投资者拿回本金获得约定收益的最后一道防线。但构成平台担保能力和追索能力的相关信息并不是在所有平台主页上都能够轻易获得。以有利网为例，网站上专门设有“安全保障”栏目，通过图表数据简要展现了有利网的风险控制体系，并明确承诺通过合作机构和风险准备金提供100%本金保障。网站只披露了合作机构名称，未对合作方式、风险准备金提取情况和余额情况进行披露。在众多平台中，人人贷的信息披露最为全面，通过季报形式（网站可下载）将本季的平台动向、交易数据分析、违约金额、风险保证金余额及比率等一并给予公开，使投资者能够快速地对平台有全面具体的了解。总体上，市场认可度较高的平台网站上都设置了信息公开栏目，但公开效果不佳，投资者难以在众多平台中凭借不完全、不统一、不具体、时效性不确定的信息进行投资选择。

2. 网络评价和羊群效应

在证券市场上，机构投资者的行为和专业金融分析师的判断会对市场和个股走势产生影响，带动散户投资者进行同方向操作，形成羊群效应。与证券市场类似，部分研究表明，网贷市场同样存在羊群效应，从第三方分析对投资者的影响来看，可能有以下几方面原因：（1）第三方机构的信息优势在信息不对称条件下容易获得广大投资者的信任。一方面，机构发挥信息采集分析优势，从多种渠道挖掘相关信息，并在第一时间整理发布；另一方面，网贷平台也需要通过具有公信力的第三方公布一些利好消息，加大在非注册用户间的知名度。（2）投资者的平均专业素质水平低于机构及专业分析师，另外，听信专业人士的建议能够节约大量时间成本。（3）网络社区聚人气、集民智，也不乏专业人士的参与，通过多方讨论而普遍认同的结论具有可靠性。基于以上几点，网络社区对投资者的投资决策有重要影响，且当分析结论较为一致时很容易形成羊群效应。

艾瑞咨询的研究显示，截至 2014 年上半年，网贷市场用户认知排名前十位的依次为：人人贷、拍拍贷、陆金所、有利网、红岭创投、易九金融、宜人贷、积木盒子、爱投资、人人聚财，认知得分区间为 53.77 ~86.07。根据网贷之家 6 月的平台评级排名，前十位的平台依次为：人人贷、红岭创投、陆金所、微贷网、拍拍贷、宜人贷、积木盒子、有利网、投哪网、人人聚财。二者通过不同的测评体系得到的平台排名前十位重合率为 80%，表明排名具有一定可信度。与此同时，6 月网贷市场成交额 141.48 亿元（430 家平台），成交额前十位的平台合计占总量的 30%（拍拍贷交易数据未显示，未计入前十位），其中五家平台出现在上述排名中；借款人数超过 1 000 人的有九家平台，分别是陆金所、微贷网、人人贷、诺诺镑客、翼龙贷、你我贷、人人聚财、投哪网和红岭创投；投资人数超过 5 000人的也有九家，分别是人人贷、红岭创投、微贷网、人人聚财、爱投资、365 易贷、盛融在线、宜人贷、温州贷。初步表明，网贷市场受投资者追捧的平台与评级推荐平台具有较高重合率，并表现出一定程度的羊群效应。

表 1　　**网贷平台周交易量排名及前十占比**　　单位：名，%

日期（周一）		1006	1013	1020	1027	1103	1110
加权交易量前十占比		68.08	72.95	73.52	70.79	75.79	76.86
前十位网贷平台	1	陆金所	陆金所	陆金所	陆金所	陆金所	陆金所
	2	人人贷	红岭创投	红岭创投	人人贷	人人贷	红岭创投
	3	红岭创投	人人贷	人人贷	宜人贷	红岭创投	人人贷
	4	宜人贷	宜人贷	你我贷	爱投资	你我贷	你我贷
	5	你我贷	你我贷	宜人贷	金信网	宜人贷	有利网
	6	翼龙贷	爱投资	爱投资	翼龙贷	爱投资	人人聚财
	7	积木盒子	翼龙贷	积木盒子	速帮贷	积木盒子	宜人贷

续表

日期（周一）		1006	1013	1020	1027	1103	1110
前十位网贷平台	8	爱投资	积木盒子	金信网	积木盒子	有利网	爱投资
	9	88 财富网	团贷网	翼龙贷	易贷网	翼龙贷	金信网
	10	团贷网	银客网	银豆网	新新贷	金信网	翼龙贷

数据来源：网贷之家（拍拍贷数据未列入公布范围）。

为进一步研究羊群效应和其投资决策的影响，本文以交易量作为羊群效应的替代变量，纳入解释变量。投资者集中追捧的平台，交易量应偏大。羊群效应越明显，说明第三方机构对投资者决策影响越大。在本文的观测样本中，10月27日至11月2日一周的时间加权交易量排名前十位的平台为陆金所、人人贷、宜人贷、爱投资、金信网、翼龙贷、速帮贷、积木盒子、易贷网、新新贷，占当天有成交记录的152家平台总和的70%，其中陆金所一家的加权成交量占了43%，体现出较为明显的聚集性。进一步的实证研究将在下一节展开。

（二）平台风险来源

投资者的平台选择决策是评估风险权衡收益的过程，因此除去借款利率，对投资者决策产生影响的还有平台风险。从目前已跑路关停的平台来看，投资者面临的主要风险为平台流动性风险、经营风险和道德风险，法律风险也是热议话题之一，但尚未对平台构成实质性影响。

1. 流动性风险

网贷平台本质上是信息中介，其流动性风险主要指在本金全额担保条件下，项目发生违约时平台先行垫付投资者本金带来的短期偿付需求与平台自身资产结构不匹配，导致垫付失败的情况。但目前，平台对其本金的全额担保是否真实有效、什么样的情况下平台将先行垫付，承诺得模糊不清。同时，在市场乱象中，存在沉淀资金挪用、项目虚设、资金空转等问题，流动性风险不容忽视。

本文以60天内到期借款额与平台借款总额之比衡量流动性风险。154个研究样本的数据显示，平台60天内到期借款占比平均为53%，最小为2.38%，最大为100%，中值为52.7%，表明大部分平台短期借款占比较大，当没有后续资金支持或项目违约率上升时，流动性风险较大。

针对资金挪用问题，各大平台已陆续与商业银行展开项目资金监管合作，以银行信誉向投资人保证资金安全，杜绝挪用风险。

2. 经营风险

网贷平台正常经营中会面临各种各样的风险，在此本文仅就项目违约导致的平台风险进行讨论。大部分平台为提升投资吸引力，降低信息不对称条件下的借贷风险，采取引入专业担保机构的合作担保、平台自身担保、根据成交额提取风险准备等方式给予本金担保。其中，平台担保和风险准备金两种模式的担保能力普遍较弱。

以人人贷为例，截至2014年第三季度，其风险备用金余额为2 071.7万元，占待还借款总额的2.4%。银监会要求银行的风险拨备至少为100%，截至2014年6月，16家上市银行的平均拨备覆盖率为251%，同期银行业不良率为1.08%，银行小企业客户不良率在2%～3%。与风控严格、监管规范的银行业相比，网贷平台对外公布的不良率一直受到质疑，风险收益相匹配原则下，与网贷融资成本普遍高出银行一大截的事实相对应的理应是偏高的违约概率。显而易见，风险准备金似乎难以为投资者提供全额本金担保。当违约额超过风险准备金余额时，平台为了继续正常经营，维护自身信誉，必将使用其他资金来源给予偿付。可见，平台的担保能力更多来自于平台自身资金实力。

注册资本是平台实力的根本保障和最终体现。从观测样本来看，154个平台中注册资本达到亿元级别的仅有14家，超过5 000万元的有30家，百万元级别的有30家，大部分平台注册资本在1 000万～3 000万元。本文以借款余额与注册资本之比为杠杆率，表示平台经营风险。

此外，部分平台开始试水大额项目，为网贷平台开辟新的市场空间，如红岭创投。但近期红岭创投出现大额项目违约，引起市场对网贷平台涉足大额项目风控水平不足的隐忧。本文以前十大借款人借款金额占比构建借款集中度变量，表示平台借款人结构，从另一角度衡量平台经营风险。借款集中度越高，表明平台借款人分散度不足，个体出现违约将严重影响平台整体风险。

3. 道德风险

高速发展中的网贷平台鱼龙混杂、监管缺位、信息不对称现象严重，庞氏骗局、资金挪用、非法经营等乱象丛生。一旦投资者将资金托付给平台，就无法对资金的流转使用进行监督，拿不拿得回本金和利息全靠平台自觉，这其中蕴含着极大的道德风险。本文从股东背景和运营时长两方面对此进行评估（见表2）。

表2　　部分平台股东背景

国资背景		金融企业背景	互联网背景	风投背景		上市公司背景
开鑫贷	紫金所	小企业e家	招财宝	人人贷	微贷网	银湖网
保必贷	海金仓	民生易贷	搜易贷	拍拍贷	火球网	鹏鼎创盈
金宝保	中广核富盈	小马bank	微财富	有利网	银豆网	鑫合汇
德众金融	京金联	陆金所	京东金融	爱钱帮	易贷网	前海理想金融
金控网贷	乾贷网	投哪网		银客网	翼龙贷	
蓝海众投	温州贷	金开贷		豫商贷	宜人贷	
众信金融				积木盒子	理财范	
				花果金融		

从平台的股东入手，可以从一定程度上判断平台的道德风险。国企背景平台实力雄厚，依托国家信用，在网贷市场中拥有较高关注度和可信度，在百度中搜索“国企网贷”，可获得230万条结果。各大风投虽逐利而为，不具体参与平台运营，但高额投资从侧面表明获投资的平台在各方面都具有可观的成长性，道德风险较弱。为了获得投资者的关注和信赖，甚至出现部分平台对媒体投放虚假消息或者在合作关系尚未确立时就对外公布消息的情况。此外，由于2014年国资、风投、银行的大举进入，相关背景平台的曝光率较高，热议度较高，容易在这些平台上出现投资者聚集的现象，也就是一定程度的羊群效应。运行时间较长的平台成功度过上市初期考验，抗风险能力相对较强，内部管理更为成熟，运行相对平稳，平台管理层采取非法手段谋取私利的可能性较小。

本文通过虚拟变量将平台股东背景和平台运行时间纳入实证研究，分析其对投资者决策的影响。

四、实证分析

（一）样本描述

1. 样本选取

本文选取网贷之家数据平台2014年9月15日至11月16日共九周的周数据为研究样本进行实证分析。因获取的是平台交易数据，观测期内每周的观测对象略有差异，且网站的数据获取具有一定滞后期，在数据处理中，剔除数据不完备的样本，筛选出观测期内每周数据均完整的116个平台。

2. 样本描述

网贷市场进入门槛低，市场自由度高，发挥空间大，平台间差异明显。以10月27日至11月2日这一周的数据为例进行样本描述性统计。116个样本中，平均利率最大值是最小值的5.27倍，中值为1年定期存款的5.9倍，均值17.31%与2014年前10个月上证综指年化收益率（17.49%）相近；72%的平台投资标的平均期限在1～6个月，5%的样本平均标的期限在1个月内；各平台成立时间最短为3个月，最长为4年2个月，76%的平台在近两年内新成立；注册资本最大值是最小值的83倍，均值为中值的2倍，45%的样本注册资本在1 000万元以内，17%的样本注册资本大于5 000万元，表明较大规模的平台数量较少且注册资本远高于其他平台。

表3　　样本部分指标描述性统计表　　单位：月，万元，个

	最大值	最小值	中值	均值	标准差	平台区间分布		
						高值	中值	低值
平均利率	38.29%	7.27%	16.31%	17.31%	6.08%	27	72	17

续表

	最大值	最小值	中值	均值	标准差	平台区间分布		
						高值	中值	低值
标的平均期限	33.15	0.44	2.785	4.89	5.79	27	83	6
成立时间	50	3	15.5	17.97	10.60	28	48	40
注册资本	83 667	100	2 000	4 320.90	10 601.77	17	47	52

注：平均利率区间：(0，12%]、(12%，20%]、(20%，+∞)；
标的期限区间：(0，1]、(1，6]、(6，+∞)；
成立时间区间：(0，12]、(12，24]、(24，+∞)；
注册资本区间：(0，1000]、(1000，5000]、(5000，+∞)。

通过表3样本描述性统计，初步表明网贷市场近一年来发展迅猛，平台数量快速增加，但大多规模较小，主要面向6个月内流动资金需求者和风险承受能力较高的投资者。

（二）变量选择

为全面反映平台相关特征，在数据可得前提下，本文选取以下变量进行实证研究（见表4）。

为消除变量间单位差异，降低变量多重共线性，将除虚拟变量（股东背景、成立时间）外的样本观测值取自然对数。

表4　实证研究变量选取

	变量	含义
面板数据	标的数量（object）	单位：个
	平均利率（rate）	平台当天开放募集项目年化利率平均值
	平均借款期限（term）	单位：年
	借款集中度（concentration）	代表平台风险分散程度（前十大借款人借款金额/总借款额）×（借款人数/10）×100%
	交易量（turnover）	时间加权交易量（万元×月），剔除超短期高收益项目影响

续表

变量			含义
截面数据	流动性风险	短期借款占比（c_ liability）	60天内到期借款/借款总额×100%
	经营风险	经营杠杆（leverage）	借款总额/注册资本×100%
	道德风险	股东背景（back）	股东涉及国企、金融机构、上市公司或风投的平台取值为1，其他平台取值为0
		成立时间（founding）	成立时间超过一年半的平台取值为1，其他平台取值为0
	控制变量	注册资本（capital）	单位：万元
		借款人数（borrower）	单位：人
被解释变量		投资者人数（investor）	单位：人

（三）面板数据实证

面板数据综合了截面数据和时间序列数据，从两个维度上对样本进行观测，能够较好地解决时间序列数据的多重共线性和截面数据的观测时点选择问题，提高样本信息提取效率，获得自由度更高的估计结果。

1. 模型选择与构建

为避免伪回归现象，本文对解释变量进行了单位根检验，结果表明，5个解释变量均拒绝原假设，即不存在单位根，样本为平稳序列。样本检验结果显示 $F = 11.07 > F\ (115,\ 923)$，并通过5%置信水平的Hausman检验，应采用个体固定效应模型进行回归分析。

由于样本观测值在横截面方向上较长，在时间序列方向上较短，因此本文应采用变截距模型而不是变系数模型进行研究。

综上所述，确定回归模型如下所示：

$$investor_i = C + C_i + \beta_1 \times turnover_i + \beta_2 \times rate_i + \beta_3 \times object_i + \beta_4 \times term_i + \beta_5 \times concentration_i$$

2. 回归分析

通过Eviews对116个样本9周的交易数据采用EGLS法进行面板分析，结果如表5的第一列所示。除平均利率外，4个解释变量均通过1%的显著性检验，与投资者人数显著相关。从斜率方向上看，交易量、标的数量、集中度与投资者人数正相关，借款期限与投资者人数负相关。这意味着116个样本中，投资者在选择平台时主要关注平台借款集中度、借款平均期限，对平均利率不敏感。期限越短、集中度越高的平台投资者人数越多，表明投资者偏好平均借款期限较短的平台，这体现出投资者的避险心理。期限较短的一般为周转资金，受外部因素影响较小，借款人恶意欠款可能也较小。但在集中度上的表现又表明投资者偏好借款人较为集中的平台，这可能是由于大额资金需求者受平台关注度较高，其资产水平、还款能力等信息披露相对完整可信，投资者认为其风险程度较低。交易量及借款标的与投资者人数正相关，除了平台规模对人数的影响，也可能存在“羊群效应”的影响。

变截距的固定效应模型将个体差异包含在截距内，虚拟变量信息也被混合在截距中，无法单独提取。为了研究股东背景对投资决策的影响，本文将116个样本分为有背景组（back =1）和无背景组（back =0），分别进行面板分析。

对比两组样本的实证结果，发现不论是否有雄厚的股东背景，投资者的选择与利率始终无明显相关关系，有背景组中借款集中度未通过显著性检验，其他变量均通过1%的显著性检验。

借款期限与投资者人数负相关，通过检验的其余变量均与被解释变量正相关。有背景组的交易量、标的数量、借款期限的斜率与无背景组较为接近，且绝对值均大于无背景组，表明有背景组的投资者对上述三个变量更为敏感。

表5 Eviews 面板数据实证结果

	不分组回归结果	back =1 回归结果	back =0 回归结果
C	3.345275***	3.009432***	3.345059***
TURNOVER	0.37273***	0.440207***	0.354701***
RATE	-0.100995	-0.041639	-0.07314
OBJECT	0.129233***	0.156722***	0.095778***
TERM	-0.475861***	-0.515482***	-0.456372***
CONCENTRATION	0.062904***	0.062216	0.076737***

注：*** 表示拟合结果在1%的置信度下显著。

（四）主成分分析法实证

1. 主成分分析

由于虚拟变量和平台属性变量（不在观测期内发生变化）在面板分析中会产生奇异阵导致分析失败，因此采用面板分析仅在样本容量和自由度上获得了优势，无法将更多非交易相关信息纳入分析。为提高已有数据利用效率，本文采用主成分分析法对多变量模型进行降维，解决变量间可能存在的多重共线性，并尽可能保留信息量。

本文选取10月27日至11月2日这一周的截面数据进行主成分分析。并构造两组标注为2和3的新变量，分别为其他变量与背景变量和成立时间变量的乘积，用于分析虚拟变量对其他因素在斜率上的影响。

使用主成分分析法的前提条件是变量之间存在相关性，即可以提取共同因子，在SPSS中一般采用KMO检验法。Kaiser指出，在KMO检验中以0.5为临界值，越大越适合因子分析。主成分分析法为因子分析法的一个分支，适用于KMO检验。检验结果显示，KMO统计量为0.721，可以使用主成分分析法。此外，Bartlett球度检验给出的相伴概率为0.00，小于显著性水平0.05，因此拒绝Bartlett球度检验的零假设，认为适合于主成分分析法。

提取特征值大于1的因子，形成6个新因子，对所有变量的解释总方差为89.31%。旋转成分矩阵显示（见表6），Factor1主要体现的是成立时间变量的斜率效应和截距效应，Factor2主要体现背景变量的截距效应和对短期借款占比、借款集中度、杠杆率、标的数量和借款期限的截距效应，Factor3主要体现借款期限、短期借款占比和交易量的信息，Factor4主要体现借款集中度、标的数量和借款人数量的信息，Factor5主要体现背景变量在平均利率和交易量上的斜率效应，Factor6主要体现注册资本和杠杆率的信息。所有变量中，平均利率未能在某一个因子中赋予较大权重，也从另一个角度说明平均利率并不具有代表性信息，投资者在进行平台选择时可以将利率因素置于较为次要的地位，通过解读其他信息也可以获得利率所包含的信息。

表6　　SPSS主成分分析旋转成分矩阵

	成分					
	1	2	3	4	5	6
Founding	0.988	-0.014	0.001	0.058	0.002	0.006
rate3	0.980	-0.033	-0.054	0.041	-0.002	0.006
turnover3	0.968	0.050	0.168	0.137	0.016	0.016
c_ liability3	0.950	-0.035	-0.191	0.053	-0.023	-0.020
concentration3	0.938	-0.010	-0.080	0.257	-0.028	0.037
object3	0.899	0.142	0.083	0.305	-0.013	0.029
leverage3	0.757	0.089	0.271	0.204	-0.013	0.415
Term3	0.704	-0.001	0.595	-0.027	0.071	0.049
back	0.002	0.968	0.172	0.072	0.071	0.013
c_ liability2	0.001	0.961	0.015	0.121	0.044	0.013
concentration2	-0.026	0.926	0.044	0.256	0.116	-0.039
leverage2	0.064	0.889	0.208	0.037	0.054	0.210
object2	0.103	0.888	0.167	0.273	0.128	-0.051
term2	0.015	0.729	0.481	-0.037	0.162	-0.030
term	0.028	0.098	0.920	-0.048	0.057	0.004
c_ liability	0.011	-0.219	-0.877	-0.013	-0.029	-0.092
turnover	0.195	0.364	0.682	0.415	-0.017	-0.068
rate	0.182	-0.359	-0.457	-0.190	0.088	0.075
concentration	0.129	0.108	-0.140	0.904	0.018	-0.006

续表

	成分					
	1	2	3	4	5	6
object	0.284	0.260	0.150	0.856	0.002	0.036
borrower	0.335	0.242	0.253	0.789	0.066	0.012
rate2	-0.013	0.152	0.009	0.021	0.978	0.037
turnover2	-0.010	0.175	0.051	0.036	0.976	-0.036
capital	-0.005	0.078	0.169	0.138	-0.031	-0.934
leverage	0.219	0.252	0.395	0.293	-0.055	0.741

注：旋转法：具有 Kaiser 标准化的正交旋转法。旋转在六次迭代后收敛。

2. 回归分析

表 7　　主成分因子的最小二乘法回归结果

	Coefficient	Std. Error	t - Statistic	Prob.
FACTOR 1	0.194471	0.080007	2.430684	0.0167
FACTOR 2	0.485000	0.080007	6.062006	0.0000
FACTOR 3	0.419622	0.080007	5.244848	0.0000
FACTOR 4	0.845244	0.080007	10.56468	0.0000
C	6.413470	0.079661	80.50962	0.0000

根据成分得分系数阵生成六个新变量，作为解释变量，investor 为被解释变量进行 OLS 回归。根据结果，剔除不显著的因子，进行二次回归，得到新的回归结果，如表 7 所示。投资者人数与均四个因子为正相关关系。其中，因子 4 的系数最大，敏感性最高；因子 3 和因子 2 的斜率相近；因子 1 的斜率最小，且仅通过 5% 的显著性检验。这表明，平台成立时间长短（是否超过 1 年半）对截距和对其他变量的斜率有较显著影响，但敏感性不高；平台股东实力也表现出类似的双重效应和更高的敏感度，但在斜率影响范围上小于前者，代表利率和交易量的因子 2 未能通过显著性检验；借款集中度、标的数量和借款人数量是影响平台投资人数的重要因素，且投资人数对三者包含的信息具有较高敏感性，这可能是由于借款人越多，标的数量越多，从而投资者的投资机会和平台可吸纳资金越多，从某种意义上来说体现了平台的规模吸引力；借款期限、短期借款占比、交易量也被证实对投资者人数有显著影响。

表 8　　　　主成分分析法下还原的各项变量系数

		BACK = 0，FOUNDING = 0	BACK = 1，FOUNDING = 0	BACK = 0，FOUNDING = 1	BACK = 1，FOUNDING = 1
解释变量	rate	-0.1026	-0.1214	-0.1473	-0.1661
	turnover	0.1689	0.1597	0.0010	0.1607
	term	0.0501	0.0576	0.0451	0.0526
	object	0.2608	0.3371	0.3110	0.3873
	leverage	0.0890	0.0017	0.1214	0.1231
	concentration	0.2659	0.0674	0.2894	0.3568
	c_ liability	-0.0188	-0.0441	-0.1137	-0.0930
控制变量	borrower	0.2449	0.2449	0.2449	0.2449
	capital	0.0791	0.0791	0.0791	0.0791
截距	c	6.4135	6.4135	6.4135	6.4135
	back2		0.0170		0.0170
	founding3			-0.0359	-0.0359

将因子还原至解释变量，各项系数如表 8 所示。其中，借款人数和注册资本为控制变量，用于剔除平台规模对投资者人数的影响。平台规模越大，投资者人数越多。将实证结果根据虚拟变量取值不同分为四种情况。四种情况下，利率和短期借款占比与投资人数均成反比，其他变量均与投资人数成正比，表明不论是投资于哪种平台的投资者，高利率不构成主要吸引力，一味使用高收益吸引投资者可能造成反向效果；投资者对短期标的较为认可，平均借款期限短的平台投资人数更多。

四种情况中差异较大的变量分别为交易量、杠杆率、集中度和 60 天内到期债务比率。

成立时间超过 1 年半同时没有相关股东背景的平台，交易量的变动对投资者人数影响较其他三种情况小很多，斜率接近于 0，意味着平台用户的投资金额较分散，有单个项目投资金额较高的，也有单个项目投资金额较小的，这种个体之间的分散决策抵消了交易量大则投资者多的一般逻辑，表明成熟、无背景平台上投资者实力分散，风险偏好一致性弱，不易形成羊群效应。原因可能来自两方面：一是成熟平台因其运行时间较长已获得一批忠实客户，且客户在长期投资中积累了专业素养，能够进行独立分析；二是股东背景不明，网络社区关联热议度不高，易受外部分析影响的投资者未关注此类平台，所以不易形成羊群效应。两方面原因叠加，抑制了羊群效应。

成立时间较短的平台杠杆率的斜率普遍小于成立时间较长的平台，这是由于新出现的平台在客户认知度、认可度方面显著不足，项目积累不够，虽然斜率为正但新增借款额对投资者的吸引力较弱（注册资本不经常变化）。

有背景但成立时间较短的平台借款集中度的斜率显著小于其他三种情况，表明该类平台参与者风险追逐程度较低，也有可能因成立时间过短，项目较少导致集中度较高，且因项目过少可容纳投资者较少导致斜率偏低。

60 天内到期借款占比估计值为负，且其斜率的绝对值在无背景且成立时间较长的平台上较大，表明该类平台上的投资者对流动性风险的厌恶程度较高。相关研究表明，借款期限与出借意愿负相关，投资者倾向借款给短期项目。但当平台成交量持续较快增长时（新项目期限大于 60 天），流动性风险测度值自发下降，无法得出投资者因流动性风险下降而加大投资的因果关系。

五、结论

本文通过对网贷平台相关公开信息的梳理、汇总，对投资者平台选择影响因素进行了理论和实证分析，得到以下研究结论。

（1）我国网贷平台实力参差不齐，监管缺位，投资者以网络社区观点和第三方评价替代个人判断，容易形成羊群效应。通过数据分析，本文认为网络社区推荐的平台排名有较高相似度，可能存在因网络推荐而导致的投资者集中于某几个平台的现象。同时，实证研究表明，平台投资者人数与平台成交量成正比，并采用控制变量剔除了规模影响，可以认为网贷市场存在一定羊群效应。但在无背景的成熟平台上，这一关系几乎不存在，从反面说明，羊群效应是由网络过高关注度或市场存在大量无主见的投资者导致的。

（2）我国网贷市场投资者风险追逐程度较低，这可能源自低投资门槛吸引的大部分为低风险承受能力者，也可能是因市场规范程度弱导致风险偏好被抑制。从具体的实证结果上看，投资者对利率不敏感，单纯以高收益率吸引投资者的市场策略将难以获得成功；投资者倾向于选择经营时间较长的平台，但对平台是否具有雄厚的股东背景未能获得有意义的实证结果，表明投资者在对平台进行选择时不只关注股东背景，部分背景雄厚的平台上线时间较短可能是结果无意义的主要原因。

（3）流动性风险越小、杠杆率越大的平台投资者越多，但本文并不能证实流动性风险、经营风险与投资者决策的直接关系。当交易量增加时，60 天内到期借款占比下降，杠杆率上升。投资者很可能单纯根据交易量作出决策，对难以直接观测到的经营风险和流动性风险没有感知，进一步说明投资者的风险感知能力较弱，受外部评价影响较大。

参考文献

[1] 陈冬宇:《基于社会认知理论的P2P网络放贷交易信任研究》,载《南开管理评论》,2014(3)。

[2] 丁婕:《我国P2P网络借贷平台及借款人行为研究——以拍拍贷为例》,载《西南财经大学学报》,2012。

[3] 郭阳:《中国P2P小额贷款发展现状研究》,载《上海金融》,2012(12)。

[4] 缪莲英、陈金龙:《P2P网络借贷中社会资本对借款者违约风险的影响——以Prosper为例》,载《金融论坛》,2014(3)。

[5] 邱甲贤、张国生:《P2P在线借贷平台信用体系对借款绩效的影响》,2011。

[6] 宋文、韩丽川:《P2P网络借贷中投资者出借意愿影响因素分析》,载《西南民族大学学报(自然科学版)》,2013(5)。

[7] Berger. S., and F. Gleisner, 2009, Emergence of Financial Intermediaries in Electronic Markets: The Case of Online P2P Lending, Business Research, Vol. 39.

[8] Everett, C., 2008, Group Membership, Relationship Banking and Loan Default Risk: The Case of Online Social Lending.

[9] Freedman, S., and G. Jin, 2001, Do Social Networks Solve Information Problems for Peer-to-peer Lending, Evidence from Prosper, NET Institute Working Papers.

[10] Herzenstein, M., Dholakia, U. and R. Andrews, 2010, Strategic Herding Behavior in Peer-to-Peer Loan Auctions, *Journal of Interactive Marketing.*

[11] Herrero-Lopez, S., 2009, Social Interactions in P2P Lending, Proceedings of the 3rd Workshop on Social Network Mining and Analysis.

普惠金融创新服务策略研究

——以浙江农信为例

浙江省农村信用社联合社课题组*

一、普惠金融的理论和发展

普惠金融的理念不是一个新生事物，许多国家的政府及宗教社会团体长期以来一直在探索为贫困者拓展提供金融服务渠道，普惠金融正逐渐取代微型金融的概念，融入了更加广泛的金融体系，成为国际金融体系的一部分。

2005 年国际“小额信贷年”的宣传中，提出了一个全新的概念——“普惠金融体系”（Inclusive Financial Sectors），以突破金融排斥，实现金融普惠。联合国呼吁各国政府制定政策和相应监管措施，促进普惠金融体系的发展。普惠金融的核心理念，是指在成本可负担的前提下，通过加强政策扶持和完善市场需求，将金融服务拓展到不发达地区和低收入人群，不断提高金融服务的可获得性。其内涵主要包括三方面：一是普惠金融是一种理念，二是普惠金融是一种创新，三是普惠金融是一种责任。为传统金融机构服务不到的低端客户，如中低收入者、贫困人口和小微企业提供金融服务①。

尽管普惠金融理念提出的时间不长，但已得到世界各国的广泛关注，获得了较多国家的认同，各国也开展了不同程度的实践（见表 1）。

表 1　　国际普惠金融主要发展模式

代表银行	定位特征	特色经营策略
孟加拉国格莱珉银行	着重向穷人、弱势群体提供用于生产收益的信贷	1. 储蓄产品多样化，扩充资金来源渠道； 2. 针对贫困人群财产收入波动性，制订灵活还贷计划，强化借款人还款约束机制； 3. 将分支机构、中心、小组表现与贷款额度挂钩，倡导分支机构直接开展业务竞争； 4. 开展极度贫困人群信贷工程； 5. 设立地区信息管理中心，实行数据化管理。

---

* 课题主持人：徐国兴

课题组成员：梁希明　陈丽华　蒋伟军　方　蓉　项冰红　杨海林　周　忠　冯　曦　刘　强　龚焕桥　蒋金俊　沈　扬　杨宗伟

① 中国银监会合作部课题组：《普惠金融发展的国际经验及借鉴》，载《中国农村金融》，2014（2）。

续表

代表银行	定位特征	特色经营策略
印度尼西亚人民银行	服务贫困线以上、信用状况合格的个人或家庭小作坊	1. 在农村地区设立村级信贷部，独立核算、自主经营，保持小而精的高效运作； 2. 以需求为导向设计金融产品，村级信贷部业务实施标准化，限定产品种类，提升内控水平； 3. 建立绩效取酬和效率工资制，以盈利为基础对员工进行奖励。
玻利维亚阳光银行	主要针对微型企业的金融需求	1. 采取小组联保贷款机制； 2. 推行累进的贷款机制，实行灵活的贷款偿还机制，还款周期逐渐延长； 3. 设计资源储蓄方案，稳定客户群，拓宽资金来源； 4. 根据客户需求，不断进行金融创新。
柬埔寨 ACLEDA 银行	发展为成功地在农村运营的专业银行	1. 关注借款人培训，通过提高其劳动技能和经营能力，提高贷款偿还率； 2. 注重拓展穷人金融市场，采取动产抵押、抵押品替代、小组联保型借贷、小额信用贷款的形式； 3. 采用全过程的成本控制，重视降低成本，从而实现可持续发展。

综合上述成功经验观之，有几个显著的共性特点：实行灵活的定价机制和产品创新机制推进机构可持续发展；采用灵活的贷款偿还机制降低不良产生率；关注成本控制；建立完善的管理制度和激励机制。

中国在响应联合国和世界银行的国际行动上，走在了发展中国家的最前列，从 2005 年起，中国小额信贷发展促进网络就引入联合国的理念，在推动普惠金融方面作出了一定的探索。2010 年以来，中央一号文件不断推进以“消除金融服务空白乡镇”、“基础金融服务全覆盖”为标志的普惠金融进程。根据哈佛商学院 2012 年发布的《中国 P2P 借贷市场潜力调研报告》，中国已经有 100 多家小额信贷服务中介平台从事普惠金融服务，大部分机构年增长超过 50%，部分机构的年增长超过 300%。2013 年 11 月，党的十八届三中全会通过的《关于全面深化改革若干重大问题的决定》提出“发展普惠金融”，“普惠金融”第一次写入党的决议，彰显以普惠金融促发展、惠民生，推进社会公平正义的重要意义，将发展普惠金融真正上升到了国家战略高度。

二、浙江农信普惠金融的实践

2013 年，省农信联社凭借独特的体制架构、牢固的市场基础等优势，全面启动普惠金融工程，浙江省政府出台《浙江农信普惠金融工程三年行动计划（2013—2015 年）》，提出创业普惠、便捷普惠和阳光普惠三大目标，致力于构建基础金融不出村、综合金融不出镇的服务体系，全辖 81 家行社依据“服务大局、全覆盖、可持续”三大原则，同步实施普惠金融工程。2014 年，在中国普惠金融（浙江）高峰论坛上，浙江农信普惠精神正式面向社会公布，至此，浙江农信普惠金融提炼至一项内化于心的社企义利并举层面。

普惠金融工程推进以来，逐步推动浙江农信金融服务向体系化迈进，主要取得以下实践成效：

（一）金融服务覆盖面不断扩大

推广丰收小额贷款卡和丰收创业卡，截至 2014 年 6 月末分别发行 121.16 万张、7.09 万张，发放小额信用贷款 246.97 亿元；加大对美丽乡村、新型农业经营主体等支持力度，其中农村基础设施贷款、农房改造建设贷款、农民专业合作社及社员贷款、家庭农场贷款分别达 86.92 亿元、217.79 亿元、47.6 亿元和 18.65 亿元，连续 6 年深入开展“走千家、访万户、共成长”活动，累计走访农户 247.62 万户、企业 12.61 万家、农民专业合作社 1.49 万家。同时加强多方面合作，与省农办合作推出丰收爱心卡，与省工商局合作推出工商事务金融服务通等。

（二）金融服务便捷度不断提升

推进丰收村村（社区）通工程，截至 2014 年 6 月末，布设 ATM9 378 台、助农终端 2 978 台、助农 POS 机 14 693 台、3G 移动终端 430 台、流动服务车 10 辆，浙江农信 ATM 本代他、他代本交易笔数、金额均居全省银行业第一。线上渠道方面，开通网上银行客户 299 万户，手机银行用户达 140.12 万户，2013 年与支付宝钱包合作，推出浙江农信借记卡公众平台服务号，2014 年投产丰收信用卡微信银行。

（三）金融服务“阳光化”不断推进

推进丰收信用工程建设，与省农办联合评定省级信用村 89 个、信用乡 20 个；与省农业厅、省工商局联合完成首批 6 000 余家农民专业合作社信用等级评定。为 50 个县、154 个乡镇提供财政国库集中支付服务，向 2 000 余家县级、乡镇合作单位提供公务卡服务，19 家行社开办公共财政服务平台一卡通业务。73 家行社发行丰收社保卡 1 234 万张，约占全省的 50%。实施银行卡免开卡费、免年费、免 ATM 存取款费、免转账费、免短信费“五免”惠民措施。

三、浙江农信发展普惠金融的难点

（一）规模——普惠金融服务覆盖群体定位模糊

一是服务群体年龄跨度未达到全覆盖。目前，浙江农信实际服务对象一般要求 18 ~ 60 周岁。但 18 岁以下和 60 岁以上的人口占比超过 30%，且 18 周岁以下的年轻一代是不可忽视的潜在客户群体，65 周岁以上的年龄较长的人群（特别是农村地区）更是金融服务缺失的主要组成部分。二是农民市民化后仍未能完全享受发展红利。在浙江省城镇化进程中，农村居民生活水平处于较低水平（见表2）。且农村住房流转机制缺乏，有效担保物范围较小。另外，农村住房产权交易困难，目前还没有建立起较为完备的农村房产交易市场，且无法抵押，其贷款担保存在现实困难。

表2　　　　历年农村居民生活水平（2008—2012年）①

年份	人均纯收入（元）	人均纯收入增长（上年=100）	人均消费性支出（元）	恩格尔系数	人均居住面积（平方米）
2008	9 258	106.2	7 072	38.0	58.50
2009	10 007	109.5	7 375	37.4	59.29
2010	11 303	108.6	8 390	35.5	58.53
2011	13 071	109.5	9 644	37.6	60.80
2012	14 552	108.8	10 208	37.7	61.51
2013	16 106	110.7	11 760	35.6	60.82

（二）深度——普惠金融基础环境建设薄弱

一是农村金融服务存在薄弱区域。目前全省农村地区主要由农信系统、邮政储蓄银行、村镇银行进行覆盖，但由于金融机构网点布局存在集群效应，网点布局也主要是人流量集中的乡镇中心村区域，加上农信系统在行政强制下前期对“服务站”的撤销，因此，人为地扩大了农村地区的基础金融服务的空白区域。经统计，全省共计28 771个村，而全省辖内农信系统网点数4 200家，平均1家网点服务覆盖6.85个村，因此仍存在金融服务辐射面不足的情况。二是农村金融经营效率相对较低。较多农村金融服务薄弱地区的金融服务需求主要集中在存取款、缴费等基础金融服务，农信系统推进普惠金融工程建设的意愿相对受到抑制。三是农村金融生态环境质量不佳。农村居民的金融观念亟待更新，金融知识普及面相对滞后，对创新金融产品的接受程度相对较弱，国内电子银行替代率已达70%，而据统计，浙江农信电子银行替代率不足50%。

（三）效率——“信贷普惠”的杠杆效应未有效发挥

一是信贷普惠产品流程有待优化。小额贷款手续尚未做到应简尽简，标准化、批量化、集约化程度不高，科技支持水平低；信贷管理制度执行过于僵化。二是普惠产品创新不足。贷款担保方式不够丰富，担保方式还局限于传统的第三者保证担保和不动产抵押；小额贷款业务模式不够灵活。三是信贷评估体系

① 数据来源：《浙江统计年鉴2013》，浙江省统计局、国家统计局浙江调查总队编，中国统计出版社，2013年8月第1版。

不全。农户（个人）基础信息采集不足，存在未按客户需求进行针对性收集、信息不完整重复采集、预授信重量不重质等情况；中小企业信用评估体系尚未建立；集体审议机制效用未有效发挥。

（四）可持续性——服务职能和自身发展结合度有待加强

一是贷款议价能力低。随着利率市场化的全面推进，浙江农信的贷款盈利点可能主要来源于缺乏抵押担保的小微企业和农户贷款。二是竞争成本上升。为争夺市场，大型银行会动用资金成本更低的优势，提高客户存款回报、降低贷款利率，存贷款利率出现逆向走势，进一步降低行业整体利差水平。而浙江农信业务结构单一、收入渠道狭窄等方面存在的不足，促使农信机构不得不以高于金融机构平均存款利率和降低贷款利率来吸引客户，导致成本上升。

四、浙江农信发展普惠金融创新对策

与传统金融创新相比，普惠金融创新有其自身的特点，普惠金融服务不仅需要满足“短、频、小、急”的要求，还要能够有效应对行业弱质性风险和抵质押物缺失的挑战。因此，对普惠金融发展而言，浙江农信的服务创新应是全方位的，不仅涉及如何细分并满足客户需求，还要从渠道、工具、技术、机制、环境等多方面进行优化和创新。

（一）明确普惠服务目标

1. 细分对象需求

按照普遍服务和均等服务这一普惠金融体系建设主线，依照基本公共服务“基础性、广泛性、迫切性和可行性”的四个标准，细分服务对象和需求，有序实现普惠化目标。一是在广阔的农村市场，针对年纪大、文化层次低、金融服务以安全方便为首要需求的居民和新浙江人，加快推进基础金融建设，充分利用便民服务中心的助农通、快捷支付等工具和电子渠道为他们提供贴身的多样化金融中介服务和金融知识普及服务。二是面对众多的农村新生农业主体、新型城镇化服务主体、青年创业群体和小微企业资金需求迫切的特点，主动提供低风险、低成本、快捷高效的信贷产品，解决他们的资金难题，并逐步引导使用农信系统的其他产品，由一户一品向一户多品转变。三是积极开展大中型企业、创二代、富二代、城市白领、机关事业单位员工等客户群体的量体裁衣式个性化服务、财富增值服务和低风险业务，丰富客户群体，提升服务水平。

2. 找准服务定位

浙江省内各个地区、县域地理环境、经济环境、金融环境各不相同，各个行社可以按照宜农则农、宜商则商的大思路找到自己的普惠目标客户群，找准自己的市场定位，形成个性，作出特色。一是根据区域、规模等差异，将基层行社分为农村型、城区型、城郊型等类型，同时整合资源，根据区别对待的原则，制定差异化业务发展目标和考核政策，城市中心区域分支机构以提升服务质量为依托积极拓展优质存款和理财业务、电子银行等中间业务，主城以外的农村地区分支机构以信贷投放、金融基础建设为目标。二是深入开展特色服务，基层分支机构可以根据区域经济特点，通过进一步市场细分，专注于服务辖区内农户、社区居民、小微企业，逐步打造当地居民的“专属银行”；根据服务对象、区域集中性行业和特色产业，开展特色网点建设如轴承行业、家电行业、特色服务网点等，设立农户金融服务中心、消费金融服务中心，不断提升专业服务能力。

3. 实施错位竞争

在普惠金融宏观政策和银行实现自身可持续发展的多方推动下，大型银行和商业银行不断延伸服务网点，客户和产品逐步同质化，普惠金融市场竞争日趋激烈。相对于大型银行和其他股份制银行，浙江农信小法人的身份决定在整体规模、资本总额、综合成本等方面存在劣势，竞争能力较弱。因此，浙江农信一要坚持“三农”服务不动摇，集中资源优势做精做优自己该做、能做的业务，全力推进网点服务的地域全覆盖和新型农业经营主体信用评级、授信、支付结算综合服务全覆盖，牢牢占领农村金融主阵地。二要坚持面向市场，贴近客户，拥抱竞争，既要吸收同行组织架构、经营管理模式、产品服务等方面的先进做法，也要避免盲目跟风，因地制宜、因时而需加快自主创新，妥善处理创新、风险防控和可持续发展的关系，积极探索转型发展，全面提升金融服务水平和整体竞争实力。

（二）调整渠道建设

1. 完善物理网点建设

合理的物理网点建设是开展普惠金融服务的基础，一是浙江农信应在现有网点分布的基础上，不断优化网点布局和功能，紧跟区域建设规划方向，顺应城镇化发展要求，遵循网点布局与客户资源相一致，网点功能与客户需求相匹配的原则，强化对城市新兴区域和未来重点发展区域的覆盖，根据客户类型和客户资源布局物理网点建设。二是探索社区银行发展之路，依据不同服务区域的客户数量、特点和需求，探索设立服务社区、持牌经营的特色支行、专营机构，打造社区金融亲和力；积极探索“校区银行”、“园区银行”等新型服务模式，延伸社区银行服务，进一步提升服务水平与效率。三是借鉴顺丰快递社区便利店的成功经验，对条件具备的营业机构专门设立金融服务用户体验区，应用人机结合方式并通过错时延时服务，在偏远农村、城郊地区铺设助农终端，在农民专业合作社、农贸市场开展 POS 机营销工作，建立低成本服务网点，实现从物理网点向服务终端的提升、从标准化服务向人性化服务转变。

2. 完善电子服务网络

开展普惠金融工程，应着重推广电子银行网络服务，一方面要加强宣传，在农村地区普及电子银行金融知识，可通过进村入企、摆摊宣传等多种方式，提供客户体验机进行模拟操作等，重点讲解电子渠道的便利性、实惠性和安全性，培养客户通过电子渠道自助办理银行业务的习惯。另一方面要通过各类网点渠道推介网上银行、手机银行、微信银行等电子银行服务模式，可采用批量办理、上门办理，增强主动营销能力，实现传统网点服务和电子渠道服务有效结合；在电子渠道功能方面，应不断拓展账户管理、支付缴费、信用卡业务等基础业务，还应实现个人贷款、投资理财、无卡取现、网点预约、电子商城等创新业务，不断拓宽电子银行服务通道，构建普惠金融电子化服务平台。

3. 加强合作渠道融通

一是加强与第三方通信媒介合作。从目前移动支付的三大参与方来看，以银联、银行为代表的金融机构拥有完善而成熟的资金清算系统，而运营商及第三方支付机构则占据着庞大的客户资源和销售渠道。目前，许多银行都选择了与各自的战略伙伴“联手出击”。尝试与中国电信、中国移动、中国联通等运营商合作，利用它们多年来积累的庞大客户信息和渠道，开展移动电子商务、基础银行、客户服务与渠道共享等领域的合作。二是加强与公益事业合作。大力完善公益基金模式，探索集融资支持、就业扶贫和技术指导于一身的“信贷资金+农业科技+政策指引”的扶贫工作新模式，实现公益、扶贫和商业化运作有机结合，持续、深入践行社会责任。

（三）创新服务工具

1. 创新存款类产品

重点研发符合各类存款客户需求并能实现其资金安全、便利和收益“多赢”的存款产品。一是活期存款方面，适应利率市场化、存款理财化趋势，对活期存款日均余额一定期限内达到规定的利率档次时，利率可自动上升，对贷款客户可自主选择存款利率上升或贷款利率下降，切实增强客户的黏合度。瞄准压岁钱和新大学生市场，分别开发少儿教育储蓄和“天之骄子”信用卡产品，客户资源培育从娃娃、学生抓起。围绕“跨行资金归集”、“现金池”、“资金池”等，创新现金管理业务，增强存款的稳定性、基础性作用。二是以小额贷款卡用户为切入点，以小微、结算与理财为核心元素，整合“小额贷款卡+手机银行+网上银行”于一体，将小额贷款与工资代发、理财、电子转账等配套金融服务相结合，提高客户产品黏合度，进一步提升周转效率、加速资金沉淀。加快推进“存贷通”、存单质押赠礼品等新产品，积极开展打折让利、有奖促销等活动，广泛吸纳各类热点资金。三是理财方面，开发开放式理财产品，客户刷卡或发短信即可实现自动赎回，提高客户的认购意愿。借鉴余额宝资金门槛仅需 1 元的成功经验，推出活期余额自动理财产品，降低理财产品门槛，不设金额起点限制，以吸引海量的小额投资者和无数碎片化的资金。探索开发结构性存款，在普通存款的基础上嵌入金融衍生工具，将客户收益与利率、汇率、股票价格等相挂钩，为对存款利率不满意又有一定风险承受能力的客户博取更高的收益。

2. 创新小额信贷

一是创新担保方式，从农村实际出发，积极发展小额互助贷、小额亲情担保贷、农村产权反担保融资贷；深化银政、银保合作，推出担保基金类、保证保险类担保产品；加强微贷技术自主创新，着重推广和应用以客户交易行为为基础、以信用体系建设为依托、以丰收小额贷款卡为载体的小额信用贷款，不断提高信用贷款比重。二是创新服务主体，根据不同层次小微企业和居民融资需求特点，跟进服务，延伸服务链条，研发“惠天使”、“惠村官”、“惠园丁”等不同对象的贷款产品。三是延伸贷款用途。将产品需求与城乡居民生活、农业生产、农村经济发展和企业发展相契合，量体裁衣开展产品创新，积极探索创业贷、科技贷、租赁贷、换房贷、换车贷、养老贷等服务产品；放宽小额信贷用途管理，在风险可控的情况下，推出“综合贷”，对 30 万元以下的小额贷款，由借款人自主灵活掌握使用，既可用于生产经营，又可用于家庭消费，使得服务更方便快捷。

3. 创新业务模式

一是依托现代农业产业链上的核心经营主体，建立健全“龙头企业（农民专业合作社、信用村） + 农户”、“批发市场 + 商户”、“商贸企业 + 超市”、“农业园区 + 种养大户”、“商业集群 + 小微企业”等产业链金融服务模式，建设农民专业合作、供销合作、信用合作“三位一体”新型农村合作体系；积极开发信用联合体、农村评议组织贷款整体授信、整体批发产品，逐步实现从零售向批发、以点带面的服务模式。二是实施推广“网格化”服务，按照“扎根一方水土、服务一方客户”的总体要求，以本土经营为原则，在现有的县（市）域服务范围内，以镇（街道）、村（社区、居委）为单位，划分成若干网格状的单元，并根据网格划分，按照对等方式整合服务资源，落实服务人员开展扫街、扫村、扫楼，对网格内的所有客户进行多元化、精细化和个性化服务，实现服务“一网尽扫”。三是积极探索城镇化融资新模式，前瞻性介入政府城镇化建设项目规划，有针对性地开展城镇化融资结构设计和风险结构设计，推出与 BT、BOT、PPP 等城镇化建设方式相对接的特色融资模式；加强与地方政府的合作，借助资产证券化、市政债券承销、城镇化产业基金等方式，大力发展城镇化金融服务投行业务，形成信贷支持城镇化与投行支持城镇化相结合的有效服务模式。

4. 创新业务流程

一是实施业务审批差别化。遵循风险和效率兼顾的原则，科学合理设计授信审批权限等级梯次，授信后的用信一律下放到基层行社，同时根据贷款风险大小和客户经理等级，分别采取双签即时办结、差别授权、限时审批等方式，切实体现浙江农信随到随借的快速放款优势。二是进一步推进业务流程电子化，积极推行网上申请、审批作业；加快信贷电子档案建设，利用电子影像技术和工作流技术，通过扫描、数据导入等方式，实现信贷基础资料、报表等档案资料的采集、加工、存储和调阅的全程自动化和电子化，推进客户基础信息共享。三是实施业务流程标准化。根据同一行业、同质客户的金融服务需求特点，制定统一的业务额度和作业流程，提高工作效率。

（四）完善机制建设

1. 完善目标体系

以商业化经营和承担社会责任为双重目标，以“向多少目标客户提供了服务”、“提供了什么样的服务”以及“提供服务的可持续性”[①] 为标准细化和丰富普惠金融发展目标（见表3）。

表3　　目标体系建设策略

目标内容	建设策略
覆盖面目标	1. 建立和完善储蓄存款（对私账户）、对公存款（对公账户）、农户贷款、小微企业贷款、电子银行期末活跃客户或者活跃账户数占比目标； 2. 建立按年龄、文化、区域、层次为维度的存贷款和电子银行结构目标体系，科学设定平均贷款额度或平均贷款额度与当地人均国民收入的比值目标。
可持续性目标	确立以资产收益率或资本收益率为核心的盈利性目标，保证合理稳健的盈利水平。
效率目标	科学设定操作费用比率即员工和管理成本与期间组合贷款总额的比值，以及单位客户成本即员工和管理成本与期间客户数的比值目标，或简单采取员工平均贷款额度、员工平均贷款户数的最低目标值。

2. 完善考核体系

充分发挥激励考核的导向作用，逐步实现客户和员工、客户和农信机构共成长。一是明确小额农贷和小微企业增长户数和投放增量，设立预授信转化率考核指标，对30万元以下的小额贷款不纳入基层行社的存贷比考核，鼓励基层敢放农业贷款和小额贷款。二是对客户经理的管贷户数和户均余额进行考核，

① 焦瑾璞、陈瑾：《建设中国普惠金融体系——提供全民享受现代金融服务的机会和途径》，中国金融出版社，2009。

以此作为客户经理评优提拔的依据之一，促使客户经理愿意多放贷款，以此强化小额客户增量扩面工作。三是确定小微贷款不良容忍度，完善贷款管理责任制度，适当增加基层行社管理层大额贷款管理责任承担比例，积极实施小额贷款风险尽职免责管理，有效解决基层行社放贷和防控风险之间的矛盾。

3. 完善风控机制

普惠精神与风险管控是相辅相成、相互促进的，尤其在当前环境下，加强风控机制尤为迫切。一是建立信贷结构监测分析机制，重点开展小微贷款、信用贷款投放监测和逾期 30 天以上风险贷款监测，对偏离目标的及时采取措施，不断优化信贷结构；加强贷款风险预警，分类施策，提前制定风险处置预案，强化风险预警的前瞻性作用。二是建立和完善信贷风险管理大平台，将内部管理和社会公示系统（如征信系统、房地产信息查询系统、信用信息公示系统）整合成同一平台，实现一窗口、一键化操作，实现风险信息快速抓取，切实提升风险防控效率；设置系统通知功能，提前一个月对到期贷款和即将超过 90 天未结息的贷款进行预先通知，督促基层行社和客户经理及时采取催收措施；完善短信催收功能，在结息日前三天向贷款客户群发短信，温馨提示结息日期及将支付的贷款利息金额，提醒客户及时存入资金以备扣缴，逐渐培养客户按时结息、自觉守信的良好习惯，及时动态监测客户信用变化情况。三是积极构建和完善流程银行，从根本上对各类业务程序进行重新设计和组合，因地制宜构建放款中心、贷后检查中心、对账中心等大后台运营管理体系，切实优化业务流程，提高风险控制的专业性和独立性。

（五）加强效益管理

1. 开源节支——坚持农信定位与金融发展规律相结合

浙江农信应积极顺应外部环境的动态变化，加快推进“转型提质”工程，积极变革发展机制。一是不断强化成本费用管理，要以稳步实施新资本管理办法为契机，树立风险控制、成本效益、预算管理理念，加快财务管理和会计运营转型步伐；从计划、控制、核算、分析、考核等方面入手，认真做好财务经费预算，从严从紧控制各项费用支出，全方位降低经营成本，提高经营效益。二是不断优化收入结构，加快改变以贷款利息收入为主的传统经营模式和依靠资本消耗型盈利的发展方式，充分发挥资源配置的杠杆作用，实现资源配置与资产收益水平相协调，不断拓宽盈利渠道，提高资产利润率；加大中间业务的投入力度，积极拓展投行业务和财富管理业务，开发新的业务品种，增加新的收入来源，实现收入多元化，不断提升综合盈利能力。

2. 差别定价——坚持利率定价与履行社会责任相结合

浙江农信应坚持“区别定价，成本覆盖”的原则，从负债、资产、内部资金转移方面形成科学的定价机制。一是优化负债结构，进一步夯实存款基础，树立主动负债意识，大力吸收低成本存款，不断优化存款结构、提高存款质量，有效巩固增长份额和市场地位。二是实施差别化贷款利率定价策略，按承担社会责任和实现自身商业化运作的要求，采取指定利率和指导利率模式，即对种养殖业、社会弱势群体等贷款实施优惠利率，对其他贷款则根据行业、对象、方式、期限、信用状况、回报等综合因素实施上下浮动，从而实现自身经营效益和履行社会责任的双重目标。三是建立和完善内部定价和转移机制，指导引入经济资本理念，运用管理会计工具，通过业务分项管理和产品、服务分类核算，高效运用内部闲置资金，实现资金时间和空间上的价值。

3. 改善效率——坚持金融服务水平与内控管理转型相结合

从整合组织架构、提高公司治理能力、强化省农信联社服务职能三方面着手，不断提高效率效益和工作质量，是降低经营管理成本的又一主要途径。一是变革组织方式，以客户为中心，按照业务经营专业化、运营管理集中化的要求，采取战略业务单元的经营模式，整合客户关系部门和产品部门，设立普惠金融部、网络金融部、渠道管理部等，深入构建扁平化、垂直化管理，实现客户“一站式”服务，从而实现资源的优化配置和管理效能提升，降低经营管理成本。二是完善履职平台，规范操作制度，公开公正用人，实施违规操作零容忍，切实加大违规操作成本，激发人员潜在生产力水平，同时畅通内部信息沟通渠道，达到信息对称、运作规范、风控及时、决策科学、评价有力、执行高效，不断提升公司治理能力，降低操作管理成本。三是加强省联社大后台建设，集合农信系统资金优势、技术优势、网点优势等，与大公司、政府部门等进行深度商务合作，解决小法人身份不对等、信息不对称问题；同时加强 IT 系统建设、人员培训、行业审计、政策协调等方面发挥建设性作用，积极打造利益联合、定位服务、专业高效的服务平台。

普惠金融工程是一项民生工程、惠民工程，也是一项系统工程、长期工程，使命光荣、意义非凡、任重道远，是实现中国梦的重要组成部分，需要全社会特别是各银行业金融机构共同推动和担当。面对这样的一项世界性难题，在发展普惠金融的道路上，必然有许多未知的困难和挑战，乃至失败的可能，这必将考验着农信人攻坚克难的集体智慧和处变不惊的应变能力，也期待着得到各级政府、全社会的理解和支持。通过对这一课题的研究，期盼着能为浙江农信决策者提供一些绵薄之力。

参考文献

[1] 德布拉吉·瑞：《发展经济学》，北京大学出版社，2002。

[2] 杜晓山：《以普惠金融体系理念促进农村金融改革发展》，载《农业发展与金融》，2007。

[3] 郭兴平：《基于电子化金融服务创新的普惠型农村金融体系重构研究》，载《财贸经济》，2010。

[4] 韩俊：《加快建立普惠型的农村金融体系》，载《农村经济管理》，2009。

[5] 侯刚、李新：《产权制度是农村信用社改革的关键所在》，载《经济论坛》，2004。

[6] 胡大立：《企业竞争力——决定因素及形成机理分析》，经济管理出版社，2005 。

[7] 黄文涛、胡丹：《提高我国商业银行竞争力的策略研究》，载《江西农业大学学报（社会科学版）》，2007。

[8] 焦瑾璞、陈瑾：《建设中国普惠金融体系——提供全民享受现代金融服务的机会和途径》，中国金融出版社，2009。

[9] 吴晓灵：《建立现代农村金融制度的若干问题》，载《中国金融》，2010。

[10] 项俊波：《国际大型涉农金融成功之路》，中国金融出版社，2010。

[11] 浙江省统计局、国家统计局浙江调查总队：《浙江统计年鉴 2013》，中国统计出版社，2013。

[12] 中国人民银行抚州市中心支行营业室课题组：《发挥农村信用社主力军作用 大力改善农村支付结算环境》，载《金融会计》，2009。

[13] 中国银监会合作部课题组：《普惠金融发展的国际经验及借鉴》，载《中国农村金融》，2014。

利率市场化下银行利率风险与信用风险叠加效应研究

嘉兴市金融学会课题组*

随着利率市场化的推进，利率波动对银行盈利的影响将逐渐扩大。银行作为调剂资金余缺的中介机构，其主要利润来源于存贷利差，利率的不确定性和频繁变动给银行的经营管理带来更大的困难，从而容易引起银行资产收益减少或负债成本增加，造成商业银行利差减小或收益损失。此外，宏观经济进入增长速度换挡期、结构调整阵痛期和前期政策消化期这样一个“三期叠加”的时期，信贷资产质量整体出现下滑，政府融资平台贷款未来也存在较大的不确定性，信用风险总体上升。如果利率风险的增加和信用风险的上升出现叠加，将对银行的经营造成较大影响，因此有必要研究风险叠加的综合影响，寻找控制风险的有效方法。

一、利率风险与信用风险的基本内涵

（一）利率风险的基本内涵

利率风险是指市场利率变动的不确定性给商业银行造成损失的可能性。巴塞尔委员会在1997年发布的《利率风险管理原则》中将利率风险定义为：利率变化使商业银行的实际收益与预期收益或实际成本与预期成本发生背离，使其实际收益低于预期收益，或实际成本高于预期成本，从而使商业银行遭受损失的可能性。

在实际的衡量中，主要有两种视角。从盈利角度看，主要是识别利率变化对银行核心业务收入的影响，如传统的缺口管理方法，其特点是操作简单，成本较低，但这种方法是静态和短期的分析，不能及时判断未来长期利率水平的变化对商业银行资本净值的影响。从资本净值角度看，主要采用市价法，它根据假设的利率变化情景，估计现有资产和负债预期现金流的净现值，并比较每种利率情景下的净现值，以解释利率波动对银行资本净值的影响。

利率风险有不同的表现形式，主要包括重新定价风险、选择权风险、基差

---

* 课题主持人：褚小平

课题组成员：张一兵　汤钟尧　钟志文

风险和收益率曲线风险等。这几类利率风险在我国商业银行均有体现。

1. 重新定价风险

在商业银行资产、负债和表外项目头寸重新定价时间和到期日不相匹配的情况下，利率变动会对银行净利差收入产生影响。目前国内商业银行存贷款期限结构严重失衡，存款中定期存款占了相当的比重，而在贷款中短期贷款占了绝大多数，银行的利率敏感性资产大于利率敏感性负债。在这种情况下，利率的下调往往会减少银行的净利差收入。20 世纪 70 年代末美国储贷协会危机主要就是由于利率大幅上升而带来的重新定价风险。

2. 选择权风险

多数存贷款合同都含有与利率相关的各种选择权。在利率上升时，存款客户可能会提取未到期存款，然后再以新的较高的利率重新存款；而在利率下降时，贷款客户有可能提前还贷，然后再以新的较低的利率重新申请贷款。这都会降低银行的净利息收入。因此，在利率上升或下降时，商业银行都会面临客户在不同程度上的选择权风险。

3. 基差风险

利率水平的变化引起不同种类金融工具的利率发生程度不同的变化时，银行就会面临基差风险。随着利率市场化的推进，非对称调整存贷款利率、调整存款利率浮动区间等措施都给银行带来了基差风险。在利率全面放开初期，由于市场竞争加剧，商业银行存贷款利差也会有缩小的趋势。在以利差收入为银行主要收入来源的情况下，这一趋势给我国银行带来的冲击是不言而喻的。

4. 收益率曲线风险

一般而言，长期利率要高于短期利率，即收益曲线的斜率是正的。但在经济扩张阶段，由于货币政策的逆向短期操作，短期利率可能会高于长期利率。在成熟的金融市场上，银行存贷款利率多以国库券收益为基准来制定，若收益曲线由正变负，银行的长期未清偿浮动利率贷款的重新定价利率与短期存款利率的利差就会大幅降低甚至为负。

（二）信用风险的基本内涵

广义上讲，信用风险即违约风险，是指银行的债务人由于资金问题甚至是主观因素而无力或不愿履行前期合同内容，造成违约，随即引起的商业银行遭受损失的可能性；或是存款人大量挤兑，导致银行破产；抑或是信贷资产的评级下降、信贷利差缩小导致银行经济价值的下降。进一步细化，信用风险又分为本金风险与重置风险，前者是指债务人不能足额支付全部款项，后者是因违约方的违约造成交易无法顺利实现。狭义上讲，信用风险一般指信贷风险，即借款人不能履行还本付息的责任而使银行的预期收益与实际收益发生偏离的可能性。事实上这种风险不只出现在贷款中，也发生在担保、承兑和证券投资等表内、表外业务中。

信用风险存在一定的“尖峰厚尾”特性。信用风险发生的概率并不是正态分布，一般具有“尖峰厚尾”的特征，其含义是极端事件发生的概率比从理论上预测得更高，一旦发生极端情况，其损失将相当严重。特别是在当前经济总体下行、产能过剩严重、大量平台融资缺乏还款来源的情况下，银行所面临的信用风险比从报表上分析的要高得多。温州市在信用风险爆发后，去除核销影响后的实际不良率超过 10% 就是一个很好的例子。

信用风险一般是由两方面的原因造成的。一是经济运行的周期性。在经济扩张期时，信用风险降低，因为较强的盈利能力使总体违约率降低；在经济紧缩期时，信用风险增加，因为盈利情况总体恶化，借款人因各种原因不能及时足额还款的可能性增加。二是对于公司经营有影响的特殊事件的发生。这种特殊事件发生与经济运行周期无关，主要是公司经营出现问题或遭受重大损失。

信用风险的度量和管理难度较大。一方面，要取得完整真实的信用风险数据十分困难，这主要是因为信用资产的流动性差，二级交易市场缺乏，交易记录少。另一方面，信用风险还受到一些难以量化的重要因素的影响，如借款人的还款意愿、借款人的还款能力、借款偿还的法律责任等。在社会信用体系较为成熟的发达国家，可以通过完善的信用评级制度和破产清算制度，利用信用风险量化模型，从借款人的还款能力的角度建模来测定信用风险值。在我国，信用风险控制系统尚不完善，信用评级制度尚未全面落实，造成了信用风险数据难以获得，从而加大了信用风险量化的难度。

二、利率风险与信用风险的分析方法

（一）利率风险的分析方法

利率敏感性缺口分析是银行实行利率风险管理的主要手段，它通过资产与负债的利率、数量和组合变化来反映利息收支的变化，从而分析对银行盈利的影响。通常国内商业银行在财务报表分析中普遍选用利率敏感性缺口分析法来衡量利润相对于利率的敏感程度。缺口是指资产与负债的差值。用下式来表示：

$$G = RSA - RSL = \text{利率敏感性资产} - \text{利率敏感性负债}$$

在这一模型下，存贷款利率是同向、等量变动，因此利率风险的成因是资产与负债的持有期限不匹配。利率市场化一般会在短期内导致利率上升，而长期来看利率会逐渐下降。如银行的利率敏感性负债大于利率敏感性资产，则缺口为负，此种情况下，随着短期内利率的上升，银行的利润会随之减少。此外，也有用利率敏感性资产与利率敏感性负债的比值来表示利率的敏感程度：

$$r = \frac{RSA}{RSL}$$

其中，r 为利率敏感性系数。在实际应用中，为考察银行资产负债对利率敏感程度，通常将 r 和 G 结合起来共同运用。银行的净利息收入受到的影响可由下式得到反映：

$$\Delta NII = G \times \Delta i$$

其中，ΔNII 指的是净利息收入的变化，Δi 为利率的变化。

表 1 归纳了以上几者之间变动方向的关系。一般来说，当银行呈现负缺口时，利率的上升会引起利息收入的减少，缺口为正时，净利息收入会随着利率上升而上升。

表 1　　利率变动与 G、r 和净利息收入的关系

利率敏感性缺口（G）	利率变动	利率敏感性系数（r）	净利息收入变动
正值	上升/下降	> 1	增加/减少
负值	上升/下降	< 1	减少/增加
零	上升/下降	=1	不变

以目前在大陆和香港上市的 20 家银行为例，从表 2 中可以看出，商业银行利率敏感性缺口的特点存在相似性。从短期来看普遍存在负缺口，20 家银行中有 16 家 3 个月内利率敏感性缺口为负，说明银行负债短期化较为明显，主要是银行存在大量的活期存款。但由于大部分活期存款受利率波动的影响较小，相对较为稳定，因此利率波动的短期冲击主要在于选择权风险，即一些定期存款搬家的风险。从长期来看，无论是 5 年以上还是累计缺口都为正值，因此在长期利率走低的趋势下，未来银行业的利润增长将受到制约。

表 2　　2013 年末 20 家上市银行利率敏感性缺口

	3 个月内	3 个月 ~1 年	1 ~5 年	5 年以上	合计
工商银行	-11 067.76	7 550.71	4 735.93	10 919.81	12 138.69
农业银行	-17 388.66	14 584.38	-1 720.30	11 990.63	7 466.05
中国银行	-14 902.49	18 499.87	-5 126.11	5 373.71	3 844.98
建设银行	-20 282.38	17 616.10	2 195.35	9 669.13	9 198.20
交通银行	-4 869.60	7 675.11	-1 422.93	2 252.11	3 634.69
中信银行	-1 544.22	3 823.46	-270.51	261.95	2 270.68
招商银行	-5 474.28	4 855.36	1 397.24	1 476.17	2 254.49
浦发银行	-3 755.84	3 534.90	1 640.32	668.89	2 088.27
兴业银行	-5 369.69	2 240.50	3 659.84	1 476.54	2 007.19
民生银行	4 129.22	-2 794.51	-28.10	291.84	1 598.45
光大银行	-2 011.75	2 325.27	385.68	728.32	1 427.52

续表

	3 个月内	3 个月 ~1 年	1 ~5 年	5 年以上	合计
华夏银行	56.77	-1 537.31	1 172.22	913.24	604.92
平安银行	-828.00	430.82	886.14	404.75	893.71
北京银行	-1 326.86	806.39	406.98	815.08	701.59
南京银行	-896.44	582.99	173.73	358.18	218.46
宁波银行	-966.88	832.84	179.70	100.71	146.37
哈尔滨银行	-224.58	195.35	1.37	137.18	109.32
徽商银行	143.82	478.43	-114.82	101.86	609.29
重庆银行	151.34	17.18	-100.26	80.32	148.58
重庆农商行	-273.95	-828.73	1 174.21	260.49	332.02

利率敏感性缺口分析计算简单、操作简便，但也存在比较大的缺陷，特别是在当前存贷款利率非对称变化的情况下，对银行净利息收入影响最大的并不是缺口，而是净利差的缩小，因此在研究利率风险时应当综合测算存贷款利率变化的影响，以准确评估银行所受影响的程度。

（二）主流信用风险分析方法

1. KMV 模型

KMV 模型是美国 KMV 公司基于期权定价理论而设计的一种信用风险预测模型。其基本思想是：假设公司的资本由股本、债券以及银行贷款等其他债务组成，银行贷款必须在一个规定时间内偿还，否则视为违约。当债务到期时，如果公司的资产价值大于某个负债水平，公司就不会违约，因为在此刻公司售出相应的股权就可以清偿债务，并获得偿债后的收益。在这个负债水平上的公司资产价值被定义为违约点（Default Point）。反之，若公司的资产价值小于违约点时，公司会选择破产来代替偿还债务。基于这一点，KMV 模型把公司权益看作一个欧式看涨期权，即公司的股东在借入一笔负债时，相当于买入一个以公司资产为标的资产、以违约点为执行价格的看涨期权。

模型的优点是：①该模型所获取的数据来自股票市场的资料，而不是企业的历史数据，因而更能反映企业当前的信用状况，具有前瞻性，其预测能力更强、更及时、更准确；②将违约与公司特征而不是公司的初始信用等级联系在一起，使其对债务人质量的变化更加敏感。模型的缺点是：①该模型只分析单个授信企业在股票市场的价格变化，着重分析自身的信用状况，对企业信用变化的相关性没有充分考虑；②该模型假设公司的资产价值服从正态分布，而实际中企业的资产价值经常是呈现非正态分布；③该模型使用范围受到限制，不适用于非上市公司。

2. Credit Metrics 模型

这是由 J. P. 摩根公司联合美国银行、瑞士银行等金融机构开发的信用计量模型，该模型的原理是通过度量资产组合的价值进而衡量信用风险。该模型通过对已知的资产期限、各信用资产的相关系数、信用转移矩阵、收益率、违约回收率、风险敞口等参数的输入，得出 VaR，以此确定在发生信用风险时满足的经济资本额。

模型的优点是：①将信用等级的转移、违约率、回收率、违约相关性纳入了一个统一的框架，全面考虑对信用风险的度量；②该模型适用范围广泛，适用于几乎所有的信贷产品，包括传统的商业贷款、信用证、固定收入证券、商业合同以及由市场驱动的信贷产品等。模型的缺点是：①对同一等级的债务人使用了相同的等级转移概率和违约率，而实际上，行业因素、国家因素以及商业周期因素均会对信用等级转换概率产生重要影响，因此不能够反映特定债务人当前的信用质量变化情况；②该模型假设无风险利率是事先决定的，这将导致其对市场风险和经济环境的变化不敏感；③该模型在分析信用风险时假设信用风险独立于市场风险，而实际情况中信用风险和市场风险经常掺杂在一起。

3. Credit Portfolio View 模型

Credit Portfolio View 是 1998 年由麦肯锡公司研发的信用等级迁移概率模型。模型基本思想是将贷款违约率与信用等级迁移概率、利率、失业率等经济变量联系起来，一同衡量贷款组合的风险及收益。当经济繁荣时，违约率和信用等级概率增加；当经济衰退时则相反。

模型的优点是：①充分考虑了宏观经济环境对信用等级转移的影响，而不是单纯的应用历史上违约率的平均值来代替，它将信用等级转移概率与利率、经济增长率、失业率等宏观经济变量联系在一起；②模型既适用于单个债务人也适用于一组债务人；③模型适用范围广泛，可用于不同国家、不同行业。模型的缺点是：①模型的应用要依赖很多宏观经济数据，因此数据的处理与计算比较复杂；②模型对企业信用等级变化进行了调整，而该调整是基于银行信贷行业积累的经验和对信贷周期的主观判断，因而会导致调整带有很大的主观性。

4. Credit Risk + 模型

该模型是 1997 年由瑞士信贷银行金融产品部研发并发布。模型采用保险精算方法来计算贷款组合的损失分布，将每笔贷款视作小概率事件，且违约概率相互独立，这样贷款组合的违约概率接近泊松分布。

模型的优点是：①要求输入的数据很少，只要输入贷款违约率、违约率波动性和风险暴露；②根据组合的损失分布函数就可以直接计算出组合的预期损失和非预期损失值，相对比较简单。模型的缺点是：①只考虑了违约风险，而没有考虑债务人的特征和市场风险；②该模型没有考虑债务人信用等级的转移，因而每笔贷款信用风险暴露在计算期间内固定不变的，实际情况并不是这样。

表 3　　信用风险计量模型比较

项目	KMV 模型	Credit Metrics	Credit Portfolio View	Credit Risk +
开发公司	KMV 公司	J. P. Morgan	麦肯锡	CSFB
风险驱动因素	资产价值	资产价值	宏观因素	预约违约率
信用事件波动性	可变	不变	可变	可变
信用事件相关性	多变量正态资产收益	多变量正态资产收益	因素负载	独立假定或与预期违约率相关
收复率	不变或随机	随机	随机	在频段内不变
数字方法	分析	模拟或分析	模拟	分析

（三）叠加效应的分析方法

对于利率风险和信用风险的关联分析，存在着两种观点。一种是认为存在一定的此消彼长的关系，通常借款人信用等级越高，风险溢价越低，因此借款人信用等级提升后，银行信用风险会下降，但由于此前贷款定价较高，借款人会选择提前还款，从而可以更快地利用反映其信用水平的、价格更低的资金。结果是银行信用风险下降了，但利率风险却上升了。这种关系在对直接融资市场的检验中更为明显。另一种则认为，信用风险上升会引发市场利率上升，从而增加利率风险；而利率上升又会增加企业还款压力，导致信用风险上升，因此两者具有一定的正相关。对于这两种风险叠加效应的分析，目前较易使用的主要是压力测试方法，包括敏感压力测试法及情景压力测试法。

1. 敏感压力测试法（Sensitive Analysis）

敏感压力测试也叫单因子压力测试，是利用某一特定风险因子或一组风险因子，将因子在所认定的极端变动的范围中逐渐变动，以分析其对于资产组合的影响效果。例如，单纯考虑利率的变动，或是汇率的变动，考察和衡量机构在不受其他因素干扰的情况下承受此类风险的抗压力和迅速反应的能力。此种方法的优点是可以突出某一项风险对于金融机构的特定影响，并且敏感性测试无须指定冲击的具体来源，只需确定风险参数的变化，因此也相对简单易行，快速便捷。

2. 情景压力测试法（Scenario Analysis）

情景分析是在假设多种风险因素同时变化时，投资组合、金融机构、金融系统出现的脆弱性情况。根据情景设计的不同又分为历史情景和假定情景。历史情景分析是指根据特定历史事件判断其所引发的冲击结果。此方法具有两大优点：一是具有客观性，利用历史事件及其实际风险因子波动情形，在建立结构化的风险值计算上较有说服力，且风险因子间的相关变化情形也可以用历史数据作为依据。二是测试结果易于理解。但是，这种依赖于“历史会重演”的方法也存在一定缺陷，金融市场的快速发展以及金融商品的不断创新都会使新风险层出不穷。因此，只能将历史极端事件作为构造未来极端情景的一个基准，而不能完全用其替代。而假定情景分析是在参考历史事件的基础上，根据某种可预知的、发生概率极小的事件来判断其引发的冲击结果。这种方法可自行设计可能的各种价格、波动及相关系数等的情景，但这种技术需要相当多的主观判断，故在实践操作中需要大量的资源投入。此种方法的实施考虑了多种因子共同发生变化时的情况，并且近些年的分析中，也加入了对各因素间传染效应等的影响，因此更符合实际。

三、风险叠加效应的测算——基于20家上市银行数据

以往研究主要是对信用风险和利率风险进行单独研究，或者研究两者之间的关系，由于大部分时候两者存在一定的负相关，一般很少分析当两者风险同时增加产生叠加效应时的影响。信用风险和利率风险的内在联系在宏观经济环境下显而易见，因为两者都受一些宏观经济因素的影响。如利率因素的变化使得借款人的资产负债价值发生变动，借款成本的提高会使借款人偿还债务的行为发生延迟或者主动作出违约的决策；反之，企业的违约行为的发生又会作用于利率的变动的决策，尤其是在利率市场化后的金融环境中，利率决定更加灵活，更易受到市场因素的影响，因而两者内在相关性和相互作用是必然的。在利率市场化和经济下行同时发生的情况下，两者风险同时增加，对商业银行的影响不容小觑。

（一）利率风险敏感性压力测试分析

传统敏感性缺口分析假设存贷款利率的变动方向、幅度均一致，然而，在实际应用中，应当考虑到利率变动非对称性造成的影响，这样，就可以弥补传统分析中此类风险的缺失，以优化简单的利率敏感性缺口分析。利率风险对银行的影响存在多种路径，因此有必要建立一系列假设条件将问题简化：①存贷款利率变动具有传导性，会导致银行所有生息资产和付息负债的利率发生同方向、等量的变动；②利率变动对银行的非息收入没有影响；③当银行利率变动时银行的资产负债规模不发生改变；④利率市场化会导致存贷款利率的非对称变化，贷款市场的竞争会压低贷款利率，对存款的竞争会引起高息揽储，两方面同时、等量变化导致净利差收窄。在上述假设条件下，可以得出净利差变动对银行净利息收入影响的简单公式：

$$\Delta NII = \frac{1}{2}(RSA + RSL) \times \Delta NIS$$

其中，ΔNII 表示银行净利息收入的变动，ΔNIS 表示净利差的变动，RSA 代表利率敏感性资产，RSL 代表利率敏感性负债。ΔNIS 减少 1 个百分点即意味着存款利率上升 0.5 个百分点，贷款利率下降 0.5 个百分点。事实上，即便是存贷款利率不是等量、反向变动，对实际测算效果的影响也不大。从银行实际数据来看，净利差的缩小已经有所体现。2012 年，20 家上市银行平均净利差为 2.59%，2013 年下降至 2.42%，下降了 0.17 个百分点，直接拉低净利息收入 1457 亿元。从表 4 中可以看出，当净利差缩小 0.5 个百分点时，银行净利息收入平均下降 18.83%，对银行的影响并不大；下降 2 个百分点时则净利息收入下降 75.32%，除去成本绝大多数银行已经陷入亏损。

表 4　　净利差变动对银行净利息收入的影响　　单位：亿元

	2013 年实际 NII	ΔNII			
		ΔNIS = -0.5%	ΔNIS = -1%	ΔNIS = -1.5%	ΔNIS = -2%
工商银行	4 433.35	-826.00	-1 652.00	-2 477.99	-3 303.99
农业银行	3 762.02	-646.33	-1 292.65	-1 938.98	-2 585.31
中国银行	2 835.85	-612.73	-1 225.47	-1 838.20	-2 450.93
建设银行	3 895.44	-700.23	-1 400.47	-2 100.70	-2 800.94
交通银行	1 306.58	-250.45	-500.89	-751.34	-1 001.79
中信银行	856.88	-158.50	-317.01	-475.51	-634.01
招商银行	989.13	-168.58	-337.16	-505.74	-674.32
浦发银行	851.77	-167.11	-334.21	-501.32	-668.43
兴业银行	858.45	-170.06	-340.12	-510.19	-680.25
民生银行	830.33	-161.82	-323.63	-485.45	-647.26
光大银行	508.62	-113.90	-227.80	-341.71	-455.61
华夏银行	389.02	-70.67	-141.34	-212.01	-282.68
平安银行	406.88	-85.76	-171.53	-257.29	-343.06
北京银行	262.85	-56.77	-113.54	-170.30	-227.07
南京银行	90.96	-19.16	-38.31	-57.47	-76.63
宁波银行	112.59	-17.11	-34.23	-51.34	-68.46
哈尔滨银行	68.18	-12.76	-25.52	-38.28	-51.05
徽商银行	96.03	-17.60	-35.19	-52.79	-70.38
重庆银行	51.79	-8.92	-17.85	-26.77	-35.70
重庆农商行	157.03	-22.05	-44.11	-66.16	-88.21

进一步研究净利差变动对银行净资产收益率的影响。净利息收入的下降直接导致银行利润总额的减少，但利润总额下降会导致所得税下降，因此会有一

个抵税效应。由此得到净利息收入变动对净资产收益率影响的公式：

$$ROE^* = ROE + \frac{\Delta NII}{NA}(1 - TAX)$$

其中，ROE 是银行实际净资产收益率，ROE* 是净利差变动后的净资产收益率，NA 为净资产，TAX 为银行实际所得税税率。从表 5 中可以看到，当净利差下降 0.5 个百分点时，银行平均净资产收益率下降 5.35 个百分点；当净利差下降 1 个百分点时，银行的净资产收益率水平接近工业企业，可以认为是回归到了社会平均利润水平；当净利差下降 2 个百分点时，90% 的银行处于亏损状态。

表 5　净利差变动对银行净资产收益率的影响　单位：%

	2013 年实际 ROE	ROE*			
		ΔNIS = −0.5%	ΔNIS = −1%	ΔNIS = −1.5%	ΔNIS = −2%
工商银行	20.64	15.58	10.52	5.46	0.41
农业银行	19.71	13.73	7.75	1.77	−4.21
中国银行	17.72	12.60	7.49	2.37	−2.75
建设银行	20.18	15.10	10.01	4.93	−0.15
交通银行	15.02	10.29	5.56	0.83	−3.90
中信银行	17.36	12.10	6.84	1.57	−3.69
招商银行	19.39	14.57	9.76	4.95	0.14
浦发银行	20.02	13.77	7.52	1.27	−4.98
兴业银行	20.63	14.14	7.65	1.17	−5.32
民生银行	21.38	15.29	9.20	3.11	−2.98
光大银行	17.48	11.67	5.87	0.06	−5.75
华夏银行	18.15	11.94	5.73	−0.48	−6.69
平安银行	13.59	7.75	1.91	−3.93	−9.77
北京银行	17.23	11.40	5.56	−0.27	−6.10
南京银行	17.04	11.17	5.30	−0.57	−6.44
宁波银行	19.00	13.64	8.27	2.90	−2.46
哈尔滨银行	16.92	12.06	7.21	2.35	−2.50
徽商银行	15.58	11.29	7.01	2.73	−1.56
重庆银行	17.28	12.23	7.19	2.14	−2.90
重庆农商行	16.59	11.97	7.35	2.73	−1.90
总计	19.08	13.73	8.39	3.04	−2.31

上市银行之间差异也比较大，净资产收益率最大相差 7.79 个百分点，因此，当净利差下降 1.5 个百分点时，工商银行的净资产收益率还有 5.46%，而

平安银行已经是 -3.93%。因此利率市场化会加剧银行间的优胜劣汰，刺激商业银行加强利率风险管理。

（二）信用风险情景压力测试分析

通常信用风险的压力测试是在不考虑利率变动的影响下，根据宏观结构模型设定相应的风险因子，确定冲击大小，形成对商业银行的压力环境，据此测试单独考虑信用风险的情况下，商业银行的各项指标受到影响的情况。此处为了简化分析步骤，直接设定银行风险水平，并测算对应的银行净资产收益率。

根据《巴塞尔协议Ⅲ》，各银行对于风险暴露采用的计算方法，主要依靠以下三方面的数据，即 PD（Probability of Default），代表违约率；LGD（Loss Given Default），代表违约损失率；EAD（Exposure at Default），代表风险资产规模。然后基于 EL = PD × LGD × EAD 的公式衡量商业银行信用风险的预期损失 EL（Expected Loss）。并且，协议中对于数据的要求也有划分。因为中国目前商业银行数据不甚全面，很多领域都有缺失，因此根据协议中信用风险 IRB 的初级法，LGD 违约损失率依照委员会规定的监管指标设置为 45%，EAD 则为当期贷款的余额，因此只需对违约率水平进行设定。由于违约率指标较难获得，此处用不良贷款率代替违约率。

表 6　　2012 年、2013 年末上市银行不良贷款率　　单位：%

	2012 年	2013 年		2012 年	2013 年
工商银行	0.85	0.94	光大银行	0.74	0.86
农业银行	1.33	1.22	华夏银行	0.88	0.90
中国银行	0.95	0.96	平安银行	0.95	0.89
建设银行	0.99	0.99	北京银行	0.59	0.65
交通银行	0.92	1.05	南京银行	0.83	0.89
中信银行	0.74	1.03	宁波银行	0.76	0.89
招商银行	0.61	0.83	哈尔滨银行	0.64	0.85
浦发银行	0.58	0.74	徽商银行	0.58	0.54
兴业银行	0.43	0.76	重庆银行	0.33	0.39
民生银行	0.76	0.85	重庆农商行	0.98	0.80

从表 6 中可以看出，目前上市银行不良贷款率均处于较低水平，2013 年平均不良贷款率 0.97%，比 2012 年小幅上升 0.05 个百分点。不良贷款率的上升存在明显的区域特征，江浙地区不良率上升较快。2013 年，浙江省不良贷款余额 1 035.7 亿元，不良率为 1.98%，同比上升 0.3 个百分点；江苏省不良贷款余额 717.5 亿元，不良率为 1.23%，同比上升 0.19 个百分点。从过去十年的情况来看（见图 1），通过对银行不良资产的剥离，加上信贷规模的快速扩张，商业

银行的不良贷款率总体呈下降趋势，目前已处在历史较低水平，进一步下降的可能性较小，而上升的压力日渐增大。

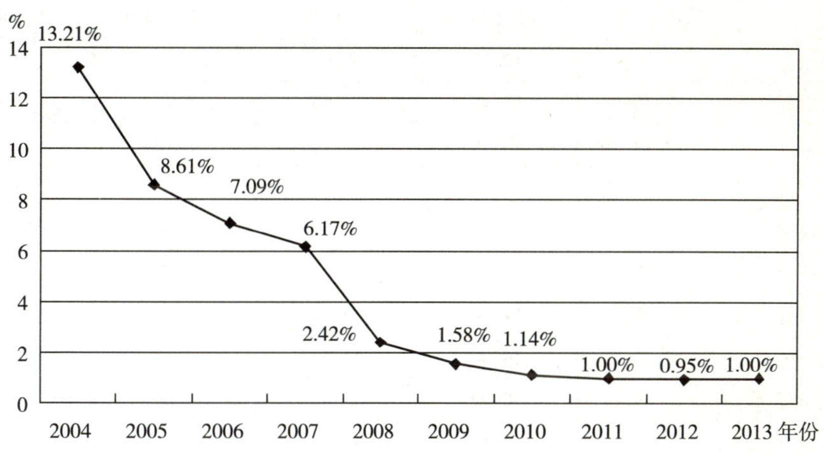

图 1　2004—2013 年我国商业银行不良贷款率情况

由于银行不良贷款的损失直接影响营业利润，因此扣除税收后不良率对银行净资产收益率的影响如下：

$$ROE^{*} = ROE - \frac{PD_i \times LGD \times EAD}{NA}(1 - TAX)$$

假定四种情形：当不良率上升 1 个百分点时，不良水平相当于目前浙江省的水平，45% 的不良贷款会形成损失，导致银行净资产收益率下降 2. 79 个百分点，仍然会是最赚钱的行业之一；当不良率上升 2 个百分点时，银行净资产收益率为 13. 49%，依旧高于绝大多数工业企业；当不良率上升 4 个百分点时，意味着地方政府债务问题已大面积爆发，但在 55% 的不良贷款回收率下，银行仍然可以保持一定的盈利，净资产收益率仍有 7. 90%；当不良率上升 8 个百分点时，意味着信用体系接近崩溃状态，就像过去两年的温州，75% 的样本银行此时陷入亏损（见表 7）。

表 7　　不良贷款率变动对银行净资产收益率的影响　　单位:%

	2013 年实际 ROE	ROE*			
		PD +1%	PD +2%	PD +4%	PD +8%
工商银行	20. 64	17. 90	15. 17	9. 70	-1. 23
农业银行	19. 71	16. 71	13. 70	7. 68	-4. 36
中国银行	17. 72	14. 86	12. 00	6. 29	-5. 15
建设银行	20. 18	17. 37	14. 57	8. 96	-2. 27

续表

	2013 年实际 ROE	ROE*			
		PD+1%	PD+2%	PD+4%	PD+8%
交通银行	15.02	12.25	9.47	3.92	-7.19
中信银行	17.36	14.46	11.56	5.76	-5.84
招商银行	19.39	16.56	13.74	8.10	-3.19
浦发银行	20.02	17.05	14.07	8.12	-3.78
兴业银行	20.63	18.30	15.97	11.31	1.99
民生银行	21.38	18.72	16.05	10.72	0.05
光大银行	17.48	14.80	12.13	6.78	-3.93
华夏银行	18.15	14.90	11.64	5.13	-7.88
平安银行	13.59	10.99	8.40	3.20	-7.18
北京银行	17.23	14.53	11.82	6.41	-4.40
南京银行	17.04	15.01	12.99	8.94	0.83
宁波银行	19.00	16.59	14.17	9.34	-0.32
哈尔滨银行	16.92	15.14	13.37	9.83	2.74
徽商银行	15.58	13.48	11.39	7.20	-1.19
重庆银行	17.28	15.02	12.77	8.26	-0.76
重庆农商行	16.59	14.72	12.86	9.12	1.64
总计	19.08	16.29	13.49	7.90	-3.27

事实上，不良率的大幅上升在当期并不是按照损失来直接减少银行的利润，而是通过计提拨备影响当期的净资产收益率，即便是按照100%来计提，实际的影响程度也会大得多，当不良率上升3.27个百分点至4.24%时，样本银行已经达到盈亏平衡点。另外，不良率的上升会牵涉银行大量的精力，影响正常信贷业务的开展。随着不良率的上升，银行在贷款审批方面也会更加谨慎，信贷增速也会放缓，对银行盈利的影响会进一步放大。

（三）信用风险与利率风险叠加效应的分析

假定信用风险和利率风险不存在此消彼长的关系，如果在经济下行期推进利率市场化，就有可能造成利率风险和信用风险的同步上升。将利率风险和信用风险的压力测试模型合并可以得到如下公式：

$$ROE^* = ROE + \frac{\Delta NII - ELi}{NA}(1 - TAX)$$

在叠加效应的分析时，应该更多结合经济金融未来走势的可能性，假设不同的情景，在每一种情景下测算商业银行的盈利能力。为简化分析，先对20家样本银行的汇总数据进行测算，从表8中大致可以看出商业银行平均的盈亏边界。总体来看商业银行抗风险能力较强，当不良率上升2个百分点，净利差缩小1个百分点时，整体仍能获得盈利。但是如果出现极端情况，比如地方政府融资平台贷款无法借新还旧时，银行不良率的大幅上升会显著降低对利率波动的承受力，比如当不良率达到4%时，银行最多只能承受0.73个百分点的利差收窄。

表8　不同情景下样本银行平均净资产收益率　单位:%

ROE	PD +0	PD +1%	PD +2%	PD +4%	PD +8%
ΔNIS =0	19.08	16.29	13.49	7.90	-3.27
ΔNIS = -0.5%	13.73	10.94	8.14	2.55	-8.62
ΔNIS = -1%	8.39	5.59	2.80	-2.80	-13.97
ΔNIS = -1.5%	3.04	0.24	-2.55	-8.15	-19.32
ΔNIS = -2%	-2.31	-5.11	-7.90	-13.50	-24.66

通常情况下，利率风险和信用风险同时出现极端情况的概率极小。而且目前市场上整体信贷资源仍然稀缺，银行议价能力较强，净利差依然较厚，基本上不存在大幅下降的可能性，即便是存款利率全面放开，1个百分点左右的收窄也是极限水平。银行不良率在区域内确实出现了极端值的情况，但就全国而言，全面爆发温州式信贷危机的可能性较小，政府也不会放任不管。因此，只在盈亏边界内部选择四个假设情景来考察商业银行对两种风险同时发生的承受能力。

表9　不同情景下各商业银行净资产收益率　单位:%

	2013年实际ROE	ROE*			
		PD +1% ΔNIS = -0.5%	PD +1% ΔNIS = -1%	PD +2% ΔNIS = -0.5%	PD +2% ΔNIS = -1%
工商银行	20.64	12.85	7.79	10.11	5.05
农业银行	19.71	10.72	4.74	7.71	1.73
中国银行	17.72	9.75	4.63	6.89	1.77
建设银行	20.18	12.29	7.21	9.48	4.40
交通银行	15.02	7.51	2.78	4.74	0.01
中信银行	17.36	9.20	3.94	6.30	1.03
招商银行	19.39	11.75	6.94	8.93	4.12
浦发银行	20.02	10.80	4.54	7.82	1.57
兴业银行	20.63	11.81	5.32	9.48	3.00
民生银行	21.38	12.63	6.53	9.96	3.87

续表

	2013 年实际 ROE	ROE*			
		PD +1% ΔNIS = -0.5%	PD +1% ΔNIS = -1%	PD +2% ΔNIS = -0.5%	PD +2% ΔNIS = -1%
光大银行	17.48	9.00	3.19	6.32	0.51
华夏银行	18.15	8.69	2.48	5.43	-0.78
平安银行	13.59	5.15	-0.69	2.56	-3.28
北京银行	17.23	8.69	2.86	5.99	0.16
南京银行	17.04	9.15	3.28	7.12	1.25
宁波银行	19.00	11.22	5.85	8.81	3.44
哈尔滨银行	16.92	10.29	5.44	8.52	3.66
徽商银行	15.58	9.20	4.91	7.10	2.82
重庆银行	17.28	9.98	4.93	7.72	2.68
重庆农商行	16.59	10.10	5.48	8.23	3.61
总计	19.08	10.94	5.59	8.14	2.80

表9显示，在第一种情形下，不良率上升1个百分点，净利差收窄0.5个百分点，这是未来两三年极有可能出现的一种情形，此时样本银行平均净资产收益率下降8.14个百分点，净利润减少了42.7%，但盈利能力仍然处于上市公司的平均水平。在第四种情形下，不良率上升2个百分点，净利差收窄1个百分点，这是银行能够承受的极限水平，此时的平均净资产收益率只有2.80%，个别银行已经出现亏损。根据国际经验，净利差缩小1个百分点的可能性极小，当不良率上升2个百分点，净利差收窄0.5个百分点时，平均净资产收益率仍有8.14%，且没有银行出现亏损。其中工商银行净资产收益率最高，为10.11%，说明工行在风险管理和资产配置上总体要优于其他上市银行；而平安银行应对风险的能力相对较弱。

四、结论与建议

综上所述，银行对单一风险的承受能力较强。当信用风险不变时，银行平均可以承受1.5个百分点的利差收窄；当利率风险不变时，在45%的不良贷款损失率下，银行平均可以承受不良率上升6.8个百分点。而当两种风险同时发生时，银行对利率波动和不良上升的承受能力会显著下降。因此，商业银行一方面要避免两种风险同时上升，在利率市场化的推进中关注信用风险问题；另一方面要关注规避一种风险时引起其他风险的上升，比如利用衍生产品进行套期保值以规避利率风险的同时，要注意衍生工具本身的信用风险。

（一）提升商业银行风险管理能力，保障资产安全

1. 完善信息系统和定量分析技术。利率风险和信用风险度量模型的有效性高度依赖于所获得数据的质量和数量。目前，由于国内商业银行的数据储备不足、数据缺乏规范性且数据质量不高，部分城商行和农信社甚至还没有建立可以用于风险评估的信息系统，因此难以建立有效的信用风险评级模型和利率定价模型。因此，商业银行必须注重数据的积累、挖掘和分析工作，并在银行内部建立数据管理规章制度，对内实行完整、严格、一致的数据标准，从而提升数据的准确性、全面性和及时性。在建设完善的信息系统基础上，研究、引进和开发适合国内银行的内部评级体系，并进一步完善风险定价模型，实现资本需求计算和风险定价双重职能。

2. 建立并完善风险预警机制。一是宏观经济预警，通过研究国内外经济形势变化及走向，从宏观上制定、执行商业银行风险策略。二是区域风险预警，通过在总行设立区域研究室，在省分行设立区域研究员等方式，对区域风险进行持续监测和预警，并及时发布风险报告。三是行业风险预警，由总行的行业研究室完成，并由总行向各分行下发行业研究报告和行业风险报告，实现总分行预警联动。四是客户风险预警，建立客户风险预警信息库，根据企业和个人出现的警示信号，提前做好风险预控措施，为控制和降低信用风险创造有利条件。商业银行应当将风险预警机制建设作为一项重要工作全面推进，将风险预警同贷后检查相结合，制定风险发现、识别、报告、处置的预警流程，规范贷款到期前管理和逾期管理。通过建立风险预警，及时采取有针对性的解决措施，尽早控制和化解风险。

3. 加强重点领域和薄弱环节风险管理。密切跟踪宏观形势变化，加强重点领域风险管理。对政府融资平台客户、固定资产项目资本金管理、房地产开发贷款、存量二级公路贷款、并购贷款、重组贷款、票据业务等制定更加严格的风险控制标准。通过完善审贷授权等信贷制度、研究深化重点行业信贷政策，及时更新政府平台贷款信贷指引，动态调整信贷投向政策等措施，严格控制重点领域信贷风险。同时，有针对性地加强表外业务、理财产品和海外业务等薄弱环节风险管理，增强风险应对能力。

（二）提高商业银行业务管理能力，适应市场波动

1. 以市场为导向优化银行内部机构设置。探索实行垂直管理、横向协调的矩阵式管理模式，打破由上至下的行政命令模式，在组织结构中形成行政领导和业务主管的纵横结合的管理，使业务管理和行政管理同时达到专业化。在垂直管理上可以推行事业部制，总行按产品类型、细分市场等标准划分多个事业部，并赋予相对独立的自主权，是独立的利润中心。事业部制可以提高系统管理能力和协调能力，能够相对独立地对市场需求作出反应，为客户提供高质量、

高效率的服务。在管理层级上尽可能扁平化，依托信息技术支持，减少分支行的管理职能，并对后台操作部门和支持部门实行集约化管理，以提高总行专业职能部门的管理幅度。扁平化会加快信息处理和反馈的速度，从而提高银行对市场变化和客户需求的反应能力。

2. 建立有竞争力的产品定价体系。国内商业银行产品定价研究起步较晚，大部分地方法人机构目前还存在产品定价决策机制不规范、信息系统不完善、定价方法不科学等诸多问题，产品定价直接关系到商业银行的盈利水平和市场竞争力，是实现既定利润的重要途径。因此，随着利率市场化的推进，商业银行应当探索建立合理的产品定价体系。一是充分借鉴国内外银行产品定价模型，探索科学的定价方法；二是要有严格的成本约束机制，定价必须在成本加合理利润的基础上进行；三是信贷管理部门要深入了解贷款的风险状况，根据客户及产品情况实行差别定价，信贷及审批人员要坚持质量为第一要素，根据风险溢价覆盖成本损失的原则，确定不同贷款种类的利率档次；四是避免恶性和无序竞争，产品定价不能过度偏离市场的一般利率水平，要参考市场的发展变化和运行态势，了解同业市场价格定位和自身的经营策略。产品定价机制运行后，商业银行必须加强内部审核，避免道德风险。

3. 加快金融产品创新，调整收入结构。国内商业银行对净息差的依赖比较重，中间业务收入比重虽然在不断提高，但仍然只占20%左右，因此利率波动对银行盈利的影响比较大。国外一些优秀的商业银行，中间业务收入比重已经达到60%左右，中间业务范围涉及财富管理、担保、融资、衍生金融工具交易中介等领域。国内商业银行中间业务主要表现在产品单一、规模小、收益低。要改变这一落后现状，就必须大力开展金融产品创新，根据客户特质开发不同的金融产品，提高产品创新的有效性和针对性。

（三）进一步厘清和规范银政关系，维护金融稳定

1. 限制地方政府干预银行经营。目前地方政府更像是企业的经营者而不是公共服务的提供者，因此地方政府在为增长而竞争的过程中，自然热衷于攫取银行系统的金融资源。2012 年，在唐山市召开的加快推进曹妃甸新区开发建设现场办公会上，河北省政府要求工商银行唐山分行现场表态支持曹妃甸后续信贷需求，遭到工商银行拒绝。唐山市政府随后要挟终止工行在唐山开展业务，在工商银行总行以停止工行在河北全省贷款相要挟下，此事才低调收场。这种现象目前已较为普遍，嘉兴地区也有不少银行反映地方政府干预银行信贷的问题，甚至因为个别企业贷款到期后在政府的干预下得以延期，其他企业也纷纷模仿，给银行收贷和控制风险造成了严重的影响，破坏了地区的信用环境。个别地方政府为了刺激经济增长，已经全然不顾金融风险，地方官员把银行贷款当作财政资金，借了就不想还，因此应当在严格执法的基础上，将金融稳定纳

入地方官员的考核范围，对于因干预银行经营造成金融风险的官员应当不予提拔。

2. 加强地方政府融资平台贷款风险管理。商业银行应当及时了解和掌握地方政府财政收支变化及项目进展情况，严防项目资金被挪作他用。一是加强对地方政府融资平台贷款的评估，密切监测集中到期平台贷款，及时与融资平台、地方政府及有关部门制订详细的还款计划，协调政府部门将融资总量保持在地方财政偿还能力之内；二是根据平台现金流能否达到全覆盖的情况，采取不同的措施，逐步缓解存量平台贷款风险；三是规范对地方政府融资平台贷款的授信操作，加强贷款项目现金流测算，严格落实合法、有效的担保措施，及时跟踪监控贷款资金的使用情况；四是关注表外融资风险，目前地方政府通过发行银行理财产品进行融资的规模也在快速增长，比如地方融资平台或相关企业通过信托公司设立单一资金信托计划，再由银行理财产品购买该信托计划的受益权等，这部分风险也必须引起重视，虽然对理财产品银行可以不实行刚性兑付，但对于金融稳定的影响较大，容易引发群体性事件。

3. 规范地方政府举债行为。目前，财政分权与晋升激励使得地方政府成为地方经济发展的直接推动者，参与对廉价银行信贷资源的争夺。一方面，地方政府干预推动银行信贷资金流向本区域，导致大量信贷资金财政化，本质上等于地方政府获得了部分的货币创造功能，不利于区域金融稳定。另一方面，地方政府大量举债挤出了实体企业的融资需求，对实体经济造成负面影响，而大量的地方债务没有足够的还款来源，势必造成未来大量坏账，引发金融危机。因此，应当明确金融管理部门对地方政府举债行为的监督地位，按照“谁举债、谁偿还”的原则，将债务的借、用、还纳入领导干部任期经济责任审计的范围，作为评价、考核、任用干部的一项重要指标。同时，完善偿债保障机制，在地方政府严重资不抵债、不能有效清偿时，应当追究主要领导的责任。

参考文献

［1］巴曙松：《巴塞尔新资本协议研究》，中国金融出版社，2003。

［2］柯孔林、周春喜：《商业银行信用风险评估方法研究评述》，载《商业经济与管理》，2005（6）。

［3］李江、刘丽平：《中国商业银行体系信用风险评估——基于宏观压力测试的研究》，载《当代经济科学》，2008（6）。

［4］李颖：《利率市场化下商业银行利率风险和信用风险的共同研究》，兰州大学硕士学位论文，2012。

［5］凌江怀、刘燕媚：《基于 KMV 模型的中国商业银行信用风险实证分析——以 10 家上市商业银行为例》，载《华南师范大学学报（社会科学版）》，

2013（5）。

[6] 刘小莉：《商业银行信用风险与利率风险的联合度量研究》，复旦大学博士学位论文，2006。

[7] 谢云山：《信用风险与利率风险的相关性分析——利率市场化下商业银行的新型风险管理模式》，载《国际金融研究》，2004（10）。

[8] 严太华、李雅婷：《城市商业银行利率敏感性风险实证分析——以五家城市商业银行 2006—2010 年的数据为样本》，载《财会通讯》，2012（9 下）。

[9] 张慧平：《利率市场化进程中我国商业银行利率风险防范研究》，载《金融经济》，2012（12）。

[10] 张晓琦：《我国商业银行信用风险度量及管理研究》，哈尔滨工程大学硕士学位论文，2011。

[11] 张永成：《利率市场化条件下我国商业银行利率风险实证分析》，载《广西大学学报（哲学社会科学版）》，2006（3）。

[12] Altman, E. and A. Saunders, 1998, Credit Risk Measurement: Development over the Last 20 Years, *Journal of Banking and Finance*, Vol. 20.

[13] Drehmann, M., Sorensen, S. and M. Stringa, 2008, The Integrated Impact of Credit and Interest Rate Risk on Banks: An Economic Value and Capital Adequacy Perspective, *Bank of England Working Paper* 339.

网络金融背景下货币流通速度变革与货币政策调控研究

绍兴市金融学会课题组*

2014年政府报告中提出要促进互联网金融的健康发展，互联网金融首次写入政府工作报告，意味着网络金融的发展时代到来。截至2013年12月，中国网民规模达6.18亿人，互联网普及率为45.8%。其中，手机网民规模达5亿人，继续保持稳定增长且增长空间较大①。网络金融促进了金融创新，金融创新对货币政策操作及金融领域的影响一直都是金融学家关注的问题之一。当前，网络金融的快速发展使这一问题又一次成为学者们关注的焦点。随着网络金融的发展，货币交易、资金支付及融资方式等也在发生着潜移默化的变化，对货币流通速度产生影响，从而改变了货币供求机制，冲击原有的货币层次组成与定义，对央行货币政策的调控提出挑战。当前背景下，研究货币流通速度的变化对货币政策调控的影响将具有重大意义。

一、网络金融发展状况及发展历程

（一）发展现状

2013年，中国网上银行市场整体交易规模达到1 231.6万亿元人民币；非金融支付机构各类支付业务的总体交易规模达到17.9万亿元，同比增长43.2%。银联商务、支付宝和财付通位居市场前三。中国移动支付市场总体交易规模突破13 010亿元，同比增长率高达800.3%。电子银行中，中国手机银行客户交易规模达到127 073.2亿元②。其中互联网收单占比33.5%。2013年年末，全国共有网络贷款平台359家，累计交易额达523.73亿元，借款人数92 552人；支付机构处理网络支付业务153.38亿笔，金额总计达到9.22万亿元③；同时小额贷、众筹融资、金融机构创新网络平台以及以余额宝为代表的基金销售均快速发展。

---

* 课题主持人：陈　隆

课题组成员：张巧华　屠裕程　王　勤　何　军

① 数据来源：中国互联网络信息中心（CNNIC）发布第33次《中国互联网络发展状况统计报告》。

② 数据来源：EnfoDesk易观智库数据。

③ 数据来源：网贷之家。

（二）发展历程

1. 网上银行业务发展阶段（1996—2006 年）

1996 年，以招商银行率先推出网上金融服务业务：个人银行、网上实时支付等业务为代表，不久后立即有 20 多家银行，200 多个分支机构建立了自己的网站，初步构造了中国网络银行的经营模式。1997 年 1 月，中国华融信托公司湛江营业部推出的多媒体公众信息网，标志着我国网上证券交易的发端。1997 年 11 月中国保险信息网向公众运行。2000 年 8 月，太平洋保险公司和平安保险公司几乎同时开通了自己的全国性网站。与此同时，由非保险公司（主要是网络公司）搭起的保险网站也风起云涌，如易保网（ebao. com）、网险（Orisk. com. cn）等。2003 年中国人民银行颁布了《网上银行业务管理暂行办法》，至此传统金融行业基本上实现了网络金融业务的发展。

2. 网络借贷和第三方支付发展阶段（2006—2011 年）

网络借贷在 2005 年起始于欧美，最具代表的是美国的 prosper 和英国的 zopa。受国外网络借贷发展的影响，2005 年后网络借贷开始在我国萌芽，2006 年由宜信引入国内，2007 年 8 月中国第一家 P2P 信贷公司——拍拍贷成立网络借贷，呈现出快速增长模式。同时，马云在 2005 年瑞士达沃斯世界经济论坛上首先提出第三方支付平台概念，以支付宝为代表的第三方支付机构逐渐成长起来。互联网和金融的结合开始从技术领域深入到金融业务领域。这一阶段的标志性事件是 2011 年人民银行开始发放第三方支付牌照，第三方支付机构进入了规范发展的轨道。

3. 进入网络金融元年阶段（2012 年至今）

2012 年开始，以云计算、大数据、社交网络等为代表的新一代互联网技术的迅速崛起，2013 年是网络金融迅猛发展的一年，也被业界称为“互联网金融元年”。至此，众筹融资开始起步，P2P 平台、线上融资快速发展，网络保险获批、移动支付等金融创新业务正蓬勃发展。互联网金融呈现五大发展趋势，以第三方支付、移动支付替代传统支付业务；以人人贷替代传统存贷款业务；以众筹融资替代传统证券业务；金融机构搭建互联网金融服务模式；基金互联网销售模式。

纵观网络金融发展状况，网络金融发展迅速，当前阶段下，更多的是提供信用中介和支付服务，信用创造功能还不完善，随着 2013 年网络金融元年的到来，网络金融的发展将迈入新的发展阶段。因而，当前阶段，对货币流通速度的影响更多体现在网络金融的中介桥梁作用上，其对货币流通的影响以及由此对金融市场的冲击，是本文现阶段的主要研究对象。

二、网络金融背景下货币流通理论及文献综述

网络金融包含范围较广，当前网络金融发展阶段下对货币流通速度的影响，主要体现在提高了货币流通速率上，即网络金融的发展大大提高了支付效率。

1. 电子货币影响货币流通速度方面

欧洲中央银行（1988）在《电子货币报告》中认为电子货币会加快货币流通速度。谢平、尹龙（2001）无论是否承认货币流通速度的稳定，现代化的网络支付体系和电子货币已明显使货币流动加快。张红、陈洁（2003）认为电子货币加快了货币流通速度，使在市场经济条件下的利率成为影响货币流通速度的非唯一因素。伍超明（2004）在研究经济虚拟化对货币流通速度的影响时认为，即使是同一货币，它在虚拟经济与实体经济中的流通速度也是不同的，需要将两者分开来。

2. 电子支付影响货币流通速度方面

国外方面，维尔（Weil，2012）和玛比蒂（Mbiti，2012）对东非几个国家（肯尼亚、坦桑尼亚和乌干达）的金融部门创新给货币政策带来的影响进行了研究，M－Pesa（移动钱包）业务在这几个国家发展很快，据肯尼亚央行统计，2011 年底有近 60% 的肯尼亚成年人和 70% 家庭户经常使用 M－Pesa 系统（Jack 和 Suri，2011）。

国内方面，王倩（2004）运用托宾—鲍莫尔模型说明了电子支付科技发展导致货币总需求下降，在此基础上，运用该模型的扩展形式分析了网络经济时代对各种交易媒介的需求，并进而指出电子支付科技革命增加货币流通速度的不稳定性。中国人民银行合肥中心支行课题组（2012）由多元线性回归分析和脉冲分析可以看出，在非现金支付结算工具中，银行卡对于现金结算的“增量替代”效应明显。

3. 金融创新对货币流通速度的影响

许多学者也从金融创新的角度来研究其对货币流通速度的影响，大部分这方面的研究均认为金融创新会加快货币流通速度。Mohammadioun Mina（1989）通过实证研究得出结论：金融创新的不断发展导致了美国 1981 年以来货币流通速度的波动。John V. Duca（2000）使用截面数据及时间序列数据研究了金融技术冲击与失踪的 C 的关系，发现互助基金业的金融创新大大提高了美国 20 世纪 90 年代 M_2 的流通速度。但是也有研究认为，金融创新反而导致了货币流通速度下降。Hamburger（1984）发现金融创新带来了风险，降低了美国 M_1 的货币流通速度。

4. 其他影响货币流通速度的因素

在货币流通速度理论方面，国内学者并没有取得太大的突破，而是在西方

对货币流通速度研究的基础上，多是结合我国国情进行了一些实证研究。易纲（1996）认为，“从1978年以来，中国的货币增长率经常大于物价上涨率与国民生产总值增长率之和，而货币流通速度逐年减慢，影响中国货币流通速度的主要原因是货币化过程”。艾洪德、范南（2002）对货币供应量的超国民经济需求增长和货币流通速度下降影响了中国货币政策的有效性。通过统计分析，影响中国货币流通速度的因素主要有：经济货币化程度、金融发达程度、利率和储蓄率。这四个因素对中国货币流通速度的影响是不同的。刘佳、靳玉英（2008）以Kumhof理论模型为基础建立的货币流通速度变化对通货膨胀的影响模型表明，当前我国的通货膨胀在很大程度上是由货币流通速度加快引起的。

总结：货币流通相关研究文献综述，均强调了金融创新对于货币流通的影响。古典经济学家配第曾指出，货币流通速度受支付频率影响较大，银行的出现是影响货币流通速度的最主要因素。由此，可以认识到影响货币流通速度的主要因素是银行的发展状况，而核心在于金融创新改变货币流通效率。对于货币流通速度的变化，有的强调长期变动，有的则强调短期波动，因此要注重研究长期被忽视的我国货币流通速度短期波动问题，因为货币流通速度的短期波动和短期的宏观经济波动及宏观经济政策密切相关。分析我国货币流通速度的影响因素，必须充分考虑我国市场发展和制度安排的现状。应选择一些合适的、反映我国体制的指标纳入我国货币流通速度函数。

三、网络金融背景下货币流通速度的测算

（一）货币流通公式背景的界定

货币流通速度是货币经济学的重要问题，是各国关注的焦点，货币流通速度的变动直接影响货币供求的变化、货币政策的调整，进而影响到整个金融市场和国家经济。而货币流通本身则是经济环境、金融环境、政策制度等一些因素变化的结果和真实反映。因此，对货币流通的公式界定选择就很重要。

货币流通速度的研究多基于传统理论交易型货币数量公式

$$MV = PQ$$

和收入型货币数量公式

$$MV = PY$$

其中，M为货币数量，V为货币流通速度，P为交易商品的价格，Q为商品交易量，Y为名义收入。随着客观经济金融环境不断发展，其理论效果受时代条件局限的货币流通速度研究被证明。从而有很多不断修正GDP、M_1、M_2、Y统计口径的研究出现，有研究注意到了构建在网络金融中的虚拟经济（以股票为主）的影响。Friedman（1988）发现股市通过财富效应、交易效应、资产组合效应和替代效应影响货币流通速度，前三者降低货币流通速度，后者则提高流

通速度。Dow 和 Savillo（1985）认为货币供给中有些部分是没有进入实体经济的，而是以金融资产等形式持有的，因而造成货币流通速度下降。较国外研究相比，到 21 世纪初，国内研究才注意到了股票市场对货币市场的分流作用，影响到货币流通速度。中国人民银行研究局课题组（2002）注意到传统货币数量理论的准确性和可靠性日益下降，认为我国目前货币供应没有充分考虑股票市场对货币的交易需求。他们对 1993 年第一季度到 2000 年第三季度的季度数据，运用多元线性回归模型实证分析股市发展对货币需求的影响，结果表明这种影响确实存在。裴平、熊鹏（2003）认为在我国货币政策传导过程中，大量货币渗透到股票市场的"漏斗"和银行体系的"黑洞"中，使货币流通速度减缓。结合现实发展情况下，伍超明（2004）提出了虚拟经济货币流通速度和实体经济货币流通速度结合的两分法是本文参考的主要对象。在借鉴的基础上根据传统理论进行推导，得出更加符合当前网络金融背景下的货币流动速度（见图 1）。

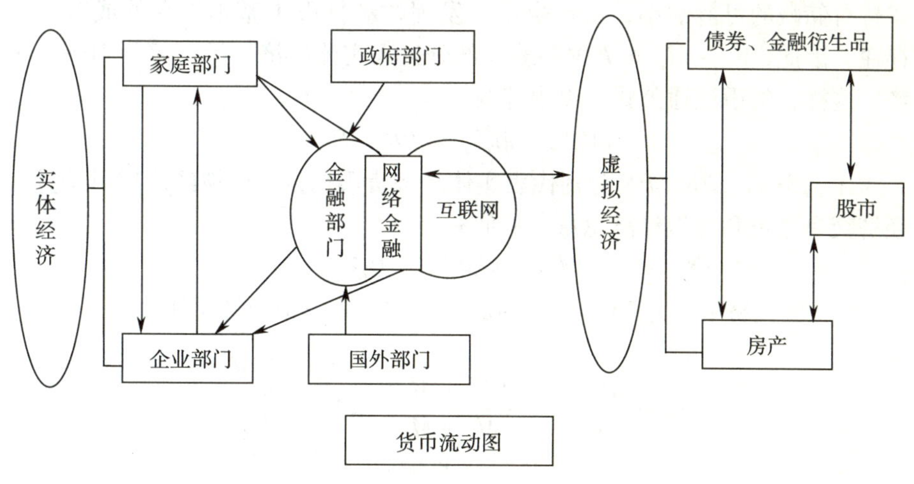

图 1　货币流动情况

（二）货币流通公式的推理

根据交易型和收入型货币数量理论可知

$$MV = PQ$$

和

$$MV = PY$$

分别从交易和收入角度出发，随着网络金融发展，虚拟经济从产生到发展迅速成长，因而在当前情况下，一方面 GDP 总量指标包含的内容已远小于交易总额；而收入部分不再仅是传统意义上的存款，财富更多地以诸如股票、债券、储蓄存款等虚拟资产形式持有，从而需要重新考察货币流通公式（刘骏民，

1998)。

传统的货币理论可知

$$M_2 = M_1 + (M_2 - M_1)$$

$$M_1 = C + D$$

以交易为主，

$$M_2 - M_1 = T$$

表现为储藏功能。从而

$$M_1 V_1 + (M_2 - M_1) V_T = PQ + PY$$

PQ 表示进入交易中货币，PY 实现储藏的货币。银行的出现，货币从传统的单纯交易和贮藏功能，可以轻松方便地实现相互转变。网络金融的发展，使得货币在实体经济和虚拟经济之间的流转，变得迅速快捷。因此，我们可以认为，M_1 仍然是发挥交易功能作用；$M_2 - M_1 = T$ 表现为储藏功能，考虑到以货币形式持有储藏的可能性小，占比也小，发挥贮藏货币 T 基本以存款或者资产形式存在，因此，$M_2 - M_1 = T$ 中存款一部分进入实体经济，另一部分则进入虚拟经济。这样，货币流通公式可以表述为

$$M_r V_r + M_f V_f = PR + PF$$

$M_r V_r$、$M_f V_f$、PR、PF 分别代表实体经济货币总量、虚拟经济货币总量、实体经济交易总量和虚拟经济总量。从而有

$$M_2 V_2 = M_r V_r + M_f V_f$$

PR 年度交易量即为 GDP，PF 为股市、债市等虚拟经济总和。

$$V_2 = \frac{M_2 V_2}{M_2} = \frac{M_r V_r + M_f V_f}{M_r + M_f} = \frac{V_r + \frac{M_f}{M_r} V_f}{1 + \frac{M_f}{M_r}}$$

令 $\frac{M_f}{M_r} = A$，故 $V_2 = \frac{V_r + A V_f}{1 + A}$，那么现实中的货币流通速度，即为实体经济流通速度和虚拟经济两者的比例函数，并且和实体经济货币量与虚拟经济货币量占比相关。

(三) 货币流通速度的测算

由图 1 可知，整个经济系统被分成实体经济系统和虚拟经济系统。其中实体经济包括家庭部门和企业部门；虚拟经济系统包括股市、债市、期市、汇市、地产等；金融部门包括金融机构和非金融中介机构以及网络金融，它处于资金流动的中心，体现了金融经济的核心作用。实体经济获取的资金通过金融部门，直接来源于家庭收入、企业收入、政府和国外收入及部分通过虚拟经济融资进入实体经济的资金，而当年的家庭收入 + 企业收入 + 政府收入 + 国际收入 =

GDP。虚拟经济的资金量来自实体经济系统、金融部门以及国外部门，以独立的形式游离于实体经济系统之外，受资产收益率大小的影响，在股市、债市、期货市场和房地产等市场中循环运转，谋取投资收益最大化。据测算股票市值中有 20% 进入了实体经济（楚国乐，2011），由于投机房市的资金无法测算，基于数据的可得性，虚拟经济总量 = 股市 + 债市 + 期市来计算，即

$$M_2V_2 = M_rV_r + M_fV_f = GDP + PF$$

因此可以测算出 V_2 的流通速度，而 $V_2 = \frac{V_r + AV_f}{1 + A}$，实体经济 $V_r = \frac{GDP}{M_r}$，虚拟经济 $V_f = \frac{PF}{M_f}$，只要能够测算出进入实体经济或者虚拟经济的货币量，就可以分别测算出实体经济和虚拟经济的货币流通速度。由于网络金融的存在，使得实体经济和虚拟经济的资金相互流通可以瞬时实现，从而要精确测算出每个时段 M_r、M_f 变得困难。众所周知，近二十年来，我国股市的发展基本上可以代替虚拟经济的发展状况（如图 2 所示）。

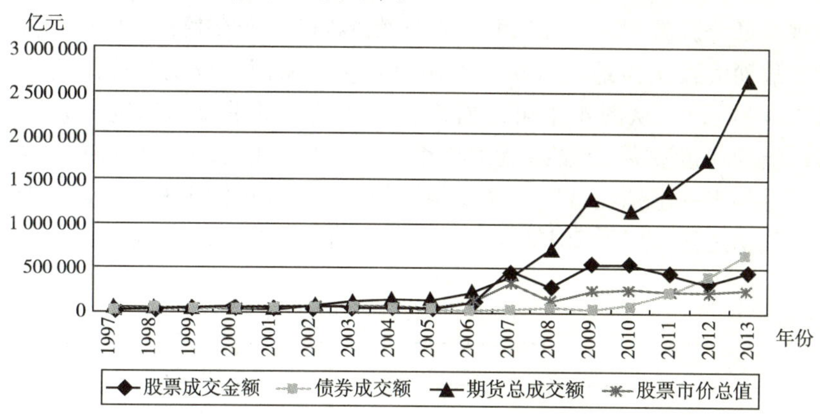

图 2 虚拟经济成交额状况

从上文分析中得知，M_1 是发挥交易功能作用，和股市正相关已经得到证明（武超明，2004）；$M_2 - M_1 = T$ 表现为储藏功能，通过线性回归发现，$M_2 - M_1$ 和 GDP 高度相关，和股市负相关，于是对 $M_2 - M_1$ 进行部分调整。网络金融状态下，进入虚拟经济的资金多是以活期存款形式存在，同时 2001 年我国将证券公司客户保证金纳入了 M_2 中，2006 年到 2007 年是近年股市的大牛市，可以清晰反映计入广义货币的存款快速增长，2006 年初只有 1 620 多亿元，而到了 2007 年 10 月则高达 2.34 万亿元；但在 2008 年 10 月达到 8 330 亿元的低点。客户保证金增量与居民户存款增量是此消彼长的关系，其变动情况反映了“存款搬家”的轨迹。客户通过融资融券等贷款方式，其他存款可能流入了股市等虚拟经济。故将其他存款和活期存款近似认为是进入虚拟经济中调整后货币量 M_1。以股票

为代表的虚拟经济流通速度和调整后 M_1 的虚拟经济流通速度，两者高度一致（如图 3 所示）。

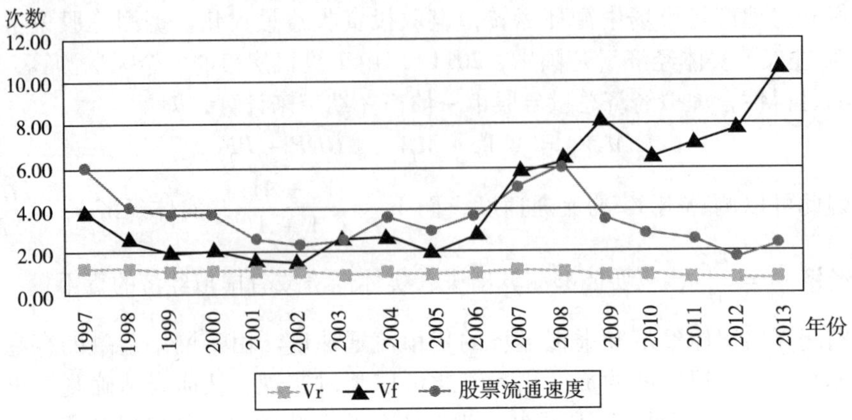

图 3　股票货币流通速度和虚拟经济流通速度

将现金部分调整到 M_2-M_1 中存放金融机构的定期存款，检验回归发现调整后更优，故而大致认为是进入实体经济货币量。从而，分别测算出货币流通速度（如图 4 所示）。从图 4 中可以看出，实体经济货币流通速度一直呈下降趋势。货币流通速度整体受虚拟经济货币流通速度影响较大，保持较大相关性，这和我国近年来的虚拟经济发展速度相关联。同时通过图 1 和图 4，也能更好地解释货币失踪之谜，以及 2013 年我国市场流动性宽裕，却出现银行大量缺钱的现象。

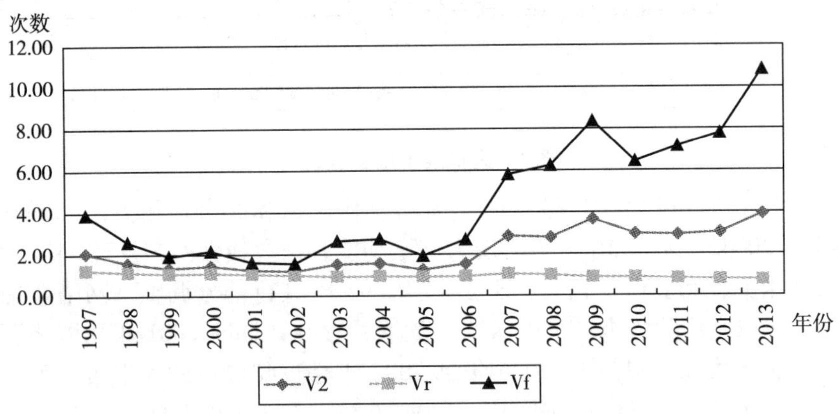

图 4　各经济体的货币流通速度

网络金融的发展，极大地促进了资本市场的发展，经济虚拟化影响居民财富观念的转变，从视实物为真正的财富过渡到越来越重视对虚拟财富的拥有。

实物资产受成本和定价影响，虚拟资产取决于资本化定价，二者影响价格变动的决定因素不同，对货币需求的影响也不同，从而影响到货币流通速度。前者对货币需求主要取决于资产成本、预期利润水平，最终反映在收入上，这些变量变化相对平稳，因此实物资产变化表现较稳定。而后者主要受贴现率、预期、市场情绪、投资者对市场信息判断偏差等不确定性因素的影响，在较短的时期内反复变化，因此虚拟资产波动性大。正是存在投资者获取资本利得机会不同，同时由于网络金融使其得以实现，使货币流通速度的差异性得以形成。因此，在研究影响货币流通速度的因素时，利率无疑成为联通各个市场的关键环节和因素。

四、网络金融背景下货币流通速度和利率实证分析

（一）主要理论

凯恩斯认为，货币流通速度不稳定，利率对货币流通速度有巨大的影响。凯恩斯货币需求理论认为，货币的交易需求、预防需求与收入成比例，投机需求对利率的变动很敏感。凯恩斯把货币余额的交易需求和预防需求合起来用 M 表示，名义收入用 Y 表示，凯恩斯假设：M = M（Y），其中，M 随 Y 增加而增加。再考虑比率（Y/M），它即是货币的收入流通速度。从凯恩斯理论可知 V = Y/L（I，Y），货币流通速度是关于国民收入 Y 和利率 i 的函数。凯恩斯的投机动机理论认为，对将来利率的预期不同，将会导致不同的投机需求。投机性货币余额的变动影响到人们持有货币余额的总量。自然会影响货币流通速度的大小。凯恩斯还用“流动性陷阱”理论（利率低到一定程度）来解释货币流通速度减慢。凯恩斯学派的后继者们进一步发展了凯恩斯的货币需求理论，其中，鲍莫尔和托宾从人们的持币行为入手得出了著名的平方根公式，论证了交易性货币需求在很大程度上也受到利率变动的影响。惠伦则从人们持有预防性货币的机会成本入手，证明了利率对预防性货币需求的影响。整体上看，凯恩斯学派认为货币流通速度是和波动剧烈的利率因素正相关，所以货币流通速度的变化也是剧烈的。

（二）实证检验

（1）公式说明及数据来源

本文以货币需求理论为依托，通过货币收入速度的计算公式

$$V = (GDP + PF)/M$$

由于 M = F（i），故 V = （GDP + PF）/F（i），建立货币流通速度和利率模型。货币流通速度数据来自上述计算 V_2；F = （M_2 - M_0）/M_2 表现为非现金占比，也反映出网络金融的发展状况；利率 R 数据选取中国同业拆借 120 天利率数据，隔夜利率波动较大，其他期限对市场的反应完整性不够，120 天数据较能

够全面反映市场情况。1996 年 6 月 1 日，中国同业拆借市场放开，银行间拆借活跃，基本可以代表我国市场化利率。同时，1996 年 12 月股市实施涨停限制，如前所述同年是我国网络金融的发端，并且股市和利率有着直接的负相关。利率是资金价格，一端反映实体经济的资金价格状况，一端反映了进入虚拟经济的机会成本。同业拆借利率是拆借市场的资金价格，是货币市场的核心利率，也是整个金融市场上具有代表性的利率，它能够及时、灵敏、准确地反映货币市场乃至整个金融市场短期资金供求关系，是整个经济市场的代表性指标，研究利率和货币流通速度的关系显然非常重要。因此，我们选取（1997—2013 年）能够代表市场化利率的同业拆借利率，对期限 120 天的数据进行年度加总平均化处理，避免个别波动较大影响（如表 1 所示）。

表 1　　变量数据表

年份	$F=(M_2-M_0)/M_2$	V2	拆借利率 120 天 R	年份	$F=(M_2-M_0)/M_2$	V2	拆借利率 120 天 R
1997	0.89	2.0588	11.14	2006	0.92	1.5484	2.85
1998	0.89	1.5939	8.03	2007	0.92	2.8673	3.85
1999	0.89	1.3480	6.56	2008	0.93	2.7974	4.51
2000	0.89	1.4504	5.37	2009	0.94	3.6664	1.72
2001	0.90	1.2541	4.39	2010	0.94	2.9661	2.66
2002	0.91	1.1949	3.31	2011	0.94	2.9195	5.17
2003	0.91	1.5300	3.30	2012	0.94	3.0271	4.30
2004	0.92	1.5721	3.83	2013	0.95	3.9207	4.54
2005	0.92	1.2700	2.87				

数据来源：中国人民银行网站，经作者计算得出。

(2) 实证结果

对 V2、R 和 F 进行单位根检验，一阶差分后平稳，结果如表 2 所示。

表 2　　单位根检验表

变量	ADF 值	临界值（1%，5%，10%）	P 值
V2	-2.509867	-4.667883，-3.733200，-3.310349	0.3194
R	-2.560051	-4.800080，-3.791172，-3.342253	0.2998
F	-3.783131	-4.728363，-3.759743，-3.324976	0.0481
ΔV2	-4.149260	-4.728363，-3.759743，-3.324976	0.0263
ΔR	-5.430749	-4.800080，-3.791172，-3.342253	0.0038
ΔF	-4.075657	-4.886426，-3.828975，-3.362984	0.0344

检验通过后，进行回归。

Dependent Variable：V2

Variable	Coefficient	Std. Error	t - Statistic	Prob.
C	-42.84344	6.738749	-6.357774	0.0000
F	48.11028	7.143561	6.734776	0.0000
R	0.188879	0.064576	2.924907	0.0111
R - squared	0.771496	Mean dependentvar		2.175882
Adjusted R - squared	0.738852	S.D. dependentvar		0.916891
S.E. of regression	0.468555	Akaike info criterion		1.480458
Sum squaredresid	3.073612	Schwarz criterion		1.627496
Log likelihood	-9.583895	F - statistic		23.63402
Durbin - Watson stat	1.565533	Prob（F - statistic）		0.000033

得到方程：

$$V2 = -42.84344 + 48.11028F + 0.188879R$$

并且通过残差检验，从而证明货币流通速度和金融发展程度以及拆借利率的长期稳定关系。

我们对原数据进行了格兰杰因果分析，得出 F 和 V2 相互影响，对方程平稳性检验后进一步做了 VAR 脉冲，从而进一步证明了货币非现金化，即金融电子化对货币流通速度的冲击和影响。从图 5 可以看出，金融电子化的发展滞后三期对货币流通速度影响明显，整体上在减弱；而货币流通速度对金融电子化的影响却越来越明显。

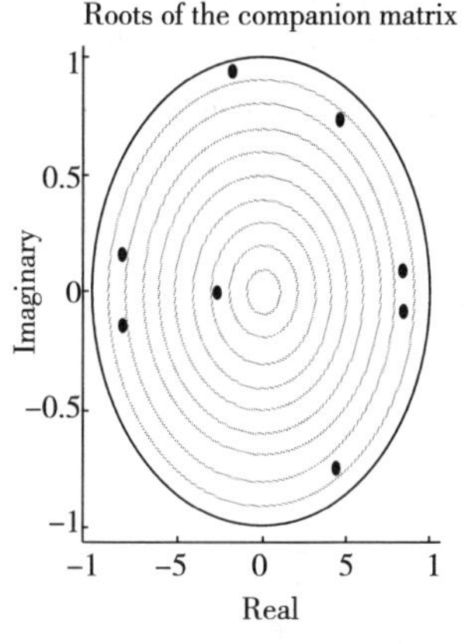

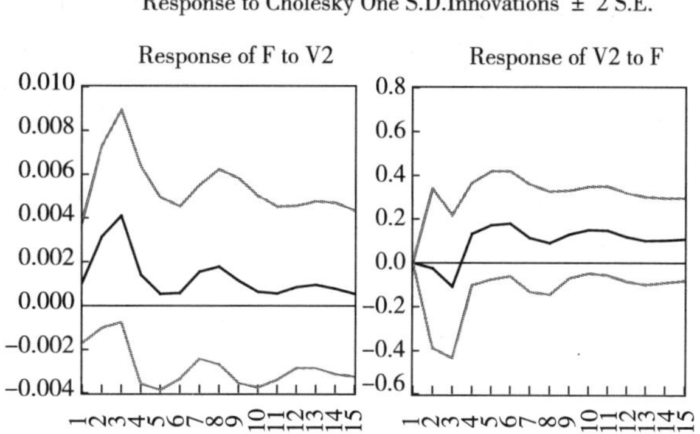

图 5 VAR 检验和脉冲反应

五、网络金融背景下货币流通速度对货币政策的影响

（一）IS－LM 模型下货币流通速度对货币政策的影响

关于货币流通速度对货币政策的抵消作用，凯恩斯曾经有所论述，而货币主义者将货币流通速度视为常量变量。基于后凯恩斯主义 IS－LM 模型框架下讨论货币流通速度对货币政策影响。货币供求均衡状态下为 LS－LM 的 O 点，此时利率为 I，均衡产出为 Y。

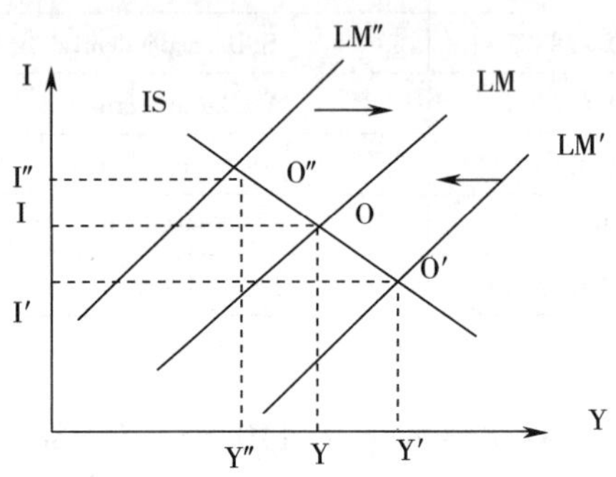

图 6　IS－LM 模型

1. LM 曲线向右移

假定在经济不景气时采取扩张性货币政策，不考虑货币需求和货币流通速度的变动时，增加货币供给，货币供给的增加导致 LM′曲线右移，移到 LM′，经济由原来的均衡点 O 移动到新的均衡点 O’，货币供给的增长带来总产出的增长，由原来的均衡产出 Y 增长到新的产出量 Y’，见图 6。

（1）考虑货币流通速度和经济增长的关系。经济增长高涨时期，投资需求旺盛，进入实体经济的货币较多，货币流通速度下降相对减慢；经济不景气时，货币流通速度下降速度加快。此时，由于流通速度 V 的下降，导致 MV 总量目标达不到 LM′的效果，介于 LM 和 LM′之间。货币政策达不到预期效果，受到货币流通速度影响的限制。

（2）考虑利率因素。假设不考虑货币流通速度影响，LM′和 IS 均衡点 O′，此时利率为 I′。经济不景气状况下，投资意愿下降，此时利率较低，增加货币投机需求，更多的资金会流入虚拟经济，进入实体经济的资金减少，LM′左移，货币政策效果难以实现。

（3）货币流通速度和利率的综合考虑。货币流通速度和利率呈现正相关，扩张性货币政策，利率下降，市场上资金充裕，获取资金成本降低，大量资金脱离实体经济；实体经济货币流通速度减慢，两者综合，使得 LM′左移的越加明显，预期结果甚至与货币政策调控目标相反。如 2008 年四万亿元之后，市场上

还是出现资金紧缺的现状，大量资金流入火热的房市，房价屡降屡高也是其原因之一。

2. LM 曲线向左移

如上述分析，货币供给减少使 LM 曲线向左移动，往往达不到货币政策的预期目标 LM″。在 MV 框架内，利率越高，货币流通速度越快，MV 总量会使得 LM″右移；同时，较高利率会使大量资金从虚拟经济中流出，使得货币总量增加，紧缩性货币供给政策的效果被抵消。如资金从股市中流出，加入民间借贷，央行的货币紧缩政策面临挑战。

（二）信贷机制下货币流通速度对货币政策的影响

现阶段，信用机制是我国当前传导机制中的主导渠道，信贷传导途径中的任何“瑕疵”将直接导致货币政策实施效应的弱化。主要途径是：中央银行运用货币政策影响商业银行的贷款行为。然而影响商业银行贷款行为不仅取决于企业需求，其决定因素是新贷款的获得率和旧贷款的偿还率，但其核心却是利率，即资金价格问题。随着利率的逐步放开，商业银行的行为受市场利率支配，利率作为资金价格，能够通过资金供求双方不断变化的交易及时反映出来，利率的变化从根本上说能反映经济的动态，也易被央行观察到。但利率和货币流通速度呈现出一定关系，影响了货币政策的有效性，易削弱央行实施货币政策主动性，货币政策效应的发挥也受到制约。

（三）财富机制下货币流通速度对货币政策的影响

资产市场迅速发展，使央行的货币政策传导机制又增加了股票和房地产市场这两个传递渠道。具体来说，通过货币数量调控影响股票和房地产市场的价格，资产价格变化影响实体经济的消费与投资。货币数量向名义产出的传导，体现在量化指标上就是货币的流通速度状况，其本质是以数量调控为主的货币政策的传导效率问题。我国资产市场的发展主要体现在股票和房地产市场两个板块上，股票和房地产市场的运行状况，会影响货币政策传导效率和政策效果。如果货币传导机制效率高、渠道通畅，则货币流通速度就会稳定在较高的水平上；如果货币传导渠道不通畅，存在“渗漏”或“阻塞”，则货币量支持实体经济交易的效率就低，货币流通速度就低。

同时，中央银行改变货币供给量，会引起利率变化。一方面利率变化直接影响房地产成本，进而影响房地产市场价格。另一方面，利率变化会引起股票价格波动，引起企业资产状况改善或恶化。最终货币政策对投资和产出效果受到影响。

六、政策建议

在当前网络金融背景下，金融创新不断发展，非现金资产转换为现金的成本降低、转换速度变快，资本市场货币沉淀和虚拟经济的货币快速转换，把当前的时代背景体现得淋漓尽致。这给央行的货币政策调控带来了挑战，央行需要在此背景下重新审视货币应对策略。

（一）加强货币流通监测，完善货币政策调控

自20世纪70年代以来，虚拟经济进入扩张阶段。虚拟经济不再是实体经济的附庸，而日益成为一个相对独立的经济领域。我国大量货币从实体经济部门转入金融经济部门，沉淀于实体经济之外，减缓了货币流通速度，降低了货币效率。货币流通速度减慢，也会影响经济和货币政策的执行效果。货币流通速度与货币供给量MV共同决定了总需求的规模和货币政策效果的大小。中央银行在制定和执行货币政策时，除了考虑货币流通速度，利率对货币流通速度的影响外，还需要考虑虚拟经济对货币量的分流作用。因此，掌握货币流通速度的变化规律，维持货币流通速度在一个适当的水平，对把握货币供给的量度，以使经济正常运行、稳步发展是非常必要的。否则，会使得货币调控失效，如若货币超速增长，增加产生通货膨胀和资产泡沫的风险；反之，收缩过度，均不是央行期望达到的调控效果。

（二）完善市场化基准利率机制，确保市场化调控目标到位

利率市场化，首先需要确定一个符合市场需求的基准利率。基准利率能够对市场中利率具有明确指导性作用。市场中利率的高低是由资本借贷市场上的资本供应量和资本需求量共同决定的。如果货币供给与货币需求不是同步变化，则利率必然会变化。基于本文上述同业拆借利率和货币流通速度的方程关系，利率变化必然影响货币流通速度，而货币流通速度的变化，对利率市场也会产生影响。当货币供给小于货币需求时，利率上升，必将使货币资本向借贷市场大量流动，从而货币流通速度加快；当货币需求小于货币供给时，利率下降，货币资本从借贷市场逃逸，出现波动。因此，需要央行为即将到来的利率市场化完善基准利率调控机制，考虑到货币市场和资本市场的货币流通速度变化带来的影响，要求货币市场、资本市场，包括同业拆借市场、票据贴现市场、股票市场、债券市场等相对完善，否则难以及时、有效地传递价格信息，准确地反映货币供求状况。如果中央银行不能准确、及时判断利率市场的变化，它通过利率进行宏观货币供给的调控能力就会减弱。

（三）畅通货币传导渠道，完善货币传导机制

现行货币政策的传导主要有“信贷市场传导”和“资本市场传导”两种途径。信贷市场传导的根据是凯恩斯主义及信用可得性理论，货币政策影响银行的流动性，即影响公众的信用可得性，进而影响信贷规模和宏观经济；另一传导途径是以资产组合理论为依据的资本市场传导。资产组合理论认为：货币及其他金融资产具有相互替代性，对某一金融资产的需求与其收益正相关。我国

货币政策经济变量的传导过程，它是由货币政策工具—操作目标—中间目标—最终目标组成。这个过程中的任何一个环节不畅，皆影响货币政策效果，而货币政策的制定，又是通过考虑经济状况的反馈结果。因此，畅通的传导途径对确保货币政策效果非常重要。当前我国主要是间接融资体系，依附“中央银行→货币市场→金融机构→企业”的传导体系，中央银行主要集中在货币市场实施货币政策，通过影响货币政策的利率来传达货币政策信息，进而对资本市场和产品市场进行间接的调控。我国同业拆借市场和债券回购市场，交易量不够大，无法大量吞吐资金；调节手段为公开市场操作、再贴现、再贷款等，多处于被动，并且由于金融市场分割，发展滞后以及利率行政管制，不能反映资金真实供求关系，使得中央银行货币政策操作意图缺乏有效的传导途径，降低了货币政策的作用。所以我们需要在探索中逐步建立完善的货币市场，选取一些预期目标，较好地满足货币政策传导需要，同时尽量缩短传导途径，最大化发挥货币政策效果。

附表　　　　货币流通速度计算表

年份	M_2	V2	GDP	PF	股票成交金额	债券成交额	期货总成交额
1997	90 995.3	2.06	78 973.03	108 369.38	30 721.83	16 476.89	61 170.66
1998	104 498.5	1.59	84 402.28	82 156.33	23 527.31	21 661.78	36 967.24
1999	119897.9	1.35	89 677.05	71 946.73	31 319.60	18 284.12	22 343.01
2000	134 610.3	1.45	99 214.55	96 028.10	60 826.65	19 119.16	16 082.29
2001	158 301.9	1.25	109 655.17	88 867.92	38 305.18	20 417.76	30 144.98
2002	185 007	1.19	120 332.69	100 730.27	27 990.46	33 249.53	39 490.28
2003	221 222.8	1.53	135 822.76	202 648.22	32 115.27	62 136.36	108 396.59
2004	254 107	1.57	159 878.34	239 592.77	42 333.95	50 323.50	146 935.32
2005	298 755.7	1.27	184 937.37	194 496.01	31 664.78	28 367.85	134 463.38
2006	345 603.6	1.55	216 314.43	318 811.58	90 468.89	18 279.32	210 063.37
2007	403 442.2	2.87	265 810.31	890 964.21	460 556.23	20 667.21	409 740.77
2008	475 166.6	2.80	314 045.43	1 015 170.93	267 112.66	28 884.94	719 173.33
2009	606 225	3.67	340 902.81	1 881 764.98	535 987.00	40 635.06	1 305 142.92
2010	725 851.8	2.97	401 512.80	1 751 437.45	545 634.00	76 206.03	1 129 597.42
2011	851 590.9	2.92	473 104.05	2 013 156.96	421 645.00	216 349.52	1 375 162.44
2012	974 159.5	3.03	519 470.10	2 429 363.28	314 667.41	403 426.51	1 711 269.36
2013	1 106 524.98	3.92	568 845.00	3 769 490.61	468 728.60	626 000.00	2 674 762.01

续表

年份	股票流通市值	股票流通速度	调整后 M_2-M_1	Vf	调整后 M_1	Vr
1997	5 204.42	5.90	63 195.9	3.90	27 799.4	1.25
1998	5 745.59	4.09	72 913.5	2.60	31 585	1.16
1999	8 213.97	3.81	82 554.1	1.93	37 343.8	1.09
2000	16 087.52	3.78	90 246.1	2.16	44 364.2	1.10
2001	14 463.17	2.65	103 631.3	1.63	54 670.6	1.06
2002	12 484.55	2.24	120 622.5	1.56	64 384.5	1.00
2003	13 178.52	2.44	144 304	2.63	76 918.8	0.94
2004	11 688.64	3.62	166 405.9	2.73	87 701.1	0.96
2005	10 630.51	2.98	198 182.7	1.93	100 573	0.93
2006	25 003.64	3.62	227 392	2.70	118 211.6	0.95
2007	93 064	4.95	249 841.9	5.80	153 600.3	1.06
2008	45 213.9	5.91	312 207.3	6.23	162 959.3	1.01
2009	151 258.65	3.54	381 302.6	8.37	224 922.4	0.89
2010	193 110	2.83	453 789.3	6.44	272 062.5	0.88
2011	164 921.3	2.56	570 162	7.15	281 428.9	0.83
2012	181 658.26	1.73	661 958.3	7.78	312 201.2	0.78
2013	199 579.54	2.35	758 302.14	10.82	348 222.84	0.75

参考文献

[1] 冯菲：《我国货币流通速度分析——理论逻辑、结构分析及其政策含义》，南开大学博士论文，2010。

[2] 耿中元、何运信：《依托于货币需求理论的我国货币流通速度函数模型》，载《经济论坛》，2008 (19)。

[3] 贺学春：《我国货币流通速度研究》，湖南大学硕士论文，2006。

[4] 罗湘军：《我国货币流通速度影响因素的实证研究》，西南财经大学硕士论文，2011。

[5] 唐平、张未、杨佳妮：《网络金融的发展对传统金融的影响分析》，载《重庆工商大学学报》，2004 (6)。

[6] 田立中：《转型经济中的货币流通速度研究》，复旦大学博士论文，2005。

[7] 伍超明：《货币流通速度的再认识》，载《经济研究》，2004 (9)。

[8] 谢平、尹龙：《网络经济下的金融理论与金融治理》，载《经济研究》，

2001（4）。

[9] 易丹辉：《数据分析与 Eviews 应用》，中国人民大学出版社，2008。

[10] 尹龙：《网络银行与电子货币——网络金融理论初探》，西南财经大学博士论文，2002。

[11] 中国互联网络信息中心（CNNIC）：第 33 次《中国互联网络发展状况统计报告》。

民营银行效率、经验及试点政策评判

——基于台州案例

台州市金融学会课题组*

一、民营银行发展争论

发展民营银行一方面可以发挥政企分离、机制灵活等方面优势，但又可能面临退出机制不完善、关联交易等风险，在利弊权衡中，国内学者对民营银行竞争力的研究基本分为“优势主张派”和“风险保守派”。

“优势主张派”认为应发挥民营银行优势，形成其竞争力，有助于提高我国资金配置效率。其中以徐滇庆为代表，他认为中国的金融结构变迁决定了必须大力发展民营银行，民营银行具有政企分离、比较容易培养出金融人才、经营机制灵活、企业文化与市场经济相适应的优点，它的出现能够促进国有银行的改革，疏通民营中小企业的融资渠道，提高资金的配置效率。樊纲（2000）指出不管从改革金融体制出发还是为中小民营企业解决贷款难问题，中国都需要大批的中小型、地方性、民营的金融机构。熊继洲等（2003 ）认为相对于国有银行来说，民营银行具有产权制度、委托代理结构和交易费用上的显著优势，不仅能够完善和发展我国金融组织体系，而且还可以打破银行业现有的垄断格局，扩大融资渠道。

“风险保守派”则主要将注意力集中在发展民营银行的风险上，对民营银行的发展他们主要持谨慎态度。一是在风险控制上有缺陷。汪爱群（2007）在分析浙江省民营经济发展状况的基础上对浙江省民营银行进行了研究，提出民营银行发展中存在的问题，包括资本金不足、资产和负债期限结构不匹配、贷款集中度较高、关联交易严重、收入结构单一等一系列问题；吴晓俊、李振（2009）对我国民营银行的内部治理进行了探讨，认为目前我国民营银行内部治理主要存在着董事会结构安排不完善，股东关联交易频繁，激励和约束机制不合理和企业文化不明确等四个方面的缺陷。二是在民营银行发展环境上存在风险。曾康霖（ 2003）曾指出是否建立民营的商业银行，要看应有的风险控制机

---

* 课题主持人：肖宗富
课题组成员：奚尊夏　赵敏慧　魏博文

制、资金的供求机制以及市场的退出机制是否已经建立和完善，从这个意义上说，要不要办民营银行要慎之又慎，但不能不允许试点。王自力（2002）指出，在我国金融管制依然严格的情况下，他对民营银行能否从成立一开始就具备完善的公司治理结构，能否在成立后真正实现以价格为杠杆的市场化经营，能否通过价格利率和服务创新同其他银行开展竞争表示怀疑。因此，他反对设立新的民营银行，但不反对发展民营金融，他主张引导民间资本对城市商业银行和农村信用社进行“民营化”改造，这么做同样也可以打破金融体制的垄断局面，进一步推动国有银行加快现代企业制度改革。

虽然现阶段民营银行试点已正式启动，但对民营银行的争论也从未停止，民营银行试点政策的推出也体现了其某种程度上的“纠结”，民营银行到底能不能铺开试点？有没有经验可以借鉴？其经营效率如何？现有试点政策是否合适等一系列问题亟待解决。

二、民营银行竞争力分析

要发展民营银行，首先要回答的问题是它是否有竞争力，能否实现可持续经营，为此，本文通过建立 DEA（数据包络分析）对民营银行和非民营银行的经营绩效进行了实证分析。

（一）样本选取及数据来源

基于可比性和可得性考虑，本文选取浙江省 2008 年以前成立的 11 家城市商业银行为样本，其中有四家民营银行（台州银行、浙江泰隆商业银行、浙江民泰商业银行、浙江稠州银行），模型共涉及 17 个指标共 935 个数据均来自各银行公开年报。

（二）指标选择

本文结合相关研究和银行实际经验情况，本文对投入产出指标进行了改进和设计。

一是投入指标：考虑银行股本不能随意变动的特性，本文参考 Bank 和 Morey（1986）、张健华（2003）① 研究，将其设定为非自由决定变量。鉴于银行业为生产性服务行业，将“各项支出”作为其最重要投入指标、固定资产次之、股本第三，三者相对权重比值为 4:2:1。

二是产出指标：银行绩效综合指数（BEI）其内部包含银行信用风险、流动性风险、盈利能力、可持续发展能力等方面 14 个细化指标，并利用 AHP（层次分析法）对各指标的重要性进行权重设计。

---

① 张健华：《我国商业银行效率研究的 DEA 方法及 1997—2001 年效率的实证分析》，载《金融研究》，2013（11）。

（三）DEA 实证结果分析

据上述指标设计，本文将各银行数据进行 DEA 分析，结果如表 1 所示：

表 1 浙江城商行经营综合绩效

年份	2008	2009	2010	2011	2012
四家民营城商行	0.707	0.621	0.731	0.7	0.801
台州三家民营城商行	0.777	0.678	0.79	0.794	0.826
其他城商行	0.354	0.323	0.338	0.393	0.486
全部样本	0.495	0.442	0.48	0.504	0.604

一是民营银行相对非民营银行具有明显的竞争优势。2008 年至 2012 年民营城市商业银行平均绩效比其他城市商业银行均高出超过 65%，个别年度甚至达到了 116.3%（2010 年）。

二是民营银行清晰的定位有利于其提升竞争力。台州三家民营银行一直专注、专业、专门服务小微企业，截至 2014 年 2 月末，三家银行小微企业（含个人经营性）贷款占比 75.57%，高于全国及全省 49.54 个、38.19 个百分点，其户均贷款不到 50 万元，不良率仅为 0.51%。清晰的定位使其相对运作模式类似股份制银行的第四家民营银行稠州银行更具竞争力，2008 年以来，台州三家民营银行的平均绩效较稠州银行均高出超过了 30%，个别年份甚至将近 90%（2011 年）。

三是民营银行的体制机制优势有助于其形成独特的竞争力。市场化导向和商业化运作使得民营银行更具动力和持续完善经营模式动机，不断增强竞争力，台州银行是典型代表。DEA 分析结果显示，2008—2012 年台州银行经营绩效排名每年均为第一，这主要与其严格的成本控制、有效的风险控制、清晰量化的绩效考核有关，2013 年末其资产利润率高达 2.23%（全国领先），曾获“最具盈利能力城市商业银行”称号；2014 年 2 月不良率仅为 0.36%，远远低于全市平均水平（1.13%）。

三、台州民营银行发展经验

通过以上分析，民营银行整体竞争优势凸显无疑。民营银行要取得成功，必须始终坚持市场化、民营化导向，以体制机制优势破解发展中普遍存在的实力弱、小微客户信息不对称和抵押担保难、风险管控难、成本收益不平衡、内部管理难控制等核心难题。

（一）坚持市场化、民营化的发展导向，确保产权清晰、自主经营

从台州三家民营银行二十多年发展历程看，需始终坚持市场化、民营化导向，政府以极低比例参股且不派驻董事长、不派驻行长、不摊派项目、不干预

银行具体经营管理，参股不控股且倾全力鼓励其创新，包容其发展，与全国其他地方政府的做法形成鲜明对比，浙江泰隆商业银行民营资本占100%，台州银行民营资本占75.14%（战略投资者占19.86%、政府占5%）、浙江民泰商业银行民营资本占84.26%（战略投资者占7.51%、政府占8.23%），均是真正意义上的民营银行。而且三家银行创办人将民营银行当作自身事业、产业来倾注心血，有效避免了与关联企业、关联人之家的“利益输送”。如此市场化、民营化的股权结构，确保了产权清晰，控制权在金融企业家手中，真正做到“政企分开”，能寻找到适合自身的发展路径。

（二）构建现代化、高效性的法人治理结构，推动合规审慎经营

在台州民营银行探索实践中，脱颖而出了一批以陈小军（2005年度十大风云浙商、2010年、2011年中国银行业年度人物，2008年、2007年中国城商行年度人物）、王钧（2010年中国城商行年度人物、中国银行业小企业金融服务十大领军人物）为代表的杰出人才，他们在二十多年的市场中摸索出了一套可持续的民营银行发展道路和发展经验，成为行业翘楚；随着不断发展，其优秀理念也不断完善、固化成银行机构的制度和文化。通过成立党委、党支部，建立三会一层（股东大会、董事会、监事会和高级管理层），引进独立董事、战略投资者，建立起了现代商业银行机制，法人治理结构更加完善合理，管理更加科学，形成了“让资本说话的公司治理机制”和“让资本决策的经营管理机制”。

（三）寻求差异化、零售化的经营模式，准确定位服务小微

产权清晰、自主经营的三家民营银行与国有等大型银行开展差异化的错位竞争，定位小微市场。一是零售化经营。将约40%的人力配置到客户经理，变“坐商”为“行商”，以“人海战术”深入金融服务与竞争不充分的乡镇农村、街角巷尾，撒网式逐户挖掘、发展客户。二是标准化、高效率服务。形成包括贷款营销、申请受理、调查决策、发放和贷后监管等的集约化、标准化处理流程，将信贷审批权最大限度下放至营业机构，达到“三三制”限时服务（新客户贷款3个工作日发放、老客户3小时内立取），最大限度适应客户“短、小、频、急”特点。三是实行“小微贷款2%不良容忍度、大额贷款零容忍”，敢放、能放小微贷款。

（四）创新特色化、人性化的信息收集和担保机制，破解定位小微带来的信息不对称、抵押品缺乏难题

小微客户普遍突出存在资产缺少、财务数据不健全等问题，台州三家民营银行以独特方式应对。一是开展软信息收集、特色化风险评估。台州银行“十六字方针”（下户调查、眼见为实、自编报表、交叉检验）、“三看三不看”（不看报表看原始、不看抵押看技能、不看公司治理看家庭治理），泰隆银行“三品三表”（即人品、产品、抵押品和电表、水表和海关报表）、民泰银行“九字

诀”（看品行、算实账、同商量），深入调查检验，保证信贷资金投入实业。二是实行人性化、道义化熟人保证担保机制。不需提供资产抵押、只需提供1至2名具有道义关系的保证人提供信誉担保，以道义约束作用实现“贷款放得出、风险管得住”。目前，三家银行以信用、保证担保方式发放的贷款占比都在90%以上，而2月末不良贷款率仅为0.51%。

（五）推行差异化、系统性的利率定价和成本控制机制，形成收益覆盖成本的盈利模式

三家民营银行在深入挖掘利润、高度控制成本上形成了独特机制。一是差异化的利率风险定价机制。民营小银行主要盈利来源是存贷利差，台州三家银行对贷款实施近百档的不同利率，做到“一户一价”、“一笔一价”、“一期一价”，满足客户的不同需求，最大限度扩大利润空间。二是成熟的成本控制机制。产权清晰、政企分开的发展导向，实现了精细化管理；完善的后台管控，降低了运营成本；“一圈、一居、一链”的获客模式，摊薄了信息获取成本和营销管理成本。三家银行利差均超过5%甚至更高，远远高于同业平均水平（我国银行业平均利差不到3%）。

（六）建立全方位、可量化的风险管控和内部激励机制，防范内部人控制、操作和道德等风险

三家民营银行紧抓风险管控和内部激励两头。一是建立强有力的风险防控体系。严格防范“内部人控制”，吸收的战略投资者为基金公司、金融机构而非工商企业，避免成为企业“提款机”；设立关联交易控制委员会，定期报送信息，控制关联交易风险；强调“管营分工”，分支行设置独立风控部门，以标准化、工具化手段提升风控水平，包括建立客户评级系统、高覆盖数据仓库和影像系统、贷款终身问责制、行外特聘监督员等。二是建立完整透明的激励约束机制。员工薪酬直接量化到个人，将存款、资产质量等与效益工资、职务级别挂钩，提高员工住房福利、设立内部职工股等；发挥亲情激励监督作用，泰隆银行“亲情2+1”制度对工作两年以上员工的父母每月发放300元红包，银行出200元，员工出100元，一旦员工违规，款项暂停发放。

（七）人才培训机制独立化、学院式，保障机构、文化、商业三模式快速复制、成功落地

三家银行均建立了各自独立的培训学院，以独特培训机制将信贷文化、风险理念、管理经验、服务标准等融入到每位员工，大规模培训、储备与其特殊运作模式相匹配的人才。如台州银行设立了单次能培训500人的“台州银行银座金融培训学院”，引进国际先进培训理念，建立高密度、高效率、标准化的培训体系，选拔优秀员工自组讲师、导师队伍，并推行“一个学院、多个中心”，实现异地机构实时共享，能够将一个毫无工作经验的应届毕业生在三个月内培

养成为独立上岗的前台柜员，六个月培养成为独立发放微贷款的信贷员。

四、新形势下台州民营银行的适应性问题分析

上述台州三家民营银行经验表明，民营银行是风险可控，能实现商业可持续且具有较强竞争力的，但在经济下行、利率市场化、互联网金融影响下，民营银行是否能发挥体制、机制优势，快速适应形势变化，保持经营的稳定性和可持续性，守住不发生系统性风险和区域性风险的底线仍需进一步验证。我们将从民营银行适应力的实证分析和应对新形势举措两方面面对民营银行的适应力进行分析。

（一）DEA 分析结果显示民营银行具有更强的适应力

根据 DEA 模型结果绘制的银行经营绩效趋势图（见图 1）可知，民营银行在受到金融危机冲击后，具有更强更快的调整和适应能力。

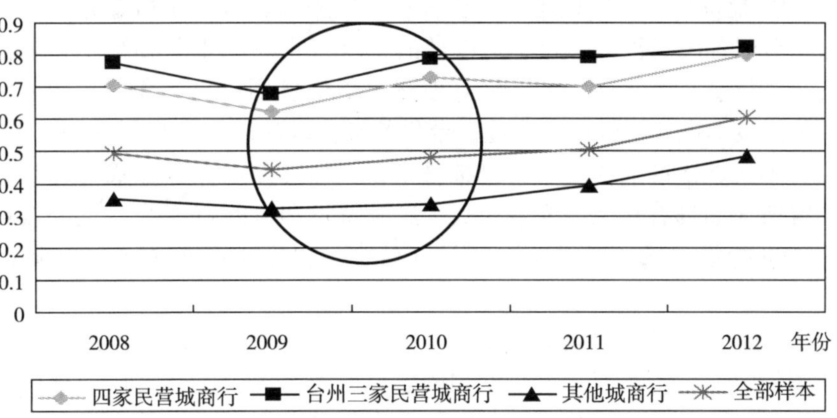

图 1　2008—2012 年样本银行经营效率趋势图

从图 1 可知，2008 年金融危机爆发后，2009 年所有银行经营效率均出现了不同程度的下降，但在政策刺激下，2009 年虽各银行经营效率均出现了上升（如椭圆所示），但民营银行的回升速度快于其他城市商业银行，具体来看，2010 年民营银行经营绩效相对 2009 年上升了 17.7%，而同期其他城商行则只上升了 4.6%。

（二）应对新形势举措

在面对不断变化的国际、国内经济金融形势，民营银行具有的体制机制优势使其能采取灵活、高效的应对措施，从而快速、主动适应形势变化。

1. 利用社区化、微型化战略实现服务下沉，应对日趋激烈的小微金融竞争形势。面对大中型银行不断进入小微金融市场，台州各民营银行通过社区化经营和村居化营销的方式，深化实施差异化竞争战略予以应对，以有人值守的自

助网点、小微企业专营支行（现已有超过 60 家）的形式进一步下沉服务网点，贴近客户，以微型物理网点为中心辐射，通过网格式划分，进行开拓式营销，在扩大服务对象、降低运营成本、提高营销效率的同时，有效地提升信息透明度，降低信贷风险。

2. 利用模型化、网络化经营实现模式的数据化应用，主动利用大数据提升服务能力。大数据尤其是互联网金融正强烈地冲击着传统银行业务，为此，台州各民营银行一方面通过将多年来积累的小微金融软信息进行数据化处理，从而实现自身小微金融模式的模型化，另一方面通过渠道电子化和便利移动化来实现网络化经营。以“民泰随意行”为例，该产品将金融 IC 卡应用拓展到手机信贷领域，实现了通过手机 24 小时随贷随还，该产品在 2013 年余姚水灾中发挥了重要作用，荣获“国家金卡工程 2013 年度金蚂蚁奖”、“2013 中国十佳金融产品创新奖（零售业务）”。

3. 利用批量化、标准化运作实现客户集中服务，应对小微金融成本日趋增高问题。台州各民营银行通过相对零散的、以“人海战术”扫街扫巷来营销客户、搜集软信息，虽然这种方式较好地解决了信息不对称，客户服务不到位等问题，但其成本也相对较高，为此，台州各银行以社区化和村居化经营为基础，积极探索小微贷款批量作业，通过批量审批、标准化作业等方式实现对具有某一共同特征（如具有相似的商业模式、经营特点和风险特征等）且分散经营的集群客户进行集中选择、分析、开发和营销，提高服务效率的同时降低服务成本。

4. 利用重资产化、轻负债化实现经营理念转型，应对缺乏信用保障产生的系列问题。由于在信誉度、美誉度和网点方面的劣势，民营银行一直存在资金来源不足的问题，过去台州各民营银行将大部分营销人员的精力投入到存款业务上，而现在随着利率市场化的可预期，台州各民营银行前瞻性地通过重资产化的运营方式来提高竞争力。具体来说，将来中小民营银行的资金来源问题能通过银行间的大额稳定供给机制解决时，小微金融领域的竞争将更多体现在贷款上，即资产运用上，而通过提高小微企业的金融服务水平，满足其个性化需求能提高客户与银行间的“黏性”，从而自然而然地带来存款的增长，这与其异地分支机构“贷款先行”的经营理念如出一辙。

5. 利用脸谱化、周边化招人实现模式的可复制，应对异地业务拓展风险控制的问题。要实现小微金融模式在异地的成功落地，必须解决软信息的搜集问题，为此，台州各民营银行总结出适合其小微金融模式的脸谱特征，如主要招聘应届毕业生或毕业不超过两年的本地营销人员，以个体工商户为销售对象，不一定具有高学历，但需具有良好亲和力，善于当好客户参谋等，并以产业链、社区、商圈为中心，在一定半径内开展周边化招聘，将异地拓展时的“生人经济”转变为“熟人经济”，解决软信息掌握、存款组织和客户筛选等问题，从而控制信贷风险。

6. 利用定价精细化、财务预算硬约束化控制成本增加收益，应对资金来源成本上升带来的利差缩小问题。随着利率市场化的推进和互联网金融的迅速崛起，资金来源成本上升问题已经给传统银行业造成了巨大的压力，以台州某银行为例，该行从财政招标来的资金成本高达6%。为此，台州各民营银行一方面更加深入地完善差异化利率定价机制，对每笔贷款做到精细化定价，主动快速适应利率市场化改革发展要求，另一方面严格实施人民银行周小川行长特别强调的财务预算硬约束管理制度，控制成本。从开源和节流两方面入手应对资金来源成本上升带来的利差缩小问题。

五、民营银行发展面临的问题

以上分析表明，民营银行依托其体制机制优势，能形成较为成熟有效的金融服务模式，具备较强的竞争力和适应力。然而民营银行的发展仍然存在一些体制机制性问题需要解决。

（一）监管差异化政策缺少问题

目前金融监管当局没有建立起民营银行评价体系，实施“一刀切”监管政策和信贷政策，不管良莠好坏，一律停止跨区域设立分支机构，没有建立起与支小挂钩的政策体系。

（二）大额稳定资金来源渠道缺乏问题

长期以来，台州三家民营银行由于缺乏国有等大型银行网点优势、国家信誉隐性担保等天然吸存优势，只能依靠客户经理“人海战术”、不断设立机构网点、银行和企业间不断深化黏性关系来吸收资金。目前在面对利率市场化逐步推进、互联网金融快速发展、存款理财化不断增强、存款竞争日益激烈的背景下，没有市场化的资金转让或买卖渠道来解决大额资金来源造成的影响凸显，民营小银行不得不将更大精力放在组织存款上，弱化了拓展贷款、资产运用的能力，难以做大贷款规模来满足旺盛的小微融资需求。

（三）政府扶持措施缺位问题

民营银行主要是小银行、社区银行，其经营范围主要是小微金融，根据国际和台湾地区发展经验看，主要缺乏政府立体式的扶持政策，如台湾建立了征信体系、辅导机制、培育机制、信保基金等，目前浙江省台州市作为小微金融改革创新试验区，也在着重推进信用信息共享平台和信保基金建设，但从全国看还未形成一整套政府扶持政策体系。

六、发展民营银行的若干建议

民营银行试点已正式启动，对民营银行试点一些制度安排需要理性审视，通过全国最为典型并取得成功的台州民营银行发展视角进行分析并提出政策建议不失为一个好的选择。

（一）民营银行试点的理性审视

1. 民营银行的试点内容

此次试点方案可概括为：按五大标准，选择四大试验区试点，确定十个“豪华”企业参与发起设立五家民营银行试点，筛选出四种特色的模式，建三个机制。

五大标准：一是有自担剩余风险的制度安排，发起人承诺承担剩余风险；二是有办好银行的资质条件和抗风险能力，遵循共同发起人原则（至少两个发起人），发起人公司治理完善，有效控制关联交易风险；三是有股东接受监管的协议条款，发起人承诺接受监管，以防自担风险的责任落空；四是有差异化的市场定位和特定战略，坚持服务小微企业和社区民众，实行有限牌照；五是有合法可行的风险处置和恢复计划，提前订立“生前遗嘱”。

四大试验区：选择天津、上海、浙江、广东四个地区作为首批试点，代表的是上海自贸区、天津滨海新区、深圳前海新区、温州金改试验区。

十个“豪华”企业参与发起设立五家民营银行：上海的均瑶集团、复星集团；天津的商汇集团、华北集团；广东深圳的腾讯、百业源投资有限公司；浙江杭州的阿里巴巴、万象集团；浙江温州的正泰集团、华峰集团。

四种特色的模式：阿里巴巴提出小存小贷模式（限定存款上限、贷款上限）；腾讯提出大存小贷模式（存款限定下限，贷款限定上限）；天津的方案提出公存公贷模式（只做对公业务，不做零售）；上海与温州的特定区域模式（限定业务范围、区域范围），做符合当地小微企业、金融消费者的业务。

三个机制：要建立“让资本说话的公司治理机制、让资本决策的经营管理机制、让资本所有者承担风险损失的市场约束机制”。

2. 民营银行试点的理性审视

此次试点作为民营资本进入银行业的重要举措，其中不乏亮点，如由企业根据自身特点自行上报方案，再由监管层整体确定的做法较好地体现了“自下而上的基层创新”与“自上而下的顶层设计”相结合的改革思路，建立上述“三大机制”、实行有限牌照、在多个试验区分开试点、选取两家互联网企业进行试点、要求差异化、特色化定位、支小导向和社区化经营等，但该试点方案仍需进一步探讨。

（1）缺乏包容发展的理念。纵观整个试点方案，更多体现的是重风险防范、轻发展导向，而现阶段，我国真正的民营银行太少，亟须发展社区型、支持小微的民营银行，将试点所有着力点、关注点放在风险防范上有失方向。台州三家民营银行在创新过程中，不可避免地会与现行规定出现不一致甚至冲突，而台州市政府及金融管理部门在不出现金融风险的前提下，秉承包容、呵护、鼓励的态度，支持创新发展，给民营银行营造宽松的发展环境，才使其逐步壮大，成为小微金融领域的翘楚。

（2）突出体现了规避监管责任的政策导向。"自担剩余风险"实际上是变银行经营的有限责任为发起企业承担无限责任，变以前政府显性担保为发起人的隐性担保，要求小型民营银行签订针对"大而不能倒"的大型银行设计的"生前遗嘱"在国外商业银行并无先例，包括对十家豪华企业的筛选等都体现了监管层"生而不能倒"、"即使倒也由发起人兜底"的监管导向，这与村镇银行需由商业银行作为主发起人的制度设计如出一辙，这集中体现了监管责任规避，这一政策设计核心是承担风险兜底的特性，不仅不符合国民待遇的整体改革方向，也与市场化导向存在矛盾。

（3）共同发起人原则隐藏股东内斗风险。至少 2 个发起人的共同发起人原则，虽能在一定程度上避免民营银行成为发起人的"钱袋子"，但潜在的股东之争极易造成民营银行错失发展机遇。Z 银行曾发生大股东与董事长争斗，从而拖累延迟银行发展便是前车之鉴①。

（4）存在风险激发和蔓延的潜在可能。在试点方案制度设计中，无论是银行自担风险机制启动还是生前遗嘱的实施，表面上看保护存款人利益，但实际上一旦发生风吹草动，某些偶发性事件极易成为银行发生信任危机的导火索，台州三家民营银行在 20 世纪 90 年代曾发生由单家银行偶发事件引起集体"挤兑"教训需要吸取。

（5）试点民营银行能否成功支小难保证。台州三家民营银行商业可持续、可复制的支小运作模式是经过二十多年的市场选择而探索积累的，而五家试点民营银行发起人绝大多数都没有小微贷款的经验，也没有形成适合自身的支小运作模式，通过行政手段规定试点民营银行定位于小微企业和社区民众，其有效性和可持续性有待检验。

（二）发展民营银行建议

1. 坚持包容发展，鼓励探索创新

当前，我国社区、农村等地缺少的正是专业、专注、专门支小、服务实体经济的金融机构，其中民营银行拥有独特优势和竞争力。民营银行是摸索发展的过程，监管部门以及试点政策不能只重风险防范，而更应持包容发展、支持

① 应宜逊：《当前民营银行发展问题浅析》，载《浙江金融》，2013（10）。

创新的态度，给予民营银行良好的发展空间。

2. 实行国民待遇，防止监管过度

民营银行在试点初期实行经营业务和地域范围等方面限制，可以理解，但不宜监管过度，应给予国民待遇。一方面，如自担剩余风险、签订生前遗嘱、实行共同发起人等过度标准，会严重束缚民营银行发展。台州经验也表明，在理性选择发起人前提下，一个控股股东更有利于银行规划发展，要选择将办民营银行当成自己事业、产业来全身心投入运作的发起人。

3. 重视试点推进，尤需扶持现有表现优异的民营银行发展

鉴于试点民营银行在风险控制、支持小微企业发展能力上的不确定性，要重点支持现有取得成功的民营银行的发展，更好地发挥其示范引领作用。一是在跨区域机构设立上取消“一刀切”的监管政策。稳健发展原则下，凭借资本约束，允许支持做得好的民营银行克隆复制“走出去”经营，跨区域设立分支机构。二是实施针对性的货币政策。对经营业绩突出、支持小微企业力度大的民营银行实行存贷比、信贷规模、业务创新等政策倾斜，实行金融支小差额准备金动态调整政策，单列其小微企业金融债信贷规模，支持其发行小微专项金融债、次级债，差异化开展资产证券化等。

4. 明确市场定位，专注小微金融业务

设立民营银行的定位须立足于“小微”、立足社区，主要基于四方面考虑：一是基于需求。众多小微群体有旺盛的融资需求，但满足率低。二是基于资源配置。金融资源主要掌握在为大企业、大项目服务的大银行手中，存在严重的金融资源错配。三是基于资本。民营银行试点设立的规模都不会很大，资本也相应比较小，对应的服务对象应定位于小微企业、社区民众。四是基于发展。小微金融服务已被提高至国家战略高度，而我国社区、农村等地缺少的正是专业、专注、专门支小、服务实体经济的金融机构，服务小微仍是蓝海市场。

5. 坚持差异化战略，寻求错位发展

基于长远可持续发展和风险控制考虑，民营银行应根据自身特点开展差异化经营，避免同质化竞争，同时可通过实施有限牌照限制银行经营业务和地域范围控制风险。

6. 配套推进，构建资金市场化买卖或转让机制

在利率市场化逐步推进背景下，市场资金价格已逐步市场化，而目前国内还没有建立对应的比较成熟通畅的资金买卖或转让机制。建议利用市场化手段，尽快建立大小银行间资金供给和调配机制，如允许优秀民营银行开办与大型银行间的大额协议存款，试办中小型银行发行大额同业存单（NCDS）、大额可转让定期存单（CD）等，解决主动性负债问题，实现金融资源的有效配置，促使民营银行更好地转向贷款管理、资金运用上，更全面地发挥其支持实体经济的

优势。

7. 保障支持，建立长效的体制机制和扶持政策安排

一是加快推进利率市场化进程。利用市场的手段解决金融资源配置问题，为民营银行发展提供良好的竞争环境。二是尽快出台存款保险制度、银行破产条例等政策。从民营银行长远发展看，风险控制、风险兜底应从尽快出台存款保险制度、银行破产条例等体制机制性措施推进。三是建立多渠道资本补充机制。充实民营银行的资本金，提高其发展实力。四是建立民营银行综合评价机制。通过评价，便于给予对应性的政策扶持，也有利于各项政策的落实。五是建立长效性、全面性、可持续性的政府扶持政策。重点推动建立专项财税优惠、小微企业信保基金、辅导基金、成长培育池等。

参考文献

[1] 卢授永：《美国经验对我国中小商业银行发展的启发与借鉴》，载《亚太经济评论》，2004（10）。

[2] 宋颖：《民营资本进入银行业的潜在风险及其防范》，载《南方金融》，2007（2）。

[3] 王爱俭：《发展我国社区银行的模式选择》，载《金融研究》，2005（11）。

[4] 熊伟：《我国金融制度变迁过程中的信托投资公司》，载《经济研究》，1998（8）。

[5] 应宜逊：《当前民营银行发展问题浅析》，载《浙江金融》，2013（10）。

[6] 于良春、王冠：《中国银行业进入壁垒的理论与实证分析》，载《当代财经》，2007（7）。

[7] 张杰：《民营经济的金融困境与融资次序》，载《经济研究》，2000（4）。